饶鲁

许家星◎著

思想研究

人民出版社

责任编辑：周　颖
封面设计：王欢欢　赵竟汐

图书在版编目（CIP）数据

饶鲁思想研究 ／ 许家星著. -- 北京 ： 人民出版社，
2025. 5. -- ISBN 978－7－01－027023－4

Ⅰ. F279. 23

中国国家版本馆 CIP 数据核字第 2025VW4371 号

饶鲁思想研究
RAOLU SIXIANG YANJIU

许家星　著

人民出版社 出版发行
（100706　北京市东城区隆福寺街 99 号）

北京九州迅驰传媒文化有限公司印刷　新华书店经销

2025 年 5 月第 1 版　2025 年 5 月北京第 1 次印刷
开本：710 毫米×1000 毫米 1/16　印张：28.75
字数：545 千字

ISBN 978－7－01－027023－4　定价：115.00 元

邮购地址 100706　北京市东城区隆福寺街 99 号
人民东方图书销售中心　电话 （010）65250042　65289539

国家社科基金后期资助项目
出版说明

　　后期资助项目是国家社科基金设立的一类重要项目，旨在鼓励广大社科研究者潜心治学，支持基础研究多出优秀成果。它是经过严格评审，从接近完成的科研成果中遴选立项的。为扩大后期资助项目的影响，更好地推动学术发展，促进成果转化，全国哲学社会科学工作办公室按照"统一设计、统一标识、统一版式、形成系列"的总体要求，组织出版国家社科基金后期资助项目成果。

全国哲学社会科学工作办公室

目　　录

下　　编
饶鲁思想的历史影响

前　言

一、文献整理历程

如将朱子理学八百年的发展史,视为一座由不同时期的朱子后学所构成的绵延起伏的山脉,那么饶鲁(号双峰)①无疑属于这一广阔山脉中的卓尔不群者。饶双峰的思想集中于对四书的诠释,以其分析精密、立论新颖而对后世及海外朱子学产生了不可忽视的影响。

双峰这一"名不见经传"的小人物,无论是对国内从事中国哲学研究的学者,还是就专门从事理学研究的学者而言,皆是极陌生之存在。然而对我来说,双峰却有着别样的意义。在35岁至45岁这一青年到中年的宝贵十年里,我始终与双峰相周旋,直有欲罢不能之感。

从事双峰研究,于我而言,兼具任务与情感的双重意义。在十几年前主持的"江右四书学研究"课题研究过程中,我开始留意《饶双峰讲义》辑本的存在,继而在2014年参与朱子门人后学研究团队课题中,又主动承担了饶双峰部分的写作,2018年双峰文献的整理与思想研究初稿完成后,申请了国家社科基金后期资助项目。故开展双峰研究,对我就是必须完成的任务,本书就是我提交的一份拖堂的答卷。江右素称理学重镇,然对江右理学的研究并不发达。我忝为江右后学,对江右理学研究自然具有一份承担和热爱。而与双峰的相遇,使得这份承担与热爱有了具体依托。在对双峰的持续研究中,我愈发感受到双峰的独特性,深为其不应被湮没的著作和声誉而叹息不平。故彰明双峰之学的光彩,呈现江右理学的华章,就成为我自觉的情感认同。

从事双峰研究,使我的研究领域由朱子自然延伸至朱子门人后学,研究视线由中华朱子学扩展至东亚朱子学。在面对朱子后学研究这一课题之始,我对研究朱子后学有无意义及其研究方法这两个问题并不太清楚。事实上,学界对此是颇有看法的。早在20世纪初,日本学者井上哲次郎就认为日本朱子学者人数虽多,然多为平庸之辈,千篇一律,斥为朱子精神上的奴隶,实不如量少质优的阳明学者充满活力。在国内同样存在相同的声音。

---

① 参照学界惯例,本书在论述中多用"双峰",不作统一。

故如何推动颇显滞后的朱子后学研究,彰显朱子学人的特性与价值,成为当前朱子学研究的重要课题。幸运的是,双峰恰恰是朱子后学中极具个性、影响深远而又不幸被埋没于烟尘之人。故本书的下编,即通过历史的比较的研究,具体展现饶双峰思想的意义,希冀为朱子后学研究之价值作一证明。在研究双峰的过程中,我心头不时会泛起一种想法:为双峰述学,在一定意义上也是在为过去的、现在的和未来的所有朱子学者述学,为被埋没于深邃的历史烟尘中平凡而笃实的朱子学者发声。为无名之辈立言,似乎已成为我近年研究的一种取向,在这种研究中虽不无寂寞,然而心灵却感到充盈而自在。

在对双峰学的研究过程中,我深刻领会了理学与文献相结合这一问题的重要。记得2013年陈来先生确定研究对象的入选原则,是首选有著作传世者,如黄榦、张洽、真德秀、魏了翁等。严格来说,双峰并无完整著作传世,但我当时希望能在现有《饶双峰讲义》辑佚本基础上对双峰文献有所补充。以下简述双峰文献整理与思想研究的经过,这也可以解释双峰研究为何延宕如此之久了。

第一阶段(2013—2015年):我根据清人王朝璩《饶双峰讲义》(侯外庐主编的《宋明理学史》论饶双峰亦是用此书资料,该书收于《四库未收书辑刊》,1792年石洞书院刻本),对双峰的师承渊源及其《大学》《中庸》《论语》《孟子》思想作了较为细致的解读,发表了6篇论文。当时,我觉得对双峰思想的研究已经大体结束,就暂且转而研究朱子及黄榦等。但我始终未曾放下双峰,在对朱子后学的阅读中也时刻关注着有关双峰的信息。

第二阶段(2019—2020年):在研究停滞几年之后,我接触到元儒史伯璿《四书管窥》(四库本经部204册),发现里面存在不少《饶双峰讲义》所未曾有的新材料,该书特点是不仅引双峰说,更主要的是评双峰说。不仅针对双峰本人,且涉及受双峰思想影响的元代诸多学者。在研究过程中,我又发现《四书管窥》另一版本——民国黄群主编的"敬乡楼丛书"本第三辑之三(铅印本,1931年),它较之四库本有更多的为他书所无的新材料,如有全书"大意"部分,且有《论语》"先进"篇以下四库本所无者。该书元刻本藏于台湾地区,国家图书馆电子资源库亦有扫描本。于是我撰写了有关史伯璿论述双峰的论文。

第三阶段(2021年):这一年初我又有了新的发现,并解决了心中疑惑。即现存《四书大全》所引饶双峰说,多有不见于《四书辑释》《四书通》者,那它究竟来自何处?原来来自南宋吴真子《四书集成》。① 在国家图书馆所藏

---

① 该书被马一浮先生等认为失传了。

残留六卷本《四书集成》(即《论语集成》9—12卷,《孟子集成》6—7卷)中,
双峰说作为该书所引诸说之最后一位赫然在列,该书所引之说,多能与《四
书大全》说相应,且有他书所无者。可惜为残卷,而国家图书馆所藏《论语
集成》另一20卷本,却并无一条双峰说,颇可怀疑。同时,我感到现存双峰
自身资料虽然有限,但历史上学者对双峰评论资料却是出乎意料的丰富。
故我就以双峰之评的相关文字作为注释,与双峰正文并行,构成《饶鲁集》。
根据这些丰富的评注,我撰写了系列论文。这些文章主题只有一个,即宋元
明清朱子学者对双峰的批评与接受,可谓双峰学的诠释史和接受史。

我又考察了双峰学在东亚的影响。果不其然,仅在《韩国文集丛刊》中
即发现涉及双峰的资料十多万字,从崇儒的正祖到李退溪、李栗谷等众多朝
鲜儒者,皆曾就双峰之说发表了各自的看法,并不时展开激烈争辩,讨论极
为细微,体现了双峰思想在朝鲜儒学界有着不可忽视的影响。同时,我也对
双峰学在日本、越南的影响加以搜寻,但目前所获甚微。这种情况恐与双峰
思想的流传通过《四书大全》有关,也与传入国对朱子学的理解方式有关,
如果重视四书经注,则双峰必然是绕不开的存在。

目前研究中尚有不少不足不甘之处。如学界对双峰在日本、越南之影
响未能展开;《饶双峰文集》明代内阁书目尚有记录,而此书未再传世,甚为
可惜,它必定载有关于宋元朱子学的重要材料和思想;又《四库全书总目提
要》提及以记录双峰讲学为主的《永乐大典》本《饶双峰年谱》一卷,亦不见。
此外,双峰实有大量注释经典之作,如注释《小学》、《太极图说》、五经解等
著作,皆仅有不成系统之残余篇章存留,极为可惜。

二、主 要 内 容

本书分为上下编。上编从七个专题分别论述双峰的《大学》诠释、《中
庸》道论、《中庸》章句学、《中庸》工夫论、《论语》诠释、《孟子》诠释及经学
与蒙学、理学思想。

首章论述双峰对《大学》的诠释,双峰在明德、至善、格物、诚意等范畴
的理解上,确乎如史伯璿所言,是"勇背朱子"而自出新解。如批评"朱子补
传似乎说得太汗漫",指出补传中文字乃朱子所生造,不合经文之意,"表里
精粗,全体大用,亦是自立此八字,经传中元无此意"。似乎不大具有朱子
再传所应有的尊崇口气。第二章至第四章论述双峰的《中庸》解,此是双峰
最具创见部分。双峰受勉斋影响颇大,以"明道"二字把握《中庸》主旨,在
诸多方面质疑朱注,如质疑首章诸多重要之说皆当删除,包括"健顺五常之
德""人物"等说,提出"众人有性无中"等骇人之说。重视《中庸》的工夫

论,修改朱注"虽不见闻"为"虽当事物既往,思虑未萌,目无所睹,耳无所闻,暂焉之顷"。质疑朱子忠恕说,强调忠、恕之分;提出了"必先尊德性以为之本"说。在《中庸》分章上,提出与朱子不同分法,主张将全书分为三十四章六大节;反对《中庸章句》"首章为一篇之体要"说;主张以"天下达道"为限,将"哀公问政"章分为两章;将第二十六章至第三十二章视为第五节,主旨是论小德、大德,而非论天道与人道。第五章论述双峰对《论语》的理解,对朱注兼具继承与批评。如批评《论语集注》对仁、圣关系的处理,认为仁、圣之间存在等级差别。反对《中庸》之忠恕与《论语》相通,批评朱注犯了"主一而废一"的毛病。第六章论述双峰的《孟子》解,双峰在对心性的论述上,有不同于朱子者。认为"牛山之木"章所言心亦是仁义之心;批评《孟子集注》"神明不测"之论说向知觉之心,不合孟子思想,未能把握心是性与知觉之结合,"恐非孟子之意。盖心者,性与知觉之合"。双峰质疑"仁人心"章《孟子集注》的"又只说从知觉上去",主张此为义理之心,提出"天下之言性"章主旨是论性而非《孟子集注》主张的智。第七章论述双峰的经学、理学和童蒙思想教化。据辑佚所得,双峰现存经学论述主要是《易》学,多涉及乾卦,很大程度是解释程颐《易传》与朱熹《周易本义》的异同,体现了善于分析异同、比较得失的特点。双峰极看重童蒙教育,专门写有理学训蒙诗、注释朱子《小学题辞》、合编《白鹿洞教条》和《程董学则》等。《小学题辞》注遵循朱子之意,而加以通贯性理解,突出了理学教化以人性善为基础。《跋〈合编教条学则〉》强调《白鹿洞教条》与《程董学则》二者各有特点,分别指向学问纲目与日用准则,正好相补。双峰写有长篇《金陵记闻注辩》,就周程授受关系作出全面论述,体现了对这一问题的总结性认识,极具价值。另外,他对《太极图说》《西铭解》《定性书》三书之阐发,以对"太极"字义之阐发最为详尽。此外,双峰还留下若干条语录,体现了其理学工夫之方。

上述各章着力揭示了双峰对四书核心范畴新解所体现的思想意义,如格物、至善、诚意、性道教、戒惧慎独、心性等;各章注意把握双峰"多不同于朱子"的特色及其思想意义,呈现其在精细阐发朱子思想之时所作出的创造性诠释,形成了既源于朱子又不囿于朱子的思想特色,体现出朱子学在继承中寻求突破和发展的内在变动。

下编论述双峰思想的历史影响。该部分旨在借助历代学者对双峰四书学的引用、评价等来审视双峰思想的客观影响,以此重新定位双峰在朱子学及四书学史上的地位,尤其考虑到双峰因无著作传世而在历史烟尘中湮没已久的情况,这一点实有必要。这一部分分成四章,从两个角度来呈现双峰的历史影响：一是历史脉络的角度，即南宋至清的数百年间，考察每一时期有代表性的朱子学者（或四书著作）与双峰学之关系，以论证双峰学在整个朱子四书学发展轨迹上始终处于重要位置；二是空间地域的角度，讨论朝鲜儒学与双峰四书学之关联，可知双峰学受到朝鲜朱子学的普遍重视。双峰作为朱子后学在中朝朱子学交流史上发挥了桥梁中介作用，对朝鲜朱子学产生了广泛而持久的影响。就此时空、内外双重维度的研究，表明双峰在整个朱子学、四书学史上的地位不容小觑。

第八章论双峰与南宋朱子学，共四节。首节讨论双峰与其师勉斋在四书观点上的异同，以见出二者思想的内在继承与发展。次节就陈淳与双峰字义辨析之学加以比较，朱子学史上广泛存在"北溪之陈，双峰之饶"之说，乃是就二者治学皆具分析精密之特征而发，已道出二者作为朱子学分析学派之代表性。第三节则是对北山学派与双峰学的比较，二者同出勉斋一门然在后世声望不侔，本节力图阐明，尽管北山学在浙人数百年持续不断塑造下被封为"朱学嫡传"，实就对朱子学之影响来看，双峰更居于中心地位。第四节主要将在南宋影响颇大的赵顺孙《四书纂疏》与双峰学说之雷同加以比较，表明此前后之"雷同"显出后来者受双峰影响，从一个侧面展示了双峰学的思想魅力。

第九章以元代四位重要朱子学者为代表，分析双峰对元代朱子学的深远影响，本章共分三节。首节辨析新安理学家胡炳文究竟是"正饶氏之非"还是"一以饶氏为宗"，纠正学界对胡炳文的误解，认为其推崇双峰并深受其影响。次节论陈栎、倪士毅师徒对双峰的推崇，至被讥为"信朱子不如信饶氏"。就历史来看，元明两代四书学，实以新安之学为中心，盖《四书大全》以《四书辑释》为蓝本，新安之学又最受双峰影响。双峰之学得以载入《四书大全》而绵延至今，故双峰学实居于元明四书学之中心地位。第三节论史伯璿《四书管窥》对双峰的批评，双峰思想以见解新颖著称，时有不受朱注拘束"越轨"之处。史伯璿是具有极强护教情结的朱子学者，他不惜穷三十年之力，著成《四书管窥》一书，专门针对双峰200多处不同于朱子的观点加以批评，旁及宋元受双峰"流毒之害"的八家。此一专门"辟饶"之作，足证双峰思想影响之广泛。这也是朱子学中极为罕见的情况，八百年朱子学史唯有双峰一人享此"尊荣"，诚可谓"双峰现象"。此"双峰现象"反而充分坐实了在宋末至元代的朱子四书学版图中，双峰的中心地位和强大影响所烙下的深刻历史印记。

第十章论述双峰与明清朱子学。首节论《四书大全》这一官学化朱子学著作对双峰的接受与放弃，并由此反思《四书大全》并非完全剿袭《四书辑释》之作，而是有所取舍。次节论明儒蔡清《四书蒙引》对双峰说的批评与接受，体现了双峰思想精细新颖的特点及对后世的影响。第三节论王夫之《读四书大全说》对双峰四书解的认同与批判，该书对双峰多达百余处观点（朱子后学最多者）进行详尽评析，批评极为严厉，褒扬亦不吝于辞。应该说，在所有朱子后学中，双峰赢得了船山最大程度的重视，体现了双峰思想的精密、深刻与新颖。第四节则以清儒陆陇其对双峰的批评与认可为中心，显示出双峰思想影响之久远。

以上三章分别从宋元明清挑选 10 位有代表性的学者，考察其著作与双峰思想的联系，表明双峰之学在长达数百年的历史长河中始终受到一流朱子学者之重视，对朱子学发挥着不可忽视的影响。

第十一章讨论朝鲜儒者对双峰四书思想的接受与批评。第一节讨论他们对双峰《大学》思想的认识，他们就双峰关于"智"之定义、"顾"之解析、"表里精粗"所指、诚意与善恶之关系、"诚意"章在全书之地位、"懥"之字义、"矩"之含义等加以热烈辨析，形成正反不同意见，体现了与中国朱子学者问题意识之异同。第二节是朝鲜儒学对双峰《论语》学的批评与接受。他们对双峰的若干名物考辨有所辨析，对其关于心与魂魄之关系、三仁与伯夷叔齐之异同、性相近之解、忠恕之含义、本末与理事等诸多论题作出了深入的辨析，客观上促进了对理学及双峰学的认识。第三节论朝鲜儒学对双峰《孟子》学的批评与接受。重点讨论了"浩然之气"章"馁"之所指、"生之谓性"章之理与气、"求放心"之心指义理还是知觉等，皆引起了臧否不同的纷纭之声。第四节论朝鲜学者对双峰《中庸》学的批评与接受。双峰关于《中庸》章节之分，首章诠释中庸、中和、费隐、忠恕、鬼神、诚等诸多不同于朱子的特出之见，引起了热烈讨论。总之，本章具体呈现了朝鲜儒学对双峰四书思想的接受与批评，其中既有与国内学者相通之处，更有不同之处，体现了不同背景下学者对双峰思想解读的共同性与差异性。以双峰学为案例，可以见出中朝朱子学旨趣之异同，显现了无论从批判性治学精神还是就内在问题诠释而言，双峰对朝鲜朱子学的发展发挥了积极的促进作用，也更丰富地呈现了双峰作为后朱子学时代具有重要影响的学者形象，彰显出双峰在四书学及理学史上应有的地位。

三、研究现状、意义与方法

（一）研究现状

学界有关饶鲁的研究成果，可谓极为贫乏。一是在通论中国学术史、儒学史、经学史、哲学史的著作中，如《中国学术通史》《中国儒学史》《中国思想史》《中国经学史》《中国经学思想通史（上）》等皆无饶鲁的踪迹。二是在少数著作，如侯外庐主编的《宋明理学史》将饶鲁置于第三编元代理学第二十六章"饶鲁与吴澄的理学及其历史地位"中，在此章之前，分别以两章论述了赵复、许衡、刘因的理学思想。可见在编者看来，饶鲁是作为吴澄的附庸而出现的，否则不可能被置于元代理学的范围内。如根据《宋元学案》的编排，作为勉斋弟子的饶鲁与北山学并列，故《双峰学案》紧挨着《北山学案》。但北山学派在《宋明理学史》中被独立安排在宋代理学编。可见在《宋明理学史》编者眼中，双峰已不足以独立成章，不能与声名显赫、被写入《宋史》《元史》、被陪祀于孔庙的北山四先生相提并论了。这说明随着时代的推移，双峰地位和影响逐步下降，已经渐渐湮没于历史的尘埃中了。2021年出版的《中国哲学通史》宋元卷仍袭此安排。

大陆学者除本人之外，邓庆平和冯兵皆有关于饶鲁师承，尤其是研究他与勉斋关系的论文。台湾地区史甄陶则有两篇论文论及饶鲁的《中庸》学。① 韩国学者姜智恩整理了金生长的《经书辨疑》中十三条对双峰的批评，分析了赵翼的《中庸私览》，整理了赵翼对双峰《中庸》分章的吸收，中肯地指出"饶鲁之说以详尽分析为特色"②。台湾政治大学陈逢源教授2021年指导完成了两篇相关硕士论文，分别为谢幸芬的《饶鲁四书学研究》、庄梅秀的《北山与双峰〈四书〉诠释比较研究》。

（二）研究意义

研究饶双峰这位不知名的人物，其意义何在？

一是在于"发现一位沉默者"，一位其实并不曾沉默，也不应该被沉默的学者。透过对双峰思想的挖掘，可以使我们窥见后朱子学时代朱子学内部发展演进之轨迹，丰富我们的认知。原来在朱子四书学数百年发展史上，无著作流传的饶双峰居然是一位绕不开的人物。不懂饶双峰，就无法彻底理解元代新安之学，就无法真正理解《四书大全》，也无法充分理解船山的《读四书大全说》。

二是深入理解朱子学。朱子学绵延八百年的学脉，构成整个东亚学脉

---

① 史甄陶：《论饶鲁与朱熹对〈中庸〉解释的异同》，《思辨集》2006年第9期；史甄陶：《〈中庸通〉对饶鲁的批评与吸纳》，《家学、经学与朱子学：以元代徽州学者胡一桂、胡炳文和陈栎为中心》，华东师范大学出版社2013年版。此外，廖云仙《元代论语学考述》第八章《史伯璿〈论语管窥〉》（台湾新文丰出版公司2005年版，第445—503页）有一小节涉及史伯璿对饶鲁《论语》说的辨析。

② 姜智恩：《被误读的儒学史：国家存亡关头的思想，十七世纪朝鲜儒学新论》，台湾联经出版事业股份有限公司2020年版，第216页。

之主轴，其丰厚的学术资源实远未得到应有的研究与开发。对双峰的研究，有助于形成对朱子学更准确深刻的认识，譬如对以往习焉不察的吴澄的"北溪之陈，双峰之饶"之说，就有了新的认识，它其实道出了以北溪、双峰为代表的朱子学中的"分析学派"，这也是朱子学在整个中国哲学史上的特殊之处，是朱子格物穷理精神的真正体现。其重视概念解析之方法，对当下中国哲学的研究仍然具有方法论上的启示意义。它促使我们思考，绵延广袤的朱子学在长期的发展过程中其实形成了形态多样的理路与特色，这有待于学人来挖掘。

三是重新理解宋元学术史。前人之史皆是由后来者叙述而成。在宋元朱子学史上，以何基、王柏、金履祥、许谦为代表的北山学派（金华学派）被塑造为"朱学嫡传"，这一观点的提出始于元代金华学者黄溍、吴师道等人，此不嫌于自夸而颇带争夺道统意味之言，带有很强的地域与学派情结，并不断得到后世浙人的认同，如明初金华学人宋濂等。黄宗羲、全祖望的《宋元学案》进一步宣扬之。然据本书研究来看，北山"嫡传"实是浙人建构之言，据实而论，实多异化为知识之学。其对朱子后学四书学之影响，实不如双峰之巨。

四是重新理解学术传承与创新之道。"述而不作"精神与注疏体的结合，构成中国传统思想学术的基本表达形态，就朱子本人而言，其治学亦特重注疏形态，且呈现为一个由《论孟精义》之选取汇编到《四书章句集注》之精选注文的过程。实际上，在"述而不作"的选注过程中，亦充满了"寓作于述"之精神，并直接以按语形式表达新解。而《四书或问》则极为鲜明地展现了朱子的批判反思意识。故在朱子那里，继承、批判、创新是融为一体的，《四书章句集注》为最终、最浓缩之表达。朱子后学很好地继承了朱子这种继承与创新相结合的精神，饶双峰即堪为继承朱子思想精神的一个典范，其自信狂放、善于穷理、立异朱子之特色，完全呈现出朱子学生气淋漓、自由探究的面向，而毫无株守、迂腐气息。而双峰思想的表达又完全建立在对经文，尤其是对朱注涵泳咀嚼的基础上，体现了严谨细密的风格，真正做到了朱子所要求的读其书"不可一字放过"之告诫。故就反思精神和穷理方法言，双峰实可谓克肖朱子，故能在不计其数的朱子后学中卓然而立，自成一家，虽历数百年而不磨。此是研究双峰过程中个人感触最深之处。

五是重新思考学术与历史政治的关系。就双峰学术水准与其后世评价而言，凸显了一个学术与政治之关系的普遍问题。虽同为勉斋亲传，以何基为首的北山四先生集体进入《宋史》《元史》的历史叙述之中，集体进入孔庙陪祀，并被戴上"朱学世嫡"的桂冠，被视为朱学正统，获得了作为儒者的最高历史荣誉。相形之下，江西、安徽、福建作为理学重地，自朱子三传以来至元代，仅有吴澄一人在争议中被写入正史，进入孔庙。而新安理学、双峰学派则遭到忽视，这体现了浙江学人凭借长期、稳固、优势的政治和学术话语权，对本地学者学术地位的塑造。就此而言，重新挖掘评价以双峰为代表的宋元学者，就具有了某种还原历史真实、分疏历史政治与学术关系的意义。

（三）研究方法

本书写作主要采用了两种方法，一是比较分析的方法。朱子学既重视穷理分析，亦特别着眼比较。朱子所从事的经典诠释工作，大都带有比较而论的性质。如《周易本义》针对《伊川易传》而立论，又如《四书章句集注》对各说之选取，亦是反复掂量比较之结果，其过程之艰辛与繁难，延续至朱子生命的最后时刻。每一朱子后学在诠释朱子思想之时，必先有一个对朱子说如何理解之前见视域，而作为对朱子后学的再诠释，则必须比较朱子本人之说与朱子后学（如双峰）说，这是无法回避的，它同时考验着研究者对朱子思想与朱子后学思想的双重理解。故"比较而观"的方法始终存在于研究过程中。

二是历史的综观法。于今日而言，双峰是一埋没在历史烟尘中的无足轻重的不知名学者。然就综观历史而论，双峰在南宋末期已然是一位非常活跃且有着重要影响的理学大家，在死后不久即蒙朝廷准许，祭祀于其讲学之石洞书院。而何基去世后并未能获得此等荣誉，吴师道因此颇为北山打抱不平，此反衬出双峰在当时之影响，似高于北山。其次就元代朱子学而论，新安理学家陈栎、倪士毅师徒，胡炳文等虽皆为乡里老儒，却推崇双峰之说，大量采入之，最终使得双峰说因缘际会而进入明清两代官学之主流。此等历史脉络，已然勾勒出双峰学之主流地位。又就学者而言，眼光极高的王船山，尽管对双峰说多有嬉笑嘲讽之语，然于朱子后学诸家中实最重双峰。故通过四书学之学术史研究，断然可知双峰之历史影响。

四、双峰学之定位

双峰在朱子学中的定位颇见纷纭，其在朱子学史上的地位亦颇见起伏。就学脉而言，作为朱学嫡传一支的双峰并没有被史家认同为勉斋之后的朱学嫡传，而与其同出勉斋的北山学派则被浙人制造为"朱学世嫡"；不仅如此，双峰以其多不同于朱子的思想，甚至被浙人史伯璿视为妄议朱子之罪魁祸首、朱学之歧出。学脉上的嫡出与精神上的歧出，是对双峰两面性的一种判定。而在新安陈栎看来，双峰则体现为另一种两面性：精神正常时对朱子学的精妙发挥和心羔时对朱子狂妄批评的可爱与可恶之矛盾体。但这两种看法皆仅是就双峰与朱子之关系远近而言,第三种看法虽仍将其置于朱子的参照下,但更多地肯定了双峰自身的才学,如南宋蔡杭赞双峰为"孙枝秀出",认为在对朱子"闻而知之者"中,双峰实"罕见其比",乃"秀出等伦之士"。"秀出"的评价其实也在前述两种看法中得到隐约呈现,"秀出"的实力使得双峰在朱子学史上始终具有不可忽视的影响力,在以信服双峰的元代新安朱子学为根柢所构建之《四书大全》学中,双峰之影响远超所谓北山嫡传。故余敬服蔡杭将双峰定位为朱子再传中"罕见其比"的"孙枝秀出"者。

双峰之学具有精密、新颖、批判、自信的特色。其穷理之精密、分析之细腻,获得了海内外学人一致认同,"讲理极精"成为双峰治学的特出之处,这也是对朱子治学精神方法的最好继承,使得双峰成为朱子再传中能够与被朱子赞为会看文字的北溪相提并论者,甚至犹有过之。注重讲理而非考证句读,成为双峰学与北山学的一大差别。勇于质疑、善于创新是双峰为学的另一特质。这充分表现于对朱子四书学的突破,双峰的反思创见皆建立于对文本的分析之上,具有很强的立论基础。如质疑朱子补格物传,既从文本上认为并无缺文,又从自身工夫上指出朱子补传并不切合日用工夫。双峰锋芒毕露的反思质疑既引起了史伯璿等护朱者的不适,也获得了陈栎、胡炳文、倪士毅及北山学者、朝鲜学者等众多学人的欣赏与共鸣。自信狂妄是双峰人格气象的一个标志,"自号饶圣人",被尊称为"饶子",这种自信、自由的精神气象颇类似江西象山心学。用朱子的话讲,双峰滋养于江西山水之中,也具备了此一方水土所具有的"好拗""硬做"的精神,①朱子批评象山的好奇立异精神,后人亦用来批评双峰,"多立异于朱子"②。尽管未见双峰直接与象山学有关之文字,然就其师勉斋包容象山,其弟子程若庸对象山之欣赏,及再传程钜夫、吴澄之合会朱陆来看,双峰当是亦不排象山或抱有乡贤之敬意。

五、双峰的学术遭际

双峰理学成就的取得,与其成长的理学环境、坚定的治学路向有关。他生长于饶州这一理学重地,先后师从柴中行、李燔、黄榦等朱门重要弟子,接

---

① "大概江西人好拗,人说臭,它须要说香。"（宋）黎靖德编:《朱子语类》卷二十,《朱子全书》第十四册,上海古籍出版社、安徽教育出版社2002年版,第679页。"江西山水秀拔,生出人来便要硬做。"（宋）黎靖德编:《朱子语类》卷二,《朱子全书》第十四册,上海古籍出版社、安徽教育出版社2002年版,第149页。

② "江西士风好为奇论,耻与人同,每立异以求胜。"（宋）黎靖德编:《朱子语类》卷一百二十四,《朱子全书》第十八册,上海古籍出版社、安徽教育出版社2002年版,第3879页。

受了纯正理学教育,具备传承理学的担负意识。他科举一试不中,即不再问津此路,而专志学术,声望日隆,执掌了白鹿洞书院、石洞书院等众多知名书院,获得了朝廷的旌祀,为当时理学的教育与传播作出了重要贡献,培养了一大批杰出的理学人才,如程若庸、吴可迁等。但双峰显然是不幸的。其所著大量著作,多年讲学讲义皆不传于世。不惟如此,其杰出弟子程若庸同样执掌临汝、安定、武夷等诸多知名书院,同样培养了南方理学诸多人才,而被时人认为堪与《北溪字义》《西山读书记》鼎立的《增广字训》六卷本,自明以来所传世者却是仅有字义部分的一卷本,且招致劣评。双峰一系极具声望之吴澄,却对双峰颇有微词,斥其与北溪同为朱子训诂章句之学的代表。双峰不幸中之万幸在于元代新安理学家陈栎、胡炳文、倪士毅皆深受其影响,在所著四书类著作中大量引用双峰之说。又因《四书大全》以新安一系《四书辑释》为蓝本,从而使得双峰有关四书之解得以选入《四书大全》,由此未至湮没而流传后世。另一对双峰有保存之功的则是双峰的坚决反对者,元代史伯璿所著的《四书管窥》。该书是一部以批判饶双峰为中心而兼具对元代朱子学一系四书诠释的批判性大成之作,他对双峰的专门批判无意中传承了双峰思想。应该说,双峰对宋末以来的南方朱子学产生了重大影响,成为朱子四书学研究中一位绕不开的影响全局的人物。双峰之后产生的在四书学史上有影响的著作,多受到双峰之说的影响。如赵顺孙的《四书纂疏》、吴真子的《四书集成》等。双峰对元代朱子四书学的影响更为明显,明代以来,双峰说进入《四书大全》这一构成明清朱子学主流之渠道,影响更为深远。蔡清、王夫之、陆陇其等各时代的一流朱子学者皆对双峰之说加以逐条严肃评析。就海外影响来看,朝鲜朱子学从研读《四书大全》《性理大全》入手,双峰的分析方法、批判精神、创新观点影响了他们,成为推动朝鲜性理学发展的有益因素。

双峰作为南宋江西朱子学的代表,受到朱子弟子李燔、黄榦之学的深刻影响,治学以四书五经、理学经典著作诠释为主,以精细、新颖、批判之学对朱子加以阐释,呈现出新、精、狂的特色。从哲学的角度来看,他并没有对朱子的理气、心性、工夫等思想提出挑战,但是在具体哲学问题的认识上则对朱子颇持异议,即他对朱子学虽然有照着讲的一面,但已经呈现了接着讲的趋向,这在朱子后学中是很突出的。具体表现在不满朱子的格物及补传,突出诚意的地位,强调尊德性工夫,突出知觉之心与义理之心的辨析,显出与"心学"所似的取向。他当然没有走向象山心学,但他对朱子权威的突破,狂妄自信的精神却已经带有"心学"的色彩。就其弟子程若庸、再传程钜夫及吴澄对象山心学的逐渐认同来看,应该说双峰对象山学持有相应的包容。

故双峰可谓朱子后学中勇于直面朱子成说、提出自家新解、富有创新精神和自信性格而影响深远的学者。他的影响体现在两个方面:一则是他对朱学的批判反思,使得作为其后学的程若庸、程钜夫、吴澄等皆秉持这一精神,从而在纠正朱学流弊的过程中,自然接受了朱学中与象山学相通的若干合理成分,以矫正朱学,进而打破了越来越严密的朱陆的对立性,引导了朱陆合流之说,这在朱学后学中及宋元朱子学史上皆是值得瞩目的大事,体现了朱子学中批判、开放的一面。双峰固"多不同于朱子"而无疑成为"非正统朱学"的代表,对此后"朱陆异同"思潮的产生似乎具有正面影响。二则是他对正统朱子学的重要影响。这一点罕见人道,故本书下编着力呈现此点。总之,如果不了解饶双峰的文本及思想,显然无法真正全面、深入理解宋末以降的朱子学,尤其是朱子四书学的演变。这也是本书烛幽显微的追求所在。

在八百年的朱子学发展史上,在精英无数的朱子后学之中,像双峰这样具有思想魅力、批判精神、自由自信,引发诸多争议,甚至在若干观点上(如《中庸》章节之分)能与朱子分庭抗礼者,可谓鲜矣。然在复兴优秀传统文化、重振经学研究、强化东亚儒学的当下,双峰的思想光芒自有其不容掩而不可掩者在。希望拙著能为阐明乡大儒双峰先生之学略有所益,为广大精微、辉煌巍峨的朱子学大厦垫上一素朴石砖。

上　　编

饶鲁哲学思想研究

以朱子学为中心的理学,南宋以后一直居于我国传统社会的思想主流,影响了一代又一代学者,形成了一个所谓的"后朱子学时代"。朱子后学在继承朱子思想的同时,亦从自身理解出发对朱子学作出了种种不同的诠释,推动了朱子学的发展。饶鲁作为朱子再传,在朱学的统绪中享有"上接黄榦,下开吴澄"的地位,其对朱子思想——尤其是朱子哲学思想的诠释,对南宋以降的朱子学产生了重要影响。本编将逐一探讨饶鲁对朱子《学》《庸》《论》《孟》的再诠释,突出其对朱子之修正与发展。

第一章 饶鲁《大学》诠释及对朱子之突破

第一节 "因其本明而明之"

饶鲁对理学核心文本《大学》的明明德、至善、格物、诚意、正心诸命题皆提出了新解，反映出作为朱学嫡传的饶鲁在继承发展朱子之学的同时，亦对朱子思想提出了异议，对后来的朱子学产生了切实而重要之影响。饶鲁对《大学》甚为重视，认为《大学》一书，可尽圣人之教。圣人所教，无非是《大学》所论。但他对《大学》的理解与朱子颇有不同。即以"明德"而论，朱子认为，明德有时为气禀、物欲二者所拘，导致昏暗不明，但本体之明则从未间息，时有发露，故学者当据其显发而开展实践工夫，以复其本初之明。双峰反对此说，指出据经传之意，"明明德"只是因本来光明之德而明之，并非既昏之后而明。双峰与朱子对"明"的理解存在差别，朱子之"明"有体用两层义，作为心之体的"明"是未尝息者，而"有时而昏""因其所发"者则是后天用上之明。双峰提出不同看法：

> 饶氏谓"明明德"，《章句》说是明之于既昏之后。某以经传文意详之，似只说因其本明而明之。①
> 明之之功有二：一是因其发而充广之，使之全体皆明。一是因已明而继续之，使之无时不明。②

他着眼于本体之明，主张明之之功，亦是依据本体之明、本来之明而发，并非要在"既昏之后"才去明之，本体之明本自未尝间息，不存在"既昏"的情况。故"明"的工夫有两面：一是因其发而充广之，最终达到全体之明，从空间上强调心体之宽广；二是因其已明而继续之，达到无时不明，从时间上强调心体之绵延。无论是因其已发还是已明，皆是从正面立论，并未涉及

---

① （元）史伯璿：《四书管窥》卷一，《景印文渊阁四库全书》，上海古籍出版社 1987 年版，第680 页。
② （清）王朝榘：《饶双峰讲义》卷二，《四库未收书辑刊》第二辑，北京出版社 2000 年版，第353 页。

《大学章句》的"物欲、气禀、既昏"说。双峰此解体现了本体用功的思想。盖本体之明如良知、源泉一般，其初甚微，须扩而充之之功，方能光明广大，至乎其极，并非"昏"而后充之。而朱子一贯强调变化气质、消除病痛之工夫，惯于从"拘、蔽"角度立论。就文本而论，的确看不出"既昏、拘蔽"之义，双峰说于文本不为无理。双峰还认为朱子《大学或问》在明德与新民关系上存在矛盾，既说"新民之事在明德中"，又说"自明已德于天下"，造成只有明德而无新民，应说"使天下之人皆明其明德也"，批评朱子以体用解明明德、新民过于割裂了二者的内在联系。这一说法颇能代表对朱子明德、新民关系的批评。

第二节　"至善只是事物当然之则"

双峰对"至善"的理解与朱子的差别在于以"当然之则"还是以"当然之极"来解释至善，此分歧与朱子、象山关于"极"的争论颇为相似。[①]

朱子认为"至善则事理当然之极"，双峰改"当然之极"为"当然之则"，提出"至善只是事物当然之则，非指造极之地而言也"[②]。史伯璿《四书管窥》列出饶鲁《四书辑讲》关于《大学》纲领的论述，有三处不同于《大学章句》者，此为首条。

> 饶氏《辑讲》论大学纲领，其不同于章句者有三。一谓至善是事物当然之则，非指明德新民造极之地而言也。……盖饶氏之意亦以为至善之至，是无过不及之意。若以为至极之义，则过乎中而不可以为训矣。[③]

史氏详尽剖析了双峰之说，指出双峰将"极"换为"则"，意在强调至善作为无过不及之中的准则意义，若作为"极"，则似乎偏于极处而过乎中，因而把"止于至善"的"止"解为"毋过毋不及之谓"，朱子则解为"必至于是而不迁之意"。他批评双峰的理解存在问题，因《大学章句》言"事理当然之

---

① 象山主张以"中"训"极"，朱子则主张以"至"训"极"。象山云："盖极者，中也。"（宋）陆九渊：《与朱元晦》，《陆九渊集》卷二，中华书局1980年版，第23页。朱子则认为："极者，至极而已。"（宋）朱熹：《朱文公文集》卷三十六，《朱子全书》第二十一册，上海古籍出版社、安徽教育出版社2002年版，第1567页。

② （清）王朝渠：《饶双峰讲义》卷二，《四库未收书辑刊》第二辑，北京出版社2000年版，第354页。

③ （元）史伯璿：《四书管窥》卷一，《景印文渊阁四库全书》，上海古籍出版社1987年版，第678页。

极""天理之极",本就含无过不及之义,"极"突出了"尽乎十分"的极致之义,表明即便"当然"之事,亦应做到十分,否则仍有不当然的成分。故"极"并非过中,乃是"中"之所在,"直至十分全尽方是恰好处,方是无过不及之中"。史氏批评双峰此说未突出十分极致之义,有降格以求之意。客观而论,饶鲁将"至善"理解为"当然之则"亦有所见,本质上与朱子"当然之极"并无矛盾,但彼此关注的侧重点不同而已。若就文义论,朱子解更为可取。

双峰在"君子无所不用其极"处继续辨析"极"与"至善"之别,指出"极"是穷尽无遗,无所不至;"至善"则是无过不及之中,并非穷尽。史氏认为:"双峰谓'极'与'至善'二义不同。此'极'字是以穷尽无去处为极云云。若'至善'之'至',则是以无过不及为至,非穷极之义也。"①双峰在"止于至善"的传文中再次强调"至善"为"中"而非"造极"。

> 饶氏谓但曰"止于仁止于孝",而不曰"止于至仁至孝",以此见至善只是事物上一个无过不及底道理,非穷高极厚之谓。②

双峰认为传文言"止于仁孝"而非"至仁至孝",至善仅指日用事物的无过不及而非极致。史氏则指出此处五常即是为人之至善,况以文王之仁孝为例,自然是十分极致了。"极致"与"中"之义本来相通,双峰如此强调"中"与"至极"的差别,是因为担心五常过其分,因而在实践上凡事皆不敢做到十分极致,便自以为是了。就儒家思想而论,无过不及之中与十分极致之至善当然可以相通,经文言"中庸其至矣乎"即是明证,至善境界当然也是中庸境界。对此双峰不可能不知,双峰不满于极致穷尽说而力主无过不及说,意在强调道的现实性、平常性,特别是简易性、可行性,而不寻求所谓十分极致的至善。双峰对"亲贤乐利"的阐发亦体现出面向大众,求其简易可行的动向,提出"所谓新民之止于至善者,非是要使人人为圣为贤"。

第三节　"格物只要穷究那日用事物当然之则"

双峰格物解与朱子的差异主要体现在三个方面。首先,从"至善"的角度理解"格物"。他说:

---

① (元)史伯璿:《四书管窥》卷一,《景印文渊阁四库全书》,上海古籍出版社1987年版,第688页。

② (元)史伯璿:《四书管窥》卷一,《景印文渊阁四库全书》,上海古籍出版社1987年版,第688页。

　　愚谓《大学》之要只在止于至善上，格物是随事随物每每要穷究到
至善处，致知是要推致其知识，使之知此至善。不必别为之说。①

　　格物只要穷究那日用事物当然之则，以知吾所当止之地，非是欲人
穷极事物之理以至于无所不知也。②

　　双峰提出《大学》要领只是止至善，格物亦不过是随事随物穷究其至善
所在，致知则是推致自身已有知识，使其知至善所在，此外别无格致之说。
又说格物是从知上探究日用事物当然之则的明理活动，以获得人生安身立
命之道，这种求知明理的活动是有所止的，并不是要人无限地穷尽事物之理
扩充知识，以达到无所不知的境界。显然，双峰的"当然之则"说与"穷究到
至善处"说是相应的，还是针对朱子"当然之极"而发。朱子格物之解处处
强调"极"，如"欲其极处无不到""以求至乎其极"等。当然，朱子格物说实
质上亦归本于成就圣贤人格，也是有所止的，"知至只是到脱然贯通处"，与
双峰说并无根本不同，但朱子"穷尽事理、无不知、无不至"等表述包含更广
阔的内容，容易将学者引导至一味向外道问学的支离之学的路上。双峰此
解，恐亦针对现实流弊而发。故史伯璿将双峰格物说列为不同于《大学章
句》之二。

　　其次，双峰就文本批判朱子"知本"衍文说。朱子引程子说指出《大学》
第五章本来是阐发格物传而文已亡逸，所残留的"此谓知本"乃是衍文，这
其实是因为程朱对文本移位改动造成的后果。双峰则提出相反看法，言
"知本即物格之误。'知'字仿佛与'物'字相类，'本'字从本（应是木），亦
是'格'字偏旁"③，指出"知本"实非衍文，乃是"物格"之误，如此正好和下
文"知之至"对应起来，文义通畅。

　　最后，双峰又就为学工夫批判格物补传。史伯璿言：

　　饶氏谓朱子补传似乎说得太汗漫，学者未免望洋而惊。如既谓
"即凡天下之物"，则其为物不胜其多。又谓"因见其已知之理而益穷
之，以求至乎其极"，不知又何处是极。"表里精粗、全体大用"，亦是自

①　（元）史伯璿：《四书管窥》卷一，《景印文渊阁四库全书》，上海古籍出版社 1987 年版，第
　　692 页。
②　（元）史伯璿：《四书管窥》卷一，《景印文渊阁四库全书》，上海古籍出版社 1987 年版，第
　　679 页。
③　（清）王朝榘：《饶双峰讲义》卷二，《四库未收书辑刊》第二辑，北京出版社 2000 年版，第
　　355 页。

立此八字,经传中元无此意。①

双峰认为补传过于空疏阔远、汗漫无边,无法真正引导学者切近下手用功,徒增其茫然无绪之困惑。如"即凡天下之物"说就使学者茫无头绪,因为天下之物太多了,到底从何入手呢?事实上朱子格物说的确造成了现实中学者无从入手、盲目用功的情况,最典型者当属阳明格竹了。又如,"因见其已知之理而益穷之,以求至乎其极"说,根本就没有交代用功的最终归宿所在,只是泛泛而谈"至乎其极","极"在何处、何者为"极"等皆无体现,无从下手。这再次反映双峰反对"极"而主张"则"的思想。他还批评朱子所自创用语"表里精粗、全体大用"乃增添《大学》文本所无之意,实属节外生枝,过度诠释。

第四节　"此章乃《大学》一篇紧要处"

对格物、诚意的看法如何,往往被视为汉唐与宋明《大学》解的区别,或作为理学(重知)与心学(重行)之别。就现有材料来看,双峰对诚意的重视似乎超过了格物,他提出"诚意"章"乃《大学》一篇紧要处"。朱子虽亦重诚意,然格物在其思想中无疑更为重要。双峰对诚意的诠释,不仅多有与朱子不同处,且显示了重践行的特质。

其一,双峰所论"诚意之紧要"有着文本形式上的依据。他对此加以详细论证:

> 传之诸章释八事,每章皆连两事而言,独此章前不连致知,后不连正心,单举诚意为一章。盖知至意诚固是相因,然致知属知,诚意属行,知行毕竟是二事,当各自用力,不可谓知了便自然能行,所以诚意章不连致知说者为此。正心诚意虽皆属行,然诚意不特为正心之要,自修身至平天下皆以此为要。故程子论天德与王道,皆曰"其要只在谨独"。天德即心正身修之谓,王道即齐家治国平天下之谓,谨独即诚意之要旨。若只连正心说,则其意促狭,无以见其功用之广大如此。②

---

① (元)史伯璿:《四书管窥》卷一,《景印文渊阁四库全书》,上海古籍出版社1987年版,第690—691页。

② (清)王朝渠:《饶双峰讲义》卷二,《四库未收书辑刊》第二辑,北京出版社2000年版,第356页。

　　"诚意"章与传之诸章有一个很大差别,各章皆是两目并提,唯"诚意"章单举"诚意"而不言其他。不与上一节目"致知"连说的原因在于:知至、意诚分指知、行,二者虽紧密相因,然知行各有其用工领域,不可混淆,不可取代,由此突出了诚意的独立性和重要性。不连下一节目"正心"说的原因在于:尽管诚意、正心皆同属于行,但二者地位不同,诚意居以下各目之要,不仅贯穿正心,且兼总修身、齐家、治国、平天下诸目。诚意地位特别重要,程子言天德与王道"其要只在慎独"即证明此点,天德对应正心修身,王道相应齐家治国平天下,慎独乃诚意之要领,由此可将程子说转换为"正心修身齐家治国平天下其要只在诚意"。设如诚意仅与正心相连而不贯通以下诸节目,则无法突出诚意作为全篇紧要的广大功效。本章行文之痛快亲切,亦表明诚意"乃《大学》一篇紧要处"。传者从三个层次痛快透彻论述了诚意,首先从慎独入手谈诚意之方,中间反面论述小人不慎独之情态以为惩戒,最后描述了诚意所获得的效用,以劝勉学者。此三层含工夫、惩戒、劝勉义。

　　其二,双峰就身、心、意三概念间的关系突出诚意之要。心为身之主宰,而心又有赖于意为之机窍,意决定心身之走向。"身以心为之主而心以意为之机。"人之四辟,在于"心之不正耳";心之忿懥,又在于"意之不诚耳"。归根结底,心身皆端赖于意诚与否。意若诚,则必慎其独而心无敢失其正,身无敢流于偏辟。由此,双峰很自然提出"诚意即正心修身之要也"。为突出诚意的地位,他还将《大学章句》"自修之首"改为"自修之要",认为"首"有次序第一、地位重要两层含义,而"要"仅有"首"之重要义。他特别阐发了诚意与下两章的紧密关系,强调"诚意"为"正心修身之要","诚意"章虽独释诚意,然在思想内涵上已包含了"正心""修身"章之内容,正因诚意对"正心""修身"章影响如此之大,故"正心"章《大学章句》删除之亦可,"七章章句注文似可省"①。这充分表明了诚意统摄意义之强。故史伯璿将饶氏此点视为其不同于《大学章句》之三。

　　其三,双峰就意与事之关系深入阐发,以突出诚意工夫的重要。他说:

　　　　盖出门使民洒扫应对,事也;所以主此事者,意也。事形于外,固众人之所共见;意存其中,则己之所独知,故谓之独。意与事相为终始,意之萌,事之始也;意之尽,事之终也。自始至终,皆当致谨,岂特慎之于

---

　　①　(元)史伯璿:《四书管窥》卷一,《景印文渊阁四库全书》,上海古籍出版社1987年版,第702页。

念虑方萌之时而已哉!《中庸》云"诚者物之终始,不诚无物",正此之谓也。①

一方面,二者有分:意为事之主,事为意之显。意存于中,己所独知;事形于外,众所共见,二者具有内外、隐现、主从、公私之别。另一方面,二者相连,相为始终,无有间隔。意识之萌发,即事物之开端显露;意识之收敛,即事物之隐没消失。可谓同肇于始,同归于尽。故此,慎独工夫应当如意念般贯彻事物之始终而非仅仅作用于意念初萌之时,这与《中庸》"诚者物之终始,不诚无物"息息相通,可谓"意者事之终始,无意无事"。饶氏对意与事的解释与阳明"意之所在即是物"说相通,但双峰是为了突出诚意工夫的彻始彻终。

其四,"用功之要只在慎独"。诚意用功最要者在于慎独,若在人所睹闻之处谨慎用功,未必是出于内心之诚意,可能是出于为人之学。而在人所不知己所独知之地用功,方是为己之学,方是诚意。饶氏首先辨析了对"独"的两种认识:

慎独亦不是专指念虑初萌时,故程子于洒扫应对时言慎独。②

《章句》以慎独为慎之于念虑萌动之始。某则谓念虑自始至终皆在所谨。③

一方面,独非专指无人可见时的独处,大庭广众之下的行为亦可为独,故程子认为如见大宾、如承大祭亦可言慎独,此解与朱子同。另一方面,独亦非专指意念思虑的初始萌发时,而是贯注事情始终,故程子在洒扫应对之日常事物上言慎独。此说乃针对《大学章句》"故必谨之于此以审其几"而发,以强调慎独工夫贯穿动静始终。意作为内在心理意识,任何情况下都只有自我体会最真,具有"独知"之特点,"故谓之独"。自始至终,自静至动,无时无处,皆须慎独。双峰继而修正了朱子慎独的"审其几"说,认为其内涵是道德之"善恶"而非存在之"虚实"。

---

① (清)王朝璩:《饶双峰讲义》卷二,《四库未收书辑刊》第二辑,北京出版社2000年版,第356页。

② (清)王朝璩:《饶双峰讲义》卷二,《四库未收书辑刊》第二辑,北京出版社2000年版,第356页。

③ (元)史伯璿:《四书管窥》卷一,《景印文渊阁四库全书》,上海古籍出版社1987年版,第680页。

> 饶氏谓谨独只是审其善恶之几而去取之,如此则不自欺而自慊矣。《章句》谨独是审其实与不实之机。①

《大学章句》对"慎独"的解释是"然其实与不实,盖有他人所不及知而己独知之者,必谨之于此以审其几"。饶氏将"审其几"明确为"审其善恶之几",意为所审查之意识在性质上存在善恶对立,"善恶"表达了价值立场,"虚实"则仅仅表明意识之真、妄,指向事物的存在性而没有传达价值性,无论善恶皆有虚实两面。如对经文"诚于中形于外"之"诚",即有善、善恶兼具、实等不同理解。

双峰从善恶的角度突出"几"是不错的,但朱子"审其几"的"几"是否必定是虚实呢? 抑或包含了善恶呢? 事实上,朱子此处之虚、实已含善恶之义。② 然双峰突出意识性质的善、恶,足以表明其敏锐的道德感。

第五节　"心不在未便是心不正"和"以心为矩"

双峰对"心"的认识亦颇具特色。他对"心不在"与"心不正"作出区别,提出"心不在未便是心不正"说,实际上根源于对心的两种理解,即知觉之心还是义理之心。此解似对后来王夫之的正心说有所影响。史伯璿指出:

> 饶氏谓此以心不在,明心不正之害。心不在未便是心不正,视不见听不闻食不知味,未便是身不修,传者欲借粗以明精。心不在,则无知觉以为　身之主宰而视不见听不闻食不知味矣。况心不正,则无义理以为一身之主宰,亦何以视所当视,听所当听,食所当食而无不修乎? ……饶氏以释氏常惺惺为心在而不正之证,则是但以昏昧为不在,而不知放逸之乃所以为不在也。③

饶氏认为,"心不在"是以粗俗浅显之情况来表明更精致、更深层次的"心不正"之弊病,由此推出视不见、听不闻未见得就是身不修。饶氏将视、听、味觉与身区别开来,差别在于:视不见等是"心不在"引起的,身不修则

---

① （元）史伯璿:《四书管窥》卷一,《景印文渊阁四库全书》,上海古籍出版社 1987 年版,第 696 页。

② 朱子的"诚意"解颇为复杂,详参许家星:《论朱子的"诚意"之学——以"诚意"章诠释修改为中心》,《哲学门》2011 年第 24 辑。

③ （元）史伯璿:《四书管窥》卷一,《景印文渊阁四库全书》,上海古籍出版社 1987 年版,第 700—701 页。

是"心不正"引起的。"心不在"与"心不正"的"心"并不相同,"心在"的"在"表示一种存在,是人在情绪稳定的情况下应有的知觉之心,是表层的功能心。它作为身之主宰,控制视听言动等身体行为,保证心的知觉功能的实现。而"心正"之"心"则是指义理之心,是在知觉功能畅通基础上的价值判断,不仅是视而能见,而且是视所当视,非礼勿视,此义理之心、心正之心才是决定身修的关键。饶氏还以佛家"常惺惺"说为证,表明尽管学佛者力主提撕警省,保持此心常在而不昏昧,然其心虽"在"却早已不"正",因其所在之心已偏离了儒家的价值观念。可见心在与心正是有重要差别的:"知觉不昧为在,义理无失为正",心的知觉状态与心的价值状态是不同的,类似人心与道心之别。道心即义理之心,人心即知觉之心。但传文先言"心不得其正",后引"心不在焉"以为譬喻,表明"心不正"之害。知觉之心与义理之心虽有差别,实质只是一心,不过状态不同而已。尽管心在不等于心正,但心正内在包含了心在。《大学章句》对此皆以"存心"释之,指出应以"敬以直之"的方式来存心,兼顾了心在之心必是心正之心。饶氏的分析特意突出了义理之心与知觉之心的区别,显示了对佛儒之辨的警觉性,眼光独到而细腻,实发前人之所未发。饶氏还对朱子"忿懥"说作出颠覆性解释,提出"忿懥"不应当作一词,而是分指"怒之暴"与"怒之留"。恐惧好乐忧患与忿懥一般,皆是人情感之过当,是人心所不当有而非《大学章句》所言"所不能无"。

双峰"以心为矩"。双峰对"絜矩"亦有着不寻常之解。他指出,"矩非方也,乃所以为方之具也"。矩在现实生活中是作为工匠取材作方的标准工具,与之相应,君子平治天下亦离不开作为衡量取舍标准的矩,但此矩非物质性的工具,而是个人内在的良心,即心矩。双峰认为:"匠人度物以矩为矩,君子度人以心为矩。"①此说无疑是对《大学章句》隐含之义的进一步阐发,尽管絜矩之道是就心而言,但双峰率先提出了"心为矩"说,具有点睛之意。饶氏还批评朱子"彼此如一而无不方"之"方"说,认为以絜矩譬喻的目的是突出处事待人公平均等,如经过絜矩处理一般平等如一而无不同,并非指作为效果的"方"。

第六节　反身之思

综上所述,双峰在《大学》诸概念的诠释上"出述入作",与朱子存在不

---

① (清)王朝榘:《饶双峰讲义》卷二,《四库未收书辑刊》第二辑,北京出版社2000年版,第359页。

少差异,此种差异正是作为再传弟子的双峰在领会朱子思想的过程中,自然产生的反思,具有切身性。如双峰自述:

> 鲁自少读朱子《大学》之书,于前三者反之于身,自觉未有亲切要约受用处。近读先生与勉斋书,谓"《大学》一书看者多无入处,似此规模太广,令人心量包罗不得"。然后知先生晚岁,亦不能不自有疑焉。①

双峰据自身体会,认识到朱子对至善、格物、诚意的阐发与自身践履工夫存在距离,依朱子之说,反求诸己,未有亲切受用处(此与阳明"格物"不无同感),究其因在于朱子解过于阔大空洞而不切实际,未能真正起到指引学者日用工夫的作用。他又以朱子晚年与黄榦之书为证,指出朱子晚年亦有见于学者对《大学章句》研读不得其要,无法真正入门而叹《大学》之书规模太过广大,以至于学者无法企及之,可见朱子晚年对《大学章句》之解亦有所怀疑反思。朱子所言是否有自贬《大学章句》意,并不一定,饶氏引此为其批判《大学章句》寻找依据。饶氏所言表明他是从工夫论的角度来理解《大学》的,是根据自身修德进道来突破朱子的。故其与朱子解的差异,正是二者在文本理解、工夫体认、时代诉求差异上的反映。朱子后学皆认为饶鲁与朱子存在重大差异,但仍皆肯定饶氏之学在朱子学范围内,对其违背朱子处仍当作"内部矛盾"处理,且饶鲁诸多新见实发前人之所未发,予后朱子学以深刻影响。可惜,其卓越之见并未得到应有发现。② 饶鲁异于朱子处亦是从朱子而来,从自身修养实践中来,就当时学者为学之弊而来。故此,双峰的《大学》诠释坚持了朱子勇于反思、不惧权威、切己体察的精神,这是双峰学一个极为突出的特质。

---

① (元)史伯璿:《四书管窥》卷一,《景印文渊阁四库全书》,上海古籍出版社 1987 年版,第679 页。
② 如饶鲁对朱子明德、新民关系的批评,对朱子《大学》改本的批评,主张格物传无缺说,并未得到重视。如李纪祥《两宋以来〈大学〉改本研究》并未提及双峰。

第二章 饶鲁《中庸》学的道论及其意义

双峰的《中庸》阐发,是其四书诠释中最见光彩和影响最大之部分。如元代理学家朱升赞赏双峰的《中庸》解是朱子之后最有见地者:"《中庸》经朱子训释后,说者亦多,其间最有超卓之见者,饶氏也。"①今拟就双峰《中庸》解的道论、工夫论、章句学三方面加以论述,本章先述其道论。双峰认为《中庸》一书可以"明道"二字蔽之。他通过深入剖析道、中、诚三个核心范畴,有力揭示了《中庸》"明道"的特点。他反复论述了《中庸》之"道",认为《中庸》即明道之书,"'率性之谓道'一语专为训'道'名义",揭示了《中庸》之"道"既与"物"不杂(道而非物),又与物不离,即物明道(体用一源)的特色。进而对"中"作出了极富新意的辨析,提出性、中之别(众人有性无中),中、和之别,中和、心气之别,中庸与中和之"中"的分别。他高度肯定诚的本体意义,认为"诚即道也",批评《中庸章句》以本、用分别诚、道,主张"不必分本与用"。双峰还论及《中庸》的天人合一之境,表现为自然从容、参赞化育之中和,浩浩渊渊、与天为一之诚圣。

第一节 "率性之谓道"的道与人、物

双峰对《中庸》的形上特质有深刻论述,认为"《中庸》一书大抵是说道"②,"道"是贯穿全书最重要的概念,此道即中庸之道。双峰言"中庸者,道之准的,古今圣贤所传,只是此理,子思之作此书,亦只为发明此二字"③,指出子思作《中庸》一书,只是为发明"中庸"二字,"中庸"二字为儒道准的所在,一切圣贤所发明传授者,皆是中庸之理。道作为贯穿全书之主线,在各大节中有不同体现,尤显著于中和、中庸、费隐三节。"始言中和,以见此道管摄于吾心;次言中庸,以见此道著见于事物;此言费隐,

---

① (明)朱升:《跋中庸旁注后》,《朱枫林集》卷三,黄山书社 1992 年版,第 45 页。
② (清)王朝梧:《饶双峰讲义》卷九,《四库未收书辑刊》第二辑,北京出版社 2000 年版,第 417 页。
③ (清)王朝梧:《饶双峰讲义》卷九,《四库未收书辑刊》第二辑,北京出版社 2000 年版,第 420 页。

以见此道充塞乎天地。"①中和表明道内摄于心,以彰显道的内在性、真实性;中庸表明道显现于事物之中,以揭示道与现实世界的关联;费隐表明道充乎天地无所不在,以突出道的存在方式及在天地之间的展开呈现。可见,道超越主客、内外等分别而贯穿于心、物、天地等一切存在之中。双峰还从《大学》《中庸》比较的角度论述,言"《大学》只说学,《中庸》是说道。理会得《大学》透彻,则学不差;理会得《中庸》透彻,则道不差"②。《大学》《中庸》各有侧重,学者当对二书皆有所理会,方能准确把握儒学与儒道。

双峰集中于《中庸》首章和"费隐"章阐发中庸之道的特点。

> 性道教,"道"字重,《中庸》一书大抵是说道。性原于天,而流行于事则谓之道,修此道而教人则谓之教,所以下文便说"道也者",如"君子之道费而隐","大哉圣人之道",皆是提起"道"字说,以此见重在"道"字。③

他指出《中庸》开篇所言"性""道""教"三个范畴,最要者莫过于"道",道在性、教之间起着枢纽转换作用,性源于天而流行贯注于事物者是道,道是性的落实体现,同时又是教的前提与归宿。"道"作为最核心概念,贯穿统领全书,全书各处皆围绕"道"来展开论述,或直接以"道"作为开端话题,如"费隐"节"君子之道"章、"大德小德"节"大哉圣人之道"章等,皆显出"道"对各章节的统领性。

双峰认为,经文"率性之谓道"一句专门解释"道"的名义。

> "率性之谓道"一语专为训"道"字名义,盖世之言道者,高则入于荒唐,以为无端倪之可测识,老庄之论是也;卑则滞于形器,以为是人力之所安排,告、荀之见是也。是以子思首揭其名义以示人,言道者非他,循性之谓也。④

---

① (清)王朝槼:《饶双峰讲义》卷九,《四库未收书辑刊》第二辑,北京出版社 2000 年版,第 422 页。

② (清)王朝槼:《饶双峰讲义》卷二,《四库未收书辑刊》第二辑,北京出版社 2000 年版,第 353 页。

③ (清)王朝槼:《饶双峰讲义》卷九,《四库未收书辑刊》第二辑,北京出版社 2000 年版,第 417 页。

④ (清)王朝槼:《饶双峰讲义》卷九,《四库未收书辑刊》第二辑,北京出版社 2000 年版,第 417 页。

他批评世俗所言之道多误入歧说而不得其要，或陷入老庄荒唐之说，以为道无形无影，无法捉摸，使道成为虚无缥缈之说；或惑于告子、荀子卑下之说，将道混同于形器，视为人力可安排造作之物。有鉴于此，子思开篇即以"循性"来命名道，揭示道的超越与内在、神圣与自然兼顾的特质，使学者由此树立道的正确观念而避免误入歧说。

《中庸章句》把"道也者"的"道"解为"日用事物当行之理，皆性之德而具于心，无物不有，无时不然，所以不可须臾离也"①。饶氏不满此而力主"率性之谓道"：

> 《释义》改云："道者，率性之谓。"其意盖曰："一则欲人见与上文'道'字无二义；一则'日用事物当行之理'，只说得用而于道体该不得。今只说率性之谓，则体用皆在其中。"②

他认为以"率性"释"道"有两个好处：一是与首句"率性之谓道"一致，保持原意而未偏离；二是"日用事物当行之理"仅仅言及道之用而遗其体，"率性"说则体用俱全而当于人身，亲切可察。可见双峰极注重道之体的超越性。这一点他反复论说。如他主张首章仅言道而非物，言性而非气，此道、性皆是就纯粹形上本体而言，未掺杂形下经验世界，由此批评《中庸章句》过于拉近了"道"与"物"的距离。盖作为形上本体的"道"虽然要贯注于形下的日用世界，但首章言"道"却是有意突出"道"的独立自存的形上性，并未将道赋于形下事物。而《中庸章句》"日用事物当行之理"的"事物"二字，过于阐发了"道"与器物世界的关联，应将此二字除去，以表明"道"虽为日用当行，但并非必然在事物之中，而是有其独立自存性，是一个自存的实体。"《章句》'日用事物'之间，《释义》除去'事物'二字。按：双峰又自谓二字除亦可，不除亦可。"③但双峰又似有不废此二字亦可的主张。双峰进一步提出，《中庸章句》对"道不可须臾离"的解释"无物不有，无时不然"应改为"随其动静，莫不有道"④。《中庸章句》此解的问题还是以"物"

---

① （宋）朱熹：《四书章句集注》，中华书局1983年版，第17页。
② （元）史伯璿：《四书管窥》卷六，《景印文渊阁四库全书》，上海古籍出版社1987年版，第857页。《四书管窥》引饶氏等诸说异于《四书章句集注》者详加辨析，故其所引多为饶氏不同于《四书章句集注》者。《四书管窥》收入四库而王朝渠辑录之《饶双峰讲义》则未提及此书。
③ （元）史伯璿：《四书管窥》卷六，《景印文渊阁四库全书》，上海古籍出版社1987年版，第853页。但据饶氏其他论述来看，还是主张除去二字。
④ （元）史伯璿：《四书管窥》卷六，《景印文渊阁四库全书》，上海古籍出版社1987年版，第857页。

释"道","无物不有,无时不然"兼顾了"道"在"物"和"时"两面的存在,饶氏则删除"物"而保留"时",强调"不可须臾离"仅仅表示道的状态、时态,并无落实于"物"之意,"只是'无时不然'底意思",他批评《中庸章句》"无物不有"是提前越位说了。因为《中庸》关于道与物紧密不分之"无物不有"之意直到"费隐"章鸢飞鱼跃处方点明之。他说:

> "不可须臾离"只是"无时不然"底意思,则(按:当为"至")费隐鸢飞鱼跃方是"无物不有"意思,《章句》此一句是搀先说了。①

　　双峰一方面肯定道与人的内在关系,"道不远人",另一方面又坚决反对首章《中庸章句》所论道与物的密切关系。即便"道"遍显于一切事物,但"物"毕竟不能如人一样得道、体道、弘道。《中庸章句》则强调了道(性)不仅具于人心,而且遍在于宇宙万物之中。其实,在"性""道""教"的解释中,朱子最初亦是仅从"人"的角度进行阐发,但后来经过修改,特意加入了"物"在此三者中的地位,终以"人物"并提。② 朱子这一"人物"并重的解释引起后学无穷的抗议,原因在于"物"不应该、也没有能力与"人"同样禀受、领悟、弘扬道,对"道"的接受弘扬是人作为万物之灵所独有的本性,是人性超越于、高贵于万物之所在,是人、物的根本差别。《中庸章句》人、物齐观并视的做法抹杀了二者之别,与古代圣贤经典的看法亦相冲突。双峰显然站在反对者立场,认为此处性、道、教皆是专门针对人而言,应当将《中庸章句》性道教之解中的"物"删除,才符合《中庸》传道于人的主旨。他还指出,就"修道之谓教"来看,其对象显然是人而不可能是物,没有灵性的物如何来"修"道呢?"以下文观之,则教之为人而设可知。"《中庸章句》对此作出了煞费苦心的解释,把"修"释为"品节",内容包括"礼、乐、刑、政"之类的教化。双峰对此又提出新解,主张把"修"改为"裁制",把道之当行全归于人而消除"物"。

> 《释义》改云:"修,裁制之也。圣人因人所当行者而裁制之,以为品节,使人由之以入道,则谓之教。"③

---

① (元)史伯璿:《四书管窥》卷六,《景印文渊阁四库全书》,上海古籍出版社1987年版,第858页。
② 可参许家星:《朱熹〈中庸章句〉首章"三位一体"的诠释特色》,《中州学刊》2010年第5期。
③ (元)史伯璿:《四书管窥》卷六,《景印文渊阁四库全书》,上海古籍出版社1987年版,第853页。

他认为人性本含万理，但在具体修为中，需要圣人根据日用所当行之理加以裁定制作，好比裁布为衣，使学者据此而入道，这才是教。双峰之解保留了《中庸章句》的"因人所当行、所本有"之义，坚持教的根源在于个体自身而非对物的品节，特别突出了圣人的指引先导作用。

为了强调"教"专指人而不包括物，双峰还重新限定了"教"的范围，把《中庸章句》"礼乐刑政之属"改为"五典三物与小学大学之法"，①这样就使"教"的内容完全限定为人的道德、知识教育，保留了《中庸章句》的"礼乐"而删除"刑政"，理由是"刑政属政而非教，礼乐二字属教而包括不尽"②。他认为政、教各有所属，应分别对待，但又指出不能仅以礼乐言教，礼乐只是教之部分内容。

正如主张首章仅言道而不涉及物一样，双峰同样认为本章仅言性而不涉及气，批评《中庸章句》性、气混杂说。言：

> "天命之谓性"，《章句》云云"健顺五常之德"。《释义》去之，其意盖曰：《章句》虽云人物同得其理，以为'健顺五常之德'，而下又却有'气禀或异'之语以救之。今以本章方言性而未及气质，欲除下文气质之语，则此语不容独留。"③

他认为，《中庸章句》以"健顺五常之德"解"天命之谓性"的"性"，以强调从源头言，人物性同理同，本无差别；但在阐发"教"时又说"性道虽同，气禀或异"，用以表明人物性理虽同，但气质所禀赋之性理却有差异，用以挽回纠正上句人物之同说，导致上卜文之说互相矛盾。双峰坚持主张，作为《中庸》开篇的首章，其所论仅言乎性道而不涉及气、物，正合乎程子《中庸》之书"始言一理"之说，故欲删除"气质"之说，而与此相应的"健顺五常之德"说亦应删除之。双峰主张首章以中和为中心，仅言性道之形上本体，到次章论中庸方才讲到气质工夫层面，"双峰力谓首章未论气质"④，视此为首节与次节，即中和与中庸的重大差别。"此下十章，是圣人立中

---

① "五典"出自《尚书》，主要指儒家五常；"三物"出自《周礼·地官·大司徒》"以乡三物教万民而宾兴之"，指六德、六行、六艺。

② （元）史伯璿：《四书管窥》卷六，《景印文渊阁四库全书》，上海古籍出版社1987年版，第854页。

③ （元）史伯璿：《四书管窥》卷六，《景印文渊阁四库全书》，上海古籍出版社1987年版，第853页。

④ （元）史伯璿：《四书管窥》卷六，《景印文渊阁四库全书》，上海古籍出版社1987年版，第853页。

庸,使过者俯而就,不肖者企而及,乃变化气质之方也。"①此论亦是道体与工夫之别。

双峰还在"费隐"等章论述了中庸之道即物明道、"体用一源"的重要特点。他通过批评《中庸章句》说表达自己的看法。

> 问:《章句》云:"然其'理之所以然,则隐而莫之见也'。则似乎费外别存个隐。要之鸢飞鱼跃,则道体昭著,又岂终隐而不可见耶?所以先生于鸢飞鱼跃之下只云:'以此证用之费而体之隐在其中。'说得大段分晓。"饶氏曰:"章句'所以然'三字已是亲切,但于斡旋之语更少圆耳。盖《章句》不合谓章内专说费而不及隐,所以如此下语。"又曰:"此章前面说费未见得隐,及引鸢鱼来证方见。"②

他批评《中庸章句》"理之所以然,则隐而莫之见"说言费而不及隐,割裂了"费隐"的体用一源关系,造成体在用外的印象,实际上章末所引鸢飞鱼跃之诗即显示出道体之昭昭显著,外用内体之义亦豁然呈露。故双峰将此鸢飞鱼跃诗释为"证用之费而体之隐在其中",明确表明费用隐体,一源无间之理。指出《中庸章句》"所以然"之说已表明了体之隐,不过"隐而莫之见"表述不够妥帖,其"专说费而不及隐"说更不恰当,因本章前部分虽专言费,而章末所引《诗》意则正在证明道之隐。

双峰对鸢鱼之诗极为重视,认为其通过指物形理的方式发明了本章体用一源之义。"鸢飞鱼跃所以发明本章之意,指物以形此理之体也。"他大为赞赏此譬喻之妙,言:

> 鸢飞鱼跃这两句真是引得妙,鸢鱼是小底物,飞跃是大底物,引此则见得满天地间皆是此理。语大语小,皆在其中。若以人来证也证不得,若引植物来证也证不得。盖人有知识,植物又不动,须以动物证之。且如鸢鱼何尝有知识,但飞则必戾于天,跃则不离于渊,自然如此。又不是人教他,要必有使之然者,须是于此默而识之。③

---

① (清)王朝琚:《饶双峰讲义》卷九,《四库未收书辑刊》第二辑,北京出版社2000年版,第420页。
② (元)史伯璿:《四书管窥》卷六,《景印文渊阁四库全书》,上海古籍出版社1987年版,第885页。
③ (清)王朝琚:《饶双峰讲义》卷九,《四库未收书辑刊》第二辑,北京出版社2000年版,第423页。

双峰赞赏子思引用鸢鱼为比,极为妥帖。若以植物为证,则无鸢鱼之灵性活跃;若以人来为证,则无鸢鱼之自然自在。鸢鱼之比极好地显示了此理充塞宇宙,无所不在;此道自然无碍,自由自在,天机活泼;此道必然如此,不可阻遏。他特别提到无知识的鸢鱼之所以自然如此,在其后面必然存在一个作为主宰的客观力量之道。

双峰把道之费隐体用贯穿全节,揭示其即物明道的特色。如指出"鬼神"章亦不过阐发鬼神与道的形而上下关系,因道体隐微难识,故引人所皆知的形而下之鬼神之体用以发明形而上道之体用,显示此理平常切实,不可察之深远,正与"鸢飞鱼跃"章之意同。"道是形而上者,鬼神是形而下者,此章即鬼神之费隐以明道之费隐,……是以形而下者之体用,明形而上者之体用也。子思以道体至微,未易测识,故以鬼神之事人所共知者晓人。只是眼前道理,读者不可把做深远看。"①值得注意的是,双峰于此提出"形而下之体用"和"形而上之体用"两种体用说,显示出体用概念的灵活性与普遍性,它可作用于形而上下两层领域,表明中国哲学的形而上下之两层并不存在割裂关系。他又批评《中庸章句》的"兼费隐"说,批评《中庸章句》引程子"造化之迹"说。"问:此章鬼神本是说隐,《中庸章句》却引程子造化之迹而言。既曰'迹',则不可言'隐'。饶氏谓程子之言别有所指,朱子引之于此,则粗了。"②双峰认为本章偏重道之费,指出所引程子说以解鬼神,与"道之隐"说相冲突。程子之说本别有所指。

双峰还将道之费隐贯穿全篇,如提出第三十一章之小德、第三十二章之大德分别指费和隐。"(第三十一章)此章言小德即是费。(第三十二章)此章言大德即是隐。"双峰把道之体用与理气相结合。如指出"大哉圣人之道"章从道之体用立论,"发育万物,以道之功用而言,万物发生长育于阴阳五行之气,道即阴阳五行之理。是气之所流行,即理之所流行也……天之所以为天,虽不过阴阳五行、浑沦磅礴之气,而有是气必具是理,是气之所充塞,即理之所充塞也"③。它勾勒出宇宙论的次序,万物之生长发育不过是指道本有之功用,可见道的能动性和发生性;而万物生长的动力来自阴阳五行之气,道则是此二五之气之理。显然道是理气的合一。在理气关系上,在

---

① (清)王朝璩:《饶双峰讲义》卷九,《四库未收书辑刊》第二辑,北京出版社2000年版,第425页。

② (元)史伯璿:《四书管窥》卷七,《景印文渊阁四库全书》,上海古籍出版社1987年版,第899页。

③ (清)王朝璩:《饶双峰讲义》卷十,《四库未收书辑刊》第二辑,北京出版社2000年版,第432页。

存在的意义上,双峰突出了气对于理的优先性,表现为气流行所在,即理之所在;气之充塞,即理之充塞;提出有气必有理说,当然这一表述强调理气不离,体用不分。气必具理,而非盲目。但"有是气必具是理"说在后世也可以被理解为气先理后。双峰还提出,天作为道之体段、样子,为气所充塞。

双峰还从公、私或客观与主观的角度比较了本章费隐与首章性道之异同:"首章性道是说自家底,此章费即道,隐即性,是万物公共底。"①首章是言自身本有内在之性道,本章费即道,隐即性,是指天地之间普遍流行,作用于万物的公共之道。即首章是特指性道流行贯注于人,本章则是泛指普遍流行世界之道。但饶氏直接将"费隐"等同于"性道"似与费道为体用关系说有所冲突,当然站在首章而非本章立场,性与道似乎具有体用关系。双峰从人物皆具之普遍公共性与人所自得的人之类性来区分两种道,是对他所坚守的首章论道未及物的呼应,表明道的内涵具有大小之分,简言之,可视为人道与人物共有之道,后者可以包含前者,体现了双峰在概念辨析上极为精细的风格。

第二节 "众人有性而无中"

"中"是《中庸》的核心概念,双峰采用比较辨析的方式,对性、中,中、和,中和,心气,中庸、中和之"中"的差别作出了颇具启发意义的阐发。

程、朱皆是从性的角度来理解中,程子认为"中,状性之体段",朱子认为未发之中是从源头讲,故众人与圣人同样皆有未发之中,只是众人对此未发之中无所领悟而已。"喜怒哀乐未发之中,未是论圣人,只是泛论众人亦有此,与圣人都一般。""若论原头,未发都一般。"②而双峰则提出"众人有性无中"之说,此说被史伯璿评为"子思所不敢言,程朱所未尝道"者。故甫出即引起关注,遭到非议。

> 鲁尝谓众人有性而无中,人以为怪。众人之心,纷纷扰扰,无须刻宁息,何由有中?③

① (元)史伯璿:《四书管窥》卷七,《景印文渊阁四库全书》,上海古籍出版社1987年版,第889页。
② (宋)黎靖德编:《朱子语类》卷六十二,《朱子全书》第十六册,上海古籍出版社、安徽教育出版社2002年版,第2038页。
③ (元)史伯璿:《四书管窥》卷六,《景印文渊阁四库全书》,上海古籍出版社1987年版,第865页。

首章原天命之性以立言,以性无不善,无不中也。次章而下则以君
子小人、知愚贤不肖、南方北方相形言之,以气质有善有不善,有中有不
中也。惟性无不善无不中,故前言戒惧慎独者,所以使人涵养其本然之
性情;惟气质有善有不善、有中有不中,故后言择守强矫者,所以使人变
化其未纯之气质。①

　　双峰肯定"性"为先天固有,"中"则是后天修为之境界、状态,非常人所
能及,盖众人之心时时刻刻处于纷扰不停状态,无片刻之安宁,故无法获得
中。双峰之说,否定了前辈所认可的众人未发之中说,只承认后天已发的无
过不及之中。程朱之学,把中分为未发和已发两个层次,有无未发之中的问
题,是二程以来理学重要话题。众人之心(性)有无未发状态? 未发之前是
否是中? 如果是中,已发之后为何不是和? 对此可以从本体与现实两个层
面解释。本体层,可以认为众人皆有中,此中为道之体;现实层,中是工夫追
求的最高目标,表示德性的最高完善,故只有圣人才有中,常人则无。这类
似于性善的先天、后天之论。双峰也承认首章就天命之性而言,性无不善无
不中,"中"和"善"一样,也是"状性之体段"。只是自次章而下,落实到现
实之人性即气质之性而言,则众人无中。双峰的意图很明确,借此强调变化
气质之工夫以复其性善性中。这也与其对《中庸》结构的分层息息相关,双
峰认为自次章至第十二章这一节论中庸,主旨是圣人确立中庸为修道成德
之标的,并为学者指出种种变化气质之方,以使之趋于中庸。如众人已经有
"中",又何须变化气质工夫呢? 再则,众人之心几乎始终处于翻滚不息、有
动无静的状态,即使偶尔有"暂焉之顷"的安宁,亦无有主宰把握此心之工
夫,始终无法体验到中。故需要择、守、矫、三达德的工夫。性、中关系,是理
学工夫论的核心问题,阳明的"不可谓未发之中,常人俱有"说与双峰说
相通。②
　　双峰受到朱子、勉斋影响,对朱子的"喜怒哀乐未发之时,气不用事"说
有所讨论。

---

① (元)胡炳文:《四书通・中庸通》,《钦定四库全书荟要》本,吉林出版集团股份有限公司
　　2005年版,第608页。
② 可参许家星:《阳明〈中庸〉首章诠释及其意义》,《复旦学报》2021年第1期。陈来先生具
　　体分析了主未发有中和未发无中的两类看法,指出"气质之性派往往持未发不中说,而天
　　地之性派往往持未发为中说",可见这些不同看法本质上取决于如何理解性和中。参见陈
　　来:《论朱子学"未发之前气不用事"的思想》,《哲学研究》2022年第1期。

　　朱子尝与勉斋言:"喜怒哀乐未发之时,气不用事。"盖此时恶自沈
在下面,善之本体呈露,少焉接物,便打动了性。譬之水,方其澄静之
时,清底在上,浊底在下。少间流出,清底先出来,流来流去,浊底亦随
后出。但圣人纯是清底,圣人以下,则有清多底,有浊多底,清多者便是
气质之美。①

　　朱子认为,在喜怒哀乐尚未发出之时,此时处于气尚未作用的状态,故
心体乃是中。双峰从善之本体与恶之作用来论之,认为当"气未用事"时,
恶虽然在,但却处于被善所压制的潜伏状态,呈现的是性善之本体。但当心
与事物相接触感应之后,则性发为情,此情则会对性造成遮蔽。他以水之动
静清浊为譬喻,当澄静之时,水的性质是清上浊下,正如未发之中,善显恶
潜;当水流动之后,遵循了先清后浊的次第,正如人性善端先发,逐渐遭到戕
贼染污,导致恶之一面呈现发作,此乃气在用事,情欲彰显。就圣人言,其性
为纯善之一,乃天地之性,正如水之清。对圣人以下而言,则是气质之性,存
在清浊两种情况,即气质之美即清,气质之恶即浊。故张九韶认为双峰此段
乃是论气质之性。②

　　双峰论中、和之别。《中庸章句》以"情无乖戾、无少差缪"释"和",双
峰认可前半句而反对后半句。"饶氏谓'情无乖戾'谓之和。今《章句》曰:
'应物之处无少差缪',则是事之无过不及而得中之谓,似亦非所以言
和。"③双峰认为,"和"指情感的中节平和,"无少差缪"则为处事得当,无过
不及,属于中而非和。其实,事之无过不及也是和的应有之义,是情感发出
来在事上的合宜显现。双峰对《中庸章句》"中和"说进行了修改,指出喜怒
哀乐各指情感之一偏,人心在未发状态时是性体浑然,四种情感含具而无所
偏倚,故称之为中。四者已发皆得其正,无有乖戾,则称之为和。

　　饶氏改《章句》释中和之义曰:"喜与怒对,哀与乐对,四者各偏于
一,其未发也,则性体浑然,四无偏倚,故谓之中。发皆中节,情之得其
正者也,一无乖戾,故谓之和。其意盖谓四件如东西南北相似,方其未

---

① (宋)张九韶:《理学类编》,《景印文渊阁四库全书》第七百零九册,台湾商务印书馆1986
　　年版,第824页。
② 陈来先生亦认为双峰属于主性派中的"气质之性派"。参见陈来:《论朱子学"未发之前气
　　不用事"的思想》,《哲学研究》2022年第1期。
③ (元)史伯璿:《四书管窥》卷六,《景印文渊阁四库全书》,上海古籍出版社1987年版,第
　　866页。

发,只在中间,故谓之中。及其既发,必件件中节,方可谓之和。下个‘四’字见得于四者无所系着,下个‘一’字,又见得‘皆’字分晓。"①

　　饶氏谓中节之节,有限止之义,喜怒哀乐之发,患其过不患其不及,故以节言之。②

　　双峰之解与《中庸章句》并无大异,不过把《中庸章句》"无所偏倚"改成"四无偏倚","无所乖戾"改为"一无乖戾",他认为用数字"四""一"能更好表达情无所系,皆得其中的意义。他还指出中节之节,有节度、限止之义,好比竹节,具有限制作用。就人之喜怒哀乐四情而言,所患者在其过而非不及,人之情感易于发酵过度。故四者皆中节方谓之和,任何一种情感的偏颇皆不可谓和。这种"四者皆中"说遭到后来学者的非议,因为人在具体情形下往往只能是一种情感的流露,故不可能同时具有四种情感。

　　双峰认为《中庸章句》以"吾心正而天地之心亦正,吾气顺而天地之气亦顺"解释中和存在问题,该说以中、和分属于心、气,以心正言中,以气顺言和,心在中无偏无过则气和顺。但是,双峰主张中、和其实皆属于心,分别是心之性、情,故言心统性情,心统中和。天地万物之位育才属于气。在此,朱子强调的是天人相通、心气一体,双峰则强调心与气、天与人的独立性。

　　饶氏谓《章句》"吾心正而天地之心亦正,吾气顺而天地之气亦顺",是以中属心,和属气。然中,性也;和,情也,性情皆统于心,恐不可以中为心而和不可以为心,且曰"天地之心待人而正",亦似未安。盖中和皆属心,位育皆属气。③

　　其实,《中庸章句》明确提出中、和与性情、体用对应,但并无将心、气与中、和对应之意,且心与气并非性情、体用的一体两面关系。《中庸章句》言天地万物本吾一体,吾之心气决定天地心气之正之顺,天地生成之功离不开人之参赞化育。双峰还批评"天地之心待人而正"说犯了心气混同之毛病,盖中和属于心,天地万物之位育则属于气,心、气之间并无必然的对应关系,

① (元)史伯璿:《四书管窥》卷六,《景印文渊阁四库全书》,上海古籍出版社1987年版,第870页。
② (元)史伯璿:《四书管窥》卷六,《景印文渊阁四库全书》,上海古籍出版社1987年版,第865页。
③ (元)史伯璿:《四书管窥》卷六,《景印文渊阁四库全书》,上海古籍出版社1987年版,第870页。

故不能由个体心之状态直接影响万物之气的状态。

双峰对中庸之"中"的理解与《中庸章句》存在重大差别。《中庸章句》主张此"中"兼具未发之中与已发之中,即兼含"中和"之义,"然中庸之中,实兼中和之义"。但双峰始终认为,此"中"仅仅是时中,是已发之中,是本体之中的发用,是众人所无之中。"中庸之中,只是时中,如舜用中于民,亦只是中之用。"①中庸之"中"与中和之"中"的差别在于:中和之"中"是道的大本大源,中庸之"中"是道的发用、展开。故《中庸》首章论中和,次章论中庸,即是依据先本体之中,后发用之中的关系。因视中庸之"中"为已发而非未发之中,双峰删除了《中庸章句》解释"中庸之中"的"不偏不倚"四字。"中庸者,道之准的……首章中和是性情之德而中庸之根本,盖特推其所自来耳。"②"双峰去其'不偏不倚'四字,其意盖谓以下文择守中庸等语观之,恐不是说未发底。"③

双峰注重中庸与中和的区别,与首章与次章被各分为一节有关。他对《中庸章句》所引游氏"以德行言之则曰中庸"说作了新解,以突出中和与中庸在义理与工夫上的差别。

> 游氏所谓德,即性情之德,中和是也;行,即见诸行事者,时中是也。以中庸兼此二者而得名,故曰:"中庸之中实兼中和之义。"中和以性情言,人心本然纯粹之德也;中庸以事理言,天下当然之则,不可过,亦不可不及也。二者虽同此中之理而所指各异,故致中和者,则欲其戒惧慎独以涵养乎性情;践中庸者,则欲其择善固执以求合乎事理,二者内外交养之道也。④

他指出游氏的"德"即是中和,"行"即是中庸。因中庸兼具德、行,故朱子言中庸之"中"兼中和义。中和是性情,言人心固有纯粹之德性;中庸则是就事上之理说恰到好处而无过不及。中和、中庸虽皆为"中"理而所指有别,故工夫亦有差别。致中和工夫是涵养性情,践中庸工夫是择善固执,存

① (元)倪士毅:《四书辑释》,《续修四库全书》第一百六十册,上海古籍出版社2002年版,第63页。
② (清)王朝栗:《饶双峰讲义》卷九,《四库未收书辑刊》第二辑,北京出版社2000年版,第420页。
③ (元)史伯璿:《四书管窥》卷六,《景印文渊阁四库全书》,上海古籍出版社1987年版,第872页。
④ (清)王朝栗:《饶双峰讲义》卷九,《四库未收书辑刊》第二辑,北京出版社2000年版,第420页。

在内外之别、未发已发之别及心与事之别。双峰将中和工夫仅仅视为戒惧慎独之涵养仅是个人理解,《中庸章句》明确提到慎独省察,是已发工夫。此亦体现了他与朱子对戒惧慎独工夫理解之别。

第三节 "诚即道也,不必分本与用"

双峰对《中庸》之诚给予高度重视,单独划分"诚"节,并视"诚"为"一篇之枢要"。其对"诚"义理内涵之论述,新颖独到。

双峰认为:"诚即道也。"诚就是道,诚是道的根本特质,无论天道、人道皆须以诚为体,贯注其中。双峰与朱子关于"诚"论的差别,体现在双峰更为积极地强调"诚"作为"道"的形上性。朱子的"诚"论,始终强调"不诚无物",把诚与物结合论述,强调"诚"与现实世界的关联,彰显诚对存在世界的作用。世界的存在必须是真实无妄的,唯有真实无妄才是真正的存在。双峰则强调"诚"作为内在普遍之理,独立自存,不需要与现实世界发生关系来证明自身的存在和意义。"诚"作为一精神本体,普遍性、独立性是其固有之性。为此,双峰批评《中庸章句》的"诚本道用"说。

> "诚者自成",不必添入一"物"字。诚即道也,似不必分"本"与"用"。①
>
> 问:"《章句》又曰:'诚以心言,本也;道以理言,用也。'窃疑上是实心,下是实理,看来都是体,如何分体用?"饶氏曰:"真个可疑。此章颇难看,《章句》反为所缠。盖诚即道也,非是两般,如'诚者天之道'是也。"②

《中庸章句》认为诚、道是分别就心、理而言,存在体用之别。朱子此说带来的困惑在于,通常诚、道、理皆是表示本体的同层次概念,"都是体",而在此却区分出体用层级之别,视道和理为诚体的发用,是具体存在之分理,带有某种形而下的意义。双峰坚持通常的看法,主张诚与道皆是体,诚即为道,二者本无两样,何来本与用之分?《中庸章句》把"诚者自成"解为"诚者

---

① (清)王朝梁:《饶双峰讲义》卷九,《四库未收书辑刊》第二辑,北京出版社2000年版,第430页。王朝梁对饶氏此说颇加赞赏,按语言:"双峰于《章句》最善发明,若此等处,非立异也。意所未安,弗苟附和,斯之谓忠而非佞。"

② (元)史伯璿:《四书管窥》卷八,《景印文渊阁四库全书》,上海古籍出版社1987年版,第920页。

物之所以自成",以显示诚对现实事物的内在性和本体性。双峰批评《中庸章句》增添"物"字不合文义,认为"诚"作为本体,自然既有创生构建作用,"诚者自成"已表明此义,无须再加上"物"来显示之。他认为《中庸章句》之误在于过分注重贴切文本,导致论述纠缠误读。

双峰同样重视"诚"的真实、实有义,指出佛老之学与儒学的本质差别在于虚实,子思似已洞见及此。故《中庸》言"诚之不可揜",表明"诚"之理真实无虚,自然呈现,以此划清儒佛界限。史伯璿指出,"《发明》引饶氏曰:子思似知后世有佛老空虚之祸,特特地说出个'诚之不可揜'。盖佛老底亦微,然只是空虚,无'诚之不可揜'一节,此其所以为异端。"①

第四节　"圣人与天地为一"

饶氏在阐发《中庸》之道的同时,对其所体现出来的天人合一境界亦有新颖深入之阐释,这种阐释主要围绕中和、诚说展开。

《中庸》首章中和说即对中庸高远境界有所阐发,《中庸章句》认为"致中和,天地位焉万物育焉"乃是"言圣神功化之极"。双峰亦赞同此说,但与《中庸章句》把"致中和"的"致"解释为"推而极之"的工夫义不同,提出此"致"乃是工夫纯熟后不可遏止的自然效验,工夫当在戒惧慎独之时,到此中和境界,已无法用力。

> 《章句》以"致中和"之"致"为"推而极之"。《释义》改为"如可坐而致之","致"谓功深力到而自有以使之然也。其意盖谓这个着力不得,人但当于不睹不闻处戒惧,于独处加谨,到得工夫纯熟,则自然中自然和。②

双峰认为就事理而言,致中和能实现天地位、万物育。就现实情况而论,中和之效取决于各种客观条件,如个人能力之大小、地位之高低等。言:

> 致中和而能使天地位、万物育者,是有此理也。然其所居之位有高下,则其力之所极有广狭。如为一家之主,则能使一家之天地位、万物育……为天下之主则能使天地位、万物育……颜子居陋巷,何缘能使天

---

① (元)史伯璿:《四书管窥》卷七,《景印文渊阁四库全书》,上海古籍出版社 1987 年版,第897 页。

② (元)史伯璿:《四书管窥》卷六,《景印文渊阁四库全书》,上海古籍出版社 1987 年版,第866 页。

下归之,然当时同门之人心悦诚服,万世之下皆崇仰之,非天下归仁而何? 又如夫子在当时,虽不见位育极功,然其道明于万世,能使三纲五常终古不坠,是即位育之极功也。①

　　双峰认为一家之主使其一家之天地位、万物育,一国之主使其一国有位育之效,天下之主使天下有位育之效。即以孔颜而论,颜子虽居陋巷而无闻,但其克己复礼为仁之功,在同门悦服、后世敬仰中获得天下归仁之效用。孔子当时虽无其位以行其道,未能实现天地位、万物育之功效,然夫子之教终使道明天下,纲常永存,实现了内圣外王的思想,这种王不一定是实质上的,而是精神之王,此亦可见夫子位育之功。
　　双峰对圣人的理解颇有特色。他认为圣人之间存在层次之别,《中庸》生知之圣与《孟子》大而化之之圣不同,具体论述未有记录,双峰之意恐以为生知之圣是性之,自然从容如尧舜;大而化之之圣是反之,勉强复性如汤武。"《发明》盖祖述饶氏生知安行之圣与大而化之之圣不同之言以为说。"②双峰还批评《中庸章句》"圣人未能"之解。《中庸章句》认为孔子所言"丘未能一",是承认自身无法在全体上做到道之全部,即"丘未能一者,圣人所不能"。而双峰则主张"未能一"是夫子表示谦虚之义,并非子思所言"及其至也,圣人有所不能"之义。"饶氏谓《章句》云:'丘未能一者,圣人所不能。'窃疑'丘未能一',孔子之谦辞也,似与子思所谓'圣人有所不能'小异。"③双峰指出,就《中庸》"天下至圣""天下至诚"两章来看,至诚境界较至圣更为高明。因为至圣还有所倚靠,尚须从"聪明睿知"的知中发出;而至诚达到了无声无臭"焉有所倚",自然发出的地步。"上章至圣从生知之知发出来,犹是有所凭藉,此章至诚本无声臭,果何所倚哉!"④双峰认为,圣人与天存在距离,"双峰谓人之诚,有至有不至。圣人诚之至,故可以说至诚。若天地,只是诚,更无至不至"⑤。圣人虽然是诚之至,毕竟还要说

①　(清)王朝琚:《饶双峰讲义》卷九,《四库未收书辑刊》第二辑,北京出版社 2000 年版,第419 页。
②　(元)史伯璿:《四书管窥》卷六,《景印文渊阁四库全书》,上海古籍出版社 1987 年版,第872 页。
③　(元)史伯璿:《四书管窥》卷七,《景印文渊阁四库全书》,上海古籍出版社 1987 年版,第891 页。
④　(清)王朝琚:《饶双峰讲义》卷十,《四库未收书辑刊》第二辑,北京出版社 2000 年版,第434 页。
⑤　(元)史伯璿:《四书管窥》卷八,《景印文渊阁四库全书》,上海古籍出版社 1987 年版,第922 页。

"诚"，说"至"，还有工夫名相距离可言；而天地则自始至终只是诚，故无诚可说，无至可言。这也表明《中庸》主旨即是追求天人在诚的意义上实现合一。

双峰从不同角度反复阐明圣人与天为一。如他将圣人之德与天之道理紧密结合，在"辟如天地"节的阐发中，指出圣人之德如地承载许多道理，如天包括许多道理。"错行代明"则表明夫子之道具有无所不备的周全普遍性，表征圣人以其内在德性达到与天、道的一体。"辟如天地节。此言圣人之德，如地之无不持载，谓承载得天下许多道理。如天之无不覆帱，谓包括得天下许多道理。错行代明，谓夫子之道无所不备。"①双峰采用首章性、道、命来解释"唯天下至诚"章：

> 上文大经是道，大本是性，性乃大经之本也，天地化育是命，又大经大本之所自来也。此则"肫肫其仁"是说道，"渊渊其天"是说性，"浩浩其天"是说命。……前章曰"如天如渊"，犹是圣人与天地相比并，至此则曰"其天其渊"，则圣人与天地为一矣。②

双峰指出"大经"是道，"大本"是性，"性"为"道"本，"天地化育"则是命。"肫肫其仁"是说道，"渊渊其天"是说性，"浩浩其天"是说命。本章圣人至诚其渊其天之说境界高于上章"至圣"的如渊如天，已经达到了人与天地真正为一之最高境界。双峰还将首章致中和的境界与诚的境界联系论述，提出至诚即是致中和，赞化育即是天地位万物育，可证《中庸》自首至尾皆是言天人一体。"饶氏曰：此与首章一般。至诚便是致中和，赞化育便是天地位万物育。"③

综上所述，双峰通过对《中庸》道、中、诚三个概念本体意义的辨析阐发，深刻新颖地揭示出儒家形上之学的特质，显示儒学的最终归宿乃在人伦日用之中体悟天人为一、物我为一之境界。此境界虽高远而平实，道不过是率性之谓，中无非是庸常生活的恰到好处，诚之真实不可掩即是道。人生的安身立命、价值的终极关怀、生活的随意从容，皆可于《中庸》之道尽之。双

---

① （清）王朝榘：《饶双峰讲义》卷十，《四库未收书辑刊》第二辑，北京出版社 2000 年版，第 433 页。
② （清）王朝榘：《饶双峰讲义》卷十，《四库未收书辑刊》第二辑，北京出版社 2000 年版，第 434 页。
③ （元）史伯璿：《四书管窥》卷八，《景印文渊阁四库全书》，上海古籍出版社 1987 年版，第 918 页。

峰之解,体现了无所畏惧的批判精神、敏锐深刻的思辨能力,在辨议朱子之解时,阐扬了《中庸》体用一源之主旨。后世《中庸》诠释对双峰解的大量引用评论,证明其说已对朱子之后的《中庸》诠释产生了深远影响,在《中庸》诠释史上已占有一席之地。

第三章 饶鲁的《中庸》章句学

双峰在批判继承《中庸章句》的基础上,受其师勉斋的影响,对《中庸》作出了不同的章节划分,对此后的《中庸》分章之学产生了深远影响。其最大特色是:不同于《中庸章句》的三层三十三章说,主张六节三十四章说,此论成为朱子后学讨论之焦点。① 饶鲁有意反对《中庸章句》首章为"一篇之体要"说,针锋相对地提出"《中庸》要处不专在首章",强调首章言中和、次章以下言中庸的差异性。其另一特色是:把"哀公问政"分成两章,第二十至二十七章划为"诚"节,视"诚"为"一篇之体要",凸显了"诚"的重要性。析第二十八至三十三章为"德"节,将其主旨由《中庸章句》的天人之"道"转换为大小之"德",并且在具体关联上提出诸多新解。双峰的《中庸》章句之分,确然体现出"上接勉斋,下开草庐"之特色。

第一节 "《中庸》当作六大节看"

双峰提出《中庸》六分法,并以简明字眼概括了各节中心,分别是:首章中和节,第二至十一章"中庸"节,第十二至十九章"费隐"节,第二十至二十七章"诚"节,第二十八至三十三章"大德小德"节,末章"中和"节。在章的划分上,双峰与《中庸章句》仅有一处不同,即将《中庸章句》第二十章"哀公问政"分为二十、二十一两章,自"哀公问政"至"不可以不知天"为孔子之言,是第二十章;自"天下之达道"至"虽柔必强"为第二十一章。全书较《中庸章句》三十三章多出一章,为三十四章。

双峰从总体上分析了六节之间的关系,交代了划分的理由。

　　《中庸》当作六大节看,首章是一节,自"君子中庸"以下十章是一节,"君子之道费而隐"以下八章是一节,"哀公问政"以下七章是一节,"大哉圣人之道"以下六章是一节,末章是一节。第一节说中和,第二

节说中庸,第三节说费隐,第四节说诚,第五节说大德小德,第六节复申首章之意。要之,中间却是两次开阖,自中和而中庸以至费隐,是放开说;自费隐而诚,是收敛说。自诚而推至道至德,又是放之以至于极;自至道至德而归之无声无臭,又是敛之以至于极。①

如下所示:

放:一节"中和"→二节"中庸"→三节"费隐";收:三节"费隐"→四节"诚"

放:四节"诚"→五节"至道至德";收:五节"至道至德"→六节"无声无臭"

首、末两章皆自成一节,相互呼应,中间四节分别是两次开合。第一次开合是由"中和"而"中庸"而"费隐"的展开说,再由"费隐"而"诚"的合拢说;第二次开合是由"诚"而"至道至德"的放开说,再由"至道至德"到末节"无声无臭"的合拢说。两次井然有序的开合显示了《中庸》结构的完整性和节奏性,体现了"《中庸》一书,枝枝相对,叶叶相当"②的整齐特点。

双峰六节说提出后,一直成为朱子后学讨论的焦点。反对者有之,赞同者亦有之。特别有意思的是,很多反对者抱着批评双峰、维护朱子的目的,但实质上不自觉地采用了双峰观点来分析朱子《中庸章句》。这涉及朱子对《中庸》分节的看法。朱子并没有明确提出《中庸》应该分为几大节,故学界主要存在三节、四节、五节三种分法。

三节说,即把首章至十一章分为一大节。《中庸章句》首章结语言:"杨氏所谓一篇之体要是也。其下十章,盖子思引夫子之言,以终此章之义。"明确首章是全书之体要,而以下第二至十一章不过是进一步展开,以完成本章之义而已。它与首章是总纲与节目、概说与详说关系,不可割裂为二。且《中庸章句》在第十一章概括时特别强调,首章之义所管束的文本至此为止,第十一章结语云:"子思所引夫子之言,以明首章之义者止此。"

第二节为第十二至二十章。第十二章结语曰:"子思之言,盖以申明首章道不可离之意也。其下八章,杂引孔子之言以明之。"第二十章结语曰:"盖包费隐、兼小大,以终十二章之意。"第三节为第二十一至三十三章,第二十一章结语曰:"子思承上章夫子天道、人道之意而立言也。自此以下十

---

① (清)王朝榘:《饶双峰讲义》卷九,《四库未收书辑刊》第二辑,北京出版社2000年版,第417页。史伯璿《四书管窥》所引为"哀公问政以下八章",按:"七"应为"八"之误,史氏说为确。

② (宋)黎靖德编:《朱子语类》卷六十二,《朱子全书》第十六册,上海古籍出版社、安徽教育出版社2002年版,第2003页。

二章,皆子思之言,以反复推明此章之意。"第三十三章结语曰:"子思因前章极致之言,反求其本,复自下学为己谨独之事,推而言之,以驯致乎笃恭而天下平之盛。"此为三节之分。正好与所引程子"其书始言一理,中散为万事,末复合为一理"的总分总的三分一致。也有学者有不同分法。①

有学者认为应分为四节,即把末章独立为一节。如蔡清即持此说,言"自首章至第十一章为第一支,而拆之为十一节;自第十二章至二十章为第二支,而拆之为九节;自第二十一章至第三十二章为第三支,亦拆为十一节;第三十三章则独为一支"②。许谦亦有四分说。其曰:"中庸一书分为四大章,如第一章、十二章、二十一章皆言其略,而余章继其后者皆详言之。三十三章,又一章之详者。"③朝鲜学界亦颇主四分说,后文详述。

五节说颇为流行,即在把末章独立的情况下进一步把首章独立。如史伯璿《四书管窥》、景星《大学中庸集说启蒙》皆比较了饶、朱章句异同,认为朱子将《中庸》分为三十三章五大节,分别是首章总说,第二至十一章"中庸"节,第十二至二十章"费隐"节,第二十一至三十二章"天道人道"节,卒章总说。史氏说:"按《中庸》一篇,朱子分为三十三章,总为五大节。"④景氏言:"此书五大节。首章总说,二章至十一章说中庸,十二章至二十章说费隐小大,二十一章至三十二章说天道人道,卒章又总说。"⑤这一五分法颇具迷惑性,看似朱子之说,其实恰恰是受到双峰影响。

事实上,是否将首章与此下十章连看,是双峰与朱子分章的第一个重大差别。朱子非常注意中和与中庸的联系,强调"中庸之中实兼中和之义"。他引杨时说主张首章是"一篇之体要",对以下文本具有统领意义。又引游氏说指出首章与次章的内在联系,次章之所以"变和言庸者",在于中和是以性情言,中庸是以德行言。而双峰分章恰与之相反,他刻意突出首章中和与次章中庸的差别,削弱首章的"体要"地位。首先,从义理上指出首、次二章存在很大差别,首章仅仅论说中和而未论及中庸,次章以下才集中讨论中庸;其次,在工夫上首章与次章以下同样存在很大差别,首章论述了戒惧慎

① 如许谦《读四书丛说》认为:"中庸三大章,前章言中庸,此章言费隐,后章言诚。"(浙江古籍出版社2015年版,第69页。)
② (明)蔡清:《四书蒙引》,《景印文渊阁四库全书》第二百零六册,台湾商务印书馆1988年版,第77页。
③ (元)许谦:《读四书丛说》,《景印文渊阁四库全书》第二百零二册,台湾商务印书馆1988年版,第561页。
④ (元)史伯璿:《四书管窥》卷八,《景印文渊阁四库全书》,上海古籍出版社1987年版,第927页。
⑤ (明)景星:《大学中庸集说启蒙》卷上,《景印文渊阁四库全书》,上海古籍出版社1987年版,第1012页。

独之涵养工夫,次章以下以择、守、矫、知仁勇三达德为工夫;再次,"费隐"章并非如《中庸章句》所言阐发首章"道不可须臾离"之义,而是承接第二节中庸而来。由此得出"《中庸》要处不专在首章"①的结论。史伯璿认为,双峰此论"盖为病《章句》一篇之体要之言而发,乃变乱《章句》之萌也"。列一简表以示朱、饶关于首章及第一节、第二节认识之差别如下:

表 3-1　朱、饶首章及第一节对比

朱子说	首章一篇之体要	下十章,子思引夫子之言,以终此章之义	首章工夫戒惧慎独涵养	"费隐"节,申明首章"道不可须臾离"之义
双峰说	首章言中和,要处不专在首章	下十章言中庸	下十章工夫择、守、矫;三达德	承第二节中庸说,非专申"道不可离"之义

可见,诸家割裂首章中和与以下十章中庸的做法,表面在批判双峰、维护朱子,其实无形中已经接受双峰立场,而未必合乎朱子之意。

第二节　中庸见道于事物,费隐见道乎天地

双峰提出第二节(第二至十一章)接续首章而来,围绕中庸之变化气质、三达德工夫展开。他认为:

> 首章原大命之性以立言,以性无不善,无不中也。次章而下则以君子小人、知愚贤不肖、南方北方相形言之,以气质有善有不善,有中有不中也。惟性无不善无不中,故前言戒惧慎独者,所以使人涵养其本然之性情;惟气质有善有不善、有中有不中,故后言择守强矫者,所以使人变化其未纯之气质。知仁勇三者,行乎存养省察之中,则气质之偏不能为之累,而一动一静之间,始无适而不得其性情之正矣。②

首章言天命之性纯善纯中,是从本原说。自此以下则自气质说,分别以君子小人、愚贤不肖、南北方比较而论,需要通过变化气质之工夫来实现善

---

① (元)史伯璿:《四书管窥》卷六,《景印文渊阁四库全书》,上海古籍出版社 1987 年版,第 855 页。按:史甄陶所引为"其要不在首章",一字之差,语义差别甚大,未知二氏所引何据。

② (元)胡炳文:《四书通·中庸通》,《钦定四库全书荟要》本,吉林出版集团股份有限公司 2005 年版,第 608 页。

性。就工夫言,首章戒惧慎独,是涵养本然性情之功;次章择、守、矫是变化气质未纯之功,而知、仁、勇作为三德则贯穿于存养省察的工夫过程中,以求在动静无间之中摆脱气质之累,达到性情之正。双峰反复强调,自首章以下十章(即第二节)主旨是圣人确立中庸为修道成德之标的,并为学者计而指出种种变化气质之方,以使学者趋于中庸。可见本节的主题是中庸与气质,与首节的中和与性情有很大不同。他说:

> 此下十章,是圣人立中庸,使过者俯而就,不肖者企而及,乃变化气质之方也。①
> 以上十章,论道以中庸为主,而气质有过不及之偏。当为第二大节。②

双峰将第十二至十九章划为第三节,围绕费隐展开。《中庸章句》"费隐"章总结部分特别指出本节与首章具有紧密联系,乃进一步阐发了首章"道不可离"之义。"子思之言,盖以申明首章道不可离之意也。其下八章,杂引孔子之言以明之。"③因为无论费还是隐,体还是用,皆指向道的存在,表明道无所不在,不可偏离的普遍性、永恒性。双峰反对《中庸章句》首章约束全篇之说。言:

> 道不可离是无时不然,此是无物不有,不是以此申彼。首章性道是说自家底,此章费即道,隐即性,是万物公共底。④

双峰认为此节所论费隐并非阐明首章"道不可离之意","道不可离"仅仅表明道与时的存在相始终,无时而非道;"费隐"节则是阐发道与空间相始终的存在,无处而非道。再则首章以性情论中和,是自个体与道的直接授受关系言;而本章费隐之说,则突出道的普遍公共性。

双峰还就首节中和、次节中庸、本节费隐与道的关系作了对比性论述,言:

① (清)王朝榘:《饶双峰讲义》卷九,《四库未收书辑刊》第二辑,北京出版社2000年版,第420页。
② (清)王朝榘:《饶双峰讲义》卷九,《四库未收书辑刊》第二辑,北京出版社2000年版,第422页。
③ (宋)朱熹:《四书章句集注》,中华书局1983年版,第23页。
④ (元)史伯璿:《四书管窥》卷六,《景印文渊阁四库全书》,上海古籍出版社1987年版,第889页。

始言中和以见此道管摄于吾心，次言中庸以见此道著见于事物，此言费隐以见此道充塞乎天地。知道之管摄于吾心，则存养省察之功不可以不尽，故以戒惧慎独言之；知道之著见于事物，则致知力行之功不可以不加，故以知仁勇言之；知道之充塞乎天地，则致知力行之功不可以不周，故自违道不远以极于达孝。①

三节分别从不同角度言道，各有所指。中和以性情言，见出道对人心之管摄；中庸以日用言，见出道在日常事物中的显现；费隐则从体用的角度显出道充塞乎天地而无所不在的普遍性。三节不仅对道之描述不同，而且对成道工夫之论述亦别。首节强调存养省察、戒惧慎独之功，次节突出知仁勇三达德的知行工夫，本节则进一步完善致知力行工夫，突出了忠恕、诚敬等。双峰特别重视费隐的道之体用义，认为可贯穿全篇，故以费隐解释下节大德小德说。"（第三十一章）此章言小德，即是费。""（第三十二章）此章言大德，即是隐。"②

第三节　"诚"字为一书之枢要

双峰把第二十章"哀公问政"至第二十八章"至诚无息"单独划为诚节，凸显了"诚"在全书中的"枢要"地位，这与上述《中庸》要处不专在首章"恰相呼应。《中庸章句》引杨氏说以首章为"一篇之体要"，在"哀公问政"章提出"所谓诚者，实此篇之枢纽"。双峰则提出"诚"在全书中兼具"体要"与"枢纽"的"枢要"作用。"《中庸》以诚为一篇之体要。"③"是以'诚'之一字揭于中篇，以为一书之枢要。"④"体要"为大体、纲要之义，指从全局的高度提纲挈领、概括全篇内容，其他内容皆可谓"体要"的展开。"枢纽"则是中枢纽带之义，强调上通下贯的承接作用。双峰将"诚"提到"枢要"地位，以达到降低首章在全篇中地位、抬高《中庸》后半部分重要性的目的。客观而论，"诚"范畴在第二十章前并未出现，不足以概括全篇，作为贯

---

① （清）王朝琚：《饶双峰讲义》卷九，《四库未收书辑刊》第二辑，北京出版社 2000 年版，第422 页。

② （清）王朝琚：《饶双峰讲义》卷九，《四库未收书辑刊》第二辑，北京出版社 2000 年版，第434 页。

③ （清）王朝琚：《饶双峰讲义》卷九，《四库未收书辑刊》第二辑，北京出版社 2000 年版，第419 页。

④ （元）史伯璿：《四书管窥》卷八，《景印文渊阁四库全书》，上海古籍出版社 1987 年版，第945 页。

穿上下文本的内在枢纽则恰如其分。

双峰对《中庸章句》"哀公问政"章在文本和义理上皆作出了重大改变。一是把本章截为两章，"哀公问政"至"不可以不知天"为一章，"天下之达道五"至章末为一章，故全篇较《中庸章句》多出一章，为三十四章。史伯璿言："饶氏变章句之序，分哀公问政章为两章，故有三十四章而总为六大节。"双峰认为，从文本看，此处明显存在孔子说和子思说的差别。孔子答哀公之问到"知天"而止，此为一章；此后皆是子思推衍孔子之意所成文字，故当另划为一章。如何处理"哀公问政"章历来是《中庸》诠释的争议论题，朱子之前，因内容庞杂，诸家皆多倾向于把它分解为若干章，有的多达五六章。朱子则根据内在义理关系，辅以《孔子家语》为文本支撑，组合成"哀公问政"章，实在是《中庸章句》对《中庸》文本的一大创举。故朱子的新组合，遭到了好友张栻、吕祖谦等的激烈质疑。① 双峰则认为朱子的合并着眼于文本间的义理相通，颇有深意，如为政之说与九经说即存在总分对应关系。

> 孔子对哀公之语，至"不可以不知天"而止，后皆子思推衍教学者之辞……前贤截从"知天"断，朱子合作一章，亦有深意，"九经"与"为政"相应。②

二是把本章从《中庸章句》的"费隐"之终重新定位为下节"诚"之始。《中庸章句》认为本章顺接前三章而来，与十六章一样，兼费隐小大，呼应、终结十一章以来的费隐之义。"此引孔子之言，以继大舜、文、武、周公之绪。……盖包费隐、兼小大，以终十二章之义。"③双峰则认为，自"天下之达道五"章始提及核心范畴"诚"，论及知人知天的天人关系，此后"诚明"章、"至诚"章、"致曲"章、"至诚之道"章、"诚者自诚"章、"至诚无息"章，皆以诚为核心，围绕天、人关系展开，故当与此下数章论诚者合并之。"饶氏以哀公问政章以下至至诚无息章八章为第四大节，皆主诚而言，而分三达德以配之。"④《中庸章句》则更看重第二十章和前面数章的关联，认为还是在论述"费隐"。尽管朱子亦指出第二十章言"诚"非常重要，"诚"居于全篇枢

① 可参许家星：《论朱子的章句学——以〈中庸章句〉为中心》，《古典文明》2012 年秋季号。
② （清）王朝琛：《饶双峰讲义》卷十，《四库未收书辑刊》第二辑，北京出版社 2000 年版，第427 页。
③ （宋）朱熹：《四书章句集注》，中华书局 1983 年版，第 32 页。
④ （元）史伯璿：《四书管窥》卷八，《景印文渊阁四库全书》，上海古籍出版社 1987 年版，第927 页。

纽地位,但并没有从章节上特意突出"诚",而是仍将之纳于道之"费隐"的主题下,反映出朱子对《中庸》诠释的重心是中庸之道的体用,"诚"虽然重要,但还是应纳入"中庸之道"的框架内,故有意不突出"诚"的地位,以免冲淡全篇主旨。而古今学人亦有突出"诚"为核心,与"中庸"相颉颃而倡《中庸》两篇说者。①

双峰将论诚诸章单独列为一节,与其对各章关系的认识、对《中庸》工夫的理解密切相关。双峰特别注重知仁勇三达德工夫,认为三者是全书"体道之要",并与"诚"论结合起来,以贯穿全篇。

> 《辑讲》谓《中庸》大抵以三达德为体道之要。始焉以入德之序言之,则曰知仁勇;终焉以成德之序言之,则曰仁知勇。是以以"诚"之一字揭于中篇,以为一书之枢要,而入德、成德之界限于此分焉。今以前章观之,皆先知后仁而笃之以勇,入德之序然也;以后章观之,皆先仁后知而勇以终之,成德之序然也。②

他指出,三达德在全书中的出现存在入德与成德的差异。最初"中庸"节所论大舜之知、颜回之仁、子路之勇的知仁勇说(第二十一章亦有之),此为入德工夫之序;而全书后半部分出现的仁知勇说,则为成德境界之序(如"诚者自成"章等)。故此,子思于全书中篇即第二十一章始揭示"诚"字,作为一书之枢要,自此分化了入德、成德的界限。相比而言,《中庸章句》虽亦明确提及知仁勇三达德"为入道之门",但并未如双峰这样刻意突出其贯穿全篇的作用。双峰在以"诚"为枢要的前提下,将仁知勇嵌入本节论诚五章之中。下表列出双峰所提的诚与三达德的对应关系,以及与《中庸章句》的对比。

表 3-2 双峰之"诚"与三达德对应关系及与朱子之对比

章次	"至诚尽性"章	"曲能有诚"章	"至诚前知"章	"诚自成"章	"至诚无息"章
双峰说	诚者之仁	诚之者之仁	诚者之知	诚之者之知	诚者之勇
朱子说	天道	人道	天道	人道	天道

---

① 参见黄维元:《〈中庸〉两篇说献疑》,《孔子研究》2010 年第 5 期。

② (元)史伯璿:《四书管窥》卷八,《景印文渊阁四库全书》,上海古籍出版社 1987 年版,第945 页。

　　由此表可见，双峰关于本节五章的论述有两条主线：一是知仁勇三达德。"至诚尽性""曲能有诚"两章论仁，"至诚前知""诚自成"两章论知，"至诚无息"章论勇。这完全是双峰个人的理解，此五章除"知"见于"至诚前知"章外，其余各章并无知仁勇出现。另一条主线是诚与诚之，即本体与工夫、天道与人道关系。双峰将此五章主旨依次列为诚、诚之、诚、诚之、诚的本体与工夫、天道与人道的对应关系。这种处理受《中庸章句》很大影响，《中庸章句》对此五章的安排就是天道、人道依次出现，即"诚"是天道本体，"诚之"是人道工夫。但双峰却不用《中庸章句》的天道、人道说，而采用"诚"与"三达德"结合说，以实现突出本节核心在于"诚"而非"道"的目的。就文本而言，双峰对"诚"的凸显并非无据。

　　　　自至诚尽性章至至诚无息章五章。饶氏谓至诚尽性章以诚者之仁而言，致曲章以诚之者之仁而言；至诚前知章以诚者之知而言，诚自成章以诚之者之知而言；至诚无息章以诚者之勇而言。或问前章诚者之仁知，即继以诚之者之仁知，至诚无息章论诚者之勇而不复以诚之者之勇言之，何也？饶氏曰："诚者不勉而仁，不思而知，若无以见其勇者，故特以悠久不息著其勇。若夫诚之者，则非勉无以仁，非思无以知，而所谓勇者已存于思勉之中而不复别以勇言也。况诚之之工至此，则人道已尽，而其至诚无息，固将与天道为一，所谓'诚则明，明则诚'也，又岂可以差等言哉！又以此数章皆先仁后知而勇以终之，成德之序然也。"①

　　但双峰将"三达德"与"诚、诚之"一一对应却难免有勉强拼凑之迹。如上表"至诚无息"章对应"诚者之勇"即有问题，至诚无息是言本体天道，而非勇之工夫，而且此处很突兀地出现"勇"，与前面仁、知两提的说法不同。双峰的解释是：诚者本来已经达到了不思不勉的地步，自然看不出"勇"之工夫，但因本章"悠久不息"之说，却显出"勇"来。至于诚之者之勇，则已经包含于思、勉工夫之中，故不需再提。双峰的解释并无很强的说服力。他还认为，之所以是仁知勇而非知仁勇的次序，是因为本节是就成德而非入德而言。

　　双峰在"诚"这一节还讨论了本节首章"诚明"章与前后章的关系。

------

① （元）史伯璿：《四书管窥》卷八，《景印文渊阁四库全书》，上海古籍出版社1987年版，第925页。双峰此解得到史伯璿的认同，认为"双峰配此五章为三达德不为无理"。

　　此章大意,是缴上章言"诚者,天之道,诚之者,人之道"。一向分
两路说去,则天人为二也。到此合说"诚则明矣,明则诚矣",指人道
可至于天道,合天人而一之也。下章至诚尽性章言天道,致曲章言人
道,而末合之曰:"唯天下至诚为能化。"此下二章又分别天道人道,到
至诚无息章只说天道不说人道,盖人道至此与天道一。①

　　他指出,"诚明"章言诚是回应上章"诚者天道、诚之者人道"说,上章
天、人为二,本体与工夫为二,皆分两路说去。本章则天人合一,诚则明,明
则诚,人道上达于天道,天道下贯于人道,天人浑然一体。而以下"至诚尽
性"章、"曲能有诚"章分别言天道、人道,但最终仍落脚于"至诚能化",亦是
天人交互,无有间隔,内在一体了。再往下的"至诚前知"章、"诚自诚"章,
又分别言天道、人道。再到"至诚无息"章,又言天道而化人道在内,天人合
一。即此可以看出,此一大节以诚为枢纽,以天人关系之分合来统合三达德
工夫,构成一个完整内在的语义场,阐发了儒家的境界形上学,具有内外合
一、天人相贯、体用相即、理事不分的特色。

第四节　"第五大节说大德小德"

　　双峰的第五节自"大哉圣人之道"章始,包括"愚而好自用""王天下有
三重""仲尼祖述尧舜""唯天下至圣""唯天下至诚"五章,双峰不取《中庸
章句》天道、人道说,认为本节皆围绕大德、小德展开。

　　　饶氏以自此以下六章为第五大节,说大德小德。又以致广大等为
　　充其大德,尽精微等为充其小德。
　　　自二十七章至三十二章章末,《章句》人道天道之分,饶氏皆不以
　　为然。而又自曰:"前三章贤希圣之事,后三章圣希天之事。"②

　　"大德、小德"见于"仲尼祖述尧舜"章,《中庸章句》在"至圣""至诚"二
章中亦提出大德、小德说,但认为与天道相通。双峰则由《中庸章句》的天
人之"道"转入大小之"德"。《中庸章句》认为第二十一章接续"哀公问政"

———————

①　(清)王朝渠:《饶双峰讲义》卷十,《四库未收书辑刊》第二辑,北京出版社2000年版,第
　　429—430页。
②　(元)史伯璿:《四书管窥》卷八,《景印文渊阁四库全书》,上海古籍出版社1987年版,第
　　933、950页。

章的天道、人道说,直至全书最后一章皆在反复阐发天道、人道,而大德、小德乃诚之发用显现,与天道、人道相一致,应纳入天人之道范围内,不应单独分出,以免导致与全篇的割裂,这也再次证明朱子是从道之体用看待全篇主旨,安排全篇结构。双峰则采用周敦颐《通书》之语将本节前三章主旨概括为"贤希圣",后三章为"圣希天"。而《中庸章句》则认为前三章言人道、后三章言天道,乃工夫与本体关系。

双峰强调此节以"德"为主旨,与上节以"诚"为主旨不同。这个"德"是讲贤圣之德,涉及德之特点、德之扩充、德之可能等。"德"作为"道"的下贯落实,是道在现实世界的呈现展开,就人而言,要获得"道",就离不开求道之方。双峰引用《通书》的"希"字,从工夫论的角度指出求道工夫在于"尊德性而道问学",在成德基础上再加以道问学,使大、小之德各达于极致。双峰此说有先德性而后问学之意,把尊德性摆在了更突出的位置。双峰还认为"大哉圣人之道"章确立了"德"为核心,对以下五章具有引导约束作用,并非如《中庸章句》所说此章仅言人道以对应下文天道。较之《中庸章句》,双峰突出了本章在全节中的转换作用。正因本节主题已从上节之"诚"转换为"德",故此后四章不再论"诚",直至本节最后一章"天下至诚"章方言及"诚",但其用意是回应上章"天下至圣",表明至圣与至诚的内外一体关系,其意并非在于阐发"诚"。

> 饶氏又谓《章句》云:"此章言人道也。"愚谓此章言君子德虽已成,而当益加学问之工以充之,使小德、大德各极其至,以起下五章之意,非判下文为天道人道之分也。故自此以下四章,皆不及诚,至三十一章(笔者按:据双峰分章则当为三十三章)始以"至诚"为言,又与"至圣"为对,亦非为"诚"而发。①

双峰将最后一章"衣锦尚絅"章视为一节,其意义在于回应首章,论述中和。很多朱子学者如景星等皆认为《中庸章句》和双峰一样,将末章单独划分为一节,这其实并不见得符合《中庸章句》之意。《中庸章句》在"诚明"章总结处指出本节主旨是继上章天道、人道说,继续以诚为中心来阐发天道、人道,明确肯定末章应包含在本节之中,它同样属于子思之言。"子思承上章夫子天道、人道之意而立言也。自此以下十二章,皆子思之言,以

---

① (元)史伯璿:《四书管窥》卷八,《景印文渊阁四库全书》,上海古籍出版社1987年版,第946页。

反覆推明此章之意。"①《中庸章句》如此处理末章，和对首章的处理出于同样的考虑，因为首章之下的十章皆阐明首章之意，故与下合并；末章则反之，是呼应总结前面数章之意，故亦与上合并。《中庸章句》于此还采用了如首章般的总结词："举一篇之要而约言之。"此也符合《中庸》开篇所引程子说该书"始言一理，中散为万事，末复合为一理"。许多批评双峰章句划分的学者主张将《中庸》分为五节，首、末章皆单独划分，第三节与《中庸章句》说同，第四节则是去除《中庸章句》末章的第二十一至三十二章，正表明他们实质上已经受到双峰的六分法影响，故我们对饶、朱之说兼取而折中之。列表如下：

表3-3　朱子、饶鲁及批饶学人分章对比

章句说	一至十一章	十二至二十章	二十一至三十三章	—	—	—
双峰说	第一章	二至十一章	十二至十九章	二十至二十七章	二十八至三十三章	第三十四章
景星等批饶学人说	第一章	二至十一章	十二至二十章	二十一至三十二章	第三十三章	—

第五节　章、层关系之分

双峰不仅在全篇大节划分上与《中庸章句》有不同看法，且在对次一层级各章之间、各章内部的语义关系理解上，亦多有与《中庸章句》不同之论述，体现了双峰本人的独特思想。

一、章与章之间的联系

双峰认为各章之间存在紧密的语义关联，并注重阐发之。如他指出第二十一章"天下之达道五"与第二十章"修身以道"相应，"天下之达德"与"事亲知天之仁知"相应，不过增添了三达德之勇而已。"天下之达道五，便是修身以道。天下之达德三，便是事亲之仁、知天之智，此节只添得个勇字。"②两章还存在修（诚）身与事（顺）亲、入德与成德的对应关系：第二十

① （宋）朱熹：《四书章句集注》，中华书局1983年版，第32页。
② （清）王朝榘：《饶双峰讲义》卷十，《四库未收书辑刊》第二辑，北京出版社2000年版，第428页。

章修身必先事亲是就入德之本说,第二十一章身诚然后亲顺是就成德之效言,"前言思修身不可以不事亲,此曰身不诚不顺乎亲。以入德之本言,则修身必先事亲;以成德之效言,则身诚然后亲顺"。

　　章与章之间的联系更多体现在概念阐发的异同,体现了双峰善于辨析字义的特长。如第四章论及"道之不行不明"的原因在于愚者不及知此中道,不肖者又不及行此中道,但第十二章"君子之道费而隐"又认为夫妇之愚不肖对此道可以知焉、行焉,二说似显矛盾。双峰认为,二者之别在于对道的界定不同,前者指道之全体,后者仅指道之一事,故有可否难易之别。"或问愚者不及知此中,不肖者不及行此中。费隐章又云:夫妇之愚不肖可以与知能行。何也? 曰:彼以夫妇一事言,此以道之全体言。"①同样,第三节"费而隐"章对道的论述与第五节"大哉圣人之道"章的论述又有差别,前者从切近、微小处说起,而至于高远广大之处,自造端乎夫妇的道之一事而推及圣人之所不能的道之全体;而后者则先从大再语及小,自"峻极于天"而敛归礼仪。他还辨析"费隐"章与首章之关联,指出"费隐"章的主旨是体用,费为道之用,隐为道之体,首章中和亦是体用,不过是由体达用,由中到和;"费隐"章则由用推体,先费后隐。而在两章之间的第二至十一章皆论述君子如何实现中庸之事,皆为道之用也。"首章由体以推用,故先中而后和。此章由用以推体,故先费而后隐。盖中间十章,极论君子中庸之事,皆道之用故也。"②章与章之差别表现于论述同一对范畴时,语义焦点、隐现有所不同。如对于费隐的阐发,第十五章侧重费,隐之意含而未发;第十六章立足于隐而推及费,正好阐发前章未发之意。"前章详于费而不及隐,引而不发之意也;此章推隐而达于费,以发前章未发之意也。"③

二、章内的分层关系

　　双峰还进一步紧扣文本分析各章内部的语义层级关系。如他主张将首章"喜怒哀乐未发"与"致中和"合为一节,这与《中庸章句》的处理相同,主张二者是本体效用关系,中和是体,天地位、万物育是用。但在具体理解上双峰与《中庸章句》有很大不同,《中庸章句》从工夫论的角度把"致中和"

---

① (清)王朝榘:《饶双峰讲义》卷十,《四库未收书辑刊》第二辑,北京出版社 2000 年版,第420 页。
② (清)王朝榘:《饶双峰讲义》卷十,《四库未收书辑刊》第二辑,北京出版社 2000 年版,第423 页。
③ (清)王朝榘:《饶双峰讲义》卷十,《四库未收书辑刊》第二辑,北京出版社 2000 年版,第425 页。

的"致"解释为推而极之。双峰则解为境界意义上的"到","谓功深力到而自有以使之然也",取消了《中庸章句》赋予的工夫义,而理解为"体立用行"的效用。"饶氏合喜怒哀乐未发与致中和二节为一节,其意盖谓自喜怒哀乐之未发谓之中至万物育焉,盖因上文静存动察之功而推其体立用行之效也。"①双峰还批评《中庸章句》过于讲究文本形式的对称节奏,分裂中和、位育之说,造成语义分裂破碎之弊。"问《章句》云'极其中而天地位,极其和而万物育',似太分裂。饶氏曰:'是如此。'"②

双峰将"哀公问政"至"不可以不知天"划为第二十章,认为此皆孔子之言,并进而将之划分为两小节,以两个"故"字作为划节最明显的文本标志,而语义要领则在于首节说"为政在仁",次节言"为仁在智"。

> 其间项目虽多,然大意不过两节而已。始言政之举息在乎人,而其下自为政之本推之,以至于修道以仁,所以明为政之本在于仁也。继言仁义之等杀生乎礼,而其下自君子不可不修身,推而至于不可不知天,所以又明为仁之端在于智也。故两节各以"故"字承之,盖为下明善诚身张本。明善,知也。诚身,仁也。③

双峰指出夫子答哀公问政,首先提出政之举息在于人之存亡,为政在人而人之修身又不离仁道,故推出为政之本在仁,这是由政、身而仁的次序。第二节则反之,首言仁义礼之义内在于人,进而言及君子必须修身,修身之道始于事亲,事亲又必须知人,知人必须知天,层层倒推,最终落实于智。总之,此章围绕仁、知展开,为下章明善之知、诚身之仁奠定基础,二者相互照应。双峰的划分,正是从本篇知仁勇三达德的工夫要领出发的。

在本章文本处理上,双峰与《中庸章句》亦有不同。如《中庸章句》认为"子曰好学近乎知"的"子曰"二字是衍文,双峰则认为"子曰"的再次出现意在强调而非衍文。

双峰对《中庸》的章句诠释,反映出他对《中庸》义理与性质的思考,确有不同于朱子之处,对后世《中庸》诠释产生了很大影响。双峰说实深受勉

---

① (元)史伯璿:《四书管窥》卷六,《景印文渊阁四库全书》,上海古籍出版社1987年版,第864页。

② (元)史伯璿:《四书管窥》卷六,《景印文渊阁四库全书》,上海古籍出版社1987年版,第871页。

③ (清)王朝渠:《饶双峰讲义》卷十,《四库未收书辑刊》第二辑,北京出版社2000年版,第427页。

斋影响,如勉斋主张将《中庸》分为三十四章六大节,突出道之体用为全书主线,提出以戒惧慎独、知仁勇、诚为脉络的工夫论系统。① 双峰对勉斋此说印象深刻,然而勉斋说却未被后世留意,不如双峰说影响之大。如自元代以来四书著作对双峰说的引用评论甚多,罕见提及勉斋之说者,此证明双峰之解已成为诠释《中庸》绕不开的必要话题。大体而言,批评者认为双峰作为朱子再传,自视高明,屡屡提出与朱子抵牾之解,实在是狂妄自大。"饶鲁之学本出于朱熹,而其为说多与熹牴牾",元儒史伯璿等即持此解。史氏特意花三十年工夫撰写《四书管窥》以批评双峰等人戾于朱子之说。但也有许多重要的朱子学者对双峰说表示欣赏,认为朱子《四书章句集注》虽不断修改,但至死未定,容有可商量完善处。因此黄榦对朱子说有发明推进,双峰对黄榦、朱子说又有发明推进,属于学术传承进步之必然现象,不应指责。元代影响其广的程端礼《读书分年日程》对双峰说颇加推重。连被《四库提要》评为只知维护朱子、胶执门户之见的胡炳文《四书通》亦采用双峰的六分说。更多学者则站在批评者与赞同者之间,采用扬弃手段吸纳双峰之说,如主张《中庸章句》五分说者。总之,章句如何划分,表面看来是《中庸》文本的形式化处理问题,但反映的却是著者对《中庸》义理的理解。双峰对《中庸》的章句划分,是在勉斋基础上作出的进一步思考。不仅丰富了《中庸》的诠释,且有力发展了朱子学的理论内涵,同时显示了双峰带有"江西之学"独立思考、不事依傍的学术品格,对今人更好地继承、诠释《中庸》之学仍具有积极的参考价值。

---

① 可参许家星:《"勉斋之说,有朱子所未发者"——论勉斋的〈中庸〉学及其思想意义》,《江汉论坛》2016 年第 1 期。

第四章 饶鲁《中庸》学的工夫论诠释

双峰从工夫论上对《中庸》作出了富有创见的论述,涉及戒惧、慎独、变化气质、知行关系、三达德、尊德性为本等方面,显示出重视心上工夫的面向。

第一节 "戒惧,存养之事"

《中庸》首章戒慎不睹、恐惧不闻之说,被朱子视为儒学重要修养工夫。《中庸章句》认为"不睹不闻"指心之情感未发时的敬以存养之功,"是以君子之心常存敬畏,虽不见闻,亦不敢忽,所以存天理之本然而不使离于须臾之顷也"[1]。双峰亦认为戒慎恐惧是存养工夫,"戒惧,存养之事",但他对《中庸章句》"虽不见闻"说颇不满而提出新解。

> 《章句》曰:"是以君子之心,常存敬畏,虽不见闻,亦不敢忽。"《释义》改为:"是以君子之心常存敬畏,虽当事物既往,思虑未萌,目无所睹,耳无所闻,暂焉之顷,亦不敢忘。"其意盖谓:"事物既往"是指前面底说,"思虑未萌"是指后面底说,"不睹不闻"正在此二者之间看。上文"道不可须臾离",(则自所睹以至于所不睹,自所闻以至于所不闻,皆当戒惧)则此不睹不闻在事物既往之后看;下文"喜怒哀乐未发",则此不睹不闻(又)在思虑未萌之前。(故须看此二句方说得上下文意贯通)紧要又在"暂焉之顷"四字,于此见(得子思所以发)"须臾"(二字)之意。又《章句》"忽"字,不若"忘"字。[2]

双峰把"虽不见闻"改为"虽当事物既往,思虑未萌,目无所睹,耳无所闻,暂焉之顷",此改关键在首尾"事物既往""思虑未萌""暂焉之顷"。他认为,

---

[1] (宋)朱熹:《四书章句集注》,中华书局 1983 年版,第 17 页。

[2] (元)史伯璿:《四书管窥》卷六,《景印文渊阁四库全书》,上海古籍出版社 1987 年版,第 860 页。按:括号中文字为笔者据(清)王朝𬩽《饶双峰讲义》卷十(《四库未收书辑刊》第二辑,北京出版社 2000 年版,第 418 页)补入。另《饶双峰讲义》中"不敢忘"仍为"不敢忽",且无"'忽'字,不如若'忘'字"之说。

据上文"道也者不可须臾离也",可见自所睹所闻以至于不睹不闻皆应戒惧,与之相应的"不睹不闻"当指前面事物"既往"之后;据下文"喜怒哀乐之未发"又推出此处"不睹不闻"应在"思虑未萌之前",后面事物未发之前。对"不睹不闻"的理解当置于上文"道不可须臾离"与下文"喜怒哀乐之未发"的语境中,方可显出其义当指前面事物已发、后面思虑未发的已发未发之间的"暂焉之顷",把握了此"暂焉之顷"方能领悟子思的"须臾"之义。双峰之改意在强调此事物既往,而思虑未萌、耳目无见闻的"暂焉之顷",内心处于未发已发之间的静而未发状态,是一个极其短暂微妙的心理过渡期。

　　客观地说,此解略显牵强突兀。因其所提出的"事物往来"实为文中未有之意,并不能与"思虑未萌"相洽,事物与思虑所指不同,外在事物的往来运动与内在思虑的萌发并无对应关系。而且,诚如史伯璿所论,经文在"不睹不闻"与"喜怒哀乐之未发"之间尚有"慎独"一节文字,双峰跳过"慎独"之已发,直接把"不睹不闻"与"喜怒哀乐之未发"贯穿起来,不合文义。双峰之所以如此突出"不睹不闻"是"暂焉之顷"的"须臾"片刻,据史伯璿的观点,是因为双峰认为人心静而未发的状态很少,多处于动而已发之时,故作出如此分疏。"双峰先立静时少动时多一见主之,遂谓静时只有暂焉之顷。"①双峰还把《中庸章句》"亦不敢忽"改为"亦不敢忘",指出"忽字不若忘字","忽"是漫不经心、不够重视之义,"忘"则表示心不在此的程度更深。"忘"必然"忽",但"忽"则不必"忘"。

　　据胡炳文《中庸通》所录,双峰之所以强调"不睹不闻"的"事物既往"之义,是为了将之与"未睹未闻"相对比,而不顾其突兀难解。双峰细致分析了"未"与"不"的语义差别:

　　　　子思不说"未睹未闻"而曰"不睹不闻","不"字与"未"字不同。"未睹未闻"是指事未至之前而言,"不睹不闻"是指事已往之后而言。指事未至之前而言,是由静处说向动处去;指事已往之后而言,是由动处说入静处来。君子于日用应事接物之际,随处操存,到得事物既往,若无所用其戒惧之心,犹不敢忘,是用工最密处。《章句》曰:"君子之心常存敬畏,虽不见闻,亦不敢忽。"当观"常"字,"亦"字,见得动处做工夫,到静时亦不敢忽也。②

① (元)史伯璿:《四书管窥》卷六,《景印文渊阁四库全书》,上海古籍出版社1987年版,第860页。
② (清)王朝榘:《饶双峰讲义》卷十,《四库未收书辑刊》第二辑,北京出版社2000年版,第418页。

双峰指出"未睹未闻"指事情尚未发生、心静如水之时，其后将是一个由静到动的内心发展过程；"不睹不闻"则是事情已经发生之后，其后将是内心由动到静的过程。君子日用之中，随处用功操存，无间动静。即便在事物已往之后，不再应对事物似可懈怠之时，犹当用其戒惧之心，毫不放松。故此，子思所用"不睹不闻"较之"未睹未闻"就更好地体现出为学工夫之细密，体现了工夫由动到静的无间过程，而"未睹未闻"则过于偏向静中工夫。双峰还认为，《中庸章句》之解亦有此意，如"常""亦"等词表明动处用功，即便到静处工夫亦不可忽视。双峰仍在在强调工夫应动静相贯，不可间断，"不睹不闻"特指不应忘记动后转静的后续工夫。概言之，双峰"不睹不闻"指事物已经发生了，过去了，耳目暂时不再睹闻了，心处于应物之后的由动入静的存养状态；而"未睹未闻"指事物尚未出现，此时心境处于未发的"心静理明"状态。"未"和"不"的差别即在于是否已经应物了，这直接影响于心上工夫。而《中庸章句》并未区分"未"与"不"，皆视为"不睹不闻"。

双峰区分了戒慎与恐惧的轻重关系，《中庸章句》则平等视之。"饶氏谓恐惧较之戒慎尤重，意虽已萌犹未见于事，尚可着救。言一出口，则驷不及舌矣，故尤当加畏。"①双峰认为，恐惧重于戒慎，原因就在于恐惧指言，戒慎指意，意念虽然已经萌发（《中庸章句》不如此认为），但尚未在具体事物上表现，故尚可施以戒慎工夫挽回之。若言已出口，则无法挽回，故恐惧未闻工夫应更加谨慎。笔者认为双峰此说并不妥当。

双峰还把戒慎恐惧与中庸之"中"结合讨论，以批评《中庸章句》对"君子中庸"章的解释。有学者提出，《中庸章句》讲"戒慎不睹恐惧不闻而无时不中"似乎有所矛盾，盖"时中"指已发，而"戒慎"是未发。

　　　　问：《章句》云："君子知其在我，故能戒慎不睹，恐惧不闻而无时不中。"窃意时中之中，指已发者言，戒慎不睹不闻只于未发上说得。饶氏曰："《章句》戒慎恐惧是兼动静说，然施于此章，毕竟多了'不睹不闻'四字。且'无时不中'，亦非文意，不若只言随处而中。要之，《章句》自'君子知其在我'以下，与本文意不同。"②

---

① （元）史伯璿：《四书管窥》卷六，《景印文渊阁四库全书》，上海古籍出版社1987年版，第859页。

② （元）史伯璿：《四书管窥》卷六，《景印文渊阁四库全书》，上海古籍出版社1987年版，第872—873页。

　　双峰指出《中庸章句》戒慎之解兼有动静,此处"君子中庸"仅是指动上工夫,故《中庸章句》把"不睹不闻"与事上"无时不中"并列言之,就产生了矛盾。且《中庸章句》"无时不中"说不合文义,应改为"随处而中"。双峰强调中庸之"中"表现为一定境遇下对事情处理得恰到好处,是动态之中;《中庸章句》于此则认为"中"是一种从心所欲不逾矩的恒定境界,人当追求时时刻刻皆处于其中。双峰极为强调首章中和与次章中庸的差别,提出中庸的工夫在于变化气质,而不是中和之戒慎恐惧、慎独工夫。因此,双峰批评《中庸章句》"自君子知其在我以下"之说,认为其仍以致中和的戒慎恐惧为工夫来解读中庸,偏离了文意。

第二节　"慎独,省察之事"

　　《中庸章句》认为慎独是已发省察之功,它与戒惧"存天理之本然"的工夫正好相应,乃是在戒惧基础上的省察之功,"遏人欲于将萌"。双峰亦认同慎独的省察说,"慎独,省察之事"。但对《中庸章句》仍提出批评、修正。《中庸章句》解慎独为:"隐,暗处也。微,细事也。独者,人所不知而己所独知之地也。言幽暗之中,细微之事,迹虽未形而几则已动,人虽不知而己独知之,则是天下之事无有著见明显而过于此者。"[1]双峰把"隐、微"与上文结合论述,认为"隐暗"即是"不睹","微密"即是"不闻"。同时他也批评《中庸章句》"迹虽未形,几则已动。人虽不知,己独知之"说把程子与弟子解混为一体不妥。

> 　　《释义》改《章句》曰:"隐暗之地,虽人所不睹;微密之事,虽人所不闻,然其几既动,则必将呈露于外而不可掩,昭晰于中而不可欺。是道固不可须臾离,而其形见显明,尤莫有甚于此者。"其意盖谓:"莫见乎隐,莫显乎微",程子皆主理言,吕、游、杨皆主心言。《章句》"迹虽未形,几则已动",程子意也;"人虽不知,己独知之",吕、游、杨说也。虽兼二说,仍把莫见乎隐、莫显乎微作一衮说。要之,莫见乎隐,主理言;莫显乎微,主心言。"见"不可作"著见",乃"形见"之见,此理虽隐微,必形见于外,一念方萌,便是昭晰于中。[2]

---

① (宋)朱熹:《四书章句集注》,中华书局1983年版,第18页。
② (元)史伯璿:《四书管窥》卷六,《景印文渊阁四库全书》,上海古籍出版社1987年版,第861页。

盖"迹虽未形,几则已动"乃程子说,从事理上言隐微;"人虽不知,己独知之"乃吕、游、杨等弟子说,就人心上言隐微。双峰主张隐秘之事理,微密之内心,各有所指,应分开言之,以突出理、心各有其适用之所,正如格物致知与诚意正心一般,不可混而不分。双峰进而提出应把《中庸章句》"著见"改成"形见",以突出不善之念昭露于心,必如有形可视之物一般而显著于外。此与"著见"并无根本差别,"著见"同样有显著于外之义。

双峰批评《中庸章句》"慎独"解专指慎重于意念刚刚萌发之时,对更广泛的动中省察工夫照顾不周。《四书管窥》曰:"饶氏谓《章句》以慎独专为谨于方萌之时,则其动察之工有所不周。鲁则以为谨独工夫阔,独不但是念虑初萌时,虽应事接物显显处,亦自有个独。"[1]盖慎独所指范围广阔,不仅指意念刚刚萌发时,还应贯注于与人应接等日常行事中。双峰说固有理。其实《中庸章句》不过强调在意念之"几"时慎独特别重要,并未忽视慎独在其他场合的作用。双峰还比较了不睹不闻与独睹独闻(慎独)的关系,从"意念"的角度辨析不睹不闻与独睹独闻说。

> 不睹是意未萌时,不闻是言未发时,意未萌时自家亦无所见,言未发时自家亦无所闻。到意已萌,言已发时,人虽不见而己所独见,人虽不闻而己所独闻,故于此必慎其独。以此观之,不睹不闻与独睹独闻,皆指里面底说,朱子《敬斋箴》其说亦然。"防意如城"是戒惧于意未萌之时,"守口如瓶"是恐惧于言未发之时。[2]

不睹是意念未萌发,不闻是言语未发出,在此意识未萌、言语未发之时,自身处于无见无闻的状态。到意念萌发、言语发出时,则转入人虽不见不闻而己所独见独闻的隐微状态,故于此必须慎独。即此可见,不睹不闻与独睹独闻皆就内心意识而非外界事物而言,还是站在未发和已发的立场上进行区分。双峰并引朱子《敬斋箴》为例,指出其防意如城、守口如瓶分别指戒慎意念萌发之前、恐惧言语未发之时,亦是此意。

双峰在区分戒慎与慎独分别指存养、省察的同时,还从工夫论的角度指出应看到慎独与戒惧的一致性,二者皆强调意念之慎,不过详略有别而已。"戒慎恐惧便是慎独之慎。详言之,则曰戒慎恐惧;约言之,只是慎

---

[1]　(元)史伯璿:《四书管窥》卷六,《景印文渊阁四库全书》,上海古籍出版社1987年版,第862页。

[2]　(清)王朝桀:《饶双峰讲义》卷九,《四库未收书辑刊》第二辑,北京出版社2000年版,第418页。

之一字。"①同时双峰还采用《大学》《中庸》比较的方式,从工夫动静、入门差异的角度论述戒惧与慎独之别。指出《中庸》首章并言戒惧、慎独,而《大学》仅言慎独,其用意在于慎独在动处用功,更适合初学之士。此是从工夫教法上揭示。"《中庸》言戒惧不闻不睹与慎其独,《大学》只言慎其独,不言戒惧不睹不闻,初学之士且令于动处。"②

伊川所作"视听言动箴"受到朱子的高度推崇,全文引入作为"传授心法切要之言"的"克己复礼"章注文中。双峰亦极重视此箴,并在阐释《中庸章句》总括首章的"次言存养省察之要"时,进一步仿程子箴而作存养省察四箴,以此表达对《中庸》首章工夫的重视及自身体验。朱子通常将存养(操存)、省察视为一对工夫,或组合或单独,广泛运用于四书的工夫诠释中,如戒惧与慎独、惟精惟一等。双峰四箴说则更进一步,将之再析为四种工夫,显示了对朱子"接着讲"的精神。双峰认为:

> 存养省察是四件,存谓存其心,养谓养其性,省谓省诸身,察谓察于事。尝为之箴,存箴曰:"心本至灵,放之则昏,敬以操之,无适不存。"养箴曰:"性本天赋,在得其养,根本常固,萌孽渐长。"省箴曰:"孰无过差,所贵内省,时一警持,邪伪斯屏。"察箴曰:"在物为理,处物为义,精以察之,无俾或戾。"③

四箴是一个围绕心而相互联系展开的工夫整体,四者工夫各有界限,存养省察分别指向心、性、身、事。存是主敬、操存的心地工夫,以保心之灵明不昧;养是性上工夫,通过固其天命所赋之纯善本体,在避免外界物欲戕害之时使先天性体得以逐渐扩充;省指身上反省、警觉持守,达到摒除邪恶伪善的效用,它是与存养相应的外在闲邪工夫;察则指向事物,精察物理,各得其宜。至于心,其特点在于灵妙无方,易于流走,放纵则昏,故须时刻以敬畏之心操而存之,达到随处皆存的境地。而性则源自天,为一切修养行为之根本,应作存养工夫以巩固此根本,使善端善心由此萌芽生长。反省工夫乃针对自我矫正而言,人在应事接物的过程中随时可能处之不当,故对人的修养

---

① (清)王朝椝:《饶双峰讲义》卷九,《四库未收书辑刊》第二辑,北京出版社 2000 年版,第418 页。
② (清)王朝椝:《饶双峰讲义》卷九,《四库未收书辑刊》第二辑,北京出版社 2000 年版,第419 页。
③ (清)王朝椝:《饶双峰讲义》卷九,《四库未收书辑刊》第二辑,北京出版社 2000 年版,第419 页。

来说,自我反省具有重要意义,在反省中应对内心做到警觉把持,以摒除邪恶不当欲念的干扰。另外,理显于事,处置事物得宜即为义,故需要精审察理,以免乖戾过当,违背事理。

主敬是朱子学的工夫要领,双峰对敬的工夫同样极重视。他认为道作为天命之性的体现落实,下贯禀赋于人身,使吾身自然拥有了道之体用两面。故无论是对道体之存养,还是对道用之省察,皆当以敬为要。他说:

> 道者,率性之谓,其体用具在吾身。敬者所以存养其体,省察其用,乃体道之要也。戒惧,存养之事;慎独,省察之事。《中庸》始言戒惧慎独而终之以笃恭,皆敬也。《中庸》以诚为一篇之体要,惟其敬,故能诚。①

而戒惧、慎独又分指存养、省察,各指工夫动静之一面。就《中庸》全书来看,自开篇之戒惧慎独至终篇之笃恭,皆为敬之工夫,可见敬贯始终动静。作为《中庸》全书之体要的诚,其践行工夫又在于敬。只有敬才能实现诚,敬是诚的前提工夫。双峰对敬的大力推阐,显示了对朱子“敬论”的一脉相传。

第三节　变 化 气 质

双峰极重视第二节“中庸”节所体现的变化气质的自修工夫,认为此节十章“论道以中庸为主而气质有过不及之偏”②,并将变化气质的工夫贯穿此后各章节论述中。双峰屡屡言及人之所以做不到中庸,盖在于气质之偏。《中庸章句》则把众人做不到的原因归结为“世教衰”。《中庸章句》从外在教化的角度立论,双峰则突出个人内在的道德自立。“民气质自偏,故鲜能。”③他抓住“气质有偏”这一主旨以论述变化气质的工夫,指出第十章南方之强与北方之强,各有所弊,其弊在于气质偏颇,以胜人为事。君子之强则相反,能自胜气质之偏。“南北方之强,皆是气之偏处,是要胜人。君子

---

① (清)王朝梜:《饶双峰讲义》卷九,《四库未收书辑刊》第二辑,北京出版社 2000 年版,第 418—419 页。

② (清)王朝梜:《饶双峰讲义》卷九,《四库未收书辑刊》第二辑,北京出版社 2000 年版,第 422 页。

③ (清)王朝梜:《饶双峰讲义》卷九,《四库未收书辑刊》第二辑,北京出版社 2000 年版,第 420 页。

之强,是要自胜其气质之偏。"①为了突出变化气质的工夫,双峰批评《中庸章句》把本章"强哉矫"的"矫"解为形容词"强貌",语义重复无力。《四书管窥》曰:"饶氏谓此'矫'字当训作矫揉之义,言强哉其为矫揉也。若以矫为强貌,则当曰'矫哉强'。又曰'矫揉是用工处,不应圣人只说强,不说用工处'。"②他主张朱子所放弃的吕大临"矫揉"说,认为此解突出了变化气质之工夫。且此处既然圣人言强,自然当论及用工之处,故"矫揉"之说符合圣人义。双峰还认为四个"矫"之间各有次第,"四者亦有次第,一件难似一件",表示工夫一件比一件难,境界一个比一个高,最高最难者为"遁世不见知而不悔",此"惟圣者能之"。

　　"忠恕"亦是变化气质的重要工夫。朱子对《论语》"忠恕一贯"章的探究理解,对其思想的成熟产生过重要影响,凝聚着朱子关于体用、理一分殊的深刻见解。朱子在解释过程中面临的最大困惑是如何处理曾子"忠恕一贯"与子思"忠恕违道不远"两种看似矛盾的表述。其解终获得后学的普遍认可,然而双峰在这一重要问题上,仍然对朱子提出质疑并给出新的理解。盖朱子对忠恕之理解,非常注重忠恕的体用一如说、忠恕分层说,认为忠恕包括三层含义:程子所说天地无心之忠恕、曾子所说圣人有心无为之忠恕、《中庸》所言学者日用工夫之忠恕,此为忠恕之本意。③ 双峰则提出忠、恕分别说,认为"施诸己而不愿亦勿施于人"专为恕之事,"君子之道四"又是专为忠之事,而《中庸章句》则统视为"忠恕之事",因为朱子特别强调忠恕一体,恕不离忠。双峰还认为,《中庸》之忠恕与《论语》忠恕意义一般,并无层次之别。《四书管窥》曰:"饶氏谓此忠恕是夫子告曾子以一贯,而曾子告门人以'忠恕而已矣'之意。于思又得之曾子,故丁此发明之。盖'忠恕'二字说得阔,做得彻,便是一贯。"④

　　盖子思说本来自曾子,忠恕工夫所包甚大,究竟言之便可通于一贯之道,以此来解释朱子所谓的圣人、学者忠恕分层说。双峰强调了忠恕的内在同一性、单一性,朱子则特别突出两处忠恕之差异性、层级性,主张《中庸》之说是忠恕本义,《论语》则是升一等说,借忠恕工夫表本体之义。但双峰

---

①　(清)王朝榘:《饶双峰讲义》卷九,《四库未收书辑刊》第二辑,北京出版社2000年版,第421页。

②　(元)史伯璿:《四书管窥》卷六,《景印文渊阁四库全书》,上海古籍出版社1987年版,第880页。

③　详参许家星:《"圣门末后亲传密旨"——朱子"忠恕一贯"章解的思想意义》,《人文杂志》2009年第5期。

④　(元)史伯璿:《四书管窥》卷七,《景印文渊阁四库全书》,上海古籍出版社1987年版,第891页。

则以忠恕工夫与本体的一体性，来消解朱子的忠恕分层说，并且借助曾子、子思之传的延续性来证明自己的观点，亦不无道理。这一主张"忠恕"在二书中并无层次之分的看法，实际上回归了传统之解，与朱子新解相对立。

第四节　"三达德为体道之要"

双峰对《中庸》的工夫论阐发，特别突出了知、仁、勇的重要性，认为"《中庸》大抵以三达德为体道之要"①。《中庸章句》对此三达德的重要性亦有所揭示，朱子在第十一章总结时，强调知、仁、勇三达德具有入道工夫之门的地位。正因为三者具有如此重要的基础地位，故全书开篇即以大舜、颜渊、子路之知、仁、勇阐明之，并特别指出三者是造道成德的整体，缺一不可。"盖此篇大旨，以知、仁、勇三达德为入道之门。"②双峰则在《中庸章句》基础上更进一步彰显了三者工夫要领地位，并提出诸多与朱子不同的见解。但他的三达德之解与朱子思路一样，亦是以"知行"为枢纽展开。他对知行提出以下见解。

首先，"知最艰"。双峰提出在知行工夫上，知最要最难，学、问、思、辨等只是知的落实而已。如真正知得，则行是水到渠成之易事。"人言知之非艰，行之惟艰。要之，知最艰。学问思辨四者方做得个知，若知得却只消行去。"③他引《周易》之贞来解知，曰："知属贞，贞者正而固，正固二字方训得贞字。知得虽是正了，仍旧要固守，所以说'贞者，事之干'。"④知属于元亨利贞的贞，乃止而固之义，表明知虽正确，仍然要加以固守之功，如此方才称得上知，才是事之主干。在重知的同时，并不轻行。

其次，双峰认为知行（仁）相因，不可偏废。知、仁关系密切，二者各有其责，分别言之，知负责选择取舍，仁则是坚守。合而言之，则知实际包括选择与固守两个方面，仅能择而不能守，不得谓知，此含真知必行之义。"分而言之，则知能择，仁能守；合而言之，则择固谓之知，然能择而不能守，亦不

---

①　（元）史伯璿：《四书管窥》卷八，《景印文渊阁四库全书》，上海古籍出版社 1987 年版，第 945 页。

②　（宋）朱熹：《四书章句集注》，中华书局 1983 年版，第 22 页。

③　（清）王朝璩：《饶双峰讲义》卷十，《四库未收书辑刊》第二辑，北京出版社 2000 年版，第 429 页。

④　（清）王朝璩：《饶双峰讲义》卷九，《四库未收书辑刊》第二辑，北京出版社 2000 年版，第 421 页。

得谓之知,此章虽引起下章仁能守之说,然仍旧重在知字。"①此意与《中庸章句》同,《中庸章句》说,"言知祸而不知辟,以况能择而不能守,皆不得为知也"。

又次,双峰从知行相因的角度批评《中庸章句》。他指出"道之不行"不是指人去行道,而是说道自身流行于天下;"道之不明"亦非指人已知道明白此道,而是道自显明于天下。"行不是说去行道,是说道自流行于天下;明不是说人自知此道,是说道自著明于天下。人多差看,须要见得知行相因。"②学者未能从知行相因的角度理解此处,故多有错解,《中庸章句》正是从人去知道行道来理解此章。朱子将"尊德性而道问学"一节分为"存心"与"致知"两大系列,尊德性、极高明、致广大、温故、敦厚属于存心;道问学、道中庸、尽精微、知新、崇礼属于致知。双峰则从知行的角度作出修正。

> 致广大以行言,尽精微以知言,极高明以知言,道中庸以行言。温故知新,皆以知言;敦厚崇礼,皆以行言。问:"《章句》分存心致知之属。窃谓致广大、敦厚固属存心,尽精微、知新固属致知,若以极高明、温故属存心,道中庸、崇礼属致知,恐未安。《讲义》之分知行似为亲切。"饶氏曰:"如此似乎无病。"③

他指出致广大、道中庸、敦厚、崇礼皆就行言,尽精微、极高明、温故、知新皆以知言,此解与《中庸章句》的差别是:"道中庸""崇礼"由致知划归为力行;"极高明""温故"由存心划归为致知;打乱了《中庸章句》以"而"字为界限的存心、致知的两列说。这样一来,表示行的"尊德性"一列有致广大、道中庸、敦厚、崇礼,表示知的"道问学"一列有尽精微、极高明、温故、知新。

双峰花了很大功夫处理知行与三达德的关系,提出对朱子的修正。朱子《中庸章句》从分与等的角度将三知三行与知、仁、勇三达德对应起来,如下表:

---

① (清)王朝琚:《饶双峰讲义》卷九,《四库未收书辑刊》第二辑,北京出版社2000年版,第421页。
② (清)王朝琚:《饶双峰讲义》卷九,《四库未收书辑刊》第二辑,北京出版社2000年版,第420页。
③ (元)史伯璿:《四书管窥》卷八,《景印文渊阁四库全书》,上海古籍出版社1987年版,第936页。

表4-1　三知三行与三达德的对应关系

三达德	以其分而言	以其等而言
知—知行	所以知者	生知安行
仁—知行	所以行者	学知利行
勇—知行	所以至于知之成功而一者	困知勉行

《中庸章句》的处理是将知行结合起来交互说,以知行来统率三达德,生知安行、学知利行、困知勉行分别对应知、仁、勇,而且认为"好学近乎知,力行近乎仁,知耻近乎勇"此三近为"勇之次也"。双峰批评《中庸章句》"分""等"之说枝节繁多,"头绪未免太多",把知行交叉打乱的做法不合子思之意,据上下文义,子思并未如此区分知仁勇。史伯璿引其说:

> 三知三行,《章句》既兼分与等而言,又通三近分知仁勇。饶氏门人疑《章句》之缠绊。饶氏曰:"便是子思之意不应如此,当看从上文来。子思云:'知仁勇三者,天下之达德也',至'及其成功一也',亦未见得知仁勇之分在。"①

双峰按照《中庸》文本将知、仁、勇各自分成两层归类处理,知包括知、近知;仁包括仁、近仁;勇包括勇、近勇。凡属于知者,如生知、学知、困知皆归于知;凡属于行者,如安行、利行、勉行皆归于仁;而勇则包括知行两面,生知安行是隐然不见自然从容之勇,学知利行离不开勇,困知勉行亦全靠勇来实现,此二者之勇不如生知安行之勇宽裕自如。如下表:

表4-2　双峰知仁勇的两层归类

知—知		仁—行		勇—知、行	
知	近乎知	仁	近乎仁	勇	近乎勇
生知	学知困知	安行	利行勉行	生知安行	学知利行 困知勉行

> 饶氏谓:"生知,知也;学知困知,近乎知也。安行,仁也;利行勉行,近乎仁也;生知安行,勇也;困知勉行者,以不及学知利行者为耻;学

---

① （元）史伯璿:《四书管窥》卷七,《景印文渊阁四库全书》,上海古籍出版社1987年版,第907页。

知利行者,以不及生知安行者为耻;以造乎知之成功之一者,近乎勇。"①

　　生知安行,隐然之勇;学知利行,非勇不可到。盖困知勉行,全是勇做出来,《章句》既以其分言,又以其等言,头绪未免太多。②

　　双峰指出,知仁勇作为三达德,不存在高下之分,《中庸章句》划分知上仁次勇下的等级区别不对。《四书管窥》曰:"饶氏谓且知仁勇皆达德也,而以知为上,仁为次,勇为下,恐皆未安。"③他进一步认为,诚者"不勉而中,不思而得,从容中道"分别对应安行之仁、生知之知、自然之勇,此亦见出三者并列平行而非高下有别。双峰也不同意《中庸章句》"斯三者"指近乎知、仁、勇的"三近"说,认为"斯三者"总指"三达德",是对前文"或生而知之"等的接应,《中庸章句》之误在于以"子曰"为衍文,故认为"三近"仅仅与勇有关,是"勇之次"。事实上,三近之前出现"子曰"是强调此为夫子之言,而非无用之衍文。《四书管窥》曰:"饶氏谓'知斯三者',是总上面三达德,正是分别或生而知之以下等语,《中庸章句》以'子曰'为衍文,遂以三近为勇之次。"④双峰特别重视勇的阐发,指出《中庸》多次言及勇。"五弗措皆是困知勉行者设,择善固执非勇不可,且五弗措皆是勇。故《章句》以择、执分属焉。"⑤如颜子择善固执离不开勇,学问思辨行五弗措亦是勇,皆为困知勉行者而言,故《中庸章句》将学问思辨归为择善,将笃行视为固执。

　　三达德同样不存在途径之异。《中庸章句》在解释三知三行时特意引用吕氏"入异至同"说,双峰对此提出批评。

　　饶氏谓《章句》吕云"所入之涂虽异,所至之域则同"。愚谓入异至同,如康节因学数而知道,昌黎因学文而有见于道之类是也。若三知三

①　(元)史伯璿:《四书管窥》卷七,《景印文渊阁四库全书》,上海古籍出版社1987年版,第908页。
②　(清)王朝梁:《饶双峰讲义》卷十,《四库未收书辑刊》第二辑,北京出版社2000年版,第428页。
③　(元)史伯璿:《四书管窥》卷七,《景印文渊阁四库全书》,上海古籍出版社1987年版,第909页。
④　(元)史伯璿:《四书管窥》卷七,《景印文渊阁四库全书》,上海古籍出版社1987年版,第910页。
⑤　(清)王朝梁:《饶双峰讲义》卷十,《四库未收书辑刊》第二辑,北京出版社2000年版,第429页。

行之所以异,特以资质有高下而用力有难易尔,其学固同一圣人之道也。何谓所入之异邪?①

他认为,入异之异当是指从不同的途径入道,如康节从数学、韩愈从文学而有得于道之类。但此处三知三行则并非指求道门路的差异,而是针对学习者自身资质差异而客观产生的为学用力难易程度之别,其所学皆为同一圣人之道,故入道门径实同而非异也。

在朱子三达德为入道之门说的基础上,双峰进一步提出三达德为体道之要说,从全篇而非本章的角度,更宏观深入地论述了三达德的意义及地位。

> 《辑讲》谓《中庸》大抵以三达德为体道之要。始焉以入德之序言之,则曰知仁勇,终焉以成德之序言之,则曰仁知勇。是以以"诚"之一字揭于中篇,以为一书之枢要,而入德、成德之界限于此分焉。今以前章观之,皆先知后仁而笃之以勇,入德之序然也;以后章观之,皆先仁后知而勇以终之,成德之序然也。如博厚高明、持载覆帱是已,此章意亦犹是。致广大欲其仁如地之无不容载也,极高明欲其知如天之无不照临也。故者温之,厚者笃之,又欲其勇如天地之悠久无疆也。温故如天之循环,敦厚如地之持重,此所谓大德者也。②

他从解释一个颇具困惑的问题入手:如何看待三达德的不同次序组合,是知仁勇还是仁知勇? 其实也就是仁知先后问题。他在朱子入德、成德之别说的基础上提出自身看法,指出全篇开端处以大舜之知、颜回之仁、子路之勇言,此先知、次仁、终勇是入德之序;结束处则以仁、知、勇而言,遵循的是成德之序。这一入德、成德之别的标志是"诚"的出现。全书特意于第二十章"哀公问政"章讨论作为全篇中枢的"诚"范畴,是用意良深的。这表明全书自此分为入德与成德前后两个阶段:第二十章之前为知仁勇的入德之序,如舜、颜、子路之知仁勇;第二十章之后为仁知勇的成德之序,如第二十六章"至诚无息"章的"博厚配地"与"高明配天"、第三十章"仲尼祖述尧舜"章的"辟如天地之无不持载"与"无不覆帱"皆是仁知成德之序。而本章

---

① (元)史伯璿:《四书管窥》卷七,《景印文渊阁四库全书》,上海古籍出版社1987年版,第910页。
② (元)史伯璿:《四书管窥》卷八,《景印文渊阁四库全书》,上海古籍出版社1987年版,第945页。

（第二十七章）"大哉圣人之道"章亦是如此。他明确提出尊德性、道问学、敦厚崇礼，乃是依据仁、知、勇的君子成德之序。"尊德性而道问学至敦厚以崇礼，此皆先仁后知而勇以终之，成德之序然也。"①他还将本章与前后章相关内容比对，指出致广大如地无不持载之仁，极高明如天无不照临之知，温故、敦厚如天地悠久无疆之勇。

　　双峰还对三达德的不同组合关系做了更详尽透彻的演示。如尽精微是仁中之知，道中庸是知中之仁，知新是勇中之知，崇礼是勇中之仁。"尽精微者，仁中之知（地道广大而精密）；道中庸者，知中之仁（天道高明而中庸）；知新者，勇中之知（天道久而常新）；崇礼者，勇中之仁（地道质而主文）。此所谓小德者也。"②双峰还将知仁勇三达德来串联各章，他以"至诚无息"章为例，指出该章承接"至诚尽性"章、"至诚前知"章而来，三章存在密切关联。

　　　　（二十七章）此章承上二章而言，所以劈头下个"故"字。盖尽性（二十三章），仁之至；前知（二十五章），知之至；而无息（二十七章），勇之至也。③

　　这构成一个仁、知、勇的成德系统。其实《中庸章句》在第二十章后皆采用天道、人道这对范畴处理各章关系，双峰所列三章在朱子看来，皆属于"言天道也"。双峰对三达德体道之要的重视，还见诸其对《中庸章句》的批评。《中庸章句》第九章"天下国家可均"章言"然非义精仁熟云云"④，双峰指出此说欠"勇"，盖在义之精，仁之熟，即精义熟仁之过程中，离不开勇的贯注支撑，此即知仁之勇。"言义精仁熟似欠勇字。……学者于义必精之，于仁必熟之，便是知仁中之勇。"⑤

①　（元）史伯璿：《四书管窥》卷八，《景印文渊阁四库全书》，上海古籍出版社 1987 年版，第945 页。
②　（元）史伯璿：《四书管窥》卷八，《景印文渊阁四库全书》，上海古籍出版社 1987 年版，第945 页。
③　（清）王朝榘：《饶双峰讲义》卷十，《四库未收书辑刊》第二辑，北京出版社 2000 年版，第431 页。按：本篇关于章句之分依据朱子说，但此处二十三、二十五、二十七章之说采用的是饶氏分章而非朱子《中庸章句》，盖饶氏将章句第二十章"哀公问政"章分为两章，故全篇较《中庸章句》多出一章。关于饶氏《中庸》分章的情况，见上章论述。
④　（宋）朱熹：《四书章句集注》，中华书局 1983 年版，第 21 页。
⑤　（清）王朝榘：《饶双峰讲义》卷九，《四库未收书辑刊》第二辑，北京出版社 2000 年版，第421 页。

第五节　"必先尊德性以为之本"

全祖望等学者对饶鲁的学术成就有一基本定位,认为他虽直承黄榦而上接朱子,但同时又下开吴澄。此说有一定依据,仅就双峰《中庸》工夫论来看,似亦透露出一定端倪。

在理学史上,历来喜以《中庸》第二十七章"大哉圣人之道"章的"尊德性"与"道问学"这对说法作为区分朱子学与象山学、理学与心学的标尺。一方面,二位先贤确有以尊德性、道问学相标榜之实情,下引两段话富有代表性。朱子言:

> 大抵子思以来教人之法,惟以尊德性、道问学两事为用力之要。今子静所说,专是尊德性之事,而熹平日所论,却是道问学上多了。所以为彼学者多持守可观,而看得义理全不子细……而熹自觉于义理上不敢乱说,却于紧要为己为人上多不得力。今当反身用力,去短集长,庶几不堕一边耳。①

陆九渊说:

> 朱元晦曾作书与学者云:"陆子静专以尊德性诲人。故游其门者多践履之士。然于道问学处欠了。某教人岂不是道问学处多了些子?故游某之门者践履多不及之。"观此,则是元晦欲却两短,合两长。然吾以为不可,既不知尊德性,焉有所谓道问学?②

朱、陆双方的态度都很明朗,朱子意识到偏于义理探究的道问学带来了德性修养不足之弊病,提出吸取陆学尊德性重践履的长处,来加强践履持守的尊德性工夫。同时亦指出象山之学完全忽视道问学亦有所偏。象山则认为朱子的"却短合长"说不可取。因为尊德性是一切学问之本原,为学当"先立乎其大者"③。

---

① （宋）朱熹:《朱文公文集》卷五十四,《朱子全书》第二十三册,上海古籍出版社、安徽教育出版社 2002 年版,第 2541 页。

② （宋）陆九渊:《陆九渊集》卷三十四,中华书局 1980 年版,第 400 页。

③ 全面讨论朱、陆于此问题的异同非本书关切所在,有兴趣者可参看陈来的《朱子哲学研究》、彭永捷的《朱陆之辨》等相关著作。

　　另一方面,后世学者由此很自然地将尊德性与道问学视为理学、心学分派的标志,如何看待尊德性与道问学成为判定学者立场的一个指标。最典型的当数作为饶鲁再传的吴澄。吴澄一直被视为元代朱陆合流的代表,他曾经因在国子监任上倡导"尊德性为主"而被视为陆学,议者认为此说与视朱子如神明,与推崇朱子学为己任的元代另一大儒许衡的观点相对,故吴澄遭到抵制与讥讽。其高弟虞集在《临川先生吴公行状》中说:

　　　　先生尝为学者言:"朱子道问学工夫多,陆子静却以尊德性为主。问学不本于德性,则其弊偏于言语训释之末,果如陆子静所言矣。今学者当以尊德性为本,庶几得之。议者遂以先生为陆学,非许氏尊信朱子之义。"①

　　由吴澄之案例,可见"尊德性"一语杀伤力甚大,似乎为陆学之不二代言。而双峰也有"必先尊德性以为之本"说,其说究竟是何意呢?此说与朱子有二同二异。

　　　　尊德性至崇礼。《辑讲》:"此五句上一句为纲,下四句为目,乃修德凝道之方也。欲修是德,必先尊德性以为之本。既尊德性又必由问学之功,以充其大小之德。致广大至崇礼,八者道问学之目也。"②

　　双峰认为《中庸》"尊德性而道问学"是工夫纲领,以下则是修养成就道德之方,此与《中庸章句》"二者修德凝道之大端"同。然双峰又认为,修圣德之首要工夫在于先尊德性,盖此为修德工夫之根本,这一点显与朱子异而与陆子同。然他又主张在尊德性的基础上展开道问学之功,以扩充其致广大、极高明、温故、敦厚之大德,尽精微、道中庸、知新、崇礼之小德。此又显同于朱子的"去短集长"说、尊德性与道问学兼容并取说。然双峰视"尊德性、道问学"之后的八目皆为道问学之方,又迥异于朱子。据此双峰似乎有将"尊德性"单独抽出,其余九目皆归于"道问学"一边之意。然朱子则将它们均分之:致广大、极高明、温故、敦厚统属于尊德性的"存心之属";尽精微、道中庸、知新、崇礼统属于道问学的"致知之属"。如前文所述,双峰将

---

　　① (元)虞集:《道园学古录》卷四十四,《四库全书》第一千二百零七册,上海古籍出版社1988年版,第627页。

　　② (元)史伯璿:《四书管窥》卷八,《景印文渊阁四库全书》,上海古籍出版社1987年版,第936页。

朱子整齐有序的划分以知行之分打乱之,并将此视为大德与小德之别。①

但双峰对尊德性的强调,并不意味着对象山心学的认同。他强调以尊德性为本,仍是居于发展朱子学的立场,而对朱子学流弊所作之矫正。但这种矫正倾向在其再传吴澄那里有了更明显的发展,以至于吴澄长期以来被误认为陆学。实质上吴澄的基本学术立场仍然是朱子学而非象山学。② 回过来看朱子,基于会通尊德性与道问学的学术宗旨和随时矫正学者为学弊病的目的,他并非不容纳"尊德性为本"说。他说:"盖能尊德性,便能道问学,所谓本得而末自顺也。"③《答吕子约》"前书所喻"书言:"大抵此学以尊德性、求放心为本,而讲于圣贤亲切之训以开明之,此为要切之务。"④朱子可以肯定以尊德性为主的立场,只是无法容忍对任何一边的偏堕,对此极其警惕。他在《玉山讲义》中言:"学者于此固当以尊德性为主,然于道问学亦不可不尽其力。"⑤"如今所说却只偏在尊德性上去,拣那便宜多底占了,无道问学底许多工夫。"⑥

此外,双峰注重为学工夫的简易可行性、普遍性,有降格以求、包容大众的意味,有追求简易之学的倾向。如关于"道不远人"章的"改而止",他认为改即可矣,不必以圣贤要求来责备之,以待他慢慢寻求,逐步进步。

> "改而止",饶氏谓言治之不过其则也。又谓且如人不孝,得他改而从孝便足矣。如何便去十分责他便如尧舜之孝。盖其人去道已远了,得他改却有渐进之理。⑦

---

① 饶氏是从知行的角度而非存心与致知的角度来理解此章,史伯璿分析饶氏与朱子不同的根本原因即在于饶氏误将朱子尊德性的"存心"理解为力行,"由不达《章句》存心之义而以力行当之,故致误耳"。(元)史伯璿:《四书管窥》卷八,《景印文渊阁四库全书》,上海古籍出版社1987年版,第936页。

② 详参徐远和:《理学与元代社会》,人民出版社1992年版,第103—134页;方旭东:《尊德性与道问学——吴澄哲学思想研究》,人民出版社2004年版,第6页。

③ (宋)黎靖德编:《朱子语类》卷六十四,《朱子全书》第十六册,上海古籍出版社、安徽教育出版社2002年版,第2137页。

④ (宋)朱熹:《朱文公文集》卷四十七,《朱子全书》第二十二册,上海古籍出版社、安徽教育出版社2002年版,第2196页。

⑤ (宋)朱熹:《朱文公文集》卷七十四,《朱子全书》第二十四册,上海古籍出版社、安徽教育出版社2002年版,第3592页。

⑥ (宋)黎靖德编:《朱子语类》卷一百一十七,《朱子全书》第十八册,上海古籍出版社、安徽教育出版社2002年版,第3696页。

⑦ (元)史伯璿:《四书管窥》卷七,《景印文渊阁四库全书》,上海古籍出版社1987年版,第890页。

但这遭到史伯璿的批评,他认为双峰"每有此等议论,如说止至善,说格物之类",违背了朱子的至善"十分"说。其实,朱子虽常强调十分之善不可丝毫欠缺,但亦非一概而论。而且此处明言"君子以人治人,改而止",重点在治人而非自治,对于普通大众,当然不可以圣贤要求。《中庸章句》此处亦解为:"责之以其所能知能行,非欲其远人以为道也。张子所谓'以众人望人则易从'是也。"①正合双峰义。

综上所述,双峰对《中庸》的工夫论诠释,颇具系统而富有创见。虽大体未脱朱子樊篱,但仍显示了可贵的批判创新精神,体现了精于思辨、勇于立论的学术特质。很好地接续了朱子、黄榦之学,推动了朱子学的向前发展,构成元代理学的重要思想源头。双峰在宋元理学史上的重要地位,见诸朱子后学的异议。兹举两例:史伯璿《四书管窥》批评他"但知反《章句》为高,而不知求之经文以审其是"②。而双峰对朱子批判的底蕴似乎又染上了"江西之学"(金溪之学)的自信张扬;陈栎指责双峰晚年以圣人自居,云"晚年自号饶圣人,真心恙矣"③。此等自负性格与其对朱子的反思批判精神是颇一致的。

---

① (宋)朱熹:《四书章句集注》,中华书局1983年版,第23页。
② (元)史伯璿:《四书管窥》卷六,《景印文渊阁四库全书》,上海古籍出版社1987年版,第880页。
③ (元)陈栎:《定宇集》卷七,《景印文渊阁四库全书》第一千二百零五册,台湾商务印书馆1986年版,第269页。

第五章　饶鲁《论语》诠释对朱子的继承与批判

双峰的《论语》研究,对朱子具有既继承阐发又批判超越的双重性。一方面,他辨析字义、解释文本、揭示《论语集注》来源与特点,显示出对朱子思想的继承;另一方面,他又通过提出新解与直接批评的方式,在本体、工夫、鬼神、史实、字义等方面对《论语集注》作出批判性诠释,直言程朱"看得未尽""未见的实",显示出对朱子的批判。双峰这一双向诠释特点体现了朱子后学传承、发展朱子"四书"的理性精神,对四书学的发展产生了积极影响。

第一节　对《论语集注》的继承

双峰对《论语》的阐发,建立在对《论语集注》的深刻理解和自觉继承上,集中体现为对《论语集注》这一经典文本的理解和解读。双峰对《论语集注》从来源揭示、误解辨析、注释特点等多个角度作了深入挖掘,显示了羽翼朱子学的一面。受朱注影响,双峰对经文也提出自己的看法。

双峰关于经文的理解,有以下三方面的特点。

一是辨析字义。朱子解经非常注重文本释义,强调由字义训诂以通经义。双峰亦承袭此点,尤用力于含义丰富之词及虚词、近义词意义的辨析。如"道"有方法、本体义,双峰指出《论语集注》"学以至乎圣人之道"的"道"指方法,"学之道""学之得其道"皆是此意。在此方面,双峰对《论语集注》还有所补充,如朱子并未详解"色"字,双峰则不惮其烦详析之,言"色字所该者广,凡形于外者皆可谓之色。有专指面色而言者,如'色思温'是也。有该貌而言者,如'巧言令色'是也。有该言貌而言者,如此章'色庄'是也。有该言貌行事而言者,如'色取仁'是也"①。指出"色"含义广泛,凡表现于外者皆可谓之色。故其所指须于具体语境作具体分析,并从专指和该(兼)指两面加以分析,如"色思温"专指面色,"巧言令色"则包括容貌,"色庄"

① (清)王朝䟂:《饶双峰讲义》卷五,《四库未收书辑刊》第二辑,北京出版社 2000 年版,第387 页。

又在容貌基础上进一步兼指言语，"色取仁"在容、言的基础上又包含了行事。朱子特别留意看似无意义之虚词，双峰亦继承此点，对虚词甚为留意。如"以"字，他指出"宽以、敬以、哀以"的"以"应训为"用"，即用宽、敬、哀三者去观察。"'以'字训'用'，谓用宽敬哀三者观之也。"①当"以"合成词组时，其意义亦有变化，"是以""可以"的差别在于前者是正面明确肯定，后者则是特定语境下表示认可之义。"'是以谓之文'，是正言所以为文之义；'可以为文'，但言如此者可无愧于文之谥。"②分析相似意义的差别，如"如予何"与"如命何"，"予何"是我掌握了主动，天命在我；"命何"则是我命在天，我是被动。这种分析对经文的理解无疑是极为基础和必要的。

　　二是揭示经文轻重要领以抓住重点。双峰指出"学而"章六句，第一句讲工夫最关键，其余皆是工夫带来之效验。"此章六句其工夫只在第一句上，其余五句皆是效验。"③又如"贤贤易色"章，尽管贤贤、事君、事父母、交朋友并称，但贤贤居于第一位，是后三者的前提。《中庸》尊贤列亲亲之前，亦是重贤。类似的如"朝闻道"章重在闻道而非死生，"君子谋道"章首末两句各有重心，首句重在"谋"，末句重在"忧"。

　　三是辨析文本异同以准确把握文本。或文异旨同，即文本虽异但思想主旨相同。如"不患人之不己知"与首章"不知""不愠"文虽不同，主旨却同，二者皆倡导为己之学。"不患人之不己知，即首章人不知而不愠之意，皆是要人为己。"④又如"微生高"章与"巧言令色"章，皆是要学者以直立心，但微生高乞醯于邻是无心之过，左丘明所引以为耻的巧言令色足恭是有心之恶，二者性质、程度有别。或文本小异，大旨相同。如博文约礼出现两次：一是博学约礼，一是博我约我。双峰认为二者之别在于："博学于文，约之于礼，是我自去博约以学言也。博我以文，约我以礼，是夫子博我约我，以教言也。"⑤博学是我主动去学，而博我则是夫子教我，存在学、教重心之别，

————————

① （清）王朝榘：《饶双峰讲义》卷三，《四库未收书辑刊》第二辑，北京出版社2000年版，第366页。

② （清）王朝榘：《饶双峰讲义》卷四，《四库未收书辑刊》第二辑，北京出版社2000年版，第371页。按：饶鲁深受其师——朱子女婿兼弟子黄榦影响，如黄榦曾批评朱子"人而无信"章"其何以行之哉"的"以"字解为"能够"有误，应理解为"用，凭借"义，故饶鲁对"以"字义详加辨析。

③ （清）王朝榘：《饶双峰讲义》卷三，《四库未收书辑刊》第二辑，北京出版社2000年版，第361页。

④ （清）王朝榘：《饶双峰讲义》卷三，《四库未收书辑刊》第二辑，北京出版社2000年版，第363页。

⑤ （清）王朝榘：《饶双峰讲义》卷五，《四库未收书辑刊》第二辑，北京出版社2000年版，第382页。

故文字表述有异。《论语》由约五百短章构成,双峰对上下章之间的关系颇为注意。如他指出"柴愚"章与"回庶"章的差别在于本章言四子气质各有所偏,"回庶"章则突出颜子、子贡境界与用心之别。"此章与前章不同,前章是指气质之偏,此章是言二子造道与用心之异。"①

双峰对《论语集注》的分析阐发体现在以下方面。

第一,揭示来源。《论语集注》之说多为综合古今诸说而成,如能阐明其所取说之来源,则对理解《论语集注》大有裨益。双峰亦作了阐明《论语集注》来源的工作。如指出《论语集注》"要半下""齐倍要"分别来自《礼记》之《深衣》与《玉藻》。"要半下,取《深衣篇》'要缝半下'之语。齐倍要,取《玉藻篇》'缝齐倍要'之语。"再如,指出"颜渊喟然"章所引吴氏解"非所谓窈冥昏默"出自《列子》而略有改变,以形容至道之精之极。并指出引吴氏说是为了防止学者从过于高远处理解颜渊说,强调工夫的平实。"窈窈冥冥,至道之精;昏昏默默,至道之极;《列子》之言也。此章学者易得求之高远,故《论语集注》引吴氏之说以明之。"②

第二,矫正误解。双峰矫正了学界对《论语集注》之解存在的误解。如"不得中行"章《论语集注》解为"激厉裁抑之以进于道",有人理解为激厉、裁抑分别对应狂者、狷者,双峰认为此解有误,应是统指狂、狷。即无论对狂者还是狷者,都要加以激厉、裁抑之功,二者皆有过与不及之处,盖过与不及本是相对而言。"或解《论语集注》激厉裁抑以为激厉狷者,裁抑狂者,是不然……二者各有过不及:于过处裁抑之使之俯而就中,于不及处激厉之,使之跂而及中,如此则皆近道矣。"③

第三,指出《论语集注》特点。一是先解本文的释经法。双峰注意到《论语集注》于疑难处,通常先就本文作解,之后再点出疑问所在。如"行行如也子悦"章,因为"乐"字很难说通,故《论语集注》在正面阐发"乐"后,继引他说提出"乐"是"曰"之误,予以说破。"乐字终难说,所以《论语集注》以为或是'曰'字之误。朱子释经之法,到疑处且先就本文解,后面却说破。"④

二是经注相应。双峰揭示了《论语集注》因遵循本文优先的原则,故注

①　(清)王朝璩:《饶双峰讲义》卷五,《四库未收书辑刊》第二辑,北京出版社 2000 年版,第387 页。

②　(清)王朝璩:《饶双峰讲义》卷五,《四库未收书辑刊》第二辑,北京出版社 2000 年版,第382 页。

③　(清)王朝璩:《饶双峰讲义》卷六,《四库未收书辑刊》第二辑,北京出版社 2000 年版,第395 页。

④　(清)王朝璩:《饶双峰讲义》卷五,《四库未收书辑刊》第二辑,北京出版社 2000 年版,第386 页。

文与经文之间呈现出密切的对应关系。如"卫灵公问阵"章朱子案语"当行
而行无所顾虑"对应正文"明日遂行";"处困而亨无所怨悔"对应正文"在
陈绝粮"以下文字。① 再如"吾友张也为难能也然而未仁"章,注文"行过
高"解"难能","少诚实恻怛"解"未仁"②。《论语集注》有时从"节"这一更
大范围来做到对应诠释,如"无为而治"章,注文首节总论"德盛民化不待有
为"这一圣人共有特点;次节则专门阐释舜任百官而无为的特点。"《论语
集注》分两节:一节说圣人德盛而民化,不待其有所作为,此是众圣人之所
同。一节说舜绍尧之后,又得人以任众职,故尤不见其有为之迹,此是舜
所独称舜。"③

三是同名异解。《论语集注》对同一概念(名)常据上下语境作出不同
阐发,其根据、目的所在值得探究。双峰对此作出进一步揭示,如指出《论
语集注》"忠清"章言当理而无私心,是就事之当理而推其心,故由理而后
心;"仁者能好人"章言无私心然后好恶当于理,则是由心之好恶推于事理,
故先心而后理。"忠清章论仁是因事而原其心,故先书当理而后言无私心;
能好恶是由心而达之事,故先言无私心而后言当于理。"④再如《论语集注》
对伯夷叔齐求仁得仁解"合乎天理之正,即乎人心之安",与对"微子去之"
章解"不咈乎爱之理"不同。前者是从正面肯定伯夷叔齐的行为合顺乎天
理人心,后者则从反面以否定方式指出殷之三仁看似害仁而实际并未违背
仁。《论语集注》诠释的微妙差别,正是为了力图贴近文本,以揭示人物的
思想处境。

四是注文相须。《论语集注》的注释往往由一组说法构成,包括前人之
说与朱子本人案语。双峰认为这些说法彼此之间存在相互发明、互相补充、
融贯一体的关系。如《论语集注》"礼云礼云"章朱子与程子之解相互补充,
朱子侧重人心,程子侧重事理。"人而不仁如礼何"章之解关系亦是如此。
"程子、朱子礼乐二说相须,其义始备。"⑤"则以学文"章《论语集注》先后引

① (清)王朝榘:《饶双峰讲义》卷七,《四库未收书辑刊》第二辑,北京出版社 2000 年版,第
401 页。
② (清)王朝榘:《饶双峰讲义》卷八,《四库未收书辑刊》第二辑,北京出版社 2000 年版,第
414 页。
③ (清)王朝榘:《饶双峰讲义》卷九,《四库未收书辑刊》第二辑,北京出版社 2000 年版,第
401 页。
④ (清)王朝榘:《饶双峰讲义》卷九,《四库未收书辑刊》第二辑,北京出版社 2000 年版,第
367 页。
⑤ (清)王朝榘:《饶双峰讲义》卷八,《四库未收书辑刊》第二辑,北京出版社 2000 年版,第
408 页。

用尹氏、洪氏说,另有朱子案语,此三说相互补充,构成完整的语义组合场。尹氏"德本文末"说过于轻视"文",洪氏从文质角度看待"文与力",朱子案语特别突出"文"的重要性,三说相互发明,充分照顾到了对"文"的轻视、平视、重视三种视角。"《论语集注》三说不同:尹氏说得文字全轻,洪氏说得文字差重,朱子说得文字极重。三者互相发明,若但知文之为轻而不知其为重,则将有废学之弊,故不得不交致抑扬之意。"①此外如"人而不仁"章、"漆雕开仕"章等皆是如此。

五是注文之别。双峰指出《论语集注》注文诸说除相互发明外,还各有差别。如"性相近"章程子"专言气质之性",不如朱子"兼气质而言","兼"字表明此处非仅仅是气质之性,而是有本然之性在其中,如此方能更好地解释性相近而非相远。"性相近"当从两面看,一是相近非相同,表明所指非本然之性;二是之所以相近,表明气质之性虽有差异,但因本然之性作主,故终不至相差太远,以此见出朱子说更为精妙。双峰此种辨析程朱高下的说法引起朝鲜学者不少争议,详见后文。

六是调整经义。《论语集注》通常对经文有所调整,以补充完善其义。如"信近于义"章,朱子担心有子说过于从容含蓄,宽缓而不紧切,故对措辞加以调整。"有子气象从容,辞不迫切,于礼义皆以近言。《论语集注》恐其宽缓,故直以合义中节言之,不用其辞而用其意。"②双峰指出"士见危致命"章,子张说士能做到见危致命、见得思义等,则"其可已矣",《论语集注》则有一微调,说"庶乎其可",以显保留之义。③又"闻弦歌之声"章,《论语集注》为"子游为武城宰,以礼乐为教",并提出子游所用乃大道。双峰指出,经文只是说乐,并无礼,《论语集注》为何添加礼?盖古代教学礼乐相须,二者皆是夫子教弟子学道的必要科目,故《论语集注》补充之、点明之。"弦歌如何见得是学道?又弦歌是乐,《论语集注》如何添礼字说?……闻弦歌便知其以礼乐为教学,诗书礼乐即是学道。"④

七是弘扬道义。双峰指出《论语集注》有时引用他说,是出于弘扬道义

---

① (清)王朝璩:《饶双峰讲义》卷三,《四库未收书辑刊》第二辑,北京出版社2000年版,第362页。

② (清)王朝璩:《饶双峰讲义》卷三,《四库未收书辑刊》第二辑,北京出版社2000年版,第363页。

③ 此一问题,双峰师勉斋亦详加讨论,认为子张"则似失之快而不类乎圣人之言也。《集注》以为庶乎其可,则固恶其言之太快"。见(宋)赵顺孙:《四书纂疏》,吉林出版集团有限责任公司2005年版,第363页。

④ (清)王朝璩:《饶双峰讲义》卷八,《四库未收书辑刊》第二辑,北京出版社2000年版,第407页。

而非学术上的考虑,且所引之说在学术上值得商榷。如"卫君待子而为政"章《论语集注》引胡氏说,讲夫子为政当先正名云云,双峰认为《论语集注》引此说是因为该说政治立场坚定正确,从道义上表明了树立纲常、压制叛逆的坚决态度,但就实际情形而论,胡氏给孔子开出的方法并不可行。孔子若要行正名之事,必须在卫国有政治基础并获得实权方可。"《论语集注》引胡氏之说,盖以其辞严义正,可为万世纲常作主,乱臣贼子知所警惧,故特著之。若真欲行此,须是孔子为卫世卿而有权力,当灵公初死,辄未立之时为之则可。"①

第二节　对《论语集注》的批判

双峰在照着朱子讲的同时,还通过比较《论语》与他书之说,剖析《论语》具体字义概念、就疑难章节提出新说等方式提出一些颇富见地的看法,尤其是对《论语集注》提出了大量批评,涉及本体论、鬼神祭祀、弟子之评、史实名物、字义、疑难章节等,体现出"接着讲"的特质。

一、双峰新解

双峰采用通贯比较的方法,通过对《论语》与他经的比较来表达一些《论语集注》未论及的新颖观点。对《论语》中相近内容之比较,如指出夫子曾言学而不厌、诲人不倦何有于我,但在"若圣与仁"章却言"抑为之不厌,诲人不倦",前者不承当,此处却承当,差别何在? 双峰指出,前者是夫子谦虚,此处夫子因为已辞仁圣不敢当,故只好承担第三等人,以勉励学者。"前章是泛说,所以虽非圣人之极至而亦不敢当,此章是见人以仁圣归之,已既逊了第一等,第二等,只得且承当第三等底事,所以勉人也。"②关于《论语》与《大学》的比较,双峰指出曾子忠恕一贯工夫当即《大学》观之,盖《大学》为曾子所作,更能反映其工夫。但是《大学》忠恕又何以体现呢? 双峰认为,忠是修身之上诸节目,恕是齐家以下诸节目。关于《论语》与《诗》《易》之间的比较,他指出《论语》"道听涂说"与"默而识之"相反,前者纯粹为口耳之学,后者则是身心受用之学。"默而识之"正如《诗经》之藏而不忘,《易经》之默成信行。"默识与道听涂说者相反,道听涂说更不复留为身

---

① （清）王朝榘:《饶双峰讲义》卷六,《四库未收书辑刊》第二辑,北京出版社 2000 年版,第 392 页。
② （清）王朝榘:《饶双峰讲义》卷四,《四库未收书辑刊》第二辑,北京出版社 2000 年版,第 378—379 页。

心受用,默识则其所得者深而所存者固矣。"①在"五十以学易"章特别突出《易》在五经中的首要地位,指出《易》与《诗》《书》《礼》《乐》的差别在于:《易》探究性命之原,关注形而上之本体,是义理之所以然;而后者则是关注人伦世界,是《易》之体现,是所当然。故为学须学透《易》,才可以认识《诗》《书》《礼》《乐》的所以然,才能够应对无差。"《诗》《书》《礼》《乐》皆是人做底,若《易》则是性命之原,天下义理皆从此出。须是学到这里,方始识得诗书礼乐之所以然,而纵横泛应,无毫厘之差,可以无过。"②

双峰常就字义、概念的理解提出异于《论语集注》之解。如"子所雅言诗、书、执礼",《论语集注》认为诗书礼皆为日用,故所常言。但双峰则认为礼本身就存在常用与非常用之分,夫子常言之礼即常用之礼,其非常用者如宗庙之礼等则偶言之。"礼有五礼,夫子所常言者,只是言人日用所常执之礼,不可阙者尔。若宗庙郊社朝觐会同,非常所用者,则讲之有时,亦不常及之也。"③又如"民可使由之",《论语集注》认为"由"是由理之所当然,双峰则推进一步,指出"于所当然者亦未易使之晓"。《论语集注》"听于冢宰"章引胡氏"以听冢宰则祸乱非所忧"说,双峰指出"听于冢宰"仅是圣人言世道之常,若处世道之变,则此策未必可。"且天下事有常有变,圣人只论其常耳。"④又如"三以天下让"章,《论语集注》释"三让"为"固逊",而不明其所指。双峰则认为"三让"有具体所指,分别是让王季、让文王、让武王。"辑讲又谓三逊者谓其一逊王季,再逊文王,三逊武王也。"⑤

双峰对《论语集注》所认为难以强说之处提出新解。如"山梁雌雉"章,《论语集注》认为"此必有阙文,不可强为之说"。双峰指出"色举翔集"比喻君子去就,山梁雌雉隐喻小人得志,因时代机遇处高位而行其恶。夫子之叹,由此而发。子路不明夫子之意,反而取此鸟而以食供之。夫子知子路误解己意,遂不食而起,但仍坚持对鸟嗅了三次,体现了圣人宽宏大量之胸怀。"雌雉,阴类也;以雌雉而居山梁,飞啄自如,犹小人而在高位,得行其志,时

① (清)王朝璩:《饶双峰讲义》卷四,《四库未收书辑刊》第二辑,北京出版社 2000 年版,第 376 页。
② (清)王朝璩:《饶双峰讲义》卷四,《四库未收书辑刊》第二辑,北京出版社 2000 年版,第 377 页。
③ (清)王朝璩:《饶双峰讲义》卷四,《四库未收书辑刊》第二辑,北京出版社 2000 年版,第 377 页。
④ (清)王朝璩:《饶双峰讲义》卷七,《四库未收书辑刊》第二辑,北京出版社 2000 年版,第 400 页。
⑤ (元)史伯璿:《四书管窥》卷三,《景印文渊阁四库全书》,台湾商务印书馆 1987 年版,第 761 页。

实使之然也。夫子因见而有所感，故发此叹，子路不达其意，乃取而供之，夫子以其非己意，故不食而起。犹三嗅者，圣人宽洪容与，不直拒人也。上言色举翔集，以喻君子之去就；此语以喻小人之得时，故门人以类记云。"①饶鲁对"述而不作"也提出新解，他以夫子编《春秋》为例，认为虽述而实作。因赏罚本天子之事，《春秋》褒善贬恶之笔法，实际在行使天子赏罚之权，此为后世所无，孔子所始创。"述而不作。春秋虽因鲁史而修之，然实却是作……是以匹夫而代天子之赏罚也。此事前古所无，孔子始创为之。故虽述而实作。"②

二、批判《论语集注》之解

（一）道体工夫

双峰对道理、仁、忠恕等关乎儒学本体与工夫的话题提出新解。他认为《论语集注》对"逝者如斯"的注释偏离了文本原意。

> 《集注》似以"逝者"为道体之往，某看来"者"字指人而言，"斯"字指川而言，言人之勇往于道者，其如此川水乎！下云"不舍昼夜"所以明上句取譬之义，言人之往、水之往皆不舍昼夜也。程子是发明圣人言表之意，非解此章文义也。③

"逝者如斯"不是指道体流行如川之流，而是指人对道的追寻不已像川水不息一般，此不舍昼夜乃点明人、水之勇往直前。《论语集注》所引程子道体运行不已说，乃是言外之意而非释本章文义。双峰此解确实别出心裁，而又合乎程子"君子法之，自强不息"之义。

又如"民可使由"章的"由之""知之"的"之"，《论语集注》分别解为理之所当然、所以然，双峰提出不同看法：

> 问："由之、知之两之字共指一事而言，今《集注》云：'由是由其所当然，知是知其所以然。'似乎是两事。"双峰曰："两'之'字皆指此理而

---

① （清）王朝桀：《饶双峰讲义》卷五，《四库未收书辑刊》第二辑，北京出版社 2000 年版，第 386 页。
② （清）王朝桀：《饶双峰讲义》卷四，《四库未收书辑刊》第二辑，北京出版社 2000 年版，第 376 页。
③ （元）史伯璿：《四书管窥》卷三，《景印文渊阁四库全书》，台湾商务印书馆 1987 年版，第 772 页。

言,不须分析可也。"又曰:"'尧舜帅天下以仁而民从之,桀纣帅天下以
暴而民之',以其无知故也。若知得仁为是,暴为非,则帅之以暴而
不从矣。以此观之,民不特不晓其所以然,于所当然者亦未易使
之晓。"①

　　双峰认为两"之"皆指理,无须分为所当然与所以然。《论语集注》又引
程子说,提出君子对民"不能使之知但能使之由之尔"。双峰以尧舜、桀纣
之治为例,证明不仅民不能晓其所以然,即便使之晓其所当然,亦非易事。
　　双峰针对《论语集注》"仁"说提出批评。如针对"博施济众"章,史伯
璿引其说:

　　　　饶氏谓博施济众恐只是一事。博施是推恩于四海九州,济众是四
　　海九州无一人不被其泽。事不难于博施而难于济众,故在博施之下。②
　　　　饶氏谓"何事于仁必也圣乎",是仁、圣自有等级,则仁不可通乎
　　上,贤如仲弓犹未得为仁,则仁不可通乎下。以此推之,则仁圣皆是以
　　德言,皆是地位言,非以理言也。③

　　双峰提出博施、济众是一回事的观点,博施是推恩四海九州的行为,济
众是四海九州所受用之效果。因济众难于博施,故置于博施之后。他批评
《论语集注》"仁以理言通乎上下,圣以地言则造其极之名也"说,认为从"何
事于仁必也圣乎"来看,仁、圣之间存在等级差别。仁既不可上通至圣,亦
不可下降为贤,仁、圣皆是就个人修身之德、修身之地位境界言,而非指
理言。
　　在"仁者先难而后获"章,《论语集注》引程子说以"先难"解"克己",双
峰批评此解不确:盖克己是求仁之功而非仁者之事,到仁者境界已从心所欲
不逾矩,无须再克己。"以克己为先难固善,然克己乃求仁之事,非仁者事
也。"④又如"观过知仁"章,《论语集注》引尹氏说,"于此观之,则人之仁不

① (元)史伯璿:《四书管窥》卷三,《景印文渊阁四库全书》,台湾商务印书馆 1987 年版,第
　762 页。
② (元)史伯璿:《四书管窥》卷三,《景印文渊阁四库全书》,台湾商务印书馆 1987 年版,第
　747 页。
③ (元)史伯璿:《四书管窥》卷三,《景印文渊阁四库全书》,台湾商务印书馆 1987 年版,第
　748 页。
④ (元)史伯璿:《四书管窥》卷三,《景印文渊阁四库全书》,台湾商务印书馆 1987 年版,第
　745 页。

仁可知矣"。双峰亦批评之。

> 或问:圣人只说知仁,尹氏又说"人之仁不仁可见"。何也? 曰:"他见'各于其党'兼君子小人而言,故下句亦作'仁不仁'说。要之,上文虽兼两边,其意实重在这一边。观过知仁,恐只说这一边好底,言虽过也,然因其过,犹足以见其仁。"①

双峰认为该章上句"人之过也各于其党"兼指君子小人、仁与不仁两面说,但重点在君子之仁,而下句"观过斯知仁矣"则更是专指好的一边,即因过知仁。若是小人,则无须其过已知其不仁。尹氏之误源于上句兼两边说,故认为下句亦当如此。

在"忠恕一贯"章,双峰直接批评朱子对忠恕之道的理解。录其相关文本如下:

> 一贯忠恕章。《集注》:"曾子于其用处,盖已随事精察而力行之,但未知其体之一耳。"辑讲曰:"此说有些个病。曾子既是于事上精察力行,也须于心上操存涵养。精察力行便是万上工夫,操存涵养便是一上工夫。若只精察力行而不操存涵养,却是无忠之恕。"②
>
> 辑讲问:"《集注》于用处精察力行,似兼知行而言,于体上只说知而不及行,恐亦是未备处否?"饶氏曰:"体用皆须知行,且如物格知至是知此一,意诚心正是体此一,若能知而不能体,则一依旧不是我底,如何能贯?"又曰:"精察只说得当然处,不曾说得所以然处,力行只说得践行处,不曾说得存养处。"③
>
> 辑讲谓程子《遗书》于"圣人教人各因其才"一条,引"忠恕违道不远"而其下继之曰:"此下学上达之义,与尧舜之道孝弟而已矣同。"观其语意,正是以《中庸》之忠恕释《论语》之忠恕,言下学忠恕可以上达一贯,亦犹孝弟可以尽性至命也。《集注》以其与"此与违道不远异者,动以天尔"之意不同,故删去"与尧舜之道孝弟而已矣之意同"一句,却

---

① (清)王朝璩:《饶双峰讲义》卷三,《四库未收书辑刊》第二辑,北京出版社 2000 年版,第 368 页。
② (元)史伯璿:《四书管窥》卷二,《景印文渊阁四库全书》,台湾商务印书馆 1987 年版,第 731—732 页。
③ (元)史伯璿:《四书管窥》卷二,《景印文渊阁四库全书》,台湾商务印书馆 1987 年版,第 732 页。

恐非程子本意。盖程子两说自是两意而互相发明。若以此忠恕为夫子之道，则与《中庸》之意诚异；若以此忠恕为学者下学上达之事，则与《中庸》之意正同。《集注》主一而废一，所以于曾子用工处，又别说从一路去。以老先生之高明精密，而于前人语意尤看得未尽如此。①

首先，他认为《论语集注》"随事精察而力行"之说偏于一边，遗漏了心上操存涵养工夫。操存涵养相当于一，精察力行则是万，二者分别对应忠与恕，朱子仅言"事上精察力行"，好比是无忠之恕，有用无体。在朱子的精察、力行的知行工夫中，双峰提出了操存涵养工夫，与精察力行构成心与事、体与用的对待关系，显出朱注存在严重缺陷。其次，他把《论语集注》"精察力行"与知行、体用结合讨论，指出"精察力行"是言道之用，本兼知行而言，但"未知其体之一"说却仅从知上论体，有所不足，缺少了行上论体的维度，提出"体用皆须知行"说，即不仅要知用行用，同样要知体行体。以《大学》论，物格知至是知此体，意诚心正是体（行）此体，若仅有知而无体（行），则"一体（理）"仍为身外之道，是外在于己的客观之道，并非为作为主体的己所内在而真实的体验拥有之道，故无从贯通万物。双峰进而对《论语集注》的"精察"加以批评，指出所谓精察的层次不行，仅论及作为显然之事的所当然而未及深层之理的所以然，其知显然有所不足；而"力行"亦仅言践行而未及心之存养，皆有所偏而不足，未能把握"一体"所在。最后，批评《论语集注》对程子说的误解。程子以《中庸》之忠恕解《论语》之忠恕，认为"忠恕违道不远"表明下学忠恕可以上达一贯，"与'尧舜之道孝弟而已矣'同"。但程子同时又言，"此与违道不远异者，动以天尔"，《论语集注》认为二说相矛盾，故删除前者。双峰则主张，程子之言忠恕，兼具下学、上达两层含义，即《论语》所言是圣人本体意义上的忠恕，《中庸》违道不远是学者工夫意义上的忠恕。但朱子仅突出了忠恕的道体义而忽视了工夫义，反对《中庸》之忠恕与《论语》相通，犯了"主一而废一"的毛病，导致对曾子工夫的理解仅从精察力行言而有所偏颇。并批评以朱子高明之资、精密之心，对程说的理解却仍然存在如此差失，可见诠释之难。

（二）鬼神祭祀

双峰指出《论语集注》"怪力乱神"章对鬼神的理解有相矛盾处。

---

① （元）史伯璿：《四书管窥》卷二，《景印文渊阁四库全书》，台湾商务印书馆1987年版，第733页。饶氏说遭到史伯璿的反驳，认为饶氏如此批评朱子，只是为了显示自己高明，以此抬高身价，吸引学者推崇自己。史氏提出《论语集注》只是发明曾子对道的领悟，故当删除程子之说。"愚谓其只欲学者尊己，不肯为朱子下，此之谓也。"

饶氏曰:"伊川说以功用谓之鬼神,以妙用谓之神,是以鬼神为显者而神为鬼神之微者,故谓'鬼神为造化之迹',其说与《中庸》不见不闻者少异。《集注》引此为说而复继之曰:'非穷理之至,有未易明者'。"①

一方面《论语集注》据伊川的理解,以功用解鬼神,妙用解神,二者差别在于鬼神之用显著易知,神之用则隐微难测,故此称鬼神为造化之痕迹。既然如此,则鬼神应当并不难知,但圣人为什么不愿意谈论鬼神呢?《论语集注》又采纳伊川说认为"非穷理之至有未易明者",说明鬼神又难以知晓,二说相互矛盾。双峰之说的要害在于有意分别鬼神与神,强调二者差别,认为鬼神较之神是更易于了解的粗浅之物,是显露之迹,神则妙用不见。

双峰还从《论语》《中庸》比较的角度批评《论语集注》"禘说"。言:

某尝疑《集注》云云,固是推崇得禘之说好,然《中庸》却说"明乎郊社之礼,禘尝之义,治国其如示诸掌"。……如此,则《集注》专一推崇禘祭之说,似未尽合圣人之意。某尝谓《中庸》之义详而易见,《论语》之说略,不若只以《中庸》解《论语》,则辞不费而义明。②

双峰指出《论语集注》"禘"章虽然推崇禘说极好,但是就《中庸》"明乎郊社之礼禘尝之义"来论,《论语集注》专一推崇"禘"而忽视"尝",似乎对圣人之意有所遗漏。禘之论说,《中庸》详细易明,《论语》简略难解,故此章不如就《中庸》说解之。

(三) 弟子之评

双峰就《论语集注》"雍也可使南面"章提出两点质疑:

饶氏谓"伯子不衣冠而处,则非可使南面者,夫子岂得遽以此许之,恐不当以此为说。《集注》初依古注作两章,后合为一章,要之只作两章为是。又谓使夫子果许仲弓伯子可使南面,则两个'可'字,不当以一为适可,一为仅可,以此观之,'可也'之'可',决非'可使南面'之谓"③。

---

① (元)史伯璿:《四书管窥》卷三,《景印文渊阁四库全书》,台湾商务印书馆 1987 年版,第753 页。

② (元)史伯璿:《四书管窥》卷二,《景印文渊阁四库全书》,台湾商务印书馆 1987 年版,第724 页。

③ (元)史伯璿:《四书管窥》卷三,《景印文渊阁四库全书》,台湾商务印书馆 1987 年版,第740 页。

其一，《论语集注》最初依照古注的做法，将此分为两章，即首句"子曰雍也可使南面"为一章，"仲弓问子桑伯子"以下另为一章。根据是子桑伯子这种不衣冠而处之人根本不可能使为南面，夫子亦不会以"可也"来称许之。故"仲弓问子桑伯子"以下当单独一章，与"可使南面"划清界限。其二，即便夫子认可雍与伯子皆可使南面，但亦不应该同一个"可"字却分别作适可、仅可理解，故推出"可也"之"可"绝非"可使南面"之意。

双峰指出"子张学干禄"章《论语集注》"阙疑殆者择之精，慎言行者守之约"说的"精、约"二字语义过重，用在子张身上不大合适。

> 饶氏谓朱子三句，第一句无可疑，但下句"精、约"两字似乎太重。盖圣门之学有二：有自闻见而入者，有自致知而入者。子张气质浮露，不能深潜察理，故夫子且令于闻见上选择而持守之。阙疑殆者，未能穷究其是非，且与阙之，其余亦未必一一至当。故见之言行者，仅能寡其尤悔而已，未能保其尽善全美也。精约惟从事于格物以至于知至意诚者，乃能及此，非闻见之学所能与也。①

他认为圣门之学分闻见、致知两种途径，子张气质比较浮浅外露，对义理未有深潜体察工夫，故夫子之教，只好从闻见入手，令其择而守之，其效果只能达到寡尤悔而已。至于精约之功，只有从事格物致知之学达于知至意诚者方可及此。双峰认为，闻见之知当是闻圣言，察圣行，日受熏陶，以约束身心之义。而格物之知，则需自身主动探求所闻所见之言行，以究其所以然。此一闻见与格致之区分似为双峰所独创，意在表明对格致的重视，对子张之轻视，亦显示了双峰习于提出新说的特点。这种区分与阳明的闻见之知与良知之知之别略有相似。

双峰对"洒扫应对"章的"本末"说提出异解。言：

> 小学未能穷理而慎独，且把洒扫应对以维持其心。虽学至粗至小之事而至精至大之理寓焉。年齿渐长，知识既开，却教之穷理以致其知，慎独以诚其意。……程朱所论本末不同，朱子以大学之正心诚意为本，程子以已然者为末，理之所以然者为本。朱子是以子游之意而推之。②

---

① （元）史伯璿：《四书管窥》卷二，《景印文渊阁四库全书》，台湾商务印书馆 1987 年版，第 721 页。

② （清）王朝琚：《饶双峰讲义》卷八，《四库未收书辑刊》第二辑，北京出版社 2000 年版，第 414 页。

> 通曰：盖朱子解程子之言以本末为事，而不可分为二事者是理，双峰解程子之言以末为事而本为理。亦不可不辨也。①

双峰指出朱子之解顺子游之意而发，以正心诚意为本，洒扫应对进退为末，此本末乃是依据大学、小学之分。但程子则以已发之事为末，所以然之理为本，从理事言本末。此说引起争议。如胡云峰批评双峰对程子理解有误，认为程子主张本末皆为事，理则是贯穿本末而不可分者。双峰还指出子游之失在于大学、小学一衮说，失去为学之序。子夏虽合乎圣人为教次序，但言事而不及理，将理事打成两截，亦有不足。学者在小学阶段，当洒扫应对以维持其心不至于散漫，到大学时方教以穷理正心慎独之学。

（四）史实名物

双峰刘《论语集注》所言及之史实提出怀疑。《论语集注》"泰伯"章据《史记》认为"太王之时，商道寖衰而周日强大"，双峰则据《尚书》否定《史记》说。

> 某尝有疑。《史记》虽云"祖甲时商道始衰，帝乙时商道益衰"。然《书》称祖甲迪哲，帝乙畏相，与汤文并称。不知商道何以至此反衰？使太王于此而遽萌翦商之志，则于以服事殷之意为如何？泰伯不从固善。然遂逃之以成其父之私志，求以自洁而委恶于弟侄，又安得谓之以天下逊乎？意者太王末年，见商道寖衰，人心之归周者日盛，季历又有贤德，而子昌孙发又皆仁圣，于是始有传位季历以及昌发之意。泰伯知之，故不告而逃以成父志，皆所以上顺天命于几微，而下为他日开拯民水火之地云云。②

双峰指出，假如太王此时已萌发翦商之志，则如何解释所谓"以服事殷"说？顺此而推，则泰伯逃适以成其父一片私心，实为求自洁而委恶于弟，根本就不能被称为以天下逊。双峰的看法是太王产生传位之念当在末年，彼时商道益加衰败，人心更加归向于周。而姬昌、姬发又皆具仁圣之资，故此泰伯深知此父意，逃而成其父志。大意与《论语集注》实无多别。

《乡党》"执圭"章《论语集注》引晁氏说曰："孔子定公九年仕鲁，至十三年适齐，其间绝无朝聘往来之事。"双峰对此表示两点怀疑：

---

① （元）胡炳文：《四书通·论语通》卷十，吉林出版集团有限责任公司2005年版，第318页。
② （元）史伯璿：《四书管窥》卷三，《景印文渊阁四库全书》，台湾商务印书馆1987年版，第758—759页。

今之所谓谥法，未必果出周公，恐后人因经传所有而傅会之，如"锡民爵位"谓之文，直无意义。夫子所称，盖谓文子所为如此，是亦无愧于文之谥矣，非指此为文也。孔文子"好学下问"是以谓之文，却是正说所以为文之义。①

其一，其时孔子是否真无朝聘往来还是史册遗漏记载？其二，晁氏十三年适齐说与《史记》十四年说不同，未知晁氏所据。双峰还联系"孔文子"章一并考察，指出所谓"谥法"非皆出自周公，而是有许多后人附会成分，《论语集注》所引"'锡民爵位'谓之文"说就"直无意义"。孔子称"可以为文"并非指"文"之义，而是说公叔文子之行为符合"文"的谥号。至于"文"之本意，则见诸"孔文子"章所言"敏而好学，不耻下问"。

双峰对朱子《乡党篇》名物之解多有批评。如"君子不以绀緅饰"节，《论语集注》认为"緅，绛色。三年之丧，以饰练服也"。双峰指出此说来自古注，但《礼记·檀弓》说的是"练衣縓缘"而非"緅"，古注误"縓"为"緅"，而《论语集注》袭其误。"《论语集注》本古注说也，然《檀弓》云'练衣縓缘'，古注误以'縓'为'緅'，疑当阙。"②《乡党》"入公门"章"立不中门"，《论语集注》以为"中门，中于门也。谓当枨阒之间，君出入处也"。而《或问》据古疏说云："门中有阒，两旁有枨，中门谓枨阒之中。然则门之左右扉各有中，所谓'阖门左扉，立于其中'是也。"双峰则认为，东西两扉皆有中，君出入皆由左，出则以东扉为左，入则以西扉为左。士大夫则与之相反，出入皆由右，分别据阒之西东为定。若此，则朱子"阖左扉说"乃沿袭疏解而误。"饶氏谓东西两扉各有中，君出入则皆由左，出则以东扉为左，入则以西扉为左，士大夫则皆由右，出以阒西为右，入以阒东为右。"③

（五）字义新解

双峰非常注重字义的训释。"于斯为盛"章《论语集注》解为"乃盛于此"，双峰指出把"于"解为"乃"不确，"于"应该是"至"义，即人才唐虞之际为盛，到此（周）则更盛。《论语集注》之解虽文义亦通，但前后文句脉络断绝。其意为，周室人才甚多，唯唐虞之际，乃盛于此。但文中言"舜有臣五

---

①　（清）王朝璩：《饶双峰讲义》卷八，《四库未收书辑刊》第二辑，北京出版社 2000 年版，第414 页。

②　（清）王朝璩：《饶双峰讲义》卷五，《四库未收书辑刊》第二辑，北京出版社 2000 年版，第385 页。

③　（元）史伯璿：《四书管窥》卷三，《景印文渊阁四库全书》，台湾商务印书馆 1987 年版，第775 页。

人",到武王则"有乱臣十人",若如《论语集注》说,则五人比十人更盛,显然不合事理。双峰之意与《论语集注》相反,认为此处应是强调周朝人才盛于唐虞,方才合理。"《辑讲》'于'字疑只是'至'字之义,言向之盛于唐虞之际者,至此为尤盛也。《论语集注》虽说得'于'字之义通,然觉下二句血脉不相贯,兼之以五人比十人而谓之尤盛,亦费分说。"①"漆雕开仕"章"吾斯之未能信",《论语集注》解"斯"为"指此理而言"。双峰则主张"斯"指人仕而非指理,"饶氏曰:'斯'字恐指'仕'言,就仕上说较分晓"。②"求善贾而沽诸"章的"贾",《论语集注》正文标为"贾音嫁"。双峰指出注文所引范氏说则贾、价两义皆有:"待贾有两说,一读贾为价,一读贾为商贾之贾。"③"玉之待贾"为价格义,"无成汤文王"为商贾义,由此推出孔子无可无不可,与伊尹太公待汤王、文王而后动不同。

（六）说之繁简

双峰有时批评《论语集注》兼顾两面说过于啰唆,如"三年无改"章先后引尹氏、游氏说,颇费斟酌。尹氏说认为三年无改,体现孝子不忍之心。游氏说则认为,三年无改是所当改而可以未改者。双峰提出《论语集注》过于费辞,不改是不改其父之善之义,主张直接引用子张篇"吾闻诸夫子"章"孟庄子之孝不改父之臣与父之政"为例来阐明此章。史伯璿引其说云:"或问《论语集注》尹氏、游氏之说如何? 饶氏曰:似太费辞。"双峰有时又批评《论语集注》偏向一边而照应不周。如"用行舍藏"章,《论语集注》引谢氏说云:"圣人于行藏之间,无意无必。……若有欲心,则不用而求行,舍之而不藏矣。"④双峰指出"用之不行,舍之不藏"分别指好遁与好进之人,但谢氏"不用求行,舍之不藏"只是说了好进者,而未顾及好遁者,故言有所偏。"用之不行是好遁底,舍之不藏是好进底,人自有两样。谢氏谓:'不用求行,舍之不藏。'只说得一边。"⑤

---

① (元)史伯璿:《四书管窥》卷三,《景印文渊阁四库全书》,台湾商务印书馆1987年版,第764页。
② (元)史伯璿:《四书管窥》卷二,《景印文渊阁四库全书》,台湾商务印书馆1987年版,第736页。
③ (元)史伯璿:《四书管窥》卷三,《景印文渊阁四库全书》,台湾商务印书馆1987年版,第769页。
④ (元)史伯璿:《四书管窥》卷三,《景印文渊阁四库全书》,台湾商务印书馆1987年版,第712页。
⑤ (元)史伯璿:《四书管窥》卷三,《景印文渊阁四库全书》,台湾商务印书馆1987年版,第750页。按:此章勉斋亦提出批评,言"谢氏引无意无必者,得之,惜乎其文之不具也。又以非有欲心者言之,则非所以言孔颜也"。见(宋)赵顺孙:《四书纂疏》,吉林出版集团有限责任公司2005年版,第193页。

（七）疑难新解

双峰对《论语》某些聚讼纷纭的疑难问题，提出批判性新解。如"子在齐闻韶三月不知肉味"章，《论语集注》引《史记》认为"三月"前当有"学之"二字，程子则认为一日闻乐，三月忘味过于固滞，故主张"三月"当为"音"字误。双峰指出二说变动文本，其实文本无须改动，文本之意只是说圣人初闻韶乐，叹其妙绝古今，喜好不已，故三月不知肉味。"饶氏谓程子改'三月'为'音'字，朱先生又因《史记》添'学之'二字，要之皆未见的实。且据本文，恐是圣人乍闻此乐，见得妙绝古今，心诚好之，故三月不知肉味。"①"吾岂匏瓜"章《论语集注》释为"匏瓜系于一处而不能饮食，人则不如是也"。指匏瓜自身无法运动，无法饮食。双峰则认为"不食"是不被人所食，并非自身不能食。盖不能运动饮食者多矣，凡植物皆是，无须以匏瓜为例。而匏瓜不为人食，正以形象比喻反映出人生徒老而不为世用之境况。圣人以行道天下为任，自不能如匏瓜系而不食也。"植物之不能饮食，不特匏瓜为然，不食疑只是不为人所食，如'硕果不食''井渫不食'是也……系而不食，譬如人之空老而不为世用者也。圣人道济天下，其心岂欲如是哉！"②"齐人归女乐"章，《论语集注》认为是归女乐以沮之，"三日不朝"皆指季氏。双峰则认为仅从"归"字不好断定其义，从全文看应该说"归"只是指归女乐于鲁，因此君臣皆有女乐，"三日不朝"不是专指季氏，而是君臣皆不朝，因季氏专辞受之权，故认为专指季氏。关于女乐说法有多种，或以为是陈于城南，君臣共观之，或以为召女乐而受之。"齐人归女乐，只说个归字，毕竟是归其女乐于鲁，君相皆有之，不必专献于桓子。三日不朝，亦是君臣皆不朝。"③

综上所述，双峰对《论语》的诠释，有理有据，虽以考证为主，同时也兼具分析，体现了既继承阐发朱子，又批判朱子的双重性。其最大意义或许在于，这种诠释态度和内容影响了日后朱子学者诠释朱子四书学的基本模式。就元代朱子学来看，尽管绝大多数著作以"述朱"为主，但绝非如《四库提

---

① （元）史伯璿：《四书管窥》卷三，《景印文渊阁四库全书》，台湾商务印书馆 1987 年版，第750 页。

② （清）王朝榘：《饶双峰讲义》卷八，《四库未收书辑刊》第二辑，北京出版社 2000 年版，第408 页。按：此章勉斋亦提出批评，言"匏瓜，蠢然一物，系则不能动，不食则无所知。吾乃人类在天地间，能动作、有思虑，自当见之于用而有益于人，岂徽物之比哉。世之奔走以糊其口于四方者，往往借是言以自况，失圣人之旨矣。此不可以不辨"。见（宋）赵顺孙：《四书纂疏》，吉林出版集团有限责任公司 2005 年版，第 346 页。

③ （清）王朝榘：《饶双峰讲义》卷八，《四库未收书辑刊》第二辑，北京出版社 2000 年版，第411 页。

要》所言株守朱子门户而讳言其非。事实上,除以朱子忠臣自居的金履祥
《论孟集注考证》多指摘朱子考证之误外,即便如《四书通》《四书辑释》《四
书纂笺》等以阐发《论语集注》为己任的著作,亦通过揭示《论语集注》内在
矛盾等方式,对朱子有或多或少之批评修正。这无疑是朱子学能长期保持
一定生命力的重要原因。双峰作为朱子再传,无疑具有引领风气的意义,而
他与其他学者的最大差别在于具有更强烈的自成一家之言的特质。

第六章　饶鲁对《孟子集注》的批判性诠释

双峰在对朱子《孟子集注》的批判中,颇富新意地阐释了对理气、心性、工夫、仁政诸论题的看法,主张理主气辅、理德气势,反对程朱"孟子论性不论气"说。他将性与理、仁贯通而论,反驳朱子性论的诸多看法,强调仁义当从道而非事的角度论述。双峰对孟子心的认识流露出注重综合的倾向,主张仁与心的一体,提出操存之心与仁义之心皆是一心,批评朱子心论的二分说。双峰重视存养扩充工夫,反思孟子对克治工夫有所忽视。在仁政、王道上,双峰对《孟子集注》亦提出不少具体批评,这些批评源于其自身工夫受用及欲矫朱子学弊病的动机。尽管因立说"多不同于朱子"而招致学者批评,然双峰以其思想之深刻新颖,对此后的朱子学产生了持久影响。

第一节　"气以理为主,理以气为辅"

双峰以理气说为枢纽阐释《孟子》,其对"浩然之气"章的阐释更是围绕理气展开,提出了不少新颖之见。首先,在理气关系上,双峰提出理主气辅说,认为"自反而缩"的"缩"指理,"不惴、吾往"是指气,理对气具有直接主导作用,理为气之主,气为理之辅。理能决定气,故理直则气壮,理屈则气馁。"缩不缩,指理言。不惴、吾往指气言。理者,气之主。理直则气壮,理屈则气馁。"①此论显示了理的能动性。其次,主张理先气后说,"有是理而后有是气"。浩然之气全靠道义为主宰,无道义则气软弱无力。原因在于有是理而后有是气,理在气先,为气之主宰。理气关系好比太极与阴阳之关系,二气所以常在,盖有太极作主。双峰指出《孟子集注》以"合而有助"解"配义与道"之"配",很好地揭示了理气不离,气以理为主,理以气为辅的关系,二者正如夫妻关系。双峰说:"浩然之气全靠道义在里面做骨子,无这道义,气便软弱。盖缘有是理而后有是气,理是气之主。如天地二五之精

---

① （清）王朝榘:《饶双峰讲义》卷十一,《四库未收书辑刊》第二辑,北京出版社 2000 年版,第 440 页。

气,以有太极在里面做主,所以他底常恁地浩然……《集注》配者合而有助之意,譬如妻之配夫,以此合彼而有助于彼者也。盖理气不相离,气以理为主,理以气为辅。"①

又次,双峰以体用解释道义,认为道体义用,体用不离,故养气工夫仅说集义这一道之用而不言道之体。浩气自身亦有体有用,其体、用分别与道、义相配,体用一源,言用即体在。此处仅言义上工夫,盖体上无法用功也。"道是体,义是用。浩然之气有体有用,其体配道,其用配义。故曰'配义与道',其体用一也。言用则体在其中,体上无做工夫处,故只说集义。"②此气有体用说再次显示双峰体用说极为灵活,实质上是以道为体。

又次,以理事解释道义,主张道义相当于理事,道是理,义是事。双峰说:"孟子说道必说义,如'配义与道',皆是先义。亘古穷今只是这一个道,义是随时处事之权,要两下看……义以事言,道以理言。以事言之,则得其宜;以理言之,则得其正,然后为尽善,故两言之。今处事有合一时之宜,及揆之以古道,则有不合处。道是体,义是用。既就用上看,又须就体上看方得。汉儒反经合道之说,便离了个体。"③古往今来只有一个普遍共同之道,道具有超越时空的永恒性、稳定性,义则表现为把握事物的变化,在变动之中应对合宜,具有权变的意味。理有正邪之分,事有当否之别,故道义、理事皆从两面言之。就理事关系言,一时合宜之事往往存在与古道不合之处,故对事情的判断应两面兼顾,既要从义之用上看,还要从道之体上看,二者缺一不可,只有理正事宜方是尽善,否则流于一偏,如汉儒"反经合道"之说仅仅顾及一时之用而忽视不变之体。

又次,把理气运用于政治领域,提出理德气势说。《离娄》"天下有道"章言:"天下有道,小德役大德,小贤役大贤;天下无道,小役大,弱役强。斯二者,天也。顺天者存,逆天者亡。"④《孟子集注》把"天"释为"理势之当然",兼顾理、势两面。双峰指出:

　　又曰:"贤兼才德,以政事言也。虽曰时势如此,然有大德者便能

① (清)王朝渠:《饶双峰讲义》卷十一,《四库未收书辑刊》第二辑,北京出版社2000年版,第440、441页。
② (清)王朝渠:《饶双峰讲义》卷十一,《四库未收书辑刊》第二辑,北京出版社2000年版,第441页。
③ (清)王朝渠:《饶双峰讲义》卷十四,《四库未收书辑刊》第二辑,北京出版社2000年版,第463页。
④ (宋)朱熹:《四书章句集注》,中华书局1983年版,第279页。

回天,便胜这势。孟子所以不说尧舜而说文王者,文王自小至大,犹百里而三分有二,不为纣所役,此可以见德足以胜时势处。"《集注》将理势二字来说。小德大德、小贤大贤以理言,小役大、弱役强以势言。盖天下有理有气,就事上说气便是势。如郑卫齐楚之役,亦势之当然也。才到势之当然处,便非人之所能为,即是天了。①

　　《孟子集注》以理势解说本章,"德贤"就理言,"大小、强弱"就势言。决定天下的因素在于理和气,二者相依不离,有理必有气,气在事上的表现就是势。因此,理气关系就呈现为理势关系。一方面,决定事情走向的是势,势的发展有其不可避免的规律性,即"势之当然处",事情发展至"势之当然处",则非人力可回,也即是天了。如中原之国郑、卫、齐与南蛮之楚作战而大败,乃是势不如楚。可见势对事情的发展具有极其重要的影响,《孟子》所谓"天下无道,小役大,弱役强",即强调势在起决定作用。可谓势(气)强理弱。但双峰又指出,大德之贤人在面对不利之势时,通过其强大的才德,可以做到以德胜势,以德回天,使大势小德者为我所用,文王即是如此。此即《孟子》所谓"天下有道,小德役大德,小贤役大贤"之义,此说极大高扬了人的道德主体性,突出"德"对事情发展的决定性,它可以使命运始终牢牢把握在主体手中。可谓理强气弱,理定胜气。

　　最后,双峰批评程朱"孟子论理不论气"说。他在"生之谓性"章指出:"人说孟子论理不论气,若以此章观之,何尝不论气? 生,活也。其所以能知觉运动,为是个活底物事。有生之初,禀得天地之生气,所以有这活底在里面。告子是见得这气,不曾见得这理。盖精神魂魄之所以能知觉运动者,属于气。其所得于天,以为仁义礼智之性者,则属乎理。"②双峰认为程朱所言"孟子论理不论气"说不对,孟子其实亦论气。本章孟子明显论及理气两面。人在有生之初禀得天地生气,此生气给予人知觉运动的活动能力。告子仅仅识得此气而不见及理,"认气为性",故有"生之谓性"说。人的精神魂魄之所以能运行,亦是属于气而非理。理是天所降生人所禀赋的仁义礼智信五常之性,气亦同样具有原初性。故理气实内在一体,密不可分。

———————

① (清)王朝璩:《饶双峰讲义》卷十三,《四库未收书辑刊》第二辑,北京出版社2000年版,第454页。

② (清)王朝璩:《饶双峰讲义》卷十四,《四库未收书辑刊》第二辑,北京出版社2000年版,第464页。

第二节　"性以所禀言，道以所由言"

双峰把"性、天理、仁义"贯通起来解释"性"之名义。他说："然不知性者人所禀之天理。这天理即是仁义，是顺此性做去，便是自然，不是矫揉。"①他据《中庸》"天命之谓性"说指出性是人所禀之天理，人性来源于天理，同时又是天理的客观体现。人性的内容是以仁义为首的五常。因仁义为人性所固有，故照仁义做去即顺应人性之自然，反之则是戕贼人性。

双峰继承程子说，考察了性与气的不即不离关系。他说："人未生以前不唤作性，既生以后，方唤作性。才唤作性，便袞在气质中。所以有善有不善，此气质之性也。然性之本然，唯有善而已。就气质中指那本然者说，是则天地之性也。若不分做两个性说，则性之与气，胡突无分晓。若不合做一个性说，认做两件物事去了，故程子曰'二之则不是'。"②他认为人生之前不可说性，既生之后才可说性，但此已是落在气质中之性了，此气质之性有善与不善。其性之本然，则是纯善无恶，即天地之性也。气质之性与天地之性必须分成两个说，否则性、气糊涂无别；但亦不可把性、气过于分开，当合作一性说，否则会将其认作两个外在的东西。二者关系可谓不即不离，一而二，二而一也。

双峰批评了《孟子集注》有关性的论述。《滕文公》篇"滕文公为世子"章提出"孟子道性善，言必称尧舜"。《孟子集注》认为先言"道性善"，后言"称尧舜"是以尧舜这一典型来证实性善的真实可信，使学者知仁义内在，圣人可学。"故孟子与世子言，每道性善，而必称尧舜以实之。欲其知仁义不假外求，圣人可学而至。"③双峰的理解恰与《孟子集注》相反，他认为"孟子道性善言必称尧舜"的目的不在道性善，而在称尧舜，希望世子以尧舜为楷模，效法学习之。但因担心其学尧舜有畏难情绪，故先道性善，其意在于使世子知学尧舜不难，性善为人人所固有。《孟子集注》此处对"性"的解释是："性者，人所禀于天以生之理也，浑然至善，未尝有恶。"④并以"性善"解释《孟子》的"道一而已"说。双峰批评《孟子集注》此处对"性"的阐发偏重，言：

---

① （元）史伯璿：《四书管窥》卷五，《景印文渊阁四库全书》，上海古籍出版社1987年版，第829页。

② （清）王朝橘：《饶双峰讲义》卷十四，《四库未收书辑刊》第二辑，北京出版社2000年版，第464页。

③ （宋）朱熹：《四书章句集注》，中华书局1983年版，第251页。

④ （宋）朱熹：《四书章句集注》，中华书局1983年版，第251页。

"道一而已矣"与"性一而已矣"不同。性以所禀言,道以所由言。《集注》此处说得"性"字稍重。

　　史伯璿按:但饶氏自上节说性善尧舜处,已与《集注》不同。此节又是承上节所说之意而言耳。其于上节则曰,"孟子之意不在性善,只在称尧舜,欲世子凡事学尧舜。又恐其以尧舜为难及,所以先道个性善"。惟其上节如此说,故于此节则曰,"世子再见孟子,已信孟子性善之说了,但疑尧舜非人所及,孟子说'道一而已矣'是就尧舜上说,不是就性上说"云云。……饶氏又谓"当以孟子所举成覵、颜子、公明仪之说推之,可知其意"①。

　　双峰指出性以所禀言,是上天赋予的普遍之理,人皆同有;道以所由言,是现实状态中人对于性的实现,具有工夫实践意义,"性一"与"道一"具有本原与效用之别。当世子与孟子再相见时,已经相信性善说,只是怀疑尧舜难以效仿企及,孟子"道一而已"乃是劝勉世子以尧舜为榜样,"道一"是就典型事实说而非就性上说。下文孟子紧接着引用成覵、颜子、公明仪三贤说,目的皆在于以事实证明圣贤可学。

　　《孟子集注》"天下之言性也,则故而已矣"章取程子说,认为"此章专为智而发"。双峰直接批评了"专为智发"说,主张本章主旨是"性"而非"智"。"这一章本是说性,不是说智,若把做智说,则首尾不类。初说性,中间又说智,后又说故。若曰说智,则中间足矣,又何必兼首尾说。"②他把全章分为三节,起首"天下之言性也"云云说"性",中间"所恶于智者"云云说"智",最后"苟求其故"云云说"故"。若本章仅仅是言"智",则仅中间一节足矣,又何必起首言性、末尾言故?双峰认为此处性可统率智、故。其性、智、故的三节说影响颇大,陈栎在所著《四书发明》中亦称服此说,曰:"每读此章,不能无疑于程氏之说。得饶氏此说,以读此章,意豁然矣。"③其弟子倪士毅所著《四书辑释》亦"备载饶说"。

　　双峰对仁义亦有新说。《孟子集注》"仁之实"章解为:"仁主于爱而爱

①　(元)史伯璿:《四书管窥》卷四,《景印文渊阁四库全书》,上海古籍出版社1987年版,第803、804页。

②　(元)史伯璿:《四书管窥》卷五,《景印文渊阁四库全书》,上海古籍出版社1987年版,第821、822页。

③　(元)史伯璿:《四书管窥》卷五,《景印文渊阁四库全书》,上海古籍出版社1987年版,第822页。

莫切于事亲。义主于敬而敬莫先于从兄。"①双峰对此表达了不同看法:"饶氏谓仁义有以性言者,有以德言者,有以道言者,此章当作道说。《孟子集注》'仁主于爱,义主于敬'八字,恐非本文之意。若曰'仁之道主于爱,义之道主于敬'可也。"②双峰指出,仁义可从性、德、道三个层面讲,本章应从道的角度切入较好,《孟子集注》仅从爱亲师兄的道德事实层面解释仁义,不合本文之意,应加一"道"字保持作为体的仁与作为用的爱的距离。双峰还讨论了仁的统摄性。有人认为,管仲责备楚国包茅不入昭王不复是假仁。双峰指出,仁居五常之首,可含摄仁义礼智信五常。管仲虽然是假义,但孟子不说假义而说假仁,是因为仁包五常,故言仁则义在。"孟子不说假义,却说假仁,盖仁包五常,言仁则义在其中。"③双峰进一步认为,仁甚至亦可包含乐。如《诗经》言自乐非仁、同乐是仁,与民同乐即是仁之体现,是天理之发露。"自乐便不是仁,同乐便是仁。如文王未尝无灵台灵沼,然与民同乐,便是天理。"④

双峰对"浩然之气"章提出新解,他说:"必有事焉而勿忘勿助长,是集义工夫。正而助长,是要义袭而取。集义、义袭两句,乃是一段骨子。以集义为无益而忘之者,不耘苗者也;以义袭为心,预期其效而助长,揠苗者也。又谓'是集义所生者',故当以直养;非义袭而取之也,故当无害。惟其是集义所生者,故当心勿忘;惟其非义袭而取之,故当勿助长。"⑤他认为整章的中心在于"是集义所生者,非义袭而取之也"两句,"必有事焉、勿忘、勿助长"是集义,"正而助长"是义袭。不做集义工夫者为不耘苗者,以义袭为心而预期其效为揠苗者;浩气为集义所生,故直养之,勿忘之;非义袭而取,故无害之,勿助长之。

第三节　"皆是指仁而言"

双峰对心的认识亦是在批判《孟子集注》的过程中展开,侧重仁与心的

---

①　(宋)朱熹:《四书章句集注》,中华书局1983年版,第287页。

②　(元)史伯璿:《四书管窥》卷五,《景印文渊阁四库全书》,上海古籍出版社1987年版,第817、818页。

③　(清)王朝渠:《饶双峰讲义》卷十一,《四库未收书辑刊》第二辑,北京出版社2000年版,第443页。

④　(清)王朝渠:《饶双峰讲义》卷十一,《四库未收书辑刊》第二辑,北京出版社2000年版,第435页。

⑤　(元)史伯璿:《四书管窥》卷四,《景印文渊阁四库全书》,上海古籍出版社1987年版,第793页。

一体,注重心的道德意义与知觉意义的区别。如他指出《孟子集注》"至诚
不动"章"明善又为思诚之本"说过于分析支离,造成思诚在明善之外的印
象,而孟子之意,则强调明善即是思诚,二者一体不分。"《集注》'明善又为
思诚之本',似明善之外又有个思诚,恐非本文之意。盖明善即是思诚。"①
《孟子集注》把"君子所以异于人"章的"君子以仁存心以礼存心"解释为:
"以仁礼存心,言以是存于心而不忘也。"②双峰指出,《孟子集注》对孟子的
以仁礼存心说添一"于"字,变成"以是存于心",便与文本意义有很大差别。

> 饶氏谓孟子只言"以仁存心,以礼存心"。《集注》乃云:"以是存于
> 心。"添个"于"字,便与本文不同。孟子之意,是把仁礼来存我个心,我
> 之所主在于仁礼上。我个心安顿在仁上,即是居天下之广居;我个心安
> 顿在礼上,即是立天下之正位。
> 饶氏又曰:"以仁存心,以礼存心",是此心常在仁礼上,无顷刻之
> 或离。君子之所以异于人者,以其存心耳,他人便不能以仁礼存心。③

他认为孟子意在用仁礼存心,心之所主在仁礼,要求把心安顿在仁礼
上,即心主于仁礼,不至于放纵邪僻,无有片刻之离。心安于仁,即居天下之
广居;安于礼,即立天下之正位,此时心为仁、心为礼也,显示了君子存心高
明之处。《孟子集注》加"以""于"二字,便好似把仁、礼当作物体一般置于
心中,变成仁礼主于心,与原文意义正好相反。孟子强调的是仁、礼作为道
德原则对于心的主导性,《孟子集注》"以是存于心"说则更突出了仁、礼对
于心的依附性,彰显了心对于仁礼的包容与统领,正与朱子所秉持的"心是
性之郭郭"的心为性之载体说相合,双峰之说则更近于仁即心说。

双峰对"牛山之木"章的解释同样强调了仁义之心的一贯性,批评《孟
子集注》的知觉之心说。他说:"孟子说'存乎人者岂无仁义之心哉',则后
面所引心之出入,亦只指仁义之心而言。《孟子集注》云:'神明不测',似又
专说向知觉上去,恐非孟子之意。盖心者,性与知觉之合。"④他认为孟子前

---

① (清)王朝榘:《饶双峰讲义》卷十三,《四库未收书辑刊》第二辑,北京出版社2000年版,第
　455页。
② (宋)朱熹:《四书章句集注》,中华书局1983年版,第298页。
③ (元)史伯璿:《四书管窥》卷五,《景印文渊阁四库全书》,上海古籍出版社1987年版,第
　822、823页。
④ (元)史伯璿:《四书管窥》卷五,《景印文渊阁四库全书》,上海古籍出版社1987年版,第
　831页。

文"存乎人者岂无仁义之心哉"指仁义之心言,后文所引孔子"操存舍亡出入无时莫知其向"之心亦应指仁义之心,《孟子集注》解后者为神明不测的知觉之心,违背了孟子之义。双峰之意在于,心是性与知觉之合,含仁义与知觉两面。孟子所引孔子说从表面看来似乎言心之知觉,其实质是强调操存此心,若是知觉之心,何须操存? 操存本就是为了守住仁义之心。《孟子集注》主张专言知觉之心而未言仁义之心不确。史伯璿反驳双峰说,提出仁义之心与知觉之心不可分离,处于仁义之心状态时知觉之心同样存在,即强调仁义之心并无须否认知觉之心,而双峰的特点是将二者相对立,以突出仁义之心。"每以仁义之心对知觉之心而言。"①

在"仁人心也"章的理解中,双峰继承黄榦说,就心的属性提出与朱子的不同看法。本章首言"仁人心,义人路",末言"学问之道无它,求其放心而已"。《孟子集注》对此"心"分别从义理与知觉的角度作了区别,认为"仁人心"突出仁是心的本质,决定了心的根本走向,正如谷种的本性在于生生不已,生决定了其为谷之种的生长这一根本属性一样,仁则显示了人心具有义理这一根本属性。但朱子接下来的论述重心迅即转向了"心"而非仁,认为"人心"说正显示出心作为身之所主的应接、统领功能。"求放心"的"心"是知觉之心,"放心"具有"昏昧放逸"的特点,与之相应的"不放之心"则具有气上清明、理上昭著的性质,突出了心如镜般的"明、照"性。双峰则认为孟子"仁人心"之"心"指义理之心,"求放心"之"心"应同样是义理之心。《孟子集注》视后者为知觉之心,与前文不相应。放的心是什么心呢? 如果是知觉之心,则知觉之心随时皆在,不存在放不放、求不求,故当求的应是放去的仁义之心。若把"求放心"当作收摄精神,使其保持惺惺不昧的工夫,则是专就心的知觉而论了,与本文"仁人心"强调仁义之心显有不符。双峰说:"孟子上面说'仁,人心也',是把这心做义理之心;若把求放心做收摄精神,不令昏昧放逸,则又只说从知觉上去。恐与上面'仁人心也'不相接了。"②双峰说在朱子后学中引起很大争议,陈栎、倪士毅认同之,史伯璿批评之,指出双峰"此说盖为破《集注》志气清明与昏昧放逸数语而发"③。其思路与"牛山之木"章相同,皆是强调心的义理属性而反对《孟子

①　(元)史伯璿:《四书管窥》卷五,《景印文渊阁四库全书》,上海古籍出版社1987年版,第831页。

②　(元)史伯璿:《四书管窥》卷五,《景印文渊阁四库全书》,上海古籍出版社1987年版,第834页。

③　(元)史伯璿:《四书管窥》卷五,《景印文渊阁四库全书》,上海古籍出版社1987年版,第834页。

集注》的知觉说。其实《孟子集注》"虽说从知觉上去,却于义理放逸之意两无所妨"。《四书大全·孟子集注大全》卷十一引双峰说,并加入其师勉斋说:

> 双峰饶氏曰:"曩以此质之勉斋,勉斋云:此章首言'仁,人心',是言仁乃人之心。次言放其心而不知求,求言'学问之道无他,求其放心而已矣'。言学问之事,非指一端,如讲学讨论、玩索涵养、持守践行、扩充克治皆是,其所以如此者,非有他也,不过求吾所失之仁而已,此乃学问之道也。三个'心'字,脉络联贯,皆是指仁而言。今读者不以仁言心,非矣。"①

黄氏认为,"仁人心"指仁是人之心,"求放心"是学问之事,其途径有多种,但皆以求仁为根据,故求放心即是求仁,此乃学问根本之道。仁人心、放其心、求放心三个"心"脉络相连,皆是指仁,读者当始终铭记,言心当从仁入手方是为学正途。朱子与勉斋师徒看法相异,很大程度上是因为从不同层面立论。朱子着眼于"放心"的性质,"放心"表现出来就是知觉上的昏沉暗昧,遮蔽了心所固有的虚灵、神明之性;意念上的放纵散漫,毫无收束主宰。双峰追问的则是"求放心",所求的只能是仁心而非昏昧放逸的知觉心,"放心"作为一专有概念并非所求之物,"求放心"当理解为心已经散失了,故当求之,所求的是散失之前的心,而非散失状态的心。勉斋则有所折中,提出学问之事有多端,涉及讲学讨论、玩索涵养等,但其根本是求仁,求心即求仁,心即仁也。

第四节 "便是要体认充广"

双峰对《孟子》的诠释还分析了儒学的"反之之道"。

> 问:"'善反之,则天地之性存焉。'不知未反以前此性亦存否?"曰:"不曾反时,此性亦未尝无……但人有气质、物欲之累,则此性不能常存。须于善反上做工夫,方存得性之本。"问:"反之工夫如何?"曰:"涵养、体认、克治、充广,皆是反之之道。……孟子说夜气,便是使人涵养,

---

① (明)胡广等纂修,周群、王玉琴校注:《四书大全校注》,武汉大学出版社2009年版,第999页。

说四端及扩充,便是要体认充广,独有克治一边,却不曾说。"①

程子提出"善反之,则天地之性存",有学者提出,若未反之时,此性在否?双峰认为未反之前,此性亦在,性与理一般,永恒存在,并不因人之反不反而产生变化。只是因为人有气质、物欲之累,导致不能常存此性。必须通过反之工夫以存性之本体,具体包括涵养、体认、克治、充扩四方面。但孟子对工夫之论述,言及涵养夜气,体认扩充四端,唯独对克治工夫有所遗漏,应补充之。

双峰特别重视存心、推扩工夫,指出"牛山之木"章"紧要在三个'存'字上"。该章首言此心本来存乎人,次言夜气是说众人不能存,最后言操则存,是教导人用力于此。仁之扩充次序是亲亲仁民爱物,以达到普爱民物之境地;义之扩充次序是就一事之宜推于事事合宜,礼智皆是如此扩充之。"自亲亲而仁民而爱物,推至于无一民一物之不爱,是充仁之量。自一事之得宜,推至于无一事之不得宜,是充义之量,礼智皆然。"②他还认为,四端虽然人皆有之,但并非人皆能扩充之,唯有君子能扩充四端而众人不能扩充之,此即君子与众人的同异所在。扩充之关键在于"知、皆"二字,既应知如何加以扩充之法,又能对四端皆能切实做到扩充,若能如此,则为君子也。

> 问:"四端众人皆有,若扩充似非众人所能。"曰:"'知皆扩而充之',其紧要在'知'字、'皆'字,众人之中,若有能知所以扩而充之,又于四者皆能扩而充之,则便是人中之君子。"③

双峰批评《孟子集注》把孟子立其思的工夫改变为敬以修身工夫。《告子上》"心之官则思"章言"此天之所与我者",《孟子集注》为"此三者,皆天之所以与我者,而心为大。若能有以立之,则事无不思,而耳目之欲不能夺之矣,此所以为大人也"④。《四书管窥》引双峰说:

---

① (清)王朝榘:《饶双峰讲义》卷十四,《四库未收书辑刊》第二辑,北京出版社 2000 年版,第 464—465 页。

② (清)王朝榘:《饶双峰讲义》卷十二,《四库未收书辑刊》第二辑,北京出版社 2000 年版,第 445 页。

③ (清)王朝榘:《饶双峰讲义》卷十二,《四库未收书辑刊》第二辑,北京出版社 2000 年版,第 445 页。

④ (宋)朱熹:《四书章句集注》,中华书局 1983 年版,第 335 页。

饶氏谓不须合三者说,只说天把这心与我,教我去思,便能御众体,此即立其大者。

饶氏又谓《集注》不曾把思做"立其大者",却谓"有以立之,则事无不思",如此则又先要做立底工夫,又做敬上去了。然此章在思而不在敬,箴中"敬"字是范氏意,非孟子意。①

双峰指出,此处无须耳目心三者合说,只需强调天降生赋予此心于我,使我以此心去思考,便能做到驾驭身心各处,此即为立其大者。但《孟子集注》并未指出"立其大者"是把"思"立起来,却说"立之则事无不思",立后才思,把工夫转移到"立"上来。所谓"立"又变为以敬立身,把工夫要领转移到敬上去。双峰批评朱子此番诠释脱离了《孟子》突出"思"的本意,将主旨转换为主敬说。《孟子》此处显然并无敬意,他指出《孟子集注》所引范浚《心箴》"克念克敬"说乃范氏之意而并非孟子意。可见双峰基于文本之意对朱子所展开的批评确有所见。

双峰就"知言养气"提出不同于朱子的新看法。他首先区分了境界与工夫,认为孟子自言"我善养吾浩然之气"不是修德工夫而是成德境界,"必有事焉而勿正"以下才是养气工夫。进而结合《中庸》之说,指出"浩气"即三达德(知仁勇)之勇,不动心是勇者不惧,知言是智者不惑,并强调浩然之气特别凸显了"勇"这一德目。"孟子之言善养气是以成德言,非是说做工夫。下文'必有事焉而勿正'以下,却是说养气做工夫处。浩然之气即达德中之勇,不动心即是勇者不惧,添一个知言即是智者不惑。"②双峰继承程子说,肯定"知言"即是知道,"知言"是孟子不欲以知道自居的谦虚表述。"知言便是知道,孟子不欲以知道自谓,所以只说知言。"③他还就诐、淫、邪、遁四病作出细致分析。

虽是四件,却只是两件,诐与淫属阳,邪与遁属阴。盖诐尚有一边是道理,邪则并这一边亦离了……欲治蔽陷离穷之病,在先去其蔽,无所蔽便无下面三件。蔽之源不一:有为气禀所蔽,有为物欲所蔽,有为

① (元)史伯璿:《四书管窥》卷五,《景印文渊阁四库全书》,上海古籍出版社1987年版,第835页。

② (清)王朝璩:《饶双峰讲义》卷十一,《四库未收书辑刊》第二辑,北京出版社2000年版,第440页。

③ (清)王朝璩:《饶双峰讲义》卷十一,《四库未收书辑刊》第二辑,北京出版社2000年版,第442页。

学术所蔽,有为习俗所蔽。问:"去蔽之道当如何?"曰:"孔子尝谓六言六蔽皆基于不好学,欲去蔽者,当自好圣贤之学始。"①

他从阴阳的角度将四病分为两面,诐淫属阳,邪遁属阴。差别在于前者尚有部分道理,后者则纯是违理。除去四病的关键在于去蔽,人受蒙蔽的源流不同,大概有四种:或气禀,或物欲,或学术,或习俗。据夫子关于言蔽的论述,去蔽的方法在于"好圣贤之学"。盖非圣贤之学者皆易误导人心,只有专意圣人之学方可摒除四病,突出了学以去蔽的意义。

第五节　仁政与王道

双峰还就《孟子》中所涉及的仁政、征讨、王道等政治问题提出与《孟子集注》相异之解。他认为仁政的确立首要的是封建制度,但孟子却从不言及封建,原因在于孟子之时,诸侯之间大小强弱相并,封建制度主体已经残坏,仅残存其迹而已。再则,封建之事乃王者所专行,孟子所论说对象皆为诸侯,故不及封建。《四书管窥》言:"饶氏'仁政第一是封建'云云。或问:'孟子不十分说封建,何耶?'曰:'当时大并小、强并弱,封建虽坏,其迹尚存。兼之封建,王者之事。孟子当时只为诸侯言之,所以不及此。'"②双峰指出,《孟子集注》释"夫子当路于齐"章"武王周公继之然后大行"节的"大行"为"教化大行"不妥。此处上文有"文王之德"的"德"字,却无"教化"字,据上下呼应关系,所谓"大行"亦应指"德"之大行而非"教化大行"。因天下在文王时尚有一分未被其德,尚未平治天下,经武王拥有天下,周公推行礼乐之后,连殷之顽劣之徒亦受其德化,天下才皆归于文王之德,故至此方可谓大行天下。"本文无'教化'字,恐只当接上文'德'字说。盖文王之时三分有二,尚有一分未被其德,所以犹云'未洽于天下'。至武王有天下之后,周公制礼作乐而殷顽亦率德改行,然后无一人不归是'德'之中,是谓大行。"③

关于诸侯征讨,涉及齐王是否可以讨伐燕国的问题。《孟子集注》引

---

① (清)王朝璩:《饶双峰讲义》卷十一,《四库未收书辑刊》第二辑,北京出版社 2000 年版,第442 页。

② (元)史伯璿:《四书管窥》卷五,《景印文渊阁四库全书》,上海古籍出版社 1987 年版,第810 页。

③ (元)史伯璿:《四书管窥》卷四,《景印文渊阁四库全书》,上海古籍出版社 1987 年版,第790 页。

杨氏说,主张"燕固可伐矣",认为若齐王能诛其君而吊其民,则"何不可之有?"双峰则据《孟子》"惟天吏可罚有罪之国"说,推出诸侯间不能互相擅自征伐。沈同仅知燕国可伐但不知齐国不可去伐,因为齐国不具备天吏之身份。"饶氏曰:惟天吏可以伐有罪之国。诸侯如何擅相征伐?沈同但知其人之可伐而不知己之不可伐人。"①此解适与《孟子集注》有别。双峰说更注重讨伐者身份的正当性、合法性,朱子则更关注齐王伐燕行为本身的正义性而不在乎其身份的合法性。二说各有所据,但就孟子本意而论,恐《孟子集注》说更胜。史伯璿认为《孟子集注》之说活,双峰之说死。

关于王道,双峰认为《离娄下》"得志行乎中国"章所举舜与文王分别为东夷、西夷之人,二圣所处时代、地域差别甚大,但皆得志于中国,其志行好比符节之相合。批评《孟子集注》解"得志"为"得行其道于天下"不妥,把"道"字说得太早。因此时尚处于"得志"时期,尚未推进到"行道"阶段,下文"先圣后圣其揆一"方才说及"道"。

> 饶氏谓舜是东夷之人,文王是西夷之人,皆得志于中国,便如符节两处来相合一般。《集注》解"得志"做"得行其道",说得"道"字太早。"得志"是得遂其志,留得个"揆"字在后面说,"揆"正是说道。②

"其揆一"的"其",双峰认为是指大舜、文王,"揆"是说道,"揆"好比符节,此符节非人力所能为,而是上天赐予的,是天命之道。

> 其揆一也。饶氏谓"其"字指舜、文而言,"揆"便是符。这一个"揆"是天与之,此"揆"不是人做得。《集注》言"度之而道无不同",又隔一皮了,不曾解得"其"字。③

双峰批评《孟子集注》"度之而道无不同"说已经涉及人为,似乎还需要作者用意度量方能如此,与"道"已经隔了一层,没有把"道"的普遍性、同一

---

① （元）史伯璿:《四书管窥》卷四,《景印文渊阁四库全书》,上海古籍出版社1987年版,第801页。

② （元）史伯璿:《四书管窥》卷四,《景印文渊阁四库全书》,上海古籍出版社1987年版,第818页。

③ （元）史伯璿:《四书管窥》卷五,《景印文渊阁四库全书》,上海古籍出版社1987年版,第819页。

性彰显出来,忽视了对"其"的理解。

《孟子集注》解《离娄》"文王视民如伤,望道而未之见"章为"民已安矣,而视之犹若有伤;道已至矣,而望之犹若未见"。① 双峰则认为,"伤"应为用刀伤害之义,突出文王对百姓关切之深,对百姓处境之不安充满恻隐愧疚之情。此处上下文意皆论及治理天下之问题,似乎与道并无多大关系,故"道"恐为"治"义。"饶氏谓平日视民,便如我着刀伤相似,望道或以为望治。"②双峰之解,自可备一说。《孟子集注》"孟子去齐"章引孔氏说,认为公孙丑欲以"仕而不受禄"之一端来裁定孟子出处。双峰则据礼义之经权论之,曰:"礼则有常,义则有权,如君命召不俟驾,礼也;有不召之臣便是义。孔氏谓'仕而受禄,礼也;不受齐禄,义也',说得自好。但言公孙丑欲以一端裁之,下得却未稳。"③他指出命召不俟驾和不召之臣分别指向礼和义,公孙丑之意并非以一端裁孟子,而是在问礼之权变,故孔氏断语不够稳妥。

双峰还就有关古代制度礼法的问题提出与《孟子集注》不同之解。如双峰认为《朱子语录》把"滕文公问为国"章的"彻"当作与贡、助并行之法不妥。孟子之"彻"不过是不分公私,普遍通行之义。周人彻法之行,仅是助法的补充。"朱子之意,只把彻做法了,孟子之意不然。彻则无分公私,但周人是因助之田而行彻之法。然周虽用彻法,有用助处,毕竟优于乡遂。"④《孟子集注》对"人皆谓我毁明堂"章的"耕者九一"从赋税角度解释,曰:"八家各受私田百亩而同养公田,是九分而税其一也。"⑤双峰认为"耕者九一"不是赋税,而是所得,即九成得一,若赋税则采用什一制,且下文世禄亦是就士所得言。"饶氏谓耕者九一是以民之所得者言,谓九百亩中得百亩,非说赋税。若说赋税,则是什一,下文世禄亦是指士之所得言。"⑥此外,双峰还将批判的锋芒指向孟子,对其"井田制""治国不得罪于巨室""三月无君则吊"诸说提出批评性看法,如认为井田制在中原平旷土地平整之

① （宋）朱熹:《四书章句集注》,中华书局1983年版,第294页。
② （元）史伯璿:《四书管窥》卷五,《景印文渊阁四库全书》,上海古籍出版社1987年版,第821页。
③ （清）王朝榘:《饶双峰讲义》卷十二,《四库未收书辑刊》第二辑,北京出版社2000年版,第448页。
④ （元）史伯璿:《四书管窥》卷五,《景印文渊阁四库全书》,上海古籍出版社1987年版,第805页。
⑤ （宋）朱熹:《四书章句集注》,中华书局1983年版,第218页。
⑥ （元）史伯璿:《四书管窥》卷四,《景印文渊阁四库全书》,上海古籍出版社1987年版,第785页。

地可行,但山区地势则无法推行,孟子对井田制的理解恐为臆度之言而不符合事实。"不得罪于巨室"说与"孔子堕三都"说矛盾。"三月无君则吊"说当就祭祀之礼来理解,吊是"吊其不得祭"而不是"不得君"。

第七章 饶鲁的经学、蒙学、理学思想

第一节 经学思想拾遗

双峰有关经学之论著实亦不少,然今皆不存,今从元人等有关著作之所引,仅得双峰关于《周易》论说 23 条、《诗经》10 条、《礼记》5 条,虽所存甚少,然吉光片羽,亦可略窥双峰治经学之方法与思想。

一、关于易学思想

双峰现存易学论述涉及乾卦甚多。双峰的论说很大程度上是解释程颐《易传》与朱熹《周易本义》(简称《本义》)之间的异同,这也是宋元理学易学研究的普遍做法。程颐《易传》与朱熹的《周易本义》在易学的具体解释上存在很大差异,朱子《周易本义》既有对《易传》的继承,也有批评。故如何认识程朱易学之异同,是朱子后学易学研究必须面对的首要问题。双峰的剖析体现了他善于分析异同、比较得失的特点。

如学者问乾卦初九"潜龙勿用",朱子解龙为阳物,而伊川解为"灵变不测",对于如何理解二者之异,双峰言:

> 问:"《本义》以为'龙,阳物也,故其象为龙'。《程传》说'龙之为物,灵变不测,故以象乾道变化'。终不若'龙阳物'一句亲切。"①

双峰支持朱子从象上解,认为较伊川从特点上讲,更为可感亲切。

关于初九"乐则行之"与"潜龙勿用"的关系,双峰认为,如仅言"遁世无闷"则流于隐者,故言乐行忧违,则与用行舍藏之意相通。指出乾卦九三解释了三何为危,因为爻位以二、五为中,三、四爻位则存在过与不及,故有凶惧。双峰从知行角度解释九三"知至至之"说,认为"知至"是知之极致而将行,故其行则自不已;"知终"则是守己不失。"至之"是行,是行到至善之

---

① (元)熊良辅:《周易本义集成》卷一,《景印文渊阁四库全书》第二十四册,台湾商务印书馆1986 年版,第 581 页。

处，即止于至善；"终之"是守而不失，即是终之。指出九四"或跃在渊"的上下进退，认为虽曰"上下无常"，实则仍有价值取向，即主上主进。君子虽处下当退，然当其有跃动时，乃是欲及时上进之心，此乃进退随时之意。指出周公与孔子意有不同，周公乃其本来之意，孔子是偏于主进，意在拯救时代之沉溺。

关于九五"本天"说，程朱解不同，双峰对二说皆不满。

> 问："《本义》以本乎天者为动物，本乎地者为植物。《程传》以亲上为日月星辰，亲下为鸟兽草木。二说如何？"曰："《本义》本《周礼》天产地产之说，《程传》亦拘，要放宽说。凡本乎天者皆亲上，本乎地者皆亲下，方周遍。"①

双峰指出《周易本义》的本天动物、本地植物说源于《周礼》，《程传》以亲乎上下作为在天之日月星辰与在地之鸟兽草木之分，与《周易本义》同样有拘泥之病，当放开来理解。他认为所有本天之存在皆具有亲上之性，所有本地之存在皆具亲下性，即视本天亲上、本地亲下为一普遍规律。

双峰在解释上九的"无位"说时指出："卦之初上皆无位，初以卑贱而无位，上以过高而无位。"他认为初爻与上爻皆无位，其因在于卑贱和过高。

关于"大人与天地合德"说，双峰既赞赏程子的"合乎道"说精辟，又认为朱子的"体道"更为精密。

> 《程传》合乎道之说已精，而《本义》体道之说尤精。谓大人非屑屑于合此合彼，但合乎道，则无往而不合。以道为体，则圣人浑是一个天。盖天亦以道为体而已。②

盖大人并不寻求在任何之事上皆与之相合，而合乎道之后自然无往不合。圣人以道为体，则浑然是天，此即天人合一。盖天亦以道为体，在道体的意义上，天人为一。

在乾卦解释中，双峰提出"一爻有一爻之中"说，表明中不可拘泥来看，不可执着于二五之位。而是应根据各自所处之位而定，是在变化之中，如初

---

① （元）熊良辅：《周易本义集成》卷九，《景印文渊阁四库全书》第二十四册，台湾商务印书馆1986年版，第770页。

② （元）熊良辅：《周易本义集成》卷九，《景印文渊阁四库全书》第二十四册，台湾商务印书馆1986年版，第773页。

九以潜、九二以见为中。就卦而言，其才、时、位本有差异不中，然圣人之工夫在于使之合乎无过不及之中，故圣人教人，即无不中。此道出了对中当在具体境遇中论，不可笼统而论，并辨析了卦与爻的区别，赢得了学者认可，认为"其论善矣"。

关于乾卦四德，双峰认为，"大哉乾元万物资始"的元亨利贞四德是指天德，而"元者善之长"是论人道，而"体仁利物"则是用力工夫。即在不同文本中，四德所指具体含义有别。又提出"君子行此四德者"与"乾则能元亨利贞"相应。双峰认为"乾始能以美利利天下"即是言元亨利贞皆包于元中，故说"大哉"。他赞赏朱子《周易本义》"由此四者以成大人之德"说，认为学以聚之、辨之、居之、行的的"之"皆是指理而言。如聚众理、辨条理等，最终皆集合于仁以行之，此即君德。

双峰还讨论坤卦。他指出"利牝马"意味着以柔顺为正，恰与乾卦刚健为正相对应；指出"敬以直内，义以方外"是用功，直是正，方是义，"直内"是存本然之体，"方外"是行本然之用，即存体与行用。敬存则自然内直，行义则自然方外，二者是工夫与效验关系，是本然之德与实践此本然之德的关系。直是正，人心之正，性中之正；方是性中之义，人心裁制之义，二者乃人所固有而非外铄。只有做到敬义并立，才能做到德不孤而必有邻。孤则意味着有所偏颇而狭窄，不孤则善集而德大。敬直方外是体用皆备之学，是无适不可而坦然不疑。

双峰对剥、复二卦也有所讨论，他分析了程、朱剥卦说。

> 此阴阳消息之理，至精至微。自《程传》始发之，然所言者，其理耳，而未有以验其气数之必然也。朱子又从而推明之，曰："是当以一爻分三十分，阴阳日进退一分。"[①]

双峰认为剥卦体现了阴阳变化精微之理。指出剥卦对应十月，虽是纯坤之月，节气正在小雪，然却并非无阳，而是阳气方灭方生的生生不已。伊川从理上论此，而未涉及气。朱子则进一步从气上论此，认为剥于九月霜降，而至于十月小雪。但十月也是复卦之阳的初生，故在此阴阳绝续、彼消此长之时，阳气并无一息之间断，而是生生不已。

关于复卦至日闭关，双峰从阴阳关系而论，认为是用以培养生意，使之潜藏于密，无使泄露，以达到顺阴固阳、扶阳抑阴、参赞化育的效果。对"不

---

① （清）茅星来：《近思录集注》，华东师范大学出版社2015年版，第19页。

远之复"，双峰从人心本善入手，认为人心善端本自绵绵不绝，即便小有差失，却能自然萌发歉然不安之意于心。此不安之意正如天地生物之心之呈现，即孟子恻隐不忍之心，盖人心本与天地之心合一。现实中因丧失了省察克治工夫，故虽有此善端之发，然却未能做到复归其善，即有几无实，导致欲望横行，不可追悔。故善于用力者，即当因心之萌发而反之，使人欲去而天理还。在复卦上六解中，双峰指出了卦辞与爻辞的区别，如复卦卦辞论气数，爻辞论人事，气数则复则必亨，如"反复七日"之说，乃是气数之常之自然如此。即人事言，则必须结合"不远复"与"休复"才是，至于敦复、独复、频复、迷复，皆有关人事，故君子必须慎重之。

二、《诗经》及《礼记》之解

从残留的数条诗解中可见，双峰注重发掘《诗经》中的伦理道德思想。如他认为《关雎》之诗"得性情之正，可为养心之助"。《灵台》诗体现了文王与民同乐之天理。《烝民》之明哲保身体现了大德之广照与小德之微察，而保身正是《中庸》"不骄不倍"之意。

《礼记》数条亦是如此。双峰提出左右教养无方，强调有一定之方，当恪尽职守，而子于亲更是当事事理会，即当穷理、尽心，无可推托，不分职守。"孝子深爱"节认为在事亲、事上、临下中皆当有其敬而不可违。"父母有过"节指出在父母未发之时便当理会道理，顺其志意而归于道。

三、《尚书》五行思想

五行思想本在《尚书·洪范》中提出，周敦颐在《太极图说》中提出"阳变阴合而生水火木金土"，引发朱子的新阐发。朱子《太极图说解》提出生之序与行之序两种看法。

> 以质而语其生之序，则曰水、火、木、金、土，而水、木，阳也，火、金，阴也；以气而语其行之序，则曰木、火、土、金、水，而木、火，阳也，金、水，阴也。[1]

就阳变阴合而导致的五行生成之序言，是水火木金土；就其运行而言，则是木火土金水。而且，五行在两种情形下的阴阳归属亦有变化。在生之序中属阳之水，在行之序中则属阴，属阴之火则归于阳。朱子在《语类》中

---

① （宋）周敦颐：《太极图说》，《周敦颐集》，岳麓书社 2007 年版，第 6 页。

根据《河图》《洛书》和"四时"说对此给予解释：

> 天一生水，地二生火，天三生木，地四生金，一三阳也，二四阴也。
> 问："以气而语其行之序，则木火土金水，此岂即其运用处而言之耶？
> 而木火何以谓之阳，金水何以谓之阴？"曰："此以四时而言，春夏为阳，
> 秋冬为阴。"①

就天地之生而言，水、木对应一、三之奇数，故为阳；就四时运行之序言，
则对应冬之水，为阴。属偶数为阴的火，在生之序中对应夏，则由阴变为阳。
勉斋对此既认同朱子说，又有不同看法。

> 因云这里有两项看，如作建寅看时，则木火是阳，金水是阴，此以行
> 之序论。如作建子看时，则水木是阳，火金是阴，此以生之序论。大概
> 冬春夏可以谓之阳，夏秋冬可以谓之阴。……因云《太极图解》有一处
> 可疑，图以水阴盛，故居右；火阳盛，故居左；金阴穉，故次水；木阳穉，故
> 次火，此是说生之序。下文却说水木，阳也；火金，阴也，却以此为阳，彼
> 为阴。论来物之初生，自是幼嫩。如阳始生为水尚柔弱，到生木已强
> 盛。阴始生，火尚微，到生金已成质，如此则水为阳穉，木为阳盛；火为
> 阴穉，金为阴盛。不知图解所指是如何？后请问云："图解所分，恐是
> 解剥图体，言其居左、居右之位次否？"晦庵先生云："旧也如此看。只
> 是水而木、木而火以下，毕竟是说行之序，这毕竟是说生之序。"毕竟是
> 可疑。②

他试图解释朱子的两种次序说，从建寅和建子的角度分别论生之序与
行之序，如建子以十一月为岁首，对应冬，故水为阳，反之建寅是正月为岁
首，对应春，木为阳。故冬、春、夏三季皆可为阳，夏、秋、冬皆可为阴。他指
出《太极图说解》的可疑之处在于：既然根据周子"阳变阴合而生水火木金
土"，则水火木金土应该是生之序（但朱子认为是行之序），故以水金为阴、
火木为阳，而朱子《太极图说解》却以水木是阳，彼此矛盾。朱子是从生之
序以水木为阳，即勉斋认为的建子说。故勉斋认为《太极图说解》有生之序

---

① （宋）周敦颐：《太极图说》，《周敦颐集》，岳麓书社 2007 年版，第 27—28 页。
② （明）胡广：《性理大全》，《景印文渊阁四库全书》第七百一十册，台湾商务印书馆 1986 年
版，第 31 页。

与行之序两种表述,不知何者为当。他提出《太极图说解》是否是以左右位置而言,朱子的解释是,此前是如此看。但后来则认为水木火金是行之序。但勉斋认为这与周敦颐的"而生水火木金土"的生之序说冲突,故他在论述中表达对朱子说的怀疑。

后来勉斋对此多有讨论,还是坚持从生之序论水金阴木火阳,而不满朱子的行之序。如《复杨志仁书》说:

> 斡亦尝反复思之,只以造化及人生之初验之,便自然合。……水阴而火阳……木阳而金阴。……盖一阳分而为木火,一阴分而为金水。[1]

勉斋主张就造化之初而言,则是水金为阴,木火为阳。

《复甘吉甫》直接提出了他所主张的只有一个次序说。

> 近日因思五行生之序,则曰水火木金土,行之序则曰木火土金水。何故造物却有此两样? 看来只是一理。生之序便是行之序,元初只是一个。水木暖便是火,此两个是母。木者,水之子;金者,火之子。冬是太阴,春是少阳,夏是太阳,秋是少阴。从冬起来,故水木火金自成次序,以水生木以火生金,故生之序便是行之序也。……天一生水,地二生火,天三生木,地四生金,此便是造化本原。其后流行,亦只如此四时之序……所以《洪范五行》亦只说水火木金土谓之五行,则行之序亦是如此也。

他主张生之序即行之序的一个次第说,一理说,认为水、木、火、金是相生之次第,而四者之间存在母子关系,水火是母,木金是子,木是水之子,金又是火之子。他认为《洪范五行》的天一生水等水火木金土说,既是"造化之本原"生之序,也是表四时流行的行之序。勉斋反复与江西朱子弟子甘节、李燔、黄义勇、张洽等讨论,从各个角度论证一个次第说。

> 故尝疑其只是一样。及以造化本原参之,人物之生育,初无两样,只是水木火金土,便是次序。在人欲分别阴阳造化之殊,故以水火木金土为言耳。自一至十之数,特言奇耦多寡尔,非谓次第如此也。盖积实

---

① (宋)黄榦:《勉斋集》,《景印文渊阁四库全书》第一千一百六十八册,台湾商务印书馆1986年版,第139—140页。下文勉斋语均出于此。

之数非次第之数也……水木火金土,五行之序也,水火木金土,分其奇耦初盛而言也。以此观之,只是一样,初无两样也。

勉斋认为无论从造化本原还是人物生成而言,皆是水木火金土这一个生成次第。至于天一地二等乃是论奇数偶数之分,数目多少之分,而非关次第。这是论阴阳发端之初与发展旺盛之过程。勉斋还从为学之方来反思朱子之说。

> 生之序、行之序,以质言、以气言,皆朱先生《通书解》中语,学者守其说可也。然义理须是自见得分明,若有所疑,正须讲贯。且如生既有质,岂容无气?行既有气岂容无质?元德兄疑于天一地二天三地四之说与春夏秋冬不同,则前已辩之矣。去私兄以为火能克金不应生金,何故夏之后便为秋耶?……医家以耳属肾,以肺属金,诚不应如此分配,吉父兄亦有此疑。……《洪范》五行五事,皆以造化之初及人物始生而言也。……榦欲作三句以断之,曰论得数奇耦多寡,则曰水火木金土;论始生之序,则曰水木火金土;论相生之序,则曰木火土金水,如此其庶几乎!

他认为,朱子的气、质两种次序说,虽然可取,但并非不可加以质疑讨论;主张不可割裂气、质而论,二者乃一体包容关系;并回应张洽五行与四时、黄义男火与金乃相克而非相生关系、甘节关丁耳肾肺金关系之疑,再次强调洪范五行次第兼顾造化之初的生之序与流行之序言。故他的结论是从三个方面来看五行有不同次序,奇偶之数(即洪范之序)是水火木金土,始生之序是水木火金土(但不同于朱子质生之序的水火木金土),相生之序(即朱子的气行之序)是木火土金水。他最真实的用意在于强调水木火金土的始生之序即流行之序,合乎冬春夏秋之四季。批评朱子水火之生先于木金不合道理,意味着冬夏春秋,不合造化之理。

> 故五行之序,只是水而木、木而火、火而金、金而土,其生如此,其行亦如此,若谓先有水火后有木金,则不成道理,亦不成造化矣。

但他在答双峰书中,似乎又推翻了一个次序说,而回到朱子的两种次序说。《复饶伯舆》言:

五行之说亦多未晓,生之序行之序,顷亦欲作一样说,后思之恐不
然。生则先水火而后木金,行则先水木而后火金,恐是不易之论。所画
图亦恐不然,不若且祖前辈之说,未安者且置之也。

勉斋读到双峰主张五行一个次序说的看法,反思自己曾经欲主张“一
样说”,后来认识到还是就朱子的生、行之序分别说为妥当。他指出双峰所
画五行图亦不妥,不赞同双峰对此再多加讨论。[①] 但《性理大全》并未录勉
斋此条,而是选取了勉斋不同于朱子的“一样说”。《性理大全》还引用了叶
采的看法,他提出二气与一气说来解释五行两种次序说。

平岩叶氏曰:水火木金土者,阴阳生五行之序也;木火土金水者,五
行自相生之序也……五行之生也,盖二气之交,变合而各成……所谓
“阳变阴合而生水火木金土”是也。五行之相生也,盖一气之推,循环
相因。

叶氏认为水火木金土即《太极图说》提出的阴阳二气变化生成五行之
序,即朱子的质生之序,水火在先即意味着少阴少阳。而木火土金水乃气行
之序,是生成以后一气流行,五行内部自相生成。二者是两种不同层次之
生,存在层次之别。

双峰在朱子、勉斋之说基础上,对五行说提出了新的看法,被白珽赞为
“讲理极精”。双峰首先引用了朱子主张的五行为始生之序说,认为此说虽
然建立在河图之数基础上,看似有所根据,其实就理而言,并非如此。

《洪范》五行之畴,一曰水,二曰火,三曰木,四曰金,五曰土,说者
以为此五行始生之序也。盖河图之数,一六居北……其说可谓有据而
不诬矣。然愚尝以理推之,则疑其序必不然也。

双峰认为,从生成的角度而言,五行皆是气化而生,应是同时而生,并不
存在先后次第之别。

水者,气之津液也;火者,气之光芒也。既有是气,则其津液、光芒
一时皆具,各随寓而成质,固无先生水而后生火之理也。……各随寓而

---

① 关于勉斋五行之说,可参王小珍、邓庆平:《黄榦〈太极图说〉解》,《船山学刊》2018 年第 6 期。

成质,无先生木而后生金之理也。以此观之,则谓天一生水……为五行所以生之序者,吾有以知其必不然矣。况阴阳交感之际,其机间不容发……以此观之,谓地六成水,天七成火,地八成木,天九成金,地十成土而为五行,所以成之序者,吾又知其必不然矣。

双峰抓住五行乃气化而成的关键,指出水、火皆是气化所成之质,就气而言,同时具有五行之质,只不过五行随其所寄托之物而呈现其形质而已,"各随寓而成质",故并不存在五行相生先后之别,即生则一起生。同样,就五行之成而言,亦是如此。其实这个说法,朱子亦有过,朱子说,"五行之生,非有先后如数一二三四五,自然有先后次序"。① 双峰从阴阳二气的作用具体论述五行生成的特点。

　　盖尝思之,造化之初,阴阳二气而已。阴湿而阳燥,阳燠而阴寒,二者相摩,则其寒且湿者,蒸润而为水,燠且燥者,激烈而为火。是二者以气交于空中而成质,而无所待于土,故皆轻清……土则气之升降转旋,而其渣滓团聚凝结于中央以成形体者也,……阳之盛者,必发达条畅而为木;阴之盛者,则收缩坚凝而为金,是二者以气交于地中而成质,非土则不生,故皆重浊……由是言之,五行之生,水火居先,木金居后而土居其中,其卒不越乎三而已。

阴阳二气分别具有寒湿和燥热两种属性,二气在空中交合作用构成水火这一轻清之质,而土则是重浊之气渣滓所凝聚而成的形体。阴阳二气在地上所作用构成火与金这一重浊之质。故五行就其生化而言,不过有前、中、后三层,分别是水火、土、木金。此是就形成形态而言。

而《洪范》次序说,指的是五行的东南西北中的方位次第而非生成次序。

　　《洪范》之序,盖以言五行方位之序而非始生之序也……五行方位,水北、火南、木东、金西、土居中央……不然五事之目:一貌二言三视四听五思,亦岂始生之序然耶?今试以人之始生明之……大抵天地之化,参伍不齐而各有条故。以五行言之,其气质虽伍而所以生成之序则三;其方位虽五而所以流行之序,则或五而或四。

---

① 　(明)胡广:《性理大全》,《景印文渊阁四库全书》,上海古籍出版社1987年版,第17页。

他认为这一方位次序也是同时具有而非逐渐生成，不可能说先有北后有南，就五事而言，亦是如此，不能说先貌后言。就人之生命而言，亦是如此。阴阳变化生成万物的过程虽然参差不齐，但各有条理。就五行而言，其生成的状态是前、中、后三种，即水火、土、木金，而非五个依次而生。就五行方位言，其流行次序则可就五或四而论。他接着特别讨论了土寄王四方、周行四时的 72 天干支历法问题。白珽称赞其五行之辨极为精到，只不过对其以一、七、二、六为太阴说略有不满。"双峰五行之辨已极精到，但以一为太阳，七亦为太阳，二为太阴，六亦为太阴，未易晓也。"①双峰的观点反驳了五行生成次第说，提出了三种状态说，辨析《洪范》五行是方位次序，而无关生成。双峰强调了从气化而生之序言，本无次第，五行有则皆有，但根据气之交合所形成（或者显现）的物质状态而言，则又分为前中后即水火、土、木金三者。这不同于朱子的质生与气行两种次序说，也不同于黄榦的一种次序说。双峰另一别致之处在于把土置于中间位置，认为土的形质的形成先于木金，后于水火。可见双峰也区分存在和显现两种五行次第观。

当然，双峰的五行新说及新图并没有获得勉斋认同，阳枋也不认同，他认为双峰"学问粹明"，赞同他的周程关系之辨，但反对其五行次序说。

>　　近又有双峰五行先后次序图说，某亦见其不必如此，此公学问粹明，不知如何亦然。

>　　近来熟看双峰五行生出次序，并金陵拟议周先生、二程先生之说。其释周程则善矣，五行生出之次，如邵子"天开于子，地辟于丑"，乃水先生。又岐黄书论人之生也，男先生左肾，女先生右肾，都是先生水。其金木土，圣人言其气，双峰论其质。②

阳枋坚持朱子的水火木金土的五行生成次序说，尤其强调水的首要性，引邵康节及中医理论以阐明之；指出双峰对五行的论述与圣人、朱子不同，不是从气化角度，而是就形质论。对五行的讨论，再次体现了勉斋、双峰师徒对朱子的质疑与创新，也再次表明双峰思想在当时颇有影响，惜乎其诸多创新之论后世未能传也。

---

① （元）白珽：《湛渊静语》，《景印文渊阁四库全书》第八百六十六册，台湾商务印书馆 1986 年版，第 296 页。

② （宋）阳枋（1187—1267），字正父，号字溪，四川合州巴川人。早年从朱熹门人度正等游，有《字溪集》十二卷传世。本书所引《字溪集》，均出自《景印文渊阁四库全书》第一千一百八十三册，台湾商务印书馆 1986 年版。

双峰曾为朱子《声律辨》加以注释，今鲍云龙《天原发微》卷五仍收有双峰解释之两条，可以略窥双峰关于五行与德性、生命的关联性看法。

朱子《声律辨》曰："故木之包五行也，以其流通贯彻而无不在也。"双峰解为：

> 气运于天，以生为主。故朱子以春为四时之首，而贯乎夏秋冬。其在人，则恻隐为四端之首，而贯乎羞恶辞逊是非。以春能生万物，而恻隐能兼众善故也。

双峰首先采用朱子《太极图说解》的"气行于天"说，突出气化生生的思想，指出朱子以春为四时之首而贯穿四时，从天道论上突出春的生生之意。对应人道，则是人以恻隐之心为四端首，贯穿羞恶等四端。春天作为生意之源，具有贯穿统摄作用，正如恻隐之兼备众善。如此一来，以生理为宗旨的四时之春与五行之木、四德之仁、四端之恻隐相匹配，构成一个有机关联的哲学体，内在涵摄了天道与人道之善的统一。

《声律辨》又曰："土则水火之所寄，金木之所资，居中而应四方，一体而载万类也。"双峰解为：

> 质具于地，以养为主。故土居五行之中，而统乎水火木金。其在人，则脾居五脏之中，而统乎心肝肺肾。以土能养万物，脾能养众形。夏季未月，土为最王，故能生秋金。又寄王四季，每季皆十八日，共计七十二日。其他四行分四时，亦各得七十二日，共成三百六十日。

双峰紧紧抓住了土的养育之能，指出土居五行之中，对水火木金等具有统摄意义。这种五行论又和人体之五脏论相应，土之能养，正如脾在五脏之中，对心肝肺肾等皆具养育作用。它又和四时论相应，它对应季夏，此时最强，故能生出金秋。就土的具体时空言，它其实是周流于四时之中，春夏秋冬每一时寄托 18 天，正好 72 天，与其他四行构成 360 天。

第二节　理　学　教　化

双峰一生未曾出仕，长期执掌各大书院，如白鹿洞书院、石洞书院等，倾心投入理学的教育之中，是南宋末颇负盛名的教育家。他非常注重童蒙教育，专门写有训蒙理学诗、注释朱子《小学》、合编朱子《白鹿洞教条》和董铢、程端蒙编纂的《程董学则》,提出了师道这一重要论题,阐发了他的道统思想,故以下就其残存文字,略述其理学教化思想。

一、训蒙理学诗

现存双峰所写有关训蒙的七首五言理学诗,主题分别是天地、日月、四时、八节、五行、人物、人伦。双峰通过诗歌形式,以简明通俗的方式,传递理学思想。在诗中,双峰以阴阳二气论宇宙时序之生成,对各种自然现象加以通俗之描述,如天地动静方圆之形体,天包地,地处中之位置,天地分别如鸡蛋之蛋白与蛋黄之譬喻。总之,天地一气而有清浊阴阳之分。日月四时皆以阴阳论,是阴阳作用分化之结果。四时五行,分别指气运与质生。

如人物诗体现了双峰道德教化宗旨。其诗如下:

> 天以气而化,地以形而生。形气既交感,万物乃生成。
> 羽毛及鳞介,物物皆含灵。人于万物中,得秀而最灵。
> 头圆象天体,足方象地形。心含五常性,耳聪而目明。
> 目能辨五色,耳能辨五声。口能辨五味,鼻能辨五馨。
> 一身备万物,能知又能行。仁义礼智信,五者人道经。
> 人苟不尽道,何以践斯形。

诗先从天地气化形生论起,指出形气交感生成万物,人于万物之中得天地秀气而最灵。头足之圆方分别与天地相似,心则包含五常之性,五官皆有其功用。一身备万物而能知能行,此是从知行论人之能力。仁义礼智信之五常,乃人道之经。最后结语为"尽道践形",指出只有尽人道方能践其形,将道与形、理与气贯通之,强调尽道是践形的必要前提,意味着修德是养身的前提,体现了理学家道德践履优先的立场。

关于人伦诗,双峰于其中主要阐发了五种人伦关系。言:

> 圣人因五性,秩序为人伦。仁以亲父子,义以结君臣。
> 礼以序长幼,智以别夫妇。信以交朋友,夫是谓五教。
> 五教苟不修,何以远禽兽?

诗先指出人伦根源于人性,圣人因仁义礼智信五常而推行五教,即父子亲,君臣义,长幼序,夫妇别,朋友信。此乃人之为人所在,人如不能修五教,则无以远离禽兽。此是从人性到人伦(道)再到教化的性、道、教的次第,正合乎《中庸》之说。从这两首诗来看,双峰特别注重以五常为中心的人伦教化之道,继承了孟子"学以明人伦"之思想。

二、《小学》训释

双峰对朱子《小学》有专门注释,虽未能流传,但也有少数条目被有关《小学》注释之书引用,得以略窥一二。从残存资料来看,双峰对《小学》的研究颇为全面。不仅对《小学》正文有注,而且对"小学题辞"也加以注释。[①] 他首先解释篇名,言:

> 小学者,小子之学也。题辞者,标题,书首之辞也。

双峰指出,所谓小学,即小子之学。所谓题辞,即标题。此等逐字落实的解释,体现了童蒙教育的特点。

目前有关双峰对"小学题辞"的解释,缺少题辞开篇的"元亨利贞,天道之常,仁义礼智,人性之纲"四句。故我们只能从下面文字看起。

"小学题辞"第二句"凡此厥初,无有不善,蔼然四端,随感而见"。双峰注:

> 此者,指上文仁义礼智之性也。厥,语辞。初谓本然也。蔼然,众盛貌。端,绪也。孟子曰:"恻隐之心,……智之端也。"此言仁义礼智之性,其本然无有不善,是以恻隐羞恶辞让是非四者之善端,蔼蔼然随其物之所感动而形见也。

双峰解极为详尽,如指出"凡此厥初"的"此"是指"上文仁义礼智之性"。"厥"是语辞,"初"是本然。他特别对"蔼然四端"的"端"加以解释,"端,绪也",并引《孟子》四端说。最后总结全句之意,强调此是论五常之性,本然皆善,而作为善端的四心,蔼然随物,感而形显。阐明人性本善、随物感发的特点。

第三句,"爱亲敬兄,忠君弟长,是曰秉彝。有顺无彊"。注:

> 忠者,尽己之谓。弟,顺也。秉,执也。彝,常也。言爱亲敬兄、忠

---

① 关于《小学题辞注》,各家版本文字有所出入,如《四库全书》本即不同于各本辑佚文字,然大意无碍。

君弟长,此四者乃人所秉彝之常性,皆出于自然,而非勉强为之也。

双峰解忠是尽己,弟是顺从,秉彝是执常。表明爱亲敬兄,忠君弟长四者乃人之常性,它出于人性之自然而非勉强,故说是"有顺无强"。

第四句,"惟圣性者,浩浩其天,不加毫末,万善足焉"。注:

> 惟,语辞。浩浩,广大貌。天,即理也。毫末,言至微也。此言圣人无气禀物欲之累,天性浑全,浩浩然广大,与天为一,不待增加毫末,而万善自足,无少欠缺也。①

双峰的解释不落一字,极为详尽,指出"惟"是"语辞",而"天"即理。全句突出圣人之性并无气禀之累,故保有浑全之天性,而浩然广大,与天为一,万善俱足,无有缺失。此是在前两句性善基础上进一步落实为圣人之性之全善至足,树立典范。

第五句,"众人蚩蚩,物欲交蔽,乃颓其纲,安此暴弃"。注:

> 【众人,凡民】。蚩蚩,无知之貌。物欲谓凡声色臭味之欲也。【交,互也。蔽,遮也】暴,害也。此言众人气禀昏愚,物欲交蔽②,是以颓坠其仁义礼智之纲,而安于自暴自弃也。

双峰对众人、凡民、物欲、交、蔽、暴等逐字解释明白,总结全句是说众人因为气禀之昏昧、知识之无有,而受到声色臭味之欲望的遮蔽,而堕落了作为人性之纲领的五常,安心于自暴自弃。显然与前句圣人之性的全善相对照而言。

第六句,"惟圣斯恻,建学立师,以培其根,以达其枝"。注:

> 斯,语辞。此言圣人悯人安于暴弃,故为建学立师以教之,使之养其仁义礼智之性,如培壅木之根本。充其恻隐羞恶辞让是非之端,与夫爱亲敬兄忠君弟长之道,如发达木之支条也。

此句仅解释"斯,语辞",进而总结全句是圣人对此安于自暴自弃者极

---

① 诸本无"饶氏曰"三字。
② 此句诸本为"气禀昏愚而无知,物欲交互而遮蔽"。另中括号诸本皆无。

为怜悯,为此特意设立学校,确立师长以教化之。培养其五常之性,如养育树木之根本;充养四端之情与爱敬,如扩充其枝叶。充养五常、四端之说,显然是与前文论及五常、四端相照应的。在此,双峰直接把根与枝分别落实为五常、四端。而《四库全书》本则认为小学是养放心养德性,如培其根本;大学则是开发聪明与进德修业,是树木枝叶之发达。亦是采用朱子之说。此条突出了工夫教化意义,它扎根于学习者自家内在之心性。

第七句,"小学之方,洒扫应对,入孝出悌,动罔或悖。行有余力,诵诗读书,咏歌舞蹈,思罔或逾"。注:

> 此言小学之方,必使学者谨夫洒扫应对之节,入则爱其亲,出则敬其长。凡所动作,无或悖戾乎此也。行此数者而有余力,则诵诗读书,或咏歌以习乐之声,或舞蹈以习乐之容。凡所思虑,无或逾越乎此也。

双峰认为,小学之方强调学者当于日常洒扫应对之中,做到入孝出悌之爱敬,如能于日用之事中做到此数者而有余暇,则可进一步读书、歌咏、习乐等,如此则一切思虑皆收归于此诗书礼乐之中。此显然是采用《论语》"行有余力则以学文"说,最后落实于"思无邪"。表明小学工夫是一个从生活实践到理论学习、礼乐研习,最后落实于思虑的全方位过程。

第八句,"穷理修身,斯学之大,明命赫然,罔有内外,德崇业广,乃复其初,昔非不足,今岂有余"。双峰注文较多,略引如下:

> 【斯,此也】明命,即天之所赋于人,而人之所得以为性者也。赫然,明盛貌。德者,道之得于内者也。业者,功之成于外者也。复,还也。初,谓本然也。此言格物致知以穷究其理,诚意正心以修治其身,此乃大学之道也。然天之明命,赫然照著,无有内外之间。学者诚能从事于大学……则有以复其性之本然矣……

双峰先解析字义,以明命为天所赋予人而人得之以为性者,德是道之得于内,业则是成功于外者,认为复初即是还其本然。总结全句宗旨在于讲格致穷理、诚正修身的大学之道,已经不再是论小学工夫了。这套工夫极为崇高、广博,最终指向复性之本然。此也是整个儒学的为学宗旨。故暴弃者性非不足,崇广者性非有余,二者之别只不过在于前者受到气禀物欲之遮蔽,后者则复其本然而已。

第九句,"世远人亡,经残教弛,蒙养弗端,长益浮靡。乡无善俗,世乏

良材。利欲纷挐,异言喧豗"。注:

> 【人,谓圣人。经,六经也。据朝鲜本补】……此言前世既远,圣人既没,六经残缺,而教法亦废弛矣。小学之教废,【故学者】(朝鲜本为"则")自童蒙之时而养之不以其正;大学之教废,故及其年长,则所习日益轻浮华靡,是以乡无淳厚之习俗,世无粹美之人材。但见利欲之习,纷然而相牵引;异端之言,喧然而相攻击也。

双峰认为"世远人亡"是指圣人之亡。全句是说圣人既没之后,六经残缺而教法废弃。小学废,故学者自童蒙即养之不正;大学废,故年长而所习轻浮。故而无淳厚习俗,更缺乏纯粹优美之才,社会便充斥着利欲之习的相互牵引、异端之言的公然攻击。此阐释了在没有圣人、没有经典的时代,一切的教育皆遭到废弃,建立在教育基础上的风俗、人才则无从谈起,世界只有利欲和异端的流行。从反面阐明圣、经、教的重要性。

最后一句,"幸兹秉彝,极天罔坠。爰辑旧闻,庶觉来裔。嗟嗟小子,敬受此书。匪我言耄,惟圣之谟"。注:

> (四库本等为)爰,于也……此言后世教学不明,虽如上文所云,然所幸者,人之秉彝,极天罔坠。我于是纂辑旧所闻者,以为小学之书,庶几可以觉悟后来之学者尔……是乃前圣之谟训也。

双峰认为,上文所列因教学不明而导致了种种恶果,但幸运的是人所秉有之常性,具有永恒超越性,虽历经万古而长存,无有坠落。于是编辑古人之说,以为《小学》,以开发觉悟后学。希望初学小子能够敬爱此书,盖此书记载了圣人之谋略和教训。此作为全部题辞的结语,发挥了呼应前句、总结全文、展望未来、揭示期望的效果。始终落实在"教"字上,尤其是小学之教,而其教之理论基础则是奠基于五常的人性本善。

此外,双峰还对《小学》正文有详尽注释。如讨论了《内篇》敬身的孔子二节,说:

> 孔子曰:"君子无不敬也,敬身为大。身也者,亲之枝也。敢不敬与? 不能敬其身,是伤其亲。伤其亲,是伤其本。伤其本,枝从而亡。"仰圣模,景贤范,述此篇,以训蒙士。

双峰解为:

> 朱子述《小学》敬身篇,先引孔子之言以发端,见敬身之道乃千古
> 圣贤相传之心法,而非一人之私说也。①

双峰指出《内篇》引孔子之言发端(出自《礼记·哀公问》),显出敬身之道即千古圣贤相传心法,并非一人私说。突出了主敬作为传心之法的普遍、根本意义。

双峰还分析了《小学·内篇》稽古第四条目下的立教,言:

> 稽古第四立教。前二章是母教,后二章是父教。盖母教于幼时,故
> 先言之;父教于既长,故后言之。②

指出前两章先言母教(分别选文王之母太任与孟轲之母),后两章言父教(夫子教孔鲤),乃是因为母教多施于幼年,故在先,父教施于年长,故在后。

双峰又讨论《稽古》第四的通论部分,对稽古内容安排之用意、关系加以梳理。言:

> 稽古第四通论。首章曰教以义方,论立教也。又言六顺六逆,则论
> 立教以明伦也。二章言定命,论敬身也。末章言敬慎威仪,论敬身也。
> 又言君臣上下至朋友,则论敬身以明伦也。③

双峰梳理了这一部分安排的内在逻辑。指出第一条引《左传》石碏之说,先论教以义方,即相当于稽古的"立教"部分;再论六顺六逆,相当于稽古的立教以明伦。第二条引《左传》刘子的"民受天地之中以生"说定命,相当于稽古的敬身。第三条引《左传》卫侯说论敬慎威仪,是论敬身。接下所论君臣上下等关系,则是由敬身以至于明伦。

双峰还对《小学》加以注释,如认为"跸当作跛,音庇"。提出顾、望分别

---

① 此条据王本《讲义》第473页,暂未见出处,姑列于此。
② 《小学诸家集注》,《域外汉籍珍本文库》第二辑子部一,人民出版社、西南师范大学出版社2011年版,第9页。
③ 《小学诸家集注》,《域外汉籍珍本文库》第二辑子部一,人民出版社、西南师范大学出版社2011年版,第10页。此两条注,诸本无。

指顾自己、望君子等。

总之，双峰关于《小学》的注解是以更加简明之说解释朱子之意，其实《小学》本来即意思浅显易懂，双峰在此基础上进一步解释文义，标注读音，字字落实，体现了童蒙之教简易、明白、精准的特点。双峰的解释基本是遵循朱子之意，而加以通贯性理解。这突出了理学教化以人性善为基础，强调了一种顺性而为的工夫，认为本性丧失的根源在于物欲遮蔽。为学工夫当以《大学》格致诚正、主敬为主，体现了理学工夫教化特色。经过双峰的阐发，"小学题辞"首尾贯通的内在脉络、宗旨鲜明的中心思想具体呈现出来，确实有功于朱子《小学》。

三、《跋〈合编教条学则〉》

双峰注重吸收理学童蒙教育思想，他于宋理宗宝祐戊午年把朱子《白鹿洞教条》（简称《教条》）和程端蒙、董铢合编的《程董二先生学则》（简称《学则》）编在一起。并写下简短的《跋〈合编教条学则〉》。言：

> 《白鹿洞教条》，乃文公朱先生所集圣贤之成训。而《学则》者，乡先生程、董二公之所为，文公尝有取焉者也。今合二者而并揭之，一则举其学问之宏纲大目，而使人知所用力。一则定为群居日用之常仪，而使人有所持循，即大、小学之遗法也。学者诚能从事于此，则本末相须，内外交养，而入道之方备矣。若夫近世之所谓规者，则文公不以施之鹿洞，而谓必不得已而后取之。故今亦不敢列于此云。宝祐戊午元日（1258），饶鲁谨书。①

双峰认为，《教条》与《学则》二者各有特点，正好相补，故合而刊之，一则朱子《教条》是举学问大纲目，使人知所用力；二则《学则》确定了日用规矩准则，使学生有其标准可加参照。二者分别代表了大学、小学所遗留之法，全面指示了为学之方，可谓本末内外皆备。他特别指出，朱子与弟子所确立的书院新规，乃是针对此前旧有规矩之革新改造，故不再列出旧日规矩，表达了对以《教条》《学则》为代表的理学新教育理念的尊崇。这个新教育理念，一是强调了为学层次与学习的阶段性、差异性，即小学与大学之分，各有专门的学习内容、方法、目标；二是强调学习过程的连续性与互补性，如

---

① 《丛书集成》第九百九十五卷，中华书局 1985 年版。饶鲁合《白鹿洞教条》及《程董二先生学则》为一，且跋之，张伯行《学规类编》置二者于首。

小学与大学之关系即是如此;三是突出了学习实践性与理论性的结合,在小学与大学阶段看似有理、事之别,其实皆突出了二者皆备,因理事一体不离;四是强调了学习的规范性与自主性,既突出学习礼仪的外在制约性,同时也强调学习的内在自觉、自得、自发性。

四、师　　道

双峰长期执掌著名书院,从事理学教化,故其教化思想不仅着眼于作为受教对象的学生,同时也论述了作为施教者的师道意义。双峰首先论述了师道的意义及其简史,他说:

> 师道立,则天下之不善者,皆可变而为善。天下之不中者,皆可化而为中,而善人岂不众哉!善人众则国家之用,随取随足。上焉可以格君心,中焉可以立政事,下焉可以移风俗,而朝廷岂有不正,天下岂有不治者哉!

他强调师道意义重大,决定了人才教化、人心转变、德行提升,在人心由不善向善、由不中向中之转变过程中发挥了关键作用,对于人才培育,功不可没。师道教化的效果深远而多面,包括上格君心、中立政事、下移风俗,可以说影响社会自上而下各个方面。师道盛行,则朝廷自然端正,而天下自然大治。师道直接指向天下治化。

双峰论述了儒家师道教化的历程,大致可以分为两个阶段。首先是三代至孔孟时代师道确立兴盛时期。他说:

> 若昔唐虞五典之敷,掌之于契;宽栗直温之教,典之于夔。至于成周顺先王诗书礼乐以造士,而教之中和者,亦惟择有道有德者主之,皆所以立师道也。是以天下后世,称人才之盛,美治功之盛者,必曰唐虞、成周。及周之衰,则学校之政不修而师道阙矣。于是洙泗之间,有吾夫子者出而任其责焉。一时及门之士,如颜曾冉闵之流,固已如时雨之化矣。故其德行、政事、言语、文学,莫不卓然皆有可称,使夫子而得时行道,引其类而进之,则唐虞成周之治,有不难致者。夫子既没而得其道者,或以传授于来嗣,或以友教于诸侯,随其大小,亦皆于世道有所补焉。后世师道不立,学者无复讲明道义,磨砻气质之益矣。

双峰引《尚书》指出,彼时之教分别由契、夔执掌,内容是五典与德行,成周之教重视诗书礼乐教育。特别注重选拔德才兼备者教以中和,皆在确立师道。唐虞成周之治盛,即在于人才兴盛。但周代之后,学校师道皆废弛。直至夫子出而自任其职,弟子受夫子之教,而在德行言语等方面皆卓然有立。假如夫子能获其机遇以行其道,则早就实现了唐虞之治。夫子殁后,诸弟子传承、教授夫子之道于各地。但后世之学,师道未能树立,学者之学既非讲明道理,也无意于变化气质,偏离了师道讲学的两个根本宗旨:明理与化气。这个师道不立的局面直到北宋胡瑗才发生改变,使得师道在宋代获得复兴,产生深远影响。他说:

> 至本朝安定胡公,首倡体用之学,以淑其徒。使学者明于经义,讲于时务,笃于践履,而不为口耳之习。故一时贤士大夫,多出其门,而散在四方者,亦皆循循雅饬。师道之立,盖昉乎此,是后周子复得孔孟不传之道于遗经,建图属书,以觉来学。而程子兄弟实绍其传。于是益推古者大学教人之法,以淑诸人,以传诸后。而我文公先生,又从而光大之,渊源所渐,遍及海内有志之士。探讨服行而推其所得,以正主庇民者,不绝于时。能使大义既乖而复正,公道久屈而复伸者,皆夫人之力也。师道之立,于是为盛。

直到胡瑗提出体用之学教化之生,重视发明经义、讲求时务,倡导践履,摒弃口耳之学。由此重新树立师道,培养了众多极有道德名望和真实才干的学人,实可谓是孔孟之后,儒学师道的再次中兴。此后濂溪得孔孟真传于儒家经典,通过《太极图说》《通书》来教化觉悟后学。而二程兄弟得濂溪之真传,并对教学方向有所改变,重心转向四书,以《大学》为教法根本,传此学于弟子。百年之后的朱子则将二程之学发扬光大,使理学最终流行于海内。由此士大夫对朱子理学加以讨论、践履,并推行扩充,蔚然大观而不绝于时。朱子学使得已经偏离之儒学师道大义得以重新恢复,被扭曲已久的公道得以重新伸张。师道的确立,至此达到兴盛局面。他特别突出了朱子之贡献,认为师道兴盛局面的到来,"皆夫人之力也"。双峰的这一师道论述在很大意义上与儒学道统论有对应关系,如三代、孔孟、程朱等,但一个根本差别在于突出胡瑗在师道重立的开创意义,而在朱子学的道统谱系中,胡瑗根本无此地位。虽然朱子也曾承认理学之渐,包括胡瑗在内的三先生亦有功焉。这一对师道的发挥,体现了双峰作为一位理学教育家的教育哲学思想,这篇短文对理学师道的阐发,文义俱佳,堪称代表。

双峰特别讨论了颜子与孟子之别,虽然文字极短,然意义非凡。他说:

> 颜子、孟子均之为大贤也,而一可学,一难学者,颜子如和风庆云,
> 人皆可以仰之;孟子如泰山岩岩,可望而不可扳。其规模气象之不同,
> 亦以气禀之有异故也。

我们注意到此段文字在《性理大全》中是收入在"道统"下,而这个道统问题是关于颜子与孟子之别的。虽然程朱已经论及此问题,但这一问题在理学道统中并非一个受到后世重视的论题。而双峰特意讨论之,显出眼光的锐利。他认为二者境界皆是大贤,但是在是否可以被效法上,则颜、孟存在难易之别。颜子如和风庆云,人皆可以学;孟子则如泰山岩岩,可望而不可即。二者气象不同,源于气禀不同,这其实也是顺着程朱的颜孟之别论。当然,双峰于此没有明确表示颜、孟高低。

双峰还讨论了义理与举业这一理学老问题。他的总体观点是以义理为主的义理与举业统一论。他说:

> 义理与举业初无相妨,若一日之间,上半日将经传讨论义理,下半
> 日理会举业,亦何不可? 况举业之文,未有不自义理中出者。若讲明得
> 义理通透,则识见高人,行文条畅,举业当益精。若不通义理,则识见凡
> 下,议论浅近,言语陋俗。文字中十病九痛,不自知觉,何缘做得好举
> 业? 虽没世穷年,从事于此,亦无益也。

双峰认为,举业与义理二者并无妨碍,二者本可兼举,如半日讨论义理经义,半日研究举业,做到举业与义理的贯通。贯通的根据是,举业之文同样可作为载道之器,其文字本来就根源于义理,服务于义理。如能做到义理通透,自然见识高人而行文流畅,举业更加精纯。如不通义理,则见识低劣,言语庸俗,文字病痛极多。此等人自然做不好举业,枉费精神。故在举业与义理关系上,双峰显然是以义理为中心来统率举业。

总之,双峰对童蒙诗、《小学》注、合编《教条》《学则》、师道、义理与举业等的论述,涉及教化的诸多方面。既有双峰对程朱思想的承袭,也表达了他个人的独到认识,体现了双峰作为南宋末年重要理学教育家的理学教化思想及其贡献。

第三节　理　学　思　想

双峰关于理学论述的资料,目前所留主要有三种。一是《金陵记闻注

辩》,此是关于周程授受关系的全面论述,对于理解周程关系具有重要参考
价值。二是对理学三书《太极图说》《西铭》《定性书》的解说,其中对《太极
图说》的解说涉及两个问题:"无极而太极",重点是太极字义,解说详细,有
四百余字;"定之以中正仁义而主静",以近千字对此加以详细解释,体现了
双峰的宇宙论与德性论思想。此外,双峰《西铭》解说从人为天地之子及人
当事天之道两面加以论述。双峰对《定性书》解说最略,仅百余字,侧重从
无私顺理论定性。三是双峰语录体现了他的为学之方。

一、《金陵记闻注辩》证周程授受[①]

双峰理学思想,除集中于有关"四书"之讲义外,还见于他有关理学渊
源、为学之方的论述,其中《金陵记闻注辩》值得注意。《金陵记闻注辩》已
收入《周敦颐集》。该文写于 1239 年夏,是关于周濂溪与二程关系的问答
辩论。针对有关濂溪思想的疑问,双峰一一给予解释。

第一类问题是濂溪思想之来源、学术及人际交往等方面。关键问题是
他与道家思想之关系。如质疑者抓住"无极"之说,认为此乃儒家所无,仅
见于《老子》,宋儒只有濂溪与康节有此说,故质疑濂溪之说来自道家。双
峰的解答是:

> 如邵子之言,则无极与有象为二,而无极专属乎阴静。如周子之
> 言,则无极太极一物也,而阴阳动静无不该焉。是其字之所因者虽同,
> 而意之所主者绝异。且读书穷理者,将求其意乎? 抑泥其字乎? 若泥
> 其字,则体用二字出于佛书,而程子以之论忠恕;"活泼泼"三字出于佛
> 书,而程子以之论费隐。谓程子之学,亦源流于佛氏,可乎?

"无极"这一概念的确见于《老子》。但在康节那里,强调"无极之前"
与"有象之后"的阴阳关系之别,把无极与有象当作两物,无极则专属于阴
静。濂溪"无极而太极""太极本无极"之说则与康节不同,濂溪认为无极太
极是一物,且阴阳动静是无所不在而非偏于一方。故康节与濂溪的无极概
念差别甚大,可谓字同意异。不当拘泥于表面之文字同,而当探究其内在含
义之别,此乃读书穷理所在。他引二程采用佛教用语之例证明之,如"体
用""活泼泼"等,二程用以解释忠恕、费隐等重要概念,但不能说程子之学

① 本节更详细版本参许家星:《信仰、义理与史实:周程授受平议——从饶鲁〈金陵记闻注
辩〉谈起》,《现代哲学》2024 年第 4 期。

来自佛氏。但双峰的论证也可从反面反驳之,虽然不能说程子之学来自佛氏,但程子采用佛学之用语,至少不可以说程子学未受到佛学的丝毫影响。

《太极图说》的来源。据朱震之说,《太极图》由穆修、种放、陈抟而传于濂溪。只有潘兴嗣所作《墓志铭》认为《太极图》乃濂溪创作。此是濂溪学中一争议极大的老旧问题,双峰仅简单指出朱震之说不足为据,当采用潘说。对此,朱、陆曾有所争辩。当今学界主流渐认同濂溪所作说。

《太极图说》首句两种表述之别。《国史》"自无极而为太极"与胡宏本的"无极而太极",何者更确?质疑者还提出"自无极而为太极"说与"太极本无极"的太极根本于无极之义贯通。朱子早已批评前者乃《国史》本妄增。双峰认同"妄增"说而给出新解:

> 未闻言"一"之上复有所谓"无"也。二字出于史官之妄增,亦复何疑?《图说》以动静为太极,《通书》以动静为神,与《易大传》合矣。本图则以动静为阴阳。太极者,本然之妙也;动静者,所乘之机也。又与《图说》《通书》之旨有异?

他认为,根据《太极图说》"无极之真"、《通书》"阴阳太极"等说,可见无极与太极往往并不同时出现,这可证明无极与太极意义相同,故有一即可。再则周子的"是万为一,一实万分"说也没有在"一"上再补充"无"。可证"自、为"二字是史官妄自增加。

有人又提出《太极图说》《通书》《易大传》与"图"的同异问题。前二者分别以动静为太极、为神,合乎《易大传》。《图》则以动静为阴阳,使得动静不同于太极,盖"太极,本然之妙",而"动静,所乘之机"。故《图》之说与《太极图说》《通书》宗旨不合。双峰的回答是:

> 《图说》以动而生阳,静而生阴为太极之动静,而非以动静为太极。《通书》以动而无动,静而无静为神之动静,而非以动静为神。《易大传》亦然,请详之。至于本图以动静属之阴阳,而图解谓动静为太极所乘之机者,亦曰"动静者,气;而所以动静者,理尔"。其与《图说》《通书》亦曷尝有异旨耶?

双峰认为,彼此并无不合。《太极图说》也并未以动静为太极,而是以动阳静阴为太极之动静,《通书》也是以动静为神之动静,而非以动静为神,即动静乃是太极、神之属性,而非等同于二者。《图》以动静为阴阳,与"图解"以动静为太极所乘之机并无不同,仍然是突出二者的理气关系。

濂溪与道人的关系也是一个常被提起的问题。濂溪曾自比为仙翁、隐者,和高僧道人放荡于山水之间,有出尘脱世之意。此为常人所不知,而作为其亲戚的蒲氏则知之甚详。为何《事状》削除此等处? 双峰的解答是:

> 《通书》云:"志伊尹之所志,学颜子之所学"。志伊尹之志,则非隐者;学颜子之学,则非仙翁。况《通书》所说修己治人之道非一,未闻有长生久视之说,高栖退遁之意也……此岂仙翁隐者之言耶? 蒲《碣》以此称述先生,其见陋矣。《事状》削之,不亦宜乎!

双峰指出,濂溪以"学颜子之所学,志伊尹之所志"来表达儒者志向,显然非隐、仙。《通书》主题也是修己治人之道,而无长生久视之说,无隐居之意。又引潘兴嗣之说赞颂濂溪乃志于颜子之学,歌咏先王之道,非隐者之言。故蒲宗孟所记极为浅薄,自当删之。

关于濂溪与荆公之关系,有观点质疑根据邢恕记载,濂溪曾与荆公日夜相语,极为投合。且濂溪之进用正在荆公当政的熙宁年间,濂溪有对荆公新政赞叹之语。双峰根据史料记载加以辩驳:

> 故《志》谓先生广东之除,用清献荐,而吕氏《童蒙训》亦记先生启谢正献之语。不闻魏(当为荆)公有所引拔也。……称赞新政,蒲之佞也。"抵书于已"之云,何足凭信? 且蒲《碣》作于先而潘《志》成于后,今此语独载于《碣》而不录于《志》,意者潘固已知其妄而削之也。夫潘与蒲虽皆不足以知先生之心,然以蒲较潘,潘贤于蒲远矣。凡此,恐当以潘为据……观此,则蒲之为人可知矣。其矫先生之言以诶新政也宜哉!

双峰根据史实指出,濂溪之进用,乃是受到吕公著、赵抃等人之举荐。关于对荆公赞赏之语,此乃蒲宗孟巴结荆公新政的诌媚之辞。根据作于蒲氏之说后的《潘志》无此说可证明之,潘比蒲更为贤能。并举《邵氏闻见录》中蒲氏毫无立场、一味揣摩君王之意的品行,断定蒲氏所谓濂溪赞新政之语,是"其矫先生之言以诶新政"。

第二类问题是周程授受这一老问题,包括二程对濂溪之评价、思想是否受到其影响。

质疑者提出二程虽然受学于濂溪,但程颢(明道)在推荐人才时,却以

横渠、伊川为首,而不及濂溪。双峰说:

> 明道荐贤,乃熙宁二年为御史时也。时横渠、伊川皆抱道山林,而未为神宗所知,故特以为称首。若先生则赵、吕二公已交举而拔擢之矣,此所以不复及之也欤。然明道当时所荐者数十人,亦安知先生不在其中!且太中公自为郎后,每迁辄荐先生以自代。父之所荐,子必与闻。故伊川以是为太中之美而著之家传,以示万世。是其心曷尝不欲显扬师道哉!

双峰的解释是:明道推荐贤人的时候,此二者皆在山林,而濂溪已经有吕、赵推荐。此外,明道当时推荐了数十人,难保濂溪在其中。再者,二程之父屡屡推荐濂溪代替自己的职位,伊川尚且以此作为其父之美德而写入家谱。以常理而论,二程当继承其父之志,推荐濂溪。

又提出二程认为所接触者只有三人不杂,即张载、邵雍、司马光而未及濂溪。双峰的解释是:

> 三人,友也;先生,师也,胡可并论?且程子之于三人,皆尝议其得失,独于先生有所称而无所议,非特尊师,亦以心悦而诚服之故也。

三人是二程之友人,濂溪乃老师,不可相提并论。再则,二程对此三人实多有批评,唯独对濂溪无批评之语,可见是心悦诚服。又质疑二程与濂溪无书简往来。双峰认为不能说无,也许是没有保留下来。

关于濂溪去世后二程未曾哀哭尽礼反而不如对横渠之死尽礼。他说:

> 《太中公家传》云:“公假倅南安时,以狱掾周某知道,与之为友。”而明道自云“昔受学于周茂叔”。如此,则是以程子而视先生,乃父之执友,而己之师也。若死而不哭不吊,何足以为程子哉!

双峰认为,于濂溪之亡,二程绝无不哭丧之事,否则不足为程子。关于濂溪死后未托付给二程写墓志铭等事,双峰认为这是濂溪之子的罪过,是二子年幼无知。他说:

> 然则寿、焘盖亦幼而未有所知也。其不能属志铭于门人高第,奚怪哉。

又有人认为濂溪之说与程子不同。一则在本体论或宇宙论上，濂溪之无极、静虚、静无动有，以及太极动而生阳、静而生阴等语，不同于程子。双峰引双方之说逐一加以解释：

> 先生曰："静虚。"程子曰："心兮本虚。"程子曰："皆实理也。"先生曰："元亨，诚之通；利贞，诚之复。"程子曰："言有无则多有字，言无无则多无字。"先生则曰："无极而太极。"又曰"太极本无极"。言无极而太极，则无而非无也；言太极本无极，则有而非有也。程子曰"动静无端，阴阳无始"。先生则曰"一动一静，互为其根"。又曰"水阴根阳，火阳根阴"。动静互根，是无端也；阴阳互根，是无始也。若夫"静无而动有"，则先生固曰"静而无静，动而无动矣"。至于太极动而生阳，静而生阴，则程子亦曰"阴阳，气也；所以阴阳者，道也"。其言无不合者，何疑耶？

双峰指出程子也讲"心兮本虚"，程子说此皆实理。又认为濂溪"无极而太极，太极本无极"乃无而非无，有而非有。程子"动静无端，阴阳无始"，相当于周子"一动一静互为其根"。周子动静互根即无端，阴阳互根即无始。静无动有即是静而无静，动而无动。太极之"动生阳，静生阴"即程子"阴阳气，所以阴阳者道"说。

二则在工夫论上。双峰还解答了周、程在工夫论上不一致的疑问。他提出周子"一为圣学之要"，即程子教人主敬。周子以思为圣人工夫，即程子教人格物。周子以无极太极阴阳五行论道之本原，即二程则教人尽性至命本孝悌的下学工夫。二程"静中须物"，此即濂溪所论"静而无静"。故二程能传其所未传，广其所未备，发扬光大濂溪之学。周、程之论，虽有详略不同，但并不妨碍彼此同条共贯。

至于程子之书，未尝论及《太极图说》《通书》，此是重大问题。双峰的解释是：

> 当是时，先生年才甚少，《图》与《书》盖未作也。所谓论道者，不过以其意口授之耳。自是而后，明道兄弟还于北，而先生专仕于南，声迹寖相远矣。唯明道尝云再见先生，虽不知的在何年，然以"诗可以兴"，及"吾与点也"之语推之，计亦早年耳。窃意《太极图》《通书》皆先生中年以后之所著，而程子亦未之见也。是以明道识端愨之圹，铭李伸之予通墓，与伊川之论颜子好学，其言天地赋人物禀受之原，虽皆不出乎

图书之意,而于图书之文字语言,则未尝及焉。至于门人问辨之际,亦未闻有援此以质疑者,亦可见矣。

二程受学于濂溪之时,濂溪可能尚未创作《太极图说》《通书》,故其论道,不过是论其意而口授之。此后即师徒各处南北,未曾相见。推测濂溪二书乃作于中年,故二程不知。由此造成二程相关文字,即《铭》《论》等三篇,虽然其大意不外乎《太极图说》与《通书》,然却未提及濂溪之二书。使得二程与弟子之问答,亦未涉及二书。此等解释也可备一说,主要是从濂溪思想存在一个成熟发展过程及周程交往之早之少入手。可见濂溪思想对于二程及其弟子思想而言,其实存在空白。

问者再次提出质疑,为何二程不论及《太极图》《太极图说》,是因为其中所涉无极、静虚而以为害道故不言还是别有他故? 双峰的解释是,"无极"虽出自老子,"太极"却来自孔子,二程不可能以太极来自孔子而不言。问者又质疑如《通书》"志学"章等,极为平实贴切,但二程亦未提及,其故何在? 双峰承认此确乎难以作答,但也给出自己的答复,说:

> 或人之难,余既随事辨析于前矣,然其所以立论之本意,则以疑"无极"两字而发。余虽略为言之,然其义理至精,未易以口舌辨也。余谓或人但知以程子之所谓"言有无"者讥先生,而不知其自堕于无无。盖以有无论道,则气外寻理,心外求性,固沦于老氏之虚无。以无无论道,则认气为理,指心为性,亦将流于释氏之作用。所谓"事有发于毫厘之间而末流之差,不但寻丈之远者",要不可不两致其察也。惟先生之言,该贯有无而无此失,此其所以光启伊洛紫阳之传,而无弊也欤。……今试遍采程子所以称述先生之语,备录于后,使虚心平气以玩之而有觉焉,则亦庶乎其可及矣。

双峰指出质疑者之本意乃是围绕"无极"而发。自己虽加以分辨,但义理精微而难以发挥透彻。特别指出质疑者讥讽濂溪之有无说,而不知自家却堕落于无无。指出若以有无论道,则气外寻理而心外求性,终将沦落于老庄之虚无,即割裂了理气、心性之一体。反之,以无无论道,则会错认气为理,以心为性,导致理气、心性不分,将流于释氏作用。可见理气、心性之关系,是一而二,二而一,诚所谓毫厘之间,故当从两面对之加以精细审查。只有濂溪之说,方才兼顾有无两面而无缺失。此即濂溪能传学于伊洛、紫阳而无弊病所在。此非知道者,难以明白。此从义理上将濂溪之学中的理气、心性、道物融为一体,避免了堕入佛老之虚无,体现了双峰的基本认识。双峰于此提出的反对气外寻理与认气为理说极有意义,明清以来朱子学者喜用此二语。

双峰最后列出程子称述濂溪所言共 14 条,希望学者由此虚心平气把玩而觉悟之。针对若干有疑问者,则略加解释,如关于称"周茂叔穷禅客"。他的解释是:

> 此条未详。或曰言其淡静无欲,如萧然无衣钵之禅客也。按潘《志》:"先生宰南昌时,得疾暴卒,视其家服御之物,止一弊篋,钱不满数百。"此亦可见。

此说或以为正面语,并非负面语,用以形容濂溪平淡无欲,如一身萧然之禅客。并根据记载,其去世时身无长物,钱不满数百之清贫状况,印证其生活清淡寡欲,正如"穷禅客"般。他又解释伊川《太中公家传》对濂溪之赞语"果为学知道者",认为伊川年近 60 所作《太中公家传》借其父之口称濂溪知道,可见对濂溪之推崇。

双峰又分析《明道行状》中言明道闻濂溪论道而未知其要,出入佛老数十年而后返求六经而得说,学者质疑由此可见明道之学乃得之于六经而非先生。双峰的解释是:

> 或疑程子既闻先生论道,而犹曰"未知其要",必待泛滥诸家,出入老释,及求诸六经而后有得。则是程子之道,乃得之于六经而非得之于先生也。殊不知圣贤教人,虽能示之以道,而不能使人自得于道。……程子所谓"吾学虽有所受,然天理二字,却是自家体贴出来",正谓此也。

双峰认为,圣人之教,只是示之以道而非能使之得道。孔门之教即是如此,如颜子即是反求诸己之心,否则即是口耳之学。程子自家体贴出天理说即此意,故程子自得六经说与受学濂溪并不矛盾,"学"最终都是靠自己领悟。

最后,他提出对程子与周子关系的总体看法,言:

> 右历考程子之书,其所以称述先生之道德言行,与其所以受学于先生,而先生之所以发之者如此。可谓尊之信之之至矣。曾未闻有半言只字,微寓其不满之意也。今或人号为尊信程子,而乃反致疑于先生,且并与程子而诬之,其误深矣。盖亦退省其所以偏蔽之原,而速求反于大中至正之极。不然……非议先师,疑惑后学,其不获咎于名教也几

希。是岁六月甲子谨书于瑞之西涧书堂。

双峰认为，就程子之书来看，他们对濂溪道德言行皆充满称颂之辞，表达了尊敬崇信之意，并无半点不恭不敬。他批评学人看似尊敬程子，却怀疑濂溪，甚至诬毁程子，实体现了其误解之深。双峰认为当反思自家所见之偏，不可信其一己之私而违背天下之公是，而最终获罪于名教。

总起来看，双峰对濂溪思想是否来自道家、二程是否受濂溪影响两个基本问题加以全面细致的解释，条分缕析，史论结合，显示出双峰对理学的深度了解和对周程授受的肯定立场，这一篇文字对朱子周程授受说有所继承和深入，可谓朱子后学对周程授受关系问题探究的标志性文献。

二、理学三书解

双峰还专门写有对理学三书《太极图说》《西铭》《定性书》的解说，尽管留下来的文字极少，但也颇能反映双峰的思想。

（一）《太极图说》的"无极而太极"

《性理大全》《性理精义》皆引双峰说，中心在解读"无极""太极"之名义。言：

> 难言也。姑以名义推之。所谓太极者，盖天理之尊号云尔。极者，至极之义，枢纽、根柢之名，世之常言所谓枢极、根极是也。圣人以阴阳五行阖辟不穷，而此理为阖辟之主，如户之有枢纽。男女万物，生生不息，而此理为生生之本，如木之有根柢。至其在人，则万善之所以生，万事之所以定者，亦莫非此理为之根柢，为之枢纽焉。是故谓之极大者，大无以加之称，言其为天下之大枢纽，大根柢也。然凡谓之极者，如南极、北极、屋极、商邑四方之极之类，皆有形状之可见，方所之可指。而此极独无形状、无方所，故周子复加"无极"二字以明之，以其无枢纽根柢之形，而实为天下之大枢纽、大根柢也，故曰"无极而太极"。以其为天下之大枢纽、大根柢，而初非有枢纽、根柢之形也，故曰"太极本无极"也。此虽名义之粗，然先儒尝云："读书之法，当先晓其文义。文义既通，然后可以求其意。学者苟知此义，而于日用之间，端庄静一，以养之于未发之时，而验之于已发之际，则是理之妙，或者亦可以默识矣。"①

---

① （清）李光地等：《性理精义》卷一，《景印文渊阁四库全书》第七百一十九册，台湾商务印书馆1986年版，第601页。

双峰以"天理"解释太极,指出太极是"天理之尊号"。又从一般字义把"极"解释为"至极、枢纽、根柢"三层意义。他指出圣人之论太极,盖因阴阳五行往来不穷,故以此"理"作为往来主宰,正如枢纽一般。此理乃是男女万物生生不竭之根本、源泉,正如树木之根柢。而人之一切善之产生、事之确定,皆以此理作为根柢、枢纽,此即"极"之意义。至于"太",乃是"大无以加"之意,即至大,表明"极"作为天下至大之枢纽、根柢。他强调此太极与一般意义的极不同,如南北极等,后者乃形而下之存在,有形象方所可睹闻,而此太极则是无形象方所,非感官所能睹闻。为了突出此点,濂溪特别补充"无极"二字,以表明其无形而为大枢纽、大根柢的特点,故为"无极而太极"。反之,又因其为大枢纽、根柢而无枢纽、根柢之形,故是"太极本无极"。双峰又引朱子说指出,为学当先晓文义,由此文义通而后求其意。知晓文义对于未发涵养、已发体验工夫具有重要意义。这一"太极"字义的分析,显示了双峰善于辨析的特色。

比较下陈淳(北溪)《北溪字义》对"太极"的理解,北溪之解更为详尽、系统,与双峰之解也有相通之处,如北溪特别强调太极是理而非气,开篇即说"太极只是浑沦极至之理,非可以气形",具有浑沦、至极的特点。北溪此说主要针对诸子百家以气说太极的情况,"都说属气形去",进而又批评老庄"道在太极之先"的看法割裂了道与太极,不知"道即是太极"。北溪强调太极的极致意义,言"太极是以理之极至言",近乎双峰"天理之尊号"。双峰论述太极的根柢、枢纽义本来自朱子,北溪同样重视,指出太极作为理,之所以是极至,就是因为"以其在中,有枢纽之义",是在中之枢纽,但太极并非中。它是"在中为之主宰",此主宰义双峰以"阖辟之主"表之。北溪虽未讨论双峰所论太极的根柢义,但强调太极是"总天地万物之理",总理也具有根源的意义。他又分析了理气不离关系,讨论道太极、心太极说,涉及太极之一多关系。北溪还描述了太极作为理的至中、至明、至精、至粹、至神、至妙的极致义。总之,就太极字义来看,饶、陈皆有分析细致详尽精密的特点。①

"定之以中正仁义而主静,立人极焉。"除《太极图说》首句"无极而太极"外,目前还保留了双峰关于"定之以中正仁义而主静,立人极焉"的看法。双峰首先总论了中正仁义作为性之四德的意义。言:

> 中正仁义,性之四德,中即礼(四库本作"理"),正即智也。然不曰

---

①　(宋)陈淳:《北溪字义》,中华书局1983年版。

礼智(四库本为礼,可见当为"礼")而曰中正者,盖仁义礼智专以性之
未发者言,如孟子之所云;而中正仁义则以性之周流乎动静者言,若乾
坤之元亨利贞也。以未发者言,则四者各专一德,而其发也为四端;以
周流动静者言,则名虽有四而实则一太极之流行也。①

　　双峰从性德的角度论中正仁义,指出中正即礼智,故中正仁义乃是礼智
仁义,仁义礼智即是一性之四德。但二者区别在于:仁义礼智四德在孟子那
里是指性之未发,而中正仁义则是性之已发,周遍流行于动静之中,正如乾
坤之元亨利贞,这个表述是把德性论与宇宙论结合起来。进一步言之,未发
之时,仁义礼智各主一德,而已发则为四端,即性发为情,各有定指,彼此对
待;就中正仁义之流行发动言,虽有四者之分别,然皆是太极全体流行作用,
彼此贯通。
　　双峰进而逐一剖析中正仁义四者意义。言:

　　　　故中者,动而无过不及之名,极之用也;正者,静而不偏不倚之谓,
极之体也。中见于事,正主乎中,确乎其不可移易。若户之有枢,车之
有管辖,天之有南北极也,定万事以立人极,莫先乎此。仁者主于生育,
所以流通乎物我而发挥其功用。故由静而应于动,由体而通于用者,仁
之事也。义者主于收敛,所以裁成夫事物而断割乎彼我。故动极而归
于静,用毕而反其体者,义之事也。二者中正之机括而极之妙用也。四
者之在吾心,动静周流,如环无端,亦犹天地之五气顺布而四时行也。②

　　双峰根据朱子之说,以中、正分别为已发无过不及之中,未发不偏不倚
之中,此中、正二义实际指中之在中和时中两义,并以中、正分别为太极之用
和太极之体。故中是正之外在作用,正是中的内在不可改变的法则主宰。
中正恰如枢纽、管辖和南北极,具有贯穿全体、始终不变的根本性意义。故
表现在人事上,确定万事以立人极,皆当以把握中正为先。仁的本质以生育
为主,故能流通物我而发挥其功用。其事即在于由静至于动,由体显诸用之
流行过程。此为仁之发用创生。义则是收敛,其用在裁成事物而分别彼我,
义是一个由动至于静,即用返归体的过程,二者作用恰好相对。仁义乃中正

---

①　(明)胡广:《性理大全》,《景印文渊阁四库全书》第七百一十册,台湾商务印书馆1986年
　　版,第42页。
②　(明)胡广:《性理大全》,《景印文渊阁四库全书》第七百一十册,台湾商务印书馆1986年
　　版,第42页。

之开关枢纽,是太极之妙用。四德在心之流行发用,正如天道之五气顺布四时流行。此是把人之四德与天之节气运行关联起来,强调人道与天道始终一体,还是德性论与宇宙论的结合,突出了生生流行、变化作用的创生意义。

双峰进而讨论只有圣人才能做到定之以中正仁义而主静。说:

> 然是极之理根于所性,其体本真而静,苟有一毫之私欲杂乎其中,则利害相攻,思虑错扰,而本然之体已失其正,则何以能泛应曲当,而使用之各得其中哉? 唯圣人之心,天理浑然,无少私欲,故能寂然不动,以为感而遂通之本,此"定之以中正仁义而主静"之说也。学者不学圣人则已,欲学圣人可不于此而用力哉![①]

他提出太极之理本根于人性,天道内在于人道的观点。性之本体是本然真实而不动之状态,如受到丝毫欲望之掺杂干扰,则在利害、思虑的交相侵扰下,心体将丧失其不偏不倚之正,无法来恰当应对各种事物,无法做到无过不及之中。故只有圣人之心,才是天理浑然而无有私欲,始终保持寂然不动,成为感通之本,此即中正仁义而主静说之根据。学者欲学圣人,当由此入手。可见双峰从天道落实人性,又由人性落实于人心、人欲,通过理欲之价值概念,寂感、体用之心体概念,宇宙之流行作用,来阐明如何定之以中正仁义而主静。

双峰进一步讨论"立人极"曰:

> 阴阳分而五行具,男女交而万物生,而太极之理,无乎不在。及乎形神感而五性动,善恶分而万事出,非圣人定之以中正仁义,则人极有所不立矣。何则? 盖立天之道曰阴与阳,立地之道曰柔与刚,立人之道曰仁与义。阴阳,气也;刚柔,质也,形而下者也。仁义,性也,形而上者也。故自天地言之,则器即道,道即器,本无精粗之间、善恶之殊而阴阳五行之运,男女万物之生,随其气质之所在,莫不各一太极。至于人则禀气有昏明,赋质有淑慝,而人欲之私,或得以害其天理之正。苟非有尽性者出乎其间以为天下之标的,而使凡气质之不齐者有所取则焉,则人欲胜而天理灭矣,此人极之立,所以惟尽其性以尽人之性者能之,而气质有所不与欤。[②]

---

① (明)胡广:《性理大全》,《景印文渊阁四库全书》第七百一十册,台湾商务印书馆1986年版,第42页。

② (明)胡广:《性理大全》,《景印文渊阁四库全书》第七百一十册,台湾商务印书馆1986年版,第42页。

　　他认为，由阴阳二气之分，构成金木水火土之五行，此是形之初具，由此发生男女之交合，万物之生化，在此人物交合生化的过程中，太极之理无所不在。于人而言，则形神交感而五性发用，善恶由此分化，万事由此流行。故圣人必须通过定之以中正仁义来立人极，否则人极无以确立。三才之道分别是阴阳、刚柔、仁义，而天之阴阳是气，地之刚柔是质，此气与质皆是形而下者，只有人之仁义，它作为性才是形而上者。故从天的角度而言，则道器一体，并不因精粗、善恶而有别，而阴阳五行之运化，男女万物之气构的生化作用过程中，始终有一太极作为主宰而运行其中。尽管如此，但由于人之存在由气质构成，气、质皆存在两种情况，或昏明，或淑慝，使得人欲之私伤害天理之正。若无尽性者出于其间，构成天下之标准典范，以为气质不齐者之取法，则人欲将战胜天理，人极则无法树立。故人极之所能立者，只有能尽其性以尽人性之圣人能够做到，而掺杂气质者则不能。此是把立人极与尽性相结合，尽性与否，又与天理、人欲、气质等思想相关联。

　　双峰最后赞扬濂溪。言：

　　　　元公周先生生于圣道不传千五百年之后，一旦建《图》属《书》，剖发幽秘，直指无极太极以明道体，而天地之所以运化，人物之所以生育者，莫不森然毕具于其中。至于人极之立，则蔽之以"中正仁义而主静"之一言，而天下之动，亦得以贞夫一。此其发明三极之蕴，以上继洙泗之绝，下启河洛之传，使天下后世复见天地万物之大全，复闻圣贤修己治人之心法者，几于伏羲始画八卦同功，可谓盛矣！①

　　他赞扬濂溪于孟子后，创作《太极图说》与《通书》，以无极太极发明道体。天地运化，万物生育皆被囊括于其中。对于人极的确立，断然以中正仁义主静之言定之，完全确立了人之为人之典范及通达此典范的工夫，即何为圣人，如何成为圣人，消除了各种不当之见，具有定杂多于一的效果，正如《易传》之"天下之动贞夫一"。此显示了濂溪对太极、皇极、人极之思想发明所在，由此上继孔孟之绝学，下开二程之传统，使得天下后世重见天地万物之全体，即太极作为一切存在之枢纽根柢意义。然阐明宇宙存在或万物本原，只是濂溪太极说的一重意义，双峰还指出其说同时发明了"圣贤修己治人之心法"，具有立人极之意义，可谓人道与天道、工夫与本体的统一。

---

　　①　（明）胡广：《性理大全》，《景印文渊阁四库全书》第七百一十册，台湾商务印书馆1986年版，第42页。

双峰最后赞扬濂溪之学同于伏羲画卦之功,评价极高,赞誉濂溪重开道统的意义丝毫不亚于伏羲首辟道统。且二者皆是以易来发明道统,这也点出了易学在儒学道统中的根本地位。可以说,双峰从天道到人事再到气化,将濂溪之说构成一个紧密关联的网络,是一个层次分明而联系紧密的有机体。太极既为这个充满秩序和价值的世界提供了有效宇宙图景,人极又能给予人存在的意义与根据。总之,在双峰看来,濂溪的哲学体系是综贯天地人、囊括宇宙社会人生诸方面的大全,既广大无所不备,又精微无所不至。

(二)《西铭》解说

双峰对《西铭》有一整体认识,他把《西铭》分为两个部分,言:

> 然其大指,不过中分为两节。前一节明人为天地之子,后一节言人事天地,当如子之事父母。①

双峰认为《西铭》的特点是"规模宏大而条理精密",即广大、精密、含蓄。但其大节可分为两部分,前节阐明人为天地之子,后节言人事天地当如子事父母。这是从人与天地的父子关系而论,体现了很强的就伦理论天人合一的特色。且指出前后两节具有密切的逻辑联系,前节阐明人的存在属性,是天地之子(天地即人之父母)这一特殊身份,道出了人的根源性及其存在义务;第二节则推出人对于天地的义务,即如何尽其孝道。

双峰从气与性两面论人作为天地之子的意义,他说:

> 何谓人为天地之子? 盖人受天地之气以生而有是性,犹子受父母之气以生而有是身。父母之气,即天地之气也。分而言之,人各一父母也;合而言之,举天下同一父母也。人知父母之为父母,而不知天地之为大父母,故以人而视(王本为"观")天地,常漠然与己如不相关。人于天地既漠然如不相关,则其所存所发,宜乎无适而非己私。而欲其顺天理、遏人欲,以全天地赋予之本然,亦难矣。此《西铭》之作,所以首因人之良知而推广之。②

所谓人为天地之子,是说人受天地之气而有此生命,同时即禀得其天命

---

① (明)胡广:《性理大全》,《景印文渊阁四库全书》第七百一十册,台湾商务印书馆1986年版,第117页。
② (明)胡广:《性理大全》,《景印文渊阁四库全书》第七百一十册,台湾商务印书馆1986年版,第117—118页。

之性,即气生有性,正如人子禀受父母之气生而有身,人之父母之气即是天地之气,同一气也。这是从普遍意义上讲天地与父母。双峰进而剖析了分言与合言的分殊与普遍意义,提出"各一父母"与"同一父母"说,盖分言则各一父母,合言则同一父母。他批评常人的问题在于知父母之为父母,却不知天地之大父母(值得注意的是,双峰在此围绕父母与子女,提出两层父母的观点,作为根源的大父母或同一父母、独立个体的各一父母,其思维显然是理一分殊、统体太极和各一太极说。同时父母之譬喻带上了很强的伦理道德意味),导致人与天地脱节不相干。这种漠视天地的思想是人自私的根源,使得一切思想行为,皆流于自私,而无法做到遏人欲而顺天理,以保全天赋之本然。

这种现实情况,成为《西铭》所要解决的问题。他说:

> 言天以至健而始万物,则父之道也;地以至顺而成万物,则母之道也。吾以藐然之身,生于其间,禀天地之气以为形,而怀天地之理以为性,岂非子之道乎!其下继之以民吾同胞,物吾党与,而同胞之中,复推其大君者为宗子,大臣者为宗子之家相。高年者为兄,孤弱者为弟,圣者为兄弟之合德乎父母,贤者为兄弟之秀出乎等夷。疲癃、残疾、惸独、鳏寡者为兄弟之颠连而无告者,则皆所以著夫并生天地之间,而与我同类者,虽有贵贱贫富长幼贤愚之不齐,而均之为天地之子也。知并生天地之间而与我同类者,均之为天地之子,则天地为吾之父母也,岂不昭昭矣乎!故曰"前一节明人为天地之子"。[1]

《西铭》的用意即在于唤醒人的良知,使人因良知之已发而推广扩充。"良知推广"是采用孟子思想来诠释《西铭》,本为《西铭》所无。这个"良知"即是不学而知不虑而能的孝悌之心。双峰认为,《西铭》认为天以其刚健不息创生万物,体现了父道;地以其柔顺包容成就万物,是母道。而吾渺然生于天地之间,从理气两面禀成天地之形性,禀天地之气为形,怀天地之理为性,正是子道之体现。《西铭》以父母子女之关系来贯通天地人,强调人来源于天地而对天地当承担一份责任。以下论民胞物与,大君宗子,大臣家相,高年孤弱,圣贤乃兄弟之德秀者,疲癃残疾惸独等乃兄弟无告者,表明此等皆与我同类而并生于天地,此同类并生观极力显示了人类、人物之同。

---

① (明)胡广:《性理大全》,《景印文渊阁四库全书》第七百一十册,台湾商务印书馆1986年版,第118页。

尽管现实存在具有种种差异,然而皆具有同一身份,即皆是天地之子,同以天地为父母,在此意义上,彰显了天人同体,天人合一,显示人与天地及万物之间的内生一体和谐关系。他以此阐明人之子的意义当从天地宇宙来看,不能局限于个体、家庭、宗族,提升了人作为"类"的意义,是"天地之子"而不是局限于具体血亲家庭之子,表明人之为孝具有两层:家庭之孝和天地之孝,这本质源于人原初所获得的双重身份,表明人是具体而普遍的存在。这极为有利于突破狭隘的世俗之人的思考视角。

第二节由此论及作为天地之子的人如何来侍奉天地这一大父母。言:

> 何谓人事天地当如子之事父母? 盖子受父母之气以生,则子之身即父母之身。人受天地之气以生,则人之性亦即天地性。子之身即父母之身,故事亲者不可不知所以保爱其身;人之性即天地之性,则事天者,亦岂可不知所以保养其性耶? 此《西铭》之作,所以既明人为天地之子,而复因事亲之孝,以明事天之道也。乐天者,不思不勉而顺行乎此性,犹人子爱亲之纯,而能爱其身者也。畏天者,战战兢兢以保持乎此性,犹人子敬亲之至,而能敬其身者也。若夫徇私以违乎理,纵欲以害其人,无能改于气禀之恶而复增益之,则是反此性而为天地悖德,贼亲不才之子矣。尽此性而能践其形者,其惟天地克肖之子乎! 穷神知化,乐天践形者之事也。存心养性而不愧屋漏,畏天以求践乎形者之事也。以此修身则为顾养,以此及人则为锡类,以此处常而尽其道则为底豫,为归全。以此处变而不失其道,则为待烹、为顺令、爱恶逆顺,处之若一;生顺死安,两无所憾。事亲而至于是,则可以为孝子;事天而至于是,岂不可以为仁人乎! 故曰"后一节言人之事天地,当如子之事父母"。①

双峰指出,人事天地如子事父母的理由是一个类推关系,即从最切近的意义言,人本来禀受父母之气而生,气生之身即父母之身,故事亲当知保身爱身。同理,从更广泛的意义论,则人其实也是受天地之理以生,人性即天地之性,人性与天性同一,故事天当保性养性。双峰此是从气构之身与性之理论父母与天地对于人子的意义。他指出《西铭》在阐明人为天地之子的同时,又说明当因事亲之孝而明事天之道。乐天者,顺性而行,正如爱亲而爱身;畏天者,保持此性,正如敬亲而敬身。假如徇私违理,纵欲害人,不仅

---

① (明)胡广:《性理大全》,《景印文渊阁四库全书》第七百一十册,台湾商务印书馆1986年版,第118—119页。

未能改变气禀之恶,反而增加之,则是反天性而背天地之德,是贼亲而不孝之子。尽性践形者,则是天地肖子。穷神知化,是乐天践形,存心养性,不愧屋漏是畏天而求践形。虽然表述不同,但皆指向于践形,或尽性践形,体现了形性的一体,即孟子形色天性之思想,工夫是不离当下日用。或乐天践形,此是从乐天知命不忧这一精神觉解的意义上来践形。还有一种就是从存养戒惧敬畏之工夫来践形,此完全着眼于日用实践工夫。双峰认为,《西铭》还提出当以此敬天践形工夫来修身及人,依次做到顾养、赐类,做到处常而能尽道,故底豫、归全;做到处变而不失常道,则是待烹、顺令,体现了生死顺逆的始终如一,无所遗憾,无所动摇。无论在怎样的境遇中,始终坚守此乐天、畏天的存性践形工夫,故事亲至此即是孝子,事天至此是仁人。仁人孝子兼而为一,表达了仁孝合一的思想,而这种仁孝合一始终不离天的维度,超脱了一般的现实、伦常意义之精神。在此,体现了很强的重身、爱身、保身、敬身的身体主义,这与气化思想和孝道思想紧密相连。对儒家而言,孝道的存在必须有实质性依托,即一个健康的身体,对于家族的延续和孝道的真正完成,意义不言而喻。一方面,儒家的爱身敬身不仅是肉体性的,更具有精神的意义,对身体的负面伤害的遏制即去欲,欲望对身体具有很大副作用;另一方面是存理,树立天理的地位。总之,这体现出精神与肉体、道德与存在、自然与天理的统一。他引用了很多孟子讲法,显示了仁孝的统一,突出了仁孝的境界意义与主敬、去欲、变化气质的工夫路径。

双峰最后总结了《西铭》大旨,言:

> 此篇之指,大略如此。朱夫子所谓"推亲亲之厚以大无我之公,因事亲之诚以明事天之道",亦此意也。呜呼!继志述事,孝子之所以事亲也;存心养性,君子之所以事天也;事亲事天虽若两事,然事亲者即所以为事天之推,而善事天者,乃所以为善事其亲者也。①

双峰认为《西铭》的主旨是通过孝来讲天人(天亲)关系,一则人是天地之子,天地是大父母;二则事天地当如父母。此中涉及克除私欲,廓然大公之仁孝的问题。他赞赏朱子的"推亲亲之厚以大无我之公,因事亲之诚以明事天之道"说,认为此彰显了无我之公、事天之诚的公与诚两个德性,表明事亲事天的一体贯通。继志述事是事亲,存心养性是事天,天、亲虽然看

---

① (明)胡广:《性理大全》,《景印文渊阁四库全书》第七百一十册,台湾商务印书馆1986年版,第119页。

似两事,实则事亲即事天之推扩,事天即事亲之根源,二而实一,此可谓天亲之学,颇得《西铭》主旨。

（三）《定性书》

双峰关于《定性书》的解释极少,仅有一小段。言:

> 君子之学,惟其知性之无内外也,故其存于中者,常豁然而大公;知应事接物,各有当然之理,莫非吾性之理也。故其感于外者,常因事物之来而顺理以应之,此其所以能定也。众人惟其不知此理,故不能豁然大公,而常梏于自私;不能物来顺应,而每事常凿智以为用,此其所以不能定也。①

双峰指出君子之学的特点在于确知性无内外,故能做到存中者廓然大公,接物者则各有当然之理,此当然之理即吾性之理。故感应外物者,因事物之来而顺理以应,此即定。众人不知此理,故不能豁然大公而梏梏于自私,不能物来顺应,故凿智以为用,此其不能定。双峰完全是根据性、理解释定性。能否做到定性,就在于是否顺当然之理。

三、双峰语录所见思想

目前所存双峰语录有十条,分别涉及为学之方、诚敬义、涵养用敬、仁者天地之心、人与物禀天地之气生等。语录所论明显以工夫论为主。

双峰直接提出为学之方有四个方面。言:

> 为学之方,其大略有四:一曰立志,二曰居敬,三曰穷理,四曰反身。若夫趋向卑陋,而此志之不立,持养疏略而此心之不存,讲学之功不加而所知者昏蔽,反身之诚不笃而所行者悖戾。将见人欲愈炽,天理愈微,本心一亡,亦将何所不至哉!②

为学之方有立志、居敬、穷理、反身四个方面。首要在立志,假如趋向卑劣,志向不立,则持养疏略而此心不存,讲学之功不进而流于昏昧遮蔽,反身不诚则所行悖逆,导致人欲炽烈而天理微渺,最终丧失本心。此概括了始于立志

---

① （明）胡广:《性理大全》,《景印文渊阁四库全书》第七百一十一册,台湾商务印书馆1986年版,第711页。

② （明）胡广:《性理大全》,《景印文渊阁四库全书》第七百一十册,台湾商务印书馆1986年版,第57页。

而经由持养、穷理,而落实于反身的一个工夫系统。双峰对立志多有论述,言:

> 人之为学,莫先于立志。立志之初,当先于分别古今人品之高下,孰为可尊可慕而可法,孰为可贱可恶而可戒,此入德之先务也。此志①既立,然后讲学以明志,力行以充之,则德之进也,浩乎其不可御矣。

立志作为为学之首,意义重大。立志首要者又在分别人品高低,选择可效仿者与可为戒者,即见贤思齐之意,此是入德之首要工夫。志向确立,然后讲学明志,力行实践扩充。如此则自然进德不已。君子之学,当守其约,以免泛滥支离,否则无以为体道之本。不致其博,则无以尽道体之全。存养省察,致知力行,不可或缺。这个逻辑线索是立志而后讲学,讲学既要明志同时还有实践。讲学要注意博约关系,表现在工夫上是未发已发之一体、知行工夫之并进。

他批评当时学人的问题即在于志与守。言:

> 今之学者,所以不能学为圣贤者,其大患在于无志,其次在于无所守。盖人而无志,则趋向卑陋,不足与议(王本为"建")高明光大之事业。勉之以道义,则曰"难知难行"。期之以圣贤,则曰"不可企及"。……人而无守,则见利必趋,见害必避。②

双峰指出学人若无志则不足与议高明之事业,对道义与圣贤皆抱有退缩畏惧之心,就只能成为一个乡里庸人,不可与有为也。尤守的后果是见利忘义,平日看似讲究义理,一旦临事则被利欲驱使而不顾,故最终无所树立。饶鲁此说为史蒙清所采用而有所不同,显示了双峰的影响。史氏之说,也是提出为学之方有四条,首条是"尚志",以下三条居敬、穷理、反身皆同。所论亦大体同。

双峰特别提出诚。言:

> 诚之为道,无所不体。自学者言之,敬所以存心也,敬立则内直;义所以制事也,义形则外方,二者皆学者切己之事。苟非有诚意以为之,

---

① "此志",王本第468页作"非志",标注"疑误"。认为当是"其"。见(清)王朝渠:《饶双峰讲义》,《四库未收书辑刊》第二辑,北京出版社2000年版,第468页,下文"王本"均指此本。

② (明)胡广:《性理大全》,《景印文渊阁四库全书》第七百一十册,台湾商务印书馆1986年版,第57页。

则敬非真敬，而其为敬也必疏略；义非实义，而其为义也必驳杂。所谓"不诚无物"也。①

双峰认为诚是道，作为道的诚构成一切事物存在之体，无所不体，它是圣人境界。对学者则是诚之工夫，双峰以敬论之。他提出学者当以敬为存心工夫。双峰又据《易传》"敬立内直，义以方外"论敬义，认为二者皆学者切己之事。但敬、义若无诚意来实践展开，则敬、义皆非真实之敬、义，乃为学不实之物，终将流于疏略与驳杂，此即《中庸》的"不诚无物"。

此外，双峰讨论了"涵养用敬"的工夫。他主张敬的工夫主要针对初学者而言，这一说法与程朱主张敬贯彻始终之说法不同。双峰言：

但工夫熟时，亦不用说敬，只是才静便存。而今初学，却须把敬来作一件事。常常持守，久之而熟，则忘其为敬矣。问："明道教人且静坐，是如何？"曰："此亦为初学而言。盖他从纷扰中来，此心不定，如野马然。如何便做得功夫！故教它静坐，待此心宁后，却做功夫。然亦非教它终只静坐也，故下'且'字。"②

一方面双峰认为涵养当用敬之工夫，但又指出如工夫纯熟后，即不当执着于敬，敬只是一种助缘，心静则心自然存。对于初学者而言，尚须以敬持守，用功久了，则慢慢自然熟练，而不觉其为敬，即达到忘敬的地步。他指出明道让人静坐，也是特别针对初学者而言，让其先收拾心猿意马之心，静坐以宁心。在此静坐的基础上，再开展工夫。故工夫并非止于静坐，而是在静坐之后，继续用功。双峰此说区别了敬在工夫不同阶段的意义，提出敬本身也是需要超越而达到"敬而无敬"之境界。

他还指出朱子《调息箴》对于静坐收心的意义。言：

先生因言《调息箴》亦不可无③，如释氏之念佛号、道家之数息，皆

---

① （明）胡广：《性理大全》，《景印文渊阁四库全书》第七百一十册，台湾商务印书馆1986年版，第57页。

② （元）程端礼：《读书分年日程》，《景印文渊阁四库全书》第七百零九册，台湾商务印书馆1986年版，第530页。

③ 朱子言："鼻端有白，我其观之。随时随处，容与猗移。静极而嘘，如春沼鱼。动极而翕，如百虫蛰。氤氲开辟，其妙无穷。孰其尸之，不宰之功。云卧天行，非予敢议。守一处和，千二百岁。"（《晦庵集》卷八十五）

是要收此心,使之专一在此。若此心不存,则数珠之数、数息之数,皆差了,调息亦然。人心不定者,其鼻息之嘘气常长,吸气常短,故须有以调之,息数亭匀,则心亦渐定。调息又胜数息。明甫见勉斋说"性者万物之一原"。明甫曰:"在庐山时,饶师鲁曾如此说来。"勉斋曰:"是它这事物静了,看得如此。须是静,方看得道理出。庐山诸人如蔡元思、胡伯量辈,皆不肯于此着功。见某有时静坐,诸公皆见攻以为学禅。虽宏斋亦不能不以为虑也。看道理须是涵养,若此心不得其正,如何看得出?《调息箴》亦不可无。盖心,固气之帅。然亦当持其志、无暴其气也。"①

双峰认为,调息之功能正如佛之念佛号、道之数息,是为了收敛此心,安定此心,使之专一。心不存不定者,则无法调息。方明甫曾与勉斋讨论横渠"性者万物一源"说,提及双峰在庐山曾论及此。勉斋认为这是因为双峰心静,故能体会及此,看出本源之理。他批评朱子弟子胡泳等人不肯下静坐工夫,反而见人静坐即攻击为禅,即便李燔也对静坐有所疑虑。道理应当涵养,心如不正,则难以看出端倪,故《调息箴》实不可无。它对于心之涵养颇具工夫。心是气之帅,气是体之充。二者相互作用,当持志而无暴其气。此即调息之用。

双峰又论仁者天地生物之心说。言:

> 仁者,天地生物之心,而人得之以为心,义礼智信之理,皆具于中,而为心之全德者也。此虽人心之所固有,然学者苟无存养体验之功,则气质物欲有以蔽之,而无以识其体之实有于己矣。幸而有以识其体之实有于己矣,然或不能博学于文,讲求义理以栽培之,则如孤根独立而无所壅培,非特无以助其生长而使之进于盛大,亦恐风霜凋摧,而其根将不能以自存也。②

双峰指出此仁者天地生物之心,包含了义礼智信诸理于其中,而构成心之全德。此是着重从宇宙生化着眼,从天人关系入手,阐发仁作为全德对于其他四德的统帅作用。一方面仁虽然是人心固有,然而假如学者无存养体

---

① (宋)程端蒙:《读书分年日程》,《景印文渊阁四库全书》第七百零九册,台湾商务印书馆1986年版,第530页。《双峰学案》把"明甫见勉斋说……看得如此"作为一条。"须是静"以下另为一层,乃双峰说。
② (明)胡广:《性理大全》,《景印文渊阁四库全书》第七百一十一册,台湾商务印书馆1986年版,第57页。

验工夫,则将受到气质物欲的遮蔽而无法察识仁体的实有诸己。即便能识仁体之实有,假如无博学讲求之栽培工夫,则好比如孤根独立而无法得到培养,无法得到生长,将最终凋零而无以自存。

关于人物之气,双峰曾与弟子讨论人物禀气之异同问题。他说:

> 门人史泳问曰:"人与物禀天地之气而生,其生也同乎? 不同乎?"曰:"生也同,于生也有不同。"泳曰:"何谓也?"曰:同也,人与物皆得气而生也。不同也,人得气之正,物得气之偏。夫人之生也,直而正,头圆象天,足方象地,两目象日月,九窍百骸象山川,心之灵,包乎天地;才之美,制乎万物。食则鼎鼐,服则冠裳,居则宫室,出则车马。吉凶祸福,知往知来,知微知彰,非得气之正与? 物之生也,草木本下而末上,鸟兽鱼虫,首前而尾后。在于草者,其毛似草,牛马之类是也。在于木者,其羽似菜,鸢雀之类是也。角者折齿,羽者两足,陆者莫能渊,水者莫能蓺。非得气之偏与? 传曰:人为万物最灵。天地不足者,亦能补。然当与天地配,不可以万物论。[①]

双峰认为,人物禀天地之气而生,故人与物有同异之两面。同则是人与物皆是气化而生,异在于人得气之正、物得气之偏。以人之形体生活阐明得气之正,物则不能。故人为天地之灵,人当与天地相配而不可以万物论。

关于"道",双峰突出了它的日用可行性。言:

> 道[②]原于天之所命,根于人之所性,而著见于日用事物之间,如大路然。本无难知难行之事,学者患不得其门而入耳。苟得其门而入,则由愚夫愚妇之可知可能,以至于尽性至命之地,无远之不可到也。[③]

双峰指出道既源于天命,又根于人性,而呈现于日用之间。道如大路而本无难于知行,学者之难在未得其门,如得其门而入,则愚夫愚妇皆可至于尽性命之地。

---

① 《同治万年县志》,卷九格言第371页。《宋元学案》引此句,末句稍有不同。史泳尝述双峰之言曰:"人为万物之灵,天地不足者亦能补,故人当与天地配,不当与万物论。"
② 王本"道"下有"者天下当然之理"。无"本无"的"本"。
③ (明)胡广:《性理大全》,《景印文渊阁四库全书》第七百一十册,台湾商务印书馆1986年版,第727页。

第四节　双峰与"后朱子学"

　　就思想史而论,双峰在数百年朱子学的发展历程中,实具特殊贡献与地位。朱子去世后,以黄榦为首的朱门弟子全力护持、发扬朱子学,双峰"亦勉斋之一支",对宋末元初江西朱子学的发展产生了重要影响,培育了程若庸等一批朱子学者,形成了颇具影响的双峰学派。

　　耐人寻味的是,双峰虽为朱学正宗,其思想却以"多不同于朱子"①而著称于"后朱子学"界,引发了元代朱子学者的高度关注与热议,朱子学者对其可谓"爱恨交加"而"欲舍不能"。一方面学者对其思想多所"发明"之处普遍加以肯定、吸收,并常以之补正《四书章句集注》之说,此为其"可爱"之处;同时,就其偏离朱子、"破《四书章句集注》说"之论述亦予以猛烈批判,甚至有就其人格、气质加以批驳者,此为其"可恨"之处。尽管学者普遍能正视双峰思想之得失,但在爱恨之间仍表现出某种偏向。以下以元代数位知名朱子学者对饶鲁的看法为例,以显示其对元代朱子学的深刻影响。

　　婺源胡炳文集五十年功力纂成《四书通》一书,该书以删、辨诸家谬误,会通朱子之意为宗旨,对朝鲜理学亦影响颇深,他在凡例中特别交代双峰之说对朱子大有发明,其中亦有个别地方偏离朱子,则须加以辨析。"双峰饶氏之说于朱子,大有发明,其间有不相似者,辄辨一二,以俟后之君子择焉。"②该书对双峰思想的吸取远大于辨析,尤其是选择其关于《中庸》的章句划分而不取朱子说,至为明显。另一同时期婺源学者程复心的《四书章图纂释》以750余图对《四书章句集注》加以图解,并引用诸家说对之加以纂释,该书在朝鲜理学界具有特别意义。程复心的图解"四书"当受到双峰图解《大学》《中庸》的影响,并于书中数次引用双峰说以矫正《四书章句集注》之解,显示出对双峰说的倚重。③ 此二位对双峰可谓"爱多于恨者"。

　　双峰对元代学者深入骨髓的影响还表现在其享受的某一"殊荣"上:史伯璿专门著有《四书管窥》一书来矫正朱子后学对朱子思想之偏离,饶鲁当仁不让地成为该书批判的中心人物。因为该书以"驳"为主,故其大量引述

---

①　(明)黄宗羲原著,(清)全祖望补修:《宋元学案·双峰学案》卷八十三,中华书局1985年版,第2811页。全祖望说:"说者谓双峰晚岁多不同于朱子,以此诋之。予谓是未足以少双峰也。"

②　(元)胡炳文:《四书通》,吉林出版集团有限责任公司2005年版,第4页。

③　可参许家星:《一部亟待挖掘的图解〈四书〉的大成之作——程复心〈四书章图纂释〉再探》,《孔子研究》2015年第6期。

了双峰之说,保留了有关双峰思想的珍贵资料。史伯璿认为双峰"四书中所见不同于朱子者,十居其九"①,史氏说:

> 不过双峰平日务欲自立门户,不肯为朱子下,故其门人承其风旨,往往皆逢其师之私心以求《集注》之瑕疵,以启双峰之立异,双峰亦是骑虎之势,不肯默然自谓无说。所以虽无可说处,亦千方百计寻一异说,以高于朱子。意亦未必自谓可以取信于来世,不过但得门人一时尊己过于朱子足矣。但其门人率皆无见,不能辨别。惟有翕然尊信,辑而录之,以传于后,遂为圣经贤传无穷之窒碍。②

史氏分析双峰这样做的目的在于:欲摆脱朱子学的束缚而自立门户,不肯亦步亦趋于朱子之后,期望与朱子并驾齐驱。再加上双峰弟子逢迎双峰意图,往往寻求《四书章句集注》瑕疵加以讨论,引导双峰提出异于朱子之说,导致双峰处于骑虎难下之境地,故无论自家之说是否有理,皆要千方百计提出不同于《四书章句集注》之说,以此表明自己高于朱子,能发《四书章句集注》所未发。尽管双峰之内心未见得有如此高之自信,但为了博得弟子对自身之推崇,不得不强为己说。而门人又无是非辨别能力,凡双峰之说皆辑录而传之,此实造成圣贤经传之厄害。

史氏之评自然不乏情感成分,但仍然透露了某些事实,如双峰对自身学术有着相当的自信,这种自信达到了近乎狂妄的地步。其实,对自我加以高度肯定标榜,在心学学者中甚为普遍,此属于孟子所言"狂者气象",不足为奇。而朱子学者多近于"狷者气象",与之不契亦属正常。尽管史、陈二位对双峰可谓"恨多于爱"(陈氏《四书发明》亦不乏取双峰说处)。但双峰在当时学界享有很高威望,受到弟子普遍推崇,则是可以肯定的。双峰门人后学对其发自内心地表示尊崇,如朱公迁之《四书通旨》凡引双峰说皆径称"饶子曰"。

史氏认为双峰四书学与朱子相异者九,相同者一。恐怕就事实而言,双峰对朱子还是以继承为主,诸多相异于朱子的想法,亦是顺朱子思想而作的进一步发挥。不过,在整个朱子学历史上,从义理上对《四书章句集注》提出大量反驳,以"破《集注》之说"为特色的朱门后学,饶鲁恐怕是首屈一指了。饶鲁对《四书章句集注》提出异议,并非出于妄自尊大之私心,而是根

---

① （元）史伯璿:《四书管窥》卷五,《景印文渊阁四库全书》,上海古籍出版社 1987 年版,第835—836 页。

② （元）史伯璿:《四书管窥》卷五,《景印文渊阁四库全书》,上海古籍出版社 1987 年版,第836 页。

据自身为学工夫之受用、文本原意之理解两方面而作出的新的理解。他在对《大学》"至善、格物、诚意"的诠释中对此有所表白："饶氏又谓鲁自少读朱子《大学》之书,于前三者反之于身,自觉未有亲切要约受用处。"① 当然,对双峰这样一位"欲成一家之言"的学者来说,他对《四书章句集注》的理解多据自身思想而发,并不以准确解释《四书章句集注》之说为目的,此亦是双峰四书诠释不同于其他朱子后学的一个重要特点。如他认为宰我所谓"夫子贤于尧舜"未见其所指,不可理会。故程子从事功的角度来论之,《四书章句集注》引程子事功说亦微含不满宰我之义。双峰此说不确。其实,朱子《中庸章句序》还是特意采用此"宰我夫子贤于尧舜"说。双峰之所以忽视《中庸章句序》说,盖欲以程朱证成己说也。双峰对《四书章句集注》之批评,似乎愈到晚年愈加增多,这与当时朱子弟子相继去世、缺乏权威的学术状况不无关系;另一方面,对《四书章句集注》之批评不满,欲矫其弊的做法,饶鲁之师朱子之婿黄榦已开其端,饶鲁则进一步发扬、张大之。② 总之,尽管饶鲁之著述未有专门流传至今者,但其思想在当时显然已甚为流行,其关于"四书"的论说大量被元明清学者采录于相关的"四书"著作中(亦见于明代科考范本《四书大全》),反映出双峰思想持久之生命力。正如全祖望所言,双峰思想以"多不同于朱子"而引人注目,此不足为双峰之短,恰显示出"后朱子学"在理解、阐释朱子思想过程中所体现的创造性与独特性,对他们在学术上的贡献和价值应加以重新认识,不可仅将之视为谨守门户的朱子附庸看待。

---

① （元)史伯璿:《四书管窥》卷一,《景印文渊阁四库全书》,上海古籍出版社 1987 年版,第679 页。
② （宋)黄榦:《复叶味道书》,《黄勉斋先生文集》卷一,《丛书集成初编》本,中华书局 1985年版。

下　编

饶鲁思想的历史影响

本书上编主要从四书学的角度对双峰的思想加以论述,以呈现双峰思想既继承朱子又异于朱子的理论特色。为了更真实呈现双峰在历史上的影响,下编将从宋元明清整个朱子学史出发,逐一呈现双峰与各时代朱子学的关系,具体而集中地展现双峰学的思想意义和学术影响。同时我们注意到双峰学的影响不仅限于国内,对朝鲜儒学很早就产生了持续而深刻之作用,故最后一章就双峰学与朝鲜儒学的关系专门加以讨论,这样也更能呈现双峰作为南宋以来朱子学史上重要人物的地位不是无稽之谈,实是有史可证。①

①　当然,双峰对日本、越南的儒学也有影响,只是就笔者目前研究所及,仅发现两国学者对双峰思想之个别零星评述。

第八章　饶鲁与南宋朱子学

本章共有四节内容,首节讨论双峰与其师勉斋在思想学术上的继承发展关系,展现双峰思想的来源与特色,其意义在于对语焉不详的勉斋、双峰之师承从思想内涵上给予明确而详尽的阐明。次节则将双峰思想与北溪思想加以比较,盖二者在朱子后学中皆以善于分析、说理精密著称,尽管宋元学人(包括朝鲜儒者)对此已有所揭示,如吴澄即言"北溪之陈,双峰之饶",但似乎并未引起任何注意。加之双峰之影响似与北溪完全不可同日而语,故本节希望通过比较证实吴澄所言不虚,从而彰显双峰治学精密之风格。第三节则是分析双峰与同门,即勉斋另一传承者北山学派之关系,展现双峰学与北山学之异同及对其影响。本节意义在于通过质疑流传已久的所谓北山之学得"朱学正传"之偏误,而说明双峰学实得勉斋正传的事实。第四节则是考辨赵顺孙《四书纂疏》与双峰之说三十余处雷同之事实,推测当是赵氏采用双峰之说,从此侧面亦显出双峰在宋末影响之大。

第一节　黄榦、饶鲁师传及其意义

尽管饶鲁被认为"亦勉斋之一支",但黄榦、饶鲁学术关系究竟如何,仍是一个值得反思且事关宋元朱子学传承的重要问题。就黄榦、饶鲁对朱子《四书章句集注》的诠释来看,体现了以下共性:在治学态度上,发扬朱子求真是之精神,对朱子说采取继述、批判及推进兼具的态度,同时又具兼融并包之胸襟而超越朱陆门户之见;在思想内容上,主张理气一体,更为注重心性之论,强调检点身心和"尊德性为本"工夫;在诠释方法上,秉承朱子看文字仔细、切于工夫指点的风格。此三大共性呈现了双峰从态度、思想、方法上对勉斋的师承,实可谓勉斋之正传。黄、饶之传弘扬了朱子勇于反思、会看文字、切己用功的治学真精神,提供了观察"后勉斋时代"朱子学发展的一个重要坐标,其学术意义不可忽视。

朱子去世后,谁是接续、弘扬朱子学的传人这一时代问题被历史地提出,勉斋以其学识、品格及与朱子之亲密关系等因素,被朝野上下普遍认可为朱子传人。然勉斋去世之后,谁是勉斋传人却成为一个疑问,故宋理宗发此"朱某嫡传是黄某，黄某嫡传为谁"之问。① 此一问折射的是如何看待"后勉斋时代"朱子学的传承发展，勉斋亲传弟子虽有 60 余人，然最有成就者则属以何基为首的北山学（金华学）和以饶鲁为首的双峰学。前者通过金华学人数百年不懈建构，被赋予"朱学世嫡"的光环，后者则湮没无闻，被视为勉斋较弱之旁支，甚至连与勉斋是否有师承关系都成为问题，或质疑二者虽有师生名义，然学术关系并不明晰。② 本节拟就勉斋与双峰对朱子四书学的具体诠释，来探讨二者在治学态度、思想内容、治学方法上的内在传承关系，以证实双峰不仅"亦勉斋之一支"，且是勉斋、朱子之学的真正传承和弘扬者。这对吾人反思宋元朱子学的历史面貌、认识后勉斋时代朱子学发展的轨迹具有切实的启发意义。

一、求真是之学

在后朱子学时代，朱子学的工作中心是继承和发展朱子遗留的丰厚复杂的思想遗产，其中对朱子最重要著作《四书章句集注》的诠释，尤能体现学者对朱子的态度。主流观点认为《四书章句集注》经朱子毕生修改，已经达到不多一字不少一字，浑然犹经的地步，故学者的工作只是以继承为根本，对其简要处加以明晰，散落处加以整齐，忽略处加以补充，而不可妄加批评，如陈淳、史伯璿即持此解。另有学者根据朱子各书之差异、矛盾处，认为《四书章句集注》仍有可完善之处，尤其是在名物训诂、制度考察上，确有查遗补缺、纠谬正误之空间，而开展这一工作之目的并非揭朱子之丑，乃是为了做朱子之"忠臣"，使其说更臻完善，此即北山学金履祥、许谦之心态。还有学者在继承性阐发《四书章句集注》之时，对朱子缺失之处并不遮掩，而是直言无讳指出其失，提出相异之说，体现出对朱子求真是学术精神的传

---

①　（宋）黄榦：《勉斋先生黄文肃公年谱》，《勉斋先生黄文肃公文集》附录，《北京图书馆古籍珍本丛刊》第九十册，书目文献出版社 1988 年版，第 848 页。

②　南宋周密《癸辛杂识》则说，"饶双峰者，番阳人，自诡为黄勉斋门人"（浙江古籍出版社 2015 年版，第 108 页）。该书对道学多诋毁污蔑之能事，其说自不足取。后人皆认同双峰从学勉斋，此据《勉斋集》双方书信往来可证。全祖望于《宋元学案》言，"双峰亦勉斋之一支……独惜其书之不传"（中华书局 1986 年版，第 2811 页）。"亦"字肯定双峰与北山同属勉斋之学，"惜"则表达因无著述传世而无法了解双峰思想的遗憾。尽管如此，今人对此仍有相关质疑讨论。见冯兵：《饶鲁师承渊源辨误》，《中国社会科学报》2013 年 1 月 28 日；《饶鲁师承渊源补证——兼答许家星先生》，《中国社会科学报》2015 年 2 月 2 日。相关回应文字则有许家星：《饶鲁师承渊源再论》，《光明日报》2014 年 9 月 30 日；邓庆平：《饶鲁师承黄榦考辩》，《朱子学刊》2018 年 12 月。

承,此即勉斋、双峰之学。①

（一）对朱子《四书章句集注》之继承性阐发

勉斋曾著有《论语通释》,书虽不存,然其诸多说法却为后世"四书"著作所引。双峰的情况亦是如此,虽无著作流传,然其说却为元明"四书"类著作如《四书通》《四书辑释》《四书管窥》等广泛引用。黄、饶作为朱子之亲传与再传弟子,进一步分析阐释朱子四书学仍是其基本工作,体现在以下方面。

一是对《四书章句集注》所列数说的解析。这种解释意在阐发《四书章句集注》的用心和奥妙所在,从而帮助学者深入把握朱子思想。如二者对《论语集注》"人而不仁如礼乐何"章解的分析即是如此(勉斋说在前,双峰说在后)。

> 《集注》置游氏说于前,置程子说于后。仁者,心之德,心之全德即仁也,故游氏"人心亡矣"于仁字之义最亲切。仁心亡则无适而可,不但无序不和而已。程子"正理"之云,则于仁字之训为稍缓,"无序不和"固切于"如礼乐何"之义,然"人心亡"则又将无所不至也。又曰:"将'正理'字顿在人心里面,方说得个仁字全。"②

> 游氏说得"仁"字亲切,而"礼乐"二字欠分明,程子说得"礼乐"二字有意义而"仁"字不亲切。必合二说而一之,然后仁与礼乐之义方备。程子"无序不和",是说无礼乐之实;李氏钟鼓玉帛,是说有礼乐之文,亦必合二说而一之,然后"如礼乐何"之义方尽。《集注》用意精深,要人仔细看。③

朱子把仁定义为"心之德,爱之理",此分别就仁之专言与偏言论。勉斋分析《四书章句集注》本章将游定夫人心解仁置于程子正理解仁之前的原因,盖以人心论仁更为亲切,突出了仁的心之德义,而"正理"义稍缓。无正理的后果是"无序不和",丧失礼乐,但无人心的后果则更为严重,已丧失

---

① 朱子以"求真是"作为学术讨论的原则,认为它体现了当仁不让、探求真知的精神,批评汉儒师法专门之学正因缺乏此精神而走向墨守成规。他在给友朋信中多次提及此说,如《答胡季随》言"相望之远,不得聚首尽情极论,以求真是之归"。见(宋)朱熹:《朱文公文集》卷五十三,《朱子全书》第二十二册,上海古籍出版社、安徽教育出版社2002年版,第2516页。
② (宋)赵顺孙:《四书纂疏》,吉林出版集团有限责任公司2005年版,第122页。
③ (元)胡炳文:《四书通》,《景印文渊阁四库全书》第二百零三册,台湾商务印书馆1988年版,第137页。

了为人之本，一切皆无从谈起，故人心解当置于正理前。另一方面，正理亦是仁应有之义，只有人心具有正理时，仁才是整全的。双峰也认可勉斋说，认为游氏说与程子说各有所指而互相补充，游氏人心说于仁更紧切，程子正理说则于"礼乐"更亲切，故朱子同时选入二说，方包含了仁与礼乐两面之意。他又将程子正理说与李氏钟鼓玉帛说加以比较，认为二者分别突出礼乐之实与文，故亦当合论之，方显出礼乐意义之全。可见朱子所选三说，彼此环环相扣，相互补足，足见《四书章句集注》精深周密，值得用心体会。经过二者的阐发，本章《四书章句集注》用心及意义得到充分呈现。

二是就《四书章句集注》之说加以发挥。如《论语》"从我于陈蔡"章，二者皆就《四书章句集注》"孔子教人各因其材"说提出看法。

> 圣门问答之间，或及言语，或及政事，皆在所不废耳，非舍夫切己务内而专事夫言语政事也。四科之目，盖亦因其所得而称之，举其最优者而为言也，非言其所学从入之路也。①
>
> 圣门之教，有大纲领，有小条目。小条目如长于政事者，与言政事；长于文学者，与言文学是也。……又须示之以大纲领，使之治心修身，从本领上做将来。②

勉斋认为圣门论及言语、政事等，表明此皆是应有而不可废弃之学问，见出圣门学问广大，并不意味着放弃切己之学而专门从事此四科。四科之说，乃是就弟子所学之长处而论，并非指为学路径。双峰提出圣门之教存在大纲领与小条目之别，治心修身为大纲领，是为学根本，四科成就则是小条目，故孔门之教虽包含四科，实应以治心修身之大纲领为本。又如"匏瓜"章，勉斋、双峰皆强调匏瓜之譬意在突出作为天地之灵物，人当有益于世，体现了圣人道济天下的用世之意。

三是从不同角度解释《四书章句集注》，此等情况大量存在，常能显出双峰对勉斋的继承与发展，二者之说具有互补意义。如《里仁》"礼让为国"章，二者讨论的角度不同。

> 礼有实有文，以所有而逊与人，此非虚文，乃实事也。实字只当如

---

① （宋）赵顺孙：《四书纂疏》，吉林出版集团有限责任公司 2005 年版，第 248 页。
② （元）倪士毅：《四书辑释》，《续修四库全书》第一百六十册，上海古籍出版社 2002 年版，第 271 页。

此看。①

　　夫子是以春秋诸国之时，礼文虽在，然陪臣僭大夫，大夫僭诸侯，诸
　　侯僭天子，故有为而言。②

　　勉斋突出了礼之实，认为此"实"乃是"实事"而非"虚文"。双峰则指
出夫子针对当时礼文空在，处处僭越无礼之现实情况而发。
　　又如"回也其庶"章，双峰对勉斋说亦有所继承。

　　夫子之论回、赐，一则言其得道之不同，二则言其处贫富之有异。
　　盖举两事反覆言之。③
　　此章与前章不同。前章是指气质之偏，此章是言二子造道与用心
　　之异。"庶乎"与"亿则屡中"为对，此造道之异也；"屡空"与"不受命
　　货殖"为对，此用心之异也。④

　　勉斋从回、赐之辨的角度思考，认为夫子指出颜回、子贡存在两方面的
不同：得道路径之不同与处贫富之差异。而双峰则将之与前章"柴也愚"比
较，认为前者论弟子气质之偏颇，本章则是分别论回、赐在造道与用心上之
异，此则通乎勉斋说。
　　（二）　对朱子《四书章句集注》的反思批评
　　黄、饶师徒在治学精神上一脉相承，皆具有很强的批判反思精神。勉斋
尽管被视为朱子传人，兼具其他弟子所无可比拟的朱子女婿身份，但在学术
面前，勉斋并未一味维护拘泥朱子之说，而是勇于提出质疑，提出诸多不同
于朱子的看法，体现了当仁不让、唯求真是之精神。⑤ 勉斋在《复叶味道书》
中表达对《朱子语录》的编辑态度时提出了对《四书章句集注》的修正看法。
他说：

---

① （宋）赵顺孙：《四书纂疏》，吉林出版集团有限责任公司 2005 年版，第 144 页。
② （元）胡炳文：《四书通》，《景印文渊阁四库全书》第二百零三册，台湾商务印书馆 1988 年
　　版，第 157 页。
③ （宋）赵顺孙：《四书纂疏》，吉林出版集团有限责任公司 2005 年版，第 255 页。
④ （元）胡炳文：《四书通》，《景印文渊阁四库全书》第二百零三册，台湾商务印书馆 1988 年
　　版，第 258 页。
⑤ 关于勉斋在《论语》《中庸》理解上的特点及其对朱子的突破，可参许家星：《朱子学的羽
　　翼、辨正与"内转"——以勉斋〈论语〉学为中心》，《中国哲学史》2015 年第 4 期；《"勉斋之
　　说，有朱子所未发者"——论勉斋的〈中庸〉学及其思想意义》，《江汉论坛》2016 年第 1 期。

朱先生一部《论语》，直解到死。自今观之，亦觉有未安处。且如"不亦君子乎"一句，乃是第一段，几番改过。……则须是如程子之说，方为稳当。

"敏于事而慎于言"，朱先生云："敏于事者，勉其所不足；慎于言者，不敢尽其所有余。"此用《中庸》"有余不敢尽"之语，然所谓"慎"者，非以其有余而慎之也。"慎"字本无"不敢尽"之意，事难行故当勉，言易肆故当慎耳。人而无信一章"其何以行之哉"，"何以"之"以"，便当用"其何以观"例。①

勉斋明确指出朱子穷一生精力反复修改而成的《论语集注》，仍不够完美而留有不少"未安处"，并举出"学而""敏于事""人而无信""志于道"等章为例证。事实上，勉斋在《论语通释》中多处表达了对朱子的修正，据王柏说，《论语通释》在体例部分即交代了对朱子的修正之意。

朱子于《四书》，至死修改未毕，因门人之疑而修改者历历可考，此朱子迁善之盛德而不可泯没者。但学者不可妄有指议，苟有证据，不妨致疑于其间，是勉斋《通释》之例云尔。今不曰"可疑"而径曰"疵"，此大病也。②

王柏以勉斋《通释》为例，表明有证据即可质疑朱注，而不是一味维护，一则朱注是在与弟子讨论过程中反复修改而成，并非不可更改；二则批评需要证据，有证据则可以质疑，但不可动辄诋毁。

勉斋这一态度对双峰的四书诠释无疑产生了深刻影响，便得双峰对朱子说直接提出了诸多异议，如他批评朱子对"忠恕一贯"的理解有误，语带不逊地说，"以老先生之高明精密，而于前人语意尤看得未尽如此"③。语气中充满了对朱子未能透彻把握《论语》之意的惋惜。双峰对朱子的批评较之勉斋实有过之而无不及，其四书说被元代学者定性为"欲自立门户，不肯

---

① （宋）黄榦：《勉斋先生黄文肃公文集》，《北京图书馆古籍珍本丛刊》第九十册，书目文献出版社1988年版，第374页。

② （宋）王柏：《答叶通斋》，曾枣庄、刘琳主编：《全宋文》第三百三十八册，上海辞书出版社、安徽教育出版社2006年版，第115页。

③ （元）史伯璿：《四书管窥》卷五，《景印文渊阁四库全书》，上海古籍出版社1987年版，第733页。饶氏说遭到史伯璿的反驳，认为饶氏如此批评朱子，只是为了显示自己高明，以此抬高身价，吸引学者推崇自己。其实《集注》只是发明曾子对道的领悟，故当删除程子之说。"愚谓其只欲学者尊己，不肯为朱子下，此之谓也。"（元）史伯璿：《四书管窥》卷四，《景印文渊阁四库全书》，上海古籍出版社1987年版，第734页。

为朱子下"①,被认为是独立于朱子之外的四书学。勉斋师徒对朱子《四书章句集注》的共同批评涉及"明德""用舍行藏""子夏之门人小子""仁人心也""见危致命""大德不逾闲"章等。

关于"用舍行藏"章解,《四书章句集注》引谢氏说,云:"圣人于行藏之间,无意无必。其行非贪位,其藏非独善也。若有欲心,则不用而求行,舍之而不藏矣,是以惟颜子为可以与于此。……子路虽非有欲心者,然未能无固必也。"勉斋、双峰对此皆有批评。

> 用之、舍之存乎人,则行、则藏应乎己,则无意无我可见矣。用之行矣,至舍之则藏;舍之藏矣,至用之则行,则无必无固可见矣。谢氏引无意无必者得之,惜乎其文之不具也。又以"非有欲心者"言之,则非所以言孔颜也。②
>
> 用之不行,是好遁底;舍之不藏,是好进底,人自有两样。谢氏谓"不用求行,舍之不藏",只说得一边。③

勉斋剖析谢良佐采用"夫子无意必固我"解"用舍行藏",认为谢氏之解虽得之却分析不够完备,又批评其以"非有欲心"来评价孔颜不够妥当,太说低了圣人境界。双峰则指出人有好遁好进这两样,认为《四书章句集注》引谢氏说偏于论好进者,而未顾及好遁之情况,故只说了一边的道理。

勉斋还通过分析朱子《四书章句集注》《四书或问》的不同看法来表达批评,如"见危致命"章,《四书章句集注》解为"四者立身之大节,一有不至,则余无足观。故言士能如此,则庶乎其可矣"。勉斋指出:

> 若曰"大节既得,为人之道可以无憾矣",此与子夏竭力致身必谓之学之意同。夫大节固所当尽,然断之以"其可已矣",则似失之快而不类乎圣人之言也。《集注》以为"庶乎其可",则固恶其言之太快,然《或问》之意,则又与《集注》不同,读者两存之可也。④
>
> "其可已矣"《集注》与《通释》之说不同。"可"本"仅可"之可。然

---

① (元)史伯璿:《四书管窥》卷三,《景印文渊阁四库全书》,上海古籍出版社1987年版,第835页。

② (宋)赵顺孙:《四书纂疏》,吉林出版集团有限责任公司2005年版,第193页。

③ (元)史伯璿:《四书管窥》卷十,《景印文渊阁四库全书》,上海古籍出版社1987年版,第750页。

④ (宋)赵顺孙:《四书纂疏》,吉林出版集团有限责任公司2005年版,第363页。

下面有"已矣"二字,便说煞了。恐当以《通释》之说为是。①

　　勉斋认为如尽大节则人道无憾说与子夏说相同,但如认为做到此点即够了,则其意过快而非圣人之言,表达了对子张"其可已矣"说的批评。《四书章句集注》"庶乎其可"似有不满子张之意,但《四书或问》"曰其可已矣则其语扬",则又似赞同子张说,而与《四书章句集注》相矛盾。故勉斋认为读者对此不同之说当"两存之"。其实,《四书章句集注》与《四书或问》并无不同,《四书章句集注》"庶乎其可"并无不满子张之意,此乃勉斋为朱子开脱而论。故双峰直接提出,勉斋之意与《四书章句集注》不同,勉斋认为朱注"可已矣"说过于断定而实不妥。双峰赞同勉斋而批评《四书章句集注》,体现了师徒的一致。但在对朱子批评语气上,则有轻重、隐显之别。②

　　(三) 对朱子《四书章句集注》的突破创新

　　勉斋、双峰对朱子说不仅有继承、批判,更有在其说基础上的创新之论。典型者如关于《中庸》的理解,勉斋即不同于朱子,且深刻影响了双峰、吴澄。他"以新的眼光,将《中庸》分为三十四章六大节,突出道之体用为全书主线,提出以戒惧谨(慎)独、知仁勇、诚为脉络的工夫论系统,在章节分析、义理建构、工夫系统上取得了新成就,深刻影响了弟子饶鲁、后学吴澄的《中庸》学,形成了《中庸》学上独树一帜的勉斋学派"③。正是受勉斋的影响,双峰在《中庸》的义理诠释与章节之分上取得了一系列创新成果,作为双峰再传的程钜夫已道出此点,言"勉斋之说,有朱子所未发者,双峰之说,又有勉斋所未及者"④。明朱升赞双峰之《中庸》解是朱子之后最有见地者,云"《中庸》经朱子训释后,说者亦多,其间最有超卓之见者,饶氏也"⑤。此评价不可谓不高。双峰四书解对后世朱子学产生了深远影响,以至于明清以来中外学界多有把其《中庸》分章之说误视为朱子之说者。⑥

---

①　(元)史伯璿:《四书管窥》卷八二十五下,"敬乡楼丛书"本(铅印)1931年版,第25页。

②　史伯璿则认为黄、饶对朱子的看法实有不同,勉斋并未批评朱子,而是融合不同之说,双峰之疑《四书章句集注》,乃是对朱子、勉斋说之误解。"《集注》庶乎其可,《通释》以为恶其言之太快者,得之。乃是救子张之失以为教人之法,非不达子张本意而误释之也。《通释》亦只是折衷《集注》、《或问》之同异以晓学者,非《集注》为未定而改为之说也。双峰是《通释》而疑《集注》,毋乃于朱子、黄氏之意两失之欤。"

③　参见许家星:《"勉斋之说,有朱子所未发者"——论勉斋的〈中庸〉学及其思想意义》,《江汉论坛》2016年第1期。

④　(元)程钜夫:《雪楼集》,《景印文渊阁四库全书》第一千二百零二册,台湾商务印书馆1988年版,第359页。

⑤　(明)朱升:《跋中庸旁注后》,《朱枫林集》卷三,黄山书社1992年版,第45页。

⑥　参见许家星:《饶鲁〈中庸〉学的工夫论诠释及对朱子的突破》,《山东大学学报》2015年第2期。

以《微子》"不仕无义"章为例,《四书章句集注》解为"仕所以行君臣之义,故虽知道之不行而不可废。然谓之义,则事之可否,身之去就,亦自有不可苟者。是以虽不洁身以乱伦,亦非忘义以殉禄也"①。勉斋则从反面加以论证,特别突出隐士不殉禄的高尚品格。

> 惟夫子然后可以议其不合于圣人之道,未至于夫子者,皆未可以妄议也。贪利慕禄之徒,求以自便其私,亦借四子而诋之,欲以见其不可以不仕,多见其不知量也。②
>
> 《通释》此段发《集注》之未发。四子皆贤人,他才见世乱,便以避世为高,是甚次第!但孔子之意,则又谓当此世,若人人如此避世,天下谁与治者。故不得不行其义。勉斋又尝云"在今日救世之道,正当扶起沮溺等人",此真名言。(《辑释》《大全》中"《通释》"作"勉斋")③

勉斋、双峰皆认为四子虽然不合中道,但却不可轻视,其人格高洁自当敬慕。同时又指出,若以夫子为标准,又当观四子之不足。双峰又引勉斋今日救世当扶持沮溺说,认为此是"真名言",体现了勉斋在经典解释中始终融入了对时代问题的关切。此再次体现师徒在思想精神上的一致,突破了《四书章句集注》的认识。

二、思想之内转

就哲学思考而论,勉斋、双峰师徒在理气论、心性论、工夫论等具体思想内容上同样具有内在的一致性,特别是体现了对心性、工夫的重视。

在理气关系上,勉斋大体站在朱子立场理解理气关系。他说:

> 理气无先后,谓有是理方有是气,亦可;谓有是气则具是理,亦可。其实不可以先后言,但舍气则理无安顿处,故有是气则具是理。理无迹而气有形,理无际而气有限,理一本而气万殊,故言理者常先乎气。深思之则无不通也。④

---

① (宋)朱熹:《四书章句集注》,中华书局1983年版,第185页。
② (宋)赵顺孙:《四书纂疏》,吉林出版集团有限责任公司2005年版,第362页。
③ (元)倪士毅:《四书辑释》,《续修四库全书》第一百六十册,上海古籍出版社2002年版,第358页。
④ (宋)赵顺孙:《四书纂疏》,吉林出版集团有限责任公司2005年版,第12页。

　　勉斋主理气无先后,既可说有理方有气,也可说有气则具理,故理气二者实际并无先后之说,此是就理气一体而论。然气是理的安顿处,故先言气则理在,此是就载体与内容而言,外在载体总是先于内在内涵而呈现。但理实无痕迹边界而气有形体有限制,故理为一本而气则万殊,故先言理而后言气,此是就本原与分殊言,是由理气之特点、地位所决定,然此二说皆通。双峰对理气关系看法亦大体如此。

　　　　发育万物,以道之功用而言,万物发生长育于阴阳五行之气,道即阴阳五行之理。是气之所流行,即理之所流行也。……天之所以为天,虽不过阴阳五行,浑沦磅礴之气,而有是气必具是理,是气之所充塞,即理之所充塞也。①
　　　　盖理气不相离,气以理为主,理以气为辅。②
　　　　盖缘有是理而后有是气,理是气之主。如天地二五之精气,以有太极在里面做主。③

　　双峰指出,阴阳五行之气作为道的功用生育万物,道则是阴阳五行之理,故气的流行即理的流行。理在气上,理气不离。天也不过是阴阳五行之气,此气也必然具有理,气所充塞,即理所充塞,理气一如。但在二者关系上,又肯定理主气辅说。浩然之气作为道义之气,根本即在于有理而后有气,理为主气为辅,正如太极主宰阴阳之气。(按:在理气关系上,双峰于《金陵记闻注辩》中批评两种倾向:气外寻理、认气为理,表达了理气一而二、二而一的关系。)
　　关于心、性之论的转向,笔者曾指出,勉斋提出"心便是性""心便是仁"的心性合一思想,认为相较讲学穷理,"检点身心""求放心""反身一念"等身心工夫是求学根本,体现出包容心学和"内转"倾向。④ 如他在给饶鲁的信中即以此谆谆告诫之。《复饶伯舆鲁》言:

---

① (元)倪士毅:《四书辑释》,《续修四库全书》第一百六十册,上海古籍出版社 2002 年版,第95 页。
② (元)胡炳文:《四书通》,《景印文渊阁四库全书》第二百零三册,台湾商务印书馆 1987 年版,第 425 页。
③ (清)王朝榘:《饶双峰讲义》卷十一,《四库未收书辑刊》第二辑,北京出版社 2000 年版,第441 页。
④ 参见许家星:《朱子学的羽翼、辨正与"内转"——以勉斋〈论语〉学为中心》,《中国哲学史》2015 年第 4 期。

近亦颇觉古人为学,大抵先于身心上用功……无非欲人检点身心,存天理去人欲而已……故初学之法,且令格物穷理……亦卒归于检点身心而已。年来学者,但见古人有格物穷理之说,但驰心于辨析讲论之间,而不务持养省察之实。①

他提出为学之方首要在身心,一切圣贤工夫皆可归为检点身心、存理去欲。只是对初学者言,则不可少格物穷理工夫,然其归宿在检点身心之学。批评学者多流于格物穷理的讲论之学,忽视了身心存养省察实践工夫。特别告诫饶鲁要注意格物穷理与检点身心工夫之别,不可笼统而论,否则将落入讲论之学而缺乏居敬集义的检点之方。"居敬集义乃是要检点自家身心,格物致知乃是要通晓事物道理,其主意不同,不可合而言之也。"②勉斋反复主张讲学、存养不可偏废,此即朱子合尊德性、道问学为一的立场。《复饶伯舆鲁》言:"守章句者不知存养之为切,谈存养者不知玩索之不可缓,各守一偏于先王之道,卒无得焉。"③勉斋不断宣扬检点身心工夫,以此为人生唯一重要之事,"吾人年事至此,百事只得放下,且以检点身心为急也"④。他赞赏孟子"求放心"工夫乃是时刻不可脱离的一切工夫根本,"且是以'求放心'为本,一动一静、一寝一食,不可离此三字,便有以为之根本,然后可以读书玩理也"⑤。

勉斋重视心性工夫的思想,在双峰那里得到了很好的继承。如"仁人心"章,《四书章句集注》云,"然其道则在于求其放心而已。盖能如是则志气清明,义理昭著,而可以上达;不然则昏昧放逸,虽曰从事于学,而终不能有所发明矣"⑥。虽未明言此心是知觉者心,然"昏昧放逸"即是指知觉而言。勉斋、双峰对此提出批评。

上文说"仁,人心也",是把心做义理之心,不应下文"心"字,又别

①　(宋)黄榦:《勉斋先生黄文肃公文集》,《北京图书馆古籍珍本丛刊》第九十册,书目文献出版社1988年版,第464页。

②　(清)王梓材、(清)冯云濠:《宋元学案补遗》,中华书局2012年版,第4998页。

③　(宋)黄榦:《勉斋先生黄文肃公文集》,《北京图书馆古籍珍本丛刊》第九十册,书目文献出版社1988年版,第464页。

④　(宋)黄榦:《勉斋先生黄文肃公文集》,《北京图书馆古籍珍本丛刊》第九十册,书目文献出版社1988年版,第426页。

⑤　(宋)黄榦:《勉斋先生黄文肃公文集》,《北京图书馆古籍珍本丛刊》第九十册,书目文献出版社1988年版,第434页。

⑥　(宋)朱熹:《四书章句集注》,中华书局1983年版,第334页。

是一意。若把"求放心"做收摄精神,不令昏放,则只说从知觉上去,恐与"仁人心也"不相接了。曩尝以此质之勉斋,勉斋云:此章首言仁人心,是言仁乃人之心。次言放其心而不知求,末言学问之道无他,求其放心而已矣。言学问之道非止一端,如讲习、讨论、玩索、涵养,持守、践行、广充、克治,皆是其所以如此者,非有他也。不过求吾所失之仁而已。此乃学问之道也。三个"心"字,脉络联贯,皆是指仁而言。今读者不以仁言心,非矣。①

勉斋认为,"仁人心"指仁是人之心,"求放心"是学问之事,其途径有多种,但皆以求仁为根据,故求放心即是求仁,此乃学问根本之道。仁人心、放其心、求放心的三个"心"脉络相连,皆是指仁,学者当始终铭记言心当从仁入手方是为学正途。双峰赞同勉斋的看法,认为求放心的心即义理之心,而非《四书章句集注》所主张的知觉之心。此解体现了双峰对勉斋心性论的继承。

双峰把此强调仁心的思想贯注于对朱子《四书章句集注》的反思中,如不满《四书章句集注》把"君子所以异于人"章"君子以仁存心以礼存心"解为"以仁礼存心,言以是存于心而不忘也"。他指出《四书章句集注》对孟子以仁礼存心说添一"于"字,变成"以是存于心",便与本文意义有很大差别。"孟子只言'以仁存心,以礼存心'。《四书集注》乃云:'以是存于心。'添个'于'字,便与本文不同。"②《四书章句集注》"以是存于心"说彰显了心对于仁礼的包容与统领,饶氏之说则更近于仁即心说。

双峰同样批评"牛山之木"章《四书章句集注》的"知觉之心"说,强调仁义之心的一贯性。"孟子说'存乎人者岂无仁义之心哉',则后面所引心之出入,亦只指仁义之心而言。《四书章句集注》云:'神明不测',似又专说向知觉上去,恐非孟子之意。盖心者,性与知觉之合。"③他认为既然孟子前文"存乎人者岂无仁义之心哉"指仁义之心,后文所引孔子"操存舍亡出入无时莫知其向"之心亦应指仁义之心,《四书章句集注》解后者为神明不测的知觉之心而未言仁义之心不确,违背了孟子之义。

在工夫论上,双峰提出了"必先尊德性以为之本"说。理学史上辨朱陆异同,常据《中庸》"大哉圣人之道"章的"尊德性"与"道问学"这对工夫论。如饶鲁再传吴澄,即因在国子监任上倡导"尊德性为主"之工夫而被视为陆

---

① (明)胡广等纂修,周群、王玉琴校注:《四书大全校注》,武汉大学出版社2009年版,第999页。
② (元)史伯璿:《四书管窥》卷五,《景印文渊阁四库全书》,上海古籍出版社1987年版,第822页。
③ (元)史伯璿:《四书管窥》卷五,《景印文渊阁四库全书》,上海古籍出版社1987年版,第831页。

学,被当作元代朱陆合流的代表。双峰于本章解言:"欲修是德,必先尊德性以为之本。既尊德性又必由问学之功,以充其大小之德。致广大至崇礼,八者道问学之目也。"①他认为"尊德性"一列是工夫纲领,"道问学"一列是工夫节目,分论成就道德之方。然他又主张首要工夫在于先尊德性,盖此为修德工夫之根本,在尊德性基础上再展开道问学之功。然饶氏视"尊德性、道问学"之后八目皆为道问学之方,似有将尊德性单独抽出,其余九目皆归于道问学一边之意。可见对尊德性之工夫的推崇,是对勉斋检点身心工夫的落实与弘扬。

三、治学方法的传承

朱子治学方法,特别注重对文本义理的精密分析,他本人的为学倾向就是颇好章句之学,力求将具体文意的解释与哲学义理的阐发相贯通。而勉斋、北溪正因继承了朱子这一治学精髓,而颇得朱子赞赏。如朱子曾以《论孟精义》为例,教导勉斋如何学会辨析文字,②他的"会看文字"的治学要求及"读书不可不仔细"的治学理念皆为勉斋所传承,赢得了朱子对其"会看文字""看文字甚仔细"的评价。北溪同样被朱子再三称赞:"安卿书来,看得道理尽密,此间诸生亦未有及之者。"③又曰:"安卿思得义理甚精。"④而双峰同样以穷理精密著称,如吴澄即将双峰与北溪相提并论,作为朱子后学中穷理精密的代表而加以批评,云"况止于训诂之精、讲说之密,如北溪之陈、双峰之饶"⑤。双峰善于穷理的声名远播,朝鲜朱子学者亦视其与北溪同为偏于道问学的代表。

以下略举数例以示黄、饶治学精密的特点。如《论语》"狂狷"章,勉斋提出狂狷虽不如中行,然足以进道,提醒学者当自我警醒。双峰在认同此说基础上,进一步指出《四书章句集注》"激厉裁抑"四字乃作为一整体落实于狂狷,而不是分别指向狂与狷。又如"明明德",《大学章句》为"但为气禀所拘,人欲所蔽,则有时而昏。然其本体之明,则有未尝息者",表明现实中主体之明德有昏昧之时,但作为本体的明德则从无停息,故需要明明德工夫。

①　(元)史伯璇:《四书管窥》卷七,《景印文渊阁四库全书》,上海古籍出版社 1987 年版,第 936 页。

②　许家星:《朱子学的治学方法、精神及其当代意义——以朱子、勉斋〈论语精义〉之辨为中心》,《哲学动态》2019 年第 10 期。

③　(宋)朱熹:《答李尧卿》,《朱文公文集》卷五十七,《朱子全书》,上海古籍出版社、安徽教育出版社 2002 年版,第 2697 页。

④　(宋)黎靖德编:《朱子语类》卷一百二十,中华书局 1986 年版,第 2885 页。

⑤　(元)吴澄:《吴文正集》卷四十,《景印文渊阁四库全书》第一千一百九十八册,台湾商务印书馆 1988 年版,第 422 页。

此是以体用释明德之永恒与遮蔽,然似有体明而用昏之意。黄、饶则主张"无时不明"说。

> 明德者,一体一用,无时而不明也。"因其所发",特言人虽昏愦,忽有醒时,初不分体用。
> 明之之功有二:一是因其发而充广之,使之全体皆明;一是因已明而继续之,使无时不明。①

勉斋以体用范畴解释明德,明德具体用、理事义,乃时时皆明。《大学章句》"因其所发"是特指虽昏庸糊涂之人,亦有清醒光明之时而并不分体用。双峰提出明明德的明之工夫有两种:因已发而充扩、因已明而继续。他指出经文并无昏昧遮蔽之意,而只是强调"因本明而明之",此明乃是德性固有之明,不满《大学章句》"有时而昏"说。"《章句》说是明之于既昏之后。某以经传文意详之,似只说因其本明而明之,德本自明,故曰明德。"②此说突出了始终接续"本明"的一面。

在对朱子的批评中,尤能体现二者辨析之细腻。如关于"子夏之门人小子"章,黄、饶师徒分别就先后、本末提出质疑。

> 然以先后二字考之,则程子先后以教者所施之次第而言,《集注》先后以义理之精粗而言,则程子之说,又不若《集注》之说为当也。③
> 了游以正心诚意为本,洒扫应对为末。……至程子方以理为本,事为末,谓事有小大精粗而理无小大精粗。……程、朱所论本末不同,朱子以《大学》之正心诚意为本,程子以理之所以然为本。朱子是以子游之意而推之。④

勉斋根据程子"君子教人有序,先传以小者近者,而后教以大者远者"断定此先后是就教学言,根据朱子"言君子之道,非以其末为先而传之,非

① (清)王朝璩:《饶双峰讲义》卷二,《四库未收书辑刊》第二辑,北京出版社 2000 年版,第353 页。
② (清)王朝璩:《饶双峰讲义》卷二,《四库未收书辑刊》第二辑,北京出版社 2000 年版,第353 页。
③ (宋)赵顺孙:《四书纂疏》,吉林出版集团有限责任公司 2005 年版,第 369 页。
④ 于此所引《四书辑释》,均出自(元)倪士毅:《四书辑释》,《续修四库全书》第一百六十册,上海古籍出版社 2002 年版。

以其本为后而倦教"说,判定朱子的先后是指义理精粗而非教学次第,据此评价程子说不如朱子解精当。双峰则认为程朱对"本末"的理解不同,本章本末有两种解释:一是子游的正心诚意为本、洒扫应对为末,即朱子说;二是程子的理为本、事为末说。双峰此说指出程、朱的不同,引起主张程朱之解一致者的批评。

其次,强调从切身为学工夫的角度展开经典诠释是朱子另一治学要领。如勉斋即反复告诫双峰当把存养省察与格物穷理分为两个并进工夫,切不可流于口耳章句之学。双峰继承师教,在对朱子《四书章句集注》的批评中时常从工夫入手。如以他对朱子极为看重的格物补传之评为例。他说:

> 朱子补传似乎说得太汗漫,学者未免望洋而惊。如既谓"即凡天下之物",则其为物不胜其多。又谓"因见其已知之理而益穷之,以求至乎其极",不知又何处是极。"表里精粗,全体大用",亦是自立此八字,经传中元无此意。①

此是从工夫论上批评朱子补传说散漫无头绪,导致学者茫然而无所措手足,不知从何处做格物工夫。批评补传所言皆大而无所指,如"凡天下之物"即是虚指,未落实任何具体事物。又"至乎其极"同样无有限定,未能指出具体工夫目标所在,只是一些大话。最后又从本文之意角度批评补传"表里精粗,全体大用"八字纯属朱子生造而强行塞入经典者,实为《大学》经文所无。此体现了双峰重视日用工夫的诠释方法。双峰对《孟子》朱子注心性论,《中庸章句》慎独、戒惧等皆解具有很强的工夫指点意义,如对朱注慎独说的批评为:

> 《章句》以慎独专为谨于方萌之时,则其动察之工有所不周。鲁则以为谨独工夫阔,独不但是念虑初萌时,虽应接事物显显处,亦自有个独。②

双峰认为,独非专指无人可见时的独处,凡大庭广众之下处理事务皆可为独,如见大宾如承大祭亦可言慎独。另一方面,独亦非专指意念思虑的初始萌发时,而是贯注事情始终,在洒扫应对日常事物上即可言慎独。此说乃

---

① （元）史伯璿:《四书管窥》卷一,《景印文渊阁四库全书》,上海古籍出版社 1987 年版,第 691 页。
② （元）史伯璿:《四书管窥》卷六,《景印文渊阁四库全书》,上海古籍出版社 1987 年版,第 862 页。

针对《中庸章句》"故必谨之于此以审其几"而发,以强调慎独工夫贯穿动静始终。此外,双峰对《大学》"正心"章"心不在"与"心不正"作出区别,提出"心不在未便是心不正",针对《中庸》提出"众人有性无中"等新颖之说,皆体现出分析与实践相结合的取向,表明双峰很好地落实了勉斋为学当将义理分析与工夫存养相结合的教导。

四、双峰传勉斋之学的意义

以上从治学态度、思想内容、治学方法等方面考察了双峰与勉斋在诠释朱子四书学上所体现的传承关系,证实了双峰思想实受到勉斋深刻影响,可谓勉斋思想之传人。勉斋晚年对双峰所寄予之厚望亦可为佐证。勉斋在《送方明父归岳阳序》中将双峰与李道传、家本仲、方明父并列而为足以传朱子之道者。勉斋似乎经由方氏对双峰之高度推崇而逐渐对之产生好感。如方氏在勉斋前宣称自己不如饶鲁之为人,"自以为莫及也",当勉斋之面"说足下(饶鲁)之贤不容口"。且因方氏乃"志气高迈,非妄许人"者,故更加深了勉斋对饶鲁的器重。勉斋由此表达了对双峰未有充分了解之憾,"以是深恨相知之不深"。他再三倾吐对双峰与方氏光大振兴朱子之学的殷殷期盼,云"足下与明父当任此责,使先生之道,将微而复振,莫大之幸也"。"故所望于师鲁、明父者,不啻饥渴也"。充满了对二子必能担当此任的信心,"尚何微言绝,大义乖之足忧乎!此予之所以释然以喜也"[1]。可见勉斋是从传道高度来看待饶鲁的,其关系绝非一般弟子可比,如勉斋与何北山即无此等文字流传。

双峰亦未辜负勉斋的期望,他坚守了求真是之学术精神,对勉斋思想在继承的同时亦有创新发展。这种创新发展多表现在与朱子解法上的不同,就对朱子的认同言,勉斋远高于双峰,如在对观过知仁、道性善称尧舜、孟子论性不论气说、博施济众、鬼神之为德等理解上,双峰皆不同于朱注而勉斋则主张朱子。故双峰学以"多不同于朱子"而著称。双峰所体现的反思批评、强调自得的学风构成江西朱子学的一个特色,实不同于北山朱子学、新安朱子学、福建朱子学的以朱子功臣或忠臣自居之思想,这也是勉斋学不同于北溪学的一个差异所在。当然,双峰承袭勉斋而来的批评反思精神,被史伯璇等捍卫朱子门户者斥责为开启了妄议朱子之流。与此反思批判精神相对应的是兼融并包思想,超越朱陆门户之见。勉斋在朱子后学中即以包容

---

[1]　(宋)黄榦:《勉斋先生黄文肃公文集》,《北京图书馆古籍珍本丛刊》第九十册,书目文献出版社1987年版,第507页。

超脱著称,而双峰甚至被视为朱陆合流思潮的发端。与之相对,北溪虽然学问极好,然却是坚定的陆学排斥者,其牢固的门户之见,显出胸襟之偏窄,较勉斋、双峰实相形见绌。故此兼融并包、取长补短的精神构成江西朱子学的又一特色。

双峰注重心性之学、工夫实践的取向既继承了师教,同时又与江西固有思想文化特色相结合,显示了江西朱子学重视心性工夫的又一特色,契合并蕴含了未来理学发展的方向,引领并推动了此后数百年理学在各地的发展。双峰在研究方法上的精密分析及工夫指点,真正把握了朱子与勉斋的治学精神。与之相对的北山学则受东莱之学影响,逐渐流入训诂一路,而走向朱子学的"反面",故虽自我建构为"朱学世嫡",实则不过是自我制造的影像而已。双峰学不仅经程若庸、吴仲迁而传至程钜夫、吴澄,形成元代江西理学之盛,且以其精密、新颖、深厚、包容而对北山之学,尤其是新安朱子学产生了巨大影响,并直接影响了明清以来整个东亚的四书学。

故考察勉斋与双峰的师承关系,不仅是双峰研究的应有之义,同时也是重新思考朱子学的精神、方法,把握宋元明朱子学、四书学发展轨迹的一个重要坐标。自朱子去世后,作为普遍思想的朱子之学与闽、徽、赣、浙等地固有思想资源相结合,在思想、师承、地域、政治等因素的交织作用中,形成了各具特色的多元化的地域朱子学,彼此之间相互影响和相互竞争,最终在明代以官修《四书大全》定于一尊的形式,确立了双峰学及深受其影响的元代新安朱子学在主流学术中的核心话语地位,并对东亚世界的四书学、朱子学产生了重大影响。可以说不理解双峰之学,不认识双峰与勉斋的内在传承关系,就无法真正认识"后勉斋时代"朱子学的发展,更无法全面理解东亚朱子学,故勉斋、双峰之传实可谓进入"后勉斋时代"朱子学与四书学的必要路标。

当然,因双峰不幸并无著作流传,其说主要见引于元代推崇双峰的新安理学家胡炳文《四书通》、倪士毅《四书辑释》,以及讨厌双峰的浙江平阳史伯璿《四书管窥》,又因明《四书大全》以《四书辑释》为蓝本,而使双峰说幸而得以广泛流传。故双峰思想皆以零碎的解经形式呈现,多表现为对朱注作进一步的解释与发挥,虽时有新意,然不成系统,对道统、理气、心性、格物诸理学论题少有深入论述,无法与勉斋对道统、道体、理气、太极阴阳、人心等问题的长篇专门论述相比。从另一面来看,双峰继承了传统的以经学为载体、理学为内容的经学与哲学相结合的形式,不以建构体系为追求,而以发明经注之意、指点日用工夫为宗旨。然双峰等所采取的依托经注表达思想的传统治学方式,在日益重视形式化、系统化的当代哲学背景下如何存在,仍然是一个有待破解的问题。

第二节　饶鲁与陈淳：朱学穷理精密之代表

　　陈淳与饶鲁被吴澄视为朱子学穷理精密之代表,陈淳的看道理精密充分体现于《北溪字义》对朱子"四书"范畴的训释,饶鲁的穷理之学则见诸对朱子《四书章句集注》的批判性阐释。饶鲁通过对文本之义的细致解析,剖析了朱注存在过粗、隔层等偏离文意的多种情况,并以通贯比较的方法,指出朱注在综合与分析上的差失,又从工夫实践着眼批评朱注的空泛不足。陈淳、饶鲁治学虽皆具穷理精密之特点,然陈淳以畅通发明朱注为宗旨,更具照着讲的意味;饶鲁对朱注的各种"挑刺",则颇有入室操戈而接着讲的精神。从穷理精密这一治学特色的角度来考察朱子学派,是对据地域、师承等因素划分朱子学派的有益补充,有助于更全面深入地理解朱子学发展脉络。

　　朱子建立了一套广大精密的思想体系,其弟子后学从不同角度对朱子的思想学术加以阐发,形成了各具特色的朱子学。我们可以从不同角度来考察、划分朱子学在发展中形成的类别。或从地域的角度审视,则可发现朱子之学作为一套具有普遍性的思想系统,在其传播过程中与各地域固有的思想文化特色相结合,而呈现出一定的地域化特色。如浙江金华朱子学兼具东莱之学重视文献考据的特色,江西朱子学则体现出融会象山学而重视尊德性工夫的倾向。或从诠释朱子的进路来辨析,则可分为考据派和义理派,金履祥《论孟集注考证》与饶鲁《四书讲义》即是其中代表。或从诠释朱子的形式入手,则可分为纂疏体、章图体等,赵顺孙《四书纂疏》和程复心《四书章图》较为典型。从不同角度对朱子学的划分各有其意义,有助于丰富和深入对朱子学传承演变的认识。下文拟从治学风格的角度,来探讨朱子学中出现的以陈淳、饶鲁为代表的穷理精密派,希望能有助于朱子学学派分化的研究。

一、"北溪之陈,双峰之饶"

　　黄百家对黄榦之学的发展有一论述,认为勉斋传朱子正统,其学分出金华何基一派和江右饶鲁一派,而饶鲁之学又再传于吴澄。《宋元学案》曰:"又于江右传饶双峰鲁,其后遂有吴草庐澄。"①故饶、吴并论成为思想史的主流看法。但吴澄与饶鲁之间的师门传承关系,虽经程若庸之中介而看似

———————
① 　(明)黄宗羲原著,(清)全祖望补修:《宋元学案》,中华书局1986年版,第2812页。

清晰,实则仍有复杂之处。① 如就吴澄所论来看,未曾见其议及与饶鲁的师承学脉关系,而其对饶鲁学术之批评则广为人知。②《尊德性道问学斋》即对以陈、饶为代表的训释精密的治学风格表达了批评与反思。

> 程氏四传而至朱,文义之精密,句谈而字议,又孟氏以来所未有者。而其学徒往往滞于此而溺其心。夫既以世儒记诵词章为俗学矣,而其为学,亦未离乎言语文字之末。甚至专守一艺而不复旁通它书,掇拾腐说而不能自遣一辞,反俾记诵之徒嗤其陋,词章之徒议其拙。此则嘉定以后,朱门末学之弊而未有能救之者也。夫所贵乎圣人之学,以能全天之所以与我者尔。天之与我,德性是也,是为仁义礼智之根株,是为形质血气之主宰,舍此而他求所学,果何学哉! ⋯⋯况止于训诂之精、讲说之密,如北溪之陈、双峰之饶,则与彼记诵词章之俗学,相去何能以寸哉? 圣学大明于宋代,而踵其后者如此,可叹已! 澄也钻研于文义,毫分缕析,每以陈为未精,饶为未密也,堕此窠臼中垂四十年,而始觉其非。③

吴澄从圣学传承的高度,指出周张二程上接孟子之传,而朱子集其成,然朱子学具有"文义精密、句谈字议"的潜在问题,导致其弟子后学滞留于文义之学,流于朱子所竭力反对的言语文字、记诵词章。尤其在南宋嘉定(1208—1224)以来,随着朱子学地位的上升,朱子学记诵词章化的弊病愈加明显,形成了一种新的理学化的记诵词章之学。这意味着朱学的异化,走向了自身的对立面,背离了圣学之传。在吴澄看来,真正的圣学应是推崇以仁义礼智为内容的德性之学,是复性之学。圣学有严格的标准,无关才气与行为,即便贤如司马光、诸葛亮之学行,亦非属圣学。批评以北溪和双峰为代表的朱子后学,流于训诂之精致、讲说之细密,与作为俗学的记诵词章之学实并无本质不同。对周张二程朱子所阐明的圣学,被以陈、饶为代表的朱子后学扭曲背离的现象,吴澄极感痛心。他反思自己在治学途中,亦曾荒废

---

① 如方旭东即不认为吴澄受到程若庸多大影响。参见方旭东:《吴澄哲学思想研究》,人民出版社 2004 年版。

② 吴澄在表达对朱子《中庸章句》批评的文字中,曾提及饶鲁亦质疑朱子说,实有引为前辈之意,而无再传弟子之感。"澄少读《中庸》,不无一二与朱子异。后观饶伯舆父所见亦然,恨生晚,不获就正之。"参见(元)吴澄:《吴文正集》卷二十,《景印文渊阁四库全书》第一千一百九十七册,台湾商务印书馆 1988 年版,第 216 页。

③ (元)吴澄:《吴文正集》卷四十,《景印文渊阁四库全书》第一千一百九十七册,台湾商务印书馆 1988 年版,第 422 页。

四十年光阴于此,堕入文义分析之学,曾试图与以陈、饶为代表的文义训释之学一争高低。吴澄这段话对理解宋元朱子学的发展具有重要启示意义,它表明在朱子去世不久,朱子学即开始有流于记诵词章训诂之路者,这固然属于"朱门末学之弊",但其源头却在讲究"文义之精密,句谈而字议"的朱子学本身,吴澄直接批评朱子学过于精详而流于巧繁,造成整全存在的分裂。① 故他试图通过重举尊德性的大旗,以对治此将理学俗学化的不良倾向,这是他被认为靠拢"陆学"的内在原因,本质上体现了对朱子治学风格的不认可。后来王阳明重新拈取此话头,认为它表达了对朱子支离分析之学的深切反思,故收入《朱子晚年定论》之末以为佐证。②

　　吴澄之评提醒吾人,在朱子后学的研究中,除了流行的地域、师承、思想、政治等考察视角外,治学风格亦是值得考虑的一个重要因素。吴澄即以训释精密为尺度,将饶鲁与陈淳并列为朱子后学"精密之学"的代表(尽管是反面意义)。陈淳以其《北溪字义》之精确而久享治学精密之盛誉,而饶鲁之学则因文献不足之故,学界对其思想精密之处罕有论述。故本书在展开陈、饶比较之时,将倾斜于饶鲁。从治学风格的角度开展北溪、双峰的论述,不仅有助于深化对二者思想的认识,且对把握朱子后学的特点及其发展路径同样不无小补。

二、穷理精密之学

　　义理精密实为朱子治学的旨趣与尺度所在。北溪正以治学精密之特色,赢得朱子赏识,朱子再三言,"安卿书来,看得道理尽密,此间诸生亦未有及之者"③,"安卿思得义理甚精"④。而北溪走上精密一途实是对朱子穷理精密之学的体贴与发扬,如他对朱子《四书章句集注》的推崇即突出了该书精确、定准、磨刮的特点,说"况如《四书》者,后学求道之要津,幸文公先

---

① 吴澄《中庸简明传序》言,"朱子《中庸章句》、《或问》,择之精,语之详矣。惟精也,精之又精,邻于巧;惟详也,详之又详,流于多。其浑然者,巧则裂;其粲然者,多则惑"。(元)吴澄:《吴文正集》卷二十,《景印文渊阁四库全书》第一千一百九十八册,台湾商务印书馆1988年版,第216页。

② 王阳明言,"朱子之后,如真西山、许鲁斋、吴草庐,亦皆有见于此。而草庐见之尤真,悔之尤切。今不能备录。取草庐一说附于后"。(明)王守仁:《朱子晚年定论》,《王文成公全书》,中华书局2015年版,第173页。

③ (宋)朱熹:《答李尧卿》,《朱文公文集》卷五十七,《朱子全书》第二十三册,上海古籍出版社、安徽教育出版社2002年版,第2697页。

④ (宋)黎靖德编:《朱子语类》卷一百二十,《朱子全书》第十八册,上海古籍出版社、安徽教育出版社2002年版,第3772页。

生注解已极精确,实自历代诸儒百家中磨刮出来,为后学立一定之准。一字不容易下,甚明简而涵蓄甚富,诚有以订千古之讹,正百代之惑"①。可见朱子与陈淳在"精密"这一治学宗旨上达到高度契合。而后人对《北溪字义》的评价亦赞颂其精密性。如赵汸赞该书:"欲析之极其精而不乱,合之尽其大而无遗。"②陈宓言"决择精确、贯串浃洽";胡荣言"毫分缕析,脉络分明";林同言"剖析详明,议论精当";顾仲赞为"简而该,切而当"③。那么,《北溪字义》是如何做到精密切当呢? 陈淳在《北溪字义》中已交代了其分析、界定字义的方法,显示了明确的方法论意识。第一,单看与合观。言"性命而下等字,当随本字各逐渐看,要亲切。又却合做一处看,要得玲珑透彻,不相乱,方是见得明"④。单看本字须亲切,合观多字须玲珑透彻,这使得该书达到了"玲珑精透"的效果。第二,界分与脉络。即"于一本浑然之中,须知得界分不相侵夺",又"于万殊粲然之中,须知得脉络相为流通处"⑤,做到"浑然中有界分"。盖范畴之间"元自有脉络相因,非是界分截然不相及"。但同时应注意范畴间的脉络关联,不可将之视为"判然二物"。第三,具体提出横观、竖观、"错而言之"、"过接处言之"的纵横交错定义法。第四,注重范畴关系的灵活性,"不可泥著"。第五,遵循文本原则,此可谓总原则,实包含前述几种方法。"大凡字义,须是随本文看得透方可。"⑥故学者认为陈淳的《北溪字义》形成了一套理学范畴体系,⑦实现了朱子学义理的精致化、概念的规范化,⑧堪称东亚第一部哲学字典。此等评价定位皆指向了北溪之学穷理精密的特色,故以之为朱子学中穷理精密之代表当无异议。

吴澄的反面批评则提醒吾人,作为朱子再传的双峰同样具有穷理精密的特色,实堪与北溪相媲美而不遑多让。吴澄这一判断并非信口之论,

① (宋)陈淳:《答陈伯澡》一,《北溪大全集》卷二十六,《景印文渊阁四库全书》第一千二百二十一册,台湾商务印书馆 1986 年版,第 711—712 页。
② (元)赵汸:《答汪德懋性理字义疑问书》,《东山存稿》卷三,《景印文渊阁四库全书》第一千二百二十一册,台湾商务印书馆 1986 版,第 231 页。
③ 此四条引文皆见《北溪字义》序,分别为第 88、89、90、94 页。
④ (宋)陈淳:《北溪字义》,中华书局 1983 年版,第 1 页。
⑤ (宋)陈淳:《与黄寅仲书》,《北溪大全集》卷三十一,《景印文渊阁四库全书》第一千二百二十一册,台湾商务印书馆 1986 年版,第 745 页。
⑥ (宋)陈淳:《北溪字义》,中华书局 1983 年版,第 38 页。
⑦ 张加才认为陈淳"自觉地运用了一整套诠释方法,并将朱子学的范畴体系逐步彰显出来"。见张加才:《诠释与建构——陈淳与朱子学》,人民出版社 2004 年版,第 135 页。
⑧ 邓庆平:《朱子门人与朱子学》第四章"义理的精致化与规范化",中国社会科学出版社 2017 年版。

而影响甚大。如朝鲜学者亦认同此说。他们也将陈、饶二人相提并论为钻研字义之学、精于理的反面代表,云"虽仅得钻研之效,而亦不过为双峰、北溪之学矣"①。或认为二人是偏于道问学工夫,"朱门后来如陈北溪、饶双峰,则似道问学意思多"②。批评二者虽穷理极精,然已流为口耳之学而无关德行。"朱门晚来口耳之弊甚盛。虽如北溪、双峰之精于理者,亦有所不免。"③尽管双峰作为朱子再传之重要人物,在宋元朱子学界影响甚大,且又因有关《四书章句集注》之论被广泛收入《四书大全》而影响了东亚的朱子学,然因好与朱子立异,并无任何著述流传之情况,导致学界无法对其思想开展深入研究。就目前双峰散落各书的言论来看,他仍是采用了注经和讲学模式,通过对朱子《四书章句集注》的再阐发来表达思想,体现了很高的学术水准和分析能力。其穷理之精密体现在以下方面。

一是细腻的字义辨析力。朱子对穷尽毕生精力的《四书章句集注》极为满意,认为经过其逐字称等,无一字闲,即便其中虚字,亦要学者好好理会。双峰秉承朱子教导,对《四书章句集注》注文进一步加以精细解析。或剖析同一概念的不同内涵,如比较分析《论语》据于德的"德"在不同语境下朱注的细微区别,"'德'字之训,前云:'得于心而不失',此云'行道而有得于心'者。前篇是泛释'德'字,'德'是得之于天,'不失'是不失于己。合此二者,方尽得'德'字之义"。认为与"为政以德"从得失泛论"德"的意义不同,此是专就德的意义而论,就道与心而论德。④ 或解释朱注用词之深意,如"君子有三变"章朱注"听其言也厉"为"辞之确",学者提出"厉"应该是"严"而非"确"义,双峰认为,"厉"虽然有严之意,但严的语义色彩过于猛烈,而"确"表达出是非分明、丝毫不变之意,是对"厉"最贴切的形容。⑤或解析虚词作用,如辨析"博学而笃志"章的"而",言"看两个'而'字,形容

---

①　[朝鲜]金致垕:《儒老佛》,《沙村集》卷四,《韩国文集丛刊(续)》第七十一册,韩国古典翻译院2009年版,第322页。

②　[朝鲜]李显益:《漫录》,《正庵集》卷十九,《韩国文集丛刊(续)》第六十册,韩国古典翻译院2008年版,第540页。

③　[朝鲜]李显益:《答李仁老》,《正庵集》卷六,《韩国文集丛刊(续)》第六十册,韩国古典翻译院2008年版,第270页。

④　(元)胡炳文:《四书通》,吉林出版集团股份有限公司2005年版,第138页。

⑤　问:"'厉'只当训'严'而云'确',何也?"曰:"厉也有严意,但曰'严',恐人认做猛烈。'确'者,是是非非,确乎不易之义,形容严厉最切。"(元)倪士毅撰:《四书辑释》,《续修四库全书》第一百六十册,上海古籍出版社2002年版,第363页。

得两截分晓"①。或辨析近义词,如指出《论语》"恶勇而无礼"章"果敢"与"勇"意义不同,"果敢"属于性质,需要通过学习来开导教化之,"勇"属于血气,需要礼仪来节制文为之。或对朱子字义解提出异议。如对《论语》"一言而可以兴邦"章的"若是其几""不几"的"几",朱子皆解为"期"。双峰认为"几"实具两种意义:期和近,否则失之牵强。"但四'几'字皆训'期',犹觉牵强,当分作两样看:其几之'几'训'期',不几之'几'训'近',则意晓然矣。"②又质疑朱子《中庸章句》"是以君子之心常存敬畏,虽不见闻,亦不敢忽"的"忽",认为不如"忘"字更贴切。③ 又主张把《中庸章句》的"天下之事无有著见明显而过于此者"的"著见"改为"形见",此方与"存中"相对应。"'见'不可作'著见',乃'形见'之见。此理虽隐,将必形见于外。"④凡此,皆体现出辨析细微的特点。

二是基于"本文之意"的立场反思朱注。反思朱注是双峰诠释"四书"的一个鲜明特征,显示了不同于北溪等维护阐发朱子的为学取向。此一视角使双峰能摆脱朱注羁绊,以洞烛幽微、锱铢必较之眼,挑出自谓精密无比、颇得圣贤之意的朱注存在之问题,颇为不易。依据朱子所遵循的发明圣贤文本之意的诠释原则,双峰指出朱注并非如其所标榜的"无一字差",而是存在诸多偏差,"恐非本文之意"成为双峰对朱注开展精细反思的一个根本原则。此等例子多达200余处,典型者如批评朱子格物补传"表里精粗、全体大用"之语,乃朱子所自造而《大学》所本无之意。"亦是自立此八字,经传中元无此意。"⑤又批评《论语集注》专一推崇"禘"而忽视"尝",不合圣人之意,应结合《中庸》之说解之。"《集注》专一推崇禘祭之说,似未尽合圣人之意。"⑥他指出《中庸章句》"'无时不中'亦非本文意,不若只言随时处中"。此是通过区别"无时不"与"随时"来决定是否合乎本意。又指出《孟子集注》"至诚不动"章"明善又为思诚之本"说过于分析支离,造成思诚在明善之外的印象,而孟子之意则是强调明善即是思诚,二者一体不分。"饶氏疑《集注》'明善又为思诚之本',似明善之外,又有个思诚,恐非本文之意,盖明善即是思诚。"⑦《孟子集注》"仁之实"章解为:"仁主于爱而爱莫切

① (元)胡炳文:《四书通》,吉林出版集团有限责任公司2005年版,第315页。
② (元)史伯璿:《四书管窥》卷七,《敬乡楼丛书》本(铅印)1931年版,第20页下。
③ (元)史伯璿:《四书管窥》卷六,《景印文渊阁四库全书》,上海古籍出版社1987年版,第859页。
④ (元)史伯璿:《四书管窥》卷六,《景印文渊阁四库全书》,上海古籍出版社1987年版,第859页。
⑤ (元)史伯璿:《四书管窥》卷一,《景印文渊阁四库全书》,上海古籍出版社1987年版,第691页。
⑥ (元)史伯璿:《四书管窥》卷二,《景印文渊阁四库全书》,上海古籍出版社1987年版,第724页。
⑦ (清)王朝璩:《饶双峰讲义》卷十三,《四库未收书辑刊》第二辑,北京出版社2000年版,第455页。

于事亲,义主于敬而敬莫先于从兄。"双峰指出仁义可从性、德、道三个层面讲,本章应从道的角度切入较好,《孟子集注》仅从爱亲师兄的道德事实层面解释仁义,不合本文之意,当加一"道"字保持作为体的仁与作为用的爱的距离。史伯璿指出:"饶氏谓仁义有以性言者,有以德言者,有以道言者,此章尝作道说。《孟子集注》'仁主于爱,义主于敬'八字,恐非本文之意。若曰'仁之道主于爱,义之道主于敬',可也。"①双峰批评《孟子集注》解出入之心为神明不测的知觉之心,违背了孟子之义。他认为此心亦是仁义而非知觉心。"孟子说'存乎人者岂无仁义之心哉',则后面所引心之出入,亦只指仁义之心而言。《集注》云:'神明不测',似又专说向知觉上去,恐非孟子之意。"②

　　三是对朱注背离本文多种现象的归纳,体现了双峰从切合本文的诠释立场出发,追求精密之学的特色。一是指出朱注脱离文本而越位,"挽先说了",如批评《中庸章句》以"无物不有"解"不可须臾离"提前说了,此处并无此意。③ 又批评《中庸章句》首章"性道虽同,而气禀或异"说犯了同样错误,认为本章并未论及气质,从下章方始论及气质,故当删除此说及健顺五常说。④ 或指出朱注"说早了",不切文本。如孟子"得志行乎中国"说只是说"志",朱注却认为是"说道",而后文"其揆一也"才是说道。⑤ 二是指出朱注说"粗了",所论不合文本之意。如"鬼神"章主旨是论道之隐,朱注引程子"造化之迹"说,饶鲁认为程子之说并非论鬼神,故朱子引之于此显得粗疏。"饶氏谓程子之言别有所指,朱子引之于此,则粗了。"⑥三是指出朱注存在误引程子等说的情况,导致偏离文本。如批评"逝者如斯"章引程子道体不息之说,乃是偏离文意之误引,他认为"程子是发明圣人言表之意,非解此章文义也"⑦。四是指出朱注与经文"隔了一层皮",未契合文本。如"其揆一"的"其",双峰认为是指大舜、文王,批评《孟子集注》之解无甚意义,

① (元)史伯璿:《四书管窥》卷五,《景印文渊阁四库全书》,上海古籍出版社1987年版,第818页。
② (元)史伯璿:《四书管窥》卷五,《景印文渊阁四库全书》,上海古籍出版社1987年版,第831页。
③ "'不可须臾离'只是'无时不然'底意思,则(按:当为'至')费隐鸢飞鱼跃方是'无物不有'意思,《章句》此一句是挽先说了。"参见(元)史伯璿:《四书管窥》卷六,《景印文渊阁四库全书》,上海古籍出版社1987年版,第858页。
④ "今以本章方言性而未及气质,欲除下文气质之语,则此语不容独留。"参见(元)史伯璿:《四书管窥》卷六,《景印文渊阁四库全书》,上海古籍出版社1987年版,第853页。
⑤ "《集注》解'得志'做'得行其道',说得'道'字太早,'得志'是得遂其志,留得个'揆'字在后面说,'揆'正是说道。"参见(元)史伯璿:《四书管窥》卷五,《景印文渊阁四库全书》,上海古籍出版社1987年版,第818—819页。
⑥ (元)史伯璿:《四书管窥》卷七,《景印文渊阁四库全书》,上海古籍出版社1987年版,第899页。
⑦ (元)史伯璿:《四书管窥》卷三,《景印文渊阁四库全书》,上海古籍出版社1987年版,第772页。

导致其说与经文之意疏远隔阂。"其揆一也。饶氏谓'其'字指舜、文而言，'揆'便是符。……《集注》言'度之而道无不同'，又隔一皮了，不曾解得'其'字。"①五是指出朱注取舍不当。如批评《论语集注》"多学而识"章所引谢良佐说完全无关经意，不应取入。双峰言："谢氏全说此章不着，不知《集注》何故载之。"②双峰还批评《论语集注》对明道说的删除不妥。朱子在选取明道忠恕解时，删除了明道"此下学上达之义，与尧舜之道孝悌而已矣之意同"句，双峰指出朱子误解了明道之意，删此句违背了明道之本意。他说："《集注》以其与'此与违道不远异者，动以天尔'之意不同，故删去'与尧舜之道孝悌而已矣之意同'一句，却恐非程子本意。"③六是指出朱注用语过重。如批评孟子"道性善"章朱注对性的注释语义过重，云"《集注》此处说得'性'字稍重"④。总之，饶氏基于注文与经文应严丝合缝、精密紧切、无有偏差之要求，归纳朱注背离文意的多种表现：揆先、过粗、误引、隔皮、未稳、稍重，体现了注以明经的诠释立场。双峰对朱注的批评，实有入室操戈、以朱攻朱的意味，于朱子面前论精密，诚有班门弄斧之嫌。然双峰侃侃而论之，体现了以道自信的一面。

四是比较而通贯的方法。比较朱子各说异同，寻求其最终定见，以达到解释的圆融自洽，是阐发朱注的常用之方。双峰同样通过比较而观的方式，指出朱子存在两说相互冲突而不够圆融之倾向。如"鸢飞鱼跃"章，他批评朱注既提出"所以然"为道之隐，又认为本章只是专言费。双峰说："《章句》'所以然'三字已是亲切，但于斡旋之语更少圆耳。盖《章句》不合谓章内专说费而不及隐，所以如此下语。"⑤或指出朱子之解与所引程子之说的不同，如"本末"章朱子以正心诚意为本，洒扫应对进退为末，程子则以已发之事为末，所以然之理为本，据理事言本末，可见两说冲突。双峰指出："程朱所论本末不同，朱子以《大学》之正心诚意为本，程子以已然者为末，理之所以然者为本。朱子是以子游之意而推之。"⑥

双峰还居于综合与分析的立场来反思朱注。或注重解释的综合，批评朱注过于分析。如"博施济众"章，提出博施、济众是一回事，批评朱注引程

①　(元)史伯璿：《四书管窥》卷五，《景印文渊阁四库全书》，上海古籍出版社 1987 年版，第 819 页。
②　(元)史伯璿：《四书管窥》卷八，"敬乡楼丛书"本(铅印)1931 年版，第 1 页上。
③　(元)史伯璿：《四书管窥》卷二，《景印文渊阁四库全书》，上海古籍出版社 1987 年版，第 733 页。
④　(元)史伯璿：《四书管窥》卷四，《景印文渊阁四库全书》，上海古籍出版社 1987 年版，第 803 页。
⑤　(元)史伯璿：《四书管窥》卷六，《景印文渊阁四库全书》，上海古籍出版社 1987 年版，第 885 页。
⑥　(清)王朝琚：《饶双峰讲义》卷八，《四库未收书辑刊》第二辑，北京出版社 2000 年版，第 414 页。

子说分论博施为养赡，济众为治广不妥。① 又如"民可使由"章的"由之、知之"的"之"，《论语集注》分别解为理之所当然、所以然，双峰认为此"之"皆指理，无须分为所当然与所以然，批评朱注过于分析。"今《集注》云：'由是由其所当然，知是知其所以然。'似乎是两事。"饶氏曰："两'之'字皆指此理而言，不须分析可也。"②又批评《中庸章句》把诚与道分为本与用之关系不妥，认为"诚即道，不必分本用"。但有时亦批评朱注过于综合而缺少分析。如"观过知仁"章《四书章句集注》引尹氏"于此观之，则人之仁不仁可知矣"。双峰批评此说，认为"观过斯知仁"是专指好的一边，即因过知仁。若是小人，则无须观其过已知其不仁。尹氏之误源于上句兼两边说，故认为下句亦当如此。"观过知仁，恐只说这一边好底，言虽过也，然因其过，犹足以见其仁。"③或批评朱注只是阐发了经文意义之一偏，"只说得一边"而不够全面。如指出"用之不行，舍之不藏"分别指好遁与好进两种人，但谢氏"不用求行，舍之不藏"仅论好进者，而未顾及好遁者，故言有所偏。"用之不行是好遁底，舍之不藏是好进底，人自有两样。谢氏谓：'不用求行，舍之不藏。'只说得一边。"④

　　五是据为学工夫批评朱注。据实践工夫以诠释经典，是朱子解经的基本方法之一。双峰继承此点，立足于工夫论诠释的立场，对朱注作出了深刻而精细的反思，此点较《北溪字义》更为鲜明。如批评朱子极为看重的格物补传空疏阔远、汗漫无边、无法真正引导学者切近下手用功，徒增其茫然无绪之困惑。"饶氏谓朱子补传似乎说得太汗漫，学者未免望洋而惊。"⑤又批评《中庸章句》解慎独的独为暗室屋漏处、念虑初萌时，导致工夫存在遗漏，主张独实指贯彻意念始终。⑥ 又如他对《中庸章句》"虽不见

① "饶氏谓博施济众恐只是一事。博施是推恩于四海九州，济众是四海九州无一人不被其泽。"参见(元)史伯璿：《四书管窥》卷三，《景印文渊阁四库全书》，上海古籍出版社 1987 年版，第 747 页。

② (元)史伯璿：《四书管窥》卷三，《景印文渊阁四库全书》，上海古籍出版社 1987 年版，第 762 页。

③ (清)王朝榘：《饶双峰讲义》卷三，《四库未收书辑刊》第二辑，北京出版社 2000 年版，第 368 页。

④ (元)史伯璿：《四书管窥》卷三，《景印文渊阁四库全书》，上海古籍出版社 1987 年版，第 750 页。

⑤ (元)史伯璿：《四书管窥》卷一，《景印文渊阁四库全书》，上海古籍出版社 1987 年版，第 690—691 页。

⑥ "独字不是专指暗室屋漏处……亦不是专指念虑初萌时……意存其中，则已之所独知，故谓之独。意与事相为终始……自始至终，皆当致谨，岂特慎之于念虑方萌之时而已哉!"参见(元)史伯璿：《四书管窥》卷一，《景印文渊阁四库全书》，上海古籍出版社 1987 年版，第 680 页。

闻"注颇不满意而提出新解,改为"虽当事物既往,思虑未萌,目无所睹,耳无所闻,暂焉之顷",此改关键在首尾"事物既往""思虑未萌""暂焉之顷",意在强调此事物既往,思虑未萌、耳目无见闻的"暂焉之顷"是用功关键所在。① 此等工夫论批评还涉及字义理解。如批评《中庸章句》把"强哉矫"的"矫"解为形容词"强貌",语义重复无力,"饶氏谓此'矫'字当训作矫揉之义,言强哉其为矫揉也。若以矫为强貌,则为曰矫哉强"②。此等批评还涉及工夫之周洽,如批评朱子将"尊德性而道问学"一节分为存心与致知两大系列,主张从知行的角度作出修正。③

综上,双峰对朱注开展了"吹毛求疵"般的批评,归纳了朱注中出现的先、粗、误、隔、稳、重等弊病,洞穿了朱子对《四书章句集注》"不多一字、不少一字"的自负,在朱子后学中引起极大反响,体现出双峰强烈的批判精神和非同一般的穷理精密工夫。但应指出的是,双峰在解释理念与方法上皆严格遵循了朱子之教,遵循朱子解经的三大原则:文义、文意与工夫,以实现发明圣贤原意、指点现实工夫的诠释目标。在训释精密之时,较北溪更多了一层批判反思之色彩。

我们简略讨论双峰与北溪论述字义的方式及取向的不同。如《北溪字义》基于对朱子的理解,对26个字义每一字义汇聚程朱诸说,从不同角度展开专门分析,显得紧凑有序。但双峰之论却是紧扣《四书章句集注》文本,采用随文注释的方式,对《四书章句集注》加以剖析,相当于"疏",故对每一字义阐发的专门性不强。然其所论,皆极精细,多有新论。总起来看,《北溪字义》重在论述每个字义,双峰则重在针对朱注解释。尽管二者存在论述旨趣与体裁之别、心态之别(如双峰在对朱子继承阐发之时,常有批评之说。北溪则以消化、维护朱子为主),但二者皆是对《四书章句集注》再阐发,此是根本相同处,皆体现了对概念敏锐细致的分析力。我们以二者关于

---

① "《章句》曰:'是以君子之心常存敬畏,虽不见闻,亦不敢忽。'《释义》改为:'是以君子之心常存敬畏,虽当事物既往,思虑未萌,目无所睹,耳无所闻,暂焉之顷,亦不敢忘。'其意盖谓:'事物既往'是指前面底说,'思虑未萌'是指后面底说,'不睹不闻'正在此二者之间看。上文'道不可须臾离',(则自所睹以至于所不睹,自所闻以至于所不闻,皆当戒惧)则此不睹不闻在事物既往之后看;下文'喜怒哀乐未发',则此不睹不闻(又)在思虑未萌之前。(故须看此二句方说得上下文意贯通)紧要又在'暂焉之顷'四字,于此见(得子思所以发)'须臾'(二字)之意。"见(元)史伯璿:《四书管窥》卷六,《景印文渊阁四库全书》,上海古籍出版社1987年版,第859页。

② (元)史伯璿:《四书管窥》卷六,《景印文渊阁四库全书》,上海古籍出版社1987年版,第880页。

③ (元)史伯璿:《四书管窥》卷八,《景印文渊阁四库全书》,上海古籍出版社1987年版,第936页。

"忠恕"的解释为例证,具体直观呈现二者字义训释之异同及其精密性。

北溪以1700字篇幅,分成9条对忠恕加以解释。分别论忠恕之义、忠恕一而二的关系、圣人忠恕、学者与天与圣人三层忠恕义、忠恕的理一分殊关系、圣人与学者忠恕之别、忠恕之联系与差别、理一分殊论《中庸》与《论语》之恕及仁恕关系、辩驳误解恕为饶恕与宽恕义。北溪在承继程朱说基础上,对忠恕的字义、关系、层次、联系与区别、恕的误解等做了条理分明的详尽阐发,这种阐发不离"四书"文本、程朱之说,具有条理明晰、精确简易、立体通贯的特点。双峰在"忠恕一贯"章亦深入剖析了对忠恕的看法,依次讨论忠恕与一贯关系、忠恕三层含义、《大学》与《论语》忠恕关系、程子仁恕与忠恕说,批评《四书章句集注》曾子精察与力行的体用说、批评《四书章句集注》删除明道"此下学上达之义"说、讨论《中庸》"费而隐"章的忠恕。就陈、饶"忠恕"解比较来看,有同有异。同者皆围绕程朱之说展开,皆论及忠恕关系、仁恕关系、《论语》与《中庸》忠恕解之关联等。所异者,在诠释态度上,北溪以继承发展朱子说为主,颇具接着讲的意味,但也提出了恕可包忠,强调忠恕为理一分殊关系等说。而双峰虽然亦是接着朱子讲,但体现了对朱子强烈的批判精神。双峰注重从工夫论与境界论论忠恕与一贯,强调三层忠恕说的体用之别,特别论及曾子与《大学》忠恕的关系,并由此论及曾子、子思的道统之传。特别是从工夫角度批评朱子精察力行说遗漏了心上涵养工夫,强调体用与知行的贯通,批评妄自删除程子之说,背离程子本意,割裂忠恕所具下学上达之体用义,割裂《论语》与《中庸》的内在贯通。

三、朱子后学形态的新划分

学界关于朱子后学的研究,多注重地域与师承两个因素。地域具有划分简单、操作易行的特点,尤其在古代重视乡土和人员流动交往受限的情况下,以地域论学确有其依据,表现在朱子学上,即有浙江朱子学(以金华朱子学为代表)、安徽朱子学(以新安朱子学为代表)、福建朱子学(以闽北朱子学为代表)、江西朱子学(以余干双峰学为代表)等。如果说地域是学术在空间上的横向展开,那么师承则是学术在时间上的纵向绵延,黄宗羲的《宋元学案》给我们呈现了如何通过编织代代相传的学术谱系来提纲挈领地刻画古代学术传承。就朱子学而言,勉斋与北溪皆堪称第一代杰出传人,皆属于朱子所赞赏的会看文字、穷理精密者。而双峰则是勉斋之传,朱子再传,其辈分较北溪为下。地域与师承而外,思想、政治也是影响学派发展的重要因素,思想在学派发展中处于基础地位,有学者即从思想形态来论述南宋朱子学的发展。① 政治则属于影响学派发展的外部条件,如庆元党禁、元代科考的罢黜与重开、明成祖夺权等皆是对朱子学发展带来重大影响的事件。

本书根据一种似新实旧的学派考察方法,即就北溪、双峰共同的治学特点,将之划归为朱子学中的穷理精密派。据治学方法、特点来划分学派本是非常传统的做法,如汉学与宋学之分即是如此。但是以之为朱子学的学派之分,似乎尚未多见。任何的划分必然有一个潜在的对立面存在,如以穷理精密作为北溪、双峰的朱学特色,那么考证翔实则是北山学的特色,此在金履祥《论孟集注考证》、许谦《读四书丛说》中即昭昭可见。此等划分当然是为了讨论的方便,为了更好彰显学派、学者的特色,朱子之学自身训诂与义理兼具,但其倾向显然仍是以义理解释为主,注重文本分析之学,而北溪、双峰很好地继承弘扬了此点。广义而言,注重理学范畴(字义)分析的著作,皆属此穷理精密派,如程端蒙《性理字训》、程若庸《增广字训》。反之,注重文本训诂者,如张存中《四书通证》、詹道传《四书纂笺》即属于考证派。当然,也有很多著作是兼具二者,但其重心实则往往仍在义理。这一划分方法有助于超越狭隘、排他性的地域、师承等因素,凸显朱子学发展的途径与特色。当然,以陈、饶为代表的穷理派皆曾遭到朱子、勉斋的批评和警诫,吴澄又将之特别拎出来作为朱子学异化的典型痛加批判,张经世等朝鲜学者亦认为此等穷理之学偏于道问学,似乎缺乏尊德性的实践工夫。如以此观之,则穷理精密实代表了朱子学的道问学方向,而与注重下学实践的尊德性相对。这一派系强调检点身心和主敬、操存、反省、力行工夫,但就陈、饶而言,二者皆颇为重视主敬工夫和蒙学教亲,双峰专门注释过朱子的《小学》,主张将立志、居敬、穷理、反身四个方面作为为学之方,对师道亦有专门之阐发。故不能因为陈、饶重视穷理之学而推出二者必无实践工夫,尊德性与道问学乃统一而非对立关系。

再就穷理精密派而言,同样存在内在的差异。如同为穷理精密之北溪与双峰,在诠释态度和关注点上即存在很大差别,即护朱与非朱的立场。双峰通过细密的分析,对朱子说提出了有力挑战。这一批判精神本来就是穷理精密应有之义,对提出者具有很高的要求。尤其在视朱子《四书章句集注》为"浑然犹经"之作、努力领会其意尚力有不逮的背景下,双峰则体现了入室操戈之意味。双峰对朱子之批判,完全建立在对朱子文本的细密分析基础上,建立在对朱子之学方法的忠实继承上,是一种"内在批判"而非外在攻击。故双峰的批判实可谓对朱子求真是精神的继承,是对朱子看文字

① 何俊:《南宋儒学的建构》,上海人民出版社 2004 年版,第 309—413 页。

须仔细治学理念的真正继承。另一方面，双峰不仅注重义理分析，其对文字的训诂考证亦多有新解，此则又不同于《北溪字义》。如对《论语集注·乡党篇》名物之解的批评等，皆颇有见地。

正是因此穷理精密之学，使双峰之学不仅在宋元朱子学中具有广泛影响，而且通过《四书大全》而进入明清四书学的官方主流思想，因而对中外士子产生了不可忽视的影响。就此而言，双峰思想之价值及影响丝毫不亚于陈淳字义之学。虽陈、饶皆可谓朱子治学精神之嫡传，然双峰对工夫论的重视，对朱子"求真是"的反思批判精神之传承，则与北溪有所不同。就此而论，双峰较北溪更为全面地弘扬了朱子的治学思想，启示吾人精密的文本解析之学、自由的批判反思精神、切己的为学工夫，是进入朱子广大精微的思想世界的必经之途，也是转化和发展朱子学的不二之选。

第三节　朱学嫡传之论：双峰学与北山学之比较

宋理宗"朱某嫡传是黄某，黄某嫡传为谁"之问传达出对勉斋之后朱子学发展方向的重要关切。作为勉斋亲传的双峰学与北山学是"后勉斋时代"朱子学发展具有重要影响的两个学派。二者对朱子皆持继承与批评兼备之态度，然双峰被视为立异以为高的妄议者，北山学则自居为修补朱学的忠臣和世嫡。双峰治学以穷理精密鸣世，北山以考据精详著称。双峰倡理主气辅，提出以尊德性为主，北山则以理一分殊和主敬为授受符节。双峰独对朱注而欲成一家之言，北山则专主师门欲成一派之统。双峰身后寂寞，北山则在婺州学人制造下被戴上"朱学世嫡"桂冠。然就接续朱子治学精神及对后世朱子四书学影响而论，双峰实过于北山学。后勉斋时代南方等地朱子学在互动、分化与竞争中形成了各具特色的地域化朱子学：双峰学的不排陆学、思想自立，北山学的朱吕兼综、谱系构建，建阳、新安朱子学的地域传承、经学诠释，显示出师承、地域、思想、政治在构建朱子学派正统地位中的作用。分析宋元"朱学嫡传"之争，既有助于总体上把握宋元朱子学的分派、演变及其特色，也为审视地域文化、师承建构、思想创新及话语权力之关系提供了有益思考。

"朱某嫡传是黄某，黄某嫡传为谁"①是端平元年（1234）推崇朱子的宋理宗在肯定黄榦为朱子嫡传情况下发出的追问：黄榦之后谁是朱子的传人？"后勉斋时代"谁能承担传承朱子学的重任？此问直接切中南宋末年以至

---

① （宋）黄榦：《勉斋先生黄文肃公年谱》，《勉斋先生黄文肃公文集》附录，《北京图书馆古籍珍本丛刊》第九十册，书目文献出版社1987年版，第848页。

明初两百年间朱子学传承的根本问题,关乎朱子学的未来发展方向。在勉斋众多弟子中,声望最著的是江西余干饶鲁(双峰)与浙江金华何基(北山),且就与勉斋关系亲密程度及当时学界影响来看,双峰显然更胜一筹。①然而就后世历史来看,"朱学世嫡"的桂冠被戴在以北山为首的北山学派身上,而其同门饶双峰却因"多不同于朱子"之论和"欲自立门户"之心,被钉上朱子学的妄议者和背戾者的标签。二者身后所受褒贬之名截然相反,然就对朱子四书学的推进、影响而言,以及对朱子和勉斋治学精神继承而言,双峰更有资格承当"朱学世嫡"之名。衡诸史实,北山学派"朱学世嫡"之名是金华学人借助强势学术政治话语权代代接续制造的结果。就后勉斋时代南方朱子学的发展来看,各地学者努力将朱子之学与地域思想文化相结合,力争成为朱子学的正统传人,在师承、地域、思想、政治等因素作用下,于互相影响、竞争之中形成了各具特色的地域化朱子学,推动了宋元朱子学的多元繁荣发展。故比较双峰与北山学对朱子学发展的不同取径和影响,是理解宋元明朱子学演变的重要线索,也为审视地域文化、师承建构、思想创新及话语权力之关系提供了有益思考。

一、同行异情:立异为高与忠臣明道

双峰与北山学对朱子四书学皆具有继承阐发与批评创新的两面,此亦承自勉斋。勉斋《论语通释》即对朱子有羽翼、辨正的双面性,甚至直接批评朱子未能完全解透《论语》,"朱先生一部《论语》,直解到死。自今观之,亦觉有未安处"②。双峰与北山学皆继承勉斋独立思考、求其真是且勇于纠正朱子之误的精神,但是同样"批朱"行为却导致后世不同评价,对双峰之批评朱子,后世朱学普遍表示厌恶、痛斥;对北山学之批评朱子,则几乎忽略不提,甚或赞赏之。

双峰引起后世朱子学不满者,在于对朱子时有不留情面、犀利批评之语,不时指出朱注存在"过粗""空泛""过高""过杂"等脱离圣贤原意,不切为学工夫之病,其用语出言不逊,显出狂者气象。如从工夫上批评朱子格物补传汗漫无用,云"饶氏谓朱子补传似乎说得太汗漫,学者未免望洋而惊"③。加

① 如吴师道《代请立北山书院文》言,"前代奉祀,有石洞书院,何子之学,不下饶公,北山之名,岂愧石洞?"(元)吴师道:《吴师道集》卷二十,浙江古籍出版社 2012 年版,第 721 页。

② (宋)黄榦:《勉斋先生黄文肃公文集》,《北京图书馆古籍珍本丛刊》第九十册,书目文献出版社 1987 年版,第 373 页。

③ (元)史伯璿:《四书管窥》卷八,《景印文渊阁四库全书》,上海古籍出版社 1987 年版,第 690—691 页。

之双峰性格偏于自信，"晚年自号饶圣人"①，被讥讽为有心理疾病。为此，学界评价他具有自立门户、自创一派之倾向。维护他的学者视其与朱子之不同是"卒成一家之学"②，而批评他的学者如史伯璿则认为双峰不同于朱子的见解，是为了抬高自身威望，以自立门户。甚至批评他这种立意自高求胜于朱子的行为，开启了后儒妄议朱子的潘多拉之盒，"其所以启后儒妄议朱子者，实滥觞于此！"③

与之相较，北山学四代学人对朱子四书学的态度有所不同，何基与许谦以维护阐发朱子为主，而王柏、金履祥则对朱子多有批评。有意味的是，金履祥为批评朱子提出"忠臣"说加以辩护，此为许谦所继承。黄榦对何基的教导是"熟读《四书》，使胸次浃洽，道理自见"④。故何基对朱子四书学的诠释态度是以笃信为主而不立异，此与双峰"立异以为高"的创新恰形成对比。何基反对"异说"的思想鲜明见诸对王柏的教导中，面对王柏质疑朱子之说的新奇之论，提出"且当谨守精玩，不必又多起疑论"⑤。然而，王柏并未完全听从师教，在守护朱说与质疑朱说之间实有所抉择。一方面，他批评金履祥"有得于《集注》言意之外"的自我立说的新奇之论并不可取，认为这种"言意之内尚未能得其仿佛，而欲求于言意之外"的学风乃是未能理解《四书章句集注》的不学之举，教导其当"孳孳沉潜涵泳于《集注》之内"⑥。此与何基倡导的熟读笃守《四书章句集注》说如出一辙。另一方面，他又认为虽不可妄批朱注，但在获得《四书章句集注》言内之意的基础上，可以寻求《四书章句集注》言外之意，即对《四书章句集注》提出异议与挑战。他援引勉斋《论语通释》对朱子的质疑作为先例，"但学者不可妄有指议，苟有证据，不妨致疑于其间，是勉斋《通释》之例云尔"⑦。可见勉斋对朱子的批评对双峰及王柏皆产生了示范效应。尽管王柏主张对朱子只能"疑"而不能"疵"，但四库馆臣认为王柏所提出的《大学》格致传未曾缺失，《中庸》包含两篇，《诗经》存在诸多淫诗等不同于朱子之说，其实是"疵"。

① （元）陈栎：《定宇集》卷七，《景印文渊阁四库全书》第一千二百零五册，台湾商务印书馆1986年版，第269页。

② （元）程钜夫：《程钜夫集》卷十四，吉林文史出版社2009年版，第159—160页。

③ （元）史伯璿：《四书管窥》，"敬乡楼丛书"本（铅印）1931年版，第16页。

④ （清）王梓材、冯云濠：《宋元学案补遗》卷八十二，中华书局2012年版，第4728页。

⑤ （元）吴师道：《吴师道集》，浙江古籍出版社2012年版，第731、732页。

⑥ 《题金吉甫〈管见〉》，曾枣庄主编：《宋代序跋全编》卷一百八十八，齐鲁书社2015年版，第5353页。

⑦ 《答叶通斋》，曾枣庄、刘琳主编：《全宋文》第三百三十八册，上海辞书出版社、安徽教育出版社2006年版，第115页。

金履祥《论孟集注考证》从训诂上对朱子提出诸多批评,提出"忠臣"这一充满门户之见说。他说:"文公《集注》多因门人之问更定……或疑此书不无微牾者,既是再考,岂能免此? 但自我言之则为忠臣,自他人言之则为谗贼尔。此履祥将死真切之言。"①一方面表明其所作《论孟集注考证》是对《四书章句集注》之注疏,以示对《四书章句集注》的推崇。另一方面,又指出《四书章句集注》在义理与名物上皆存在不足:义理方面的不足,过在弟子未加疑问,导致朱子"未及修",此说王柏已发之;名物方面则是朱子以为此等处不要紧而忽略之,故《论孟集注考证》就是为了替《四书章句集注》修补缺漏。金履祥这两个理由显然皆是为批评朱子所找的遁词:《四书章句集注》并非因弟子之问而修改,而是朱子不懈打磨,死前仍在修改之作;朱子也未忽略名物问题,而是极为重视,力求做到"无一字闲"。在断定朱子《四书章句集注》因主客观原因而存在不足的基础上,金履祥断然提出《论孟集注考证》作为"修补""再考"之作,与《四书章句集注》之说"不无微牾"实属必然,并从学术创新的属性肯定该书与《四书章句集注》不同的合理性。他认为既是"再考",就不可能不对朱注发表新看法,不可能完全认同朱注,否则此书就没必要撰写。"既是再考,岂能免此"的铿锵之语,确乎体现了金氏坚持学术的求真是精神。但出于维护朱子的情感需要,他又自我辩护说这种批评是居于做朱子忠臣的立场,这一工作如果换成他人,则是诽谤攻击之谗贼,以此作为表白自家心迹的肺腑切要之言。应该说,金履祥此番话兼顾求真创新之理与护朱之情两面,情真意切。然其自我、自他的"忠臣""谗贼"之分显然体现了以朱子传人或自家人自居的道统门户意识,以至被清儒讥讽此说丧失了公正立场而"殊不可训",流为"宋元间门户之见"。②《论孟集注考证》善于结合朱子《四书章句集注》《四书或问》《朱子语录》等著作指出朱子说早晚之异同,以朱纠朱,但以《四书或问》修改《四书章句集注》显然存在方向上的颠倒,违背了以《四书章句集注》作为朱子定见的教导。因《论孟或问》乃朱子中年学未成之书,《论孟集注考证》事实上体现了很强的"立一家之言"的意味,然除护朱情结浓烈的史伯璿对此加以批评外,并未遭到主流意见的批评,反而获得同情的理解。如黄百

---

① 《跋孟子集注》,曾枣庄、刘琳主编:《全宋文》第三百五十六册,上海辞书出版社、安徽教育出版社2006年版,第329页。
② 四库馆臣言,"使所补正者果是,虽他人亦不失为忠臣;使所补正者或非,虽弟子门人亦不免为谗贼。何以履祥则可,他人则必不可?"(清)永瑢等:《四库全书总目》,中华书局1965年版,第298页。

家即认为金履祥"非立异以为高,其明道之心,亦欲如朱子耳"①。作为北山学殿军的许谦《读四书丛说》同样继承了金履祥考证修补《四书章句集注》的做法和以"忠臣"自我辩护的策略。该书"于训诂名物,亦颇考证,尤足补《章句集注》所未备"②。许谦在为自家之说不同于蔡沉《书集传》时常以其师"忠臣""谗贼"之分自我安慰,表明为学当求真是之用心。黄宗羲在《宋元学案》言其"于《书传》与蔡氏时有不合,每诵仁山之言曰:'自我言之则为忠臣,自他人言之则为谗贼,要归于是而已'"③。故双峰与北山学虽同样对朱子有批评,然所获评价截然相异,被认为同行异情,迹同心异。

二、义理精密与考据精详

双峰学与北山学在"四书"解释路径上存在一明显不同:双峰以义理分析为主而兼顾考据,北山以训诂考据为主而兼顾义理,可谓分别代表了朱子学中的义理派与训诂派。相对而言,双峰从义理上与朱子"较真",冲击性更大,更易造成立异为高的印象。双峰继承朱子精于分析的风格,较北溪犹有过之。他在精密剖析"四书"朱注之说基础上,对朱子作出诸多批评。这种批评在精神与内容上皆受到勉斋的深刻影响,如在《中庸》义理和结构理解上,勉斋提出不同于朱子的见解,以至被认为"勉斋之说,有朱子所未发者"④,双峰进一步从义理与章节上对《中庸》提出诸多新解,如把《中庸》分为六大节三十四章,获得朱子后学广泛认同。⑤且双峰在考据上亦时有精彩之笔,如关于咏叹、淫佚解,"咏叹言其词,淫佚言其义,淫佚者意味溢乎言词之外也"⑥。此条被广为引用,许谦《读四书丛说》亦引之。

北山学则以标抹"四书"为特色,形成了重视批点标抹、训诂考辨的传统,此实继承东莱之学。曾有学者认为北山标抹"四书"的做法来自勉斋,吴师道指出此实来自东莱,此正显出东莱对北山学的影响;但又特别交代

---

① (明)黄宗羲原著,(清)全祖望补修:《宋元学案》卷八十二,中华书局1986年版,第2737页。
② (清)永瑢等:《四库全书总目》,中华书局1965年版,第299页。
③ (明)黄宗羲原著,(清)全祖望补修:《宋元学案》卷八十二,中华书局1986年版,第2756页。
④ 许家星:《"勉斋之说,有朱子所未发者"——论勉斋的〈中庸〉学及其思想意义》,《江汉论坛》2016年第1期。
⑤ 许家星:《再论饶鲁的〈中庸〉章句学及其对朱子的超越》,《深圳大学学报》2014年第4期。
⑥ (元)景星:《大学中庸集说启蒙》,《景印文渊阁四库全书》第二百零四册,上海古籍出版社1988年版,第979页。

何、王"其学则勉斋学也"。① 王柏则对儒家经典多有质疑,提出"有探讨之
实者不能无所疑,有是非之见者不容无所辨"的主张,质疑《大学章句》补
传,主张《中庸》两篇说,是宋代疑经的重要代表。金履祥《论孟集注考证》
继承何基传统,注重音义考证。许谦归纳金履祥的工作为:"或檃栝其说,
或演绎其简妙,或摭其幽发其粹,或补其古今名物之略,或引群言以证
之。"②如指出程子是指明道还是伊川,分辨朱注读音之正误,指出朱注用语
多有方言,交代朱注用意等。该书最引人注目的工作就是对朱注名物训诂
之误加以修正,清儒认为对朱注具有拾遗补阙、弥缝罅漏之功。许谦《读四
书丛说》同样体现了重视训诂考据的特点,其对《四书章句集注》作了以下
工作,"奥者白之,约者畅之,要者提之,异者通之,画图以形其妙,析段以显
其义。至于训诂名物之缺,《考证》补而未备者,又详著焉"③。其工作大体
同于金履祥,但更注重通俗化、简明化,采用了图解"四书"这一元代流行的
方式,并突出了分段阐发,此与许谦重视理学教育有紧密联系。四库馆臣肯
定该书具有简要晓畅、考据精详、有补于《四书章句集注》的特色。④ 尽管吴
师道等极力推崇此书为读朱子之书所必备,然《四库全书》并未收入此书。
且尽管宋濂、王祎主裁的《元史》推崇北山之学至许谦"益著",全祖望则判
其学远不如金履祥,导致金华之学彻底流入训诂一途,是金华学术之变,反
映出对许谦的评价存在不同看法。

三、理主气辅、尊德性与理一分殊、主敬

　　双峰与北山在理气、心性、为学工夫上各有特色。就理气关系言,双峰
主张"理气不相离,气以理为主,理以气为辅"的理主气辅观。⑤ 他肯定性是
"人所禀之天理"⑥,认为理既在心,也在事,明德与至善分别表示理的两种存
在状态,"明德以理之得于心者言,至善以理之见于事者言"⑦。他认可以用

①　(元)吴师道:《题程敬叔读书工程后》,《吴师道集》,浙江古籍出版社 2012 年版,第
　　615 页。
②　(元)许谦:《许白云先生文集》,浙江古籍出版社 2015 年版,第 1017 页。
③　(元)吴师道:《读四书丛说序》,《吴师道集》卷十五,浙江古籍出版社 2012 年版,第 523 页。
④　"书中发挥义理,皆言简该该……其于训诂名物,亦颇考证,有足补《章句》所未备。于朱子
　　一家之学,可谓有所发明矣。"(清)永瑢等:《四库全书总目》,中华书局 1965 年版,第 299 页。
⑤　(元)胡炳文:《四书通》,《景印文渊阁四库全书》第二百零三册,台湾商务印书馆 1987 年
　　版,第 425 页。
⑥　(元)史伯璿:《四书管窥》卷五,《景印文渊阁四库全书》,上海古籍出版社 1987 年版,第
　　829 页。
⑦　(明)胡广等:《四书大全》,《景印文渊阁四库全书》第二百零五册,台湾商务印书馆 1986
　　年版,第 10 页。

无过不及、恰好来解释理之极致、至善义，如"格物穷至那道德恰好阃奥处"等。双峰对心颇重视，《宋明理学史》将他与吴澄合为一章，视为宋元朱陆合流之代表，指出其穷理方法非沿着朱子，而是"多少吸收了陆九渊的明心论"。① 视此为饶鲁不同于朱子所在，此说似未得其实。② 双峰在对《大学》至善、格物、诚意的理解上，皆提出新说。如主张"至善是事物当然之则，非指明德新民造极之地而言也"③。指出"表里精粗""全体大用"之说乃朱子所自立言外意，为经文所无。指出《中庸》首章并未论及气质，批评《中庸章句》"以慎独专为谨于方萌之时"导致工夫不周遍，主张慎独贯穿于意念方萌与处世接物全过程。不满《中庸章句》以存心与致知论"尊德性而道问学"五句，主张本章章旨是致知与力行。双峰重视综合而不满朱注分析，认为《孟子》"牛山之木"章所言出入之心亦是仁义之心而非《孟子集注》所论知觉之心。他批评《孟子集注》"仁人心"章"又只说从知觉上去"，认为此亦是指义理之心。在工夫论上，双峰提出"必先尊德性以为之本"说，云"欲修是德，必先尊德性以为之本"④，然尊德性又落实在道问学上。

北山学思想主旨是理一分殊与恰好道理说。如在忠恕理解上，发挥理一分殊、一本万殊思想。《论孟集注考证》引何北山说："故事理虽不同，到得恰好处则一，此所谓万殊而一本。然其一本者非有形象在一处，只是一个恰好底道理在事事物物之中，此所谓一本而万殊。"⑤北山认为，忠恕即是一本万殊，万殊一本。理是恰好之义，即是一本，中、至善皆是此义。任何事物皆有各自恰好处，万殊之恰好处即是一理恰好处。理一分殊即是指恰好之理之分殊，即各自不同之理具有恰好这一共性。并从道统角度指出，圣人所为虽不同，皆归于恰好处，此即圣贤传道所在，尧舜心传之中即是恰好之理。"到得恰好处则一般，便是以是传之也。"王文宪曰："恰好处是尧舜所谓中。"⑥北山尤看重延平传给朱子的"理不患其不一，所难者分殊尔"⑦，把此

---

① 侯外庐等主编：《宋明理学史》，人民出版社1997年版，第725页。

② 勉斋为纠正朱学偏于道问学的弊病，强调检点身心才是工夫根本。双峰重视心，应是受此影响。参见许家星：《朱子学的羽翼、辨正与"内转"——以勉斋〈论语〉学为中心》，《中国哲学史》2015年第4期。

③ （元）史伯璿：《四书管窥》卷一，《景印文渊阁四库全书》，上海古籍出版社1987年版，第678页。

④ （元）史伯璿：《四书管窥》卷八，《景印文渊阁四库全书》，上海古籍出版社1987年版，第936页。

⑤ （元）金履祥：《论孟集注考证》，《景印文渊阁四库全书》第二百零二册，台湾商务印书馆1987年版，第53页。

⑥ （元）金履祥：《论孟集注考证》，《景印文渊阁四库全书》第二百零二册，台湾商务印书馆1987年版，第103页。

⑦ （明）黄宗羲原著，（清）全祖望补修：《宋元学案》卷三十九，中华书局1986年版，第1291页。

理一分殊说奉为宗旨,显示强调事上用功的指向。许谦以此为为学宗旨。黄宗羲视此为北山学传自朱子之血脉。北山学派特重主敬工夫。王柏初见何基,即告之胡宏立志居敬这一为学主旨,"授以立志居敬之旨,且作《鲁斋箴》勉之"①。王柏笃守此教,临终前体现了强烈的主敬工夫。金履祥从学何基时,同样被告知立志居敬说,此可谓北山家法。金履祥主张敬是主一无适,是日用当行工夫,以此区别坐禅入定。许谦去世前举止亦体现了主敬工夫。《宋元学案》载:"门人朱震亨进曰:'先生视稍偏矣。'先生更肃容而逝。"②可见两家皆论及理一分殊,但取向不同,双峰更兼顾分殊与理一、知与行一体,③北山则突出了分殊践履的重要;双峰纳主敬、道问学于尊德性下,北山则以主敬为工夫根本。

四、成一家之说与主一派之言

双峰与北山对"四书"诠释的另一差别体现为自立一家之说还是推崇一派之言。盖北山学被作为一个横跨百年的学术团体被述说,而双峰学并无北山学那般严密意义上的学派团体,极为松散。目前所见双峰"四书"解,除"求放心"章个别处提及勉斋说外,不再提及他人,而是直接就经文及朱注抒发己见。他也不采用以朱解朱的方式,极少采用朱子各说,体现了独对文本、自立己说的精神。此与其他"四书"诠释之作反复牵引朱子及后学各说形成鲜明对比,呈现出简明扼要、直抒己意的风格。再就双峰弟子后学来看,虽对双峰有所尊崇和继承,然更注重发挥己说。如程若庸《增广字训》继承双峰解析精密的特点,以字义体来发挥自己的思想。程若庸弟子程钜夫则以"融合贯通"为特色,另一"弟子"吴澄虽受到双峰影响,然有感于朱子学日益严重的章句训诂化,反而批评双峰的精密解析之学为训诂之学。对双峰极表尊敬者,则有吴中行、朱公迁等,如《四书通旨》引双峰说皆称饶子。④ 故双峰弟子后学以自家立说为主,并无明显尊奉双峰为一派宗主的意识。

北山学则体现了强烈的师门宗派意识。在朱子后学中,北山学专宗一派的风格最为突出。此派所著"四书"类著作,除朱子书外,几乎全引勉斋、

① (明)黄宗羲原著,(清)全祖望补修:《宋元学案》卷八十二,中华书局1986年版,第2730页。
② (明)黄宗羲原著,(清)全祖望补修:《宋元学案》卷八十二,中华书局1986年版,第2757页。
③ 双峰于"忠恕"章批评朱注论曾子"于用处精察力行,未知体之一"说不妥,认为曾子已知体之一,强调理一与分殊的统一。
④ 许家星:《"字义"与"经疑"的一体——论〈四书通旨〉对"四书"诠释体式的新探索》,《中国哲学史》2014年第4期。

北山一系说,有意建构一个内部的道统传承脉络。① 正是因为上接勉斋才使得北山学具有了传承朱子道统的"本钱",故他们颇重勉斋《论语通释》,熟读此书成为北山学派的必要功课。金履祥《论孟集注考证》取《论语通释》说32处,但对勉斋也有批评。本来何北山主张"《集注》义理自足,若添入诸家语,反觉缓散"。② 但其弟子即开始引用包括北山在内之说。《论孟集注考证》引何文定说近50处,颇能体现北山思想其实并非拘守朱注,而亦有立异之解。如认为朱子《朱文公文集》说可补《四书章句集注》之不足而更为分明,针对《四书章句集注》提出新解,认为"愠"当是"闷"而非"怒"。《论孟集注考证》频引何文定及勉斋说,似有意给人制造黄、何传承的强烈印象。该书引王柏(王文宪)说165处,另有两三处以"王子""子王子"称之,体现了对王柏的极大尊崇。且有意引王柏怀疑《诗经》等说,体现出金履祥受王柏疑经思想影响,而不固守朱子的立场。许谦《读四书丛说》则未取此等违背朱子之说,且不再如《论孟集注考证》般频繁引用何、王说,引北山说从《论孟集注考证》50处降至仅2处,引王柏说从165处降至5处,二者影响在《读四书丛说》中可谓"泯然众矣"。然而引"金先生"金履祥说最多,达70处,表现出对其师的尊崇。此远桃其祖而尊崇本师的代际传承现象颇有意味。故学者认为,就治学风格而言,许谦与何基之笃守朱子学类似,与王柏、金履祥则疑朱纠朱实有所不同,此见北山四先生并非一同质整体,在对待经典的立场和诠释方法上实有所变化。他们并不回避对具体问题的争议分歧,在一定意义上突破了狭隘的师门观念而体现了追求真是的精神。如《论语》"不知而作"章何基与王柏看法不一、《论语》"问禘"解金履祥对王柏说持异议。

此顺带略论北山学对双峰说的采用,史伯璿《四书管窥》于此有详尽剖析,指出王柏引7条、金履祥引3条、许谦引12条,共22条。并分析北山学派对双峰思想常采用暗中化用、袭其故智、改头换面的做法。此对双峰的吸取恰表明北山学又具开放的一面,见出对同出勉斋学的双峰之尊重与认可,显示两派关系的友善和双峰学的影响。③

---

① 学者指出金履祥独占性的师统观体现在《论孟集注考证》指名道姓引用过学者仅有何基、王柏、黄榦3人。参见王宇:《师统与学统的调适:宋元两浙朱子学研究》,社会科学文献出版社2019年版,第344—347页。

② (明)黄宗羲原著,(清)全祖望补修:《宋元学案》卷八十二,中华书局1986年版,第2727页。

③ 学者指出,"由黄榦而来的浙江、江西两支后学,其思想的互动和影响还是相当大的"。王琎:《朱学正传——北山四先生理学》,生活・读书・新知三联书店2010年版,第174页。

五、双峰学的失语与北山学"朱学世嫡"的累世制造

双峰学与北山学在后世声望差别甚大,今日亦是如此。前者几湮没无闻,后者多有研究。这一重大差异首先体现在著作流传上,双峰本人无著作传世,导致学者研究无门,其门人后学著述亦流传甚少,几不足以成派。北山学则何基著作虽散失而有辑佚,王柏、金履祥、许谦皆有重要著作传世。双方更大差异在于双峰学派缺乏学派的构建传承意识,导致湮没无闻;而北山学经历数百年不懈建构,最终确立了"朱学世嫡"的名号。金华学者制造"朱学世嫡"的历史过程,是了解朱子后学演变极有意义的参考。①

北山"朱学世嫡"的名号是金华地方文化长期自我制造的结果。北山学特别重视道统建设,竭力推崇勉斋得朱子道统之传,此事关北山学道统地位之要害。故王柏对此甚为积极,言"考亭梦奠,同志盟解,维时勉斋,独得其传"②。反复宣扬在朱子去世后,只有勉斋独得朱子之传,为何基得勉斋之传做好铺垫。王柏在祭何北山文中赞其"远探濂洛,近述鳌峰"③。金履祥接过王柏的接力棒,继续宣扬北山得勉斋之传。"维何夫子,文公是祖,是师黄父。"④学者认为,金履祥与王柏相比,其主张北山学独占朱子之传的雄心更明显,体现了更强的宗统意识和排他性,这正是其"忠臣"之说、门户之见的根源。通过构造朱子学单线传承的脉络,他毫不客气地将同为勉斋高弟的双峰等排斥在外。⑤ 金履祥认为北山以理一分殊得朱、黄"传授之符",此即北山真知灼见、得道传道所在。《宋元学案补遗》曰:"盖一理散于事物之间,皆真实而非虚……间尝指此以示门人也,此其传授之符乎?"⑥金履祥"祭土柏文"宣扬土柏接续勉斋、北山之传,特别指出王柏以朱子学世家子弟身份,选择皈依北山,由此接续朱子之传,渲染了何、王独传朱学之意味。金履祥去世后,制造北山独得朱子之传的接力棒交到许谦手中。许谦提出金履祥继承王柏而上接朱子之传,"统绪传朱子,渊源

---

①　王宇《宋元两浙朱子学研究》第十章《北山世嫡:朱子学师统崇拜的顶峰》对此所论颇详。

②　《祭南坡老人》,曾枣庄、刘琳主编:《全宋文》第三百三十八册,上海辞书出版社、安徽教育出版社2006年版,第407页。

③　《北山行状告成祭文》,曾枣庄、刘琳主编:《全宋文》第三百三十八册,上海辞书出版社、安徽教育出版社2006年版,第410页。

④　杨镰主编:《全元诗》第七册,中华书局2013年版,第324页。

⑤　王宇认为此说体现了独占排他的意识,"无形中贬低了黄榦的其他门人,譬如饶鲁"。王宇:《师统与学统的调适:宋元两浙朱子学研究》,社会科学文献出版社2019年版,第342页。

⑥　(清)王梓材、冯云濠:《宋元学案补遗》,中华书局2012年版,第4729页。

继鲁翁"①。

北山之后王、金、许接力宣扬此派于朱子"有的其传""独传真统绪",虽有其确立一门之内的传道意义,然因三者皆非显要之士,其社会、政治影响有限。而对北山学宣扬最力者,则当推柳贯、黄溍、吴师道等掌握学术话语权、拥有政治地位的金华知名学者。② 他们通过行状、序文等来建构北山学的道统地位,提出"朱学世嫡"说。柳贯代许谦所撰金履祥《行状》建构了由金履祥上溯王柏—何基—黄榦—朱子的道统脉络,云"文宪王公之学得之文定何公,何公之学得之文肃黄公,黄公则文公子朱子之高第弟子也,其授受之渊源,粹然一出于正"③,强调北山学派是纯粹正统的朱子之传。黄溍称颂王柏接续朱子之传,并给他戴上了"朱学世嫡"的桂冠,言"洛学独推朱氏为大宗,文宪王公则朱学之世嫡也"④。黄溍同样把这一桂冠给了何、王、金、许四先生。他在许谦墓志铭中言:"三先生皆婺人,学者推原统绪,必以三先生为朱子之世嫡。先生出于三先生之乡而克任其承传之重……朱子之道至先生而益尊,先生之功大矣。"⑤甚至将许谦推尊朱子学之贡献与朱子发扬二程之学相比,此则过矣。吴师道、黄溍、柳贯对将北山学推入正史发挥了关键作用。名声不显的何基被写入《宋史》,吴师道的推动至关重要,当时名声高于何基的饶鲁等则落选。明代金华地区继续人才辈出,受业于黄溍、柳贯的宋濂、王袆等金华后学接过推崇北山四先生的任务,在主编的《元史》中对许谦沿用了"朱学世嫡"说,以之为北山学之大成,给予极高赞誉。⑥"何基、王柏及金履祥殁,其学犹未大显,至谦而其道益著,故学者推原统绪,以为朱熹之世嫡。"⑦经过金华学人强有力的累世建构,四先生"朱学世嫡"说已然成为一普遍流行的知识。这一知识贯穿明清,如归有光即采用之,黄宗羲、全祖望、黄百家袭此说并踵事增华之。黄百家

---

① （元）许谦:《许白云先生文集》卷一《金先生挽辞》,浙江古籍出版社2015年版,第923页。
② 王宇提及金履祥逸民及许谦布衣身份,其官方地位的获得,"落在柳贯、吴师道、黄溍、宋濂等金华文人的肩上"。王宇:《师统与学统的调适:宋元两浙朱子学研究》,社会科学文献出版社2019年版,第352页。朱冶认为,吴师道"在任教国子监期间,借遵从许衡教法之名,行推广金华朱子学之实"。朱冶:《元明朱子学的递嬗——〈四书五经性理大全〉研究》,人民出版社2019年版,第34页。
③ （元）柳贯:《柳贯集》,浙江古籍出版社2014年版,第782页。
④ （元）黄溍:《黄溍集》,浙江古籍出版社2013年版,第422页。
⑤ （元）黄溍:《黄溍集》,浙江古籍出版社2013年版,第775页。
⑥ 如王袆认为吕学于金华未能大传而北山所传为朱学,"婺实吕氏倡道之邦,而其学不大传。朱氏一再传为何基氏……许谦氏,皆婺人,而其传遂为朱学之世嫡"。参见（明）宋濂:《潜溪录》,浙江古籍出版社2014年版,第2525页。
⑦ （元）许谦:《许白云先生文集》,浙江古籍出版社2015年版,第1094页。

扩大北山学的范围,将推崇北山学极有功的柳贯、黄溍、戴良、宋濂等文人皆纳入朱子嫡传,并提出朱子学之"学髓"与"文澜"之分,认为北山得朱子之学,而柳贯等文人传朱子之文。他们共同构成兴盛的北山之学,皆为朱子嫡传,"数紫阳之嫡子,端在金华也"①。对金华朱子学的自豪之情,溢于言表。

六、"朱学世嫡"说反思

金华的"朱学世嫡"说,是一个不断建构的概念。黄百家扩大金华朱学嫡传的范围,提出所谓"文澜"说,但朱子学核心在理学与经学而并不在文,且朱子明确批评词章之学,故"文澜"说实属对朱子学的歧出。黄百家之用意,无非是欲突出金华文学之盛,肯定北山传道地位实多有赖于金华文士之力。同时又透露出一个消息,即构成金华学的主干之一是词章之学、训诂之学。全祖望对金华之学的理解与之不同,他强调金华学术之盛具有昌大勉斋学之功,特别表彰金履祥是明体达用之学,是北山学派扛鼎人物,"金文安公尤为明体达用之儒,浙学之中兴也"②。"勉斋学案"即以此体用学赞赏黄榦,云"嘉定而后,足以光其师传,为有体有用之儒者,勉斋黄文肃公其人与!"③可见在全祖望看来,北山学真正传勉斋者,是金履祥的体用兼备之学。然而,全祖望却说金履祥是"浙学之中兴"。此中即存在一个朱子学与浙学的关系问题。尽管有学者否定北山之学是"浙学",④但普遍认为北山学无法抹开与"浙学"和东莱学的关联。⑤ 如此一来,作为深染浙学之风的金华朱子学又何以成为"朱学嫡传"呢?对北山学统之看法,全祖望与前人不同,提出"婺学三变"说,云:"婺中之学,至白云而所求于道者,疑若稍浅,

---

① (明)黄宗羲原著,(清)全祖望补修:《宋元学案》卷八十二,中华书局 1986 年版,第 2727 页。
② (明)黄宗羲原著,(清)全祖望补修:《宋元学案》卷八十二,中华书局 1986 年版,第 2725 页。
③ (明)黄宗羲原著,(清)全祖望补修:《宋元学案》卷六十三,中华书局 1986 年版,第 2020 页。
④ 王宇认为,"两浙朱子学完全不同于'浙学',地域属性没有能够支配两浙朱子学"。参见王宇:《师统与学统的调适:宋元两浙朱子学》,社会科学文献出版社 2019 年版,第 8 页。
⑤ 关于浙学与朱学关系,究竟是浙学兼朱学还是朱学兼浙学,各有不同看法。然王梓材把王柏、王祎等皆纳入浙学而兼朱学者,此说不无代表性:"东莱学派,二支最盛:一自徐文清(侨)再传而至黄文献(溍)、王忠文(祎);一自王文宪(柏)再传而至柳文肃(贯)、宋文宪(濂),皆兼朱学,为有明开一代学绪之盛。"(清)黄宗羲原著,(清)全祖望补修:《宋元学案》卷七十三,中华书局 1986 年版,第 2434 页。对此"兼朱学"说,董平认为是"既学宗朱子而又兼重经史之学"。然又径直以北山四先生为吕学一支。参见董平:《南宋婺学之演变及其至明初的传承》,《中国学术》2002 年第 2 辑。全祖望于《东莱学案》批评了朱子对东莱的指责,"晦翁遂日与人苦争,并诋及婺学",不满于《宋史》将东莱列为《儒林》。(明)黄宗羲原著,(清)全祖望补修:《宋元学案》卷五十一,中华书局 1986 年版,第 1652 页。

渐流于章句训诂，未有深造自得之语，视仁山远逊之，婺中学统之一变也。义乌诸公师之，遂成文章之士，则再变也。至公而渐流于佞佛者流，则三变也。"①此明显具有崇金贬许之倾向，认为许谦得道较浅而使金华流入章句训诂之学；其弟子则一步由训诂蜕化为文章之学，此是第二变；再至宋濂则流为佛老之学，此则第三变。全祖望此一判断颇为中肯，自许谦以来所谓"朱学世嫡"说已经逐步异化为朱子所反对的训诂、词章，甚至佛老之学。②北山学对朱子的偏离异化，在当代浙江学人中亦得到回应。如何俊认为北山学自王柏、金履祥即开始流于"思想的学术化"，这一后果是脱离了朱子学发明性与道的形上追求，而落入形而下的实证之中。③ 高云萍进一步讨论北山学在扩展中异化的特点，认为"他们总体的思想格局，呈现出学术性知识旨趣优先于思辨性义理关怀的倾向"④。

　　回到与北山相对的双峰学。就四书学而言，双峰影响远大于北山学。史伯璿《四书管窥》对此有充分反映，该书竭力揭示双峰违背朱子之处，尤注重挑出各家受双峰影响之处。受双峰影响最深的是新安理学，即陈栎《四书发明》、胡炳文《四书通》、倪士毅《四书辑释》，史氏认为他们"信朱子不如信饶氏"⑤。正是因他们对双峰说的采用，双峰思想得到广泛传播。⑥ 胡广等纂修的《四书大全》以《四书辑释》为底本，认为朱子四书学的学术重心落在新安一系，而北山系受到旁落。关于这一问题，学界研究多从政治着眼，但此并非根本原因。⑦ 个人认为更多的可能还是学术自身因素。胡广接受的任务是要在尽可能短的时间内提供一部可供天下学子作为范本的朱子四书学教材，传统的注疏类作品更合乎内容广泛、选材丰富、笃守朱子、解析平实的标准。新安学的纂疏体恰具有此等优点，这

---

① （明）黄宗羲原著，(清）全祖望补修：《宋元学案》卷八十二，中华书局1986年版，第2801页。
② 董平不满全氏说，认为"不拘门户而博贯诸家，原为婺中学术之传统"。又强调北山博学兼通与"朱学世嫡"说冲突。参见董平：《南宋婺学之演变及其至明初的传承》，《中国学术》2002年第2辑。
③ 何俊：《南宋儒学建构》，上海人民出版社2004年版。
④ 高云萍：《扩展中异化的后朱熹时代的道学话语：以北山学派为例》，《浙江学刊》2009年第5期。
⑤ （元）史伯璿：《四书管窥》，"敬乡楼丛书"本（铅印）1931年版，第1页下。
⑥ 王宇将此概括为"饶鲁崇拜"的示范效应，并认为"饶鲁对黄榦，胡炳文、陈栎、金履祥等人对饶鲁，倪士毅对陈栎，都存在着盲目崇拜，这种崇拜往往不顾是非正误，尊信本师甚于尊信朱子，以致蔑视朱子、曲解朱子"。参见王宇：《师统与学统的调适：宋元两浙朱子学研究》，社会科学文献出版社2019年版，第378页。判定元人有意贬抑朱子等说，恐不合史实，其实饶鲁与黄榦实有所不同，可参史伯璿及笔者相关论述。
⑦ 朱冶：《元明朱子学的递嬗：〈四书五经性理大全〉研究》，人民出版社2019年版。

也是朱子后学诠释朱子四书学的最主要方式,它形成了"经文—朱注—朱子文字—弟子解—按语"五层次解释模式。这个层次分明的模式按重要性展开,选取朱子弟子合适之解,不仅有助于理解朱子之说,且体现出朱子学不仅是朱子一人之学,也包括了弟子之参与创造。① 这种五层宝塔式解释虽有烦冗之弊,但具材料网罗详尽、解释全面周到、分析细致透彻、便于取材发挥等优点。而金华学派《论孟集注考证》与《读四书丛说》无论从形式到内容皆与此殊不同类,更多的是表达自家一系看法,且偏于考据,与朱子强调义理发挥多有抵牾,甚至多取材于《四书或问》,明显违背朱注宗旨,并不适合作为教材。就《四书大全》所引二家说来看,引北山学"许谦材料最多,其次为方逢辰、金履祥、王柏、何梦贵、欧阳玄等人,共计154条"②。而引双峰一人即560余条,可见悬殊。双峰学实际成为明代以来四书学的主流,影响极大,如明代蔡清、清代陆陇其等朱子学名家在著作中多次引用评议双峰之说,王夫之《读四书大全说》所引双峰说居于所有朱子弟子后学之首。因《四书大全》对东亚朱子学的巨大影响,故双峰影响随之扩大至东亚。

就宋元朱子学而言,应该说在闽、徽、赣、浙等朱子学基础深厚地区,形成了区域化发展特征,而谱系化特征除北山学派外,其余地区并不明显。公认元代最有代表性的朱子学者是许衡、吴澄,金履祥、许谦并没有获得与许、吴相抗衡的地位。进入明代以来,随着《四书大全》的广泛使用,双峰影响实大于北山四先生。可以说北山学在明代以来已逐渐边缘化了,实当不起"朱学世嫡"之名,而双峰学的影响则流行不衰。

七、师承、地域、思想与政治交织下的朱子学传承

在学派构建与竞争中,师承、地域、思想及政治构成不可忽视的因素。闽、浙、赣、徽等地朱子学者积极努力将作为普遍思想的朱子之学与本土固有地域思想相结合,形成了各具特色的地域化朱子学。

在各地朱子学中,北山学的师承门派意识和正统意识最强,学脉的线索最为清晰,延续最为长久。"北山学派完全专注于以师统形态传道"已成为学界共识。其传道建构非常倚重师门学统,代表了以师门宗派接朱子之传

① 陈来先生指出:"朱子学本身包括朱熹本人的哲学以及他的学问对后世产生的影响。"参见谢宁:《还原朱子学研究的重要性——陈来访谈录》,《博览群书》2010年第12期。
② 陈逢源:《"工夫"与"境界":〈四书大全〉中"北山学脉"义理诠释之考察》,《孔子研究》2016年第1期。

的类型。① 学者断定"北山世嫡"说是朱子学师统崇拜的顶峰,认为此学派的排他性、独占性、门户性最为强烈,甚至流于偏狭、固执,而最易与其他朱子学引发冲突。② 学者通过何基入祀孔庙而熊禾未能相比较,认为二者皆无著作传世,何基入祀实是沾光师承黄榦之故。③ 本与朱子并无直接关联的金华之学,享"朱学世嫡"之誉,实多赖金华文人之竭力推动,可视为金华文化催生打造之产物,最终使朱子学朝着学术化、实证化、词章化方向演变。④ 金华朱子学具有兼宗朱、吕而更趋于吕的特点,尽管朱、吕关系密切,但南宋陆学在浙江的发展盛过朱子学,相对而言朱子学并不发达。⑤ 可见北山朱子学紧扣勉斋与北山年少时一段交往而笃定其为"朱学世嫡",实有"攀黄附朱"之嫌,而若否认其与东莱学之关联,则恐难逃"数典忘祖"之讥。所以北山之学作为浙学地域之产,以之为"朱学世嫡"的纯粹性与可信度实为可疑。

　　与北山学形成对照,双峰并未借勉斋以上接朱子之传,且在讥者看来,双峰反颇有跻朱子而代之,自立门墙之意。元温州学者即以四圣之易不同而比拟双峰与朱子《四书》之不同,赞赏双峰不同于朱子者自有其价值,当分别而观。⑥ 双峰再传程钜夫概言双峰"从其高第弟子游",似指双峰先后

---

① 王宇指出,黄宗羲、全祖望《宋元学案》立两浙朱子学案 6 篇,通过地域属性构建出一个光辉灿烂的两浙朱子学派。与闽中、江西朱子学相比,反而有更可靠的传授谱系。参见王宇:《师统与学统的调适:宋元两浙朱子学研究》,社会科学文献出版社 2019 年版,第 7 页。朱冶指出,"与徽州、江西等地儒者相比,金华学者较为重视对本地学术传统的追溯和建构",认为"金华四先生的讲法在元末明初金华士人的叙述中乃成范式,不仅为金华儒者的自我认同提供标的,亦影响着后世学者对金华学术的观感"。参见朱冶:《元明朱子学的递嬗——〈四书五经性理大全〉研究》,人民出版社 2019 年版,第 22 页。

② 如吴师道《与刘生论易学书》言,"又习见近日《易通》《四书通》等作,遽欲传世垂远,似太仓促。世有识者,必能辨之"。参见(元)吴师道:《吴师道集》,浙江古籍出版社 2012 年版,第 223—225 页。朱冶认为此透露出金华朱子学产生了以"系谱"代替"道统"的走向,认为得"系谱"者得"道统"。参见朱冶:《元明朱子学的递嬗——〈四书五经性理大全〉研究》,人民出版社 2019 年版,第 38 页。

③ 朱鸿林指出,"但何基最终还能从祀而熊禾不能,原因正在何基直承朱子首徒黄榦之传,关系亲密,理论上于道自有真深之得"。参见朱鸿林:《元儒熊禾的学术思想问题及其从祀孔庙议案》,《中国近世儒学实质的思辨与习学》,北京大学出版社 2005 年版,第 63 页。

④ 如董平将北山学修正朱子之因归为受东莱学影响。参见董平:《南宋婺学之演变及其至明初的传承》,《中国学术》2002 年第 2 辑。

⑤ 陈来:《简论浙学》,《浙江社会科学》2014 年第 1 期。他指出浙学多样丰富,最具代表性的学术是南宋事功学、明代心学、清代浙东史学。

⑥ "双峰先生见识高明,体认精切,超然特有独见于朱子言论之外……后学当以朱子《四书》自作朱子《四书》看,饶氏《四书》自作饶氏《四书》看。"参见(元)史伯璿:《管窥外篇》卷下,《景印文渊阁四库全书》第一千三百七十三册,台湾商务印书馆 1988 年版,第 659 页。

从学柴中行、李燔、黄榦。就此而言，双峰与朱子学的因缘自是深于北山。他评价双峰之学实能独立而自成一家，经由涵泳浸润朱子学，穷根究源而分流异出，最终是共派同归，点明了双峰与朱子学之异同，丝毫不论及朱、黄之传。"双峰饶先生最晚出，徒得从其高第弟子游……刻意斯文，故卒成一家之学如此。"①在道统问题上，吴澄以"元亨利贞"之"贞"自任为直接朱子之传，不屑于构造由程若庸、双峰而上溯黄榦、朱子之传，此与北山学意趣迥然不侔。饶、吴皆体现了"欲成一家之言"的特色，代表了以学术接道统的类型，体现了接着朱子讲的创新倾向。就地域文化言，江西本属陆学大本营，故饶、吴之学被视为具朱陆合流之特征。客观而论，双峰并未直接论及象山（仅就目前所掌握文献），然据其师勉斋不排陆学，其弟子程若庸、再传程钜夫引用并欣赏象山说来看，其对象山应无排斥。且双峰"自号饶圣人"之气魄承担，又颇似象山学自信之狂。双峰"必先尊德性为之主"说，与象山、吴澄之说似乎貌合。故肯定陆学之长，倡导尊德性之方，勇于批评朱子，重视心上工夫，摒除门户之见，又似是双峰学在发展朱子学过程中受江右地域文化影响而呈现的特色。

相对而言，元代徽州学者借助朱子祖籍所在地——"文公阙里"之地利，虽无师门传承之优势，却具以地域传道之资本，本地学人颇能以继承发扬朱子学为天然使命，言"我辈居文公乡，熟文公书，自是本分中事"②。接续朱子道统的意识尤以陈栎为甚。他从道统高度充分表达了对朱子之学的认同，强调毕生追求作朱子之学的乡后学这一独特身份。陈栎这一自我期许获得了"紫阳功臣"等赞誉。故凭借地域之统，徽州学人无须借助朱、黄之传来建构其学统，通过地域足以建构其朱学嫡传的正统性。徽州学人通过笃实研读朱子之书，发明朱子之学来继承朱子，在阐发朱子经学方面成就甚大，影响深远。

相对而言，元代福建朱子学较为冷清，"相比之下，似乎福建朱子学不如全国"③。论者认为元代福建朱子学并不落后，在全国没有影响的原因是元代福建儒者坚持民族气节而不仕于元朝。并归纳元代福建朱子学的特点

---

① （元）程钜夫：《程钜夫集》卷十四，《双峰先生文集序》，吉林文史出版社 2009 年版，第159—160 页。
② （元）胡炳文：《云峰集》，《元人文集珍本丛刊》四，台湾新文丰出版公司 1985 年版，第167 页。
③ 高令印、陈其芳：《福建朱子学》，福建人民出版社 1986 年版，第 177 页。相较于宋代及明代、清代朱子学，元代福建朱子学颇为落寞。《福建朱子学》元代部分仅介绍熊禾、陈普、吴海三人。朱冶《元明朱子学的递嬗——〈四书五经性理大全〉研究》第一章多元并竞中，将元代南方朱子学的地域流传分三节依次论金华朱子学、崇仁之学、新安理学，而并未论及福建朱子学。

是重民族气节、强调躬行、潜心五经注疏、从不同方面阐发朱子,此几点未见
得是特色。李清馥提出以熊禾、陈普等为代表的闽地朱子学,足以与金华之
学、新安之学并列为三,云"何、王、金、许衍派于金华,二胡一桂、炳文、定宇陈
栎纂述于新安,熊禾、陈普、林以辨、丘葵传薪于闽海"①。熊禾作为元代福建
朱子学代表,强调朱子四书学传圣道、正人心的意义,以朱子为全体大用之
学。"惟文公之学,圣人全体大用之学也。"②他认为"文公之学惟勉斋黄氏
独接其传"。③ 熊禾有很强的传道意识,提出只有全体大用之学,方可传朱子
道统,反思朱学在发展过程中走向浮夸,丧失本真,百年时间,门户纷争。但
道并无古今门户之分,为匡扶朱子学,需要忠臣挺身而出,以消除排斥各种邪
说。这体现了护卫朱学、担当朱学道统的情结,被张伯行赞为"衍紫阳之正
派⋯⋯若先生者,不又为朱子之功臣与?"④许衡突出了熊禾出生于文公阙里这
一建阳后学的地域身份,以此弥补其与朱子并无师承关系之不足,"勿轩先生生
文公考亭阙里,虽未及门受业,其真才实学,著书立言,实有功于文公也"⑤。他
强调师承并非决定传道因素,最要者在是否有真实学问,而非自身所可把握
的先后天因素(如出生、师承),此恐与许衡自身境况有关。至于陈普,则力辟
陆学以维护朱学,具有很深的门户之见,认为"陆学多犯朱学明辨是非处"⑥。
可见元代福建朱子学具有地域传承优势而重视道统与朱陆之分。

　　此三种继承朱子学的方式——北山学的师门构建,双峰学的思想传承,
徽州、建阳的地域传统,体现了各自道统建构特色,在历史上所留下的影响
亦颇堪玩味。北山学凭借金华数百年来超强而持续的政治文化话语权,被
载入《宋史》《元史》,而清初《宋元学案》这一学术史巨著沿袭其说,使北山
学"朱学世嫡"之声威以至于今。然而就历史事实而言,南宋何基之学影响
不如双峰,就对推动朱子学贡献而论,元代许衡为世所公认,远非北山可比;
以对朱子学深厚造诣而论,则吴澄又非许谦可比。⑦ 然而历史的发展总是

---

①　徐公喜等点校:《闽中理学渊源考》,凤凰出版社 2011 年版,第 487 页。李清馥于此不知为
　　何未提及江西朱子学。
②　(明)黄宗羲原著,(清)全祖望补修:《宋元学案》卷四十九,中华书局 1986 年版,第 1584 页。
③　(明)黄宗羲原著,(清)全祖望补修:《宋元学案》卷六十四,中华书局 1986 年版,第 2074 页。
④　(元)熊禾:《熊勿轩先生文集》,《丛书集成初编》本,商务印书馆 1936 年版,第 1 页。
⑤　(元)许衡:《许衡集》,中华书局 2019 年版,第 305 页。
⑥　(宋)陈普:《石堂先生遗集》卷十二《答上饶翁山书》,《续修四库全书》第一千三百二十一
　　册,上海古籍出版社 2002 年版,第 459 页。
⑦　王宇将北山学影响的消退归结为元入主这一政治因素,并以金履祥、许谦行状撰写之遭
　　遇,证明北山学在元代影响之有限。而虞集拒绝撰写许谦行状及对其评价不高,"反映了
　　当时朱子学派系之间的竞争关系"。王宇:《师统与学统的调适:宋元两浙朱子学研究》,
　　社会科学文献出版社 2019 年版,第 352 页。此点朱冶亦指出。

有其公平性。声名暗淡的新安朱子学,却因明成祖编《四书大全》而一跃居于学术思想之主流,①饶双峰亦因新安朱子学之采信而走向四书学和朱子学的中心舞台。北山之学在此番关键较量中则退居边缘。故有学者认为,"《四书大全》可以视为对朱子学学统的一次清理"②。也有学者认为这是江西、新安理学对金华理学优胜劣汰之结果。③《四书大全》对朱子四书学的主流塑造,使新安一系及对其影响甚深的饶鲁四书说随之跃居主流。尽管后世学者对《四书大全》多有批判,然该书之主流地位及其影响则是无法抹杀的。就该书发起者和编撰者而言,该书并非单纯之科举著作,而实承担了"绍先圣之统"的重任。该书不仅是此后五百年中华经学哲学之首席经典,并构成朝鲜、日本、越南儒家文化圈的"公分母"。双峰学因此而得以流传影响,实托此官方文化政策之机缘,可见政治因素对学术发展和学者命运之影响。

　　理宗之问,蕴含了对"后勉斋时代"朱子学发展走向之关注。朱子学作为一个全体或合集,在宋元获得全面深入推进,各个子集呈现出多元化、地域化、自立化、宗派化的复杂情况,金华学派的朱、吕兼宗,江西双峰、草庐的自立门户、朱陆合流,新安、建阳的地域传承、经学诠释,皆与当地固有思想文化密切相关。在对朱子学传人或正统的竞争中,当时社会地位低下的新安之学以其对朱子经学诠释的突出成就,在明代一跃而成为官方朱子学主流,并反哺双峰学,声名煊赫的北山朱子学则流于边缘,"后勉斋时代"的福建宋元朱子学则存在感更低。宋元朱子学呈现出多元并进的繁荣景象,对朱子经学的诠释成绩斐然。然世人对之评价不高,重视不足,认为此时朱子学处于衰退之中,其成就远不如朱子一传弟子,未能出现如勉斋般具有声望的传道者。事实上,宋元朱子学是以地域、学派构成的群体为特色,体现为各地朱子后学群体对朱子经典与思想的深入、全面的推进发展,而并非表征为对朱子学理论的重大突破、取代。宋元朱子学是对朱子学的扎实、渐进式发展。就此而论,渲染、制造北山学独得朱子之传的排他性和门户性的自我标榜,试图垄断对朱子之学话语权的做法,背离了宋元朱子学发展的实际情况和未来方向,实质上会损害朱子学的良好发展。正是在师承、地域、思想

①　参见朱冶:《元明朱子学的递嬗——〈四书五经性理大全〉研究》,人民出版社2020年版,第178页。她将《四书大全》不重视金华学派的原因归结为其著述体裁问题及政治话语权,似对作品内容自身有所忽视。

②　王宇:《师统与学统的调适:宋元两浙朱子学研究》,社会科学文献出版社2019年版,第402页。

③　朱冶:《元明朱子学的递嬗——〈四书五经性理大全〉研究》,人民出版社2019年版,第292页。

与政治的相互交织中,在分化、影响和竞争之中,朱子后学群体共同奏响了一部宋元朱子学发展的多彩乐章。吾人应当从多元互动的视角来审视"后勉斋时代"两百年朱子学的发展成就,来审视地域、思想、师承、政治等因素对儒学学派发展的影响。

第四节　论赵顺孙《四书纂疏》与饶鲁说之"雷同"

赵顺孙《四书纂疏》是一部重要的四书学著作,然该书却存在一个鲜为人知的隐秘之处——全书《论语纂疏》有 31 处"愚谓"同似于饶鲁之说。元史伯璿《四书管窥》即指出赵氏书存在"或剿饶氏说之善者以为己意"的问题,清王朝渠《饶双峰讲义》则具体比对了饶、赵 22 处相同之说。今通过进一步辑佚饶鲁之说,又补充了 9 条。据饶鲁年长于赵顺孙,且元代以来诸家皆认此 31 条为饶鲁之说的情况,似可认为当是赵顺孙采用饶鲁说。然据《四书纂疏》引用朱子弟子之说以阐发朱注的编撰宗旨、赵顺孙作为辅广的推崇者以及赵顺孙忠直的品格来看,该书实无将饶鲁之说当作自家"愚谓"的必要。且胡炳文等元儒对饶、赵之书皆极为熟悉,然并未指出二者之雷同。故此令人迷惑现象的存在,恐与《四书纂疏》不同版本有关。无论真相如何,这一现象亦从侧面体现了饶鲁之学在南宋理学界之广泛影响。

一、"或剿饶氏说之善者以为己意"

赵顺孙(1215—1277),字和仲,号格庵,浙江缙云云塘人。赵顺孙为官正直,慷慨敢言,曾任吏部尚书、参知政事等重要职务。其为学之渊源于朱子。黄溍《格庵先生阡表》论及赵顺孙师承,云:"初,少傅师事考亭门人滕先生,授以《尊所闻集》。公既脱去场屋,迟次里居,因以得于家庭者,溯考亭先生之原委,《纂疏》所由作也。"①可见赵顺孙由家学而追溯朱子学,赵顺孙之父赵雷(1182—?)从学于朱子高足滕璘(1150—1229),故当为朱子三传。赵顺孙少时曾得到朱门重要人物真德秀(1178—1235)的赏识,"真文忠公见而奇之,谓少傅曰:'大君之门者必此子也'"②。赵顺孙《四书纂疏》最大特色在于大规模采用朱子弟子之说来注释朱子《四书章句集注》,突破了此前以朱解朱的模式,保留了大量失传的朱子弟子之说,提高了对朱

---

① (元)黄溍:《金华黄先生文集》卷三十,《续修四库全书》第一千三百二十三册,上海古籍出版社 2002 年版,第 391 页。
② (元)黄溍:《金华黄先生文集》卷三十,《续修四库全书》第一千三百二十三册,上海古籍出版社 2002 年版,第 389 页。

子弟子思想的重视,开启了后世以朱子后学之说解释朱注的新模式。故该书历来获得较高评价。直至近代,大儒马一浮先生还特意刊刻此书,认为该书是进入朱子四书学之必要门径,乃"行远之车航,入室之门户"。学界近来对《四书纂疏》已有所研究。①

然而,罕有学者注意清儒王朝琚在辑佚双峰说的过程中,即发现《四书纂疏》说与饶双峰说颇有相同相似之处,并发出疑问。王本列出《四书纂疏》与双峰说相似处,皆在《论语》讲说部分,约涉及以下 22 章:

"发愤忘食"章、"弟子入孝出悌"章、"温良恭俭"章、"祭如在"章、"安仁利仁"章、"季文子三思"章、"知之者"章、"志于道"章、"发愤忘食"章、"温而厉"章、"托六尺之孤"章、"不堕"章、"后生可畏"章、"柴也愚"章、"不得中行"章、"南宫适问"章、"君子而不仁"章、"微生亩"章、"原壤夷俟"章、"礼云礼云"章、"三疾"章、"吾友张"章。

饶鲁师从李燔、黄榦,属朱子再传,实与赵顺孙之父赵雷同辈。就年龄论,亦长于赵顺孙一辈。故就常理言,赵顺孙《四书纂疏》"愚谓"与双峰说语义相同或相似者,当是采自双峰说而非双峰采用其说。然采用双峰说却未标出双峰之名,又与其全书体例不合。该书所引十三家之说皆有标明,②此十三家年最少者为蔡模(1188—1246),为蔡忱长子,亦属朱子再传(其祖父蔡元定与朱子在师友之间),仅长双峰 5 岁。《四书纂疏》仅标出朱子及此朱门十三家之姓氏作为引用之书目,而并未列饶双峰之名,如此看来,该书似未引用双峰说。

但如何解释《四书纂疏》"愚谓"之说与双峰之同呢? 我们先比较下列一条。

1.6"弟子入孝出悌"章。倪士毅《四书辑释》等书所引双峰说为:

尹氏以文对德行,有本末先后之分,说得"文"字轻。洪氏以文对质言,

---

① 如马一浮先生所撰《〈四书纂疏〉札记跋》(1925 年),《马一浮全集》第二册(上·文集),浙江古籍出版社 2013 年版,以及《四书纂疏札记》(《古籍整理》1995 年第 1 期)、吴佩 2017 年完成的南昌大学硕士论文《赵顺孙〈四书纂疏〉初探》、王宇《行远之车航、入室之门户:赵顺孙〈四书纂疏〉简论》(《杭州师范大学学报》2017 年第 5 期)、唐明贵《赵顺孙〈论语纂疏〉的特色》(《廊坊师范学院学报》2018 年第 4 期)。然皆未注意《四书纂疏》之按语有与双峰说相同者,故或直接以此雷同双峰之语视为赵氏之说。

② 黄榦《论语通释》《孟子讲义》等,辅广《论孟答问》,陈淳《大学·中庸口义》等,陈孔硕《大学·中庸讲义》,蔡渊《大学·中庸思问》《中庸通旨》,蔡沉《书集传》,叶味道《大学讲义》等,胡泳《论语衍说》,陈埴《经学》《木钟集》,潘柄《四书讲说》,黄士毅《四书讲义》,真德秀《大学衍义》《读书记》等,蔡模《大学衍说》《论孟集疏》等。

不可偏胜,说得"文"字差重。朱子以学文为致知,与力行为对,谓所知不明,则所行不当理,发明"文"字甚重,三者互相发明。盖但知文之为轻而不知其为重,则将有废学之弊,故不得不交致抑扬之意。(《四书辑释》)

王朝渠《饶双峰讲义》下按语云:

> 此条又见赵格庵《纂疏》,而首冠以"愚谓"二字,末多"然德固不可以一日而不修,而学亦不可一日而不讲也"二句。按:格庵去双峰未远,《纂疏》中如此类者甚多。考元明诸儒遗书,则皆以为双峰说。岂记录之俱讹与? 抑别有见与? 敬为著明,以俟详核。①

王氏指出,格庵的"愚谓"说,实有窃双峰说为己有之嫌疑,文字与双峰无异,仅在后面补充一句,表明不可轻视学文,否则有废学之弊,故夫子之说具有抑扬之意。此所补之句可归于"愚谓",乃格庵之见。前此皆双峰之解,当补"饶氏曰",但《四书纂疏》并未考虑此是双峰说。王氏提出,元明以来各家之书皆明确标明所引乃是双峰说,为何早于元明的格庵反而没双峰之名,而径直视为己说? 此确实是一疑问。王氏之说颇为委婉,推测原因是赵氏或主双峰说者"记录之俱讹",或另有所见。但比他更早的另一学者亦留意此现象,并毫不客气地指斥是格庵抄袭双峰之见。元代温州史伯璿于《四书管窥》("敬乡楼丛书"本)"大意"指出,赵顺孙《四书纂疏》"或剿饶氏说之善者以为己意"。即将之归结为格庵剿袭双峰之善者以为己意。这种剿袭形式是很明显的,可谓直接雷同或基本雷同。

二、双峰、格庵同似说之比较

以下逐条比较饶、赵二说异同,以为证明。先列双峰说,后列格庵"愚谓"部分。

1.7"贤贤易色"章

> 贤贤亦朋友之伦也,尊贤取友,虽均属朋友之伦而贤贤尤重。(《四书辑释》)②

---

① (清)王朝渠:《饶双峰讲义》,清乾隆五十六年(1791)石洞书院刻本,《四库未收书辑刊》第二辑第十五册,第362页。按:有学者即引此条为赵顺孙对《论语集注》之评点,参见唐明贵:《赵顺孙〈论语纂疏〉的特色》,《廊坊师范学院学报》2018年第4期。

② 饶双峰书不传,其说散见元胡炳文《四书通》(《四库全书荟要》本)、倪士毅《四书辑释》(日本内阁文库日新堂本)等书,故列所引其说之书名于引文后。

愚谓：经文只有事父、事君、交友三者为人伦之目，而《集注》以四者言，盖贤贤亦朋友之伦也。

两相比照，"贤贤亦朋友之伦"被双峰置于句首，格庵则置于句末。双峰将贤贤与取友相比较，在同一友伦之道的比较中强调贤贤之重要。格庵则指出朱注与经文的差异在于把贤贤与事父、事君、交友并列为人伦之道，言"四者皆人伦之大者"，盖把贤贤视为友伦。此条属于部分雷同，王氏未指出。

1.10"子禽问于子贡"章

《集注》"过化存神未易窥测"之语，与谢说三"亦"字，皆微寓抑扬之意。（《四书辑释》）

《集注》"过化存神未易窥测"之语，与谢说三"亦"字，皆微寓抑扬之意。子贡特举圣人之一节而未及其全体与？

格庵首句与双峰说丝毫不差，显然来自双峰，并非偶合。格庵第二句进一步解释《四书章句集注》及谢氏说的原因。盖子贡乃特别举出圣人以温良恭俭让得闻其政之一节而未论及圣人全体。此条王氏已指出。①

2.6"唯其疾"章

《集注》曰"凡所以守其身者，自不容于不谨"。当看"凡"字，不独谨疾而已。（《四书通》）

愚谓：《集注》下一"凡"字，盖不独谨疾而已。

双峰特别强调《四书章句集注》的"凡"作为表全称的范围副词，表明守身不限于谨疾，而是指向一切守身工夫。格庵显然剿袭其说。此条王氏未指出。

3.1"是可忍"章

忍字有二义，有敢忍之忍，有容忍之忍，二义皆通，而敢忍之义为长，故《集注》以容忍之忍居后。（《四书通》）

---

① （清）王朝璩：《饶双峰讲义》卷三，《四库未收书辑刊》第二辑，北京出版社2000年版，第362页。

愚谓："忍"之一字有敢忍之忍,《春秋传》所谓"忍人"也;有容忍之忍,《春秋传》所谓"君其忍之"是也。二义皆通,而"敢忍"之说为长,故《集注》以"容忍"之说居后。

格庵"愚谓"与双峰说文字基本相同,仅多《春秋传》两句,以为例证。另宋代罗璧所引亦认为是双峰之说,可见凡饶、赵说相同者,各家皆主饶氏说。① 此条王氏未指出。

3.12"祭如在"章

范氏意是说有此诚时,方始有此神。若无此诚,则并此神无了,不特说神来格不来格也。(《四书通》)

愚谓:范氏语意是说有此诚时,方始有此神。若无此诚,即并此神无了。不特说神来格不来格也。

《四书章句集注》引范祖禹说,提出"有其诚则有其神,无其诚则无其神"说。双峰认为范氏之意并不专在祖考来格,而是讨论诚、神关系。王氏已指出,格庵较双峰说,仅在范氏下多一"语"字,"则并"作"即并"。余皆同。②

3.13"与其媚于奥"章

凡在五祀,先主席而祭于其所,亲之也;后迎尸而祭于奥,尊之也。祭于其所近于亵;止祭于奥,又非神所栖。故两祭之,以冀其必一来享也。(《四书通》)

愚谓:五祀先设主而祭于其所,亲之也;再迎尸而祭于堂奥,尊之也。只祭于其所而不祭于奥,则近于亵;祭于奥而不祭于其所,则恐奥非神所常栖之地,未必来享。故两祭之以尽其求神之道。

朱子提出"凡祭五祀,皆先设主而祭于其所,然后迎尸而祭于奥"说,双

---

① (宋)罗璧《识遗》卷三指出:"鄱阳饶氏解《论语》是可忍也章谓忍有甘忍之忍、有容忍之忍。甘忍之忍,正夫子责季氏之意,如州吁阻兵而安忍,及经言残忍、忍人。大抵甘忍为之而不顾。"有学者亦引此为赵氏疏通注文之证。参见唐明贵:《赵顺孙〈论语纂疏〉的特色》,《廊坊师范学院学报》2018年第4期。

② (清)王朝榘:《饶双峰讲义》卷三,《四库未收书辑刊》第二辑,北京出版社2000年版,第365页。

峰认为此解体现了对神亲之、尊之兼顾之情。《四书辑释》所引双峰说,无
"凡在","主席"前有"设",末句为"以尽求神之道",更同于格庵说。可见
格庵确实是剽袭双峰之解,"愚谓"当换成"饶氏谓"。此条王氏已指出。

4.2"约乐"章

> 安仁者,心与仁为一,仁即我,我即仁,故曰"其仁"。利仁者心与
> 仁犹二,于仁犹有间,故曰"于仁",犹未是仁,不过利于仁耳。(《四书
> 辑释》)

> 愚谓:安仁者,心与仁为一,故曰"其";知者,心与仁犹二也,故
> 曰"于"。

此条《四书通》所引无"即仁者之仁也",无"犹未是"以下,更近于《四
书纂疏》。王氏早指出,"此亦见《纂疏》,但无'其仁、曰于仁'二'仁'字与
末两句"[1],也无"仁即我我即仁"句。

4.15"一以贯之"章

> 问程子曰:"以己及物,仁也;推己及物,恕也。"不言忠恕而言仁
> 恕,何也? 曰:此先言仁恕之别,且先教人识恕字之本义。然后言一以
> 贯之之忠恕,与违道不远之忠恕不同。盖违道不远之恕,正自推己及人
> 之恕;而一以贯之之恕,则是以己及人之仁,与推己及人之恕有异。故
> 曰"此与违道不远异者,动以天尔"。[2] (《四书辑释》)

> 愚谓:程子欲人识得恕字之本义,故先言仁恕之别。盖仁是恕之充
> 极而至者,以己及物,圣人之事,一以贯之之恕也,即所谓仁也。推己及
> 物,学者之事,违道不远之恕也,只可谓之恕。

此条格庵说与双峰说文字表述前后次序有所差异,然意思并无不同,可
见化用之痕迹。

5.2"子贱"章

> 称人善已可言厚,又推本其父兄师友,乃厚之至也。(《四书辑释》)

---

[1] (清)王朝榘:《饶双峰讲义》卷三,《四库未收书辑刊》第二辑,北京出版社 2000 年版,第
367 页。

[2] 《四书通》所引仅为:"程子先言仁恕之别,且教人识得恕字之本义。然后言一以贯之之忠
恕,与违道不远之忠恕不同。"

愚谓:称人之善已可言厚,又推本其父兄师友之善,则是厚之又厚,故曰厚之至。

《四书纂疏》仅多"则是厚之又厚",显然剿袭双峰说。

5.19"季文子三思"章

穷理是思以前事,果断是思以后事。(《四书辑释》)
愚谓:穷理是思时事,果断是思后事。

《四书纂疏》与双峰之别仅在于"以前"作"时","以后"作"后"。王氏早指出二说大同而小异:"此条《纂疏》亦称愚谓,'思以前'作'思时','思以后'无'以'字,是其小异者。"①

7.18"发愤忘食"章

愤与乐相反,圣人发愤便至忘食,乐便至忘忧,是两边各尽其极,如寒到寒之极处,暑到暑之极处,故曰"全体至极"。两者循环不已,所以不知老之将至,此是圣人之心纯乎天理,无他嗜好。所以自然学之不厌,故曰"纯亦不已"。"全体"说愤乐,"至极"说忘食忘忧,"纯亦不已"说不知老之将至。(《四书辑释》)②
愚谓:愤与乐相反,如阴阳寒暑然。圣人发愤至忘食,乐至忘忧,是两边各尽其极,如寒到寒之极处,暑到暑之极处。故曰"全体至极"。两者循环不已,所以不知老之将至,此是圣人之心纯乎天理,别无他嗜好。故曰"纯亦不已"。

王氏已指出:此条《四书纂疏》"相反"下有"如阴阳寒暑然"六字,无二"便"字,"所以自然学之不厌"句及"全体说愤乐"以下俱无。③

---

① (清)王朝榘:《饶双峰讲义》卷四,《四库未收书辑刊》第二辑,北京出版社 2000 年版,第371 页。
② 《四书通》仅引"全体……将至"。
③ (清)王朝榘:《饶双峰讲义》卷四,《四库未收书辑刊》第二辑,北京出版社 2000 年版,第377 页。史伯璿颇赞赏双峰此说,云:"《丛说》、《考证》是本《通释》第九篇出事公卿章之说而言也。唯饶氏说'全体至极'与此不同,似于愤乐忘食忘忧之义,切当不可移易。说'纯亦不已'之义,则皆无甚来去。读者考焉可也。"(元)史伯璿:《四书管窥》卷三,《景印文渊阁四库全书》,上海古籍出版社 1987 年版,第752 页。

7.37"温而厉"章

"全体浑然"应上文"德性"而言；"阴阳合德"应上文"气质"而言。① (《四书辑释》)

愚谓："全体浑然"应上文"德性"而言，"阴阳合德"应上文"气质"而言。所以言全体浑然于阴阳合德之上。

此说是把《四书章句集注》"全体浑然、阴阳合德"说与前一句"人之德性本无不备，而气质所赋"加以对照，揭示出《四书章句集注》前后呼应的解释方法。王氏已指出二者同异："《纂疏》末多'所以言全体浑然于阴阳合德之上'十四字。"余皆同。②

8.6"托六尺之孤"章

既以才节并言，复引程子节操之说者，以所重在于节也。(《四书辑释》)

愚谓：《集注》既以才与节并言，而复引程子节操之说，盖其重在节也。

本章《四书章句集注》从才、节两论之，又引程子说"节操如是，可谓君子矣"。故双峰认为朱注重心在节。王氏已指出二者同异，《纂疏》"既以"上有"集注"二字，"才"下有"与"字，"复"上有"而"字，"说"下无"者"字，"以所"作"盖其"，"在"下无"于"字。③

9.19"不惰"章

时雨谓及时之雨也。万物正要这雨，却得这雨来滋润。孟子所谓"时雨化之者"，正指颜子而言。颜子天资高明纯粹，才闻夫子之诲，便自入耳著心。夫子非私于颜子，群弟子皆闻其言，但资质不及，所以难入。《集注》"心解力行"者，惟其心解，所以能力行。解者，散也，涣然冰释之意。(《四书通》)

"解，散也，涣然冰释之意。惟其心解，所以力行。夫子称颜子，所

---

① 《四书章图》亦引此说，但未标明是谁说。
② (清)王朝榘：《饶双峰讲义》卷四，《四库未收书辑刊》第二辑，北京出版社 2000 年版，第 379 页。(元)程复心《四书章图纂疏》亦引此说，但未标明是谁之言。
③ (清)王朝榘：《饶双峰讲义》卷五，《四库未收书辑刊》第二辑，北京出版社 2000 年版，第 380 页。

以厉群弟子也。"(《四书辑释》)

愚谓:解者,散也,涣然冰释之意。惟其心解,所以力行。时雨谓及时之雨也。万物正要雨时,却得此雨来滋润,自然发荣滋长。

《四书章句集注》本章引范祖禹说:"颜子闻夫子之言,而心解力行,造次颠沛未尝违之。如万物得时雨之润,发荣滋长,何有于惰,此群弟子所不及也。"双峰说先解时雨句,突出颜子资质之高明,后解心解力行。《四书纂疏》则顺范氏次第,由心解力行而后时雨。然《四书辑释》所引双峰说,则前两句正同于《四书纂疏》,末句则不同。

王氏早指出,"此条与《纂疏》所称'愚谓'语意亦多同,而位置各异。此多'孟子所谓至力行者'六十字,及'夫子称颜子所以厉群弟子也'二句,彼于'滋润'下增'自然发荣滋长'六字"[1]。

9.22"后生可畏"章

前是勉励,后是警戒。尹氏先释后两句,却转来说前两句,见勉励之意重,不成只说他不足畏了便休。(《四书通》,《四书辑释》多首句:"曰可畏,期望以勉励之;曰不足畏,绝望以警戒之。"下皆同。)

愚谓:此章前两句是勉励之,后两句是警戒之。尹氏先释后两句,却转来释前两句,见勉厉之意重也。

《四书章句集注》指出本章前句是勉励,后句是警戒之意,分别见诸"可畏"与"不足畏"中。双峰认为《四书章句集注》所引范祖禹说重心在勉励而非警戒。《四书纂疏》同于双峰说。王氏指出:"此段亦与《纂疏》所称愚谓同,而此较详,且多末一句。"

9.27"岁寒"章

松柏至春后方易叶,故曰后凋。必有松柏之操,然后能不为岁寒所变,以比必有君子之德,然后能不为利害事变所移。"临利害、遇事变"是两件,"士穷见节义",以利害言;"世乱识忠臣",以事变言。(《四书辑释》)

愚谓:临利害、遇事变,此是两事:士穷见节义,以利害言;世乱识忠臣,以事变言。

---

① (清)王朝槻:《饶双峰讲义》卷五,《四库未收书辑刊》第二辑,北京出版社2000年版,第384页。

《四书章句集注》分别引范、谢说。范氏曰："小人之在治世,或与君子无异。惟临利害、遇事变,然后君子之所守可见也。"谢氏曰："士穷见节义,世乱识忠臣。欲学者必周于德。"双峰即对此二说加以进一步剖析。《四书纂疏》"愚谓"同于双峰"临利害"以下,而无双峰关于后凋之解两句。

11.17"柴也愚"章

　　　　四者皆指其所偏,惟曾子能于偏处用功,故后来一贯之唯,至钝反成至敏(《四书通》所引至此)。问:偏于钝者如何用工? 曰:人一己百、人十己千而已。(《四书辑释》)
　　　　愚谓:四者皆指其所偏,惟曾子能于偏处用工。故后来一贯之唯,至钝反成至敏。

王氏提及格庵首四句同于双峰说,云"首四句,赵氏纂疏亦以为愚谓"。可谓截取之,正同于《四书通》所引。

12.21"樊迟从游"章

　　　　《集注》云:"樊迟粗鄙近利",则有计较之心。有计较之心,则不能先事后得。鄙则吝于责己而常责人,粗则暴戾而不能忍小忿,故夫子因其病而药之。(《四书通》)
　　　　愚谓:粗故为气所使,鄙故吝于改过,近利故有计获之心。三者之病,亦反覆相因也。

双峰围绕朱注"粗鄙近利"展开,进一步剖析三种弊病的表现。格庵愚谓说文字与双峰虽有所不同,然思想则一致,如吝于责己与吝于改过、计较之心与计获之心、暴戾而不能忍小忿与为气所使、因病药之与病亦反覆相因。

13.21"不得中行"章

　　　　或解《集注》"激厉裁抑"以为激厉狷者,裁抑狂者,是不然。狂者志极高,是过处,行不掩是不及处。狷者知未及是不及处,守有余是过处。二者各有过不及。于过处裁抑之,使之俯而就中;于不及处激厉之,使之跂而及中,如此则皆近道矣。(《四书通》)
　　　　愚谓:志极高,狂者之过;行不掩,狂者之不及。知未及,狷者之不及,守有余,狷者之过。愚谓于其不及而激厉之,使之跂而及乎中也;于其过而裁抑之,使之俯而就乎中也。

《四书章句集注》言:"故不若得此狂狷之人,犹可因其志节而激厉裁抑之以进于道。"双峰就对"激厉裁抑"对象加以剖析,强调狂狷皆需要四方面教化工夫。王氏已指出格庵说与双峰同,不过刻意颠倒表述次序而已,云:"于过处四语,与《纂疏》所称愚谓同,而彼特倒置。"

14.1"克伐怨欲"章

> 狷是有执守,介是有分辨。(《四书辑释》)
> 愚谓:狷者有执守之意,介者有分辨之意。

关于此条出处,《四书辑释》《四书大全》皆作双峰说,金履祥《论孟集注考证》作王文宪(柏)(1197—1274)说。而赵顺孙亦有此说,据其说多剿袭双峰的特点,可为双峰说的佐证。另据史伯璿《四书管窥》,王柏、金履祥亦有不少剿袭、引用双峰之说者。

14.6"南宫适问"章

> 此章意味涵深,《集注》"权力"二字,正指三家而言。三家权力盛而有无君之心,故以羿奡比之;夫子有德而无位,故以禹稷比之。三家无君,必至于亡。夫子有德如此,异日造物,必有以处之而使之得位。故微其辞以形容之,孔子到这里直是难答。盖其以禹稷比己,已是难说了。又以羿奡比三家,愈难答。适是孟懿子之兄,亦是三家之子孙,乃有此等见识,尤所难得。故夫子俟其出而叹美之。(《四书通》)
> 愚谓:"权力"二字,正指三家而言。适是孟懿子之兄,亦三家子孙,有此见识,尤所难得。

双峰说围绕《四书章句集注》"适之意盖以羿奡比当世之有权力者,而以禹稷比孔子"说展开。王氏已指出《四书纂疏》对双峰说之袭用:"赵氏《纂疏》取'权力'二字二句,及'适是孟懿子之兄'四句,冠以愚谓。"①

14.9"为命"章

> 命是使者传命,非如今人写将去。郑国凡为辞命,必更此四贤之手。裨谌想是素善造谋,故使之草创。世叔熟于典故,故使之讨论。子羽行人之官,熟于应对,故又使之修饰。当时子产当国,凡事皆由之。然不自用己见,直待众人草创讨论修饰都了,却来润色之。合此四人之

---

① (清)王朝棨:《饶双峰讲义》卷四,《四库未收书辑刊》第二辑,北京出版社2000年版,第397页。

长,则全美矣。(《四书通》,《四书辑释》无首句。)

愚谓:裨谌能谋,故使之草创;世叔熟于典故,故使之讨论;子羽善于应对,故使之修饰;子产当国,不自用己见,直待三人草创讨论修饰后,却来润色之。

王氏已指出格庵是简化袭用双峰说,云:"裨谌以下《纂疏》亦以为愚谓,而字句特简。"

14.34"微生亩"章

栖栖,如鸟之栖栖而不去。然亩方以退隐为高,见孔子历聘,疑其以口给取悦,殊不知圣人可仕则仕可止则止,如天地四时之变化,岂若小丈夫之执一而不通耶?(《四书辑释》)

愚谓:如鸟之栖木而不去。

《四书章句集注》云:"栖栖,依依也。"双峰进一步解析为鸟之栖栖。《四书纂疏》仅取此一句。王氏已指出:"如鸟之栖木而不去句,《四书纂疏》以为愚谓。"[1]

14.45"修己以安"章

问:"上下一于恭敬,则天地自位,万物自育,四灵毕至。"如此,则敬之功用又不止于安百姓矣。曰:"天地位,万物育,与安百姓也只是一事。初无大小,若阴阳不和,五谷不熟,百姓何由而安?"(《四书辑释》)

愚谓:天地位、万物育,与安百姓只是一事。若阴阳不和,五谷不熟,百姓何由而安?

《四书章句集注》引程子说,双峰讨论之,涉及天地位育与安百姓之关系。《四书纂疏》显然是对双峰说后两句之袭用。

14.46"原壤夷俟"章

蹲踞,鸥鸟好蹲,故谓之蹲。又或谓之夷,夷即蹲也。(《四书通》)

愚谓:鸥鸟始蹲,故或谓之蹲鸥。又或谓之鸥夷,夷即蹲也。

---

[1] (清)王朝琚:《饶双峰讲义》卷七,《四库未收书辑刊》第二辑,北京出版社2000年版,第400页。

王氏已指出:"此亦与《纂疏》所称愚谓同。"①

17.2"性相近"章

此章程子专以为气质之性,朱子以为兼气质而言。"兼"字尤精。盖谓之相近,则是未免有些不同处,固不可便指为本然之性,然其所以相近者,正以本然之性寓于气质之中。虽随气质而各为一性,而其本然者,常为之主。故气质虽殊,而性终不甚相远也。此是以本然之性兼气质而言之,非专指气质而言也。问:"如何见得性相近?"曰:"如恻隐羞恶,人皆有之。然有恻隐多于羞恶者,亦有羞恶多于恻隐者,虽不尽同,亦不甚相远,故曰相近。"(《四书辑释》)

愚谓:此所谓性,固不可即指为本然之性,然其所以相近者,正以本然之性不离乎气质之中,故《集注》下一"兼"字。

《四书章句集注》:此所谓性,兼气质而言者也。程子曰:"此言气质之性。非言性之本也。"②双峰围绕本章《四书章句集注》性的看法展开。《四书纂疏》愚谓取自双峰"谓之相近"句。

17.11"礼云"章

二说相须,其义始备。如人而不仁如礼何章《集注》举李氏人心亡,亦是就人心上说。举程子失正理则无序而不和,亦是就事理上说。(《四书通》)

愚谓:朱子以敬与和言是就心上说,程子以序与和言是就事上说,二说相须,其义始备。

双峰讨论本章朱子与程子两说不同而相互补足,分别就人心与事理言,缺一不可,正如"人而不仁"章。王氏已指出,格庵说与双峰说相类,而无"如人而不仁"以下数语。③

17.16"三疾"章

《论语》中说古今处,皆是叹今之不如古。狂、肆、矜、廉、愚,直是

① (清)王朝榘:《饶双峰讲义》卷七,《四库未收书辑刊》第二辑,北京出版社2000年版,第401页。
② (宋)朱熹:《四书章句集注》,中华书局1983年版,第176页。
③ (清)王朝榘:《饶双峰讲义》卷八,《四库未收书辑刊》第二辑,北京出版社2000年版,第408页。有学者将此条作为赵氏评点《四书章句集注》之证,参见唐明贵:《赵顺孙〈论语纂疏〉的特色》,《廊坊师范学院学报》2018年第4期。

气质之偏,所谓疾也。肆变而荡,廉变而忿戾,直变而诈,是习俗所染,乃习与性成而为恶,不止于疾矣。(《四书辑释》)

愚谓:《论语》中说古今处,皆是叹今之不如古。

王氏已指出:"首十五字,《纂疏》亦以为己说。"
17.21"三年之丧"章

四时取火之木不同:榆柳,木之青者,故春取之;枣杏,木之赤者,故夏取之;桑柘黄,柞楢白,槐檀黑,各随其时之方色取之。盖五行之中,各有五行,火有五色,如金有五金之类。古人作事,件件顺天时,况水火乃天地间妙用,尤不可不顺其性,因时改火以达其义,亦赞化育之一事也。故《周礼》司爟掌四时,变国火以救民疾。后世都不理会,如何得阴阳和、万物育。(《四书辑释》)

愚谓:榆柳青,枣杏赤,桑柘黄,柞楢白,槐檀黑,各随其时之方色取之。《周礼》司爟掌行火之政令,四时变国火,正此谓也。

按:《四书纂疏》显然是对双峰说首句和第四句的袭取。
19.15"吾友张也"章

"行过高"解"难能","少诚实恻怛"解"未仁",无诚实则不能全心之德,无恻怛则不能全爱之理。(《四书辑释》)

愚谓:不诚实则无真切之意,不恻怛则无隐痛之情,子张务外好高,故于此四字皆有所不足。

《四书章句集注》解为:"子张行过高,而少诚实恻怛之意。"双峰对朱注加以进一步剖析。格庵说与双峰说仍大体相同,尽管文字有别,王氏指出:"《纂疏》所称愚谓,亦与此条相出入。"①

三、剿 袭 之 谜

总起来看,格庵《四书纂疏》"愚谓"约 252 条,"愚案"约 80 条,合计约 332 条,接近 2 万字。其内容多涉及《学庸或问》之说,多对《章句》《集注》

---

① (清)王朝榘:《饶双峰讲义》卷九,《四库未收书辑刊》第二辑,北京出版社 2000 年版,第 415 页。

之说作进一步梳理。其中《论语纂疏》部分与双峰说同似者约 31 条,清代王朝蘧已指出 22 条,另外 9 条是笔者此次指出。从数量来看,全书约十分之一"愚谓"袭用双峰之说,且皆为《论语》部分。究竟是何原因,暂难确定。以赵氏《四书纂疏》选取各家之说的选编、纂疏性质,应不至如此掠人之美。再就赵氏之经历与人品论,似乎亦不当如此。然其书之序言等皆丝毫未提及双峰之说,朱子再传仅列出蔡元定之子蔡模。但如果认为是其说与双峰之偶合,亦不合情理,不至于如此大面积之相同。且重合处或几乎全同,或大意相同,或部分相同。或者认为是后世《四书纂疏》刻本误把双峰说当作"愚谓",为何恰恰是这分散各处、无规律可循的 31 处?亦难以解释。或可认为"愚谓"与双峰重合者,乃是后世错把赵氏说当作双峰说。但此说亦存在很大问题。元人如胡炳文、陈栎、史伯璿等皆见过二人之书,其中史伯璿明确提出乃赵氏抄袭双峰之意。而胡、陈等人虽未就此现象表达看法(或已表达而今文献未存),但却一致认为《纂疏》"愚谓"乃双峰说,他们并无人提出此乃《纂疏》说。当然奇怪的是,似乎只有史伯璿注意二者之同并表达看法,其余学者皆未有类似看法流传。如胡炳文《四书通》即针对《四书纂疏》而发,对该书从体例到内容多有采用及批评者,如言"门人姓氏依《纂疏》例"、讨论"纂疏引胡氏曰"。特别是对赵氏所引之说多有不满而删除之,云"《纂疏》《集成》有舛谬者……似此不可胜举,皆删之"。该书同时也对双峰说加以引用批评,云"双峰饶氏之说于朱子大有发明,其间有不相似者辄辨一二"。应该说,胡炳文对饶、赵之说皆有精细研究,但却从未提及二说雷同处,或可推出其所见本并不存在二说雷同处。故揭开谜团的关键可能在于《四书纂疏》之版本。

赵顺孙《四书纂疏》存在与双峰说同似情况,提醒吾人使用该书时应小心从事,不可将其"愚谓"之说径直完全当作赵氏之解。这一"雷同"事件,从一个侧面反映了双峰思想在当时学界影响之大,不仅影响了金华朱子学者,且同样波及辅广一系的浙江朱子学者。①

---

① 尽管从学术师承上看,当将其视为由家学(赵雷)而上溯滕璘之学,然就其著作来看,所引辅广之说极多。如吴佩所考察,"《四书纂疏》中总计 1750 条。而其余十二家弟子的注释条目从上文统计可知共计 1677 条。从归纳的数据可以看出其余十二家弟子的注释条目,相比于辅广的 1750 条还少 73 条"。参见吴佩:《赵顺孙〈四书纂疏〉初探》,硕士学位论文,南昌大学 2017 年。

第九章　饶鲁与元代朱子学

本章共三节,主要讨论元代朱子学对双峰的接受与批评。首节辨析了胡炳文对饶双峰持何等态度的三种不同看法,认为胡炳文实是以宗饶为主而兼有正饶氏之非的倾向。次节讨论陈栎、倪士毅师徒对双峰的看法,辨析史伯璿的"信朱子不如信饶氏"说是对陈、倪采信双峰说的过激表达,事实上二者对双峰说也多有批评和摒弃。尽管如此,新安朱子学确实受到了双峰的深刻影响。最后一节则是就史伯璿《四书管窥》对双峰的批评展开,他斥责双峰有意与朱子立异,是"所以启后儒妄议朱子者"之滥觞,"他编多有祖饶说而言者",故在批评双峰之说时还逐一揭露宋元之际受到双峰影响的诸家之说,反映出对朱子的维护与批评两种态度之别,同时也反证了双峰在宋元理学界影响之大。

第一节　胡炳文《四书通》与饶鲁关系重探

关于胡炳文《四书通》对饶鲁的态度,历来存在三种看法:《元史》代表的主流看法认为胡炳文作《四书通》意在深正饶氏之非,史伯璿则主张《四书通》"一以饶氏为宗",而《四书通》凡例则赞饶鲁说于朱子大有发明,仅就其间有不相似者辨其一二。《四书通》引饶鲁说多达500条,居所引朱子后学之首,见出对饶鲁之崇信;所引饶鲁说含25条与朱注相背离者,胡炳文仅挑出10来条加以反驳,体现了正饶鲁之非的一面。此外,《四书通》还放弃少量为陈栎、倪士毅等所引饶鲁说,此又见出胡炳文对饶鲁说引用之谨慎。可见《四书通》对饶鲁实以推崇为主、辩驳为辅,探究二者关系的意义在于:再次证实胡炳文等元代前期新安理学并非四库馆臣所诬枉的朱学门户株守者,而同样继承了朱子求真是之精神;其次,促使重新反思胡炳文之学派归属问题,与其仅据地域、师承而归胡炳文为介轩学,不如就思想而归为双峰学;又次,它从一个侧面反映饶鲁在宋元朱子学界影响广大的巨擘地位,呈现了为人所忽视的宋元江西朱子学对新安朱子学之影响,有助于更全面深入把握宋元朱子学的真实面目及其内在互动演变关系。

一、关于胡炳文对饶鲁态度的三种观点

元代朱子学在八百年朱子学史上实具有承宋启明的中介意义,在推进朱子学的官学化、深入朱子学的义理诠释上发挥了重要作用。故如不了解作为宋明朱子学必要联结的元代朱子学,则无法形成对朱子学发展的全面、完整认识。婺源学者胡炳文(字仲虎,号云峰)是元代新安理学和四书学的杰出代表,一人即有四部著作被收入《四库全书》,其中《四书通》更是与陈栎《四书发明》一起构成倪士毅《四书辑释》最重要参考,也是《四书大全》所引最多的著作之一。关于胡炳文思想定位,《宋元学案》归为董铢之子董梦程所开创的"介轩学"。董梦程先后从学于朱子高弟董铢、程端蒙、黄榦,亦可谓勉斋之学。而胡炳文是因其父胡斗元从学朱子从孙朱洪范,而朱洪范又是董梦程弟子,故被列为"介轩学案",当为董梦程三传,即黄榦四传。[①]此是就其学术脉络而论,而就其所受思想影响来看,反不如归为黄榦弟子饶鲁所开创的双峰学。事实上,关于胡炳文与饶鲁之关系,学界众说纷纭。故对此问题重新探索,不仅是胡炳文思想研究应有之义,而且有助于推进对饶鲁思想的研究,从而促进对宋元朱子学的认识。

关于胡炳文与饶鲁之关系,学界有三种看法。宋濂等主编的《元史》认为是"深正其非"。

> 余干饶鲁之学,本出于朱熹,而其为说多与熹牴牾。炳文深正其非,作《四书通》,凡辞异而理同者,合而一之;辞同而指异者,析而辨之,往往发其未尽之蕴。[②]

盖饶鲁作为朱子再传,立论却多与朱子作对,故为了捍卫朱子学,胡炳文就特意写作《四书通》以"深正饶鲁之非",根据文辞与理指之异同,开展合一与辨析工作。此是主流看法,黄百家于《宋元学案》中则持此说。

元儒史伯璿则持相反看法,认为胡炳文《四书通》不仅非但未"深正饶鲁之非",反而"一以饶氏为宗"。史伯璿是批评饶鲁的专家,他耗费三十年工夫完成《四书管窥》,专在批评饶鲁不同于朱子之说,多达260余处,并附带论及宋元以来七家深受双峰影响的学者,其中也包含云峰。《四书管窥

[①]　(明)黄宗羲原著,(清)全祖望补修:《宋元学案》,中华书局1986年版,第2986—2988页。

[②]　(明)宋濂等:《儒学·胡一桂传》,《元史》卷一百八十九,中华书局1976年版,第4322页。朱冶的《元明朱子学的递嬗:〈四书五经性理大全〉研究》(人民出版社2019年版)亦持此看法,见第46页注释2。

大意》言：

> 胡氏《通》盖欲增损《集成》，勒为一家之言，其意善矣。……但其编集本意，一以饶氏为宗，于其谬处虽亦略辨一二，而存者甚多，故与朱子之意多有抵牾，反使学者无所适从。
>
> 饶氏说之异于《集注》《章句》而实非经旨者，《四书通》略辨其一二，《发明》所辨则又少于《通》矣。至有与朱子大相背驰者，二编皆置而不辨。①

史氏既肯定云峰穷五十年之力所著《四书通》具有增损吴真子《四书集成》等诸说而成一家之言的抱负，同时又指出其书质量参差，瑕瑜互见。尤指出该书之本意，完全以饶双峰为宗旨，尽管对双峰错谬之说略有辨析，然而与其所采信之说，实无法比拟。甚至与朱子之意相冲突之说亦采用之，导致学者在朱子与双峰之间无所适从。史氏又特别指出，《四书通》与《四书发明》等对双峰完全背离朱子之说者，居然不置一词，实在令人痛心。故照史氏看来，则胡炳文完全不是朱子学而属于双峰学了，"信朱子不如信饶氏"②。这与胡炳文发明朱子学的自我期许，与世人对其朱学门户守护者的评价截然相反。

胡炳文自家之说则不同于上述持对立意见之两家。言：

> 双峰饶氏之说于朱子大有发明，其间有不相似者，辄辨一二，以俟后之君子择焉。③

他对双峰的评价不同于流行看法，并不认为双峰是与朱子多有抵牾的逆臣、僭臣，反而是对朱子大有发明的功臣，只不过偶有若干条不合朱子而已。故就此数条加以辨析，且不敢必其为是，而谦称此等辨析仍有待后来君子指正，用语平和谦逊。可见胡炳文对双峰是以采信为主而辨析为辅，抱信而察之态度，而《元史》及《四书管窥》之论实属偏颇。以下具体论述《四书通》对双峰说的做法：一是直接引用，二是批评辨析，三是有意放弃。

---

① （元）史伯璿：《四书管窥》序，"敬乡楼丛书"本（铅印）1931 年版，第 1—3 页。
② 此说是《四书管窥》序对陈栎之批评，同样适用胡炳文。
③ （元）胡炳文：《四书通》，《景印文渊阁四库全书》第二百零三册，台湾商务印书馆 1987 年版，第 4 页。

二、引用双峰说

《四书通》引双峰说高达 500 余条,高居所引朱子后学各家首位,体现了对双峰之学的继承与采信。① 就所引双峰说具体情况而论,大致有以下几种:一是所引双峰说是对朱子思想之发明,此为主体部分;二是所引双峰说背离朱子思想者;三是虽未引双峰说却袭双峰之意者。

(一) 引双峰不背朱子说

胡炳文对双峰关于《大学》三纲领之关系、至善、格物、诚意;《中庸》分章、戒惧慎独、中和、费隐、忠恕、知行、诚明;《论语》不逾矩、仁、圣人、道体;《孟子》知言养气、仁义等重要话题皆多所引用和认同。《四书通》重点采用双峰对朱子思想有透彻发挥的文字,如对知止作为权衡和方向的比喻性论说,云"知止譬如识得称上星两"②。又如对格物之表里精粗的长篇论说,云"自表而里,自粗而精……须是表里精粗无不到,方为格物"等③。在引用双峰说时直接表达赞赏之情,如《孟子》"不忍其觳觫"章赞"饶氏发明两'不忍'字甚好"④。此类例子不胜枚举。双峰此类被所引文字引起广泛注意,包括《四书辑释》《四书管窥》《四书大全》等多有引用,如引双峰"诚于中形于外。此诚字是兼善恶说"即引起中朝学者普遍讨论。

所引双峰说虽与朱子不同,但确对朱子有所推进者,胡炳文则把朱子与双峰说融合贯通,加以解释。如关于"中庸鲜能"解。

> 此章比《论语》去"之为德也"四字,添一"能"字,《章句》谓"世教衰,所以民鲜能"。饶氏谓"民气质自偏,故鲜能"。愚谓气之偏,故不能知;质之偏,故不能行。世教又衰,无以矫其气质之偏,使之能知能行。⑤

双峰把民不能中庸的原因归结于民之气质偏颇,朱子则归为世道教化,

---

① 《四书通》引辅广约 320 条,引陈栎、陈淳、陈孔硕、陈埴、陈文蔚、陈知柔等说共约 240 条,引黄榦、黄仲元、黄士毅等约 180 条。可见所引双峰所占分量之重。

② (元)胡炳文:《四书通》,《景印文渊阁四库全书》第二百零三册,台湾商务印书馆 1987 年版,第 14 页。

③ (元)胡炳文:《四书通》,《景印文渊阁四库全书》第二百零三册,台湾商务印书馆 1987 年版,第 23 页。

④ (元)胡炳文:《四书通》,《景印文渊阁四库全书》第二百零三册,台湾商务印书馆 1987 年版,第 392 页。

⑤ (元)胡炳文:《四书通》,《景印文渊阁四库全书》第二百零三册,台湾商务印书馆 1987 年版,第 53 页。

胡炳文则认为二说皆击中了不能中庸的原因,气质说与知行有关,而世教之衰更使得无法矫正气质,体现了调和朱、饶的立场。

　　所引双峰说与他说相互矛盾者,胡炳文亦引之以备一说。如《孟子》"不孝有三"章先引辅广说,肯定《四书章句集注》所引赵岐说"必见于古传记"之书,但接着所引双峰说则认为赵说并无根据,乃是自我推测之论,不过说得好而被朱子采用。《四书管窥》曰:"赵氏以意度说自好,所以朱子不破其说。"①故史伯璿认为此二说明显矛盾,胡炳文皆取之,可见态度摇摆不定,认为不应取双峰说。

　　(二)　引双峰背离朱子说者

　　饶双峰《四书》解以"多不同于朱子"而著称,且有与朱子持不同看法,对朱子加以批评者。被认为株守朱学门户的胡炳文却引用双峰此等说约20条,约占对双峰全部500条引文的二十五分之一。正是对双峰这些背离朱子之说的引用,使得史伯璿痛斥胡炳文信朱子不如信饶氏。

　　如《大学》"正心"章,针对朱子"敖惰"等亦是"合当有"之说,双峰提出"敖惰不当有"之说,认为"此只是说寻常人有此病痛,似不必将'敖惰'做合当有底"②。史氏认为此乃朱子已经驳斥之说,而云峰尚引之。关于"忿懥",《大学章句》解为"怒",双峰解为"忿者怒之甚,懥者怒之留。忿懥是不好底"。③《四书通》引此忿懥解而删除"忿懥是不好底"说,可见其取舍态度。胡炳文引双峰关于心不在与心不正之分,认为"心不在"是指"无知觉心以为身之主宰","心不正"则是"无义理心为身之主宰"。史伯璿认为双峰此说违背了《朱子语录》知觉之心与义理之心同在之说,赞赏胡炳文于此又引方氏无心与有心之存主说,可破饶氏之谬。其实,胡炳文并无破双峰之意。

　　又如关于《中庸》分章,是双峰最有见解之处。双峰将全书分为六大节三十四章,并以两次开合分全书结构,而不同于朱子分全书为四节三十三章说。双峰这一划分影响广泛,新安一系陈栎、倪士毅等皆采用之,《四书大全》亦引之,且未标"饶氏曰"三字而夹于朱子说中,故明代以来学人多误以双峰此说为朱子说。《四书通》引其说,遭到史伯璿的批评,竟至认为"《通》

　　①　(元)史伯璿:《四书管窥》,《景印文渊阁四库全书》第二百零四册,台湾商务印书馆1987年版,第817页。

　　②　(元)胡炳文:《四书通》,《景印文渊阁四库全书》第二百零三册,台湾商务印书馆1987年版,第29页。

　　③　(元)胡炳文:《四书通》,《景印文渊阁四库全书》第二百零三册,台湾商务印书馆1987年版,第27页。

则剿为己意"①。其实《四书通》直接标明"饶氏曰",反而是《四书大全》未加标明。在对"哀公问政"章的理解上,双峰与吕祖谦等人想法一致,不满于朱子以《家语》来证明《中庸》此章,故将之分为两章,从"天下之达道五"以下自为一章,乃是子思之说。"《中庸》自'天下之达道五'以下,恐只是子思之言。子思当来只为学者说。"②《四书通》采此说,为此遭到史伯璇反驳。关于慎独解,双峰批评朱子慎独乃念虑初萌说,主张应贯彻念虑始终。"独字不是专指暗室屋漏处,……亦不是专指念虑初萌时……自始至终,皆当致谨,岂特慎之于念虑方萌之时而已哉!"③《四书通》引之。忠恕解双峰认为《论语》忠恕与《中庸》忠恕本是一事。"此忠恕是夫子告曾子一贯,而曾子告门人以忠恕而已矣之意"④,与朱子强调二者差异之看法相背离。《四书通》引之,遭到史伯璇、王夫之、陆陇其等批评。关于"达孝",朱子解为"天下通谓之孝",双峰认为舜之孝是一家之孝,而武王、周公是四海之孝,天子之孝。史氏、陆陇其等驳斥双峰解不合朱子意,批评云峰抄袭饶说。关于《中庸》"仁者人也"解,双峰解为此"人"对鬼而言,突出生生之理。"此人字正与'鬼'字相对。生则为人,死则为鬼,仁是生底道理,所以训人。"⑤胡炳文极称赞此说,认为其合朱子意。史氏则反驳之,认为此解虽新奇而不合《中庸章句》,王夫之更是激烈痛斥。又如关于孟子,朱子引用程子说,认为论性不论气,双峰反对之,主张孟子亦论气,"饶氏曰:人说孟子论理不论气,若以此章观之,何尝不论气!"⑥云峰引用此说,显然与朱子背。

（三）蹈袭双峰之意

对双峰不同于朱子之解,胡炳文虽未明引之,然却被认为实际暗自袭用其意而以为己说,此类有若干条,体现了其认可双峰而背离朱子处。

如双峰以《中庸》"怀诸侯"为尊贤之等,不同于《中庸或问》以之为治人。史伯璇批评胡炳文窃取双峰之说以为己意。双峰在讨论《中庸章句》

---

① （元）史伯璇:《四书管窥》,《景印文渊阁四库全书》第二百零四册,台湾商务印书馆1987年版,第851页。

② （元）胡炳文:《四书通》,《景印文渊阁四库全书》第二百零三册,台湾商务印书馆1987年版,第498页。

③ （元）胡炳文:《四书通》,《景印文渊阁四库全书》第二百零三册,台湾商务印书馆1987年版,第49页。

④ （元）胡炳文:《四书通》,《景印文渊阁四库全书》第二百零三册,台湾商务印书馆1987年版,第65页。

⑤ （元）胡炳文:《四书通》,《景印文渊阁四库全书》第二百零三册,台湾商务印书馆1987年版,第76页。

⑥ （元）胡炳文:《四书通》,《景印文渊阁四库全书》第二百零三册,台湾商务印书馆1987年版,第558页。

"戒慎恐惧"说时提出新解,认为不睹不闻处于"思虑未萌""事物既往"二者之间。《四书通》既引双峰说,又以为不睹不闻是解释"须臾"。《四书管窥》曰:"《通》谓'不睹不闻'四字正是释'须臾'二字。"史云:"此分明剿饶说为己有。"①史伯璿斥责胡炳文抄袭双峰说而不值一辩。针对《论语》"木铎"章双峰提出"木铎"含"得位"与"周流"两种含义,曰:"或得位,或周流四方,皆在其中。"辅广认为朱子主得位说,胡炳文认可双峰的"兼两说"。史氏批评其"又是述饶氏之意以为说"。② 又"用行舍藏"章,双峰认为是指好遁与好进两种人,"自有两样人。谢氏只说得好进一边"。批评《四书章句集注》所引谢氏说只是说了好进一种人。胡炳文虽未引双峰说,亦主张分别看,曰:"一当就'有'字上看……二当在'则'字上看……三当合两句互看。"③史氏批评胡炳文是祖述饶说,而并非来自朱子说。针对"观过"章,双峰认为"人之过"与"观过"的"过"所指不同,前者指君子小人,后者独指君子。《四书管窥》曰:"要之上句虽兼两边,观过知仁恐只说这一边好底云云。"④此是针对《四书章句集注》所引尹焞"于此观之,则人之仁不仁可知"的两面说。胡炳文虽未引双峰说,亦主此意,故史氏批评之。且指出胡炳文同时所引辅广"但谓仁者之过"与蔡氏"仁不仁皆在其中"相互矛盾而兼取之,剖析其原因是不满尹焞说。《孟子》"义袭"说,双峰认为义袭为助长,"正而助长,是要义袭而取",胡炳文据此而论之,"正忘助是义袭,是害"。史伯璿批评此乃"蹈袭双峰义袭为助长之意,遂并以忘为义袭与害"⑤。在袭用双峰说基础上把"忘"也当作义袭之害,是错上加错。《孟子》"从于子敖"章,双峰提出"殊不知才一失身,便是失其亲……孟子所以切责之"说,胡炳文则引《论语》"因不失其亲,亦可宗也"说解此,认为"乐正子才从子敖来,便是所依者失其所可亲矣"⑥。史伯璿认为此明显来自双峰说而有推论过度之嫌。

---

① (元)史伯璿:《四书管窥》,《景印文渊阁四库全书》第二百零四册,台湾商务印书馆1987年版,第860页。

② (元)史伯璿:《四书管窥》,《景印文渊阁四库全书》第二百零四册,台湾商务印书馆1987年版,第729页。

③ (元)胡炳文:《四书通》,《景印文渊阁四库全书》第二百零三册,台湾商务印书馆1987年版,第198页。

④ (元)史伯璿:《四书管窥》,《景印文渊阁四库全书》第二百零四册,台湾商务印书馆1987年版,第730页。

⑤ (元)史伯璿:《四书管窥》,《景印文渊阁四库全书》第二百零四册,台湾商务印书馆1987年版,第795页。

⑥ (元)胡炳文:《四书通》,《景印文渊阁四库全书》第二百零三册,台湾商务印书馆1987年版,第505页。

三、批评双峰说

胡炳文对双峰说虽以接受与认可为主，然亦有批判之反思，就《四书通》而言，此类批评双峰之说仅约 10 余处，仅占所引双峰 500 条之五十分之一，可谓微乎其微了，但此微乎其微者，所涉及之话题却皆甚为重要，可谓云峰对双峰学接受中不可或缺的"微量元素"，亦是云峰对双峰"间辨一二"的真实体现。此"微量元素"并未涉及双峰《大学》解，对于史伯璿等认为存在问题的至善、诚意、正心等解皆认可双峰，可见胡炳文对双峰《大学》说颇为满意。他主要着力于辨双峰《中庸》解，而此正是双峰最有创见，亦是最不同于朱子，引发争议最激烈之部分，涉及道、教、费隐诚、中庸、知行、尊德性道问学等重要话题。

双峰批评《中庸章句》"礼乐刑政"说，认为刑政是政、礼乐是教，故章句说有所偏颇，并改为"五典三物与夫小学大学之法"。胡氏反驳之：

> 通曰：《章句》谓礼乐刑政之属。饶氏改云"五典三物，与夫小学大学之法"。谓刑政属政而非教，礼乐二字属教而包括不尽。妄意礼乐二字在三物中说得小，不过礼乐之文而已，……若曰天高地下万物散殊……此礼乐二字天下之理皆该……合而言之，古者刑政无非教也，曰礼乐，又曰刑政，本末兼举，精粗不遗……况朱子释修道谓因人物所当行者而品节之，故礼乐刑政之教，兼人物言。饶氏所谓五典三物小学大学可施于人而不可施于物。故不可不辨。①

他认为礼乐有广义与狭义之分，广义之礼乐无所不包，无处不在。其次，古代政教合一而非分离，故礼乐刑政乃是全面无遗之说。况且据朱子修道之教说，教涉及人与物，而双峰之说偏于人而遗留物，故不可取。此说得到史氏称赞。

双峰反对《中庸章句》以"无物不有，无时不然"解释"不可须臾离"，认为只有无时不然，而无"无物不有"之意。胡氏加以反驳：

> 窃意此道字必须说从性上来，天命之性无物不有，所以率性之道无时不然……此与说宇宙相似，先是有这物事了方始相连相续。②

---

① （元）胡炳文：《四书通》，《景印文渊阁四库全书》第二百零三册，台湾商务印书馆 1987 年版，第 46—47 页。
② （元）胡炳文：《四书通》，《景印文渊阁四库全书》第二百零三册，台湾商务印书馆 1987 年版，第 48 页。

他认为此处之道乃从天命之性而来，只有内在无物不有了，才有率性之道的无时不然。正如富有日新及宇宙说，先有存在物才有物在时间中的延续。史氏称赞之。

双峰还批评《中庸章句》"中庸不可能"解的"义精仁熟"说缺乏勇之意味。胡炳文引《中庸章句》相关说证明朱子之解已经内在蕴含了勇。

> 窃谓学者于义必精之，于仁必熟之，便是知仁中之勇。……反覆细玩，朱子之意可见矣。①

关于"生知安行"节，朱子认为三知三行存在分、等之分，双峰批评朱子解头绪杂乱。胡炳文对朱子说加以辩护。"通按：饶氏谓《章句》既以其分言，又以其等言，头绪太多。"②他指出朱子解其实非常简要，知仁勇虽然有别而成功为一；生知学知困知三等有别，而成功亦一。故朱子虽有横说、竖说，实质则一。

双峰质疑朱子《中庸》诚者自成之解，朱子认为，"诚者物之所以自成，而道者人之所当自行也。诚以心言，本也；道以理言，用也"。双峰主张不必添加"物"，且诚与道不必分本与用。"疑'诚者自成'不必添入一'物'字。诚即道也，似不必分本与用。"胡炳文对双峰说加以辩析，曰："饶氏之病，正坐于便以诚为己所自成而欠一物字"③，并先引程子说表明诚与物不可分离，诚作为物之体，贯穿物之终始。他指出诚有从心言与从理言不同含义，此处是从心而言，故当先有心才有理，诚与道在此相当于天命之性与率性之道，根本于经文"诚者物之终始"说，故须关联于"物"。至于"本"和"用"，或可指"物之所以然"与"人之所当行"，二者存在体用关系；或可指心与道，亦具有自成于己为本，推行于道为用之先后体用关系。史伯璿对此说极表称赞，认为有力反驳了双峰之谬误，解开了其胸中疑问。由此批评陈栎《四书发明》于此仍抄袭双峰之意，主"道即诚之道也"为说，可证其不如云峰，赞赏倪士毅站在云峰一边而放弃其师之说。④

---

① （元）胡炳文：《四书通》，《景印文渊阁四库全书》第二百零三册，台湾商务印书馆1987年版，第57页。

② （元）胡炳文：《四书通》，《景印文渊阁四库全书》第二百零三册，台湾商务印书馆1987年版，第78页。

③ （元）胡炳文：《四书通》，《景印文渊阁四库全书》第二百零三册，台湾商务印书馆1987年版，第88页。

④ 史伯璿："以此观之，《发明》之不及《通》远甚。《辑释》引《通》而不取《发明》，宜矣。"（元）史伯璿：《四书管窥》，《景印文渊阁四库全书》第二百零四册，台湾商务印书馆1987年版，第921页。

　　关于"尊德性道问学"章，双峰批评朱子以存心、致知分尊德性与道问学为两列，而主张以知行分之。或问：《章句》分存心、致知之属。……恐未安。《讲义》之分知行，似为亲切。"饶氏曰："如此似乎无病。"①双峰此解得到学者广泛尊信，如陈栎师徒即赞同。倪士毅则以胡炳文解得朱子意而双峰解得子思意分别之，实则仍主双峰。胡炳文竭力维护朱子，反驳饶、陈，认为存心是存养工夫，是致知的前提，致知内含知行两面，不能把存心与知行混同。史氏对此极表称赞。

　　关于《论语》"温良恭俭让"章，双峰既言此即圣人中和气象，又指出《四书章句集注》所引谢说"亦"字则内含抑扬之意。胡炳文指出双峰说自相矛盾，曰："夫苟是中和气象，则谢氏不当下亦字。以谢氏为微寓抑扬之意，则其不足以尽中和之气象明矣。饶氏前后二说自相反，不可不辩也。"②盖如是中和气象则自然不存在不满之意，谢良佐之"亦"字即不当有，如有之，则说明即非中和。故饶氏"中和"与"亦"字具有抑扬之意说，是相互冲突的。史氏以此作为胡炳文与陈栎之比较，大赞胡氏高明。关于"三年无改"，双峰不满《四书章句集注》先后引尹焞与游定夫说，过于缠绕，曰"似太费辞"。胡炳文对此加以辨析，曰："所当改，以事言；可未改，以时言；不忍改，以心言。……饶氏、熊氏引庄子之孝以释此章，误矣"③，指出当改、未改、不改分别就事、时、心三者言，故朱子所引说微妙周到，突出章旨是不忍改父之不善。他批评双峰引孟庄子之孝来论证并不妥，因庄子之父献子乃贤者，而非不善者。"子路问成人"章，双峰怀疑臧武仲之知只能料事而不足穷理，曰"饶氏疑武仲之知仅能料度事宜而未足以穷理"④。胡炳文反驳之，认为理不在事物之外，故料事即是穷理。朱注"兼""则"已经表明其知足以穷理。《论语》"本末"章，双峰认为小学无穷理慎独，通过洒扫应对来维持其心，至大学才具慎独诚意工夫。胡炳文认为双峰此说是对程子说的误解，且有误

①　史氏按："如此分知行，与《章句》异，虽似可通，然《章句》以存心对致知而言，饶氏以行对知而言。此则似是而非，大有可辩。……《四书通》谓'读者因陈氏谓存心是力行工夫，遂疑高明温故属知'。此言可谓切中双峰致误之由矣。……数年后《四书通》刊行，其说适与管见有契。今并录其说与诸编不同之见于后……《通》此说正为破双峰分知行而发，极为精详。"（元）史伯璿：《四书管窥》卷八，《景印文渊阁四库全书》第二百零四册，台湾商务印书馆1987年版，第936—941页。
②　（元）胡炳文：《四书通》，《景印文渊阁四库全书》第二百零三册，台湾商务印书馆1987年版，第115页。
③　（元）胡炳文：《四书通》，《景印文渊阁四库全书》第二百零三册，台湾商务印书馆1987年版，第115页。
④　（元）胡炳文：《四书通》，《景印文渊阁四库全书》第二百零三册，台湾商务印书馆1987年版，第304页。

导后学之嫌疑。"殊不知程子、朱子之意，政谓小学是至微之事，慎独正要慎其微，若从念虑之微说……饶氏此语，窃恐有误后学，不可不辨。"①盖程朱乃是强调小学即要于念虑之微处开展慎独工夫，小学与大学的区别在于，是否能于念虑之微做到慎独。但陈栎则坚持维护双峰说，认为与程子各是一意。双峰又以所以然为本，已然为末，批评朱子以本末为事，所以然为理。胡炳文指出其病所在，曰："盖朱子解程子之言以本末为事而不可分为二事者是理。饶氏解程子之言以末为事而本为理，亦不可不辨也。"②他批评双峰把程子说解释为理本事末，而朱子则是以可分本末者为事，不可分为二事者为理。故双峰说不合于朱子。史氏大赞此说抓住了双峰错误之根源。

关于《孟子》，涉及道与性、明诚、理事本末、五常之信等。"滕文公为世子"章朱子以"古今圣愚本同一性"解"道一而已"，双峰认为性、道有别，分别就所禀与所由言之，故朱子此处论性过重。胡炳文对此加以辩护，曰："愚见《集注》岂不能曰'同一道'而必曰'同一性'者，盖推本而言，欲自上文性善说来，性之外他无所谓道。同此性即同此道，又何疑焉？"③指出朱子"同一性"乃就源头而论，是接着性善论，在性之外并无道，同性即同道，故并无可疑。双峰质疑《孟子》"居下位"章《四书章句集注》"明善为思诚之本"说割裂了明善与思诚的合一关系。胡炳文根据朱子说，指出《孟子》"思诚"即《中庸》"诚之"，包含知行两面，故为修身之本，而明善是工夫之知，修身之首，明善为思诚之本不过表明二者的一体。朱子就《孟子》四端提出"四端之信犹五行之土，无定位无成名无专气"的无定说，双峰认为此是就四方论，若就五方论，则有定位、成名、专气，故不可执着。胡炳文对此加以反驳："愚见朱子之说，是就五方看，方见得。试以河图看之，五土居中似有定位……是则土无专气而气无所不贯，土无成名而名无所不成。就四方看如此，就五方看亦如此，似不必分也。分看则论土于四行之外，是犹论信于四端之外，合看则土实在四行之中而信在四端之中也。"④他指出朱子正是就五方而论，并以河图论述之，土看似无定位、无成

---

①　(元)胡炳文：《四书通》，《景印文渊阁四库全书》第二百零三册，台湾商务印书馆1987年版，第372页。

②　(元)胡炳文：《四书通》，《景印文渊阁四库全书》第二百零三册，台湾商务印书馆1987年版，第372页。

③　(元)胡炳文：《四书通》，《景印文渊阁四库全书》第二百零三册，台湾商务印书馆1987年版，第455页。

④　(元)胡炳文：《四书通》，《景印文渊阁四库全书》第二百零三册，台湾商务印书馆1987年版，第437页。

名、无专气,实则皆有,取决于所观看之视角,故不必执着于分为四或五。如分看则土于四行外,合看则在四行之中,正如信与五常关系。此说得到史伯璿、倪士毅等认可。

四、放弃双峰说

在对双峰说大量引用、接受与认可之际,胡炳文也放弃了部分双峰之说,显然对此等说不太认同。这一点,通过比较《四书发明》《四书辑释》对双峰之接受即可看出。比较而言,胡炳文对双峰之接受不如陈栎《四书发明》、倪士毅《四书辑释》多,放弃了很多《四书辑释》接纳的双峰说,故史伯璿判定陈、倪师徒对双峰之信服,较胡氏有过之而无不及。胡氏对双峰之接受基于自我判定,所放弃者多有被史伯璿等批评者,体现出不认可双峰过于激烈的言辞,而对朱子有维护之一面。胡氏对双峰的取舍引起后世评议。

《论语》"有一言而可以终身行之"章,胡炳文引冯椅"子贡言用不及体"说,"冯氏曰:曾子兼言体用,故曰忠恕。子贡问用而不及体,故曰恕而已矣说"①,而未引双峰"言恕则忠在其中"说,然倪士毅《四书辑释》则引双峰此说。冯、饶二说的区别在于如何看待忠恕的体用关系,冯说着重忠恕体用之分,饶说注重合。故史伯璿批评胡氏对双峰精密之说未加引用,是未有正确领会。对人能弘道,双峰解为"四端甚微,扩而充之,则不可胜用,此之谓人能弘道"。胡炳文则主张"以大人为证,反似道能大其人者"说,未取双峰说。史伯璿赞双峰说,批评胡说,认为"须知人能大其道,方可谓之大人,则无此疑矣"②。"季氏将伐颛臾"章"舍曰欲之"解中,胡炳文采用胡氏之说,认为夫子重心在欲。"梅岩胡氏曰:求以为夫子欲之,吾二臣者皆不欲。孔子从'欲'字发明,切责之矣。"③史氏批评胡氏对"欲"的理解未能区分其含义之别,背离朱子之解,而应采用双峰之说,云:"两个'欲'字文意不同。上欲字是意欲之欲,是说季氏之意自欲伐颛臾;此欲字是贪欲之欲,是说季氏贪颛臾土地"④,认为此"欲"为贪欲,不同于"夫子欲之"之意欲。又《中庸》"奏假无言"与"不显惟德"二诗,胡炳文认为二诗是统说效验,曰:"承

---

① (元)胡炳文:《四书通》,《景印文渊阁四库全书》第二百零三册,台湾商务印书馆1987年版,第330页。

② (元)史伯璿:《四书管窥》,"敬乡楼丛书"本(铅印)1931年版,第5页下。

③ (元)胡炳文:《四书通》,《景印文渊阁四库全书》第二百零三册,台湾商务印书馆1987年版,第337页。

④ (元)史伯璿:《四书管窥》,"敬乡楼丛书"本(铅印)1931年版,第9页下。

上文不动而敬、不言而信,而极言其效也。"①双峰认为二诗分别指慎独与戒惧效用。"奏假无言之诗,以慎独之效言也;不显惟德之诗,以戒惧之效言也。"②胡氏未取双峰说,史伯璿认为双峰说强调工夫次第,更接近朱子之意。

此外,胡氏还因放弃双峰"错误"之说而被褒。史伯璿敏锐指出,尽管同样推崇双峰说,然胡炳文对双峰的采信似不如陈栎、倪士毅师徒之深,尤其是在对双峰背离朱子之说的引用上,胡炳文更为谨慎。如双峰的明明德是"因其本明而明之"说、"新民之至善非欲人皆为圣贤而是各安其分"等说,胡氏皆未取,故受到史伯璿赞誉。

五、双峰学与新安朱子学之互动

《四书通》引双峰500条中(尚不含用其意者7条),包含引发争议认为偏离朱子者25条,而胡炳文批评者仅10条。此足以体现受双峰影响之深。且对双峰过于刺眼无礼之直接批评语,多采取了置之不理或装聋作哑的态度,无怪乎引发史伯璿的极为不满,直接判定新安朱子学"信朱子不如信饶氏"。在史氏看来,胡炳文固然对双峰偶有批评,但对双峰那些带有狂妄甚至挑衅意味的言语,未能挺身而出,予以驳斥,流于姑息纵容。当然,胡炳文对此等说法采用了删除法,认为不值一辨,这种"不屑之辨"的策略是高明而成功的,把双峰之狂语消除于无形之中,让它永远隐藏于历史无边的大幕之后。如将双峰批评朱子的"以老先生之高明精密,而于前人语意尤看得未尽如此"等语即删去。但史伯璿《四书管窥》为了辩驳双峰,则真实记录引用之,恰给我们留卜了双峰狂语之一斑。故史氏本意虽以批饶为目的,然客观上则对双峰之学具有保存、传扬之功。

胡炳文作为既忠实于朱子而又具有独立思辨精神之学者,在诠释取径和义理理解上,有自己的独立选择。四库馆臣屡屡斥其为朱学的"株守门户者",实则仅就其对多不同于朱子的饶双峰之说的高度采用来看,即可证四库馆臣乃诬枉之评,胡炳文绝非株守门户者,而是具有独立思想能力的学者,很好地继承和发扬了朱子的求真是精神。又就胡炳文学派归属来看,不能单独以地域和师承等形式而论,如《宋元学案》据此将之归为"介轩学",其实如以思想而论,则当为双峰一系更妥,盖其受双峰影响甚深。胡炳文、

---

① (元)胡炳文:《四书通》,《景印文渊阁四库全书》第二百零三册,台湾商务印书馆1987年版,第102页。

② (元)史伯璿:《四书管窥》卷八,《景印文渊阁四库全书》第二百零四册,上海古籍出版社1988年版,第953页。

陈栎、倪士毅"四书"著作对饶鲁的大量采用,反映了宋元之际江西朱子学与新安朱子学的密切互动,呈现了宋元江西朱子学对新安朱子学深刻影响的隐秘一面。学界往往注重吴澄和合朱陆思想对元代新安后期理学家如赵汸、郑玉等的影响,而几乎无人提及以胡炳文、陈栎等为代表的元代新安前期理学受饶鲁影响之深;学界且认为前期新安理学是朱学的门户株守者,而后期才体现了朱子求真是之精神。① 其实,如就前期新安理学对饶鲁批评之说来看,胡炳文等前期新安理学同样体现了对朱子批判的求真是精神,只不过以诠释经典的形式出现,更为隐秘而已。此外,明代《四书大全》以新安胡炳文、陈栎、倪士毅的"四书"著作为底本编撰而成,使得新安四书学成为明代以来朱子四书学的主流,而毫无著作传世的饶鲁之说因此机遇亦得以保留传衍,在某种意义上又可视为新安理学对饶鲁之报恩与"反哺"。此亦证明浙江金华学人经数百年制造的北山四先生为"朱学世嫡"说实不合历史事实,据实而言,饶鲁及新安一系朱子学才是宋元以至明清朱子四书学之主流。

第二节 陈栎、倪士毅对饶鲁的接受及其意义

元代新安理学家陈栎、倪士毅四书学深受被认为"多不同于朱子"的饶鲁影响,以至于被史伯璿判为"信朱子不如信饶氏"。他们认为饶鲁之说"多有好处",大量直接引用饶说,包括引其新奇之说、与朱子相对之说,或为使饶说与朱子说相协调而对饶说"改易字面",或强调与朱子不同之饶说属于"宜知者"。史伯璿认为他们于饶说"口虽非之,心未尝不是之",或暗主饶说之意以批评朱注,或删润饶说以为己见而求合于朱注。当然,对饶说过于新奇或针对朱子的激烈之见,他们亦删除之。比较来看,胡炳文、陈栎、倪士毅对饶说态度虽大体一致,然亦有小异。元代前期新安理学深受饶鲁影响这一客观而隐秘事实之存在,有助于反思视元代前期新安理学为朱学门户株守者这一流行看法,更新对宋元朱子学演变脉络的认识。

一、"双面"饶双峰

陈栎、倪士毅师徒是元代前期新安理学的代表人物,二者各自所著《四

---

① 持此元代新安理学前后"转向"论者,如李霞:《论新安理学的形成、演变及其阶段性特征》,《中国哲学史》2003 年第 1 期;陶清:《"求真是之归"与"求是"——新安理学思想理论特色及其治学思想初探》,《中国哲学史》2003 年第 1 期;刘成群:《元代新安理学从"羽翼朱子"到"求是"的转向》,《江淮论坛》2012 年第 1 期。

书发明》《四书辑释》(简称《辑释》)是四书学史上具有重要地位的著作。①
二者之学通常被视为家学和地域之学,被认为是纯粹的朱子学。学界通常
视陈栎、胡炳文等元代前期新安理学为朱子学的门户守者,②然却少有学者
注意,二者之四书学实受到南宋朱子再传饶鲁之学的深刻影响。鉴于《四
书发明》已佚,我们以倪士毅《四书辑释》为中心来讨论陈、倪师徒对双峰学
的接受。仅从最直观引用频率来看,双峰说被《四书辑释》引用约564处,
仅次于其师陈栎。陈栎对双峰存在正反两面之看法:"饶氏《四书讲议》内
多有好处,亦多有可非处。……吾尝疑其人有心疾……晚年自号饶圣人,真
心恙矣。"③他一方面认同饶双峰有功于朱子,其四书解有甚多精彩之处,但
同时指出其说亦存在诸多谬误,批评双峰奇特处在于对朱子说展开精妙发
挥后,往往又对之加以吹毛求疵般的讽刺。陈栎对此甚觉难解,认为此等反
差难以想象是同一人所为,故判定存在"双面"双峰——正常之双峰与心疾
发作之双峰,二者互相矛盾悖逆。然而在元儒史伯璿看来,陈栎对被他视为
"心恙"之双峰的信从程度,远远超过了胡炳文,以至于判定陈栎水平不如
胡氏,斥责他"信朱子不如信饶氏"。其《四书管窥大意》言:

　　　陈氏《发明》亦欲勒为一家之言者也。……至于宗信饶氏,则又过
　　于《通》,口虽非之……以其信朱子不如信饶氏。④

　　史氏这一判定是基于陈栎极少驳斥双峰批评朱子的不当言论,反而是
胡炳文不时站出来维护朱子,反驳双峰。史伯璿认为陈栎《四书发明》相较
《四书通》(简称《通》)有两个不如:不如其高明,亦不如其谫陋。但在推崇
双峰上,《四书发明》又超过《四书通》。他批评陈栎口是心非,表面批评双
峰,内心实认可之,断定此根源在于对朱子之崇信实不如信双峰。饶双峰在
朱子学界以"多不同于朱子"著称,陈栎则被赞誉为朱学功臣、朱学嫡传,如

<hr>

① 学界对陈栎《尚书》学、四书学和文本辑佚方面有所留意,对其思想方面的讨论,则涉及他
　与朱子学的关系、与胡炳文在《四书章句集注》定本上的分歧、对心与理关系的认识、史学
　观等。如史甄陶《家学、经学和朱子学——以元代徽州学者胡一桂、胡炳文、陈栎为中心》
　(华东师范大学出版社2013年版)有专章论述。关于倪士毅的研究更少,只有个别文章讨
　论其著述与文章学理论,廖云仙《元代论语学考述》(台湾新文丰出版公司2005年版)有
　专章论述其《四书辑释》的版本及流传。
② 李霞:《论新安理学的形成、演变及其阶段性特征》,《中国哲学史》2003年第1期。
③ (元)陈栎:《定宇集》卷七,《景印文渊阁四库全书》第一千二百零五册,台湾商务印书馆
　1986年版,第269页。
④ (元)史伯璿:《四书管窥》卷首,"敬乡楼丛书"(铅印)1931年版,第1页下。

此一来，则他对饶鲁之推崇与其朱学功臣之声誉似相冲突，这体现了二者关系的复杂性。若就陈栎、倪士毅对饶双峰之说态度来看，他们主要采用了直接引用、暗主其意、摒除其说的方式。①

二、引双峰说者

　　陈栎、倪士毅对双峰说的引用，注重选取对朱子说"大有发明"的条目，此为引用之主体。须指出的是，如与胡炳文《四书通》所引双峰说相较，则二者所引饶说多有为胡氏所未引者，显示出对饶双峰说的不同接受。《大学》部分，如引双峰"明明德"之"明"的两种理解，曰："明之之功有二：一是因其发而充广之，使之全体皆明；一是因已明而继续之，使无时不明"；"知止"节引双峰八目之两种表述乃是分别指逆推工夫与顺推说；"克明明德"章引"静存动察皆是顾"说（《辑释·大学》），双峰此三条反响颇大。即便同引双峰之说，《辑释》所引有时较《通》内容更多，如"忠恕一贯"章，《辑释》引4段长条，而《通》仅引短短两句，体现出《辑释》对双峰忠恕说更为重视。《辑释》所引显示其眼光独到处，如"漆雕开"章一条，所引饶氏说指出《四书章句集注》去除程子原文"曾点"二字，原因在于此处尚未涉及曾点，担心学者躐等而进，"故去上二字"（《辑释·论语》）。可见《辑释》对工夫次第之看重。有时《辑释》所引很简略，仅仅拈出其所看重的核心观点，如"可使南面"章，《四书大全》长段引用双峰说，而《辑释》仅引一句："简于行事上用得，于治己上用不得。"（《辑释·论语》）

　　面对诸家之说，《辑释》存在独引饶说而放弃他说的情况，颇得史伯璇认可。如"不得中行"章，《辑释》仅引饶氏关于狂狷近于中行之说而放弃不够完备的辅广及《发明》之说的做法，史氏赞之曰："今观《辑释》但引饶说而不引二说（辅广及《发明》说），可见愚言之有契矣。"②又如"一言可以终身行之"章，《辑释》引双峰"此问在未闻一贯之先，子贡于事上学得多，欲知博中之约，故发此问。'一言'是一字，所以只以一'恕'字答之"（《辑释·论语》），而《四书通》则未引末句，且引冯椅说，认为夫子对曾子、子贡回答之异在于二者出发点不同，曾子兼体用而子贡问用不及体，"曾子兼言体用，故曰忠恕；子贡问用而不及体，故曰恕而已矣"（《四书通·论语通》卷八）。

---

① 因饶鲁之说失传，陈栎《四书发明》亦失传，无以直接窥探其对饶鲁之说的引用。而史伯璇《四书管窥》专门挑出陈栎等对饶鲁之说的引用加以评述，故本书在相关材料的使用上，多采史伯璇之说。

② （元）史伯璇：《四书管窥》卷七，"敬乡楼丛书"本（铅印）1931年版，第22页下。然今《辑释》无辅氏说，而有陈氏（先师）说。

史氏批评冯氏错用双峰之意,故《辑释》不取其说,而《通》取之为不妥。①

引双峰说新奇而引发"不当"判定者。双峰喜提新解而多为《辑释》引用,如《论语》"不逾矩"章,双峰认为本章致知、力行、立志、不惑等皆是绕"矩"字展开,甚至《四书章句集注》所引胡氏"用即义"的"义"字也是"正为矩字而发"(《辑释·论语》)。此说引起史氏不满,批评其不合解经之法,流于举子作文游戏。又双峰认为《孟子》"无严诸侯,恶声至,必反之"的"恶声必反,不专谓诸侯"(《辑释·论语》),史氏认为不必如此强解,此处只是一义。② 如《中庸》"中节"之解,双峰认为是节限所止之义,是防止情感过度之节制,曰:"中节之节,有限止之义,喜怒哀乐之未发,患其过,不患其不及,故以节言之"(《辑释·中庸》),史氏认为此说新奇不妥,盖情感亦存在不及者,如孝。又双峰提出"至诚无息"章的"至诚"只是说圣人,以之论天地不合适,盖天地无所谓至与不至,"圣人,诚之至,故可以说至诚。若天地只是诚,无至不至"(《辑释·中庸》)。史氏认为此说过于拘泥。③ 史氏还认为《辑释》所引双峰说存在正误夹杂者。如双峰关于三纲重在至善的理解,史氏认可之,但不满双峰把明德新民工夫皆收归于至善。④

引双峰说与朱子相背离者。此等引用与胡炳文《四书通》相较,存在两种情况:一种是与《四书通》同引者。如双峰关于慎独诚意为全书之要说,《辑释》不仅引此说,且引《通》阐发饶氏说,引起史氏不满。⑤ 关于"修身齐家"章"皆诚意慎独之意"说,《辑释》《发明》《通》皆引之,史氏驳斥双峰此说不合朱子及文本之意。⑥ 又如《辑释》《通》皆引双峰"忠信即是慎独,以此观之,可见诚意不特为正心修身之要,而又为治国平天下之要"说,史氏驳斥此说有以诚意包罗正心等工夫嫌疑。⑦ "正心修身"章所引双峰"心不

---

① (元)史伯璿:《四书管窥》卷八,"敬乡楼丛书"本(铅印)1931年版,第5页下。

② (元)史伯璿:《四书管窥》卷四,《景印文渊阁四库全书》第二百零四册,台湾商务印书馆1987年版,第791页。

③ (元)史伯璿:《四书管窥》卷八,《景印文渊阁四库全书》第二百零四册,台湾商务印书馆1987年版,第922页。

④ (元)史伯璿:《四书管窥》卷一,《景印文渊阁四库全书》第二百零四册,台湾商务印书馆1987年版,第689页。

⑤ 史伯璿云:"《通》者援《章句》'自修之首'四字以合于饶氏'诚意不特为正心之要'之说,亦似矣。殊不思饶氏何尝以朱子之说为是耶?"(元)史伯璿:《四书管窥》卷一,《景印文渊阁四库全书》第二百零四册,台湾商务印书馆1987年版,第697页。

⑥ (元)史伯璿:《四书管窥》卷一,《景印文渊阁四库全书》第二百零四册,台湾商务印书馆1987年版,第703页。

⑦ (元)史伯璿:《四书管窥》卷一,《景印文渊阁四库全书》第二百零四册,台湾商务印书馆1987年版,第706页。

在与心不正之分"说亦然。① 其他类似情形尚有引双峰《中庸》分章说，不睹不闻，中和性情，庸德庸言，无入不得，费隐，改而止，大孝达孝，人鬼对说，生知安行，怀诸侯为尊贤，等等，皆与朱子不同。另一种则是陈、倪所引而《四书通》未引者。史伯璿多次痛斥陈、倪师徒信朱子不如信双峰，判定他们对双峰之信远甚于云峰，乃有感而发。事实上，他们对双峰说的引用确乎超过胡炳文，尤其是对双峰背离朱子说的引用更是如此，甚至与胡炳文相对立。

兼引双峰与他说而不折中者。此等情况当以所引南轩（张栻）说为常见，盖陈栎推崇南轩之说，显然影响《辑释》的看法。如《论语》"贫而无怨难"章，《辑释》同时引双峰和南轩说，南轩讨论了富而无骄与贫而无怨，认为后者更难，难在内心之必有所安。至于处富贵则失去本心者，乃是不知无怨。无怨之难在心中无不平而进于乐。"能安于义命，则能无怨；若乐，则心广体胖，非意诚心正身修者不能及此。"（《辑释·论语》）所引双峰说则强调了无怨与乐的差距，与南轩说恰相反，故史氏指责《辑释》引南轩与双峰矛盾之说而不加评语。② 如《论语》"事父母几谏"章，陈栎引南轩说，以"几谏"为谏尚未表现出来，同时又引双峰说，认为"不违"是顺从父母而不违逆。史氏批评此二说乃朱子《语录》所放弃者，《发明》存此朱子反对之说，只会增加学者困惑。③ 然《辑释》并未引此二说，显出师徒之别。又陈栎《发明》既采用双峰"《中庸》要处不专在首章"说，又采三山陈氏"此章盖《中庸》之纲领，此三句又一章之纲领"说。史氏认为二说互相矛盾却不加以任何折中评价，令人不知其意，恐在助长双峰之说以乱朱子。④

引双峰直接批评朱子说。双峰不少新说直接针对朱子而发，带有一争高低意味，《辑释》引用之，引起史伯璿极度不满。如关于《中庸》分章，《辑释》引双峰说，以第二十七章"大哉圣人之道"至三十二章为一节，认为此六章分两层，第二十七至二十九章论贤希圣，第三十至三十二章论圣希天，不满于朱子人道天道之分，而转向德性人格层级之论。不仅如此，《辑释》还

---

① （元）史伯璿：《四书管窥》卷一，《景印文渊阁四库全书》第二百零四册，台湾商务印书馆1987年版，第700—701页。

② （元）史伯璿：《四书管窥》卷七，"敬乡楼丛书"本（铅印）1931年版，第27页上。

③ （元）史伯璿：《四书管窥》卷二，《景印文渊阁四库全书》第二百零四册，台湾商务印书馆1987年版，第735页。

④ （元）史伯璿：《四书管窥》卷六，《景印文渊阁四库全书》第二百零四册，台湾商务印书馆1987年版，第855页。

引鄱阳李靖翁之说,判定双峰断定"天道人道,只到至诚无息章住"说,"可谓朱子忠臣矣"。但李氏又不满双峰以此六章为论小德大德,而据第二十六章"苟不至德至道不凝"说断定六章宗旨为至德至道。史氏既不满于饶氏之说,同时反驳李氏说,取消饶氏忠臣之称号,认为当以朱子天道人道说为准。① 又如《论语》"民可使由之"章,《辑释》引双峰"两'之'字皆指此理而言",批评《四书章句集注》"由是由其所当然,知是知其所以然"说似乎过于分析为两事。史氏首先批评倪氏仅引双峰答词而故意不引双峰弟子之问,有误导之嫌疑。继而指出朱子之说本是指一理,非是指二事。双峰弟子强行分析所以然与所当然,自误误人,反而吹毛求疵于朱子。② 又《论语》"益者三友"章,《四书章句集注》认为益友与损友三者正相反,双峰则认为三者并不相反,批评朱子之说不贴切,"以三者为相反,终说得不自在"。史氏根据"无相反之迹,有相反之实"说驳斥双峰,维护朱子。③ 又引双峰关于《中庸》"不息则久"与"悠久"的"久"分别指内、外说,史氏认为这违背了朱子以久皆为内之说,乃强分悠远、悠久之病根。斥责双峰背叛朱子之说,此即一证。④ 关于《孟子》"天下言性"章,双峰不满《四书章句集注》引程子说,认为本章宗旨非是论智,而是论性。陈栎大为赞赏双峰说,认为解除了其心中疑惑。《辑释》全引双峰说,未引《发明》推崇双峰之按语,而自加按语,认为双峰说虽与朱子不同,但应当有所知之,与其师态度似乎有所不同。但史氏认为,倪氏仍然保留双峰说之做法,只会引起后世疑惑,增加对朱子说权威性的动摇,最好是删除之,不留痕迹。⑤

"改易字面以肋其澜"的协调朱、饶说。面对朱子与双峰不同之说,陈栎师徒存在调和与折中的心态,有时甚至不惜删改双峰文字,以求合乎朱

---

① (元)史伯璿:《四书管窥》卷八,《景印文渊阁四库全书》第二百零四册,台湾商务印书馆1987年版,第951页。

② 史伯璿云:"析当然、所以然而二之,此则饶氏师弟子所见之误,而反归咎于《集注》,不亦异乎?《辑释》去其问辞而唯引答辞于编,使若有所发明于《集注》然者,而实则不然,误人甚矣。"(元)史伯璿:《四书管窥》卷三,《景印文渊阁四库全书》第二百零四册,台湾商务印书馆1987年版,第762—763页。

③ (元)史伯璿:《四书管窥》卷八,"敬乡楼丛书"本(铅印)1931年版,第11页。

④ 史伯璿云:"不惟不足以释问者之疑,又且勇于背《章句》之旨,亦独何哉!"(元)史伯璿:《四书管窥》卷八,《景印文渊阁四库全书》第二百零四册,台湾商务印书馆1987年版,第923页。

⑤ 史伯璿云:"《发明》信双峰深于信朱子,其言正不足以轻重也。《辑释》不引《发明》之说,固不为无见矣。然犹不忍弃双峰之说,以为亦宜知之。则虽有见而不甚明,存之只以惑人而已,何补于经注之旨哉!"(元)史伯璿:《四书管窥》卷五,《景印文渊阁四库全书》第二百零四册,台湾商务印书馆1987年版,第822页。

子。如《论语》"圣人吾不得"章，《四书章句集注》引南轩说，以圣人、君子归于学力，善人、有恒者归于天资。双峰则以圣人、善人是天资，君子、有恒是学力。《辑释》为弥合二者，故意改动双峰说为"圣人是天生底，君子是学而成底，善人是气质好底，有恒者是有常守底"①。史氏认为双峰说既然与朱子不合，当删之，或辩之，不可修饰弥合之。陈栎《发明》亦引饶说，强调有恒者之重要，是入德成圣之门户。史氏批评陈氏只知引双峰求新奇之说而不加辨析，所谓有恒入圣说虽合于《四书章句集注》学以成圣之论，却与其所引双峰"此圣是天生的，是生知安行底"说相冲突。② 如《孟子》"规矩方员之至"章"幽厉之恶名"有"虽孝子慈孙百世不能改也"说。双峰以"改"是"要改其恶"，史氏认为双峰此说正与朱子"皆恶谥也……不得废公义而改之"说相对，然陈栎《发明》对饶说补"谥"字，变为"改其恶谥"，同时又补"公义废矣"四字，以求合于《四书章句集注》，《辑释》则如《发明》之改。③ 此显出《发明》《辑释》删改双峰说以求与朱子说一致之努力，从反面提醒吾人不可径直以二书所引双峰说为其原文，难免有删改以就己意者。此似乎受到朱子处理《四书章句集注》时对所引说"改易本文"之影响。④《论语》"知及之"章"动之不以礼"，陈栎受双峰影响，欲把《四书章句集注》"小疵"改为"设施"，遭到史伯璿批评。⑤ 对此等既认可朱子说，又改写双峰批评朱子之说者，史氏判定为徘徊于朱、饶之间的"主见不定"。

　　"饶氏说与《章句》不同者，亦宜知。"除了改易双峰原说以弥缝与朱子之说差异外，《发明》《辑释》还坚持保留双峰不同于朱子之说，认为此属应当知道的知识。而在史氏看来，这会造成蛊惑人心的不良后果。如关于"强哉矫"，陈栎引用双峰以"矫"为矫揉之说，又云此说实来自吕大临而为朱子所否定者。《辑释》亦引此说。⑥ 又如对《中庸》与朱子不同之分章，二人亦认为是应知者而保存之。"《发明》按：'饶氏说与《章句》不同

① 史伯璿云："《丛说》既与《集注》不合，则删之可也，辩之可也。《辑释》为之修饰而同用之，过矣。"（元）史伯璿：《四书管窥》卷三，《景印文渊阁四库全书》第二百零四册，台湾商务印书馆1987年版，第753—754页。

② （元）史伯璿云：《四书管窥》卷三，《景印文渊阁四库全书》第二百零四册，台湾商务印书馆1987年版，第754页。

③ （元）史伯璿：《四书管窥》卷五，《景印文渊阁四库全书》第二百零四册，台湾商务印书馆1987年版，第811页。

④ 许家星：《〈四书集注〉"改易本文"述作精神发微》，《哲学研究》2019年第11期。

⑤ （元）史伯璿：《四书管窥》卷八，"敬乡楼丛书"本（铅印）1931年版，第7页下。

⑥ （元）史伯璿：《四书管窥》卷六，《景印文渊阁四库全书》第二百零四册，台湾商务印书馆1987年版，第880页。

者,亦宜知,今载于下。'《辑释》亦载饶说及《发明》此语。"①史氏对此极为不满,认为如肯定双峰说优于朱子,则当明言之;否则,则当删除之。② 此等两可模糊之态度正反映二者私心认可双峰,而又不愿触犯朱子权威的曲折心态。

三、对双峰说的暗主与摒弃

有些对"四书"的理解,陈、倪师徒虽未直接引用双峰之说,但在史氏看来,却暗中采用其意而略变其辞。此即史氏认为的暗主饶说。但其实陈、倪师徒对饶氏还另有摒弃不用的一面,即放弃双峰对朱子的批评之说。史氏认为陈、倪师徒暗主饶说具体有以下两种方式。

（一）暗以双峰说批评朱子

如《中庸》"中庸其至矣乎",陈氏认为此"中"与《论语集注》之"中"皆是言无过不及之"中",而非不偏不倚之"中"。史氏认为此是主双峰说来批朱子之不足。③ 又如《四书章句集注》解"于禽兽又何难"的"难"为"校",双峰则解为"患"。陈、倪师徒所引南轩说正是解为"患",而暗合双峰说,不同于朱子。④ 关于《或问》对明德、新民的理解,陈栎认同并本于双峰说,认为乃明明德于天下之新民事,不满朱子"合在人、在己之明德以为一而言其体用"说。⑤ 又如"博施济众"解,史氏认为《发明》虽未引饶说,却是"以饶氏意为己意"⑥。又指出陈栎于《孟子》圣神之论,祖述饶氏两种圣人不同之说而背叛朱子之意:"《发明》盖祖述饶氏生知安行之圣与大而化之之圣不

---

①　(元)史伯璿:《四书管窥》卷七,《景印文渊阁四库全书》第二百零四册,台湾商务印书馆1987年版,第913页。

②　史伯璿云:"似是而非之说则当辞而辟之,以晓后学。若以其说为优于《章句》,则亦当明其如何是优之实,乃可存尔。苟得其实,何畏于朱子,何私于饶氏,存之乃公心耳。今皆不然,而但兼存异论以眩学者,依违两可,无所折中,岂不有愧于'发明'名书之义乎! 愚故谓其信朱子不如信饶氏,其于饶说每口非而心是之者,此也。如此等之存,正是私于饶氏又畏朱子,而不敢明言之者也。"(元)史伯璿:《四书管窥》卷七,《景印文渊阁四库全书》第二百零四册,台湾商务印书馆1987年版,第913页。

③　(元)史伯璿:《四书管窥》卷六,《景印文渊阁四库全书》第二百零四册,台湾商务印书馆1987年版,第877页。

④　(元)史伯璿:《四书管窥》卷五,《景印文渊阁四库全书》第二百零四册,台湾商务印书馆1987年版,第823—824页。

⑤　(元)史伯璿:《四书管窥》卷一,《景印文渊阁四库全书》第二百零四册,台湾商务印书馆1987年版,第684页。

⑥　(元)史伯璿:《四书管窥》卷三,《景印文渊阁四库全书》第二百零四册,台湾商务印书馆1987年版,第747—748页。

同之言以为说,而不思子思、朱子之意不如此也。"①又《中庸》第二章"君子之中庸"解,《发明》亦祖述饶说,不满朱子"无时不中"说,认为是"推其本而以知为重"。史氏对此加以批评。②

（二）"剿饶氏之意而删润之以为己有,以求合于《章句》之旨"

史氏指出陈栎暗主饶说的一种隐秘而强烈的表现是暗自袭用双峰思想,删改润饰其言辞,表面看未曾引双峰说,实则一样。其目的仍在追求协调朱、饶之说,以尽量合乎朱子思想,承担着调和二说的角色。如关于《中庸》"上下察也"解,双峰不满朱子"专说费不及隐"之论,主张"以此证用之费而体之隐在其中"。陈栎认为"此察字实对隐字""而其所以然之妙则终非见闻所及""虽察也而实隐也"。史氏指出,陈栎是饶、朱调和之说,前两句分为双峰之意、朱子之意,而"虽察实隐"则是推求饶说以合乎朱子,即"剿饶氏之意而删润之以为己有,以求合于《章句》之旨者"③,终是不合朱子而走向双峰。又如《孟子·离娄下》"以仁存心"说、《孟子·告子上》"仁人心"章之解,史氏批评陈栎非但不能辨析双峰之谬误,反而一味迎合,误导后学,罪甚于双峰。④ 又如陈栎把《中庸》"诚者自成,道者自道"分别解为实有诸己与躬行于己,曰"实有诸己,故曰自成。……躬行于己,故曰自道"⑤,史氏认为此说是受双峰影响,偏离了论道之自然的主旨。

（三）摒弃双峰批评朱子之说

陈、倪师徒对双峰说之选用,仍是以发明朱子为主,对双峰有关批评朱了之说的选取极为慎重,有意刊落了双峰过于新奇及直接批驳朱子之说,这一点不通过比较史伯璇《四书管窥》所引双峰说,实无以观之。史氏之书,以清算双峰不同于朱子之说者为宗旨,故特别提出双峰约236条"悖逆"之论加以辨析。而陈、倪、胡对此等"悖逆"之论除若干条认同外,

---

① 史伯璇云:"曾谓学问极功与圣神能事有二致乎?"(元)史伯璇:《四书管窥》卷六,《景印文渊阁四库全书》第二百零四册,台湾商务印书馆1987年版,第872页。

② (元)史伯璇:《四书管窥》卷六,《景印文渊阁四库全书》第二百零四册,台湾商务印书馆1987年版,第873页。

③ (元)史伯璇:《四书管窥》卷七,《景印文渊阁四库全书》第二百零四册,台湾商务印书馆1987年版,第886页。

④ (元)史伯璇:《四书管窥》卷五,《景印文渊阁四库全书》第二百零四册,台湾商务印书馆1987年版,第823、834页。

⑤ 史伯璇云:"《辑释》亦引之……《发明》'实此者也,实有诸己'之言,则未免有揽说人力之病。……故于双峰之说,每惓惓而不能舍也。"(元)史伯璇:《四书管窥》卷八,《景印文渊阁四库全书》第二百零四册,台湾商务印书馆1987年版,第922页。

大部分皆摒除不取。如《论语》"忠恕一贯",《四书通》《四书辑释》所引双峰 4 条皆为正面阐发朱子之说,而《四书管窥》所引双峰 3 条则是批评朱子,完全不同于二者所引。可见新安学者对双峰批评朱子说有意作出了选择性刊落,并非一味崇信饶氏。明乎此,有助于全面准确把握新安理学的观点、立场。他们对双峰批评朱注说刊落者甚多,如批评"格物补传"说"朱子补传似乎说得太汗漫,学者未免望洋而惊"①;批评"正心修身"章《章句》注文似可省"②;指责"三年无改"章《四书章句集注》所引尹氏、游氏之说"似太费辞"③。他们还有删除双峰新奇而不同于朱子之论者,如"明明德"章"姑以释明明德之义,未有下工夫处";"至善"章"所谓新民之止于至善者,非是要使人人为圣为贤";"平天下"章"过之罪小,命之罪大"④。

四、《四书辑释》《四书发明》《四书通》对待双峰说之异同

胡炳文、陈栎、倪士毅三者立场大体一致,既以发明朱子为任,又不废双峰之好处,但彼此对双峰之取舍亦有差异。史伯璿精细察觉此点,他根据对双峰之维护、批判之程度来判定学者水准,据此断定《四书通》优于《四书发明》;据此断定学者学术道德,孰为阿私,孰为大公,孰为朱子忠臣,孰为逆臣等。在他看来,站在朱子还是双峰立场,事关为学根本。此狭隘的视角自然不足为取,然却为辨析三者之学提供了一条线索。

（一）胡炳文反饶护朱与陈、倪的挺饶反朱

如关于"洒扫应对"章,《四书辑释》引双峰说,认为程子与朱子对本末的理解不同,程子以理之所以然为本,朱子则以正心诚意为本,故朱子是顺子游之意而论。陈栎力挺双峰,认为其解乃自成一说,并非为解释程子而发,故与程子思想不冲突。史氏则据胡炳文说反驳双峰,认为其说击中了双峰误解程朱不同的原因,朱子乃是以本末皆为事,而不可分为二事者则是理,双峰反倒认为程子以末为事、本为理,造成理事分裂。"朱子解程子之言,以本末皆为事而不可分为二事者是理。饶氏解程子之言,以末为事而本

① （元）史伯璿:《四书管窥》卷一,《景印文渊阁四库全书》第二百零四册,台湾商务印书馆 1987 年版,第 690—691 页。
② （元）史伯璿:《四书管窥》卷一,《景印文渊阁四库全书》第二百零四册,台湾商务印书馆 1987 年版,第 702 页。
③ （元）史伯璿:《四书管窥》卷二,《景印文渊阁四库全书》第二百零四册,台湾商务印书馆 1987 年版,第 712 页。
④ （元）史伯璿:《四书管窥》卷一,《景印文渊阁四库全书》第二百零四册,台湾商务印书馆 1987 年版,第 688、689、706 页。

为理。"①又史氏最不满陈、倪师徒于"尊德性道问学"解中力挺双峰说以反
对朱注,大赞胡炳文维护朱子、反驳饶说之立场。陈栎认为经过反复思考,
始终无法认同朱子对尊德性与道问学的存心与致知之划分,主张其为力行
与致知的知行关系,并以吕本中、饶氏知行之分为根据。史氏批评陈栎乃
"蹈袭双峰之说而小变之,以为己有",赞赏胡炳文之说是双峰与陈氏说的
对症之药,并驳斥倪氏的陈栎得子思义、云峰得朱子义说,讥讽其陈栎为朱
子忠臣之论。②

（二） 不阿其师:《辑释》《发明》之不同

倪士毅尽管推崇其师陈栎,但并非无原则者,实能坚持独立看法,不时
取他人如胡炳文之说,而放弃其师之论,体现了实事求是之精神。如"温良
恭俭让"章,陈氏取双峰而不取胡炳文之说,而倪士毅则取胡炳文说,被史
伯璿赞为"不阿其所好"③。又《孟子》"不孝有三"解,赵岐与饶双峰之解不
同,双峰认为赵岐完全以自家之意揣测论之,辅广则认为赵岐说乃根据古书
得出,非臆测之论。胡炳文兼取饶、辅二说,陈栎则去饶取辅,倪氏则同于胡
氏之兼取。④ 关于《中庸》第二十五章"诚者自成道者自道",陈栎认为此
"道"即"诚之道"的"道"。史氏认为陈说明显抄袭双峰"诚即道也,非是两
般"说。胡炳文则批评双峰之说,认为"诚"有不同含义,不可等同于"道"。
倪士毅采胡氏说而不取陈栎说,可见师徒观点不一。⑤ 又如"天下言性"章,
倪士毅虽因双峰说,但却删除了陈栎对双峰的推崇之辞,⑥体现了与其师之
不同。

五、双峰学对新安理学的意义

学界对新安学者陈栎、胡炳文之思想,常追溯于地域或家学。如《宋元
学案》置胡炳文于以董梦程为代表的"介轩学案",盖其父胡斗元曾从学朱

---

① 史伯璿云:"则双峰谓程子以所以然为本者,乃是误看了程子之意,又岂难知哉!"（元)史
伯璿:《四书管窥》卷八,"敬乡楼丛书"本(铅印)1931年版,第31页上。
② （元)史伯璿:《四书管窥》卷八,《景印文渊阁四库全书》第二百零四册,台湾商务印书馆
1987年版,第942页。
③ （元)史伯璿:《四书管窥》卷二,《景印文渊阁四库全书》第二百零四册,台湾商务印书馆
1987年版,第711页。
④ （元)史伯璿:《四书管窥》卷五,《景印文渊阁四库全书》第二百零四册,台湾商务印书馆
1987年版,第817页。
⑤ 史伯璿云:"《辑释》引《通》而不取《发明》,宜矣!"（元)史伯璿:《四书管窥》卷八,《景印
文渊阁四库全书》第二百零四册,台湾商务印书馆1987年版,第921页。
⑥ （元)史伯璿:《四书管窥》卷五,《景印文渊阁四库全书》第二百零四册,台湾商务印书馆
1987年版,第822页。

洪范,故被置于"孝善家学",认为"笃志家学,又潜心朱子之学"①。而对陈栎亦强调其家学及捍卫朱子学之贡献,言"其为学得于家庭之讲贯为多"②,"凡诸儒之说,有畔于朱氏者,刊而去之"③。倪士毅是徽州祁门人,乃陈栎弟子。事实上,在学宗朱子的同时,他们皆受到作为朱子再传余干饶鲁之学的深刻影响,这种影响体现在他们以不同的方式采用饶鲁之说,或明引,或暗引,有时甚至表现出某种执着与倔强,以至于引起史伯璿极度反感与痛斥,认为他们"信朱子不如信饶氏",此虽过激而非持平之论,然至少反映出他们对饶鲁之说大量采信所引起的朱子学者之观感。尤其令史伯璿反感的是,饶鲁本就以多不同于朱子著称,具有自成一家之说而颇与朱子立异之思想,而陈栎等人在朱子与双峰之说的取舍上,却时有舍朱取饶之倾向,自然不能不让充满护朱情结的史伯璿愤慨。这一"信饶不信朱"的取向,恰体现了陈栎等新安理学虽然以朱子为宗,却并非一以朱子为是,而是秉承了朱子求真是之精神。故"信朱子不如信饶氏"情况的存在,有助于反省长期以来视陈栎、胡炳文等为朱学门户株守者的看法。④

在中国思想学派的研究中,学界比较注重地域、师承、家学等因素的影响,如以何基、王柏、金履祥、许谦为代表的金华学派借助何基年少从学黄榦之因缘,经由金华学人不断的累世建构,而被称为"朱学世嫡"。此"朱学世嫡"说显然有意排斥江西朱子学与新安朱子学而有大言不惭之成分。事实上,无论是师承还是地域,江西与新安朱子学之"资本"皆较金华更为雄厚而正统。而就宋元朱子学来看,双峰学影响广泛,不仅在江西经程若庸、吴可堂而传承于程钜夫、吴澄,且作用于浙江金华朱子学,尤其深刻影响了元代新安朱子学。此点似乎罕有人道。此与双峰著作无传有关,更与学界形成的对江西、新安朱子学的固定看法有关。盖学界视双峰与吴澄为宋元和会朱陆之代表,而以陈栎、胡炳文等元代前期新安朱子学为朱子学的忠实守

① (明)黄宗羲原著,(清)全祖望补修:《宋元学案》卷八十九,中华书局1986年版,第2986页。
② (明)黄宗羲原著,(清)全祖望补修:《宋元学案》卷七十,中华书局1986年版,第2354页。
③ (清)熊赐履:《学统》卷四十一,凤凰出版社2011年版,第399页。
④ 胡炳文对朱子的反思批评,可参许家星:《"胶执门户"还是批判发明?——论〈四书通〉的批判精神兼驳〈四库提要〉之诬评》,《人文杂志》2011年第3期。另,史甄陶分析了胡炳文《中庸通》对饶鲁的批评与吸纳,认为据此看出胡炳文并不全同于朱子。她指出陈栎在风水、丧葬、深衣等问题上皆提出对朱子的批评,体现出陈栎"是个具有独立思考精神的学者,而不是只顾注疏朱子著作的'训诂之儒'而已"(史甄陶:《家学、经学和朱子学——以元代徽州学者胡一桂、胡炳文和陈栎为中心》,华东师范大学出版社2013年版)。可见新安理学之陈栎、胡炳文、倪士毅之学并非完全拘泥朱子学而实具求真是之反思精神,而饶双峰的影响不可忽视。

护者,彼此似乎针锋相对。考之事实,其实不然。正如本书所揭示的,双峰学构成元前期新安四书学除朱子之外最重要的思想来源。

新安理学受双峰学之影响,至少体现在两个方面:首先,形成了非常强的辨名析理特点,对概念字义的辨析达到了精细、深入的程度。朱子学本以穷理精密、辨析深入著称,这一特点为陈淳、黄榦所继承,而再传弟子中尤以双峰为代表,学界将北溪(陈淳)与双峰并称为朱门精于穷理者,吴澄语带反讽地指出二者的精密分析已经堕入训诂词章之学。① 双峰的精密之学深深影响了新安理学,使得其同样带上了解析精密的特点,推动了朱子学穷理的进一步深入。其次,双峰对朱注的诠释体现了极强的怀疑批判精神,有助于破除对朱注的盲目崇拜,消除故步自封之倾向。应该说,新安理学在阐发朱子学的同时,亦基于各自理解,积极吸收了双峰对朱注的批判,故绝不可视其为不敢越朱学雷池半步的拘泥者。正是因为受益双峰思想之深,故无论胡炳文还是陈栎,在指出双峰不足之时,总是能语带敬意地肯定双峰之说确实"大有发明""大有好处"。似乎是冥冥之中对双峰说的回报,以陈栎、胡炳文、倪士毅之说为底本的《四书大全》引饶双峰之说多达570条,既使得双峰思想能够流传于世,同时也在一定意义上保证了《四书大全》的学术水准。故肯定元代新安理学所受双峰之影响,对于准确把握新安理学,充分认识宋元以来朱子学的发展具有重要意义。

第三节　史伯璿《四书管窥》对饶鲁的批评

饶双峰以其"多不同于朱子"的四书思想对元代以来的朱子四书学诠释产生了深远影响,后世朱子学者在对他的评价上产生了明显分歧,以胡炳文、陈栎、倪士毅为代表的新安学派颇为采信双峰诸多异于朱子之解,并赞其说"大有发明";反之,以温州史伯璿为代表的学者则认为双峰之解"不同于朱子者十居其九""不肯为朱子下",而"务立异以为高",斥其"诬朱子以欺世",并穷三十年之力而成《四书管窥》一书,对双峰异于朱子之说给予全面解析和批判。并特别点明北山学、新安学等受双峰影响之处,以竭力"肃清流毒",维护朱子的权威。他在《四书管窥大意》中明确批评双峰开启了妄加议论朱子之不良之举,曰:"其所以启后儒妄议朱子者,实滥觞于此!"故《四书管窥》一书对诸家之批评皆以双峰说为中心。史氏对双峰及其追随者的批评,显出在对

---

① (元)吴澄:《吴文正集》卷四十《尊德性道问学斋记》,《景印文渊阁四库全书》第一千一百九十八册,台湾商务印书馆1987年版,第422页。

朱子的批评解释上形成了"忠臣""佞臣""谗贼"等不同态度,其根本区别是固守朱子之意与纠偏朱子之意的解释孰为可取。双峰虽无著作流传且饱受争议,然实对北山学、新安学、《四书大全》学、船山学产生了重要影响,故向来被忽视的双峰学在朱子学思想版图中的定位值得重新思考。

一、"立异以为高"

作为朱子再传的饶鲁,在朱子四书学框架内,从义理层面对朱子《四书章句集注》提出诸多质疑和新解,由于批判火力过猛,加之追随者甚多,对朱子权威形成了某种消解的作用,从而引发了朱子后学保守派的不安。这反使得饶鲁独享了一份意外"殊荣"——元史伯璿穷毕生之力著《四书管窥》一书,以力辟其"不以朱子为是"的思想,可见饶鲁"不得人心"之深与影响"恶劣"之大了。但饶鲁对朱子四书学的异议,在宋元朱子学的骨干学派如北山学、新安学看来,反而是对朱子的"大有发明"。饶鲁之不同于朱子处,上编已有讨论。为避免重复,兹拟就"敬乡楼丛书"版《四书管窥》之《论语管窥》"先进"篇以下十篇略论饶、朱之异,盖此部分因通行本缺失之故,而为学人罕及。①

双峰对《四书章句集注》的批评,体现了极为精细的辨名析理工夫。如质疑《四书章句集注》"子畏于匡"章的"颜渊之于孔子,恩义兼尽"恐用语颠倒,当是"孔子之于颜渊"②,方合文意。辨析"政"有不同所指,为政、从政分指君王、大夫之事,不可混淆。"为政是人君事,从政是大夫事。此言盖为大夫发。"③分析《四书章句集注》有关工夫的论说不合文意。指出"克己复礼"章的两个"一日"意义不同,分别指工夫与功效,曰:"一日用力于仁,指用功之日而言也。一日克己复礼,指成功之日而言也"④,并指出《四书章句集注》所引程子克私归礼是仁说是从工夫角度论,而孔子本意则是指功效:"《集注》程子所谓'克尽己私皆归于礼,方始是仁',却做用工说。孔子本意,只作成功说。"⑤史伯璿则认为不必分为用功与功效,皆是指用功。他批评金履祥《论语集注考证》祖述饶说,认为饶氏之误源自过于看重颜子亚圣境界,云:"意者一

① 该本《四书管窥》为1931年黄群所印,收入"敬乡楼丛书"第三辑之三。它较之《四书全书》本更为完整,书前有史伯璿传记、全书序例,书后有跋,尤其是补充了《四库全书》本所缺的《论语管窥》"先进"篇以下十卷。该书版本情况,参金静文:《元刻本〈四书管窥〉考述》,《图书馆研究与工作》2019年第8期。
② （元）史伯璿:《四书管窥》卷七,"敬乡楼丛书"本(铅印)1931年版,第3页下。
③ （元）史伯璿:《四书管窥》卷七,"敬乡楼丛书"本(铅印)1931年版,第19页上。
④ （元）史伯璿:《四书管窥》卷七,"敬乡楼丛书"本(铅印)1931年版,第6页上。
⑤ （元）史伯璿:《四书管窥》卷七,"敬乡楼丛书"本(铅印)1931年版,第6页下。

日之语二处只是一意……双峰只因颜是亚圣,故不敢以学者用工之事待之。"①饶鲁又辨析《四书章句集注》以"仲弓问仁"之主旨为敬恕不确,其意只在恕而非敬。敬是贯穿动静之工夫,本章"出门""使民"则仅为动上工夫:"夫子告仲弓,其意只在恕而不在敬。若说敬时,须合动静说。"②且以"无怨"为敬恕之效亦不对,不过是恕之效而已,云:"要之,只是恕之效。"③又批评《四书章句集注》"私意无所容而心德全"说不妥,本章主旨在"恕","心德全"是对"仁"的论述:"行恕之事,恐说心德全不得。"④史伯璇则认为,无敬则无恕,若无敬的工夫,恕亦不可能。敬不仅是恕的前提,还是求仁之根本,其所指甚广,并非拘泥于"合动静说"。夫子告仲弓就敬恕工夫以求仁,以心德全形容仁并无不妥,进而批评金履祥采用饶鲁主恕无敬说。⑤

　　饶鲁还通过批评《四书章句集注》引用之说来表达不满。如他指出"樊迟从游"章引范氏"先事后得,上义而下利"说不妥,割裂文意为二。史伯璇则认为二者具有必然关系,前后实是一意贯通。"知上义而下利,则先事后得,自有不能已者矣,何两意之有!"⑥饶鲁批评"多学而识"章《四书章句集注》所引谢良佐说完全无关经意:"谢氏全说此章不着,不知《集注》何故载之。"⑦他还指出《四书章句集注》"气禀学问之小疵"说不合文意:"偶然于文义上看得未莹。"⑧史氏反驳此说,并批判陈栎采信饶说,推波助澜。《四书管窥》极注意剖析诸家说对双峰异于《四书章句集注》说的采用,此亦是该书一大特色,如多次指出陈栎《四书发明》对饶说的采用,斥其为"信双峰深于信朱子"者。

　　史伯璇指出饶氏解经有一不良倾向,就是"每将经旨说降一等,以求自便"⑨。如饶鲁批评"成人"章《四书章句集注》"才德全备"有讨高之嫌,不合文意,故改为"本立用行",以就平实:"某疑《集注》称赞太过,于'亦可'之义似欠斟酌,所以放下一等说。"⑩史伯璇则认为《四书章句集注》解并未过高,剖析饶鲁"挑剌"的原因在于不甘为朱子下而刻意与朱子立异。他指

①　(元)史伯璇:《四书管窥》卷七,"敬乡楼丛书"本(铅印)1931年版,第6页下。
②　(元)史伯璇:《四书管窥》卷七,"敬乡楼丛书"本(铅印)1931年版,第9页上。
③　(元)史伯璇:《四书管窥》卷七,"敬乡楼丛书"本(铅印)1931年版,第9页下。
④　(元)史伯璇:《四书管窥》卷七,"敬乡楼丛书"本(铅印)1931年版,第9页下。
⑤　(元)史伯璇:《四书管窥》卷七,"敬乡楼丛书"本(铅印)1931年版,第9—10页。
⑥　(元)史伯璇:《四书管窥》卷七,"敬乡楼丛书"本(铅印)1931年版,第15页下。
⑦　(元)史伯璇:《四书管窥》卷八,"敬乡楼丛书"本(铅印)1931年版,第1页上。
⑧　(元)史伯璇:《四书管窥》卷八,"敬乡楼丛书"本(铅印)1931年版,第6页下。
⑨　(元)史伯璇:《四书管窥》,《景印文渊阁四库全书》第二百零四册,台湾商务印书馆1987年版,第689页。
⑩　(元)史伯璇:《四书管窥》卷七,"敬乡楼丛书"本(铅印)1931年版,第27页上。

出饶氏批评子游说泥于事而未论理，即是"其有意立异于《集注》故"。饶氏还批评朱子引程子说时有不妥，强以程子说就自家之意，如"把子夏与程子之意作一滚看了，所以费解拨"，"朱子以正心诚意为本，程子以所以然为本"。① 史氏痛心于饶氏此说居然为《四书考证》《四书丛说》《四书发明》诸书所引，对不取饶说而维护朱子的《四书通》大加称赞。饶氏还批评朱子反对本末为一的说法恰与程子意思相反："《集注》'非谓末即是本'一语，便与程子意正相反。"② 史伯璿非常不满于饶鲁作为朱子再传却严重背离朱子思想，饶鲁质疑《四书章句集注》解"文武之道"的"道"仅指礼乐文章，只是论及道之粗者而未彰显道的形而上之义，史氏强调朱子此解正是为了防止学者"厌实慕虚"之病，感慨朱子的苦心告诫却未能阻止饶鲁走上目空一切、妄自尊大的空虚一路："不意再传之后，饶氏所疑《集注》之言，果皆出于其所已辨而又自以为是。"③

饶鲁还站在其师黄榦的立场一道批评作为师祖的朱子。如《四书章句集注》解"乡人皆好之"章为"一乡之人，宜有公论矣"。饶鲁批评此说与下文之解"首尾不相应，所以不可晓"，主张只有黄榦说连贯清晰："惟《通释》之说得见首尾皆君子，所以大段分晓。"④ 史伯璿认为《四书章句集注》前后有泛说和正说之别，黄、饶师徒自以为是，对《四书章句集注》妄加批评，实是误解《四书章句集注》之意而不知并未超脱《四书章句集注》之见："但黄、饶二公皆失《集注》之意而不自知耳。"⑤ "臧武仲以防求后"章，《四书章句集注》引杨时、范祖禹说，黄、饶师徒则仅认可杨时说。黄榦不认同《四书章句集注》对"见危致命"章"其可已矣"的解释，饶鲁力挺师说，言"恐当以《通释》之说为是"⑥。稍显奇怪的是，《四书管窥》全书对饶说认可者约14处左右，而仅对此10篇《论语》中的饶说认可者即达7处。如认为饶鲁把"定公问一言"章的四个"几"字分别解为"期"和"近"，虽与《四书章句集注》仅解为"期"不同，但仍"可备一说"；对饶鲁"狂狷皆有当激厉裁抑处"的看法深表契合；称赞饶鲁"言恕则忠在其中"说优于冯氏说等。史氏还批评胡炳文节引饶鲁之说，导致误用其意的情况。如学者质疑"古之学者为己"章饶说有误，史伯璿则主张饶说乃有为而发，并未为失，胡炳文截取其

① （元）史伯璿：《四书管窥》卷八，"敬乡楼丛书"本（铅印）1931年版，第30页上。
② （元）史伯璿：《四书管窥》卷八，"敬乡楼丛书"本（铅印）1931年版，第30页下。
③ （元）史伯璿：《四书管窥》卷七，"敬乡楼丛书"本（铅印）1931年版，第35页。
④ （元）史伯璿：《四书管窥》卷八，"敬乡楼丛书"本（铅印）1931年版，第23—24页上。
⑤ （元）史伯璿：《四书管窥》卷七，"敬乡楼丛书"本（铅印）1931年版，第23页上。
⑥ （元）史伯璿：《四书管窥》卷八，"敬乡楼丛书"本（铅印）1931年版，第25页下。

说,导致语意断裂,造成误解:"《通》者删其问辞,乃无头耳。"①

二、"他编多有祖饶说而言者"

史伯璿《四书管窥》不仅集矢于批评饶说,且对引用、采纳饶说者加以批判,以达到正本清源、肃清饶鲁"流毒"之效。② 该书在写作方式上体现了以饶说为首、诸说为辅的特点:先引饶说,进而列出各家对其说的引用,如"《通》与《发明》引之""《辑释》引之""《丛说》引之""诸编皆引之"等,如此安排的原因是因诸说多祖饶说之故。"每节所辩,皆以饶说居前,他编居后者,盖以他编多有祖饶说而言者故也。"③史氏在辨析上采用了"擒贼先擒王"的策略,主驳饶说,一旦驳倒饶说,则对于那些附会其说者,自可不攻而破。"《通》者尽摭饶说以为己意,既辩饶则不必辩《通》矣。"④史伯璿在《四书管窥大意》中特别指出各家对饶说的采信,如赵顺孙《四书纂疏》"或剿饶氏之说善者以为己意";胡炳文《四书通》则"本意一以饶氏说为宗";陈栎《四书发明》"宗信饶氏则又过于《通》……信朱子不如信饶氏",明确该书宗旨是"本为诸编辨析与《集注》《章句》异处而设"。这使《四书管窥》构成朱子四书诠释中的一种特殊存在类型——以对批判的反批判为主的护教型诠释。

朱子高足滕璘再传赵顺孙对饶说的采用,上文已经提及,此亦可佐证饶鲁思想影响广泛而潜在之特点。北山学派对饶说亦有引用。史氏提及北山学派王柏(引 8 条)、金履祥(引 6 条)、许谦(引 12 条)对饶说采用约 26 条。他分析北山学派对饶说常采用暗中化用、袭其故智、改头换面的做法。王柏所引饶说(载《考证》)涉及《论语》"禘祭"章、"二以大卜让"章、"于疾病"章,《孟子》"浩然之气"章、"杞柳之性"章等。史氏对此发出以下评语:"《考证》又剿之以为己说""《考证》《丛说》皆是述其故智""《考证》则剿其说以为己意,尤无见而可鄙者也""《考证》与《通》则皆因蹈袭双峰义袭为助长之意,遂并以忘为义袭与害,则又病中之病也""《考证》是窃饶氏意而脱胎换骨,以为己说者也"。他批评金氏于《大学》"诚意"章、"正心"章、

---

① (元)史伯璿:《四书管窥》卷七,"敬乡楼丛书"本(铅印)1931 年版,第 32 页上。
② 《四书管窥》并未对引用饶氏说的诸家说一一点名,而是特别点出倪士毅《四书辑释》之名,因其晚出之故。"敬乡楼丛书"本《四书管窥》序言曰:"饶氏说诸编多引之,今但依《辑讲》次第辨之。更不别出诸编所引书名,唯《辑释》后出,则必见其名云。"
③ (元)史伯璿:《四书管窥》,《景印文渊阁四库全书》第二百零四册,台湾商务印书馆 1987 年版,第 855 页。
④ (元)史伯璿:《四书管窥》,《景印文渊阁四库全书》第二百零四册,台湾商务印书馆 1987 年版,第 890—891 页。

"平天下"章"祖饶氏意",于"哀公问政"章"亦因饶说而小变以为说者"。又批评许谦《读四书丛说》"宗饶而不信《章句》",祖述饶说多处,如《大学》首章"止者毋过毋不及之谓"、"哀公问政"章"子曰二字非衍文"等,批其"戒慎恐惧"说"盖惑于双峰";"君子而时中"章"剿双峰之意而小变之";达孝说是"剿双峰之意以为己有";"子曰非衍文"说是"宗饶而不信章句,过矣"。批评其引用、认同饶说多处,如《大学》"知本"只是"物格"二字之误的看法。①

　　新安学派对饶说引述极多。如《管窥》所选饶说约 250 条,其中 230 条为胡炳文《四书通》、陈栎《四书发明》、倪士毅《四书辑释》所引。故前两节已经讨论了双峰学派与新安学派的密切关联,《宋元学案》视新安学为勉斋之一支,进一步言之,实可视为广义的双峰学。《管窥》常采取以下方式表述表明三书对双峰之引用:"《辑释》诸篇皆引之(此说)""《通》(《发明》)谓……《辑释》亦引此""《辑释》亦引此意(说)""大抵《辑释》所引,则《通》与《发明》皆引之矣"。《管窥》对《通》说有严厉批评,或批评其以饶说为己说,如关于《中庸》分为六节,"《通》则剿为己意""《通》谓不睹不闻四字,正是释'须臾'二字……此分明剿饶说为己有"。② 或批评《通》兼采朱子与饶说,云:"《通》者援《章句》'自修之首'四字以合于饶氏'诚意不特为正心之要'之说,亦似矣。殊不思饶氏何尝以朱子之说为是耶?"③他对倪士毅此点亦批评之,且对其尾随胡、陈深表遗憾。"倪氏此等折衷含糊笼罩之说也,盖以其于朱子、饶氏之说互有疑信,故不敢决断取舍之耳。……其于朱、饶之孰是孰非,未能了然于心之间,明矣。吁! 陈定宇、胡云峰犹不免尔,倪氏又何责焉!"④史氏亦有对《通》批评饶说而大加称赞者,如《中庸章句》"无物不有,无时不然说,《通》者之辩已详"⑤。道性善句,"《通》者之辨,无以加矣"⑥。或以《通》说批评陈栎说,如"温故知新"章,云:"《发明》正是蹈袭双峰之说而小变之以为己有者也。《通》者之言,乃其对证之药,惜乎其不

① （元）许谦:《读四书丛说》,《景印文渊阁四库全书》第二百零二册,台湾商务印书馆 1987 年版,第 547 页。

② （元）史伯璿:《四书管窥》,《景印文渊阁四库全书》第二百零四册,台湾商务印书馆 1987 年版,第 860 页。

③ （元）史伯璿:《四书管窥》,《景印文渊阁四库全书》第二百零四册,台湾商务印书馆 1987 年版,第 697 页。

④ （元）史伯璿:《四书管窥》,《景印文渊阁四库全书》第二百零四册,台湾商务印书馆 1987 年版,第 877 页。

⑤ （元）史伯璿:《四书管窥》,《景印文渊阁四库全书》第二百零四册,台湾商务印书馆 1987 年版,第 858 页。

⑥ （元）史伯璿:《四书管窥》,《景印文渊阁四库全书》第二百零四册,台湾商务印书馆 1987 年版,第 803 页。

之取也。"①

比较而言,史氏认为陈栎对双峰的推崇超过了朱子,故对陈栎的批评更为激烈,如《发明》引双峰的"矫揉是用工处"说,史氏裁定"于此见《发明》信朱子不如信饶氏之真情矣"②。针对《发明》兼存朱子、饶说的情况,史氏讽刺此举简直有愧《发明》之名,直指其表面畏惧违背朱子之说,私心实则每以饶说为是,实则信饶胜于信朱。"兼存异论,以眩学者;依违两可,无所折衷。岂不有愧于'发明'名书之义乎!愚故谓其信朱子不如信饶氏。其于饶说每口非而心是之者,此也。如此等之存,正是私于饶氏,又畏朱子,而不敢明言之者也。"③《孟子》"以仁礼存心"章,陈栎亦取双峰说,史氏认为其对双峰说之眷恋不舍,恰显其信朱不如信饶,此等情况所在多有。"《发明》眷眷于双峰如此,于不可通者,犹委曲与之周旋,何哉?愚谓其信朱子不如信饶氏,于此可见。《四书》中若此类者不一,不可不考。"④如《发明》认可"天下之言性"章双峰的论智不论性说。《发明》'每读此章,不能无疑于程氏之说,得饶氏此说,以读此章,意豁然矣。此章专言性,极是。'……《发明》信双峰深于信朱子,其言正不足为轻重也。"⑤此外,《发明》与《通》对饶说取舍的出入,使得史氏给予《通》更高评价。如《发明》取双峰"诚即道也"说,招致批评,云"唯其所见如此,故于双峰之说,每惓惓而不能舍也。……其曰'诚之为道'云者,此则饶氏诚者天道之意尔"⑥。《通》则以天命之谓性说批评饶说,维护《中庸章句》的诚本道用说,使得史氏深有知音之感。"后来《四书通》板行,其说果与管见有契。"由此得出《发明》不如《通》之评价·"以此观之,《发明》之不及《通》远甚。《辑释》引《通》而不取《发明》,宜矣。"⑦可见史氏实以对双峰之态度来评判学者,如

① (元)史伯璿:《四书管窥》,《景印文渊阁四库全书》第二百零四册,台湾商务印书馆1987年版,第942页。
② (元)史伯璿:《四书管窥》,《景印文渊阁四库全书》第二百零四册,台湾商务印书馆1987年版,第880页。
③ (元)史伯璿:《四书管窥》,《景印文渊阁四库全书》第二百零四册,台湾商务印书馆1987年版,第913页。
④ (元)史伯璿:《四书管窥》,《景印文渊阁四库全书》第二百零四册,台湾商务印书馆1987年版,第823页。
⑤ (元)史伯璿:《四书管窥》,《景印文渊阁四库全书》第二百零四册,台湾商务印书馆1987年版,第822页。
⑥ (元)史伯璿:《四书管窥》,《景印文渊阁四库全书》第二百零四册,台湾商务印书馆1987年版,第922页。
⑦ (元)史伯璿:《四书管窥》,《景印文渊阁四库全书》第二百零四册,台湾商务印书馆1987年版,第921页。

他对《辑释》于《通》与《发明》的选取即是如此。"《通》既引辅说，又引饶说，可谓主见不定。《发明》则专取辅说，善矣。《辑释》乃从《通》而不从《发明》，何耶？"①批评《辑释》不忍放弃双峰之说，云"《辑释》不引《发明》之说，固不为无见矣。然犹不忍弃双峰之说，以为亦宜知之。则虽有见而不甚明，存之只以惑人而已，何补于经注之旨哉！"②

尽管如此，应提出的是，史氏对双峰并非一味否定。如他挑选了双峰约250条说加以讨论批判，对其中约14条亦表达肯定，还存在对双峰说先肯定后否定之变化的情况。常以"虽非《章句》本旨（或'之意'），亦可备一说"表述之。如对双峰的"中和皆属心，位育皆属气"、"以人治人"、三重、博施济众只是一事、疑晁氏十三年适齐之说、"者"指人、"斯"指川等说，赞其以三达德配论诚五章"不为无功于《章句》也"③。

三、忠臣、佞臣、贼臣之歧

朱子后学在诠释朱子思想的过程中，逐渐形成了两种态度：竭力维护型与允许批判型，前者以忠实守护、坚决捍卫朱子思想权威为己任，带有株守门户的护教特点。后者则认为，朱子思想并非绝对正确，其自身思想在不断变化之中形成而前后之说多有不一。朱子本人即对经文、二程说有所调整取舍，只有继承朱子这种批判质疑精神，方能更好地发明朱子思想。由此，在对饶鲁评价上出现了两种大相径庭的看法，新安学派认为他对朱子的批评可谓"大有发明"，于朱子堪称秉笔直言之"忠臣"，体现了当仁不让、爱吾师更爱真理之精神。但史伯璿等则痛斥双峰对朱子的批评纯粹出于自以为是的误解和欲凌驾于朱子之上的私心，于朱子实堪称大逆不道的"谗贼之臣"。然就批判者而言，知朱子之误而不正面指出，反一味逢迎遮盖，阿其所好者，实为朱学"奸佞之臣"。在朱子后学中，勉斋学体现了强烈的理性批判精神，勉斋对朱子《论语》诠释、《孟子》仁人心说等多处表达了异议，双峰正是继承和发扬了勉斋的质疑精神。而作为勉斋另一支的北山学派，则更多从考据角度对《四书章句集注》的缺失加以补正。其代表人物金履祥

---

① （元）史伯璿：《四书管窥》，《景印文渊阁四库全书》第二百零四册，台湾商务印书馆1987年版，第817页。

② （元）史伯璿：《四书管窥》，《景印文渊阁四库全书》第二百零四册，台湾商务印书馆1987年版，第822页。

③ （元）史伯璿：《四书管窥》，《景印文渊阁四库全书》第二百零四册，台湾商务印书馆1987年版，第925页。

发出"自我言之，则为忠臣，自他人言之则为谗贼，要归于是而已"的辩护，①提出当以"归于是"为尺度来看待朱子之说，但此尺度在他看来并非人人可用之天下公器，而是以区分"自家人"与"外人"为前提。故四库馆臣直斥其"自我言之""自他人言之"乃"宋元间门户之见"。②

金履祥以朱子"自家人"自居，表明其对《四书章句集注》的"挑刺"，是本着劝谏、改进、完善之心，而非推翻、打破、废除之意。含有承认内部批评，不接受外在批评的封闭立场。为何他人不能以同样方式来批评《四书章句集注》，一旦批评则只能被视为诽谤中伤朱子之谗贼而非忠臣呢？金氏此说首先预设了一个朱子学自家人与外家人的界限，且此界限究竟为何，并不清晰。金氏显然以朱子学的正统而自居，其所主张的"惟其人不惟其言"之自我标榜门户，违背了"惟其言不惟其人"的客观立场和学术公心。当然，我们可以同情地理解为此种表态是其批判朱子的一种自我保护策略，以堵塞朱子学者的反击。其积极意义在于一定程度上承认了对朱子可以开展忠臣式的批评。金氏弟子许谦亦以此思想为指导，为自家《书说》与蔡沉《书集传》观点不同做辩护。"于《书传》与蔡氏时有不合，每诵仁山之言曰：'自我言之……要归于是而已。'"③

如据金氏师徒之逻辑，则双峰对朱子的批评自然可视为忠臣之举。就与朱子学术关系而论，双峰作为勉斋嫡传、朱子再传，是有资格称为朱子的"自家人"的。金氏从训诂考据上来批评、纠正《四书章句集注》之缺失，而双峰则从思想义理上对《四书章句集注》做了同样的工作，二者可谓相得益彰。双峰辈分长于金氏，其对《四书章句集注》义理的批判产生了更广泛的影响。故倪士毅引李氏之言，谓双峰对《中庸》分章的处理，虽不同于《中庸章句》而可谓"朱子忠臣矣！""鄱阳李氏曰：饶氏谓天道人道，只到至诚无息章住。可谓朱子忠臣矣。"④但史氏坚持认为，章句的划分当以朱子天道、人道说为准，故不能给予饶氏朱子"忠臣"的称号。在史氏看来，"忠臣"不仅意味着敢于批评，而且其批评应当是正确的。如其批评不正确，以错为对，妄加批评，则陷入逆臣矣。双峰对朱子的批评，在他看来绝大部分是错误的一己之见，其批评不仅无助于澄清道理，反而淆乱正解，混淆视听。史氏反复断言双峰的批评动机不是为了学术探讨，而是出于"立异以为高"的自私

---

① (明)黄宗羲原著，(清)全祖望补修：《宋元学案》卷八十二，中华书局1986年版，第2757页。
② (清)永瑢等：《四库全书总目提要》，海南出版社1999年版，第198页。
③ (明)黄宗羲原著，(清)全祖望补修：《宋元学案》卷八十二，中华书局1986年版，第2757页。
④ (元)史伯璿：《四书管窥》卷八，《景印文渊阁四库全书》第二百零四册，台湾商务印书馆1987年版，第951页。

之心,是为了保持在弟子面前的权威。

史氏同样以忠臣、佞臣尺度表达了对陈栎、倪士毅师徒的看法。史氏讽刺陈栎为"信朱子不如信饶氏",倪士毅则认为其师与朱子的不同恰是朱学忠臣的体现。如陈栎曾批评《中庸章句》仅以存心、致知论尊德性而道问学五句,却少了力行工夫,实不妥。倪士毅辨析其师之解虽不同于朱子却实得子思之意,并指出其师心迹:"先师尝自谓愿为朱子忠臣而不为朱子佞臣。"①史氏敏锐地指出,倪氏所谓陈栎得子思意,云峰得朱子意说(胡炳文维护《章句》说),实是在批评朱子未能领会子思之意。若把批评朱子的陈栎视为忠臣,维护朱子的胡炳文则被推向了佞臣。"谓其师为忠臣,胡氏不得辞佞臣之名矣。"②在史氏看来,恰恰相反,维护朱子的胡氏才是忠臣,背离朱子的陈栎不得为忠臣,当为"贼臣"。陈栎袭用饶鲁之说,以"力行"取代"存心",毫无可取,"反自以为忠臣,可乎!"进而抨击倪士毅附和师说,未能纠正师误,堕入其师陈栎之"佞臣",云:"《辑释》阿其所好,政恐未免为乃师之佞臣耳。"③

可见站在史氏的立场,所谓佞臣是坚持师长错误之解,忠臣是维护师长正确之解,这是史氏与金氏关于忠佞的不同之处。据此标准,史氏竭力通过批评以饶鲁为首的朱门后学对朱子的误解,来达到维护朱子正解的目的,则史氏亦是以朱子忠臣自居矣。如果说金氏带有强烈门户内外之见,但仍主张自家人内部批评的话,那么史氏坚决捍卫门户,以维护朱子权威为重,而反对内部批评,体现了更保守的立场(尽管史氏实际上亦有不认同朱子解处)。朱子后学普遍存在着这两种心态。前者多少体现出某种自信,自信批评无损朱子权威,而是对朱子思想必要的修补、完善;后者则认为朱子思想不需要任何的修补完善,已是做到极致,否则会动摇朱子权威。正是此心态,决定了朱子学诠释的基本形态。在金履祥的意义上,饶氏是可以被视为忠臣的,体现了勉斋一系的反思精神;在史氏的立场,饶氏则是大逆不道、欺师灭祖之逆臣。从历史来看,史氏的护教主义显然错误,但这种意识却始终潜存而难以根除。

四、双峰学定位之重思

作为勉斋亲传的饶鲁因文献无传、后继乏人等故,其说仅赖《四书辑

①　(元)史伯璿:《四书管窥》卷七,"敬乡楼丛书"本(铅印)1931年版,第20页下。

②　(元)史伯璿:《四书管窥》卷七,"敬乡楼丛书"本(铅印)1931年版,第20页下。

③　(元)史伯璿:《四书管窥》,《景印文渊阁四库全书》第二百零四册,台湾商务印书馆1987年版,第944页。

释》《四书大全》等书之引用而存,晦而不彰,于今更是湮没无闻。而同为勉斋之传的另一支:何基、王柏、金履祥、许谦之北山学派,则命运迥异,被推为朱学嫡传,世享尊荣。但如还原至宋元朱子学的真实学术图景中,则双峰与北山学之地位似乎并非如此。

首先,饶鲁在当时之学术影响似在同为勉斋弟子、北山学开创者的何基之上。其一,就师门认可来看,饶鲁被勉斋以传道而相期,得到同为勉斋器重的同门方明甫的赞誉,而勉斋对何基则无类似评价。① 在治学风格上,双峰得勉斋为学勇于质疑、不阿其师之精神,在质疑朱子的学术命题上与其师一脉相承,《管窥》多次提及勉斋《通释》与双峰《辑讲》迥异众说而师徒契合之处,涉及仁人心、《中庸》分章等重要论题。以何基为首的北山学派则实未见其与勉斋有此等学术上的声气呼应。② 其二,就朝野认可来看,饶鲁受聘于临汝、白鹿洞等著名书院讲学,对传播朱子学发挥了甚大影响。故在殁后,饶鲁即得到朝廷批准的石洞书院祭祀待遇。元代吴师道《代请立北山书院文》在为何基争取祭祀待遇时还对此意有不平:"或谓昔双峰饶鲁,亦勉斋门人,前代奉祀有石洞书院,何子之学不下饶公,北山之名岂愧石洞。谓宜即其所居,建立书院彰示褒宠,以补遗阙!"③其三,就学术气质与思想创造性来看,双峰是"务欲自立门户,务出己说""不肯为朱子下",④体现出凌厉直前的批判创新性。何基则偏于笃守朱子之学一路,为学风格"淳固笃实,绝类汉儒"⑤,其学术工作,主要体现为点抹、采辑朱子"四书"著作,仍为《集编》《纂疏》一途,意在通过精选朱子及弟子之言论来笃守朱学,而不以发挥己见为主。吴师道《代请立北山书院文》称其"惟研究朱子之书,《四书章句集注》悉加点抹……采辑精严,开示明切,实朱学之

---

① 关于勉斋与双峰的师承关系,有双方往来文字为证,而何基与勉斋则并无往来文字。学界对勉斋与双峰师徒关系的讨论,已确证黄、饶之关系非同一般。参冯兵:《饶鲁师承渊源辨误》(《中国社会科学报》2013 年 1 月 28 日)、《饶鲁师承渊源补证——兼答先生》(《中国社会科学报》2015 年 2 月 2 日)、《饶鲁师承渊源再论》(《光明日报》2014 年 9 月 30 日);邓庆平:《饶鲁师承黄榦考辩》(《朱子学刊》2018 年 12 月)。

② 黄榦对朱子的质疑,可参许家星:《"勉斋之说,有朱子所未发者"——论勉斋的〈中庸〉学及其思想意义》,《江汉论坛》2016 年第 1 期。何基与黄榦之关系,可参高云萍:《浙东朱子学的链接——何基与朱熹、黄榦的思想关联》,《中共宁波市委党校学报》2010 年第 6 期。该文指出何基对师说的承续"呈现出一种可操作性形而下的走向"。

③ (元)吴师道:《礼部集》卷二十,《景印文渊阁四库全书》第一千一百一十二册,台湾商务印书馆 1985 年版,第 290 页。

④ (元)史伯璿:《四书管窥》,《景印文渊阁四库全书》第二百零四册,台湾商务印书馆 1987 年版,第 835 页。

⑤ (元)脱脱等:《宋史·何基传》,中华书局 2000 年版,第 10118 页。

津梁,圣途之标的也"。黄宗羲判定"北山之宗旨,熟读《四书》而已"①。《宋史·何基传》亦指出何基的治学趋于守成,主张"治经当谨守精玩,不必多起疑论"②。实与勉斋的质疑精神背道而驰。其四,就对北山学派影响来看,双峰之学不可忽视。如上所述,王柏等三子四书解深受双峰影响,体现出与勉斋、双峰之学相似的批判风格,与何基笃守之风颇异,何基如有对朱子《四书章句集注》批评之语,其后学当有所涉及。如目前所能反映其说看似略有不同于《四书章句集注》者,仅是把"愠"解为"闷",史伯璿认为此实亦同于朱子。史氏还指出,王柏改动《诗经》,金履祥补正《四书章句集注》,实受双峰质疑"补传"之影响,故北山之学受双峰怀疑之学影响当属无疑,由此而上接勉斋学之怀疑精神。就师承而言,在这一点上王柏等理应受到何基影响,但在质疑朱子四书学方面,目前似无据可循。

又就后世学术影响来看,北山学在四书学之义理影响上当不如双峰学。如作为后世朱子学重镇的新安之学,显然是受双峰之学的主导,以至于史氏反复质问陈栎信朱子不如信双峰,陈栎、胡炳文一致推崇双峰于朱子"大有发明",可见受其影响之深,推崇之至了。吴澄之学则是经由程若庸而上接双峰之学,如他对《中庸》的分章即是对双峰学的接续和发展。③ 双峰还曾作有《学庸图》,开启了以图解"四书"之举,元代程复心《四书章图》对图解"四书"大加发明,惜乎双峰之书不传。④

《四书大全》实以新安学派三部四书学著作为基础,尤以综合胡、陈两家四书学的《四书辑释》为底本而编成。因《辑释》大量引用饶说的缘故,《四书大全》亦引其说570多条,使双峰学得以获得权威传播渠道,从而对明清四书学发挥影响。就《四书大全》对《管窥》所批评约236条取舍来看,《管窥》批评双峰《大学》解约22条,《四书大全》取其7条;至善、格物解未取,但诚意、心不在未是心不正等说则仍取之。双峰对《中庸》首章质疑之说,涉及性、中、中和等重要范畴,《四书大全》几乎全未取,仅保留2条,且对双峰《中庸》分章说以引倪氏说的形式表达之。取双峰质疑"尊德性"章存心说,未取对《论语》忠恕为一的质疑,未收对《孟子集注》论性

---

① (明)黄宗羲原著,(清)全祖望补修:《宋元学案》卷八十二,中华书局1986年版,第2727页。
② (元)脱脱等:《宋史》,中华书局2000年版,第10118页。
③ 参许家星:《朱子学的自我批判、更新与朱陆合流——以吴澄中庸学为中心》,《湖南大学学报》2015年第5期。
④ 当然,金履祥的《考证》开启了从考据方面对《四书章句集注》的批判之风,对考证修订派四书学影响甚大。

数章的质疑,收质疑"心"及义袭说。一般来看,《四书大全》对仅《管窥》独家提出而未被《通》《发明》《辑释》所取的双峰说,并未吸收,但也存在新安学三家普遍认可,而《四书大全》未收入者。此则可能是《四书大全》编纂者有意不取,毕竟作为奉旨完成的取士教材,当慎重从事,不便采纳双峰对朱子冲击性太大的观点。就比例而论,双峰说被《管窥》所批评者,《四书大全》删除甚多,所取颇少,比较有关《大学》《中庸》条目即可见。无论如何,双峰某些异于朱子的独到之见还是有所流传,史氏欲肃清双峰"不良"之说的目的并未达成。与《四书大全》所引双峰说相较,其引北山四子说金履祥约 10 条、许谦 125 条,所引二家之说与双峰说为五比一。双峰的影响经由《四书大全》而下及于明清之学,明代朱学力作蔡清《四书蒙引》对此颇多引用。王船山《读四书大全说》引双峰学上百条,对双峰学给予了褒贬分明的判定,引金履祥说 16 条、许谦 4 条,其比亦恰好为五比一。

以上论述了《四书管窥》对饶鲁质疑朱子四书学之反批评,呈现了朱子后学在朱子义理批判上的激烈交锋,揭示出宋元之间朱子后学在朱子诠释路径及立场上的分歧,忠臣、佞臣、贼臣之标签,标志着对朱子所持维护、批判之不同立场。就宋元明清"四书"诠释脉络来看,对朱子充满异议的双峰显然发挥了持久影响力,在其中占有独特地位。就历史事实来看,与同出勉斋而声誉甚隆,且奉为朱学嫡传的北山之学相比,双峰四书学的思想性、批判性、影响力较北山学实有过之而无不及。北山学派又极自信为朱学嫡传,不仅自认为得朱子"学髓",更在于"得朱子之文澜"。此显然是就后世文风之盛大来反推双峰学所不及。但此恰好表明,如仅就双峰学与北山学在当时及后世四书学上的实质影响而论,则双峰学当远大于北山学。

总之,《四书管窥》以批判饶鲁之学为中心,旁及宋元四书学史上影响深远的数家重要著作,其意在于通过对饶鲁异于朱子说的反批评,达到维护朱子思想权威的目的,体现了宋元朱子学内部诠释分化、多元甚至背离的倾向,并塑造了朱子学诠释史上以批判为主的新题材。透过《四书管窥》对饶鲁及其追随者的批评,可思考一个具有探索意义的话题,即从饶鲁对宋元以来朱子学的广泛影响来看,应当重新考虑这位湮没太久的学者在朱子学及四书学术史上的贡献与地位,反思宋元朱子学的真实历史面貌,走出后世浙江学者凭借强势的文化实力所塑造的学术图景。如就思想义理而论,双峰学派在四书学史上的影响力是毋庸置疑的,北山学派的贡献更多在以文献为根基的经史之学,北山学在一定程度上成为朱学"学术化"的代表。① 有学者进一步指出,北山学派非但不是朱学嫡传,反而把朱子学异化了。② 如此一来,北山学派又如何能令人信服地被置于"朱学嫡传"之祭坛呢?

---

① 何俊:《南宋儒学建构》(上海人民出版社 2004 年版),第五章"思想向文化转型"第四节"思想的学术化",即以王柏、金履祥等为将理学学术化、知识化的代表。

② 高云萍《扩展中异化的后朱熹时代的道学话语——以北山学派为例》(《浙江学刊》2009年第 5 期)指出,"朱熹后学在对朱学传承扩展的过程中,其道学话语呈现出异化特点,即主话语的扩大化,话语的非道学化,以制度、训诂等补释朱学,使得朱学走向了多元的学术路线"。

第十章　饶鲁与明清朱子学

本章四节讨论饶鲁对明清朱子学的影响。首节通过《四书大全》对双峰说的引用，证明双峰进入了明代主流思想，并对此后的朱子学产生了重要影响；另一方面，《四书大全》对双峰引用之问题也反映出《四书大全》确实存在做工粗糙之弊病。次节分析明代著名朱子学者蔡清对双峰说的接纳与批评，表明双峰之说得到当时一流朱子学者的重视。第三、四节则以王船山和陆陇其为例，阐明双峰在清代的影响。应该说，就朱子后学而言，双峰得到了船山最多的评议，船山对双峰态度鲜明，褒贬兼具，从一个侧面印证了船山身上离不开的朱子后学烙印。陆陇其是清初极负盛名的朱子学者，就其对双峰之接受与批评，可见双峰思想对于清代重要学者仍发挥着影响。

第一节　《四书大全》对饶鲁的引用与接受

通过比较《四书大全》与《四书集成》《四书通》《四书辑释》等宋元著作对饶双峰的引用，可有以下发现：《四书大全》之取材非限于《四书辑释》，年代更早的《四书集成》亦是重要参考；就对双峰说的处理而言，尤其是对双峰违于朱子之说的采用来看，《四书大全》并非剿袭《四书辑释》的潦草之作，而是有其用心与选择；就误以双峰说为朱子说引起后世无谓纷纭来看，《四书大全》确有其粗率不严之处；在对各说选取上，《四书大全》更多重合于《四书辑释》，可证二书之密切关系。《四书大全》对"多不同于朱子"的饶双峰说之采用，表明该书作为宋元朱学精华之汇编，实具有丰厚的学术性与资料性，其意义值得进一步深入挖掘。

尽管饶双峰的思想因"多不同于朱子"而引发元儒史伯璿等的批评，但因其说为新安理学所采信，尤其是作为《四书大全》底本的倪士毅《四书辑释》对双峰说的大量引用，使得双峰之说也随着《四书大全》的官学化而流行于世，而避免了被历史遗忘的命运。粗略言之，《四书大全》引用双峰说多达570条。在《四书大全》所引诸家说中，仅次于倪士毅之本师陈栎及辅广说。研究《四书大全》对双峰的引用接受，不仅有助于揭示双峰学在四书学史上的影响，且对整个四书学史，对《四书大全》的研究亦颇具意义。本节以宋元四书学著作与《四书大全》对双峰说采用之比较为中心，得出以下观点:一是通过《四书大全》对双峰说引用的比对,可知《四书大全》之来源并非限于《辑释》,同时吸收了吴真子《四书集成》等。二是《四书大全》对双峰说的选取,较《辑释》有所删除,尤其是删除了明显与朱子对立之说。此一增一减,可见《四书大全》并非完全照抄《辑释》,而是有所用心。三是对双峰某些有违于朱子的争议之说,如受到史伯璿《四书管窥》所批评者,《四书大全》仍接受之,体现了《四书大全》编纂者的用心与眼光。四是《四书通》与《辑释》皆对双峰说有大量引用,就《四书大全》采用来看,更倾向于《辑释》,可证二书关系之密切。五是《四书大全》确存在粗率之处,如误把双峰有关《中庸》分章之说掺杂于朱子说,导致后人误读而引发无谓纷争。总之,本节从《四书大全》引双峰说入手,管窥《四书大全》对双峰的接受,同时表明《四书大全》并非毫无价值的剿袭之作,而实具学术性与资料性,值得深入探究。

一、从《四书集成》所引双峰说反思《四书大全》取材

一直以来,学界皆认为《四书大全》乃剿袭倪士毅《四书辑释》而成。顾炎武对该书深恶痛绝,说"永乐中所纂《四书大全》特小有增删,其详其简或多不如倪氏,《大学中庸或问》则全不异,而间有舛误"①。批评《四书大全》实以《辑释》为主,所作偶尔之增删,反不如原书妥当、精确。《大学中庸或问》部分则照抄原书,不乏错误,乃质量低俗之作。《四书大全》作为功令之学的出现,影响了此前存在的各家四书说。四库馆臣引顾炎武说,表达了相同见解,认为《四书大全》完全是以《辑释》为底本而成,说"其书因元倪士毅《四书辑释》稍加点窜"②。朱彝尊《经义考》亦批《四书大全》是坐享其成,"专攘成书"。就诸家所言,《四书大全》只是对《辑释》略加删减而成。然而,当我们在核对《四书大全》所引双峰说与《辑释》所引双峰说时,发现《四书大全》所引颇有不见于《辑释》及他书,而见于今残存之吴真子《四书集成》(简称《集成》)者。如此,则证明《四书大全》之底本,非仅取材于《辑释》,而实涉及《集成》等本。此正合于《四书大全》凡例交代主要取材二书的说明:"凡《集成》、《辑释》所取诸儒之说,有相发明者,采附其下。其背戾者,不取。"③然批评者皆几乎不提《四书大全》受《集成》影响,而只是论其与《辑释》关系。此恐与《四书集成》之书流传未广有关。《四书集成》目前

---

① (清)顾炎武撰,黄汝成集释:《日知录集释》,中华书局 2020 年版,第 933 页。
② (清)永瑢等:《四库全书总目提要》,海南出版社 1999 年版,第 200 页。
③ (明)胡广等:《四书大全》,《景印文渊阁四库全书》第二百零五册,台湾商务印书馆 1986 年版,第 6 页。

存在两个版本，一为二十卷《论语集成》、十四卷《孟子集成》，一为六卷残本，即《论语集成》九至十二卷、《孟子集成》六至七卷。两种版本最大差别在于残卷引用饶鲁"《纪闻》"说，颇为可观。以下列出若干仅见于《集成》残卷所引双峰说而后来为《四书大全》所引者。① 此既可进一步补充完善双峰之说，亦可证明《四书大全》非仅取材《辑释》一书，实亦采用《集成》之说。《论语大全》计有十八章仅见引于残卷《四书集成》。具体如下：

6.5 三月不违仁章。内外宾主之说，(漫漶无法识读)《通释》之精。

6.6 由也果章。三子之才，虽各有所长(漫漶无法识读)又曰达字，且就事理上说，未说到闻性与天道处。

6.7 闵子骞为费宰。窃疑闵子不特不仕于季氏，纵使有贤士大夫，亦未必肯为之臣。(漫漶无法识读)此说似看得好。

6.8 有斯疾章。北牖之牖，当为(缺误)是字之误。《丧大记》下注云：或作比墉。

6.11 君子儒章。或以喻义为君子儒，喻利为小人儒(漫漶无法识读)不得谓之儒矣。

6.12 子游为武城宰章。《集注》云："非孔氏之徒，孰能知而取之。"知者，知其正大之情也。

6.15 何莫由斯道章。道当由而不由见，必有见，故《集注》引洪氏说，其意似在两知字上。

6.20 务民之义章。如此之类，皆是鬼神谓之无，则洋洋如在(漫漶无法识读)而入德者事在其中。

6.23 觚不觚。哉字见圣人辞不迫切。

6.24 井有仁章。其从之也，或指其字为仁者。曰其者，将结之辞。

6.25 君子博学于文章。博学于文，则礼在其中。约之以礼，则所学在我。

6.28 博施济众章。若博施济众是两事而皆难(漫漶无法识读)此语似不可施于此。

7.3 德之不修章、7.4 子之燕居章、7.5 甚矣吾衰章、7.6 志于道章(大部分内容)、7.10 暴虎冯河章(大部分内容)、7.22 天生德于予章。

---

① 关于两本之异同，笔者亦颇多疑惑，此暂不讨论。

《孟子大全》9—12篇仅见引于残卷《四书集成》者有:《万章上》引二章3条;《告子上》引十二章15条。具体如下:9.4"咸丘蒙问"章2条、9.9"百里奚自鬻"章1条、11.1"杞柳"章1条、11.3"生之谓性"章、11.4"食色性也"章、11.5何以谓义内也、11.6"性无善无不善"章1条、11.7"非天之降才"章、11.8"牛山之木"章3条、11.10"鱼与熊掌"章、11.11"仁人心"章1条、11.13"拱把桐梓"章、11.14"人之于身"章2条、11.15"先立乎大者"章1条。

试以下述两条为例。《孟子·告子上》11.4"人之于身"章:

> 以身而言,一毫一发,皆吾所当爱,皆吾所当养。但体有大小,莫专养小体,若才养目便贪色,才养耳便贪声,才养口便贪味,必至害其大体。又曰:无以小害大,不是教人养其大者而不养其小者。若养其小者而不失其大者,则小者不为大者之累,便是不以小害大。
>
> (且如口腹非饮食不养,如何废得? 须是当饮则饮,当食则食,方于大体无害。若只顾口腹不顾心,便是饮食之人,为人所贱矣。)①

此两条皆见于今之《四书大全》而不见《辑释》,实来自残本《四书集成》所引《纪闻》之说。第二条"且如"以下《四书大全》并未收入。可见《四书大全》对《集成》亦是有鉴别之选取。据此类推,尚有不少《四书大全》所引双峰说不见于任何一家者,推测有很大可能来自《四书集成》(因目前所见《集成》仅是残本,当然亦不排除来自他书)。

《四书大全》所引双峰说亦多有同时见引于《集成》与《辑释》《管窥》《通》等书者。如《大学》见贤而不能举,《中庸》"诚者天之道"章、"尽己之性"章、第二十七章、第三十章,《论语》"学而"章"《集注》谓德之所以成"、"唯其疾"章"非特有疾时忧"、"礼之本"章、"杞宋"章,《孟子》"鲁平公将出"章、浩然之气等。也有个别所引双峰说未见于《集成》者,如《孟子万章下》"一乡之善士"可能《集成》本就未引双峰说。

二、从《四书通》所引双峰说反思《四书大全》底本

历来皆认为《四书大全》选材基本同于《辑释》,这个判断基本正确,但并不全面。比较来看,《四书通》与《辑释》皆大量引用双峰说,《四书大全》

---

① (宋)吴真子:《四书集成》,国家图书馆藏刻本,具体详情见国家图书馆"中华古籍资源库"。(明)胡广等:《四书大全》,《景印文渊阁四库全书》第二百零五册,台湾商务印书馆1986年版,第782页。

在多数情况下倾向于《辑释》亦证明此点。颇有双峰说为《四书通》所引而《辑释》未引，则《四书大全》不引者，如"愚不可及"章、"犁牛之子"章、"君子儒"章等，证明《四书大全》对《辑释》之倚重。又二书对双峰之引文常存在细微之别，《四书大全》多同于《辑释》。如"与其媚于奥"章，《辑释》所引较《通》无"凡在"，"主席"前有"设"，末句为"以尽求神之道"，与《四书大全》同。又《论语》"子谓公冶长"章，《辑释》较《通》所引多"在缧绁则似不可妻，非其罪则无害于可妻也"。此外"令尹子文"章、"恭而无礼"等章《辑释》与《通》皆存在差别，而《四书大全》同于《辑释》。

虽多数如此，但在不少情况下，《四书大全》反而认同《通》而非《辑释》，此见出《四书大全》编者之用心。有时候《通》与《辑释》皆引双峰说，但有偏全之别。如"述而不作"章即取《通》，而对《辑释》仅自开篇引至"实作"。或双峰说《通》引而《辑释》未引者，则《四书大全》引之，可见其说当来自《通》（暂不考虑《集成》，因乏材料）。如"予欲无言"章、"滕定公薨"章、"离娄之明"章、"君子所以异于人者"章等。也有《通》未引而《辑释》引之，而《四书大全》同样未引者，可见《四书大全》又有同于《通》处，如"一言而可以兴邦"章引双峰说之开头部分。[1] 又有《四书大全》对双峰说之选取与《通》《辑释》所引皆有不同者，表明编者在二者基础上对双峰之节选，体现了《四书大全》编撰者的思考。如《孟子·滕文公下》"外人皆称夫子好辩"章，"作于其心"一段，"三家"所引各有不同。

> 前言"生于其心，害于其政。发于其政，害于其事"。此言"作于其心，害于其事；作于其事，害于其政"者，亦各有意。前言毕竟政是大体，事是小节。今既生于其心，则必害于大体，既害于大体，则少焉于那小节都坏了。此段是指杨墨而言，无父无君，乃杨墨之见于行事者。少焉充塞仁义而至于率兽食人，是害于其政了。[2]

此段《通》全引之，《辑释》仅引"无父无君……其政了"句，《四书大全》所引止于"都坏了"，《辑释》与《四书大全》所引互补而不同，体现出《四书大全》之思考。

---

[1] 双峰说，"以'几'训'微'而引《诗》为证，故善。但四'几'字皆训'期'，犹觉牵强，当分作两样看。'其几'之'几'训'期'，'不几'之'几'训'近'，则意晓然矣"。参见（元）倪士毅：《四书辑释》，《续修四库全书》第一百六十册，上海古籍出版社2002年版，第301页。

[2] （元）胡炳文：《四书通》，《景印文渊阁四库全书》第二百零三册，台湾商务印书馆1986年版，第484页。

三、从选取双峰争议说反思《四书大全》"点窜"论

双峰思想新颖,其四书解以不同于朱子著称,故双峰说既为新安学派重视和引用,同时也遭到他们的批评,然以引用为主、批评为辅,褒贬实不成比例。而对朱子抱有护教态度的学者则对双峰背离朱子说大为不满,尤其是元代史伯璿特意撰写《四书管窥》批评双峰。故此,《四书大全》在面对双峰与朱子不同之说的取舍上,实有一番考虑。一方面,它摒弃了若干双峰对朱子明显挑战之说。或虽引用双峰说,然却是作为反面对象,紧接着即引用胡炳文等相关批评。如关于温良恭俭让与温而厉的理解,在引双峰说后,即引胡炳文说指出双峰自相矛盾。"温良而又恭俭,恭俭而又让,与温而厉、威而不猛相似,皆中和气象解。"随后又补胡氏反驳说,以示异议:"饶氏前后二说自相反,不可不辨也。"①

《四书大全》有意删除《辑释》等所引双峰批评朱子的不大中听之说。如下条:

> 中庸之理,即率性之谓,而天下之达道也。惟君子为能体之。中庸之中,只是时中,如舜用中于民,亦只是中之用。问"言中而不及庸,何也",曰:"庸不在中之外,惟其随时处中,所以可常行而不可易也。《章句》无时不中,亦非本文意,不若只言随时处中。"②

《四书大全》删除"《章句》无时不中"以下批评朱注文字,这种现象值得注意。或针对双峰对朱子的批评,直接引用胡炳文说加以批驳,例如:

> 云峰胡氏曰……饶氏谓"章句言义精仁熟似欠勇字意"。窃谓择之审者,义精也;行之至者,仁熟也,不赖勇而裕如者也。学者于义必精之,于仁必熟之,便是知仁中之勇。故《章句》于此释中庸之不可能,曰"非义精仁熟无一毫人欲之私者不能"。及于下章言勇处则曰"此则所谓中庸之不可能者,非有以自胜其人欲之私者不能择而守之"。反复细玩,朱子之意可见矣。③

---

① (明)胡广等:《四书大全》,《景印文渊阁四库全书》第二百零五册,台湾商务印书馆1986年版,第123页。

② (元)倪士毅:《四书辑释》,《续修四库全书》第一百六十册,上海古籍出版社2002年版,第63—64页。

③ (明)胡广等:《四书大全》,《景印文渊阁四库全书》第二百零五册,台湾商务印书馆1986年版,第889—890页。

针对双峰《中庸章句》未能表达"勇"之批评,《四书大全》引胡炳文长篇议论反驳之,认为仁熟义精已经包含了"勇"。双峰对朱注"诚"的批评,"疑'诚者自成'不必添入一'物'字。诚即道也,似不必分本与用"①。双峰此说遭到胡炳文、倪士毅、史伯璿、王夫之等一致反对,《四书大全》即引胡炳文说反驳之。

但《四书大全》对双峰不同于朱子之说不乏引用,如引双峰以下观点:"明德、新民两章释得甚略";"心广体胖即是心正身修之验";"忿者怒之甚";"尹氏以文对德行";《四书章句集注》"过化存神未易窥测之语微寓抑扬之意";"不逾矩"章致知是要知此矩;"暴虎冯河"章用之不行是好遁底;圣人是天生底,"民可使由之"章两"之"字皆指此理。双峰此等解多遭到《管窥》等批评,然《四书大全》仍引之。双峰关于《中庸》分章、修道、戒慎、中和、中和与中庸之解确有不同于朱子者,曾遭到史伯璿的质疑,然《通》《辑释》引用之,故《四书大全》亦引之。如双峰提出《中庸》"仁者人也"的人鬼说,《通》《辑释》引之,《四书大全》亦引之,遭到史伯璿及后世王夫之的批评。② 或许《四书大全》编者认为此说不属于"背戾"朱子者。

四、从《四书大全》放弃《四书辑释》所引双峰说论其用心

对《辑释》所引双峰说,《四书大全》编者亦非照单全收,而是基于自身理解,决定对双峰说的取舍。如关于《中庸》与《家语》的关系,仅《辑释》引双峰说,认为"《家语》是引《中庸》来附会",意在反驳朱子引《家语》证《中庸》之误。《四书大全》未取此说。又关于《中庸》本章三知与三行的理解,双峰与朱子分歧很大,反对朱子二分、二等说,认为"头绪太多"而实无此等

---

① (明)胡广等:《四书大全》,《景印文渊阁四库全书》第二百零五册,台湾商务印书馆1986年版,第927页。如王夫之之言:"朱子恐人以'自成'为专成大己,将有如双峰之误者,故于《章句》兼物为言。"见(清)王夫之:《读四书大全说》,岳麓书社2011年版,第557页。王朝栻则对双峰有所同情,言"双峰于《章句》最善发明,若此等处,非立异也。意所未安,弗苟附和,斯之谓忠而非佞"。(清)王朝栻:《饶双峰讲义》,《四库未收书辑刊》第二辑,北京出版社2000年版,第430页。

② 双峰说,"'人'字之义极难训,但凡字须有对待,即其所对之字观之,其义可识。此人字非对己之人,非封物之人,亦非对天之人。孔子曰'未能事人,焉能事鬼?'此'人'字正与'鬼'字相对。生则为人,死则为鬼,仁是生底道理,所以训人。人若不仁,便是自绝其生理。"(明)胡广等:《四书大全》,《景印文渊阁四库全书》第二百零五册,台湾商务印书馆1986年版,第912页。史氏云:"《辑释》亦引此。以人对鬼之说,然乎? 天下字岂皆有对面后义可明乎?《通》者极力称赞,以为深得《章句》之意。愚则以为《章句》已极分明,政不必如此求奇可也。"(元)史伯璿:《四书管窥》,《景印文渊阁四库全书》第二百零四册,台湾商务印书馆1986年版,第904—905页。王夫之说:"不意朱门之黄稗,乃有如双峰! 以鬼对人之说,史伯璿讥之,当矣。"(清)王夫之:《读四书大全说》,岳麓书社2011年版,第517页。

划分,仅《辑释》引双峰说。有意思的是,倪士毅特别指出,虽知双峰说与朱子不同,然其说却不可不知,"饶氏之说,其足以发明《章句》者已采之矣,又略有与《章句》不同而亦宜知之者,今具于下"①。表达了力挺双峰的立场。然而胡炳文则维护朱子说而批评双峰解。《四书大全》赞同胡炳文的看法,未取双峰此说。此亦见出《四书大全》编者的考虑。②

双峰不背朱子之说者,《四书大全》在《辑释》基础上亦有所取舍。或选择性删除《辑释》所引,如以下各条乃《辑释》所引而不为《四书大全》所取者。"圣人吾不得"章"下一句以外所用言","若圣与仁"章"为仁圣之道当如何?"曰:"不过格物致知、诚意正心,修身知行二事而已,自为与教人皆是如此。""子疾病"章"诔如哀公诔孔子是也"。"益者三乐"章"子夏力行之意多,所以首有此语,下句是因上一句带下来说"。

此外,还存在《四书大全》选择性引用《辑释》所引双峰说者。如《论语·泰伯》"危邦不入"章,双峰言:"笃信好学是有学,守死善道是有守。不入不居是去就之义洁,则见则隐是出处之分明。邦有道而贫贱,是无学也;邦无道而富贵,是无守也。"此条《四书大全》仅引"邦有道"以下一句。又如《论语·乡党》"语之不惰"章,双峰说:"解,散也,涣然冰释之意。惟其心解,所以力行。夫子称颜子,所以厉群弟子也。"《四书大全》未引首句。又如关于《中庸》分章说,《辑释》引双峰说近 550 字,"首章以中和言,而先之以戒惧慎独。……以上十章,论道以中庸为主,而气质有过不及之偏,当为第二大节"。而《四书大全》仅引末句"以上十章"以下。又如"终日不食"章双峰说有两条,《四书大全》第一条未引,第二条选择引。

还存在少量双峰说被《辑释》《通》所引而《四书大全》未取者,当是有意刊落。如《论语》"三家者以雍彻"章双峰言,"上章是罪其僭,此章是讥其无知,惟其无等",《四书大全》未取,体现了编者之选择。有些章节《四书大全》未引双峰说的原因在于已用他说替代双峰说。如《孟子》"外人皆称夫子好辩"章双峰说:"前言天下之生久矣,一治一乱为纲领……既而又缴上不得已去。"此条《四书大全》虽未引双峰说,然所引陈栎说实与双峰之说意同。③

① 此条之说仅见于《四书辑释》的元刻日新堂本,而《续修四库全书》本无。
② 通按:"饶氏谓《章句》既以其分言,又以其等言,头绪太多。愚观之极是要简。"(元)胡炳文:《四书通》,《景印文渊阁四库全书》第二百零三册,台湾商务印书馆 1986 年版,第78 页。
③ 《四书大全》所引陈栎说为,"新安陈氏曰:学者当深察孟子所以不得已之心。下文详之,章末又申言此二句以结之。岂惟孟子,凡圣贤出而任三才,扶三纲,皆不得而已也。一治一乱,乃此章纲领,下文节节照应之"。此可见陈栎采用双峰之意。(明)胡广等:《四书大全》,《景印文渊阁四库全书》第二百零五册,台湾商务印书馆 1986 年版,第 660 页。

五、从《四书大全》误认双峰说为朱子说见其粗疏

《四书大全》居然有误把双峰说当作朱子说者，这体现了编纂者的粗心或者说不学，也从一个侧面见出双峰影响之大，达到"乱朱"之地步。如《中庸大全》"读中庸法"部分选取朱子关于《中庸》说多条，多半见于《朱子语类》，但居然把双峰一条当作朱子之说，以至于引起无谓纷扰。此条未标双峰之名而被视为朱子之说者为：

> 《中庸》当作六大节看，首章是一节，说中和。自君子中庸以下十章是一节，说中庸。君子之道费而隐以下八章是一节，说费隐。哀公问政以下七章是一节，说诚。大哉圣人之道以下六章是一节，说大德小德，末章是一节，复申首章之义。①

元代史伯璿、胡炳文、倪士毅之书明确此为双峰说，且有所引用，史伯璿还特别对双峰此说加以批评。《四书大全》在此下以小注形式引王氏说，认为朱子章句当是四节之分，显然与此六节说相冲突。因学者将朱、饶之说混为朱子一家之说，而此二说又存在矛盾，故以朱子早晚说来调和之，也有学者指出此为双峰说，但主流认为此乃朱子说。朝鲜学者对此也颇为困扰，他们反复弥缝、不惜曲说，只有少数学者指出此是双峰说。这一失误反映出《四书大全》编纂者确实不够严密，居然犯下如此重大失误。当然，错把双峰说当作朱子说，在一定意义上也是双峰因后人之差错而享受到的意外殊荣吧。

以上，以《四书大全》所引双峰说为中心，比较了其与《集成》《辑释》《通》等书所引双峰说的异同，得出几个初步结论：一是通过残留的《集成》所引双峰说同时仅见于《四书大全》而不见于他说，可推出《四书大全》之来源非限于《辑释》，年代更早的《集成》亦是重要参考。四库馆臣等认为"广等撰集此书，实全以倪氏《辑释》为蓝本"之见实有偏颇。二是从《四书大全》对双峰说的取舍来看，充分体现了《四书大全》编者的独立思考，《四书大全》非如顾炎武及四库馆臣等所认为的剿袭《辑释》的潦草之作，"仅取已成旧帙，塞责抄誊"②。仅以其对双峰与朱子不同说的处理上，即可见出二

---

① （明）胡广等：《四书大全》，《景印文渊阁四库全书》第二百零五册，台湾商务印书馆1986年版，第873页。

② （明）胡广等：《四书大全》，《景印文渊阁四库全书》第二百零五册，台湾商务印书馆1986年版，第1—2页。

者之别。这对于重新认识《四书大全》的来源，评价其学术价值，具有重要参考意义。三是从《四书大全》等对双峰的引用来看，双峰思想对于宋元明清的四书学无疑具有重要影响，对认识双峰四书思想的历史影响与地位具有重要意义。即便双峰无完整四书著作传世，但透过《集成》《四书大全》等书所引，已能见其思想之大体。四是《四书大全》的编撰确实存在粗率、失误之处，这对于通行五百年的官方权威教材来说，是不应该的。它遭到后世有识之士如顾炎武等的批评，确实事出有因。

第二节　蔡清《四书蒙引》对饶鲁的吸收与批评

蔡清《四书蒙引》是明代颇具代表性的四书学著作，被赞为"朱注功臣"。双峰对朱注的诠释以"多不同于朱子"著称，被史伯璿讥为违逆朱注之代表。然而《四书蒙引》却与《四书大全》所引饶双峰说有着深度交流，或正面引用赞赏其说，或批评否定其说，或对其说褒贬兼具。《四书蒙引》对双峰说的批评与接受，表明朱子学内部有着良性的思想互动，从一个侧面证实了饶双峰作为不应被忽视的朱子学重要学者的客观影响，同时彰显出《四书大全》作为朱子学交流平台的枢纽意义，朱子学者往往借此展开便捷的跨时空对话，从而推进朱子学在不同时代的向前发展。

自南宋以来，朱子学就一直主导着中国思想文化的发展，不同时代的朱子学者通过对朱子思想和著作的创造性诠释，来构建自己的思想体系。尤其是关于朱子《四书章句集注》的诠释，更是构成后世朱子学思想交流对话的重要平台。明代汇聚宋元朱子后学各说的《四书大全》作为功令之学的刊行，使得对朱子后学的理解也成为一项必须面对的功课，以《四书大全》为依托的朱子后学之间的深度对话由此得以全面而深度展开，这成为明清朱子学的一个重要特征。蔡清《四书蒙引》、王夫之《读四书大全说》即明清朱子学者与宋元朱子学者交锋对话的代表之作。但稍显遗憾的是，对明清朱子学依托《四书大全》开展与宋元朱子后学的跨时空交流这一特点，学界似有所忽视。为了补充这方面的研究，本节拟以蔡清《四书蒙引》对双峰的吸收与批评为中心，来具体呈现明代朱子学与南宋朱子后学在对朱子《四书章句集注》理解上的异同，揭示朱子后学"四书"诠释的若干共性，彰显饶双峰对朱子后学的客观影响及《四书大全》不可忽视的平台意义。

蔡清（1453—1508），字介夫，号虚斋，福建晋江人，其所著《四书蒙引》体现了经学与科举学相融通的特点，"此书虽为科举而作……犹有宋人讲

经讲学之遗。未可以体近讲章,遂视为揣摩弋获之书也"①。本为举业而作
的《四书蒙引》因融入蔡清对《四书大全》的深刻体会和精细辨析,获得高度
认可,成为明清经学史上影响广泛的著作。其"羽翼传注,举业准绳"之双
重价值得到充分认可,甚至被视为解说"四书"之第一部,被用来与朱子《四
书章句集注》相提并论,被冠以"朱注功臣"之荣誉,②被认为对"四书"具有
"抽关启钥,直窥堂奥"之意义。③ 蔡清本人也被称为明代朱子学第一人,对
重振明代福建朱子学、抵御阳明学发挥了中流砥柱之作用。④ 黄宗羲概括
蔡清《四书蒙引》的特点是用功精深、辨析精密,由训诂而通义理。"先生平
生精力,尽用之《易》、《四书蒙引》,蚕丝牛毛,不足喻其细也。盖从训诂而
窥见大体……至今人奉之如金科玉律,此犹无与于学问之事者也。"⑤今人
亦认为《四书蒙引》在诠释上具有"句谈字议,折衷群言",兼重训诂与义理,
精细笃实,"从道不从贤"的特色。⑥ 蔡清著述《四书蒙引》之作,就是出于
不满《四书大全》不加区别地选取朱子后学之说,而予以甄别取舍之,以使
所取之说符合朱子之意。他说:"《大全》不分异同,撮取成书,遂使群言无
所折衷。故吾为《四书蒙引》,合于文公者取之,异者斥之,使人观朱注珑玲
透彻,以归圣贤本旨,如此而已。"⑦周天庆已指出蔡清《四书蒙引》的重要
任务之一,就是"揭明朱子之后关于四书注解的优劣"⑧,即对《四书大全》
引用的朱子后学之说加以比较,择优去劣。

　　饶双峰被认为是朱子再传的杰出代表,虽无著作流传,却是宋元朱子学

① 《钦定四库全书总目》卷三六,海南出版社1999年版,第200页。
② 《四书蒙引》提要言:"此书本意虽为时艺而作,而体味真切,阐发淹至,实足羽翼传注,不
徒为举业准绳。"又称'朱注为《四书》功臣,《四书蒙引》又朱注功臣'。陆之辅称:'说
四书者不下百种未有过于此者。'其为学人推重如此,与后来之剽掇儒先剩语以为讲章者,
相去固霄壤矣。"(明)蔡清:《四书蒙引》,《景印文渊阁四库全书》第二百零六册,台湾商
务印书馆1986年版,第1—2页。
③ 庄熙《四书蒙引题辞》称:"《四书》之有《四书蒙引》,非但羽翼传注、折衷语录,为诸家讲说之
宗而已。究厥旨义,精深宏博,发微阐幽,实圣门抽关启钥,直窥堂奥之书也。"(明)蔡清:
《四书蒙引》,《景印文渊阁四库全书》第二百零六册,台湾商务印书馆1986年版,第3页。
④ 李光地《虚斋先生祠记》称,"故前辈遵岩王氏谓自明兴以来,尽心于朱子之学者,虚斋先
生一人而已。自时厥后,紫峰陈先生、次崖林先生皆以里闬后进受业私淑,泉州经学遂蔚
然成一家言。时则姚江之学大行于东南,而闽士莫之遵,其挂阳明弟子之录者,闽无一
焉"。李清馥:《闽中理学渊源考》,凤凰出版社2011年版,第640页。
⑤ (清)黄宗羲:《明儒学案》卷四十六,中华书局2008年版,第1094页。
⑥ 周天庆:《明代闽南四书学研究》,东方出版社2010年版;孙宝山:《论蔡清的四书学诠
释》,《中国哲学史》2016年第4期。
⑦ 林希元:《南京国子祭酒虚斋蔡先生行状》,《同安林次崖先生文集》卷十四,《四库全书存
目》集部第七十五册,齐鲁书社1997年版,第699页。
⑧ 周天庆:《明代闽南四书学研究》,东方出版社2010年版,第147页。

中的中心人物,尤其对元代前期新安理学影响甚深。其思想以穷理精密、善于出新,"多不同于朱子"而著称,被史伯璿讥为"不肯为朱子下"而"欲自立门户"者,具有很强的独立思辨精神。《四书大全》引饶双峰说约570条,仅次于陈栎、辅广。蔡清对双峰之说加以特别注意。《四书蒙引》对双峰说约50处加以引用论述,对之大致采取了赞同、批判及褒贬兼具三种态度,对双峰之说优劣得失的评价,反映了蔡清与双峰二者皆具辨析精密、兼宗训诂、追求创新、不囿朱注的为学风格。

一、《四书蒙引》对双峰的认同

其一,针对《四书大全》所引双峰之说,《四书蒙引》就其中十多条直接引用而不加评论,而其中实有与朱注持不同看法者。如《孟子·滕文公上》"滕文公问为国"章引双峰"井田可行于中原平旷之地,若是地势高低,如何可井? 恐江南是用贡法,阡陌是田间路。古人车制一车阔六尺有余,两傍又翼之以人。占田太多,商君欲富国,所以凿开阡陌为田,前此诸侯欲富其国,井田大纲已自废了,商君则索性坏却"①。此条朱注赞孟子能根据已往之痕迹推断井田制度,"真可谓命世亚圣之才",而双峰则泼冷水,认为井田之说本无从考察,不可拘泥,当根据南北地形差异具体分析。井田法固适合北方中原土地平旷之地,然并不适合江南高低不平之丘陵山地,早就废止,故"孟子多是臆度言之"。意在强调切不可认为井田乃一普遍通行制度,实受到客观地理环境及时代因素限制,此说确有所见,故蔡清引之,然删除其中对孟子不满之说。《孟子·滕文公下》"三月无君则吊"章《四书蒙引》引双峰"似亦可疑,如何恰好三月无君便去吊之"句,此说怀疑"三月无君则吊"之礼的存在,实涉及君臣关系。

《四书蒙引》所引双峰说多有对经文、朱注加以引申深化者。如《孟子·滕文公下》"外人皆称夫子好辩"章引双峰"诚哉是言,自古及今,大抵皆然,有暴行必有邪说以文之"②。此阐述邪说暴行相即不离,是对孟子说的发挥。"孟子四十不动心"章引双峰"要之不疑惑,然后能不恐惧。故《集注》论心之动,则以恐惧居先;论心之所以不动,则又无所疑惑居先"③。此申论朱注"恐惧疑惑"四字之用心及其关系,指向知言与养气先后关系,所论有助于对此问题的理解。《孟子·离娄下》"君之视臣如手足"章引"旧君

---

① （明）胡广等纂修:《四书大全》,山东友谊书社1989年版,第2362—2363页。
② （明）蔡清:《四书蒙引》卷十一,《景印文渊阁四库全书》第二百零六册,台湾商务印书馆1986年版,第543页。
③ 此引文前节略双峰文字为:《集注》"恐惧疑惑"四字,虽是说心之所以动,然"恐惧"字是为下文养气张本。"疑惑"字是为下文知言张本,"道明"属知言,"德立"属养气。

尚且有服,不应见在之君而待之如此"①。双峰首句本为"旧君其恩已绝,尚
且为其君有服",蔡清删"其恩已绝",恐觉此说不妥。双峰此说是对朱注
"王疑孟子之言太甚"的进一步发挥,有助于理解朱注。《孟子·离娄下》
"禹稷当平世"章引双峰"禹三过其门,稷是带说"②。双峰此说乃引申文外
之意,《四书蒙引》引之,且进一步言,"愚谓易地则皆然"。《孟子·万章
上》"咸丘蒙问"章引双峰"尊亲、养亲虽是二事,然尊与养相须,养之至乃所
以尊之也"说。此对尊、养相须说的论述是对朱注"此舜之所以为尊亲养亲
之至"的进一步发挥,《四书蒙引》取之,且申言之。③

所引双峰说体现了蔡清的理学立场及对"四书"融贯诠释的特点。如
《孟子·离娄上》"爱人不亲反其仁"章引双峰"'永言配命'是常常思量要
合理,'永'是无间断之意"句。此提出以理论命说,且指出本章是对上章
"三代之得天下也以仁"的补充细化,体现了双峰解经的理学立场和广阔视
野。《孟子·离娄上》"孟子谓乐正子"章引双峰说,"乐正子始意,只欲来齐
见孟子,依王驩来省粮食之费,视为勿紧要事。殊不知一失身从之,便是
'因失其亲'。孟子所以切责之"④。此是对朱注"其不择所从,但求食耳,
此乃正其罪而切责之"解的解释与发挥,尤其结合《论语》"因不失其亲"说,
体现了《论语》《孟子》互诠的特点。

所引双峰说涉及字义字音者,体现了双峰与蔡清解经兼重训诂的特点。
《孟子·梁惠王下》"人皆谓我毁明堂"章引双峰说"泽是水所都处,梁是水
所通处"⑤。《孟子·离娄下》"公行子有子之丧"章引双峰说"'行'字本文
无音,当音'杭',《毛诗》'殊异乎公行',是主行列以官为氏"⑥。此两条的

---

① (明)蔡清:《四书蒙引》卷十二,《景印文渊阁四库全书》第二百零六册,台湾商务印书馆
1986年版,第574页。

② (明)蔡清:《四书蒙引》卷十二,《景印文渊阁四库全书》第二百零六册,台湾商务印书馆
1986年版,第593页。

③ "言舜既为天子,则瞽瞍为天子之父矣。瞽瞍既为天子之父,则当享天下之养矣云云。此
是据理而断其无臣父之事。"见(明)蔡清:《四书蒙引》卷十二,《景印文渊阁四库全书》第
二百零六册,台湾商务印书馆1986年版,第605页。

④ (明)蔡清:《四书蒙引》卷十二,《景印文渊阁四库全书》第二百零六册,台湾商务印书馆
1986年版,第567—568页。此引文是对《大全》原文的简化,为精简故,意义并无别。《大
全》双峰说为:"乐正子初意,只欲来齐见孟子,却因依王驩来,欲省饭食之费尔,所以言徒
铺啜也,如今人欲省盘费模样。乐正子将作无紧要底事看了,殊不知才一失身,便是失其
亲,将来王驩或荐引之,则那时去就愈难区处。孟子所以切责之。"

⑤ (明)蔡清:《四书蒙引》卷九,《景印文渊阁四库全书》第二百零六册,台湾商务印书馆
1986年版,第440页。并评论,"水所通处正可绝流而渔,故以为鱼梁也"。

⑥ (明)蔡清:《四书蒙引》卷十一,《景印文渊阁四库全书》第二百零六册,台湾商务印书馆
1986年版,第591页。

字义、字音之解,体现了双峰虽以穷理精密见长,然亦不废考据训诂,对朱注实有补充之功,故为《四书蒙引》所引。

《四书蒙引》尚有虽未标注来自双峰说,乃其意却与双峰同者,当是遗漏双峰之名。《论语·述而》"三人行"章《四书蒙引》卷六说为:"然此(亦)姑以一善一恶对言,以见善恶皆我师(耳),若两人皆善,则皆当从;两人皆恶,则皆当改。若一人之身,有善有不善,吾亦从其善而改其不善,无往而非师也。"①双峰提出"善恶皆吾师"的新论,以解释经文"择其善者而从之,其不善者而改之"的善从不善改说。在双峰看来,善恶分别指两种人,并进一步推断言外之意,即如与一人行,则当就其人之善恶言行观之,故亦是我师,并引南轩说证之。《四书蒙引》则删除其"言外之意",即所引南轩说部分。

就《四书蒙引》所引此数条双峰说来看,涉及制度考证、字义新解、义理发挥等方面,既有对经文及朱注的发挥补充,也有双峰提出的新颖之见,见出双峰所论实能不为朱注所囿而颇富新见,且具兼综训诂与义理之精神,故颇为蔡清所重。

其二,《四书蒙引》引双峰说并大加赞赏者,所用措辞包括"最好""最精""极有斟酌""善乎""至言""极妙"等,毫不保留地表达了对双峰说的由衷赞赏,此类大概有 15 条。就所赞双峰之说来看,确有分析细密、别具慧解的特点,无怪乎引发持有同样治学风格的蔡清之共鸣。

蔡清赞双峰《论语·八佾》"与其媚于奥"章解"最好"。"饶氏两句说得最好。曰'祭于其所近于亵,止祭于奥又非神所栖,故两祭之,尽求神之道也'。"②双峰此说是经文的言外之意,阐明祭于其所与祭于奥的意义在亲之、尊之,故两尽求神之道,实发人所未发。《孟子·公孙丑》"不动心"章赞赏双峰以孟施舍如曾子、北宫黝如子夏之气象的"取必于己""取必于人"说"最好"。"饶氏曰'孟施舍取必于己,其气象如曾子之反求诸己;北宫黝取必于人,其气象如子夏之笃信圣人'。此说最好,'取必'二字尤妙。"③蔡清尤欣赏"取必"二字高妙,取必于己与取必于人是对朱注"子夏笃信圣人,曾子反求诸己"的进一步点醒,体现了双峰分析透彻、用语精密的特点。《孟

---

① (明)蔡清:《四书蒙引》卷六,《景印文渊阁四库全书》第二百零六册,台湾商务印书馆 1986 年版,第 230 页。双峰说为:"此姑以一善一恶对言,以见善恶皆吾师。或两人皆善,则皆当从;两人皆恶,则皆当改便是。与一人行,亦有我师,此则言外之意。南轩曰:'一人之身,有善有不善,亦莫非吾师也。'"可见蔡清解是来自双峰。

② (明)蔡清:《四书蒙引》卷五,《景印文渊阁四库全书》第二百零六册,台湾商务印书馆 1986 年版,第 186 页。与《大全》末句略有出入,《大全》作"以尽来神之道"。

③ (明)蔡清:《四书蒙引》卷十,《景印文渊阁四库全书》第二百零六册,台湾商务印书馆 1986 年版,第 463 页。

子·滕文公上》"滕文公问为国"章"若夫润泽之"说,赞双峰"硬局子""会变通"说"最精"。"饶氏曰:'前面记底是个硬局子,到这里须要会变通。'又曰:'润泽非文饰之谓,乃是和软底意思。'饶氏此说最精。"①双峰采用硬局与变通说来理解孟子"大略"与"润泽"说,朱注解润泽为"谓因时制宜,使合于人情,宜于土俗"②,双峰进一步确定润泽之意不是"文饰"而是"和软"。《论语·八佾》"子语鲁大师乐"章翕如、纯如、皦如、绎如,朱注解为:"翕,合也。从,放也。纯,和也。皦,明也。绎,相续不绝也。成,乐之一终也。"③《四书蒙引》极赞双峰对"四如"的解析。"饶氏曰:'翕合之余有纯和,纯和之中有明白,明白之中无间断,方是作乐之妙。'上句著'余'字,下句著二'中'字,极有斟酌。"④双峰主张本节分为初翕如、中绎如纯如、末皦如的三节说,在朱注基础上突出了四如之间的前后贯通关系,蔡清对表示三者关联的"余、中"字深表赞赏。⑤《论语·子张》"大德不逾闲小德出入"章,朱注引吴才老说,批评子夏"此章之言,不能无弊"。蔡清引双峰说并赞为"至言",云"饶氏谓'此章用以观人则可,用以律己则不可',至言也。子夏本意却未分观人律己,此所以有弊"⑥。他认为双峰可用以观人而不可律己说击中了子夏未分观人律己的毛病,故双峰之解颇能救其弊,是对朱子说的推进,可见双峰义理分析之功。《论语·子张》"人未有自致者必也亲丧乎"章,朱注为"致,尽其极也。盖人之真情所不能自已者"⑦。蔡清引双峰说,曰:"'乎'字有感动人意,圣人言人无有不能如此者,而不能如此者,是诚何心? 此夫子所以默寓微意也。不然,只管说人尽能如此,似乎无味。"赞"饶氏之说极妙"⑧。双峰抓住"乎"字展开分析,认为此字具有感动人心之意义,人皆能此而不能者,其心不孝。然不可空说人能之,"乎"则有人皆能而未见其能之意,寄托了圣人感慨、劝勉、叹息等诸多微义。从"乎"此看似无关之虚词入手而分析其中所蕴含之深意,显出双峰分析之细密与思

① (明)蔡清:《四书蒙引》卷十一,《景印文渊阁四库全书》第二百零六册,台湾商务印书馆1986年版,第524页。
② (宋)朱熹:《四书章句集注》,中华书局1983年版,第257页。
③ (宋)朱熹:《四书章句集注》,中华书局1983年版,第68页。
④ (明)蔡清:《四书蒙引》卷五,《景印文渊阁四库全书》第二百零六册,台湾商务印书馆1986年版,第191页。
⑤ 对双峰此解,许谦赞同,王夫之反对。
⑥ (明)蔡清:《四书蒙引》卷八,《景印文渊阁四库全书》第二百零六册,台湾商务印书馆1986年版,第390页。
⑦ (宋)朱熹:《四书章句集注》,中华书局1983年版,第191页。
⑧ (明)蔡清:《四书蒙引》卷八,《景印文渊阁四库全书》第二百零六册,台湾商务印书馆1986年版,第392页。

维之敏锐。《论语·季氏》"季氏将伐颛臾"章,关于均无贫、和无寡、安无倾的问题,《四书蒙引》注意到此与前句"不患寡而患不均,不患贫而患不安"不相对应,提出"均则无贫无寡,无贫无寡则和,和则安无倾"说,但同时亦能欣赏双峰说,其说为"愚意只是均则无贫无寡,无贫无寡则和,和则安而无倾矣。饶氏之说亦好"①。双峰主张"均无贫而后能和,和无寡而后能安,三者又自相因",突出均、和、安的相互作用。《孟子·公孙丑》"知言养气"章"学不厌智也,教不倦仁也"解,双峰主张以"圣"为中心来把握仁智,体现了学与教之两面。"不厌不倦须粘上'圣'字说,言学圣人之道而不厌,又以圣人之道教人而不倦。"蔡清认为双峰此说合乎《论语·述而》"若圣与仁"章朱注为之、诲人解,故饶说可从。"今据《论语注》'为之谓为仁圣之道,诲人亦谓以此教人',则可从饶说。"②可见蔡清通常以朱注为标准来衡量双峰说,同时兼顾"四书"等经典之间的互诠,体现了贯通诠释的立场。《孟子·滕文公上》"滕文公问为国"章"人伦明于上小民亲于下",双峰解为:"孟子教时君行仁政,只是教与养两事……使之君与臣自相亲,父与子自相亲,长与幼自相亲,非尊君亲上之亲。"③蔡清肯定双峰此说可从,认为此解合乎《尚书·舜典》"百姓不亲五品不逊"说,自然包括亲上之义。"此说可从。盖合帝命契所谓'百姓不亲,五品不逊'之义,然后自该得亲上之义矣"④。《论语·阳货》"君子有九思"章,双峰解析九思之次第及关系,言"九者之目有次第,视听色貌言是就自身说,事疑忿得是就事上说。一身之间,视听向前,其次则有色貌,又其次言出于口,又其次见之于行事"⑤。蔡清认为双峰之说"无妨",曰"九思次第,饶氏说亦无妨。盖视听色貌言,皆吾身事件。事疑忿得,则以身连事说。然大抵都是君子诚身之事"⑥。

蔡清对双峰不够完美之创新说亦颇欣赏。《论语·卫灵公》"卫灵公问陈"章,朱注云:"愚谓圣人当行而行,无所顾虑;处困而亨,无所怨悔。"⑦双

① (明)蔡清:《四书蒙引》卷八,《景印文渊阁四库全书》第二百零六册,台湾商务印书馆1986年版,第357页。
② (明)蔡清:《四书蒙引》卷十,《景印文渊阁四库全书》第二百零六册,台湾商务印书馆1986年版,第476页。
③ (明)胡广等纂修:《四书大全》,山东友谊书社1989年版,第2352页。
④ (明)蔡清:《四书蒙引》卷十一,《景印文渊阁四库全书》第二百零六册,台湾商务印书馆1986年版,第521页。
⑤ (明)胡广等纂修:《四书大全》,山东友谊书社1989年版,第1850页。
⑥ (明)蔡清:《四书蒙引》卷八,《景印文渊阁四库全书》第二百零六册,台湾商务印书馆1986年版,第363页。
⑦ (宋)朱熹:《四书章句集注》,中华书局1983年版,第161页。

峰解为:"'当行而行,无所顾虑',是说'明日遂行';'处困而亨,无所怨悔'是说'在陈绝粮'以下。顾是顾后,虑是虑前,怨是怨人,悔是自悔。"①他以朱注两句分别对应经文"明日遂行"与"在陈绝粮",又以前后人己对应朱注顾虑怨悔。蔡清赞同双峰前句"当行而行"之分,不满顾虑怨悔之分。"但全章题目则不可如此分截,且依饶氏分。但谓'顾是顾后,虑是虑前,怨是怨人,悔是自悔',不必依他。"②他主张"明日遂行,在陈绝粮"皆属"当行而行","处困而亨"则引入"君子固穷"。但认为就全章而言,还是应照双峰之划分,与朱注对应紧密。此体现了尊重文本的态度。《孟子·公孙丑》"矢人岂不仁"章,双峰解:"此上三四章,皆是为当时君大夫言之。此章与仁则荣一章之意同,皆是教时君以择术之意……我若为仁,虽大国岂能役之?"③蔡清亦认同孟子此论对象是诸侯,赞同双峰的为仁则不必大国役之说。"饶氏一说甚当。"④王夫之亦赞赏双峰说。⑤

蔡清赞同双峰之说,颇有被后世王夫之、陆陇其等朱子学名家反对者,此恰显出蔡清对双峰的特别认可。如《论语·子路》"无欲速"章,双峰不循朱注把欲速与不达、见小利与大事不成的相对应说,而提出跨句组合,把欲速和见小利结合之,认为二者相因,言"见小与欲速相因,才要速成,便是只见得目前小小利便处,所以急要收效。若是胸中有远大底规模,自然是急不得"⑥。蔡清指出双峰的欲速、见小利的相因说虽不合经文正意,然却对道理实有发明,且证诸现实,确有所合。"饶氏合说虽非正意,然于道理有发。"⑦此体现了双峰善于出其不意的创新思想,亦见出蔡清注重结合实践体会经意的方法,重视经典对现实工夫的指导意义,对经典诠释并不拘泥经文正意的阐明。王夫之则反对双峰的相因说。⑧ 又如《论语·卫灵公》"知

① (明)胡广等纂修:《四书大全》,山东友谊书社1989年版,第1754页。
② (明)蔡清:《四书蒙引》卷八,《景印文渊阁四库全书》第二百零六册,台湾商务印书馆1986年版,第341页。
③ (明)胡广等纂修:《四书大全》,山东友谊书社1989年版,第2269页。
④ (明)蔡清:《四书蒙引》卷十,《景印文渊阁四库全书》第二百零六册,台湾商务印书馆1986年版,第492页。
⑤ 王夫之说:"矢人岂不仁于函人一章,唯双峰为得之。"(清)王夫之:《读四书大全说》,岳麓书社2011年版,第950页。
⑥ (明)胡广等纂修:《四书大全》,山东友谊书社1989年版,第1635页。
⑦ (明)蔡清:《四书蒙引》卷七,《景印文渊阁四库全书》第二百零六册,台湾商务印书馆1986年版,第314页。
⑧ 王夫之:"双峰云:'才要速成,便只是见得目前小小利便处。'使然,则但言'欲速',而'大事不成'因之矣,何须如此分项说下!……举此二端,则'欲速'、'见小利'之不相因也,明矣。至言如江河行地,条派分明,不用曲为扭合,大都如此。"见(清)王夫之:《读四书大全说》,岳麓书社2011年版,第796页。

德者鲜"章,朱注为"德,谓义理之得于己者。非己有之,不能知其意味之实也"①。《四书蒙引》赞赏双峰对"德"的理解。"善乎! 饶氏之说曰:'既知得这里面滋味,则外面世味自不足以夺之。'"②双峰认为如真知内心有得于己的义理之滋味,则外面世界种种味道自然不足以夺其内在固有之德。此解以内外对比的形式表明实得于理的意义与滋味。王夫之则不满双峰此解。③ 又如《中庸》"君子依乎中庸"章,双峰强调遁世不知不悔比依乎中庸更难。"君子之依乎中庸,未见其为难,遁世不见知而不悔方是难处,故曰'唯圣者能之'。"④陆陇其指出蔡清《四书蒙引》实用双峰之意,言"依乎中庸只说得智仁,至于遁世无悔方是智尽仁至处,勇即在中也"。陆陇其认为朱注并无把依乎中庸与遁世不知当作难易两层意思,而是主张二者的一体,此即至诚不息义。"双峰饶氏又谓依乎中庸未见其为难,遁世不见知而不悔方是难处,将二句强分难易。……何难易之可分哉!"⑤

二、《四书蒙引》对双峰的批评

双峰思想活跃,分析力强,常能就经文提出新解,引起蔡清批评,所涉批评条目约 18 条。如关于《论语》"颜渊问仁"章"行夏之时"解,双峰认为"行"兼摄了政令,"行字兼令说了",不仅是改正朔,且是行每月政令。《四书蒙引》批评此说不通,"夫敬授人时者,古圣帝明王所以敬天勤民之第一件事也。故夫子首以行夏时告之,取其时之正者,以其为春令之首月,于时为正也。令之善者,三阳开泰,协风乃至,景候善也。饶氏之说不可晓"⑥。蔡清认为"行夏之时"仅是敬授人时之义,此乃帝王第 大事。故大了告之以行夏之时,突出时之正。《四书章句集注》"令之善"乃是指时节气候之善。批评双峰说无有理据,难以理解。蔡清有时据朱注来批评双峰新解。如《孟子·离娄上》"天下有道"章的"小贤、大贤"的"贤",双峰解为"贤兼

---

① (宋)朱熹:《四书章句集注》,中华书局 1983 年版,第 162 页。

② (明)蔡清:《四书蒙引》卷八,《景印文渊阁四库全书》第二百零六册,台湾商务印书馆 1986 年版,第 342 页。

③ "《集注》云'义理之得于己者'七字,包括周至。双峰似于'得于己'上,添一'既'字,如云'义理之行焉而既有得者'。……以实求之,双峰于此'德'字,未得晓了;其于《集注》'得于己'三字,亦未知其意味。"(清)王夫之:《读四书大全说》,岳麓书社 2011 年版,第 823 页。

④ (明)胡广等纂修:《四书大全》,山东友谊书社 1989 年版,第 379 页。

⑤ (清)陆陇其:《松阳讲义》,《陆陇其全集》第三册,中华书局 2020 年版,第 90 页。

⑥ (明)蔡清:《四书蒙引》卷八,《景印文渊阁四库全书》第二百零六册,台湾商务印书馆 1986 年版,第 345 页。

才德"。蔡清认为朱注只是"德",而双峰多补一"才"字不妥。"饶氏谓贤兼才德,未必然也。朱子注只是德字。"①关于《孟子·离娄上》"自暴者不可与有言"章的"旷安宅弗居,舍正路弗由",双峰认为"后面说不居不由,又只指自弃者言之"②。《四书蒙引》认为当是兼自暴自弃,而非专指自弃。"兼自暴自弃,不可依饶氏说。"③其实双峰说乃据本章孟子"言非礼义,谓之自暴也;吾身不能居仁由义,谓之自弃也"对自暴自弃的区分,不无理据。

　　双峰善于对朱注加以进一步剖析,且往往偏离、突破朱子之意,故蔡清对双峰之反驳亦多是基于对朱注的理解。如双峰把《大学》"赫兮喧兮"的"赫、喧"分别解为"宣著貌,盛大貌",不同于朱子《诗集传》"喧为宣著"。《四书蒙引》批评双峰说流于穿凿。"饶氏分解'赫,宣著貌,喧,盛大貌',而《诗传》却解喧为'宣著'。可见饶氏之穿凿。按:赫赫师尹,赫于盛大义尤近,不必分者为是。"④蔡清认为"赫赫师尹"表明"赫赫"具有盛大之意,故应当回归《四书章句集注》解,把"赫"与"喧"一并解为"宣著盛大之貌"。又《论语》"屡空"章,双峰提出造道与用心之分,主张经文颜子庶乎与子贡亿则屡中的屡空与不受命相对。两种对立又存在具体差异,"庶乎"与"亿则屡中"为对,此造道之异也;"屡空"与"不受命货殖"为对,此用心之异也。《四书蒙引》批评此说过于拘泥。"饶氏造道、用心之说,似未豁然。全依他说,则是以'不受命而货殖'对屡空,以'亿则屡中'对其'庶乎',似太拘耳。圣人亦是信口说出,未尝立字骨也,细思自觉烦碎。"⑤指出双峰说剖析对说,看似分明,实则语义未明,过于拘束琐细,未能把握圣人大意,圣人不过是随意信口而论,无此意味。此从一侧面体现了双峰善于从无缝中找出缝隙,精于辨析的特色,具有"入乎朱注而出乎朱注"的特点。《论语·卫灵公》"好行小慧"章,双峰又把经文"言不及义,好行小慧"与朱注"无以入德,故将有患害"相比配。此一比配的根据当是来自朱注以言不及义为放辟邪侈之心滋,好行小慧为行险侥幸之机熟,二者分别就心与机言。《四书

---

① (明)蔡清:《四书蒙引》卷十二,《景印文渊阁四库全书》第二百零六册,台湾商务印书馆1986年版,第556页。

② (明)胡广等纂修:《四书大全》,山东友谊书社1989年版,第2468页。

③ (明)蔡清:《四书蒙引》卷十二,《景印文渊阁四库全书》第二百零六册,台湾商务印书馆1986年版,第560页。

④ (明)蔡清:《四书蒙引》卷二,《景印文渊阁四库全书》第二百零六册,台湾商务印书馆1986年版,第49页。

⑤ (明)蔡清:《四书蒙引》卷七,《景印文渊阁四库全书》第二百零六册,台湾商务印书馆1986年版,第279页。陆陇其则认为饶说"似未害",不过如全部依照饶氏说,则"似太拘耳"。

蒙引》反对之。"小慧是不顺义理之正,就其利欲之私者。饶氏谓'言不及义,故无以入德;好行小慧,故将有患害'。此说非也。'放辟邪侈',则陷乎罪矣;'行险侥幸',则心术自亏矣。"①蔡清以小慧是不顺义理之正而就利欲之私,批评双峰把经文言不及义与好行小慧对应于《四书章句集注》"无以入德而将有患害"说,此说《四书章句集注》本用来解释经文"难矣哉"。《四书蒙引》坚持《四书章句集注》说,进一步把《四书章句集注》的放辟解释为陷乎罪,行险是心术亏。此外,双峰还就《孟子·公孙丑上》"及是时般乐怠敖"章提出比对式分解,言"般乐则不暇明其政刑,怠敖则不能贵德尊士",《四书蒙引》批评此过于分析。"般乐怠傲,不恤政刑也。不恤政刑,无求于贤才,而惟奸谀是崇是用矣。自与本文相反对,不必如饶氏所分。"②蔡清认为"般乐怠傲"就是一个意思,即"不恤政刑"。如不恤政刑无求贤才,自然是走向重用奸邪,其意与本文相反,故不必如双峰之分。朱注即未加分别,此正见出双峰之学具有分析性强的特色。又《论语·宪问》"羿善射奡荡舟"章,双峰据朱注"适之意盖以羿奡比当世之有权力"说,推出"权力"指鲁国季氏、孟氏、叔氏三家,盖三家权力盛而有无君之心,故以羿奡比之。《四书蒙引》批评此说不合史实。"饶氏以为南容是以羿奡比三家,非也。南容亲为孟懿子之兄,其心固知三家之非义,然于说词之间,必不若是其自讦也。"③蔡清批评双峰说不合实理。盖南容与孟懿子为兄弟,自然知三家举动之非义,故不当于言语间如此自我指责;假如真是此意,则夫子当不会如此肯定之。对夫子道自家之恶事,又不合当时鲁国三家实力强弱之情况。故南容之意乃泛指有权力者而非指其家事。《论语·子路》"正名"章,双峰提出正名是一切事物所必具之普遍法则,而君臣父子则是正名之大者。《四书蒙引》批评此说与朱注相违。"此说虽善,而非本章之意,与下面'施之政事皆失其道'相戾。"④蔡清认为此说单独而言虽有意义,然偏离了文本,尤其是与《四书章句集注》"施之政事皆失其道"说相反,政事才是正名中之大者。《论语·颜回》"樊迟问仁"章,针对《四书章句集注》所引程子"圣人之语因人而变化,虽若有浅近者,而其包含无所不尽"说,双峰进一步

① (明)蔡清:《四书蒙引》卷八,《景印文渊阁四库全书》第二百零六册,台湾商务印书馆1986年版,第348页。
② (明)蔡清:《四书蒙引》卷十,《景印文渊阁四库全书》第二百零六册,台湾商务印书馆1986年版,第484页。
③ (明)蔡清:《四书蒙引》卷七,《景印文渊阁四库全书》第二百零六册,台湾商务印书馆1986年版,第322页。
④ (明)蔡清:《四书蒙引》卷七,《景印文渊阁四库全书》第二百零六册,台湾商务印书馆1986年版,第306页。

分析为"爱人、知人是仁、知之浅近处,'包含无所不尽',则深者、远者亦在其中"。《四书蒙引》认为此"浅近、深远"对说不妥。"'圣人之语因人而变化'一条,饶氏解得不是。只浅浅恁地说,欲樊迟得受用也。然舜汤云云,亦不外此,便见'包含无所不尽'。"①蔡清指出,《四书章句集注》所引程子说,既指出夫子对樊迟之言本来就是浅显说,同时也包含舜汤有天下选于众意。故《四书章句集注》谓"包含无所不尽"。这与"道千乘之国"章注"虽言近上下皆通"及本章朱子对"富哉言乎"注"叹其所包者广"一致。

　　还有些双峰对朱注提出的异议或批评,引起蔡清反驳。如《论语·卫灵公》"人无远虑"章,《四书章句集注》引苏氏解曰,"故虑不在千里之外,则患在几席之下矣"。双峰认为此说"只说得地之远近,欠说时之远近"②,即仅是从空间言,而未抓住时间,而补充"虑不及千百年之远"说。《四书蒙引》认为此说看错。"朱子引苏氏注,蔡氏、饶氏都看错了,只管分争个地与时做甚。不知苏子所谓'千里之外几席之下'字样,只是发明'远近'二字之意……孔子正是以时言。"③蔡清批评双峰执着时间与空间之分,盖要领不在时、地,而在"远近"。并不认为真的需要远虑千里,才能无几席之忧,孔子的远近也正是就时间言。远近是包含时间与空间的。但双峰说作为一种补充,最少明晰化了,补充了时间的一面,实有其意义。《论语》"以杖荷蓧"章,《四书章句集注》引范氏"隐者为高,仕者为通"说,双峰解"为"是"作为",认为"隐者专要做那高尚底事,仕者专要做那通达底事"④。《四书蒙引》批评之,认为"'为'字不必依饶氏作'作为'说"⑤,主张还是解作一般意义的"以为"较好,而非双峰的"作为"。

　　双峰有的解释本用朱注,蔡清对之加以批评,其实针对的是朱注。如双峰解《孟子·梁惠王下》"师行而粮食"为君王以师而行,以粮而食,遭到《四书蒙引》批评。"饶氏曰'君之行也以师,其食以粮'。如此,则只是人君食粮矣。愚尝笑而驳之曰:'恐粮糒之属,非当时食前方丈之诸侯所能甘矣。'"⑥蔡清

①　(明)蔡清:《四书蒙引》卷七,《景印文渊阁四库全书》第二百零六册,台湾商务印书馆1986年版,第304页。
②　(明)胡广等纂修:《四书大全》,山东友谊书社1989年版,第1785页。
③　(明)蔡清:《四书蒙引》卷八,《景印文渊阁四库全书》第二百零六册,台湾商务印书馆1986年版,第346页。
④　(明)胡广等纂修:《四书大全》,山东友谊书社1989年版,第1951页。
⑤　(明)蔡清:《四书蒙引》卷八,《景印文渊阁四库全书》第二百零六册,台湾商务印书馆1986年版,第384页。
⑥　(明)蔡清:《四书蒙引》卷九,《景印文渊阁四库全书》第二百零六册,台湾商务印书馆1986年版,第437页。

讽刺双峰之解乃人君食粮,认为"糗糒之属"绝非当时享受富贵之诸侯所乐意者。然双峰并未违背《四书章句集注》,《四书章句集注》即认为是"糗糒之属",而《四书蒙引》认为此食粮是泛指。

蔡清对双峰的某些批评不仅针对朱注,且提出自家不同于朱子的看法,未见得确。如《论语·卫灵公》"谁毁谁誉"章,《四书章句集注》认为善善恶恶而无所私曲之民即三代之民。双峰则主张本章的"人"相对于己而言,"民"则相对于君而言。《四书蒙引》表达了对朱子的反对,并批评双峰说。"'善其善,恶其恶,而无所私曲',指民而言,不指三代之民言,故曰'即三代之时'云云。饶氏谓此节以君对民而言,非也"①。蔡清认为"此民"并非指"三代之民",而是指民,根据是"即三代之时之民"不等于"三代之民"。蔡清此说似乎有误。此外,双峰的君民相对说,就概念分析言,似并无误。关于《论语·卫灵公》"人能弘道"说,双峰提出"四端甚微,扩而充之,则不可胜用,此之谓人能弘道"。又说"此道字是就自家心上说,若就道体上说道,则际天蟠地,何待人弘"②。《四书蒙引》批评双峰解不合正意。

> 据双峰之说,以四端为道,于"弘"字为好说,然非正意。盖道与性自有分别,依彼说便是"人能弘性"。此张子注所以在圈外。……此道理都在吾身,只在我充大出去,廓大之,都在心上发挥。故曰"人心有觉"。若四端则是性也。性,人心,活物也,如何说"道体无为"?且《中庸》"大哉圣人之道"亦曰"待其人而后行"。饶氏如何说"道自际天蟠地,何待人弘?"③

蔡清认为双峰以四端为弘道之道,对"弘"字较有意义,然并非经文正意。盖道与性有区别,照双峰解则是人能弘性而非弘道,但性道有别,故《四书章句集注》所引张子注在外,言"心能尽性,人能弘道也;性不知检其心,非道弘人也"④,提出道即是事物当然之理,道在我身,需要扩充,从心上推扩,此即《四书章句集注》"人心有觉"。至于四端则是性,心、性皆是活物,故不合《四书章句集注》"道体无为"说。蔡清视性与心皆是活物,此说

①　(明)蔡清:《四书蒙引》卷八,《景印文渊阁四库全书》第二百零六册,台湾商务印书馆1986年版,第350页。

②　(明)胡广等纂修:《四书大全》,山东友谊书社1989年版,第1804页。

③　(明)蔡清:《四书蒙引》卷八,《景印文渊阁四库全书》第二百零六册,台湾商务印书馆1986年版,第352页。

④　(宋)朱熹:《四书章句集注》,中华书局1983年版,第167页。

似不合朱子意。蔡清又据《中庸》道待人而后行说,以之反驳双峰的道自能行而不待人说。王夫之认同蔡清之批评。此似有误解,双峰指的是道体无须人弘而非道。又如《孟子》"浩然之气"章,双峰把"无是,馁也"解释为无气道义馁,"行有不慊于心则馁"则是无道义气馁。《四书蒙引》认为双峰说荒谬,主张所谓"馁"皆是指体不充,即体不充之形馁。"饶氏又云,'无是,馁也',是无气则道义馁;'行有不慊于心则馁',是无道义则气馁。'此说尤谬。二'馁'字本同也,皆谓体不充。"①对此问题,中朝学者有不同说法,双峰、蔡清说各代表其中之一。关于《孟子》"人皆有不忍人之心"章的"不忍",双峰认为此忍是遏制不住、忍不住的爱人之心,《四书蒙引》批评之,"不忍人'忍'字是反字,饶氏谓'人心慈爱恻怛,才见人便发将出来,更忍不住者',非是。不忍人,不忍害人也"②。他认为此忍其实是反面之义,即残忍、忍心,不忍即是不忍心害人。

上述诸条,双峰就"弘""为""忍""贤""是"等字义在朱注基础上提出深入细腻的新解,体现了分析深细的特征,而在蔡清看来,其解有过于拘束琐细的弊病,亦存在偏离了朱子之意者。

蔡清对双峰尚有不点名之批评。如"笃信好学"章,双峰言"邦有道而贫贱,是无学也;邦无道而富贵,是无守也"③,此是将学与守分别对应有道贫贱和无道富贵。《四书蒙引》并未点双峰之名,据其所论,则实际针对双峰分别学、守说,而主张学守一体。言"以此见得世治而无可行之道,不可专为无学;世乱而无能守之节,不可专为无守。盖此两句自是说他去就之义不洁,出处之分不明,而原其由,则是无学无守也"④。蔡清认为本章主旨在论去就与出处之根源在于学与守,二者不可分而论之。陆陇其大赞蔡清说。⑤

三、《四书蒙引》对双峰褒贬兼具者

蔡清对双峰说亦存在褒贬兼具的情况,约6条。如《孟子·梁惠王下》

---

① (明)蔡清:《四书蒙引》卷九,《景印文渊阁四库全书》第二百零六册,台湾商务印书馆1986年版,第471页。

② (明)蔡清:《四书蒙引》卷九,《景印文渊阁四库全书》第二百零六册,台湾商务印书馆1986年版,第486页。

③ (明)胡广等纂修:《四书大全》,山东友谊书社1989年版,第1325页。

④ (明)蔡清:《四书蒙引》卷六,《景印文渊阁四库全书》第二百零六册,台湾商务印书馆1986年版,第245页。

⑤ "学守分属,是《大全》饶氏解,《蒙引》驳之最是。"见(清)陆陇其:《四书讲义困勉录》,《陆陇其全集》,中华书局2020年版,第467页。

"为巨室"章,双峰提出"两个譬喻是两段意,上面是说任贤不如任匠,下面是说爱国不如爱玉"①。蔡清认为双峰此说不合孟子两个譬喻相互贯通之意而有所割裂,但大意尚不算偏离。"此说虽未得孟子两喻相贯之意,然犹未甚失。"②特别指出陈栎之前譬小用贤及后譬不专用贤之说,完全偏离孟子意。陈栎之说实受双峰影响,其《四书发明》亦引双峰说。史伯璿则认为双峰后一譬喻尚可,前一譬喻不合文意。③《孟子·梁惠王》"交邻国有道"章引《尚书》"惟曰其助上帝,宠之四方。有罪无罪,惟我在,天下曷敢有越厥志"说,双峰比较此句在《孟子》与《尚书》中之不同意义。蔡清对其说作出具体分析,表达了赞同和批评处。

饶氏曰:"《书》言'宠绥四方',指君言;《孟子》言'宠之四方'指天而言;《书》之有罪、无罪,指纣而言;《孟子》之有罪无罪,指诸侯而言。"此语皆是。但下又云:"《书》之越厥志指君而言,《孟子》之越厥志指民而言',此却未安。盖《孟子》之'越厥志'亦不但指民,凡诸侯卿大夫亦有称乱者耳。且《书》言'予曷敢越厥志',是武王自谓我非敢越厥志,而侥幸非望也,一听夫命以除暴安民耳。"④

他认同双峰以"四方""有罪无罪"分别指君与天、纣与诸侯的辨析。但不满双峰对"越厥志"的君与民之分。主张"越厥志"在《尚书》中指武王,在《孟子》中则包括诸侯大夫、民等。可见蔡清在肯定双峰说之时,又指出双峰前后说的矛盾处。《孟子·公孙丑上》"知言养气"章"集义"说,双峰讨论了为何从气配义与道转入集义说,而不再提及道,双峰的解释是道体义用的体用合一论,"道是体,义是用,浩然之气,有体有用。其体配道,其用配义,故曰配义与道,其体用一也"⑤,认为无法直接在作为体的道上做工夫,故只说集义。蔡清对其说加以详细辨析。"饶氏曰'道体义用,体上无做工夫处,故只说集义'为是也。但其上云'浩然之气,其体配道,其用配

---

①　(明)胡广等纂修:《四书大全》,山东友谊书社 1989 年版,第 2157 页。

②　(明)蔡清:《四书蒙引》卷九,《景印文渊阁四库全书》第二百零六册,台湾商务印书馆 1986 年版,第 477 页。

③　史氏云:"《辑释》亦引之。《通》与《发明》引饶氏之说。……前譬乃是用贤不如用木耳。……双峰正是以胜任不胜任属之匠者,所以致误。殊不知孟子只是以匠譬王,工师得大木,是譬王之求得贤人也,匠人斫斫而小之,是譬王不能用贤人之道也。后譬则自如双峰之说。"见(元)史伯璿:《四书管窥》,《景印文渊阁四库全书》第二百零四册,台湾商务印书馆 1987 年版,第 787 页。

④　(明)蔡清:《四书蒙引》卷九,《景印文渊阁四库全书》第二百零六册,台湾商务印书馆 1986 年版,第 433 页。

⑤　(明)胡广等纂修:《四书大全》,山东友谊书社 1989 年版,第 2216 页。

义’,此说似庋。盖配义与道,皆是就行处说。"①蔡清认同双峰的道义体用、体无工夫说,但认为此与双峰提出的"体配道用配义"说相矛盾,盖"配"即工夫用力意,朱注"行之勇决无所疑惮"即强调了行动。又《孟子》"知言养气"章朱注云:"孟子之不动心,其原盖出于此,下文详之。"②蔡清对朱注详细阐发,认为孟子集义以养气说来自孔子自反而缩的以直养气说,"盖谓孟子之不动心在集义以养浩然之气,而孔子此言正以直养气之说也。是孟子得之于曾子,曾子得之于孔子者也,故曰'其原盖出于此'。然孟子之不动心实兼知言养气,而养气中许多节目皆未及也。故又曰'下文详之'"③。但双峰之解则与此略有不同,言:"浩然之气便是大勇,以直养便是自反而缩,行有不慊于心则馁,便是自反而不缩。"④他认为孟子浩然之气即是曾子的大勇,以直养是自反而缩,行有不慊则馁则对应自反而不缩。双峰说又补充了大勇与自反不缩。⑤《孟子·公孙丑上》"以力假仁"章双峰辨析假仁与假义之别,认为仁即包含了义。"孟子不说假义,却说假仁。盖仁包五常,言仁则义在其中,如伐原示信,大蒐示礼,皆是假仁处。"⑥蔡清具体辨析双峰说得失。"愚按:饶氏引伐原示信、大蒐示礼,谓假仁字兼义礼智信,固是。但详左氏本旨,则于以力假仁及大注中'假借其事以为功',以力服人,非心服、力不赡等语俱不切。按:'假借其事以为功',如救邢、存卫、定襄王、定王世子之类,方是假仁之功。然此非以其力,亦不能纠合一时诸侯以为此事。"⑦蔡清认为,双峰引伐原示信等典故来阐明仁包义礼智信说,固然可以。但《左传》的本意却与经文"以力假仁"、以力服人及非心服等说及朱注不合。盖《左传》乃赞赏晋文公伐原示信,赞赏以力假仁之霸道。实不同于汤王之以德行仁的仁政。《孟子·力章卜》"一乡之善士"卓双峰提出"进善无穷已,故其取善也亦无穷已。取善无穷已,则其进善也亦无穷已"⑧。此说突出进善与取善的相互作用关系。蔡清对此说加以辨析。"双峰之说

① (明)蔡清:《四书蒙引》卷九,《景印文渊阁四库全书》第二百零六册,台湾商务印书馆1986年版,第471页。

② (宋)朱熹:《四书章句集注》,中华书局1983年版,第230页。

③ (明)蔡清:《四书蒙引》卷十,《景印文渊阁四库全书》第二百零六册,台湾商务印书馆1986年版,第464页。

④ (明)胡广等纂修:《四书大全》,山东友谊书社1989年版,第2196—2197页。

⑤ "饶氏之说少异。"见(明)蔡清:《四书蒙引》卷十,《景印文渊阁四库全书》第二百零六册,台湾商务印书馆1986年版,第464页。

⑥ (明)胡广等纂修:《四书大全》,山东友谊书社1989年版,第2239页。

⑦ (明)蔡清:《四书蒙引》卷十,《景印文渊阁四库全书》第二百零六册,台湾商务印书馆1986年版,第482页。

⑧ (明)胡广等纂修:《四书大全》,山东友谊书社1989年版,第1271页。

虽有可听，然前段所云，似欠主张。……不知上条作已进善了，然后取善；下条作既取善了，然后进善，是果何说？饶氏独能无所疑乎!"①他认为双峰之说看似好听，其实前后矛盾。如进善无穷与取善无穷说是指一乡之善士，至于"取善无穷则进善无穷"说，则是主"友天下之善未足言"。他又批评双峰进善取善交互说存在逻辑混乱问题。盖双峰认为二者交替促进，在蔡清看来，则双峰存在进善了然后取善和取善了然后进善两种次序相反之论。

上述蔡清对双峰数十处说之评点，反映了明代朱子学者以《四书大全》为平台，对宋代朱子后学的朱子四书诠释所开展之交流对话。它给吾人带来了以下思考：一是明清朱子学是在与宋元朱子学的交流对话、批判接受中展开，其观点之异同往往体现为对朱注的不同理解。二是明清朱子学与宋元朱子学的跨时空对话借助《四书大全》这一枢纽平台展开，经由对《四书大全》所收各家之说进行思想批判，建构思想理论，构成明清朱子学者治学的一条普遍路径。不仅蔡清《四书蒙引》如此，王夫之《读四书大全说》亦是如此。② 故《四书大全》的思想平台意义不可忽视，相较于中国朱子学者，朝鲜朱子学者尤为重视《四书大全》，其缘由恐即在此。三是朱子学通过对《四书章句集注》《四书大全》的再诠释来发挥自身哲学观点的做法，体现了经学与哲学为一、述与作兼具的特色，对今日构建具有中国特色的哲学话语不乏借鉴意义。四是展示了朱子学所具有的善于分析、义理精密、兼顾训诂、不囿朱注、独立思辨、勇于创新的特点。双峰之学与蔡清之学皆具有穷理精密的风格，双峰与陈淳并列为朱子后学中穷理精密的代表。双峰极为精细的辨析之学，引起了同样以辨析细密如牛毛茧丝的蔡清的惺惺相惜，二者堪为各自时代朱子学中分析精密之代表。其分析以义理辨析为主，同时兼顾训诂，且充满了对朱注及前人之说的反思精神，推动了朱子学在各自时代的向前发展，其治学精神与方法对于当下朱子学研究仍具有重要的启示意义。

第三节　王船山对双峰学的拒斥与认同

王船山是明清之际杰出的思想家，然在对其思想定性及研究取径上，学

---

① （明）蔡清：《四书蒙引》卷十三，《景印文渊阁四库全书》第二百零六册，台湾商务印书馆1986年版，第628页。

② 陈来先生指出船山的《四书》诠释，是通过"对朱子本人及朱门后学的论点提出广泛的批评，而提出自己的诠释主张"。陈来：《诠释与重建：王船山的哲学精神》，北京大学出版社2004年版，第69页。

界众说纷纭。陈来先生强调从"道学的问题意识和道学史的视野重读王船山"①，认为船山的思想形态"与朱子有着广泛复杂的继承关系"，即与宋明道学存在"承前"的继承关系。那么就《读四书大全说》而言，船山不仅对朱子有着继承关系，对《四书大全》所收朱子后学同样有着广泛复杂的继承关系。故探究船山与朱子后学的关系，是深入全面把握船山四书学一个重要然而却未得到应有关注的课题。

《读四书大全说》以读书札记形式，通过对《四书大全》所收朱子及朱子后学之说展开评议，以表达船山思想。尽管学界目前关于船山的研究成果汗牛充栋，然却少有针对作为《读四书大全说》主体内容的朱子后学之评展开研究者。② 事实上，学者已一再指出，船山《读四书大全说》针对的主要对象是宋元朱子后学，③故脱离了对构成《读四书大全说》之血肉的朱子后学之评的具体分析，欲透彻理解该书及船山思想，是不无疑问的。而《读四书大全说》所论及之朱子后学，出人意外地以默默无闻的饶双峰为首，论及双峰说多达120处。船山对双峰说之评述条目多，剖析深，借此既表达了船山自身的思想观念，又体现了他与朱子及朱子后学对"四书"理解的不同。以下我们将分别就船山对双峰《大学》《中庸》《论语》《孟子》之批评与接受展开论述。

一、船山对双峰《大学》《中庸》解的评议

饶双峰是朱子后学中最为王船山《读四书大全说》所关注者，针对《四书大全》所收饶双峰《大学》《中庸》解，王船山集中于与道相关之概念展开批判性诠释，以"忠信即道"反驳双峰"忠信之外有道"；以"道者率乎性，诚者成乎心"的道、诚之分批评双峰"诚即道"的诚道合一说。他剖析知与道、人道与天道、圣德与圣道、鬼神与道之关系，并就戒惧、慎独、敬等修道工夫对双峰说加以辨析。船山对双峰的批判解析上溯朱子及元代朱子学，体现了对朱子后学思想的重视与吸收，显示出双峰对船山思想的积极影响，表明船山学同样建立在层累式诠释朱子"四书"思想的基础上，而具有浓厚的朱

① 陈来：《诠释与重建：王船山的哲学精神》，北京大学出版社2004年版，第17页。
② 据笔者陋见，在船山四书学研究的诸多论述中，鲜有论述船山与朱子后学之关联者。目前仅见周兵：《天人之际的理学新诠释：王夫之〈读四书大全说〉思想研究》，巴蜀书社2006年版。引及双峰说若干条，涉及"食色性也"章仁爱关系、"求放心"章仁与心、"天下有道"章道与理之辨数条。
③ 陈来先生指出，"《读四书大全说》中对于朱子学的《四书》诠释，在大关节上予以肯定的同时，往往有苛评之处，盖与其当时心境有关，虽然主要针对于朱门后学者"。参见陈来：《诠释与重建：王船山的哲学精神》，北京大学出版社2004年版，第12页。

子学底色。本章补充已有研究对于《读四书大全说》朱子后学之评的不足，有助于全面深入地理解船山学，把握朱子学传承发展的思想脉络。

（一）《大学》"忠信即道"与"忠信之外有道"之辨

1."之"指"众"还是"道"

双峰《大学》解颇有新意，然唯独"平天下"章"君子有大道故忠信以得之骄泰以失之"说引发船山批评。船山主张"之"是指"众"而非双峰主张的"道"。船山认为朱注以"天理存亡"解释忠信与骄泰的得失关系，并不容易理解，双峰即未能把握朱注之意，而错把两个"之"理解为"道"。他说："双峰早已自惑乱在。其云'忠信则得善之道，骄泰则失善之道'，竟将二'之'字指道说。"①其实此句朱注实颇详明，只是并未明晰"之"字所指。双峰认为此处"得失"对应于本章前两节的"得失"，故此"道"为"絜矩之道"，乃得众得国、失众失国根源所在。而"道善则得之"的"善"即指"忠信"，意味着忠信乃得善之道，骄泰是失善之道，故把"得之失之"的"之"解为"善之道"。船山指出双峰此说大为流行，其因在于它能轻易把文本之意疏通，而船山则更认同吴季子说。吴说主张忠信即能做到絜矩，故一切行为皆善，自然能得民众拥戴，骄泰则反之。此说把忠信、絜矩、善、众四个本章前后出现的概念贯穿起来，船山赞此解"一贯穿下，却是不差"。②此说与双峰之论在表述上存在倒推与顺叙之别。吴说是倒推，双峰则是按文本次第顺叙，在逻辑次第上甚为清晰且合乎文本。船山极不满于双峰把"之"视为"道"而非"众"。他进而对本章"三得失"加以阐发，即得众得国失众失国、道善则得之不善则失之、忠信以得之骄泰以失之。他说："若论到倒子处，则必'得众得国'，'失众失国'，方可云'以得之'、'以失之'。"③船山认为，三处"得失"说最终推到本节首次出现的"得众则得国，失众则失国"，于此方可说得之失之，故"之"是指"众"。以忠信骄泰说得失，是因二者是就君之心而言，由此推出絜矩是由心到术，是心之条理所在。强调无论就经文还是朱注絜矩解来看，絜矩与三"得失"并无次第关系，而是独立于三者之外的道。船山以此否定双峰将絜矩之道关联于得之失之说的合理性，而强调得众失众与得之失之的关系。

2. 忠信即道与忠信之外有道

船山分析了忠信与道的关系，主张"忠信即道"，批评双峰说蕴含着"忠

---

① （清）王夫之：《读四书大全说》，岳麓书社2011年版，第444页。
② （清）王夫之：《读四书大全说》，岳麓书社2011年版，第444页。
③ （清）王夫之：《读四书大全说》，岳麓书社2011年版，第445页。

信之外有道"。他指出：

> 若抹下得众得国一层，只在得道失道上捎煞，则忠信之外有道，而忠信为求道之敲门砖子，不亦悖与！……双峰则以道作傀儡，忠信作线索，拽动他一似生活，知道者必不作此言也。①

船山认为理解此句关键在上文"得众得国"，而非仅就所谓得道失道而论，批评双峰以"之"为"道"导致忠信与道脱离，沦落为道之敲门工具。他主张忠信即道而非忠信以求道，道虽广大周遍，然其所显示者皆无非是忠信之充满呈露。并引《论语》"忠恕一贯"说为证，指出如能明乎忠恕即道，则能看清双峰之误在于以道为傀儡而以忠信为线索来拽动道，极为荒谬。其实双峰并无此意。船山忠恕（忠信）即道的看法并不合乎程朱之解。朱子认为《中庸》"忠恕违道不远"才是忠恕的本意，是学者求道工夫所在；《论语》"忠恕一贯"是指圣人而言，于此方可说忠恕即道。船山是就朱子忠恕解之一端来批评本于朱子的双峰说，以凸显他所强调的工夫与本体不离、事道一体之意。

正因双峰忠信以得道说本于程朱之解而得到广泛认同，故船山又反驳了双峰同于程朱的看法。他说："或疑双峰之说，与程子所云'有《关雎》《麟趾》之精意，而后《周官》之法度可行'义同，则忠信岂非所以得道者？不知程子所云，元是无病。"②学者认为双峰说与明道《关雎》《麟趾》之说同，表明忠信乃得道之方。船山则认为程子说本无病，错在后人误把《关雎》与《周官》之关系比作绳索与铜板。盖钱与索本是二物，本不相关，是人为把二者串联一起，终究勉强而外在。至于《周官》之法与《关雎》之意，则内在一体，不可分割。周公制作《周官》之初，即把外在呈现之法度与内在精意合为一体，精意随法度而处处呈现，正如道在事中，道不离事，即事显道。故不可脱离法度去寻求精意，再以法度来实践此精意，导致法度精意的分裂。船山强调钱与索本是无关之物，与朱子主张二者之不可偏废恰相对照，朱子以此批评象山学有本无末，东莱学有末无本，即是钱与索各得一半之弊。此又见出船山与朱子之不同。

3."道位相配"与"德福一片"

船山又通过剖析朱注道、位解来批评双峰"絜矩之道"说，提出"道位相

---

① （清）王夫之：《读四书大全说》，岳麓书社 2011 年版，第 445 页。
② （清）王夫之：《读四书大全说》，岳麓书社 2011 年版，第 444—445 页。

配""德福一体"关系。他说:

> 《章句》云:"君子以位言之,道谓居其位而修已治人之术。"是道与位相配,而凝道即以守位,一如"生财有大道"……双峰认天理不尽,如何省得朱子意……古人于此见得透亮,不将福之与德打作两片。①

船山认为,朱注以位解君子,以居位治人之术解道,突出了道、位相应。《中庸》"苟不至德至道不凝"以至德凝至道,以显道、德一体。《易传》"守位曰仁,聚人曰财"说把凝道守位与聚财相关联,船山将此链接"生财有大道",指出生财大道落实于生、食、为、用之具体事为,无此则大道不显。批评双峰未能把握天理含义,只是扭住"絜矩"二字以为天理,实未能体认朱子之意。天理无处不在,君王治国理民处处皆天理。正因古人看透君王所行皆天理,故能做到德福一体,而不是把德福"打作两片"。船山指出《中庸》"天命之谓性"与十八章"武王末受命"之"命",分指德性与幸福,而用同一个"命"表述,以显德福一体。

船山强调"平天下"章纯就君王治理而言,以配合"之"当指"众"而非双峰所谓"道(絜矩之道)",提出忠信与道为一而非二的相即关系,此即二者分歧所在。就文本言,本章篇首即端出絜矩之道为中心,下文皆围绕此展开,但船山更关注"居其位"。他反复提出君王说,如立之君、君承天理民、骄泰原本君心等。其实《大学章句》所说"君子"并非指"君",而是泛指各级有政治地位者。故就把握朱子本意而言,船山此处远离甚至对立于朱子,是自家的创造性诠释。

总起来看,双峰解"之"为"道"说合乎文本而层次分明,以絜矩贯穿忠信,而忠信得道亦是理学通用工夫。船山批评双峰说而强调忠信以得众,实未见得合文意。船山的解释有以下特点:一是纯从君王治国的政治视角,相对抹杀了忠信的道德意义,忠信本来即是一德性概念,得道之方,而作为得众的政治方式是其引申义。二是忠信与道的关系,双峰居于朱子立场,主张忠信得道说,船山则认为忠信即道,道不在忠信外。在理学主流传统看来,忠信乃行道之方,忠信并不能等同道。船山忠信等同于道的解释,具有很强的主观性,在论证逻辑和有效力上并不足以信人。他对忠信与道的理解,仅举《论语》曾子忠恕说以证之,亦有问题:一则忠信并不等于忠恕;二则《中庸》尚提及"忠恕违道不远",明确了忠恕不是道;三则解释策略牵连

---

① (清)王夫之:《读四书大全说》,岳麓书社 2011 年版,第 444—445 页。

复杂。或就朱子说而扭曲之,如朱子解此处"君子"是"以位言之",而船山则断然以为君王。或反对朱子说,如批评钱与索之内在关系,此实朱子主张。或又看似依据朱子说,如反复批评双峰未能体认朱子"天理"。实则船山完全是据自家之意以裁定朱子及其后学,其意并非在发明朱子,但又不得不时时牵连朱子,此等手法使得理解船山颇麻烦。此外,船山文字表达缠绕出入,其多有牵连出入于宋元诸说者,故不易抓住其用意。

（二）《中庸》"道"辨

双峰的《中庸》解最见特色,从章节之分到思想立论,皆多有对朱子之突破。双峰以《中庸》为论道之书。船山对其《中庸》说之评述,亦围绕"道"展开,涉及身位与道、诚与道、人道与天道、圣道与圣德、知与道、鬼神与道等论题。

1. 道在身、位与道无不在

在《中庸》第十四章素位而行解中,双峰讨论了道与身、位的关系。他说:"上章'道不远人',是就身上说;此章'素位而行',是就位上说。"[①]双峰提出道不远人是就自身所居之地而论,素位而行是就所处之位而言。相较于身,位与道似乎存在距离。然则位也是身之所居,故并不远于道。船山批评双峰身、位与道说未能把握章旨。"彼殊未见此两章大意在。只此是费之小者,就人、境两端,显道之莫能破。故新安谓'第十五章承上言道无不在(此四字好),而进道有序',极为谛当。"[②]船山认为身、位其实一体,如上章"所求子"等,即是就子之位而言;而本章反求诸其身,也是就身言而非位论。据第十二章"君子之道费而隐",推出两章之意皆是就费之小言,从人之身与身所处之境两面论道无所不在。他赞赏陈栎以第十五章为承接上章道无不在之论而体现进道次第说,同时指出其仅以第十五章承接第十四章素位而行论不妥,而应理解为承接第十三、十四两章,如此才见道无不在。船山此对双峰之反驳并无甚意思。盖双峰实已指出章旨是论费之小,亦以第十三、十四、十五章皆是论"道无不远"之意,不过双峰区别各章所论存在道之在身、在位之别,此体现了双峰在道之普遍中注重道之分殊的具体性,而船山则强调三章章旨之同,突出道之普遍同一性。

2. "诚即道"与"道者率乎性,诚者成乎心"

朱子解《中庸》二十五章诚者自诚而道自道为,"言诚者物之所以自成,

---

① (明)胡广等:《四书大全》,《景印文渊阁四库全书》第二百零五册,台湾商务印书馆 1986 年版,第 899 页。

② (清)王夫之:《读四书大全说》,岳麓书社 2011 年版,第 503—504 页。本文关于"在"的标点与引书不同。

而道者人之所当自行也。诚以心言,本也;道以理言,用也"①。双峰对此提出两点质疑:一则诚者自成,不必添补"物",即不是"物之所以自成";二则诚即是道,诚道异名同实,没必要以诚为心本,道为理用。双峰此说已遭到胡云峰批评。云峰认为诚有就实理和实心言两种意义,如是前者义,则诚即道也;如是后者,则是以心言诚。就物而言,先有实理才有此物,理是物存在之前提和本原;就人之行言,则实心是实践此实理的前提和必要条件,此中存在心、理、物三层关系。船山则赞同朱子学,提出"自"与"己"之别。说:

> "自成""自"字,与"己"字不同。己,对物之词,专乎吾身之事而言也。自,则摄物归己之谓也。朱子恐人以"自成"为专成夫己,将有如双峰之误者,故于《章句》兼物为言。②

船山认为"己"与"物"对,专就自身之事而言,"自"则兼摄物而归于己。朱子担心学者误解"自成"只是成就自我,故要兼摄"物"而说"物之所以自成",而双峰正犯有此错误。错认物之成是天成而无关于人,误把自成认为是天理之自然。其实是暗自受了游酢、谢良佐无待虚妄说之影响。船山进一步剖析双峰思想被第二十章"诚者天之道"所迷惑。他说:

> 又言"诚"而更言"道",前云"诚者天之道",此双峰之所縣迷也。不知道率乎性,诚者成乎心,心性固非有二,而性为体,心为用,心涵性,性丽心,故朱子以心言诚,以理言道。③

他指出双峰"诚即道"而不必分说实未能区分"道"与"诚"之不同。盖道是率性,而诚是成于心,故诚与道正如心与性。心性不离,性体心用(此为胡宏等湖湘学说,朱子中和旧说持此说),心包含性,性附着于心。朱子是以心论诚,以理论道。船山根据朱注"性即理"说,推出道是性所赅存之体,诚是心所流行之用,道与诚乃性体与心用关系。批评双峰等未能把握道与诚的性体、心用之别,错误地以性为诚。其实经文"性之德"确有此意,船山道性诚心说乃自家新解。

船山进而批评双峰"以合外内而仁知者为诚"说。指出《中庸》具有表

---

① (宋)朱熹:《四书章句集注》,中华书局 1983 年版,第 33—34 页。
② (清)王夫之:《读四书大全说》,岳麓书社 2011 年版,第 556 页。
③ (清)王夫之:《读四书大全说》,岳麓书社 2011 年版,第 557 页。

述"浑沦"的特点,容易误导学者流于一边。面对《中庸》浑沦说,只有朱子才能兼顾两面而不堕一偏,兼论己物、心性、诚道,以显君子、圣人、天道相合,事理相称,道凝于德之妙,即天人、事理、道德之合。他批评双峰之说为臆测妄论,显出船山对双峰此说的极不满。"饶双峰之以合外内而仁知者为诚……则如卜人之射覆,恍惚亿测,归于妄而已。"①

3."道之大用全体"与"说人道章更不从天论起"

针对《中庸》第二十七章"发育万物,峻极于天"说,双峰以理气论之,言:

> "发育万物"以道之功用而言,万物发生养育于阴阳五行之气,道即阴阳五行之理,是气之所流行,即是理之所流行也……而有是气必具是理,是气之所充塞,即此理之所充塞也。此言道之大用全体。②

双峰认为"发育万物"是就道之功用论,万物因阴阳五行之气生育,而理则是此生育万物之气之理。故理随气行,气之流行所在,即是理之流行所在。可见理气不离,理因气显,气对于理的显现具有先在性。万物的发育是理气相互作用的结果。"峻极于天"是就道之体段论,看似最为高大之天也不过是阴阳五行之气,然有气即必然具有理。故气所充塞者,即理之所充塞,仍是突出理气一体。双峰"有是气必具是理"与朱子"有理必有气"相较,更突出了气在存在上的优先性,理必依于气而在,不能脱离气而独存,理气之合构成道之大用与全体。

船山不满双峰说,言:"《中庸》说人道章,更不从天论起,义例甚明……德性之尊者,圣人之道也。'尊德性'者,君子之功也。双峰用小注之意,而益引人入棘,删之为宜。"③强调《中庸》着力发挥了圣人有功于天地万物之意,批评朱子"不成使他发育"说乃门人误记,此处仍是强调圣人参赞化育之功。船山归朱子说为弟子之误,表达了不愿与朱子冲突的诠释策略。同时他也继承朱子思想,认为《中庸》以天道与人道作为各章主旨,故论述人道者并不从天道论,视此为《中庸》义例。就本章论,开篇"大哉圣人之道"的"圣人"强调本章是就人道论而非天道。"尊德性"之德性是天道,但却是在人之天道。故德性之尊崇者,即是圣人之道,而尊德性乃君子工夫。由此

---

① (清)王夫之:《读四书大全说》,岳麓书社2011年版,第559页。
② (明)胡广等:《四书大全》,《景印文渊阁四库全书》第二百零五册,台湾商务印书馆1986年版,第932页。
③ (清)王夫之:《读四书大全说》,岳麓书社2011年版,第564页。

反驳双峰从道之全体大用论此,实落入小注突出天道发用之同样错误,而背离了论述人道的章旨,应删之。船山对朱、饶之批评,体现了从人道功用与工夫角度把握圣人之道的立场。

4."至诚之道"与"至圣之德"的一与二

《中庸》第三十章"譬如天地之无不持载"以下四句,双峰认为是言孔子之德,船山批评双峰之说不够精审:"双峰乃云'此章言孔子之德',大为不审。"①他认同朱注的"此言圣人之德"说。其实"孔子"与"圣人"此处亦无大别。本章开篇言"仲尼祖述尧舜",故把此句解为"孔子之德",亦未尝无据。《中庸》第三十二章"唯天下至诚"章,朱注强调了本章与上章"至圣"章的区别,但似乎存在矛盾讲法。既说至诚与至圣相知相成,又提出"至诚"章"其渊其天"较"至圣"章"溥博如天"境界高明,还主张"如天"是表面之象,"至诚"是内在真实之德说。船山指出,"如天"是就"溥博渊泉而时出之"言,乃内外兼具、可发而未发之意,朱注亦强调此是就聪明睿智等五种德性言,是就"自家里面"实有诸己而论。故"如天"与"至诚"并无境界高低之别,指出朱子说乃是被游定夫所误导。②船山批评朱子区别至诚与至圣说是捕风捉影、空无虚妄之谈,继而批评陈埴、双峰等坚持朱子此说者:"潜室、双峰苦执此语,强为分析,如梦中争梦,析空立界,徒费口舌。"③陈埴认为"如天如渊"与"其天其渊"表达了圣人与天是一还是二之别。双峰之说亦是如此,云:"前章曰'如天如渊',犹是圣人与天地相比并;至此则曰'其天其渊',则圣人与天地为一矣。"④突出"如天"与"其天"语境下圣人与天的对待与合一关系。船山对本章朱子的批评,上溯其源而下及其流,既能据《中庸辑略》而推及朱子所本之游酢,又据《四书大全》而批点所列陈埴、双峰等朱子后学与朱子之一气,船山是顺《四书大全》之藤而摸朱子学之瓜,体现出《四书大全》在朱子资料性使用上之便利性和汇聚性。船山透过《四书大全》对朱子学所开展的批判,正是对朱子学的修正发展。

5."仁知分看"与"知不可云道"

对《中庸》"哀公问政"章,饶双峰提出与朱子不同之解。他以仁知说统领"哀公问政"章之开篇部分,认为本章自"哀公问政"至"不可不知天",大

---

① (清)王夫之:《读四书大全说》,岳麓书社 2011 年版,第 570 页。

② 朱子此解确实受游氏影响,参(宋)朱熹删定:《中庸辑略》,华东师范大学出版社 2010 年版,第 108 页。

③ (清)王夫之:《读四书大全说》,岳麓书社 2011 年版,第 576 页。

④ (明)胡广等:《四书大全》,《景印文渊阁四库全书》第二百零五册,台湾商务印书馆 1986 年版,第 942 页。

概可分为两节,分别是自章首至"修道以仁",阐明为政之本在仁;此下至"不可不知天",阐明为仁之端在智。此两节各有"故"作为标志语,分论仁、智,为下文明善、诚身奠定基础。并提出从"知天"截断,将本章划分为两章,朱子则视为一章。双峰指出,修身、尊贤、亲亲为九经之纲,后面六目围绕尊贤与亲亲展开,五达道、三达德对应修身、事亲,故本节围绕仁智展开。此说得到广泛认可,船山则反对双峰说,提出"仁义礼可云道,而知不可云道"说。他说:"双峰眩于'知天'、'知人'两'知'字,而以仁、知分支,则文义既为牵扭割裂,而于理亦悖。"①他认为,仁义礼皆可是道,但"知"不能是道。这个说法显然与儒学、理学传统相背反。理学传统认为,仁义礼智对应元亨利贞,对应孟子四端,智乃四端五常之一。而船山将之排斥于外,其理由是:仁义礼为天所立,为人所循之道,是人道之自然,天理之实然。而智只是德,不是理,它是人之形质所接受的灵明之用,是心用来应付理事者,而与"有体者自别"。此从体用判别仁义礼与智的区分,批评双峰被经文知天、知人的"知"字所迷惑,而以仁、知分列,割裂文义,悖逆于理。此完全是基于船山对"知"的新解。②他进一步批评双峰说:"事亲亦须知以知之,仁以守之,勇以作之。……足知双峰'三达德便是事亲之仁,知人之知',牵合失理。"③船山反对双峰以事亲之仁、知天之知、勇归于三达德。他认为思亲、知人、知天等皆不离知仁勇三达德,而好学、力行、知耻之三近亦然,双峰说失之牵合。双峰以不勉而中、不思而得、从容中道分别为安行之仁、生知之知、自然之勇。又主先仁后知是成德之序,先知后仁是入德之序。船山则认可北溪天道之本然与在人之天道说,而不满双峰,批评"双峰、云峰之说,徒为葛藤而丧其本矣"④。在他看来,双峰忽视知仁勇以存诚,丧其根本而徒为纠葛。

船山还就勇、力之辨批评双峰的"从容为勇"说忽视了"勇、力之判"。双峰认为朱子分割知、仁、勇不妥,指出三者乃并列关系,故子思在生知、安行之后提出"自然之勇"作为从容中道之解,以反驳"从容非勇"之疑问。双峰在论证中提及力有余与力不足之分,此引发船山批评。船山认为朱子"择善而为知,笃行所以固执而为仁"说较为可取,把学问思辨行的诚之者工夫归于知仁,但也不过是无弊而已,实无关于大义。指责双峰、云峰说割裂缠绕,无补学问,无关解经。"至于双峰、云峰之为说,割裂牵缠,于学问之道,释经之义,

---

① （清）王夫之:《读四书大全说》,岳麓书社 2011 年版,第 519 页。此"不适"二字难解。
② 在船山看来,传统的元亨利贞不是对应仁义礼智,而是仁义礼信,智与时位有关。
③ （清）王夫之:《读四书大全说》,岳麓书社 2011 年版,第 521 页。
④ （清）王夫之:《读四书大全说》,岳麓书社 2011 年版,第 533 页。

两无交涉。……若双峰以从容为勇,则益可资一笑。"①他讥讽双峰以从容为勇,令人发笑。进而辨析:力可配仁,不可配勇;担当重任是力量,抵御外侮是勇气;存天理之仁有从容、竭力之分,于勇则不可分是否从容。其实双峰之说意在阐明圣人从容中道就是勇,与不勉而中安行之仁,不思而得生知之知相匹配成三达德,证明圣人于道之从容即是自然之勇,而非如常人求道之勉强,故双峰特意辨析"或疑从容非勇"之说。船山纠结勇力之辨,殊无意义。

6. 道与鬼神的形而上下

关于鬼神与道,双峰认为"鬼神之为德"章阐明了道与鬼神的形而上下关系。主张本章乃是通过鬼神的费隐来阐明道之费隐,即鬼神以明道。由鬼神体用之隐费,显示道之费之中必蕴含至隐之体。船山批评此说:"侯氏形而上下之言,朱子既明斥之矣。双峰犹拾其余沈而以为家珍,则何其迷也!"②他指出双峰以形而上下论述道与鬼神,乃是拾取朱子所驳斥的侯仲良说,袭其糟粕而不悟。侯氏以鬼神为形而下,鬼神之德(即诚)为形而上,裂鬼神与诚为二,说似新奇而实远离经文。船山主张物是形而下,体物之鬼神则是形而上。所谓形而下,乃是可感知见闻之对象,形而上则是不可见闻感知之鬼神,构成物之存在根据者,即为物之体。此中不存在道与鬼神的形而上下关系。形而上下是指同一事物之内外隐现体用,体现了船山与双峰对鬼神与道形而上下理解的区别。

7. 人不与鬼对的天道人道说

双峰在解第二十章"仁者人也"时提出鬼与人相对说。他认为此"人"字难解,朱子《中庸章句》解为"人身",而以仁为生理。双峰从字义相对角度提出新思考。他说:"此'人'字正与'鬼'字相对。生则为人,死则为鬼,仁是生底道理,所以训人。"③双峰提出此"人"并非相对于"己""物""天",据夫子"未能事人焉能事鬼"说,推出此当是"人""鬼"相对。又据《中庸章句》"生理"说推出此人、鬼是就生死言。仁是生理,故人而不仁,则自断其生理而为鬼矣。双峰此解自有其文本与义理上之考虑,引起赞同与批评两种反应。胡炳文、倪士毅等皆引之。但史伯璿从方法上批评双峰对反求义之法,认为《中庸章句》"人指人身"之说已极分明,无须双峰新奇之论。④

① (清)王夫之:《读四书大全说》,岳麓书社 2011 年版,第 537 页。
② (清)王夫之:《读四书大全说》,岳麓书社 2011 年版,第 506 页。此处标点有不同于引书者。
③ (明)胡广等:《四书大全》,《景印文渊阁四库全书》第二百零五册,台湾商务印书馆 1986 年版,第 912 页。
④ 史伯璿言,"天下字岂皆有对而后义可明乎?"(元)史伯璿:《四书管窥》,《景印文渊阁四库全书》第二百零四册,台湾商务印书馆 1987 年版,第 904 页。

船山认可史伯璿说,对双峰加以尖刻之批评。言:

> 不意朱门之莨稗,乃有如双峰! 以鬼对人之说,史伯璿讥之,当
> 矣……人鬼自与死生异,而况于仁乎? ……"仁者"属人道而言,"人
> 也"属天道而言。盖曰君子之用以修道之仁,即天道之所以立人者也。
> 天道立人,即是人道。①

他批评双峰之说并不新奇,而是依傍之论。此处"人"并非与"鬼"相
对,仁者人也,不可反说不仁者鬼。其实亦未尝不可说,如朱子即以人鬼等
譬喻诚意之工夫关。船山举《中庸》"鬼神之为德"说,表明鬼并非不仁。其
实此"鬼神"就朱子所引程子、张子解,乃是从气上论,与双峰之"鬼"含义不
同:双峰强调"鬼"是无生气之死理,而非泛论气,或者说指二气之阴气,与
仁之阳气相对。可见船山之反驳并未切中双峰之意。船山又批评双峰引
《论语》人鬼对举说无据,主张事人事鬼表明人鬼幽明之一理而非人鬼之相
对。船山意识到自己是以"理"解读人鬼,而双峰似乎是以生气之有无(阴
阳二气)解读人鬼,生气人,死气鬼,而此气似又与理相联系。但船山对此
更加指斥,认为此以气主理,是从气上论理,仁是生生之气之理。

船山理解实有偏颇,双峰并无以气主理之意,而是强调仁作为理具生生
之品格,其发用体现为生生之气。船山又推测双峰"死气"乃指邪气而非自
然之气。如以气论人,人多有邪恶而为害者,如此则"仁者人也"说不能成
立。其实,双峰并无"死气"说,人死是以气绝气散而论,并非说气死,此即
传统阴气阳气说。故船山"而彼意中之所谓死气者"显然是在臆测双峰之
所无。船山又引夫子"人之生也直",认为此是从直与不直分生死,而不以
之分人与鬼,可见生死与人鬼不同。船山对"人之生也直"的理解偏离夫子
之意,夫子不是从生死论曲直,而是说人生之原则(理)是直。船山强调,
"仁者人也"的"人"内在具有贯彻始终往来之理之意,故不与鬼相对。但人
亦非与物相对,而与之具内在包含关系,人并不能脱离物。船山据《孟子》
万物皆备于我即是"仁"说,推出我、物、仁的内在一体。《中庸》诚者尽人之
性以尽物之性同样表明人不离物,故此人非与物对。又指出若据孟子把不
仁者斥为禽兽的人禽之辨来看,则禽似可与人相对,但亦不合文意。总之,
此"人"不与鬼、物、禽相对,盖经文之意不在仁与不仁之关系。船山又提出
"仁者人也"的"仁者"为人道,"人"为天道,此说颇新奇,天道用以立人者

---

①　(清)王夫之:《读四书大全说》,岳麓书社 2011 年版,第 517 页。

即修道以仁之仁,立人之仁道与为人之仁道同一。而"亲亲为大"则显示亲亲之情乃是仁道最切实广大的发端处,由亲亲为大印证仁者人也,此即"自然恻怛慈爱之意"。船山由此强调,此处论仁非初学境界所能至,朱子"深体味之可见"即欲通过感动学者使之自知如何入道。

应该说,双峰以人鬼对说,并非毫无所据。朱子亦有"人之绝灭天理,便是合死之人"说,显然亦有以无仁(天理)则当死而为鬼之意,与双峰相通。船山判定双峰人鬼对说是从气的角度论仁,犯了以气主理的错误。他认为,此处无论仁或人皆是就天道与人道贯通而论。他认为既然幽明无二理,则是"非人仁而鬼不仁",此说颇有意思,蕴含着气非不善论,与其气善论相合。①船山强调此处要领在"人道敏政",此自是船山新见,而又斥"诸儒全然未省"。②

(三)《中庸》修道工夫之辨

双峰对《中庸》修道工夫多有新解,同样激起船山之褒贬。双峰讨论了《中庸》首章第二节戒惧与慎独工夫,引出敬论与诚论。他说:"《中庸》始言戒惧慎独而终之以笃恭,皆敬也。《中庸》以诚为一篇之体要,惟其敬,故能诚。"③双峰认为,率性之道体用皆在吾身,而敬是存养省察道之体用的工夫要领。此一存养、省察工夫分别由戒惧与慎独承担。就《中庸》全篇言,首章戒惧慎独与末章笃恭而天下平,皆是敬的工夫。《中庸》宗旨是以诚为全书统体要领,在工夫上以敬为根本,只有通过敬才能实现诚,敬与诚具有工夫与本体、前提与效验之关系。船山批评双峰的敬为体道之要论。他说:"斯所谓'塞其来路'者,亦非曲寻罅隙而窒之也。故此存养之功,几疑无下手之处。……朱子答门人持敬之问,而曰'亦是',亦未尝如双峰诸人之竟以敬当之。"④《四书大全》引朱子《中庸或问》,认为戒惧不睹不闻工夫在未发之时,并以防贼"塞其来路"之譬喻形象解释戒惧未发之工。船山认为,戒惧工夫可抵挡人欲之遮蔽,但人欲与天理相待而生,如天理尚未彰显,则人欲亦无迹可寻,故不可预先设定人欲而加以提防,即所谓未发存养工夫实无下手之处。而朱子所谓持敬工夫,亦不等于敬,朱子"亦是"说不过表示大体认可而已,双峰完全以敬之工夫解释戒惧,突出敬之工夫实在不妥。船山显然反对双峰于此未发时塞入敬之工夫,此亦显出双峰对敬的重视。

①　陈来:《王船山的气善论与宋明儒学气论的完成——以"读孟子说"为中心》,《中国社会科学》2003年第5期。

②　(清)王夫之:《读四书大全说》,岳麓书社2011年版,第518页。

③　(明)胡广等:《四书大全》,《景印文渊阁四库全书》第二百零五册,台湾商务印书馆1986年版,第880页。

④　(清)王夫之:《读四书大全说》,岳麓书社2011年版,第465页。

　　船山在工夫论上也有对双峰认可的一面，如末章"奏假无言"解，双峰认为奏假无言诗与不显惟德诗为慎独与戒惧之别："奏假无言之诗，以慎独之效言也；不显惟德之诗，以戒惧之效言也。"①此条仅史伯璿《四书管窥》引之，并赞赏双峰此说，船山亦认可之，言"双峰分'奏假无言'二段，各承上一节，其条理自清"②。认为双峰根据省察与存养工夫来区分两节文本，条理分明。史伯璿据朱子"相在尔室"节之解证明双峰慎独、戒惧之效的合理性，船山亦表赞同。此是船山论双峰《大学》《中庸》说中罕见表达赞赏者，然《四书大全》并未取双峰此说，可见船山对元人所引双峰说亦颇留意，并不拘泥《四书大全》，而是上溯前人。

　　在对《中庸》"尊德性而道问学"数句理解上，朱注以存心与致知这对工夫为纲领，双峰对此提出新解。尽管《四书大全》并未引双峰说，而是引胡云峰批评陈栎把存心替换为力行，以致知力行取代朱注致知存心。但史伯璿等指出陈栎之说实来自双峰。船山亦以此批评双峰。他说："《章句》以存心、致知分两截，此是千了万当语。双峰以力行生入，史伯璿业知其非。"③就此批评来看，船山当读过史伯璿《四书管窥》或《四书通》《四书辑释》等。船山认为，《中庸章句》存心、致知说极为清晰准确，双峰强行插入力行说以替代存心不妥，故遭到史伯璿驳斥，但船山又批评史伯璿自身未能分明二者，而仍然保留力行说，实在是没有看清文意之故。船山主张本章知行界限极为分明。双峰以知行对应尊德性与道问学，反对朱子以存心、致知对应二者，引起广泛争议，在元代新安理学内部即存在不同看法，而船山挺朱批饶的态度，又体现出对朱子认同的　面。

　　以上分析了船山对双峰《大学》《中庸》解中有关"道"之批判性阐发，所论虽不系统，然亦体现出船山与双峰对道的基本认识，有助于吾人把握二者思想，揭示船山对朱子后学的继承发展。④ 船山强调忠信即道，肯定道在事上，反对把诚与道等同，而主张道与性同，诚更多是就心而言。船山反对双峰以知为道，主张气非不善等思想，呈现了船山对知与气的独特认识。船山对双峰的批评紧扣对朱子的认识展开，在评析双峰之说时，往往同时表达

---

① （元）史伯璿：《四书管窥》，《景印文渊阁四库全书》第二百零四册，台湾商务印书馆1987年版，第953页。
② （清）王夫之：《读四书大全说》，岳麓书社2011年版，第584页。
③ （清）王夫之：《读四书大全说》，岳麓书社2011年版，第564—565页。
④ 陈来先生指出，"事实上，对船山思想理解上的许多不足，正是起因于许多研究者对理学思想史研究的不足"。见陈来：《诠释与重建：王船山的哲学精神》，北京大学出版社2004年版，第6页。

对朱子褒贬之见。或直接斥责朱子区分至诚与至圣乃捕风捉影之谈,双峰之误实受其影响;或委婉维护朱子发育万物之论,而归于弟子误记,强调人道对于天道的参赞作用之功。此外,船山对双峰的评论,虽以《四书大全》为依托,而往往涉及宋元朱子学对此问题的主要认识,船山通常在辨析以往各说正误基础上,再提出看法,在此过程中,船山亦把自身带进了这一层累式的诠释朱子四书的理学历史进程中。明显的一点是,船山对双峰的认识,往往结合史伯璿、陈栎、胡炳文、倪士毅等宋元朱子后学对双峰的理解展开,并非孤立而论。这也使得他对双峰的把握,超出了《四书大全》的范围,而上溯于宋元朱子学。就船山对双峰这一南宋朱子后学的评析来看,无论是所承继的思想、发问的方式,还是依托的经典、考问的对象,皆体现了船山浓重的朱子学色彩,在一定意义上可视为明清之际朱子后学对前辈朱子学的再理解,船山是自觉地站在朱子学学术共同体内来理解朱子及其后学的。故就船山四书学而言,视之为明清朱子学者当无问题。船山之批饶,同时给吾人呈现了饶双峰善于分析、勇于出新的特点,这恐怕亦是吸引船山选择其作为批判对象来加以反思之原因。

船山的双峰之评,实为明清朱子学与南宋朱子学的跨时空对话,这种对话立足于共同的经典文本和思想话语,代表了各自时代的朱子学的观点和水平,反映了绵延数百年的朱子学发展的生机和活力。这种对话体现为对经文或注文牛毛茧丝般的精细辨析,确乎具有近乎"经院哲学"的烦琐性质,但也真实体现了传统儒家哲学在表达形式上的经学与哲学的合一、述与作兼具的特色,这一方面朱子是最有代表性的学者,而双峰、船山皆继承并发展了此点。冯友兰先生曾指出,在经学时代,"即使像王船山、戴东原那样的富有变革精神的思想家,也不能离开五经、四书独立发表自家的见解"①。在中国现代学术转型以来,传统学术在核心内容和表达形式上皆受到极大冲击,在复兴传统文化的当下,如何创造转化传统思想及其表达形式,仍然任重而道远。

二、船山对双峰《论语》解之评

"纠正朱门后学之失"被视为王船山《读四书大全说》的主要内容,就船山对《四书大全》所收饶双峰《论语》解的评析来看,确乎体现了船山对朱子后学思想之批判与接受。在治学方法上,船山判双峰学为"强为分判,破碎文义,曲为扭合"的训诂分析之学;在理事关系上,船山主张事因理

---

① 冯友兰:《三松堂自序》,《三松堂全集》第1卷,河南人民出版社2000年版,第204页。

立而事即理在的理事一体,重视形下实践,反对空谈玄理;在三教关系上,船山基于实理实事观,对佛老严加斥责;在思想发明上,船山提出气能为善、性道非一等观点,皆不离以气本、实事为本的思想主旨。在若干观点上,船山对双峰说褒贬兼具或深表认同。总之,船山以其实事实理之学对双峰《论语》分析之学的批判,可视为道学内部之思想对话,见证了船山之学同样置身于以《四书大全》为载体的以朱子后学为主的朱子学学术共同体中展开。在对朱子后学展开批判继承之际,船山自身亦融入朱子学的广阔脉络中。

就对双峰《论语》解的评价来看,船山判定双峰为"训诂之学""分析之学",认为双峰对文本的精细解析,多是"强为分判""曲为扭合""破碎文义"之空论。船山强调经世之学,严斥佛老空虚之见,以"理即事在"作为批判双峰《论语》解的思想宗旨,同时还提出气能为善、性道之辨、道德之辨等新颖论说。透过船山对双峰的评析,可见船山不仅汲取了朱子思想,且对以双峰为代表的朱子后学亦加以积极消化,由此提出对朱子学的反思性认识,形成自己的思想主旨。①

（一）"强为分判,破碎文义,曲为扭合"的分析之学

朱子之学以穷理分析为特色,门下黄榦、陈淳皆以善于分析而获得朱子认可。作为黄榦弟子的饶双峰同样以穷理精密见长。故船山批判双峰为把朱子穷理之学带入训诂之学的代表而引发了明代心学的兴起。"故朱子以格物穷理为始教,而檠括学者于显道之中,乃其一再传而后流为双峰、勿轩诸儒,逐迹蹑影,沈溺于训诂。"②双峰的"四书"诠释善于就经注文本加以深入剖析,对文本语义作出细化解析,以穷尽文本之意。然此等过于细分的做法被船山批评为"强加分析",认为是对完整文意的错看与割裂。在船山看来,双峰训诂分析之学大致可归为以下情况。

一是章节层次的强分与割裂。例如关于《论语》首章悦、乐与不愠之关系,双峰提出"说之深,然后能乐,乐之深,然后能不愠"的三层递进说,船山不满此说。

> 他如双峰所云"说之深而后能乐,乐之深而后能不愠",则"时习"

① 蒙培元指出,王夫之的唯物主义虽同朱熹的理学体系相对立,但又是从朱熹哲学中"演变分化出来",并吸收了朱熹哲学中有价值的内容。见蒙培元:《理学的演变:从朱熹到王夫之戴震》,四川人民出版社2021年版,第294页。其实,也应该包括对朱子后学的吸收和发展。

② （清）王夫之:《张子正蒙注序论》,《船山全书》第十二册,岳麓书社2011年版,第10页。

之"说"，与"朋来"之"乐"，一似分所得之浅深。而外重于中，以"朋来"之"乐"遣不知之"愠"，尤为流俗之恒情，而非圣人之心德。①

　　船山认为朱注本章选取程子、上蔡等诸家说，已极为完备，批评双峰计较"悦"与"乐"之间存在层次深浅之分，但二者不过圣人发其所得而已，并无高低之分。其实程子、朱子已有此区分，既说悦在心，乐在外，又说"乐由说而后得，非乐不足以语君子"②。他又批评双峰乐深然后不愠是以世俗之常情揣测圣人之心与圣人之德。船山同样反对朱子本章三节学之始、中、终说，其实朱子后来亦否定此说，此乃《论语或问》所载朱子早年之见，而《四书大全》选入之，确实不妥。双峰的分层说还见诸"鲁太师乐"章，双峰认为"鲁太师乐"章有前后三节，分别是初、中、终，"此章有三节，始作是其初，从之以后是其中，以成是其终"。③船山同样批评此三节之分。

　　　　双峰分始、从、成为三节，东阳奉之以驳上蔡。看来，饶、许自是不审，上蔡未甚失也。"以成"二字，紧顶上三句，原不另分支节。而上蔡之小疵，在"故曰绎如也以成"七字，似专以"绎如"属成。……止有两节，不分为三。……上蔡语病，正在强分三支，割裂全锦。东阳反以不分三支咎上蔡，其愈误矣。④

　　船山批评双峰及推崇双峰的许谦说皆不妥当，指出被许谦所批评的上蔡说并无大误，盖"皦如也，绎如也，以成"并不能单独视为一节。该章实只有先后两节，即"始作"与"从之"两节，就文本而言，"从之"以下统为一句。上蔡的问题恰在于把文本割裂为三节，而许谦却以不分三支批评上蔡，是以不错为错了。又"饭疏食"章，双峰提出深浅之分，认为夫子无时不乐，但贫贱中之乐较富贵中之乐更为明显。故夫子论乐，更喜就贫贱言。"然乐在富贵中，见得不分晓，在贫贱中，方别出，故多于贫贱处说。"⑤船山认为此说虽近似而不真确。

①　(清)王夫之:《读四书大全说》,岳麓书社 2011 年版,第 587 页。
②　(宋)朱熹:《四书章句集注》,中华书局 1983 年版,第 47 页。
③　(明)胡广等:《四书大全》,《景印文渊阁四库全书》第二百零五册,台湾商务印书馆 1986 年版,第 174 页。
④　(清)王夫之:《读四书大全说》,岳麓书社 2011 年版,第 623 页。
⑤　(明)胡广等:《四书大全》,《景印文渊阁四库全书》第二百零五册,台湾商务印书馆 1986 年版,第 261 页。

> 双峰云……语亦近似。然要似夫子设为此贫境以验乐,则于圣人于土皆安之道不合矣。……圣人之于土皆安者,于我皆真,富贵、贫贱,两无碍其发生流行之大用。……此双峰之语,所以似是而非。……陈、饶、许诸子,强为分判,固须以朱子"孔颜之乐不必分"一语折之。①

　　船山指出,假设真如双峰之说,则与夫子于土皆安之意冲突。盖夫子无论处富贵、贫贱,皆能自得其乐,皆能实现真我,贫富皆无碍其所乐之发用流行。船山更认可《四书大全》所引朱子"即当时所处以明其乐之未尝不在乎此而无所慕于彼"说,认为学者当由此入手则无误。船山判定此句为夫子早年贫穷之说,后来夫子则不如此,而是当富贵亦乐。指出夫子并非虚设一贫以言乐,而是"贫贱无殊富贵"。故双峰之说似是而非,并提出对双峰说的修改。其意大概采用《中庸》素位而行无所不入之说,以显出圣贤之乐乃是性情和顺,天理顺适,圆满自足,当境而发。由此批评双峰等强加分析之说皆不妥(其实皆来自朱子)。

　　双峰还以承上启下来处理句子与全章关系。"君子去仁"章,双峰认为处于本章中间的"君子去仁"句对全章具有承上启下的作用,"君子去仁恶乎成名,是结上生下"。船山对此加以批评。

> "君子去仁"两句,只结上文,无生下意,双峰所言未是。只"不处"、"不去",便是存仁、去仁一大界限。到得"君子无终食之间违仁",则他境界自别,赫然天理相为合一。②

　　他认为此句只有总结上文而无开启下文的意义,盖上句富贵不处、贫贱不去乃是存仁、去仁界限,是工夫所在,但末句"无违仁"句则是另一境界,已达到了天人合一,时刻天理现前。其实朱注认为末句"君子无终食之间违仁"正是言"无时无处而不用其力"。可见船山与朱子解不同。

　　船山批评双峰对文本关系的分判,未能把握工夫与境界之别而不够精准。如双峰认为"贫而无怨"章的贫而无怨不等于贫而乐,二者存在浅深之别,正如贫而无谄与贫而乐,富而无骄与富而好礼之别。船山批评之:"不知经传之文,浅深各致,初不可以例求。盖无谄与乐,相去自远,……故无谄

---

① (清)王夫之:《读四书大全说》,岳麓书社 2011 年版,第 704—705 页。
② (清)王夫之:《读四书大全说》,岳麓书社 2011 年版,第 629 页。

与乐之中,更有无怨之一位。而无骄之与好礼中间,更不容著一位次也。"①
他指出双峰忽视了"贫而无谄"与"贫而乐"的境界相差甚远,二者之间其实
还隔着"贫而无怨",故"处贫"实具有三层而非两层;但"富而无骄"与"富
而好礼"与此不同,只是两层。分析造成此等差异的原因在于处贫较居富
更难,需要历经磨炼。只要反求身心,即可验证此说。又就经典而言,经传
自身本自存在深浅之别,不可以一例裁定。船山此说与史伯璿对双峰的批
评相同,当是受其影响。②

　　二是"破碎文义,于理无当"。双峰不仅善分章节,尤喜对经注文义作
出剖析,提出新解,被船山批驳为破碎文义而无当于理。如"主忠信"章,双
峰提出"忠信是德,徙义是崇"以释经文"主忠信、徙义、崇德",遭到船山痛
斥。言:

　　　　双峰谓"忠信是德,徙义是崇",破碎文义,于理无当。崇者即以崇
　　其德,德者即其所崇,岂有分乎? ……双峰"愈迁愈高"之说,但有言句
　　而无实义。崇德与修慝、辨惑并列,则"崇"固加功之词。若云"愈迁愈
　　高",则功在迁而效在高……以此知双峰所云,但描画字影,而无当于
　　理,亦释经之害马也矣! ③

　　船山认为忠信、徙义皆是崇德,崇与德不可分。双峰把徙义解为"不是
处迁入是处,愈迁愈高",是相对于朱子的徙义日新说。船山认为此只是一
种无语义之言说。愈迁愈高说重点在迁与高,此是德之崇,而非崇德,即工
夫与功效发生了移位。还以孟子辞受不同为例,说明徙义无所谓高低,批评
双峰只知描画字影,而实不当于理,简直是解经事业的害群之马。用语甚为
粗暴而近于辱骂,体现了船山嬉笑怒骂的性格,亦见出船山对理事关系和实
践之学的重视,显示出在解经方法上强调文义的前后贯通和内在完整。

　　双峰颇善于抓住关键字义加以辨析。如"礼让为国"章着力区别礼与
让,引《孟子》"上下交征利而国危"说,认为夫子此说乃是针对春秋之时虽
有礼文而无其让的僭越争夺行为而发。船山反对双峰以礼让和争夺对应
说。言:

---

①　(清)王夫之:《读四书大全说》,岳麓书社 2011 年版,第 803 页。
②　史氏云:"双峰无怨与乐之分别,是已。然似以为无谄便是无怨然者,则欠斟酌。要之,无
　　谄与乐,高下自有三等,不可泥而言之也。"(元)史伯璿:《四书管窥》卷七,"敬乡楼丛书"
　　本(铅印)1931 年版,第 26 页。
③　(清)王夫之:《读四书大全说》,岳麓书社 2011 年版,第 780—781 页。

双峰以下诸儒，将礼让对争夺说，朱子原不如此。①

上下不争，以浅言之，亦不是让。……故以浅言之，亦曰推己所有以与人者，让也。双峰不思，乃至于此。②

他批评双峰等说皆不合朱子原意，朱注为"有礼之实以为国，则何难之有？不然，则其礼文虽具，亦且无如之何矣"③。此处"让"并非与"争"相对，正如圣与贤并非相对，而是程度之别而已。如天子、诸侯等各安其位的上下相安是不争，但不是让，让是推己之所有以与人，故双峰将礼让与争夺相比有误。又"言忠信行笃敬"，双峰区别笃与敬之字义，船山对双峰说褒贬兼具。"双峰云'笃自笃，敬自敬'，得之。然以'凡事详审不轻发'为笃，则又慎也，非笃也。慎亦敬之属也。《四书集注》云'笃，厚也'。厚者，不薄之谓，……曰笃如此，方与敬并行而相成。"④一方面他认可双峰笃敬相分说，但不满其把"笃"解释为"详审不轻发"，认为此乃是慎，仍属于敬而非笃。笃是笃厚不薄之义，与轻浮刻薄相对，与敬并行相辅，与人忠即是笃。此显示出船山的字义辨析能力。"人无远虑"章双峰又不满《四书章句集注》所引苏氏"虑不在千里之外"说，认为苏氏只说得地之远近，欠说时之远近，当补上"虑不及千百年之远"。船山批评此说。

双峰不审……一人一事而虑及千百年，则夫子当藏书于秦火不及之地矣。……患得患失，无所不至，俱从此来。……只是素位中宽大广远规模，断不作百年料量……苏说自正。⑤

船山根据君子创业垂统，至于成功则在天说，指出经文并无"虑及千百年之久"义。如凡事皆当虑及千年之后，则夫子当藏书于地以避免日后之秦火，批评凡人即此而为个人功名计算，乃患得患失之根源。提出《中庸》素位而行乃古人行事准则，一切效应皆从此出。故船山认同苏氏说，其实船山亦存在过度诠释。双峰说不过是深谋远虑之意，并没有涉及是否成功。船山认为虑及时间与虑及空间并不冲突而相互补足，"远"本来即有二义，

① （清）王夫之：《读四书大全说》，岳麓书社 2011 年版，第 635 页。
② （清）王夫之：《读四书大全说》，岳麓书社 2011 年版，第 637—638 页。
③ （宋）朱熹：《四书章句集注》，中华书局 1983 年版，第 72 页。
④ （清）王夫之：《读四书大全说》，岳麓书社 2011 年版，第 826 页。
⑤ （清）王夫之：《读四书大全说》，岳麓书社 2011 年版，第 832 页。

如蔡清即认为"远"即是时间久远之意,批评双峰等纠缠于地理不对。① 双峰对"没世"加以辨析,提出生前与没世之别,认为有人"生前或可干誉求名",死后则"盖棺论定",故没世之名才是真名声。以没世为身后,是传统的看法。船山提出新看法。

> "没世"是通算语,犹言终身,皆指在生之日说。双峰以盖棺论定言此,大错。所谓盖棺论定者,言一日未死,或不免于失节而败其名,非此之谓也。若生前得失,付之不较,却但求身死之后有称于来者,则李西涯之屈膝以求美谥,未为过矣。②

船山认为,没世不是去世之义,乃是指终身,包括活着的时候。批评双峰盖棺论定说大谬。所谓盖棺论定,不是死后对人加以定论,而是活着怕有失节败名之事。船山推论,如双峰说则有不顾生前行为得失,却去追求死后名声如李东阳者。故夫子只是强调在世之"归仁""无怨"。船山显然推论过度。因为盖棺论定本来就是根据生前得失来论,不是如船山所认为的黄泉路上定。但船山说针对现实沽名钓誉者而发,具有针砭意义。

三是"曲为扭合"与一分为二。双峰常把文本综合或分析开来看,以显出其意义。对此等看待文本方式,船山持有否定意见。如"无欲速"章,双峰把欲速与见小利关联之,认为才要速成即是见利。船山批评此为"曲为扭合"。指出:

> 见大者,亦或欲速;不欲速者,亦或终身于小利之中。……举此二端,则"欲速"、"见小利"之不相因也明矣。圣言如江河行地,条派分明,不用曲为扭合。③

船山认为欲速与见小利是两回事,双峰合为一事说不妥,否则文本无须如此分开说。盖欲速与见小利二者并非等同、因果关系而是错综关系,如见大也有欲速者(如大禹治水),不欲速也有见小利者(如王安石)。认为双峰

---

① 蔡清说:"朱子引苏氏注,蔡氏、饶氏都看错了,只管分争个地与时做甚。不知苏子所谓'千里之外几席之下'字样,只是发明远近二字之意,而非其以为虑到千里,方得无几席之忧也。孔子正是以时言。"(明)蔡清:《四书蒙引》,《景印文渊阁四库全书》第二百零六册,台湾商务印书馆1986年版,第346页。
② (清)王夫之:《读四书大全说》,岳麓书社2011年版,第833页。
③ (清)王夫之:《读四书大全说》,岳麓书社2011年版,第796页。

把不同含义之说强行扭合加以诠释的做法不合经意。

双峰或把经文两句视为一意,关联起来合而观之,遭到船山反对,主张当分而为二。如"察言观色"章,双峰以"察言观色"与"虑以下人"为一件事。船山指出:"曰'察',则详加审辨之谓也;曰'观',则非常瞻视之谓也。……知此,则双峰'是一件事'之说,不待攻而自无足采矣。"①船山分析"察"的审辨与"观"的瞻视义,认为即此而观天下人情物理之公私好恶,历历分明。由察言观色落实为知明而处当,批评双峰一事说不足采用。陆陇其亦认为是两事,但认为《四书大全》所引朱子说并不分明。

四是误读文义。船山常指出双峰对经文解释不通,不合经旨。如"微生亩"章,船山批评双峰以微生亩讥讽夫子为佞,捍格文义。他说:"双峰但从仕隐上说……殊失本文之旨。而子曰'非敢为佞也,疾固也',则以辨其务通理而非乱是非,其言正相登折。如双峰解之,则此二语亦多捍格。"②船山认可陈栎说,认为本章就夫子立身待人之中道言,而双峰是从仕隐上说,丧失本旨。船山着重夫子"疾固"说,强调从通达事理论。又"荷蒉"章,双峰认为荷蒉之徒只是知其隐居而不知用世,知处不知出,是独善其身而忘世之徒,被船山批评为只是论知。"双峰但言知,新安但言心,俱未达圣意。知出处之不可偏,是见处自然见得大;心不能忘世而不隐,也是索性做去。圣人不以此二者为难也。"③船山执着于"末之难也",认为此处显出圣人不以隐者之行为难,由此批评双峰以"只知独善"批评"荷蒉"者未解圣人之意。关于"颛臾、萧墙"解,《四书章句集注》以颛臾为远人。故学者提出既然颛臾已经在域中,如何谓之远人?双峰的解答是:远人具不同含义,此所谓远人,乃是相对于更近的萧墙而言。陆陇其认为"此理亦好"。船山则对双峰说提出批评:"若所当忧,则虽远而必忧;其不当忧,则近固无忧。……双峰云'颛臾远,萧墙近',大是不审。……萧墙之内,只是祸发不测意。"④船山认为所谓远近应据是否当忧虑言,忧虑与否并不与远近必然相关。并举夫子以越伐鲁为例证,认为萧墙只是"祸发不测"之意。船山的问题与双峰不在一个层面。船山脱离文本发挥其独特之思,且认为己解更合文本。

五是字义解析与工夫实践的联系。双峰对字义的解析,常关联工夫与气象,而非仅就字论字。如闵子言必有中说,双峰提出不同于朱注说而遭到船山批评。"夫子只许闵子之言为中。中者,当于理也,《四书集注》释此自

---

①　(清)王夫之:《读四书大全说》,岳麓书社 2011 年版,第 784 页。
②　(清)王夫之:《读四书大全说》,岳麓书社 2011 年版,第 812 页。
③　(清)王夫之:《读四书大全说》,岳麓书社 2011 年版,第 817 页。
④　(清)王夫之:《读四书大全说》,岳麓书社 2011 年版,第 845 页。

当。双峰、新安添上'和悦雍容'一义,圣人既不如此说,……故不云不可,
而云'何必',酌事而为言,非故为雍容和悦。若明知其不可而故为缓词,
则直是骑两头马柔奸行径耳。……此小人之尤也,而闵子岂其然!"①双峰
认为闵子之说"辞气雍容"而有"和悦之意",船山不满于此,认为朱注"发必
当理"最好,指出闵子"何必改作"并非故作雍容和悦,只是斟酌事理之言,
此再次显出船山对事理的看重。船山推出,若明知不可而故作缓和之态,直
落为小人骑墙之见也,绝不可论闵子,此是就为人而言。双峰显然并非此
意,见出船山善于联想发挥双峰所本无之意,略有罗织嫌疑。又关于"一日
克己复礼"的"一日",双峰认为"一日"在《论语》中有两种意义:日日用功
之日与一旦成功之日。他根据克复归仁等,断定此乃成功之日。"'一日'
之语见于《论语》者二:一日用力于仁,指其用功之日而言也;一日克己复
礼,指其成功之日而言也。"②朱子对此"一日"说前后反复修改,终落脚于
当日成功说。③ 船山则根据朱子日日克之等说,判成功说不妥。"所以朱子
又补'日日克之,不以为难'一段,以见'天下归仁'非功成息肩之地,而'一
日'之非为止境。双峰成功之说,殊不省此。"④船山反对成功说,认为"天
下归仁"并不意味着功成名就,止步不前之境,主张当依循天道有始有终而
做好自家进退之道。又如"仲弓问仁"章,双峰提出"平时固是敬谨,出门使
民时尤加敬谨"说,船山批评之。他说:

> 出门、使民之外,何者更为平日?圣人是拣极易忽者言之,以见心
> 法之密。见宾、承祭方是常情加谨之地。……则此所举者,极平境之
> 静、事之微而言也。谨微慎独,该括广大,何"平日"之不在内乎?⑤

船山不满双峰把平时与出门使民对立,认为出门使民就是平时。然双
峰之说实有所据,出门如见大宾,使民如承大祭,此处出门使民不是一般意
义上的平时之出门使民,而具有政治意义。船山则认为,圣人的出门使民是
挑最为平常容易忽略之事而言,体现心法之密。至于见宾、承祭才是常情之
外大事,而慎独含义包括极广,内含"平日"之意。又如"君子耻其言过其
行"章的"过",双峰及冯椅认为此处以耻言过行对说,意在实行而反对空

---

① (清)王夫之:《读四书大全说》,岳麓书社 2011 年版,第 756 页。
② (元)史伯璿:《四书管窥》卷七,"敬乡楼丛书"本(铅印)1931 年版,第 6 页上。
③ 许家星:《仁的工夫论诠释——以朱子"克己复礼"章解为中心》,《孔子研究》2012 年第 3 期。
④ (清)王夫之:《读四书大全说》,岳麓书社 2011 年版,第 769 页。
⑤ (清)王夫之:《读四书大全说》,岳麓书社 2011 年版,第 774 页。

言,故当行过其言才是,即行多说少,船山不认可。他说:

> "过"字唯朱子引《易小过》象传之言为当。双峰、厚斋乃谓欲使行过其言,因而有"说七分而行十分"之鄙论。……双峰错处,只煞将中庸、过、不及,作一块疑团,遂尔周章遮避。今求行之过者,至于不惮死而止矣。乃匹夫匹妇之自经,疑若过也。①

船山认为只有《四书大全》小注所引朱子"过犹《易》丧过乎哀,用过乎俭之过"的"过"解为"力行"才是。批评双峰"七分说十分行"误把中庸、过、不及混作一团,使得善言德行成为不可能,而那些拙于言辞者,"过其言"反而很容易。他强调其实不存在过其言的情况,即便志士仁人之杀身成仁,也不过是刚好而已,不存在过。即便至死,也是多"失之不及而不患其过"。至于匹夫匹妇之自杀,不过是为气所动之举,并非过也。船山一直强调当注意不及而非过。"尽古今人,无有能过其行者",此自是船山新解。双峰说其实更合文义。

(二)"事因理立,则理即事在"

船山反对空疏之学,主张儒学当具经世之用,此与其反思明亡、批判王学空虚的思想一致。故他特别重视理事关系,强调理事相即,理在事中。船山于"本末"章对双峰说加以细致剖析时,表达了其理事观。

> 乃事因理立,则理即事在。是方其初学之时,有所事于事,即其有所事于理。而如程子所云"慎独"者,则彻上彻下所共用之功,则虽姑教之以粗小之事,而精大之理与合一之理,亦既在焉。……勉斋、双峰之说,治乱丝而益纷之,芟之可也……双峰说慎独处大错,云峰辟之为当。②

船山认为此中"本末"有五种情况,即事之大小、精粗,理之大小、精粗,理之合一。就理事关系言,事因理立,理即事在,对初学者言,有所事于事即有事于理。认为程子以慎独为彻之上下工夫,故精微广大之理实存于粗小之事中,一旦用功达到豁然贯通,即可于其中获得左右逢源之乐。此理事精粗合一之论,体现了程子对圣人之道的信仰,是朱子批评象山有本无末、有

---

① (清)王夫之:《读四书大全说》,岳麓书社 2011 年版,第 810 页。
② (清)王夫之:《读四书大全说》,岳麓书社 2011 年版,第 889 页。

理无事和子游有末无本之说的根据。本章勉斋剖析程子所言四句分别具四层意义：理无大小而理一、道无精粗而道一、然与所以然、圣人之事，皆发明无大小精粗之意。双峰则提出，子游是以正心诚意为根本，强调根本上下工夫，但不合教法；子夏则重视事而无理，割裂大小学而无贯通。程子主张理本事末，朱子则以正心诚意为本，二者不同。船山批评勉斋、双峰的分析徒增纷扰，可以删之。其次，双峰提出由大学教以穷理致知，慎独诚意之方，可使洒扫应对与精义入神合一。"小学未能穷理慎独，且把洒扫应对维持其心……年浸长，识既开，却教之穷理以致其知，谨独以诚其意。"①这一说法被收入《四书大全》，《四书大全》引胡云峰说特加批评：认为双峰说误以为大学才有慎独，小学无须慎独，但程子明确言君子只在慎独。程朱皆认为，小学是至微小之事，慎独正要慎其微，故双峰说实有误导后学之嫌。船山赞赏云峰之批评极好，判双峰大学慎独说大谬。

双峰就"不远游"提出常变说："不远游是常法，不得已而远出，又有处变之道，圣人言常不言变。"②以父母在不远游是常法，不得已之远出是处变之道，故君子论常不论变。船山大不满此说，云"双峰云'圣人言常不言变'，看得圣人言语忒煞小了。流俗谓'儒者当置之高阁，以待太平'，皆此等启之也"③。他批评双峰小看夫子之言，误导流俗以儒者之说为无用。他认为此处只是泛说游，而非指一切行为。游是有特指的，如游学、游宦等，故游乃是常而非变，不游则无有见为学之实效，此可见船山积极入世、经世致用之思想。"求也艺"章，双峰认为冉求、子路、子贡三子之才各有长短，如由也果而不达，求也艺而不果。"求也旅泰山而不能救，伐颛臾而不能止，是不果也。由也以正名为迂，是不达也。唯子贡达于事理，占得地步却阔。"④船山对此极为不满。说："圣人亟于称三子之长，双峰巧以索三子之短，而下断案处又浅薄。学者如此，以为穷理，最是大病。且如'赐也达'，是何等地位，岂容轻施贬剥？如云达于事未达于理，天下有无理之达乎？"⑤船山认为圣人乃是极力表彰三子长处，而双峰却索求三子短处，断语又浅薄，如以此为穷理，则最是为学大病。指出子贡之达，已是极高地位，不容轻

① （明）胡广等：《四书大全》，《景印文渊阁四库全书》第二百零五册，台湾商务印书馆 1986 年版，第 514 页。
② （明）胡广等：《四书大全》，《景印文渊阁四库全书》第二百零五册，台湾商务印书馆 1986 年版，第 193 页。
③ （清）王夫之：《读四书大全说》，岳麓书社 2011 年版，第 650 页。
④ （明）胡广等：《四书大全》，《景印文渊阁四库全书》第二百零五册，台湾商务印书馆 1986 年版，第 226 页。
⑤ （清）王夫之：《读四书大全说》，岳麓书社 2011 年版，第 677 页。

看,批评双峰"达于事无达于理"说不对。① 其实朱子即认为夫子多有揭示三子之短之评语,双峰不过沿袭《四书章句集注》而已,尽管本章《四书章句集注》并无此意。故此不足为双峰之病。船山于此提出理事不离思想,主张达于事则必然蕴含了达于理,盖理在事中,离事无理。针对《乡党》"执圭鞠躬"节,《四书章句集注》引晁氏说,认为"孔子定公九年仕鲁,至十三年适齐"②。但双峰据《春秋》所载,认为夫子此时并无适齐之事,故本节及上节所论之礼,乃夫子承担朝聘时其随行弟子所见。双峰此说遭到船山怒斥。言:

> 乃双峰因晁氏十三年适齐之讹,以折晁说,亦未足以折晁之非。双峰云:"夫子摈聘时,弟子随从,见而记之。"乃令孔子衔命出使,则所与俱行者,必其家臣,而非弟子。……足知双峰之言,草野倨侮,自不如晁氏之审。③

船山认为夫子出行,所随从者是家臣而非弟子。弟子即便随行,亦无资格参与朝聘之礼。弟子如已仕,则不能脱离职守而抽空参与;如未仕,则无资格参与。故他批评双峰不懂朝廷规矩,不如晁说精审而合乎事理。其实,双峰"弟子所记"说并非完全无据,故史伯璿认为双峰说可备一说。船山于此提出"寻绎事理"的原则,与其重视实践的风格一致。然其对双峰的攻击之语,殊乏风度。关于博约说,船山表达了对朱子、勉斋、双峰三传的看法。他说:

> 若云博学欲知要,则亦是学中工夫,与约礼无与。且古人之所谓知要者,唯在随处体认天理,与今人拣扼要、省工夫的惰汉不同。夫子正恶人如此卤莽放恣,故特地立个博文约礼,以订此真虚桥、假高明之失。而急向所学之文求一贯,未有不至于狂悖者。双峰"相为开阖"之语,乃似隔壁听人猜谜,勿论可也。④

船山认同《四书章句集注》"学欲其博,守欲其要"说,批评《四书大全》所引朱子"前之博而今之约"等,认为此说糊涂。反对朱子、勉斋的博与约

---

① 双峰似无船山所谓"达于事未达于理"说。
② (宋)朱熹:《四书章句集注》,中华书局1983年版,第118页。
③ (清)王夫之:《读四书大全说》,岳麓书社2011年版,第746页。
④ (清)王夫之:《读四书大全说》,岳麓书社2011年版,第693—694页。

相对说,认为此"约"读平声,乃约束之义而非简约,是收敛身心不放纵之意。故博约是同时一齐之事,不存在今昔之别。他认为博学欲知要是为学工夫,与约礼实践工夫无关。所谓知要,并非挑选简要之处节省工夫的懒人之方,而是随处体认天理,此乃工夫要领。夫子博文约礼之教,正是针对鲁莽、放荡,空虚不学之徒且自以为高明者发,即无忠恕下学工夫而妄求一贯上达者。可见船山对实践积累工夫的重视,言外之意亦是针对阳明学高明一路而发。他进而批评双峰"一博一约,相为开阖"说乃如谜语,毫无意义,误将博、约并置,流于空谈。双峰之说意在强调博约平衡关系,其实并未违背夫子之意,而是顺朱注所引程子说而发。

关于"非生而知之"章朱注的"义理昭著",双峰提出不同看法,遭到船山批评:"'义理昭著'四字,较和靖说更密。庆源、双峰只会得和靖说,不曾会得朱子说。但言义理,则对事物而言之。既云义理之昭著,则自昭著以外,虽未及于事物之蕃变,而亦有非生所能知者矣,故朱子云'圣人看得地步阔'。"[①]船山认为,朱注"义理昭著"较《四书章句集注》所引尹焞说更为细密。批评辅广、双峰之解只是尹焞之义,而未能理解朱子说。[②] 船山此说似乎把朱、尹说对立起来。双峰认为:"生知是合下知得此理,好古,敏以求之,是又于事物参究此理。"[③]此确乎与尹说相似,但与朱注亦契合。然船山则认为,义理即对事物言,"义理昭著"意味着在此昭著之外的事物之变化,乃生知所不能知者。即把生知义理与敏求事物分说,而双峰则强调于事物上好古敏求之理与生知之理为同一理,船山则似认为此事物之理并不同丁生知之理。但无论如何,此论显出船山对事物之理的重视。

（三）辟佛老之狂解

船山《读四书大全说》特别留意对佛老的批评,在对双峰的批评性评述中亦屡有体现。如"子说"章,双峰剖析《四书章句集注》论"说"有三层含义:朱子笃志、程子见大意、谢氏不安小成,且三说相通。"朱子谓说其笃志,程子谓说其已见大意,谢氏谓说其不安于小成,其实相贯。"[④]他认为漆

---

① （清）王夫之:《读四书大全说》,岳麓书社 2011 年版,第 708 页。
② 尹焞言:"盖生而可知者义尔,若夫礼乐名物,古今事变,亦必待学而后有以验其实也。"见（宋）朱熹:《四书章句集注》,中华书局 1983 年版,第 98 页。
③ （明）胡广等:《四书大全》,《景印文渊阁四库全书》第二百零五册,台湾商务印书馆 1986 年版,第 264 页。
④ （明）胡广等:《四书大全》,《景印文渊阁四库全书》第二百零五册,台湾商务印书馆 1986 年版,第 199 页。

雕开"斯之未能信"是指"仕",此说与朱子认为的指"理"不同。故《四书辑释》《四书大全》未取双峰此说,《四书管窥》驳斥之。船山亦批评之:"朱子固欲表章程子之说以正圣学,而绌事功,是以存其言而显其实。曰性亦恐性学说显之后,将有以'三界惟心,自性普摄'之邪说,文致此章'信斯'之旨,是以别之曰理、曰笃志、曰仁义忠孝,反覆于异同之间,而知良工之心独苦矣。读者毋惊其异而有所去取,抑毋强为之同,如双峰之所附会者,则可无负先儒矣。"①朱注所引程子说为"漆雕开已见大意,故夫子说之"。又曰:"古人见道分明,故其言如此。"②船山认为朱子引用程子说意在端正圣学而罢黜事功,是为了避免被禅学"三界唯心"之说所附会利用,故提出理、笃志、仁义忠孝等说,而不提"性"。要求学者不要惊讶朱注之异同而有所取舍,以免陷入双峰之附会。其实双峰之说并无丝毫佛教思想气息,船山之见实体现其对佛学之警惕。对"知之者"章"知之者不如好之者,好之者不如乐之者"的"之",双峰分别以格物致知、诚意、意诚身修解之。"《大学》物格知至,是知之者;诚意如好好色,是好之者;意诚而心正,身修则心广体胖而乐矣。"③船山痛斥此说:

> 知之者之所知,好之者之所好,乐之者之所乐,更不须下一语。小注有云"当求所知、所好、所乐为何物",语自差谬。若只漫空想去,则落释氏"本来面目"一种狂解。若必求依据,则双峰之以格物……实乃大诬。近见一僧举"学而时习之"一"之"字问人云:"之者,有所指之词。此之字何所指?"……缘他胸中先有那昭昭灵灵、石火电光的活计,故将此一"之"字,捏合作证。若吾儒不以天德王道、理一分殊,大而发育峻极、小而三千三百者作黄钺白旄,奉天讨罪之魁柄,则直是出他圈套不得。假若以双峰之见,区区于《大学》文字中分支配搭,则于"学而时习之",亦必曰"之"者谓知行而言,适足供群髡一笑而已……而双峰之病,则在割裂。……从乎"当求所知、所好、所乐为何物"之说,而于虚空卜度一理,以为众妙之归,则必入释氏之邪说。从乎双峰之所分析,则且因此误认《大学》以今年格物……一切不求,偏寻此一"之"字觅下落,舍康庄而入荆棘,何其愚也!④

① (清)王夫之:《读四书大全说》,岳麓书社2011年版,第655页。
② (宋)朱熹:《四书章句集注》,中华书局1983年版,第76页。
③ (明)胡广等:《四书大全》,《景印文渊阁四库全书》第二百零五册,台湾商务印书馆1986年版,第234页。
④ (清)王夫之:《读四书大全说》,岳麓书社2011年版,第687—688页。

船山认为此"之"是虚指，不可指定，无须解释。批评《四书大全》所引朱子"当求所知、所好、所乐为何物"说错误。告诫若一味琢磨"之"字所指，将会陷入禅学"本来面目"之狂。批评双峰之说是强行比配，大诬经旨。其实《四书章句集注》所引尹说首句即言，"知之者，知有此道也"。以"之"指道。船山批评此论"近诞"。又引僧人问"学而时习之"之事，认为乃是其所设圈套，不过欲表达心中昭昭灵灵、石火电光之禅学。对治此禅学在儒家天德王道之说，当以发育万物、三千三百具体事上之理以讨伐、纠正其空虚禅学之错谬，否则无以摆脱禅学羁绊。指出假如照双峰解经的"分支配搭"之法，以知行来坐实"之"，则将为僧人所笑。盖船山认为不能坐实此"之"字，"之"所指广大周遍而"不专指一事"。他认为《论语》"之"皆不落实，只是说学者用功境界而已，并非以此彰显道。盖船山颇反感空说一个"道"，主张为学所要者只是在实践上如何去做。又指出如以《大学》思想来概括全章旨意，其实亦无不可，但双峰之病，则在过于割裂。盖致知诚意等工夫乃同时并存。此"之"字"既可全举一切，亦可偏指一事"。他批评朱子所知、所好、所乐为何物说，陷入虚空求理之中而必落入佛教偏邪之说。而双峰以《大学》格致、诚正、修身三者比配知之、好之、乐之的分析之说，误把工夫看作一节一节之次第，将耽误学者工夫，且诚意不如修身之见，实颠倒圣学次序。学者当在"五经""四书"中着实下工夫，而不可只是探求无形影"之"，认为如此则简直是舍本逐末的愚妄之举。此充分体现了船山主观性强、态度分明的诠释风格，以及他抵制佛老、注重形下实践的为学态度。

双峰批评学者把"必也狂狷"章朱子"激厉裁抑"说分别指向狷者和狂者，认为其实狂狷皆存在过与不及的情况，故皆须"激厉裁抑"。船山于此褒贬兼具。言：

> 双峰说狂、狷各有过、不及处，自是谛当。然看他下"过、不及"语，俱因"中"字反形而出，则是中行、狂、狷如三叉路，狂、狷走两边，中行在中央相似。此种见解，但有影响，了无实义。盖狂、狷两分，中行中立，则是相敌之势……狂狷总是不及，何所得过？……究竟释老之教，也只是不及而不能过。……过、不及之不与中参立，愚屡辨之矣。①

船山认可双峰判狂狷各有过不及说，但又指出双峰存在把狂、狷与中行并列为三的情况，认为此种三分之解徒有其表，而实无意义，造成三者之对

---

① （清）王夫之：《读四书大全说》，岳麓书社2011年版，第796—797页。

立。其实中行内在包括了狂狷,否则不足以为中行。狂狷不存在过,只是不及,此是相较于中行而言,中行无非是狂狷恰到好处。故佛老之学其实不存在过,而只是不及。船山认为,过、不及不能与中并立为三,此是其创新之说。

关于无为而治的"为",船山抓住"为"借题发挥,对朱子、双峰皆加以批评,尤其论及与老庄之别。他说:

> 唯以创作言"为",斯与《集注》"绍尧"、"得人"意相承贯。双峰分两节说,是"绍尧"、"得人"为赘设矣。《集注》云"圣人德盛而民化",则以释经文一"治"字,非为"无为"言也。此是圣人与老、庄大分判处,不可朦胧叛去。《集注》唯"敬德之容"四字有碍,其他自正,为后来诸儒所爚乱,为害不细。①

船山批评朱子小注排斥巡守等事,认为如舜践位以来不为此事,则是"老氏之旨,而非圣人之治"。他对"恭己正南面"提出新解,认为二者当分开读,所谓"恭己"就是修德于己,"正南面"是施治于民,此是君王之常道,故不是有为而是无为,此是船山对有为与无为的新解。批评《四书章句集注》"恭己为敬德之容"有流于泥塑像之弊。提出此无为的"为"乃是创作之意,正合于《四书章句集注》"绍尧""得人"说,批评双峰把"无为而治"与"恭己正南面"分为两节,分指圣人之同与舜之独,如此则"绍尧""得人"成为多余。其实双峰完全是照《四书章句集注》之解。船山强调《四书章句集注》"德盛而民化"是针对"无为而治"的"治",而不是"无为",认为此是与老庄之别关键所在。指出《四书章句集注》"敬德之容"四字有误,为后学所混乱,带来诸多问题。

船山还批评阳明学沦为狂禅,体现了对阳明心学的批评。如"礼之用和为贵"章,船山颇欣赏双峰"有子论仁论礼,只说得下面一截,上面一截须待程子、朱子为发明之"说,而不满朱注。言:

> 双峰云:"有子论仁论礼,只说得下面一截。"东阳云"有子是说用礼"。只此二语,见得此章在《集注》,自从本源上别起一番议论,非正释也。②
>
> 大抵有子在制作上立言,故曰"用"、曰"由"、曰"行"。是故双峰以为在下面一截说……王阳明疑有子之支离以此,而有子之切事理以

① (清)王夫之:《读四书大全说》,岳麓书社2011年版,第825页。

② (清)王夫之:《读四书大全说》,岳麓书社2011年版,第592页。

立言,终异于姚江之沦于禅者,亦正在此。①

　　云峰之笃信,乃以成朱子之失;饶、许之分别,乃以通朱子之穷。故
有功先儒者,不在阿也。②

　　船山指出,根据双峰"下面一截"及许谦"用礼"说,可推出朱注乃是脱
离本文的另起炉灶之论,是在本源上立论,而有子则在实践上立论,正如
"孝悌为仁之本"乃是就行仁而言,此处"用"即行、实践之意,"和"也非朱
子的"从容不迫",而是中节之谓。他断定有子是就下面之礼言,"只是重
礼",亦不在和乐。他并未论及《中庸》首章"中和大本达道"之说,故引发好
论本体的阳明支离之论。正是因有子之论切于事理,故避免了如阳明般沦
为狂禅之学。可见事理是船山判定儒禅的一个标准。他进而指出胡云峰笃
信朱子之说反而有误,饶双峰、许谦以自家辨析之解疏通朱子反而有功,可
见为学态度不在阿附而在勇于批评,船山对朱子、双峰等朱子学之批评即体
现了此等精神。

　　(四)"气能为善""认性作道""知德之辨"

　　船山在对双峰说的批评过程中,提出不少独特观点。如在"血气未定"
章,双峰提出"能持其志,则血气皆听命于心"③,船山对此加以剖析,提出
"气能为善"说。

　　　《集注》"血阴而气阳"一句……双峰云"能持其志,则血气皆听于
心",则已赘一"血"字矣。大要气能为善,而抑能为不善。如血,则能
制其不为恶而已足,不能望其为善也。……双峰"心是魂、魄之合"一
语,极有理会。唯其两合于阳魂、阴魄,是以亦听命于血。④

　　船山指出,朱注"血阴而气阳"句深有意味,批评双峰说"血"字多余。
提出气、血之辨,主张气能为善也能为不善,但血则不能为善,只能制止它不
为恶而已,不能指望它为善。这与他的气本善论相通。⑤ 他分别了心、气、

---

①　(清)王夫之:《读四书大全说》,岳麓书社 2011 年版,第 595 页。

②　(清)王夫之:《读四书大全说》,岳麓书社 2011 年版,第 597 页。

③　(明)胡广等:《四书大全》,《景印文渊阁四库全书》第二百零五册,台湾商务印书馆 1986
　　年版,第 465 页。

④　(清)王夫之:《读四书大全说》,岳麓书社 2011 年版,第 849—850 页。

⑤　陈来:《王船山的气善论与宋明儒学气论的完成——以"读孟子说"为中心》,《中国社会科
　　学》2003 年第 5 期。

血的心君、气将、血卒关系,指出最终作用则取决于工夫如何。双峰提出"心是魂魄合一"之论,认为如能持志则血气听命于心,反之心听命于血气。船山赞此说有意味。

双峰在"好勇(刚)不好学"章提出"刚体勇用"说,曰:"刚属质,体也;勇属气,用也。"①船山批评此说语义不清:"双峰'刚体勇用'之说,殊不分晓。凡言体用,初非二致。有是体则必有是用,有是用必固有是体,是言体而用固在,言用而体固存矣。"②他提出体用无二说,有体则必有用,有用必固有体,言体而用在,言用而体存,可见体用相即不离。对"人能弘道"章的"道",双峰认为是"就自家心上说",是心之道而非普遍之道,船山批评其把"心体"与"实体"割裂,"认性作道",提出"性非道"论。

> 朱子说道体无为,是统论道;张子言性,则似以在人者言之。所以双峰云:"此道字是就自家心上说,不是说道体",与朱子之言相背。以实思之,道体亦何尝不待人弘也!有天地之道,有君子之道,莫不有体。君子之道,如子臣弟友,其体也。人之为伦,固有父子,而非缘人心之孝慈,乃始有父有子,则既非徒心有之而实无体矣⋯⋯天地之道,虽无为而不息,然圣人以裁成辅相之⋯⋯凡此皆人之能。岂如双峰所云"蟠天际地,何待人弘"也哉? ⋯⋯双峰煞认性作道,遂云"四端甚微,扩而充之,则不可胜用"。⋯⋯人之有是四端,则其所以能弘道者也。若以"扩充"为"弘",则是心弘心而人弘人矣。如其不然,而以四端为道,则夫仁义礼智者,德也;即其在性,亦所性之德也。夫子固不曰"人能弘德也"。双峰之徒为枝蔓,固不如熊勿轩所云"唯学故能廓而大之",语虽浅而不失也。⋯⋯"性不知捡其心",则人之有不善者,其过在心而不在性。心该情才言,唯心不足以尽性,病亦在不学。而非性不足以凝道,道本静,故性虽静而道自凝焉。性继道以无为,则不善而非其过。继善成性,故曰性继道,以释天下之疑。谓人之不弘者,为道本不弘,而人无容强致其功,因以倡邪说而趋诐行。其以发夫子之微言,至深远矣,宜乎双峰之未逮也。③

船山认为双峰说与朱子"道体无为"说不合,剖析双峰未能区分性与

---

① (明)胡广等:《四书大全》,《景印文渊阁四库全书》第二百零五册,台湾商务印书馆1986年版,第478页。
② (清)王夫之:《读四书大全说》,岳麓书社2011年版,第867页。
③ (清)王夫之:《读四书大全说》,岳麓书社2011年版,第834—835页。

道。指出朱子之道体乃是普遍之道,而《四书章句集注》所引横渠"心能
尽性"之性则是指人之性,故双峰受此误导。再则即便道体为普遍之道,
同样要靠人来弘扬,裁成辅相。此处关键是船山对道体所作的新解。他
认为此体即形体、实体之义而非体用之体,故无论天地之道还是君子之
道,皆有落实此道的可见之体,如君子之道即以父子、君臣、兄弟、朋友为
体,此体乃形而下者。故人伦之道不是说先有孝慈之心,才有父子存在。
恰恰相反,是先有父子之体之实,才有孝慈之心,突出实体存在先于由此
而生的心与理。此显出船山重事、重气的思想,颇有针对阳明学与佛老的
意味。他批评双峰"蟠天际地,何待人弘"说,双峰是以此道为普遍流行
于天地之道,是从道体流行、先天本有之道而论,自可成立。然船山更注
重现实层面之道,如天地之道、君子之道,此皆有赖于人之弘扬。船山疏
通横渠说,认为其"唯人有性"说可商,根据朱子万物皆有性,凡存在皆有
性之说,船山推出道与人相亲附即横渠所言性。但他强调是"性涵道",
道包含在性中,而不是"性即道,道即性",以此限定性、道之别。其实在
理学语境中,性、道是相通互换的,此见出船山新解。船山由此批评双峰
以性为道、扩充四端说,认为如把"扩充"当作"弘道"理解,则变成"以心
弘心"(其实孟子存养扩充本心,未尝不是以心弘心,以作为动力主体的
心来实现本然的道德本心);否则就得把"四端"理解为道,但仁义礼智是
性之德,故扩充四端则变成弘扬性之德。他批评双峰说枝节缠绕,不如熊
禾不提"四端",直接解为学而扩充之。他又赞横渠心性之论实能阐发夫子
宗旨。分析横渠心能尽性,是指具有此心即皆可成圣;性不知检其心的问题
在心不在性。心赅摄情、才,如心不能尽性,问题在不学而不在心。只有性
才能凝聚道,性道皆静,而道本自凝,故性之继道,乃是无为,而不善亦非性
之过。所谓人不弘乃是指道自身不弘,故无须勉强以人力去弘之,否则是倡
导邪说,害道诐行。船山此解甚主观,当是因袭蔡清说。蔡清已提出四端说
是弘性而非弘道,性道有别;并指出这是《四书章句集注》把横渠"心能尽
性"放于圈外的原因,盖此说并非正意。并引《中庸》待其人而行说,批评双
峰道何待人弘说。船山之论,颇与之一致。①

---

① 蔡清说:"据双峰之说,以四端为道,于'弘'字为好说,然非正意。盖道与性自有分别。依
彼说便是人能弘性,此张子注所以在圈外。道者,事物当然之理……此道理都在吾身,只
在我充大出去,廓大之,都在心上发挥。故曰'人心有觉'。若四端则是性也。性,人心,
活物也,如何说'道体无为'?且《中庸》'大哉圣人之道',亦曰'待其人而后行'。饶氏如
何说道自然天蟠地,何待人弘?"(明)蔡清:《四书蒙引》,《景印文渊阁四库全书》第二百
零六册,台湾商务印书馆1986年版,第352页。

船山在"知德者鲜"章提出对"德"的看法,对双峰解既有认同也有批评。他说:"双峰云'德与道不同'一语,甚是斩截。……《集注》云'义理之得于己者'七字,包括周至。双峰似于'得于己'上,添一'既'字,如云'义理之行焉而既有得者'……以实求之,双峰于此'德'字,未得晓了,其于《集注》'得于己'三字,亦未知其意味。"①船山认可双峰"德"与"道"不同说,但指出双峰下文解释不好,不如《四书章句集注》完备。双峰阐述的"知在行后,则此道实为我有而知之也深"表明德是既得于己之义理。船山强调经文是"知德者鲜"而非"有德者鲜",批评双峰未能理解此"德",也未能把握《四书章句集注》"得于己"。他认为得分为两种:得于天的性之得,得于人的学之得。学之得是知道力行,性之得则是静存洞察见天地之心。故"不知德"不代表无德,而是从道得德。知德者才是见性之中,为三达德之本体,自行天下达道,二者是子路与颜回的区别。船山此解很绕,从中析出两种德来,并区别从道生德与于心见德。前者是有得而非知德,强行区别有得(德)和知德,使语义复杂难解。他对双峰的批评不限于双峰一人,往往是借题发挥,直抒己见而已。②

(五)赞双峰说:"大有功于圣学"

尽管船山对双峰《论语》解以批评为主,或褒贬兼具,然亦不乏对其说纯褒奖者,涉及仁知关系、正名、君子小人、主敬工夫等,多是双峰对朱注加以批评或提出新解者,体现了双峰不同于朱子之说反而颇得船山认可。如"饱食终日"章船山对双峰的敬坐工夫论给予高度评价:"双峰言'静坐时须主敬',大有功于圣学。当知静坐无'敬'字,不如博弈。"③体现了船山对主敬工夫的重视。"举直错枉"章,船山非常不满《四书章句集注》所引曾几之说,曾氏认为,樊迟怀疑爱应周遍与应有抉择之说存在矛盾。"迟之意,盖以爱欲其周,而知有所择,故疑二者之相悖尔。"④船山不满此而对双峰说较认可。他说:"即欲如曾氏之说,亦但可如小注云'仁里面有知,知里面有仁'理会。双峰云'举直错枉,依旧是从仁上发来',此说斡旋较可。'能举直,则是发此天理之公,是亦仁也'。……皆将举错作仁者之用,故可云'仁中有知,知中有仁'。……故必不获已,亦当从朱子《语类》及双峰之说,无

---

① (清)王夫之:《读四书大全说》,岳麓书社2011年版,第823页。
② 如蔡清《四书蒙引》则称赞双峰说,"善乎,饶氏之说曰:'既知得这里面滋味,则外面世味自不足以夺之。'"(明)蔡清:《四书蒙引》,《景印文渊阁四库全书》第二百零六册,台湾商务印书馆1986年版,第342页。
③ (清)王夫之:《读四书大全说》,岳麓书社2011年版,第875页。
④ (宋)朱熹:《四书章句集注》,中华书局1983年版,第139页。

徒拘《四书集注》以为曾氏墨守,犹贤乎尔。"①他认为曾氏之说不如《语类》的仁知互涵解,欣赏双峰说把知归于仁上,并认为举直亦不过是天理之公的呈现,即是仁。船山又引《大学》仁者好恶人、《孟子》尧舜不遍爱而急亲贤等说,认为皆将举直措枉当作仁者之用,即仁中有知,知中有仁。提出当以《语类》及双峰说替代曾氏说。"正名"章双峰辨析《四书章句集注》引胡安国之论,认为朱子引胡氏说的原因在于其说义正词严,可为万世纲常之主,但这是一种理想法则。若要落实,则需要特殊时机和条件:孔子掌握实权且处于灵公刚死之时。船山颇认可此论,说:"胡氏立郢之论,双峰辨其非是,甚当。孟子所言易位者,唯贵戚之卿可耳。据冯厚斋所考,子路此问,在辄立十二年之后,虽贵戚之卿,为之已晚矣。……岂有十二年之后,业已为之臣,而敢行废置者乎? 胡氏此等议论,极粗疏。"②船山认为即便照孟子贵戚易位说,亦不合时机而实不可行。盖子贡问夫子为卫君乃其初年事,而子路之问则是十二年之后,夫子当时认可辄,赞同不立公子郢。船山批评胡氏议论极为粗疏不合实情,是拘泥《春秋》家学之误。又"君子不可小知"章,船山认为在君子与小人对说时,二者皆非其通常之义。双峰提出"君子亦有等降",认为此只是指大体正当而细微处仍有不足之君子,而与君子相对的小人是"小有才之人,非庸常之小"。此说颇受船山认可,认为可通于《论语》君子小人诸章解。"凡小人与君子并言,则既非卑污已甚之小人;君子与小人并言,亦非必才全德备之君子。双峰之说,可通于'和同'、'骄泰'、'求人求己'诸章。"③"大师挚适齐"章双峰解当时乐官离开鲁国的原因是因鲁国"专尚淫哇"之音:"乐官之去,双峰谓鲁'专尚淫哇故去',是也。潜室归咎于三家强僭,则三家之僭已久。"④双峰之解是对经文言外之意的发挥,而得到船山认可。船山批评陈埴等将乐官之去归因三家强僭不对。

　　船山对双峰的批评及认可,一方面体现了双峰在后世的广泛影响,有助于认识双峰学富于分析、善于穷理、勇于立异的特点,双峰虽无著作传世,然却是朱子四书学诠释史上的重要人物。他对朱子四书作出的深刻、新颖之解引起船山高度重视,双峰虽被船山批判为训诂分析之学,批评多于赞扬,实则对船山多有激发之功,船山在对双峰的批判反思之中形成了自身观点和诠释方法。正是在与以双峰为代表的朱子后学的相摩相荡中,船山思想

---

①　(清)王夫之:《读四书大全说》,岳麓书社 2011 年版,第 788 页。
②　(清)王夫之:《读四书大全说》,岳麓书社 2011 年版,第 790 页。
③　(清)王夫之:《读四书大全说》,岳麓书社 2011 年版,第 838 页。
④　(清)王夫之:《读四书大全说》,岳麓书社 2011 年版,第 878 页。

逐渐形成完善。① 另一方面,船山在对双峰的批判中,加深了自身对朱子学的认识,提出了其实事实理思想。通过对双峰《论语》解的批判,他的理事合一、体用不二、气能为善、性道非一等重要观点皆有所呈现;他竭力反对佛老空虚之学,重视实践笃行的价值取向得以彰显。在诠释方法上,船山反对双峰过于琐碎的分析之学,判之为"训诂之学",然则船山对双峰的批判,实则亦离不开对经文概念的分析,体现了船山以我为主、睥睨前人、率性主观、嬉笑怒骂的自由诠释风格,这有助于从一个新角度来增进对船山学的认识。最后要指出的是,船山之评论"四书",以已构成朱子四书学之学术共同体、汇聚宋元诸家说的《四书大全》为载体,体现了传统学术聚焦经典文本,展开层累诠释,吐故纳新、述作兼具的特点。在此意义上说,船山自任"承朱子之正宗为之衍"之学自可被视为接着朱子学讲的明清朱子学代表,②其对《四书大全》的理解同样流入朱子四书学诠释的广袤洪流中。船山在诠释中体现的把经典文本与哲学观念相结合的方式为后人思考如何理解经典诠释与传统哲学之间的内在关系,亦提供了有意义的借鉴。

三、船山对双峰《孟子》解之评

本节就船山对双峰《孟子》解的批评与接受展开论述,以窥其承述朱子学之一斑。船山对双峰《孟子》解的讨论,与其对双峰《大学》《中庸》《论语》解几乎全然否定的评价不同,他对双峰《孟子》解虽仍以批评为主,但对双峰若干章的诠释给予了极高评价,显示出对双峰思想欣赏认同的一面。对双峰《孟子》解的批判,也体现了船山经典诠释及哲学思想的基本特点。在对双峰的批判性解读中,他反对双峰精细剖析文本、辨析字义的分析之法,认为这种细密的"区别法"简直是"自误误人";他提出理气不相离、理势不可截然分的理气相因思想,辨析道与理之别;讨论了真心、本心、仁心说,高度肯定双峰仁即心说,体现了严辨儒佛的立场;他对仁与礼乐、仁与不仁、

---

① 陈来先生指出《读四书大全说》,"对朱子后学则批评较多……他对朱子后学的批评也主要是不满于他们流入考证训诂,而不是视之为邪说"。参见陈来:《诠释与重建:王船山的哲学精神》,北京大学出版社2004年版,第11—12页。又指出船山的"四书"诠释,"对朱子本人及朱门后学的论点提出广泛的批评,而提出自己的诠释主张"。参见陈来:《诠释与重建:王船山的哲学精神》,北京大学出版社2004年版,第69页。

② (清)王夫之:《礼记章句》,《船山全书》第四册,岳麓书社2011年版,第1246页。关于船山对朱子学的最终态度,学界有不同看法,如邓辉即主早多认同晚多批评之说,恰与陈来先生主张的早多批评晚多推崇相对。邓辉由此提出了如何看待船山的朱子四书学诠释与船山张载《正蒙注》的易学诠释,何者居于其思想之首要的问题。参见邓辉:《王船山道论研究·甲编》,湘潭大学出版社2010年版,第3—82页。

孝与义等提出新看法,严厉批评双峰"谕父母于道"说违背了孝道精神。故船山对双峰《孟子》解的批判与吸收,实为船山对朱子后学承继与发展的生动体现,彰显了船山作为朱子后学的思想底色。[①]

（一）"石田中求罅隙"的区别法"自误误人不小"

双峰之学,以穷理精密、善于分析见长,然船山对其说则以批评居多,尤对其分析的研究方法极不满意,认为由此将朱子学带入训诂之歧途。在对双峰《孟子》解的批判中,船山即对双峰过于分析而流于训诂的诠释特点表达严厉批评。如《梁惠王下》"鲁平公将出"章"吾之不遇鲁侯天也"解,双峰引入《论语》夫子说加以比照,认为孔子天命之说有两层意思,即《宪问》"公伯寮愬子路"章"道之将行也"的取必于天,与《子罕》"子畏于匡"章"天之未丧斯文"的取必于己,而取必于天说与孟子本章相通。又提出孔孟之说存在圣人之言与贤人之言的区别。船山颇不满此圣、贤之分。言:

> 双峰以"天之未丧斯文"与"不遇鲁侯,天也"分圣贤优劣,乃向石田中求罅隙。孔子是临生死关头说底,孟子在遇合上说底,原有分别。……且遇不遇之权,鲁侯可以主之,臧仓可以操之。孟子为看高一层,说到天上去,则已极其至。若匡人之肆暴,原在情理之外,忽然乌合做下者事来,此并非匡人所可主,则明白是天操其权。故孔子须把天理天心细看出不丧斯文,方尽理之精微……"子曰不知命无以为君子"。此是君子小人分界处,不容有圣贤之别。于弥子曰"有命"……皆与孟子意同。若谓孔子告子服景伯低一等说,圣贤元无此移下一层,同流合污之教。浸令更与不如景伯者言,又当何如耶?以此区别法看圣贤文字,以自误误人不小。[②]

他批评双峰解穿凿附会,正如从无缝可寻的石田中硬凿缝隙。指出孔孟之说语境不同,语义自然轻重有别,孔子处生死关头,孟子是面对君臣遇合。孟子之遇否,本属人事,然孟子说到由天决定,乃是高说;夫子困于匡,事出意外,并非人事,而是天操其权。故夫子由此仔细体察天理天心,方体会出不丧斯文。船山此解虽未见得合文义,却是新解。又提出根据夫子

---

① 陈来先生指出,船山《读大学说》"延续程朱《大学》诠释的问题性,吸取程朱许多的诠释学资源,同时又对朱子本人及朱门后学的论点提出广泛的批评,而提出自己的诠释主张"。参见陈来:《诠释与重建:王船山的哲学精神》,北京大学出版社 2004 年版,第 69 页。他对饶双峰《孟子》解的批评亦印证了此说。

② （清）王夫之:《读四书大全说》,岳麓书社 2011 年版,第 919—920 页。

"不知命无以为君子"说，是强调君子与小人之分，而不存在圣、贤之别。指出《论语》中夫子相关天、命之说，皆与孟子意同，并无圣、贤之别。批评双峰"孔子告子服景伯是低一等说"，把圣人说成低下的同流合污之学，不合文义。指责双峰以如此区别之法看待圣贤文字，实乃自误误人，①体现了对双峰过于分析的批评。

"小言破道"。双峰对字义的细密剖析，同样引起船山批评。《公孙丑上》"人皆有不忍人之心"章的"忍"，双峰认为"人心慈爱恻怛，才见人便发将出来，更忍不住"②。以"不忍人之心"的"忍"为忍不住，即慈爱恻隐之心忍不住发出，即是天地生物之心，爱人之心。船山斥责此说害道。

> 不忍人"忍"字，误作必有忍"忍"字一例看，极为害理。双峰"忍不住"之说，其谬甚矣！"忍"字从刃、从心，只是割弃下不顾之意。孟子于此，已说得分明。……若无入井之事，但见一孺子，便痛惜怜爱，忍禁不住，骨与俱靡，则亦妇人之仁耳。……饶氏之以小言破道，将牵率夫人乐用其妇人之仁，小丈夫之悻悻而有余矣。③

船山认为从"忍"的字形看，即割弃不顾，忍心之义。如无孺子入井之事，只看到孺子便有怜爱不忍之心，则流于妇人之仁。再则，不可说恻隐之心发出忍不住，此乃不忍恻隐之心，而非不忍人。关键在于人乃一气相关，痛痒相连者。他批评朱子对蚂蚁不忍之心说，未能区分人物之别。总之，斥责双峰此解是以小言破大道，以不忍为妇人之仁。蔡清早已有此说，船山当受其影响。④

对本章"斯有不忍人之政"的"斯"，双峰认为"斯"就是即。船山则认为二者不同，他说：

> 双峰云"斯，犹即也"。若下得"即"字，便不当下"斯"字。"即"字虽疾速，然有彼此相蹙之意。……遂相因以即有耳。此言"斯有"则不

---

① 陆陇其亦批评双峰将孔孟区别不妥。"若以饶氏将孔孟岐而二之为不是，则可。若谓其将天字岐而二之，则未也。"参见（清）陆陇其：《四书讲义困勉录》卷二十五，《陆陇其全集》第六册，中华书局 2020 年版，第 810 页。
② （明）胡广等纂修：《四书大全》，山东友谊书社 1989 年版，第 2251 页。
③ （清）王夫之：《读四书大全说》，岳麓书社 2011 年版，第 942 页。
④ "饶氏谓人心慈爱恻怛，才见人便发将出来，更忍不住者，非是。不忍人，不忍害人也。"参见（明）蔡清：《四书蒙引》，《景印文渊阁四库全书》第二百零六册，台湾商务印书馆 1988 年版，第 486 页。

然。须为之释曰"斯，即此也"，方得恰合。即此不忍人之心，便有不忍人之政在内，非有待也。……不忍杀牛之心，自有此全牛之术；非既有此心，又有此术也。①

他认为"斯"与"即"的差别在于："即"表示彼此对待的先后次第关系，是"相因以即有"，非必然关系；"斯"则是表示蕴含关系，相当于关联分析命题，用"斯"意味着不忍人之政即蕴含于不忍人之心中，表示此仁政先天内在于不忍之心中，而非先后次第之两物。"即"看似表示关联紧密，实则反倒显出间隔。此见出船山分析同样细腻。

"徒为挑拨，了无实义。"双峰还对《离娄上》"爱人不亲反其仁"章的"皆反求诸己"的"皆"加以剖析，认为"上面三句包括未尽，所以下面又说'皆当反诸己'，添个'皆'字。……皆字说得阔，不特说上面三者而已"②。双峰特别重视"皆"字，以之为对前面所"未尽"之概括补充。船山对此"未尽"补充说加以批评，言"仁、智、敬之皆反求矣，则亦更有何道之可反求也？只此三者，包括以尽。'行有不得者，皆反求诸己'，是总括上文以起下义。双峰乃云'上面三句包括未尽，皆字说得阔'，徒为挑拨，了无实义"③。船山则认为仁、智、敬三者已经统括尽了，三者之外不存在可求之道。故所谓"皆反求诸己"是总结上文，唤起下文。批评双峰三者未尽尚待"皆"字来包括说只是对文本的无意义挑拨，并无任何实际意义，否定了双峰对本章文本关系的分析。

在对双峰分析之学痛加批评之时，船山也偶有对双峰认可者，如对双峰提出于《孟子》当贯通而观的方法即表示认可。双峰于《公孙丑上》"知言养气"章提出《论语》与《孟子》形式不同，《论语》短，《孟子》长，故对《孟子》的学习，既要注意全章大旨，又要注意前后文本的贯通。船山认为双峰此说甚好："双峰谓'《孟子》章句长，须看教前后血脉贯通'。如此，'愿学孔子'一语，乃通章要领，若于前后贯通有碍，则不但文义双蹶，而圣学吃紧处亦终湮晦，令学者无入手处。"④由此船山断定"乃所愿则学孔子"句为全章要领，假如不能以此贯通全章，则必然文义不通，埋没圣学要领，使学者无从入手。可见解经当力求文本前后血脉贯通的重要。

---

① （清）王夫之：《读四书大全说》，岳麓书社 2011 年版，第 944 页。
② （明）胡广等纂修：《四书大全》，山东友谊书社 1989 年版，第 2466—2467 页。
③ （清）王夫之：《读四书大全说》，岳麓书社 2011 年版，第 990 页。
④ （清）王夫之：《读四书大全说》，岳麓书社 2011 年版，第 939 页。

（二）"理与气不相离"与"无道非无理"

在对双峰《孟子》解有关理学思想的批评中，船山表达了自己对理气、理势的看法。在《离娄上》"天下有道"章中，双峰据朱子"以天为理势之当然"说，提出有理有气论，在天与气、势之关系上，主张"就事上说，气便是势。才到势之当然处，便非人之所能为，即是天了"[①]。就事而言，气即势，就势之当然而言则是天，是从实然与应然区别二者。船山对双峰说加以正反评价。

> 《集注》云"理势之当然"，势之当然者，又岂非理哉！所以庆源、双峰从理势上归到理去，已极分明。……双峰以势属之气，其说亦可通。然既云天，则更不可析气而别言之。天者，所以张主纲维是气者也。理以治气，气所受成，斯谓之天。理与气元不可分作两截。若以此之言气，为就气运之一泰一否、一清一浊者而言，则气之清以泰者，其可孤谓之理而非气乎？有道、无道，莫非气也。此气运、风气之气，则莫不成乎其势也。气之成乎治之理者为有道，成乎乱之理者为无道。均成其理，则均成乎势矣。故曰："斯二者，天也。"使谓泰有理而非气，否但气而无理，则否无卦德矣。是双峰之分有道为理、无道为气，其失明矣。……理与气不相离，而势因理成，不但因气。气到纷乱时，如飘风飘[骤]雨，起灭聚散，回旋来去，无有定方，又安所得势哉！凡言势者，皆顺而不逆之谓也；从高趋卑，从大包小，不容违阻之谓也。夫然，又安往而非理乎？知理势不可以两截沟分，则双峰之言气，亦徒添蛇足而已。……双峰错处，在看理作一物事，有辙迹，与道字同解。道虽广大，然尚可见，尚可守，未尝无一成之例。故云"天下有道"，不可云"天下有理"。则天下无道之非无理，明矣。[②]

一方面，船山认可双峰的理势之分，认为其从理势上归到理，意义分明，因为势也是理之当然，理势之间存在分合关系。另一方面，他认为双峰把势归于气自然可通，但毕竟割裂了理气关系，盖经文是以天来统摄理气。理气本不可分，事物无论在有道无道情况下，皆是有理有气。故双峰分有道为理，无道为气有误（双峰表述是理势对说，然又以势为小役大、弱役强，主张"气便是势"）。船山认为，天是对气的"张主纲维"者，突出天对于气的主宰

---

① （明）胡广等纂修：《四书大全》，山东友谊出版社1989年版，第2472页。
② （清）王夫之：《读四书大全说》，岳麓书社2011年版，第992—995页。

性,故天并非单纯的理或气,而是理气相互作用者,"理以治气,气所受成"者才是天。他强调理气不可分离为两截,不能说气之清泰者只是理,浊否者只是气,对清泰者而言,也不能"孤谓之理而非气",气作为普遍者,无所不在,与有道、无道无关,即无论道之有无,气始终存在。而气之运转则必然构成势。有道与无道乃是由气所构成的治之理、乱之理,理、势皆由气构成。而理势合一即是天。他指出,不能说泰、否分别专指理、气,故双峰的割裂理气,以有道为理、无道为气说显然不对。船山认为,"理气不离,势因理成,不但因气",即势也是理气之合,不能仅仅视为气。他又指出势乃"顺而不逆"之义,势之所在,即理之所在,盖理气不分,理势不分,"知理势不可以两截沟分",故批评双峰以气论势,画蛇添足。船山又提出理势关系是理之势,犹如理之气,因理并非现成可观者,而是通过气之条绪节目而显,故当气上见理,批评双峰把理看作一有方体形状的实有之物(双峰此处仅有"有理有气"一句,似并无此意)。船山还提出道与理之分,认为道是可见可受而具有一定之形者,故天下有道不等于有理,无道不等于无理。道与理不同,道是一定之理,是理之一种体现,理无定而道现成。

船山表达了重视理事合一的政治思想。对《梁惠王下》"齐人伐燕取之"章,双峰、陈栎皆认为"齐王只当诛子哙、子之,别立君而去,不当取他国"①。此是据孟子及朱注之意,主张定乱而不取国。船山则对此说加以批评。"双峰、新安乃谓齐为燕置后而不有,乃与汤诛君吊民之义同。不知齐之克燕,是何等机会。孟子以汤、武望之,便欲因此而兴王业,以安天下。……天下之定于一也,其何日之有?……诸儒之说,有但务名高而无实者,要非天理、人情之极至也。"②船山根据孟子对梁王的"定于一"说,认为孟子所有思想都是"但言兴王业事",而不顾及天下已定之实。故此处孟子想法是让齐王抓住这次克燕的千载难逢机会来兴王业而安天下,统一天下,占有燕国,不再走分封之路。船山的根据是,孟子对齐王的游说,始终以汤武之事期待于齐王,因而在孟子心中所考虑者非燕国一国得失而是天下定于一之王业。再则,就史实言,汤之王业也是在吞并小国如灭葛等过程中逐步实现的。船山批评双峰等人之说"务名高而无实",不合天理人情。此显出船山之思想,实出于天下统一安定这一根本目标而主张采取实际行动,反对不切实际的空洞高调的理想主义,他认为如此才是合乎天理人情者,显出船山学极为务实的面向,所谓天理必须合乎实际与人情,即理在事中也。

① (明)胡广等纂修:《四书大全》,山东友谊书社1989年版,第2164页。

② (清)王夫之:《读四书大全说》,岳麓书社2011年版,第917页。

（三）仁、爱与孝

船山在对双峰的评判中,对与理关系密切的仁的意义提出了新看法。《离娄上》"仁之实"章一个重要问题就是《四书章句集注》提出此处与"有子"章相通,"有子以孝弟为为仁之本,其意亦犹此也"①。双峰、张彭老等皆赞同此说并发挥之,船山则反对之。

> 若论原头发生处,但有远近亲疏之别,初无先后之序。人性之中,仁义之全体大用,一切皆备,非二者先而其余皆后。一落后,则便是习,不是性矣。唯斯二者,痛痒关心,良心最为难昧,故曰"实"。当身受用处,较其余自别……双峰及张彭老之说,皆不合本旨。②
>
> 双峰以智、礼、乐为"道生",大是差谬。作文字时,须如此宛转分配,实则言人能常知事亲、从兄,外尽其节文,而内极其和乐,则仁、义、礼、智、乐之实皆在是也。③

《论语》"孝弟为仁之本"的"本"与"仁之实"的"实",在朱子看来,是同一回事,都属于"光华枝叶有以发见于事业之间"。船山认为朱子之说乃是大纲而论,为了避免说死,故通于有子。其实有子是让学者以孝悌作为仁的根本,由此立定根基。孟子则认为凡五常之德皆当以此为实,不可向外。船山认可真德秀说,批评胡炳文分仁义是本心,礼智乐是工夫说。就源头发生来说,五者存在远近亲疏之别,但并无先后次第。仁义先天即有,包括五者,礼乐并不为后天才有,否则即是后天之习,而非先天之性。但五者皆容易被遮蔽陷溺,其中事亲从兄最难遮蔽,故是实。双峰认为此"实"正如果实,内含生意,由仁义之二实生出五常来,故正与"有子"章本立而道生相通,本立即仁义,道生即礼智乐,但有子偏而孟子全。张彭老也认为两章相通。船山痛斥双峰"道生"说大谬,认为如是写作为文,双峰如此分配不妨,即仁义是本立,智礼乐是道生。但经文之本意乃是说如能做到事亲从兄,外尽节文而内有和乐,则有仁义礼智乐之实,并非道生问题。

在《离娄上》"不仁者可与言"章中,双峰认为本章关键在"乐其所以亡者",它表明荒淫暴虐不过自取灭亡,此正与《四书章句集注》"心不存则无以辨于存亡之著"说相通。故船山就朱注、双峰说一并批评。

---

① （宋）朱熹:《四书章句集注》,中华书局1983年版,第287页。
② （清）王夫之:《读四书大全说》,岳麓书社2011年版,第1006页。
③ （清）王夫之:《读四书大全说》,岳麓书社2011年版,第1009页。

双峰归重末句,自未分晓。其意以为唯荒淫暴虐者,则与《集注》"心不存"之说相合,乃《集注》"心不存则无以辨于存亡之著"一语,亦抬起此不仁者太高。若论到存心上,则中材之主,能保其国家者,若问他仁义之心在腔子里与否,则无论三月不违,即日月一至,乃至一念之分明不昧,亦不可得。然而以免败亡而有余者,则未能仁而犹不至于不仁,尚可与言也。人而谓之不仁,岂但不能存其心哉,直已丧其心矣![①]

他批评《四书章句集注》把不仁者看得太高,即《四书章句集注》分为存心(仁义之心)与不存(仁义之心)两种,对应仁与不仁。在船山看来,不存与不仁不是一种而是两种。大多数中等之君即是不存仁义之心,然而尚并非不仁,因其虽不存此仁心,但却还能行保家卫国之仁政(事),故在仁与不仁者之间,还存在第三种中间人,此等人虽无仁义之心而有仁事,既非仁者亦非不仁者。不仁者不仅丧失仁义之心,连知觉之心亦无,如同醉汉。此解颇新,体现了船山对人的道德之心与道德行为关系的深入思考,肯定了心与事相割裂而不一的客观现实,强调不能仅仅就心而论,应考虑到"事"的一面。

《公孙丑上》"矢人岂不仁于函人"章,双峰认为章旨是"教时君因耻辱而勉于仁"[②]。船山称赞双峰抓住了本章要领,批评辅广、真德秀等仅着眼于心上说,不合上下文本之意。他说:"矢人岂不仁于函人一章,唯双峰为得之。庆源、西山只在心上说,却不顾下文'不仁不智'一段,亦且不顾矢函、巫匠两喻。矢人匠人之心,与巫函同,所以不同者,术而已矣。"[③]船山认为,就心而言,实无法区别矢人、匠人,只有术才是区分二者要素。此亦见出船山不仅仅看重在无形之心,更注重具有现实的可感知经验之事的观点。

在《告子》"仁内义外"章,双峰批评告子之说犯了以爱为仁、以情为性的错误,强调朱子的爱之理才是仁说,故告子实不识性。"然告子虽知以仁为内,而不知爱是情,仁是性,爱不便是仁,爱之理乃是仁。今便指爱为仁,已是不识得性了。"[④]此说得到船山高度赞赏,"'爱未是仁,爱之理方是仁',双峰之说此,韪矣。韩退之不知道,开口说'博爱之谓仁',便是释氏骑

---

①　(清)王夫之:《读四书大全说》,岳麓书社 2011 年版,第 996 页。
②　(明)胡广等纂修:《四书大全》,山东友谊书社 1989 年版,第 2269 页。"因耻辱而勉于仁"《四书辑释》作"以择术之意"。
③　(清)王夫之:《读四书大全说》,岳麓书社 2011 年版,第 950 页。
④　(明)胡广等纂修:《四书大全》,山东友谊书社 1989 年版,第 2727 页。

旎缠绵,弄精魂勾当"。① 船山同样认为告子是以情为性,还据此批评韩愈博爱为仁说犯了同样错误而流入佛教之说。此见出船山对仁爱、性情的严格辨析,对朱子学以理论仁思想的继承。

《离娄上》"事孰为大"章,双峰解释曾子养志的含义,是指曾子承顺其父好的意愿,即不私其口体之奉,常有及物之心,可谓是继亲之志。双峰还认为,除了有好的意思要承顺而推广外,对于"不好底意思,则不当承顺,要谕之使合于道,方谓之孝"②。此喻亲于道,即几谏之意,亦是儒家论孝之义。如《礼记·祭义》言,"君子之所谓孝者,先意承志,谕父母于道"③。但双峰之说遭到船山极力驳斥,认为是害道之言。他指出:

> 双峰说:"曾皙不私其口腹之奉,常有及物之心,这便是好底意思,曾子便能承顺他。"此言害道不小。子之事亲,若在饮食居处之际,较量著孰得孰失,得则顺之,失则逆之,即此便是不孝之尤。……见其有是,即见其有不是矣。……乃天下不孝之子,才于此辨是非,便做出逆天大恶来也不顾恤。……"天下无不是底父母",则亦无是底父母也。凡此之类,父母即极其不是,也只欣然承顺。双峰云"要谕之使合于道",一谕便是责善,责善便是争,争便是忤逆。父子之间,各执一是以相讼,而人道灭矣! ……人子之于亲,能有几桩事物与舜之有天下一例? 乃忍区区较其为公为私、为得为失哉! 甚矣,双峰之俗而悖也……叔齐之贤不能过伯夷,而以偏爱故,乱长幼之序。双峰所云"不好底意思",孰甚于此! 浸令伯夷见亲之过,而欲以谕孤竹君,使勿紊长幼之礼,岂非卫辄之流亚乎! 且到者处所,岂但伯夷,即凶悍贪罳之子,也难出口去谕。欲谕而不能,而又怀必谕之心,怀怨浸淫,而商臣之恶起矣。故曰:双峰之说害道不小。④

船山指出,首先不应当在饮食起居之处较量得失,分辨好坏,若此则是"不孝之尤",即不可揣测、评价亲之所举是否正当合理。并引陈了翁之言证明弑君父者皆源于"见其有不是处"。再则,分剩余之食物于人,也不见得是好意,不过是妇人之爱。船山此说不合经文之意,为其新解。盖经文实以是否"将彻,必请所与"这一细节来分别曾子与曾元之孝,如果抹杀此点,

---

① (清)王夫之:《读四书大全说》,岳麓书社 2011 年版,第 1061 页。
② (明)胡广等纂修:《四书大全》,山东友谊书社 1989 年版,第 2507 页。
③ (清)孙希旦:《礼记集解》,中华书局 1989 年版,第 1225 页。
④ (清)王夫之:《读四书大全说》,岳麓书社 2011 年版,第 1001—1003 页。

那经文即无意义。不仅如此，船山还认为，在此饮食之事上分辨是非，加以计较，正是逆子的根源。即便父母不是，人子也不能劝告，不能"谕之于道"，否则即是责善(其实责善并非此意)。再则，所谓有过则谏之类，船山认为那只是限于大纲目，且有诸多条件限制，是必须能改过者，是与作为儿子的职责无关者。若无精细限制，则会激成父子之变。故至于饮食之类小事，显然不存在谏过之必要与可能，而应顺从父亲之志。但双峰并没有说作为父亲在饮食上有问题而需要加以谏，只是说孝子要顺亲之好意，包括在饮食上。当然，船山采用反推法，即由顺承饮食之好推出不顺承饮食上之不好。双峰有"不好底不当承顺"说，即对不合于道的要求不应顺承，但双峰并未具体限定行为范围。船山则限定了谏的条件范围，担心如双峰之说，会无限制使用谏，造成对孝的伤害。所谓谏的前提即分辨公私是非得失，故消除谏的前提是于父母前消除是非之别，此在一定意义上通于《礼记》"门内之治恩掩义"而非门外"义断恩"之原则，而以父母之所为皆是。船山认为，即使顺从之事于我"不尽当于道"，但"终不至于失身"即可，突出了孝道原则的优先性。并以舜与瞽叟、象为例，舜于二者百般不计较，即便父有不是，亦不计较而顺承之。他批评双峰"不好底意思"已经是大不孝，子于父不可说"不好底意思"，不可见亲之过。此中即是孝与义的紧张问题，此问题各家见仁见智。如史伯璿即认为双峰说并无错，不过是诠释过深过新而已。①

(四) 本心、真心、仁心与辟佛

船山在对双峰《孟子》解的批判中，特别注重辨析孟子心论与佛教之别，避免儒佛相混。如《梁惠王上》"不忍其觳觫"章，双峰认为孟子之意是希望齐王因爱物(牛)之心，反而推至于仁民；因爱人之心，反而至于亲亲。又因亲亲而推于仁民，由仁民而至于爱物。此即爱物—仁民—亲亲之往复双向次第。船山于此说极不满，说：

> 孟子因齐王之善全一牛，举小例大，征王心之有仁术。而繇是以知保民之可，唯在反求其本心固有之术。岂仅据石火电光乍见之恻隐，遂欲王追寻之，以认为真心，便死生不忘，挚定做个本领，将来三翻四覆，逆推一次，顺推一次，若双峰之所云者？此种见解，的从佛诘阿难从佛出家最初一念来。"邪说诬民，充塞仁义"，其为害岂小哉！②

---

① 史氏云："双峰此论固新，恐亦求之太深。"参见(元)史伯璿：《四书管窥》，《景印文渊阁四库全书》第二百零四册，台湾商务印书馆1988年版，第816页。

② (清)王夫之：《读四书大全说》，岳麓书社2011年版，第907页。

他认为孟子牛羊之譬喻,乃是"举小例大",证明王有仁心而可行仁术,保民之方只在反求固有之本心。但并不是说让王抓住此见牛而不忍之电光石火般乍现的恻隐之心,以之为真心而念念不忘。以此作为工夫本领,如双峰般反复顺推、逆推之。批评双峰之解根本来自佛教出家最初一念说,简直是充塞仁义之邪说。双峰之解,本居于孟子文本,并无佛教之迹,然却激发船山如此大发雷霆之怒,显然船山此解别有关怀——警惕于本心与佛教真心之混淆。然亦显出船山对双峰之批评实从主观自我出发,而难免带有误解与偏见,甚至不乏罗织之嫌。又《离娄下》"赤子之心"章,双峰认为赤子饥便啼、喜便笑乃是其真情之表达,体现了纯一无伪之心(此《四书章句集注》说),大人即守住此纯一无伪之心而扩充之,做到蒙以养正。船山批评之。

> 大抵人欲便妄,天理便真。赤子真有未全,而妄不相涉。大人之不失,所谓"无欲而后可以行王道"者是已。双峰却从饥便啼、喜便笑上著解,乃不知饥之啼、喜之笑,是赤子血气分上事,元非赤子之心。煞认此为真心,是所谓"直情径行,戎狄之道"耳。释氏以行住坐卧、运水搬柴为神通妙用者,正在此处堕入禽狄去。孟子说个赤子之心,是从天道上见得,不容向一啼、一笑讨消息。孟子道性善,则固以善为赤子之心可知。"心统性情",赤子便有性而未有情,只性之善者便是,若知啼知笑,则已移入情矣。双峰之说,正告子"食色性也"之邪说。①

船山以理欲区别真妄,指出赤子是真不全而妄则无,所谓大人不失赤子之心,是指大人以其无欲之心然后推行王道。批评双峰所论啼笑乃血气之事,无关赤子之心。如以此为真心,则陷入直情径行的夷狄之道,流入佛老神通妙用之学。孟子的赤子之心乃是从天道上见,而非从啼笑上求。孟子以善为赤子之心。就心统性情言,赤子是有性无情(此说大不合常理),只是性善,故赤子之哭笑当归为情而非性,批评双峰从啼笑论赤子实落入"告子食色之性"论。双峰之意,无非是借"饥便啼、喜便笑"表明赤子之心真实无伪,纯粹自然而已,并无流入佛学之病。船山则强调赤子与大人之心不同,性与情不同,注重儒学真心之说,故借助对双峰的批评表达对佛教的否定。然就诠释学而言,他对双峰的理解并不恰当。

---

①　(清)王夫之:《读四书大全说》,岳麓书社 2011 年版,第 1019 页。

船山认为《离娄上》"离娄之明"章"圣人既竭目力焉，继之以规矩准绳"的"既、继"分别指已事与遂事，"既"表示已尽力但事未成功，故需要后者来成就此事；后者"继"是前者"既"的必要接续与发展。同时他批评双峰圣人不常有，故需要继之以不忍之政说流入佛老之唾余。他说：

> 既者，已事之词也；继者，遂事之词也。"已竭耳目心思"云者，劳已尽而绩未成也。"继之以规矩、准绳、六律、仁政"云者，言彼无益，而得此术以继之，乃以遂其所事也。双峰乃云"唯天下不能常有圣人，所以要继之以不忍人之政"。然则使天下而恒有圣人，则更不须此不忍人之政乎？是孔子既作，而伏羲之易，唐、虞之典，殷、周之礼，皆可焚矣！此老子"剖斗折衡"之绪论，释氏"黄叶止啼"、"火宅"、"化城"之唾余。奈何游圣贤之门者，不揣而窃其旨也！①

船山认为照双峰之说，似乎如有圣人，则不需要不忍人之政了，则一切典籍制度等皆不需要。双峰显然并无此意，船山推论过度。船山并进一步发挥，认为双峰乃是老子"剖斗折衡"思想，是佛教"黄叶止啼"说，是以圣贤之名而窃取佛老思想，可谓痛斥极严。其实双峰所论是人治与法治关系，强调如无圣人，又无法治规矩，则仁政将只能是依附于圣人个体者，随之而生灭。所论实毫无一丝佛老气息。此亦显出船山对佛学的高度警惕，以至不惜陷入随意发挥、率性附会之境。

船山对双峰说亦有大加赞赏者。如《泰伯》"异于禽兽"章，双峰认为孟子是以舜做一个存的典范，"孟子只举舜做个存底样子"，让学者仿效。船山甚满意此解。言：

> 双峰说"做个存的样子"一语，极好。君子之存，在德业上有样子可见，如舜、禹所为等，而非有下手工夫秘密法也。只如明伦察物、恶旨酒、好善言等事，便是禽兽断做不到处。……和靖说"舜是存，君子便是存之"，把定"存之"作工夫，则硬执"几希"为一物事。而为君子者战兢惕厉，拿定者些子不教放下，其与释氏三唤主人相去几何？恐其所谓"些子"者，正朱子所谓与禽兽同者也。②

① （清）王夫之：《读四书大全说》，岳麓书社2011年版，第990页。
② （清）王夫之：《读四书大全说》，岳麓书社2011年版，第1026页。

船山认为君子之存当在德业上有典范之呈现,舜、大禹等圣贤所体现的人格示范"有样子可见",而非有所谓秘密用工之法。此体现了船山重视现实世界,反对虚玄神秘之学的态度,锋芒指向的异端之学。他认为工夫应当在明伦察物等实际言行上展开,由此体现好善恶恶之心;不如此,即流于禽兽。此即几希所在。船山批评《四书章句集注》所引尹焞君子存之、圣人存者之分,把"存之"当作了工夫,以战兢惕厉之心视"几希"为一实物而不敢放下,实则流入异端"主人翁在否"之流。盖圣贤并非把仁义当作一客观外在之物,再次反映船山特别忌惮佛学。

《告子上》"人之于身"章,双峰在经文"无以小害大,无以贱害贵"的基础上提出逆向思考,提出"一毫一发,皆吾所当爱,皆吾所当养"之说,主张不是不养小体,而是不应只养小体,"莫专养小体"①,最好是做到养小体而不拖累大体。这一点得到船山欣赏,他说:

> 若教人养其大者,便不养其小者,正是佛氏真赃实据。双峰于此分别破明,其功伟矣。佛氏说甘食是填饥疮,悦色是蒸砂作饭,只要败坏者躯命。乃不知此固天性之形色而有则之物,亦何害于心耶!②

船山认为双峰之说击中佛教要害,即只教人养大体,而放弃养小体,此即佛教真赃实据。赞赏双峰于此辨析明白,其功甚伟,批评佛教将形色与天性割裂为二之思想,体现了船山对佛教激烈的排斥态度。

《告子上》"仁人心"章是船山对双峰解最为赞赏者。双峰继承勉斋说,认为此处"人心"与"求放心"的"心"皆是指本心之仁,而非朱子认为的知觉运动灵明之心。船山大赞之。

> 直以仁为人心,而殊之于物之心,故下直言求心而不言仁。乃下直言心,而言心即以言仁,其非仅以知觉运动之灵明为心者,亦审矣。故双峰为之辨曰:"不应下文'心'字又别是一意。若把求放心做收摄精神,不令昏放,则只从知觉上去,与'仁,人心也'不相接。"伟哉!其言之也!彼以知觉为心,而以收摄不昏为求放心者,不特于文理有碍,而早已侵入异端之域矣!双峰承二贤之后,而能直领孟子之意,以折群疑,其以正人心、辟邪说于毫厘之差者,功亦烈矣。

---

① (明)胡广等纂修:《四书大全》,山东友谊书社1989年版,第2787页。
② (清)王夫之:《读四书大全说》,岳麓书社2011年版,第1088页。

唯知此,则知所放所求之心,仁也;而求放心者,则以此灵明之心而求之也。仁为人心,故即与灵明之心为体;而既放以后,则仁去而灵明之心固存,则以此灵明之心而求吾所性之仁心。以本体言,虽不可竟析之为二心;以效用言,则亦不可概之为一心也。……若非勉斋、双峰为之发明,则是学问之外,别有求放心一段工夫。既与孟子之言显相矛盾,而直将此昭昭灵灵、能学知问之心为当求之心。①

船山认为,孟子以仁为人心,而不同于物之心,故直接言求心而不言求仁,盖心即仁,而并非以知觉运动之灵明者为心。故极为赞赏双峰的本章之心不能是知觉之心说。如以知觉为心,以收摄不昏者为求放心,则不仅不合文意,且流入异端,这是船山最看重的。由此他批评程朱本章解皆有误,不满朱子以此心为"此身酬酢万变之主"的功能心,以放心为"昏昧放逸"的知觉心,批评如果只是以此心为灵明之心,则流入佛教异端。他以"伟哉""功亦烈矣"对双峰之解极表赞赏,认为此说实能继承前贤而领会孟子之意,具有正人心、辟异端之效。船山着重分析所求之仁心与灵明之心为体用关系,所放失和所寻求之心是仁心,用来寻求此心者是灵明之心。仁是灵明之心的体,灵明之心是仁之效用。就本体言,二心不可分离;但就效用言,则不可合。他又引朱子说指出求放心乃是一切学问之前提,无此求放心工夫,则无有学问。求放心即是学问,非在学问之外另有求放心工夫;赞扬勉斋、双峰发明的贡献,否则学者将视求放心在学问之外,而错将"此昭昭灵灵、能学知问之心为当求之心"。故船山此心之意义之辨,紧密关联于儒佛之别。

综上所述,在经典诠释方法上,船山不认同双峰的分析之法,批评双峰这种强调文本区分及字义辨析的做法,不仅无助于理解文本,反而常常造成文意的支离破碎,如"石田中求罅隙",斥为"自误误人不小"的"小言害道"。应该说,双峰这种重视文本字义分析的方法是继承了朱子注重分析的精神,代表了朱子后学诠释朱子四书学的主流。事实上,船山对《四书大全》各说之辩驳,亦是以分析为主。船山并非笼统反对分析,而是反对双峰此等无道理、无意义之分析,认为这种分析已经异化为训诂之学。船山对双峰的这一看法,在元代理学家中早已存在。如被视为双峰再传的吴澄即判双峰与北溪之学皆流于记诵词章之学。朝鲜学者亦批评双峰穷理精密之学流于破碎和口耳之学:"双峰最用力于穷理,而有缴绕

---

① 　(清)王夫之:《读四书大全说》,岳麓书社 2011 年版,第 1083—1085 页。

破碎之病。"①可见船山对双峰分析之学的评价具有普遍性。在文本义理上，船山在批判双峰的过程中表达了自身的理学思想，提出理气相因不离、事上见理、理在事中等观点。这种重视实事实理的思想，使得船山特别警惕于儒佛之辨，常常就双峰之说加以发挥，斥其为禅学，虽不乏牵强附会之感，然更迫切表明了船山对儒佛虚实之辨的一贯主张。船山对双峰真心、本心、仁心的解析，显出其对道德之心的重视。在对仁与爱、孝等问题的理解上，船山严格辨析情、性之别，坚决捍卫儒家家庭伦理中孝对于义的优先性。另外需要指出的是，船山对双峰的批判反思，往往牵连于对朱子的评述。盖朱子后学对经文的理解，建立在对朱注再诠释基础上，离开了对朱子的认识，就不可能真正领会朱子后学之解。故船山对朱子及其后学的批评，事实上亦是将自身置入整个朱子学脉络系统中，就后人观之，他同样是以明清"朱子后学"的身份在诠释朱子学，从而构成庞大复杂的朱子学四书诠释史的一个环节。显然，就《读四书大全说》而言，船山所讨论话题、对象，皆笼罩于朱子学之下，船山完全是以明清之际朱子后学的身份在展开学术反思与批判工作。故在此意义上，船山作为朱子后学的身份是可以成立的，意味着从朱子学的视域来理解船山思想实具有其合法性。

第四节　陆陇其对饶鲁的接受与批评

双峰以穷理精密而多不同于朱子著称，陆陇其受到双峰注重字义解析与文本诠释的深刻影响，他将《四书大全》所引双峰说一百二十来处置于南宋以来朱子四书诠释的宏大背景下，加以比较、分析、辨正，对之表达赞赏、褒贬兼具、批评之态度，体现了朱子学一贯的治学特点。在双峰立异于朱子思想的影响下，陆陇其对双峰若干质疑朱子、别开生面之说表示赞同，显示出其尊朱实内在充溢着"非朱"之求真是精神。正是在吸收、分析、反思饶双峰等朱子后学诠释朱子成果的基础上，陆陇其实现了在批判传承中发展朱子学的历史使命，在一定意义上亦体现了江西与浙江朱子学的跨时空对话。

陆陇其（1630—1692），字稼书，浙江平湖人，被视为清朝"理学儒臣第一"并陪祀孔庙。作为清代朱子学代表的陆陇其，其学术由深入研读《四书大全》入手，"稼书于朱学，仅为一种四书之学而止"（钱穆语）。他尤其注重

---

① ［朝鲜］李象靖：《答权景晦》，《大山集》卷十九，《韩国文集丛刊》第二百二十六册，民族文化推进会1999年版，第381页。

对《四书大全》所引宋元诸说的吸收评价来形成自身对朱子的理解。学界对陆陇其尊朱辟王思想讨论甚多,①而对其如何通过对朱子学内部思想之消化吸收来形成自身理论之讨论似有不足。实则陆陇其之学术地位,除辟王这一"攘外"工作外,更根本的就在于通过辨析宋元以至明清各家对朱子四书诠释之得失,来形成他对朱子思想的认识,从而对朱子四书学具有了某种集大成式的诠释。在朱子后学中,作为朱子再传、勉斋嫡传的双峰以穷理精密,立论多不同于朱子闻名,《四书大全》所引双峰说多达 570 处。陆陇其对双峰说给予了极高重视,在各书中论及双峰说多达 120 处,高居《四书大全》所引朱子后学各说之首。② 陆陇其将双峰说置于整个朱子四书诠释史大背景下来加以分析、比较,对其说表达了或赞同,或批评,或褒贬兼具的看法,由此形成自身对朱子的定见与抉择,从而奠定其"辟王"的思想前提。陆陇其治学方法上实受到双峰精于穷理辨析的影响;治学态度上又为双峰勇于质疑朱子精神所感染,甚至有对双峰批评朱子之说表同情认可者。见出陆陇其之尊朱绝非一味拘泥维护,而实又有"非朱"之一面,体现了批判继承的求真是之精神,显示出陆陇其的朱子学总体呈现出在比较中加以分析、在取舍中予以辨正的特色。

一、认可双峰说

双峰四书解以分析细腻、思想新颖为特色,陆陇其对双峰说多有认可,且呈现层级性,通过具有区分度用语表达其态度之异,显示了评价的严谨与分寸拿捏的精细。大致分为以"最"表达的最高赞赏,以"亦好"表达的高度认可,以"可以兼用"传递的基本认可,以"正是注意"表明以朱注作为权威尺度来对其说加以裁定。这些评语显示出陆陇其对双峰的评价深深扎根于与各家之说的比较中,尤其突出了饶说与朱注的从违合离。

（一）认可双峰理学观点及诠释方法

一则赞双峰对"四书"概念如忠恕、德、善人等异同比较分析的精准、清晰,体现了文本内及跨文本间比较诠释、融贯诠释的特点。《论语》"子张问

---

① 相关成果如张天杰、肖永明:《从张履祥、吕留良到陆陇其——清初"尊朱辟王"思潮中一条主线》,《中国哲学史》2010 年第 2 期;张猛:《陆陇其"尊朱辟王"思想与实践研究》,《嘉兴学院学报》2019 年第 2 期;张天杰:《陆陇其的独尊朱子论——兼谈其对东林以及蕺山、夏峰等学派的评定》,《中国哲学史》2021 年第 3 期。

② 陆陇其对《四书大全》的研究,相比于宋元朱子后学,更为重视明清学者的成果,尤其是明代闽南一系蔡清《四书蒙引》(约引 800 条)、林希元《四书存疑》(约引 500 条)、陈琛《四书浅说》(约引 240 条)之说,而引刁包《四书翼注》更是多达近 1000 条。

政"章,双峰认为夫子所告"居之无倦行之以忠"是"论为政之心,不说为政之条目"。陆陇其赞双峰此说最是:"居行虽有心与事之分,而无倦以忠则俱在心上说。故双峰谓此论为政之心,最是。"①此道出"居、行"异中之同,皆落实于为政之心。《大学》"齐家治国"章"所藏乎身不恕而能喻诸人"说,陆氏以"最明白"赞双峰对忠恕关系的阐述最为分明,体现了对双峰分析精密的认可。"'恕有首有尾,藏乎身者其首,及人者其尾也。忠是恕之首,治国平天下章皆说恕,此章言有诸己无诸人,是要人于修己上下工夫,其重在首。下章言所恶于上,无以使下等,是要人于及人上下工夫。其重在尾,两章互相发明。'此一条说藏身之恕亦最明白。"②他认同双峰以首尾关系譬喻恕的藏乎身与施诸人之意,道出了忠与恕之本末首尾关系,并以忠恕分别作为本章与下章要领。双峰将《阳货》"乡原德之贼"章与"道听而涂说德之弃"章之"德"加以比较,云:

> 或曰:上章言"德之贼",此章言"德之弃",语意似相承。曰:"是如此。但两'德'字来历不同。上章所谓德,是得之于天者;此章所谓德,是得之于人者。"

双峰认为此二章"德"字差别在于来历不同,分别来自天、人,"德之贼"的"德"是得自于天,乡原以非德之行以乱真德,实际是以人之虚伪混乱天理;"德之弃"是得自于人,是闻人之善言而不能实有诸己,故是放弃其所得于人之德。双峰的天人之分是在朱注基础上的进一步阐发,颇有新意而切中现实。陆陇其赞双峰分别甚妙:"乡原二章'德'字,饶氏分别得妙,朱氏公迁说与相反。不可从。"③极为推崇双峰的朱公迁于此则认为"德之贼"是指有德之人,"德之弃"是指人心之德。此说与双峰不同而遭到陆陇其批评。《先进》"不践迹"章"善人不践迹,亦不入于室"解,双峰同样从天与人的区分来辨析之。"'上一句是善人之所以为善人,下一句是善人所以止于善人。所以不践迹,以其天资之美也;所以不入室,以其无学问之功也。'此一条最明。盖此是一扬一抑语,虽不入室,亦由于不践迹。然上句不践迹,

① (清)陆陇其:《四书讲义困勉录》卷十五,《陆陇其全集》第五册,中华书局 2020 年版,第578 页。
② (清)陆陇其:《四书讲义困勉录》卷一,《陆陇其全集》第四册,中华书局 2020 年版,第52 页。
③ (清)陆陇其:《四书讲义困勉录》卷二十,《陆陇其全集》第六册,中华书局 2020 年版,第714 页。

自是赞辞。"①双峰以"不践迹"作为善人天资之善,"亦不入于室"则是善人无学问工夫故仅止于善所在。双峰从天资与工夫两面剖析善人之得失,体现了剖析比较的特色。陆陇其赞此说最为明白,它传达出夫子之说抑扬兼具而落脚于贬抑之语气。

　　二则赞双峰解善发经文为学工夫。双峰解《中庸》"得一善则拳拳服膺而弗失"的"得一善"为"每得一善则著于心胸而不失"说,强调颜回并非只是独守一善或讲论一善,而是对所有之善皆固守之,刻画了颜回日积月累的下学上达工夫。陆陇其认为:"'每得一善,则著之心胸之间而不失,不是只守一善。'讲'一善'最明。明季讲家,欲将'一'字作'一贯'之'一'看,大谬。"②他赞此解"最明",批评明末讲学家把"一"视为"一贯"之"一",认为只是得一善即可贯通其余之说陷入为学空虚笼统之病,实为大谬。《中庸》三十章"仲尼祖述尧舜"句,陆陇其赞双峰以"学"为中心对夫子的阐发"最好":"首节依双峰饶氏说,谓'上二句学之贯乎古今,下二句言学之该乎穷壤'。用一个'学'字最好。人皆谓仲尼生知安行,不知生知安行,未尝不学也。"③此说突出了夫子虽生知,然实则更好学的特质,其学无所不包,穷古今而遍宇宙,故能集圣之大成。《述而》"居下位"章,双峰提出"人要为君取信,必须朋友称誉荐进……若说诚身工夫,则无间于事亲取友。事君治民之际,诚到至处,自能动物"。陆陇其赞双峰的效验与工夫之解极为明晰:"首节与末节分别处,双峰说得极明,细玩可见。"此是双峰治学特长所在。《子罕》"天之将丧斯文"章赞双峰说"最得":"夫子自任,兼穷达说为是,《大全》饶氏最得。"④他认为双峰此说发朱子所未发,穷达兼具两面,进一步挑明了夫子如何任道弘文。《宪问》"克伐怨欲"解,朱注以四者各自为一病痛,双峰则将四者病根皆归于"欲",突出"欲"作为四种病痛的根源意义。"'四件病根在一"欲"字,有所欲则贪多而求胜,遂其所欲则夸伐,不遂其所

---

①　《四书讲义困勉录》仅引首句,(清)陆陇其:《松阳讲义》卷八,《陆陇其全集》第三册,中华书局 2020 年版,第 323 页。

②　(清)陆陇其:《松阳讲义》卷二,《陆陇其全集》第三册,中华书局 2020 年版,第 79 页。"讲一善",《四书大全》作"亦不是著意去守这一善"。

③　(清)陆陇其:《松阳讲义》卷三,《陆陇其全集》第三册,中华书局 2020 年版,第 142 页。又见《四书讲义困勉录》卷三。

④　(清)陆陇其:《四书讲义困勉录》卷十二,《陆陇其全集》第五册,中华书局 2020 年版,第 408 页。双峰说为:"天生圣人,以任斯道,达则为天地立心,为万民立命;穷则继往圣开来学。天意如此,人安能违天而害之? 有夫子之德,有夫子之道,而后可以如夫子之自任,否则妄也。"

欲则怨恨.'白文本是平说,然如此看亦好."①陆陇其指出双峰对经文的剖析虽非原意,乃言外之意,但亦看得好,有助于学者用功.《先进》"鲁人为长府"章,双峰认为"观此章可见闵子訚訚之气象",陆陇其赞此气象之说甚妙:"饶双峰就'仍旧贯'二句看出訚訚气象,甚妙,而《蒙引》之说若与相反者,须知《蒙引》不是驳双峰,但恐人误认双峰之说耳."②他辩护蔡清之说并非反驳双峰,可见陆陇其注重明清以来学人对双峰说的态度.

三则赞双峰善发经注之意,字字皆有着落的解释方法.《卫灵公》"知及之"章,陆陇其表达对双峰落实"之"字之义的赞赏.

> 双峰饶氏谓"及之、守之、得之、失之,此四'之'字指理而言.涖之、动之,此二'之'字指民而言."皆要有著落,不可看作无头柄的话,说到虚渺去了.③

陆陇其认为本章主旨是论为学全功,而非仅就某一工夫而言,故以《大学》八节目比对本章,以本章为"一部《大学》工夫都在内".进而引双峰说,认为前四个"之"字是指理,后两个"之"字是指"民",此逐字落实之解经法,使得为学工夫有所着落而避免流于虚无缥缈,强调为学工夫应以明理为入手处.又《大学》"诚意"章"此谓诚于中形于外"的"诚",各家有不同理解,双峰以诚为"兼善恶"说,得到陆氏赞赏,认为他抓住了"诚"的真实义."诚中形外,诚字只当'实'字.双峰饶氏谓'此诚字兼善恶言',是也."④《八佾》"子语鲁大师乐"章,双峰提出"翕合之余有纯和,纯和之中有明白,明白之中无间断",陆陇其赞赏双峰"余、中二字有辩"⑤.《离娄上》"人有恒言"章,双峰提出"天下取则于国,国取则于家,家取则于身".陆陇其认同双峰说,认为突出了孟子以教养为主之意."双峰谓'天下取则于国'云云,是只主教化说矣.看来孟子是浑说,还兼教养为是."⑥《八佾》"文献不足"章,双峰说若当时杞、宋可证,得圣人论著二代之礼,与《周礼》并存,可

---

① (清)陆陇其:《松阳讲义》卷九,《陆陇其全集》第三册,中华书局2020年版,第357页.

② (清)陆陇其:《四书讲义困勉录》卷十四,《陆陇其全集》第五册,中华书局2020年版,第537页.

③ (清)陆陇其:《松阳讲义》卷十,《陆陇其全集》第三册,中华书局2020年版,第387页.

④ (清)陆陇其:《松阳讲义》卷一,《陆陇其全集》第三册,中华书局2020年版,第35页.

⑤ (清)陆陇其:《四书讲义困勉录》卷六,《陆陇其全集》第五册,中华书局2020年版,第331页.

⑥ (清)陆陇其:《四书讲义困勉录》卷三十,《陆陇其全集》第六册,中华书局2020年版,第954页.

为百王损益之大法，"双峰以为'百王损益之大法'一句最妙。盖一代自有一代之礼，而非合三代之礼，不足见损益之妙"①。陆陇其赞此说最妙，表达了损益原则在礼制中的根本地位。双峰对朱注的再阐发亦获得陆陇其认可。《季氏》"季氏将伐颛臾"章"故远人不服，则修文德以来之"，朱注解"远人谓颛臾"。双峰推出此解的根据是远人与萧墙相对而言："'夫子以萧墙对颛臾，则萧墙近，颛臾远。'此理亦好。"②陆陇其赞其说亦好，王夫之则批评双峰此说不妥。③

四则赞宁阙疑而不臆度的严谨求实态度。针对《阳货》"公山弗扰以费畔"章"吾其为东周"说，双峰言："当时子路更欠一问，如何可为东周？夫子必告以为之之道。如问'卫君待子而为政，子将奚先'？夫子便告以正名。今圣人不曾说出，难为臆度。"双峰认为可惜子路未曾追问夫子如何为东周，否则夫子必告之为东周之道。既然子路未问，圣人亦未答，故对圣人之思想只能存而不论，不可臆测。陆陇其赞赏双峰"难为臆度"之论甚妙，"按：《存疑》说煞了，不若饶氏'难为臆度'之语妙。且'为东周'与'可也有成'亦不必果别"④。他批评林希元《四书存疑》过度推测，不必强行分别"为东周"及"可也有成"的效用之别。可见在诠释上，陆陇其认为对无充分根据之论，不可过于拘泥说煞，体现了严谨的态度。史伯璿亦赞赏双峰此说。⑤

（二）并存二说，认可双峰

一则双峰对经、注往往提出与他人不同之解，陆陇其认为可与他说并行"兼用"，体现了陆陇其开放包容的诠释观，承认经典诠释的多元性而非独断性、唯一性。双峰之解或不同于朱注所引他说。如《子张》"君子三变"章

① （清）陆陇其：《四书讲义困勉录》卷六，《陆陇其全集》第五册，中华书局2020年版，第317页。
② （清）陆陇其：《四书讲义困勉录》卷十九，《陆陇其全集》第六册，中华书局2020年版，第686页。
③ "双峰云'颛臾远，萧墙近'，大是不审。……萧墙之内，只是祸发不测意。"参见（清）王夫之：《读四书大全说》，岳麓书社2011年版，第845页。
④ （清）陆陇其：《四书讲义困勉录》卷十九，《陆陇其全集》第六册，中华书局2020年版，第706页。所引《存疑》说为："圣人尝言'如有用我者，只说期月可也三年有成'。至公山弗扰之召则曰，'如有用我吾其为东周'。此事□大了，如何这等说？盖当时公山等之叛皆由三家自做不了，故使他得以为辞，观阳货欲张公室之言可见。使圣人见用，因此而说季氏，使还政鲁君，又说鲁使脩职贡于周，他必欣然乐从。由是复兴文武之业，特易易耳。比常时用圣人决是不同。故不曰可也有成而曰为东周。"
⑤ 《四书管窥》云："饶氏谓子路更欠一问，圣人不曾说出，难为意度。窃详语录、饶氏皆引而不发……学者只当以饶氏为断，语录为证也。"

朱注引谢氏："此非有意于变。"双峰认为"圣人本无三变"。陆陇其指出双峰说与谢氏说虽不同，然可兼用："谢注谓君子非有意于变，双峰是谓君子未尝有变，微不同。然二说自当兼用。"①或提出对朱注不同理解。如《四书章句集注》"孤虚"解，双峰主张"时日、支干、孤虚、旺相之说，大概以五行衰旺言之"。陆陇其指出《四书大全》所引蔡元定及金履祥就支干论，而双峰就五行论，实可兼用。"双峰饶氏则就五行上看出，看来似可兼用。"②或阐发经文言外之意。如《子张》"吾闻诸夫子"章，双峰认为"庄子用父臣，守父政，亦是当然之事，何处见得难能？此章怕当来有些曲折"。陆陇其此章最赞赏蔡清主张的自然、当然说，亦认为双峰"当然"说虽是言外之意，但可兼用之："圈内外注《蒙引》以自然、当然分看，极是。《大全》南轩、双峰亦是以其当然说，胡氏则以其自然说，二意原当兼用。"③《季氏》"和无寡"说，陆陇其认为林希元《四书存疑》是从事上言，如不均则君贫而臣不能富；而双峰则主张如君臣不和则人民虽众，然心仍时常以为寡。"本文无不均则如何一层，《存疑》谓不均则君既贫而臣亦不能享其富，此以事言。饶氏谓'不和则人民虽众，而心常以为寡'。此以心言，二说可兼用。"④他认为二说可兼用互补。

二则提出双峰说与他说"俱通""互发"，此是从异中见其同。如《里仁》"富与贵"章真德秀分为三节，而双峰似分为两节，陆陇其认为二说虽不同然皆通。"通章真氏分三节看，饶氏似止作二节看，俱通。"⑤或指出双峰说虽看似与朱注不同，然就语意而言则"非有二也"，此"非二"说显示陆陇其善于通过表面文字差异而把握深层语义之同。如双峰认为《大学》首章对八目的论述存在两种次序，逆推与顺推，分别论工夫与功效。"双峰云'上节就八目逆推工夫，后节就八目顺推功效'，所以覆说，所以顺推功效，

① （清）陆陇其：《四书讲义困勉录》卷二十二，《陆陇其全集》第六册，中华书局2020年版，第740页。
② （清）陆陇其：《四书讲义困勉录》卷二十七，《陆陇其全集》第六册，中华书局2020年版，第853页。
③ （清）陆陇其：《四书讲义困勉录》卷二十二，《陆陇其全集》第六册，中华书局2020年版，第744页。《四书蒙引》曰："其他可能也，谓生而能事、死而能哀皆可能也。盖其父之臣与父之政固可遵而不可改，人之适己自便而以死待其亲者，虽不可改而亦改之矣。而庄子则不然。于其臣也，父用之，吾亦承而用之；于其政也，父行之，吾亦承而行之，都不改其臣与其政，此实人所难也，盖以其所关系尤大也。"
④ （清）陆陇其：《四书讲义困勉录》卷十九，《陆陇其全集》第六册，中华书局2020年版，第685页。
⑤ （清）陆陇其：《四书讲义困勉录》卷七，《陆陇其全集》第六册，中华书局2020年版，第338页。

总是要见序之决不可乱。双峰与朱子之说非有二也。"①陆陇其认为双峰此说点出八目次序，与朱子之说其实无二。陆陇其颇留意双峰之解在"四书"之间的自洽，以"互相发也"看待其说差异。如关于知行说，《告子》"生之谓性"章双峰以心、身对朱注知觉、运动加以区分："总言之都是精神，分言之，则知觉属心，运动属身。"陆陇其认为就此而论，则知属心，行属身，这与《大学》的知行之分不同而互相发明。"与《大学》圣经知行之分又不同，盖亦可互相发也。"②

三则对双峰说之"活看""善会"，意味着对双峰说不可拘泥而观，应悉心体贴方得其实。如双峰对不同章采用同一之解，双峰既在"诚意"章言正心修身治病之方"已具于此"，又"正心修身"章言其方"已具于诚意章"。陆陇其指出："此等俱要活看，所谓'已具'者，只是言其切要处已具也，不是言此外别无工夫也。观《章句》'存、察'等字可见。"③对两处"已具"要灵活理会，"已具"不是指此外无工夫，而是说要领已具于此。《论语》"学而时习"章，双峰认为首句是工夫，以下五句是效验。陆氏指出："双峰饶氏云'此章六句，其工夫只在第一句上，其余五句俱是效验'。此须善会。朋来不愠，俱有工夫，只是从效验上见工夫耳。"④认为对双峰此说当善加体会，不可拘泥。工夫尚见于朋来、不愠等，只不过是从效验以显工夫罢了。

四则认为双峰说"正是注意"。陆陇其对双峰的评价，常以是否合于朱注为基本尺度，如《论语》"予欲无言"章与"无隐"章，朱注指出"此与前篇无隐之意相发，学者详之"，故双峰阐发了两章大同小异关系，认为皆是就行动以言实理，其异在"无隐"章强调理之显明，"予欲无言"章强调理不在言语求。"此与'吾无隐乎尔'章大同小异，那是说行处无非至理，别无深晦底道理；此是说行处都是实理，不必于吾言语上求。"陆陇其赞赏双峰说实合乎朱子之意，"双峰之说，正是注意"。⑤ 认为二章分别论理的至显、至实，反对探诸高深幽隐与言语文字，强调道无不在。

---

① （清）陆陇其：《松阳讲义》卷一，《陆陇其全集》第三册，中华书局 2020 年版，第 12 页。
② （清）陆陇其：《四书讲义困勉录》卷三十四，《陆陇其全集》第七册，中华书局 2020 年版，第 1080 页。
③ （清）陆陇其：《四书讲义困勉录》卷一，《陆陇其全集》第四册，中华书局 2020 年版，第 38 页。可见陆陇其认可双峰的诚意为正心修身工夫所在说，史伯璿极力反对此说，认为不合经文及朱子意。
④ （清）陆陇其：《松阳讲义》卷四，《陆陇其全集》第三册，中华书局 2020 年版，第 164 页。
⑤ （清）陆陇其：《松阳讲义》卷十，《陆陇其全集》第三册，中华书局 2020 年版，第 401 页。

（三）认同双峰而批评朱注

尽管陆陇其常以是否合于朱注为检验评价各说标尺，然并不拘泥于此，反而对双峰不同于朱注、质疑朱注之说大加赞赏，甚至"强行出头"，此显然受了以立异于朱子而著称的双峰之影响，在一定意义上体现了对朱注的批判继承。

如关于《中庸》"尊德性道问学"解，双峰以知行说批评朱注存心与力行解，此得到陈栎、倪士毅师徒的拥戴，但遭到胡炳文、史伯璿等反对。故以《四书辑释》为蓝本的《四书大全》并未取双峰及陈栎等说，而仅取胡炳文、史伯璿维护朱子说。本来，对于尊朱的陆陇其来说，应支持胡、史之说方是。但陆陇其反而替被删的双峰说打抱不平，替其出头，言"《大全》于尊德性节独载云峰胡氏、史氏伯璿之说而于饶双峰、陈定宇之说则削而不见，去取恐未必当"①。他认为《四书大全》删饶取胡之说未见妥当。其言外之意是，朱注并非对，饶说并非误。

对双峰有些明显冲朱注而来并遭到学者驳斥之说，陆陇其却表认可与维护，甚至不惜采取以朱就饶的做法。如《告子上》"仁人心"解，陆陇其强调本章之心当为义理之心，批评学人仅知知觉为心，却不知此知觉之心必须安顿在天理上方是，即心应是知觉与义理之合，才是人心，脱离天理的知觉之心乃是禽兽之心。"人但知有知有觉者心，不知这知觉一离乎天理，便与禽兽一般，如何叫得人心，须是知觉与天理合，方可叫做人心。故这仁乃人心也。此是指仁为心，不是指心为仁。"②陆陇其认为此处孟子意在强调仁为心而非心为仁，须精细辨析各家对此章的理解。

> 但此章先儒之说多有异同，须要精辨，如陆象山以收摄精神为求放心而谓求放心之外别无学问，这便流入于禅，其差不待言矣。即朱子初说谓"放心不收，则何者为学问思辨"，"存得此心方可做去"，将学问、求放心分作两段，亦是未定之论。《语类》中明明以此说为未是。③

批评象山以求放心为收摄精神，于此之外并无学问之说流入禅学。同样批评朱子强调求放心为学问思辨、工夫实践必要前提之说，割裂了求放心

---

① （清）陆陇其：《四书讲义续困勉录》卷二，《陆陇其全集》第八册，中华书局 2020 年版，第 1361—1362 页。

② （清）陆陇其：《松阳讲义》卷十二，《陆陇其全集》第三册，中华书局 2020 年版，第 419 页。

③ （清）陆陇其：《松阳讲义》卷十二，《陆陇其全集》第三册，中华书局 2020 年版，第 419 页。

与学问的关系,并归为朱子早年未定之论(其实此二说已被本章《四书大全》所收),并认为《语类》已具有反对此说之意。在陆陇其看来,本章之解只有双峰之说最好。

> 惟《大全》双峰饶氏之说曰:"上文说'仁人心也',是把心做义理之心,不应下文心字又别是一意。若把求放心做收摄精神不令昏放,则只说从知觉上去,恐与'仁人心也'不相接了。襄尝以此质之勉斋,勉斋云:'……三个'心'字脉络联贯,皆是指仁而言。今读者不以仁言心,非矣。'"这一条说得最的确详尽。与《语类》中所载朱子定论合,《集注》之意亦是如此。讲家依勉斋之说者,或以《集注》为误,此亦不是。①

双峰认为本章开篇"仁人心"的心应与结语"求放心"的"心"为同一心,皆是义理之心,而非知觉之心,并引其师勉斋之说而证明之。勉斋强调是以仁为心而非以心言仁,指出本章首中末三处出现的"仁人心""放其心""求放心"的心皆是同一内涵,皆是仁心。学问之道虽然方式多样,然根本宗旨则是求仁,为学若不以仁为心,则非其学也。陆陇其对此深表赞同,认为说得最确切详尽,与《朱子语类》中朱子定论及《四书章句集注》说相合。他同时批评"四书"评讲者据勉斋三心皆指仁说来批评《四书章句集注》之心具有知觉之心义不妥,又批评蔡清《四书蒙引》以求放心即是学问之事,二者并不存在先后割裂关系说。其实双峰、勉斋此处明显有对朱注的否定,如双峰所谓"若把求放心做收摄精神,不令昏昧放逸,则又只说从知觉上去"说即是针对朱注"盖能如是则志气清明,义理昭著,而可以上达;不然则昏昧放逸,虽曰从事于学,而终不能有所发明矣"而发,批评朱注以知觉论心。史伯璿维护朱子,认为知觉与义理并非对立关系,知觉之心具有存在的必要价值,并不妨碍它同时内涵义理之心。他指出双峰此说影响甚大,元儒陈栎《四书发明》、胡炳文《四书通》、倪士毅《四书辑释》等皆受其影响,故

---

① (清)陆陇其:《松阳讲义》卷十二,《陆陇其全集》第三册,中华书局 2020 年版,第 420—421 页。《三鱼堂日记》卷四、卷六皆引用了此条,解释养心莫善于寡欲,"因想及求于心章双峰述勉斋之说曰"。陆陇其还特别留意查找确证双峰所引勉斋说。"按胡氏《通》、赵氏《纂疏》、蔡氏《集疏》及《集注》内所载黄氏,并无此双峰所引勉斋之说,当再查。"参见(清)陆陇其:《四书讲义续困勉录》卷六,《陆陇其全集》第八册,中华书局 2020 年版,第 1586 页。

引其说并加以删改以合乎《四书章句集注》之意。① 然王夫之则极为赞赏双峰此说，认为是对朱注以收摄知觉为心的扭转。② 陆陇其并未删改双峰说，而是对朱注作出新解，认为朱注之心亦是论义理之心。可见陆陇其在此问题上实是以朱就饶，或者说以饶注与朱注合一。

陆陇其还以"所主各有所在"为双峰对朱注的批评辩护。如双峰对《中庸》首章"道不可须臾离也"和第十二章"君子之道费而隐"分别以"无时不然""无物不有"区别之。陆陇其赞此区分最为精细，特别指出首章与本章虽同时兼有"时"与"物"两层意义，但实际是各有所主。

> 饶氏以"首章道不可离为无时不然，此章费隐为无物不有"，最细。首章二句虽亦兼"无物不有"言，此章《存疑》虽亦兼"无时不然"言，然所主则各有所在。③

实则《中庸章句》于首章即以"无物不有，无时不然"解释道之所以不可须臾离。双峰对此加以批评，认为道不可须臾离只有"无时不然"，只是到"费隐"章才是"无物不有"，批评《中庸章句》是"搀先说了"。"'不可须臾离'只是说'无时不然'，至费隐章鸢飞鱼跃方有'无物不有'底意思，《章句》是搀先说了。"《四书大全》借胡炳文《四书通》引出双峰此说，并引胡炳文对双峰说的批评和对朱子的维护，他根据《周易》"富有之谓大业，日新之谓盛德"说，认为是先有物的存在，才可论及物在时间中的变化，以强调无

---

① "双峰此说，盖为破《集注》'志气清明'与'昏昧放逸'数语而发。但谓又只说从知觉上去之。疑又与前牛山之木章所论无异。且如放心是驰骛以徇欲于外之谓，若不说知觉，但说义理，则天下岂有谓之义理而亦徇欲放逸于外者耶？ 以此见得虽说从知觉上去，却于义理放逸之意，两无所妨……按：此章四段所谓心字，初焉'仁人心'之心，固不待论。第二节'放其心不知求'之心，是承人心得失而言，亦皆指仁而言无疑。第三节'有放心不知求'，《集注》谓'上并言仁义，而此下专论求放心者，能求放心，则不违乎仁而义在其中矣'。何尝以心为不指仁而言耶？ 既曰'此下专论求放心'，则包第三第四节二心字而言可知。双峰又何疑乎！"参见(元)史伯璿：《四书管窥》，《景印文渊阁四库全书》第二百零四册，台湾商务印书馆1987年版，第834页。
② "而言心即以言仁，其非仅以知觉运动之灵明为心者，亦审矣。故双峰为之辨曰：'不应下文心字又别是一意。若把求放心做收摄精神，不令昏放，则只从知觉上去，与仁，人心也不相接。'伟哉！其言之也！彼以知觉为心，而以收摄不昏为求放心者，不特于文理有碍，而早已侵入异端之域矣！双峰承二贤之后，而能直领孟子之意，以折群疑，其以正人心、辟邪说于毫厘之差者，功亦烈矣。"参见(清)王夫之：《读四书大全说》，岳麓书社2011年版，第1083—1084页。
③ (清)陆陇其：《四书讲义困勉录》卷二，《陆陇其全集》第二册，中华书局2020年版，第111页。

物不有与无时不然的一体。史伯璿于《四书管窥》同样引双峰此说而批评之。《四书大全》虽未引双峰说，然陆陇其显然通过《四书通》等知晓双峰之说，且知其说与朱子之不同，但仍以"兼"表明一种看似折中的看法，实则仍落实在"然所主则各有所在"而偏向双峰说，赞其分别两章不同"最细"即是明证。

陆陇其还正面肯定双峰对朱注自相矛盾而可疑处的批评，认为实能破疑救失，并提出比照而观的诠释原则。如《述而》"默而识之"章"何有于我哉"解，朱注："三者已非圣人之极至，而犹不敢当，则谦而又谦之辞也。"陆陇其不满此"谦而又谦"说，认为不如《答张敬夫》中所主张的"独我有之"，以此勉人好学说，此说虽以好学自居实则体现了自我谦抑之意。他指出朱注"谦而又谦"说与《述而》"若圣与仁"章注相矛盾。"若圣与仁"句朱注云："此亦夫子之谦辞也。……然不厌不倦，非己有之则不能，所以弟子不能学也。晁氏曰：'故夫子虽不居仁圣，而必以为之不厌、诲人不倦自处也。'"朱注一方面肯定夫子不自居圣与仁，是其谦虚之辞，但同时夫子又以为之不厌诲人不倦自居，并引晁氏说强调此点。在陆陇其看来，二说矛盾，只有饶说分明。

> 《答张敬夫》云："'何有于我哉'，古注云'独我有之'，伊川似亦是如此说，云'勉人学当如是也'。盖如云'不如丘之好学'之意，语虽若少扬而意实已深自抑矣。"愚按：如此说甚妥，不知《集注》何以不从？乃主"谦而又谦"之说，似与"若圣"章矛盾者。注中又并不将两章合说明白，直待双峰饶氏委曲说得明，然毕竟可疑。①

双峰在"若圣与仁"章对两章加以比较，以泛说与承当勉人说辨析之。

> 前以"学不厌诲不倦为何有于我"，此却以二者自任，何也？盖前章是泛说，所以虽非圣人之极至，而亦不敢当。此章是见人以仁圣归之，已既逊了第一等、第二等，只得且承当第三等的事，所以勉人也。②

---

① （清）陆陇其：《读朱随笔》卷一，《陆陇其全集》第九册，中华书局 2020 年版，第 388 页。
② 史伯璿言："按前章《语录》亦以为因人称圣人有此，圣人以谦承之。然则二章固皆承人之谦辞，特以人所以称圣人者不同，故所逊亦不同耳。"参见（元）史伯璿：《四书管窥》，《景印文渊阁四库全书》第二百零四册，台湾商务印书馆 1987 年版，第 758 页。此从"圣人"之别立论，实亦认同双峰之见。

双峰认为"默而识之"章的圣人是泛泛而论,虽不厌不倦非圣人之极致,而亦不敢承担。"若圣与仁"章则是推辞了圣、仁之后,对不厌不倦不再推辞,而直接承担,否则不足以勉励学者为学。即夫子虽谦虚不以圣仁自视,然好学诲人则是夫子所不得推辞者,此亦合乎夫子屡以好学自述之意。陆陇其又于《困勉录》提及明代蔡清《四书蒙引》对二者的理解,指出若分开看,其说看似分明,但毕竟而观,则仍是缠绕不明。蔡清通过实与名、自然与勉然来区分仁圣与不厌不倦,并强调二者一体不分,肯定夫子实有圣仁之实而以不厌不倦之谦名居之。① 此较朱注更为突出了夫子实有圣仁。但其说基本站在朱注立场,并未触及前章不以不厌不倦自居而本章则以之自居的矛盾,故陆陇其认为问题仍在。由此陆陇其提出解经当比照而观的诠释原则,应注意前后相似之说的比较,否则难以获得全面而准确的理解,终将陷入一偏而不知。陆陇其对本章极为重视,除《读朱随笔》《四书讲义困勉录》论及外,尚于《松阳讲义》中再次提及,并据《四书蒙引》自然与勉然之分,提出工夫与人心之别:"所以一辞一任者,彼就工夫之得手者言,则任之;此以人心之惟危者言,故辞之。"并引双峰说,评为"其说亦通"②。

陆陇其直接肯定双峰而批评朱注,《述而》"子与人歌"章,陆陇其引双峰说并赞之:"'与人歌是同歌,反则使之自歌,和则子之自歌。'双峰最明,余初说甚谬。《大全》朱子亦说得不分晓,想是其未定之论,余初说之谬所自本也。"③他赞赏双峰同歌与自歌之分最为明白,反思自家初说之误,源于受《四书大全》所引朱子"和之"说影响,此亦是取饶舍朱,而以"不分晓""未定之论"为朱子开脱。或在肯定饶说时,引明人说证明之。如《大学》"表里精粗"之说,陆陇其言:"双峰饶氏及《蒙引》、《浅说》,皆是以表里精粗各有当然、所以然,而朱子又是以表与粗者为所当然,里与精者为所以然。看来可兼用。朱子云所以然指理,所当然指事,恐未妥。当然、所以然皆指

① 《四书蒙引》于"默而识之"章解,"何有于我哉,见其汲汲于此惟日不足也。在圣人已能而犹自以为不能……又曰'为之不厌诲人不倦,则可谓云尔已矣',而今者之言如此,非圣人之谦而何哉!"根据"何有于我哉"之语意及与夫子不厌不倦论述之比较,认为此确乎体现了夫子之谦虚。"若圣与仁"章解,"然为不厌诲人不倦,非实有此仁圣者不能,夫子虽不居仁圣之名,而愈见夫子有仁圣之实也……仁圣,自然者也,为不厌诲人不倦,是以勉然者自处,然于不厌不倦味之则又见其自然矣。夫子之自谦与子华之体认,当如此分别"。

② (清)陆陇其:《松阳讲义》卷七,《陆陇其全集》第三册,中华书局 2020 年版,第292—293 页。

③ (清)陆陇其:《四书讲义困勉录》卷十,《陆陇其全集》第五册,中华书局 2020 年版,第450 页。

理,《蒙引》似可据。"①双峰认为"表里精粗"四者各有其所当然与所以然,不同于朱子的分所当然为表粗,所以然为里精。陆氏认为此说可兼用。但同时批评朱子以所以然与所当然分指理事说,认为二者皆是指理。而赞同《四书蒙引》"凡物理皆有所当然而不容已与其所以然而不可易者"说。《述而》"执礼"章双峰解"执礼"为"礼有五礼,夫子所常言者,只是言人日用所常执守之礼,不可阙者尔"。陆陇其认为明人之解同于双峰说:"执礼,《蒙引》、《存疑》看得好。盖礼字阔,曰所执之礼,则专主日用者言,此与双峰说合。注'非徒诵说而已',似不必拘。盖诗书亦不是徒诵说者,恐难说。"②他认为双峰此解甚好,突出了礼的日用常行性,指出蔡清、林希元等说与此同,由此反思朱注"非徒诵说而已"说不必拘泥,意有不满。或对双峰不同于朱注说表达认可。《卫灵公》"颜渊问为邦"章行夏之时,双峰言"《春秋》书王正月,是以十一月为春,此是夫子微意。天时参差,自是周制,夫子不敢擅改王制,但如此书"。陆陇其赞双峰对春王正月的周制说解释最为直截了当,较胡传更优。"《春秋》书春王正月,依饶双峰说则改冬为春,改春为夏,自是周制。依胡《传》,则周制虽以子为岁首而仍以寅为春……双峰之说为直捷。……故断以双峰之说为正。"③

（四）在与朱子后学各说比较中认可双峰说

陆陇其对双峰说的评价,总是在与宋元明清诸家说的比较中展开,经过反复比较,精心取舍而得出,且不时反驳各家对双峰的批评,显出其对双峰的认可非轻易之论。特别引人注目的是陆陇其常引蔡清《四书蒙引》及林希元《四书存疑》来评论双峰说。或据蔡清说评论饶说。如《离娄上》"规矩方员之至"章,双峰说为"人伦不说父子夫妇长幼朋友,而独举尧舜君臣做人伦之样子者,其说意在当时人君"。陆陇其引蔡清说对双峰解表示认同,并批评陈栎"纲维"说不妥。"人伦独言君臣者,此章主君臣言也。双峰说得之,新安以宗主纲维为说不是。"④《告子上》"非才之罪",双峰解为"孟子是指那好底才说,如仁之能爱其亲,义之能敬其兄,所谓才能是也"。《四书蒙引》赞双峰此说最切,陆陇其认同之,但认为还应该兼良知说。"双峰以

①　(清)陆陇其:《四书讲义困勉录》卷一,《陆陇其全集》第四册,中华书局2020年版,第28页。

②　(清)陆陇其:《四书讲义困勉录》卷十,《陆陇其全集》第五册,中华书局2020年版,第438页。

③　(清)陆陇其:《四书讲义困勉录》卷十,《陆陇其全集》第五册,中华书局2020年版,第656页。

④　(清)陆陇其:《四书讲义困勉录》卷十,《陆陇其全集》第五册,中华书局2020年版,第950页。

良能来解才字,《四书蒙引》谓其最切,是矣。然愚意更欲兼良知说"①。

或据双峰说评论蔡清说。如《阳货》"恶勇而无礼"章双峰主张"果敢即前章之刚。果敢属性质,勇属血气",陆陇其指出《四书蒙引》亦以勇为血气,与双峰说相合。"然《蒙引》……及解此章又以勇属血气,果属作事。盖所谓作事亦指作事之志言耳,则与双峰说仍合。"②《尧曰》"周有大赉"解,双峰认为"大赉是锡予普及四海,其中善人则锡又自加厚"。陆陇其认同此说,并指出《四书存疑》等说与双峰同:"大赉是溥济穷民,富善人是加厚天下良民。《大全》、饶氏及《存疑》、《浅说》皆主此。"③

或主饶说而反对蔡清《四书蒙引》说。如《先进》"赐不受命"章,双峰以子贡不受命货殖与颜子屡空之不同在于用心之异;亿中与庶乎之反则是造道之异,这是通过颜子与子贡之比较来否定子贡。但蔡清则根据圈内注,认为黄说不稳,饶说过于拘束。陆氏认为朱注存在圈内与圈外之别,勉斋与双峰之说,皆本于圈外范祖禹说,双峰等说直截了当,可取。"若圈外范注,则以不受命货殖与屡空反,亿中与庶乎反,皆是言其所短。此勉斋黄氏、双峰饶氏之所本也。愚意圈外范注反直捷可从。"④《万章下》"一乡之善士"章,《四书蒙引》批评双峰说,"似欠主张"。盖双峰"上条作已进善了,然后取善;下条作既取善了,然后进善"说自相矛盾。陆陇其则认为双峰之说并非分别贴上下句,由取善而进善是说言外意。又"自诚明"章,双峰认为"到此章方合说'诚则明矣,明则诚矣',指人道可至于天道,合天人而一之也"。陆陇其认为此与三山陈氏"及其成功一也"同义,认可此说,批评林希元《四书存疑》等不可取。

或据朱子后学说判定朱子、饶说可兼用,以消除饶说不同于朱注的问题。如《离娄上》"天下有道,小德役大德"章,双峰主张章旨是显出理以胜势,朱子认为理亦有奈何不了势处。陆陇其引刁包《四书翼注》说,认为在理势关系上有理所当然和势所必然两种看法。朱、饶之说各为一意而可兼用。

---

① (清)陆陇其:《四书讲义困勉录》卷十,《陆陇其全集》第五册,中华书局 2020 年版,第1089 页。

② (清)陆陇其:《四书讲义困勉录》卷十,《陆陇其全集》第五册,中华书局 2020 年版,第721 页。

③ (清)陆陇其:《四书讲义困勉录》卷十,《陆陇其全集》第五册,中华书局 2020 年版,第752 页。

④ (清)陆陇其:《四书讲义困勉录》卷十四,《陆陇其全集》第五册,中华书局 2020 年版,第541 页。

《翼注》曰："斯二者,天也,见得运钟其泰而以德相役者为理所当然;运值其否而以力相役者为势所不得不然。或欲不分理势,亦可。"按《翼注》后说,《大全》朱子之说如此;前说,《大全》双峰之说如是,看来二说原可兼用。①

或以双峰说批评阳明学。《告子上》"性无善无不善"章,陆陇其据双峰"人未生以前不唤做性"说批评管志道以孟子论性乃继善之性,是人生而静以上说,是阳明之说,实不合孟子主旨。"按:管登之又谓……孟子以继善言性,则从人生而静以上说也。此即阳明之说,非孟子本旨也。观双峰云'人未生以前不唤做性'可见。"②另有若干章节,陆陇其直接引用双峰说,而未加评论,可视为对双峰说之默认。如《八佾》"木铎"章即引双峰"夫子得位与不得位"说;《雍也》"君子博学于文"章引双峰"一博一约"说;《子路》"不得中行"章引其"以为激厉狷者,裁抑狂者";《季氏》"三戒"章引"魂者气之灵"说等。

二、认可与批评兼具

(一)"极是"与"稍差"

陆氏对双峰说常有既表赞同又示批评者,体现了对双峰说独立思考、客观评价的态度。如《中庸》"哀公问政"章,双峰判此处分别论仁与知而为两节说获得陆陇其高度认可,认为"极是"。但又认为双峰把"仁者人也亲亲为大"判为知一节不妥,认为此节是说为仁之要而非论智,可见陆陇其辨析之精细。"为政在人三节,饶氏以仁知分看,极是。但饶氏以为政在人节为说仁,仁者人也二节为说知,稍差。"③

(二)"妙而未透"

关于《阳货》"性相近"解,双峰认为朱注"此所谓性,兼气质而言者"的"'兼'字尤精",认为"兼"表明"本然之性兼气质而言"。但陆陇其认为双峰此说虽妙却不透彻,故《四书大全》又引陈栎说进一步阐发,陈与饶意义无别,不过更清晰而已。"双峰饶氏、新安陈氏讲注'兼'字俱妙,但饶氏说

---

① (清)陆陇其:《四书讲义困勉录》卷三十,《陆陇其全集》第六册,中华书局 2020 年版,第956 页。

② (清)陆陇其:《四书讲义困勉录》卷三十四,《陆陇其全集》第七册,中华书局 2020 年版,第1088 页。

③ (清)陆陇其:《四书讲义困勉录》卷三,《陆陇其全集》第四册,中华书局 2020 年版,第160 页。

未甚透,故陈氏畅发之耳,非有二也。"①陈栎认为孟子性善是论不杂气质的天地之性,孔子性近是不离气质之性。史伯璿、陈栎皆认为双峰说不够透彻。②

（三）"是而夹杂"

《子路》"必也正名"解,双峰提出"是事事皆要正名。君臣父子,固是正名中之大者,然不可专指此"。陆陇其认为双峰之解是言外推扩之义,意思并无错,但却不是对经文正意的阐发,故不应夹杂而论。"饶说亦是,但不可夹杂在正讲耳。"③相比之下,蔡清对双峰的批评则更为严厉。④《卫灵公》"人无远虑"章双峰批评朱注所引苏氏说"只说得地之远近,欠说时之远近"。《四书蒙引》批评双峰争时与地之分不妥。然陆陇其却认为双峰说最是,但同时指出苏氏说实已包含"时",故双峰批评不对。"兼时、地说最是,然苏注亦是举此该彼,非欠说'时'也。双峰非之未是。"⑤《述而》"有不虞之誉"章,双峰认为:"'誉'本是美人之好处,但对'毁'字说,则二者皆不得其真之意。"陆陇其认为刁包《四书翼注》将毁誉理解为并未过其情最好,盖此处毁誉并不同于《论语》谁毁谁誉。故双峰之说虽有此意,然却又认为誉毁对言而有过情之意。《述而》"发愤忘食"章,双峰认为朱注"全体至极"是解经文"发愤忘食乐以忘忧","纯亦不已"则是解"不知老之将至",分别比配,又把"全体"与"至极"拆开,认为分别指向经文"发愤""乐以"和"忘食""忘忧"。⑥ 这种拆分比配之法遭到陆陇其的批评。"双峰以全体属愤乐,至极属忘食忘忧。《蒙引》谓全体至极纯亦不已,此两句不可分贴,看来俱未是。……按:《蒙引》之说甚是,余初误驳。……若双

---

① （清）陆陇其:《四书讲义困勉录》卷二十,《陆陇其全集》第六册,中华书局2020年版,第702页。

② 《四书管窥》卷八十三上曰:"饶推言集注兼气质而言之说,终欠透彻。"《四书大全》引:"新安陈氏曰:辅氏、饶氏推《集注》兼气质而言之说,终欠透彻,不得已而发此云。"

③ （清）陆陇其:《四书讲义困勉录》卷十六,《陆陇其全集》第五册,中华书局2020年版,第592页。

④ 《四书蒙引》卷七曰:"此名字是名分之名……饶氏谓'事事皆要正名,君臣父子固是正名中之大者'。此说虽善,而非本章之意,与下面施之政事,皆失其道相戾。详之。"

⑤ （清）陆陇其:《四书讲义困勉录》卷十八,《陆陇其全集》第六册,中华书局2020年版,第658页。

⑥ 愤与乐相反,圣人发愤便至忘食,乐便至忘忧,是两边各造其极,如寒到寒之极,暑到暑之极,故曰"全体至极"。两者循环不已,所以不知老之将至,此是圣人之心,纯乎天理,别无他嗜好,所以自然学之不厌,故曰"纯亦不已"。"全体"说愤乐,"至极"说忘食忘忧。参见（元）倪士毅:《四书辑释》,《续修四库全书》第一百六十册,上海古籍出版社2002年版,第234页。

峰所谓'圣人之心纯乎天理,别无他嗜好,所以自然学之不厌',则似明。"①陆陇其思想有个转变,开始认可全体至极与纯亦不已的比配,不满蔡清对双峰分贴说的批评,后反思不妥,同时他又赞赏双峰以天理无欲解学之不厌甚为分明。

双峰虽以义理辨析精密见长,然不废考据,亦时有精彩之笔。如《乡党》"立不中门行不履阈",朱注引古礼说:"礼:士大夫出入君门,由阒右,不践阈。"双峰进一步详细解释,认为"阒是中间两扉相合之处,……士大夫出入君门,则皆由右。出以阒西为右,入以阒东为右。然虽由右,亦不敢正当枨阒之中,但挨阒旁而行。盖避君出入处也"。陆陇其不满双峰阒东入阒西出说:"双峰东入西出之说,麟士驳之极是。但谓双峰误忍由阒右即是解不中门,则苛。双峰亦非以由阒右为不中门正解,但其看'由阒右'处差耳。……饶氏兼东西两扉说,麟士只主右扉说,引证固为有据。然从饶说者多,以其文义明畅故也。"②他认为顾梦麟《四书说约》反驳极是,但同时也指出顾梦麟认为双峰以阒右为不中门之解则是对双峰说的误解与苛责。陆氏认为双峰"虽由右亦不敢正当枨阒之中"之说并不误。他指出各说或主阒右、或主右扉,皆不如双峰兼东西两扉说文义明白条畅,故学者多喜从之。史伯璿则指出双峰说与《孟子或问》《朱子语类》"阒左扉"说不同,认为双峰说不合制度。③

三、批评双峰说

陆陇其对双峰之说多有不满而以"谬、非也、非是、不是;稍差、又偏、殊偏;非注意、非正意;强分、未发明、太拘"等表示批评,此等语义轻重、感情色彩不一之评价语显示了陆氏对双峰说分析之细,态度之严。

一则以"谬""非也""固非""非是"等批评双峰解之错误。这种情况首先表现在对双峰不同于朱注之否定,体现了陆陇其对朱子说的坚守。此等批评皆体现为对经文具体字义的细微诠释,非细心体察,实难以看出。如批评双峰以"正心修身"章注"察"为"诚意"章慎独大谬。双峰言:"《章句》于

---

① (清)陆陇其:《四书讲义困勉录》卷十,《陆陇其全集》第五册,中华书局 2020 年版,第439—440 页。

② (清)陆陇其:《四书讲义困勉录》卷十三,《陆陇其全集》第五册,中华书局 2020 年版,第509 页。

③ 史氏按:"《语录》、《或问》皆有阒左扉之说,而胡氏又直以为右扉之中。今双峰以为二扉出入,互为左右,则是二扉皆开,无阒左之说也。……宫之门左右自有定,如左祖右社之类,决不因人出入而互为左右之异也。"见(元)史伯璿:《四书管窥》,《景印文渊阁四库全书》第二百零四册,台湾商务印书馆 1987 年版,第 775 页。

七章以'密察'言,八章以'加审'言,即慎独之谓也。"陆陇其认为慎独不过是念头刚发动时,而此察乃是在身心上用功,二者工夫明显不同。"双峰饶氏谓章句七章八章之'察'字,即诚意章之谨独。此谬也。谨独是在念头初动时察此,两个'察'字是在身心上察。"①这一分歧显然与双方对慎独的理解不同有关,双峰认为慎独当贯穿念头及工夫始终而非限于初发时,"念虑自始至终,皆在所谨"。《季氏》"生而知之"章,双峰认为就气质言分为生知、学知、困知三等,此亦不同朱注,故陆氏认为此分等说荒谬:"饶氏三等之说谬。"②《中庸》"引鸢飞鱼跃"诗,双峰认为此最妙,如以人和植物来引证,则皆不如以鱼鸢为代表的动物为证,盖人有知识而植物又不会动。陆氏批评双峰此说荒谬。"饶氏谓'以人来证也证不得,以植物来证也证不得'。此说谬。方氏提起一二之说明白。"③他认可方蛟峰的"只且提起一二以示人,天下万物皆如此,何独鸢鱼"说,恰与双峰说相对。双峰区别忠恕,以不愿勿施为恕,求子事父为忠,"'施诸己而不愿'二句是恕之事,'君子之道四'一段是忠之事"。陆陇其批评此说割裂了忠恕体用关系,云"饶氏以不愿勿施为恕之事,所求乎子以事父等为忠之事,谬矣"④。认为其说不合本章举恕见忠之意,而忠恕之分不过分别主于爱人与责己而已。史伯璿亦批评双峰此说不妥。⑤《中庸》"素位而行"章,双峰认为上章道不远人,本章素位而行,下章行远登高,乃是迤逦放开去。陆氏认为"双峰饶氏谓其迤逦放开者,谬"⑥。盖全章论进道之次序,结构越来越紧密深入,并非双峰所论松散放开说,而是更紧切,"人"字即表明紧切之意。双峰认为"达孝"是对上章"达乎诸侯大夫之达"的继承,陆氏认为此说大谬:"饶氏谓达孝是承上章三达字而言,此谬也。明季讲家作达权通变之达看,尤谬。"⑦他主朱注

---

① (清)陆陇其:《四书讲义困勉录》卷一,《陆陇其全集》第三册,中华书局 2020 年版,第 47 页。《松阳讲义》亦引之,"此谬"为"似谬"。

② (清)陆陇其:《四书讲义困勉录》卷十九,《陆陇其全集》第六册,中华书局 2020 年版,第 694 页。

③ (清)陆陇其:《四书讲义困勉录》卷二,《陆陇其全集》第四册,中华书局 2020 年版,第 115 页。

④ (清)陆陇其:《四书讲义困勉录》卷二,《陆陇其全集》第四册,中华书局 2020 年版,第 120 页。

⑤ 史伯璿云:"此节《章句》兼忠恕释之,至矣。饶氏以此专为恕之事者,失之。"参见(元)史伯璿:《四书管窥》,《景印文渊阁四库全书》第二百零四册,台湾商务印书馆 1987 年版,第 894 页。

⑥ (清)陆陇其:《四书讲义困勉录》卷二,《陆陇其全集》第四册,中华书局 2020 年版,第 127 页。

⑦ (清)陆陇其:《松阳讲义》卷三,《陆陇其全集》第三册,中华书局 2020 年版,第 115 页。

"通孝"说,批评明代讲章家"达于权变"说更谬。《卫灵公》"臧文仲其窃位"章,双峰认为"窃人之位者,惟恐贤者见用而逼已",臧文仲所以不举荐柳下惠,是担心与其相比,立即相形见绌。陆陇其判定双峰说有所偏颇,其实不举贤即是窃位。"总之,不能举贤便是不称其位,便是窃位。《大全》饶氏之说殊偏。"①《大学》"修身齐家"章,双峰提出"'莫知其子之恶',言家之不齐也;……惟其身不修,故家不齐"。陆陇其批评双峰此说有偏:"双峰、玉溪以偏之为害属家不齐,而遂以'故谚'节为说家不齐,固非。"②《宪问》"不逆诈"章双峰解"不逆不亿"为待物之诚,陆陇其认为"非是"③。此是明觉而非诚。《阳货》"性相近"章双峰以善恶是性,智愚是才,陆陇其批评双峰性、才之分不妥,"饶氏谓性相近是说性,上智下愚是说才,不是"④。《述而》"子以四教"章双峰认为行是外面的,只有外面能行了,才可以要求里面。陆陇其认为行忠信其实不可分先后,双峰说不妥。"饶双峰谓外面能行然后方可责其里面,诚似未是。"⑤

陆陇其把明清学人与双峰一并加以批评。如《离娄上》"仁之实"章,双峰解"实"为"实如果实壳之类,包得许多生意在其中",张自烈赞其说得之,然陆陇其批评双峰以事亲从兄为"本立",知礼乐为"道生"实在荒谬,盖双峰是将此与有子本立道生说贯通。"《大全辩》芑山张氏曰:'实字,小注中如勿轩、双峰说皆得之。'……双峰以事亲从兄为本立,知礼乐为道生。殊谬。此亦易见。"⑥《颜渊》"崇德辨惑"章,双峰以忠信为德,徙义是崇,把崇、德拆开分别对应忠信与徙义。陆氏认为,"主字、徙字是工夫,忠信与义是德。饶氏谓忠信是德,徙义是崇,林次崖谓主忠信未有工夫,徙义方是工夫,俱谬"⑦,据工夫与德之分,判双峰与林希元"主忠信无工夫"之说皆谬。

二则以"稍差""又偏"等表示双峰说不够精准,未能完全合乎经文,

① (清)陆陇其:《四书讲义困勉录》卷十八,《陆陇其全集》第六册,中华书局 2020 年版,第658 页。
② (清)陆陇其:《松阳讲义》卷一,《陆陇其全集》第三册,中华书局 2020 年版,第 47 页。
③ (清)陆陇其:《四书讲义困勉录》卷十七,《陆陇其全集》第五册,中华书局 2020 年版,第639 页。
④ (清)陆陇其:《四书讲义困勉录》卷二十,《陆陇其全集》第六册,中华书局 2020 年版,第703 页。
⑤ (清)陆陇其:《四书讲义困勉录》卷十,《陆陇其全集》第五册,中华书局 2020 年版,第443 页。
⑥ (清)陆陇其:《四书讲义困勉录》卷三十,《陆陇其全集》第六册,中华书局 2020 年版,第980 页。
⑦ (清)陆陇其:《四书讲义困勉录》卷十二,《陆陇其全集》第五册,中华书局 2020 年版,第576 页。

然无大错。如双峰言"心广体胖即是心正身修之验",陆陇其批评双峰此说过快,心广体胖尚未可视为心正身修,而实不过是正心修身之渐进。"双峰饶氏即以心正身修言之,稍差。"①双峰认为"回于吾言无不说"是论博文,到此四勿则正是约礼,此是以博文约礼论四勿。陆陇其批评双峰说过偏,并无根据,此所论只是博文,而无约礼意。"若饶氏云'吾与回言于吾言无不悦,是说博文,此四勿是约礼'。此则又偏。彼两处难定他只说博文。"②

三则以"似不为""恐非"等疑似语气之辞表达否定。《里仁》"能以礼让"章双峰认为乃针对僭窃者说。"然陪臣借大夫,大夫借诸侯,诸侯借天子,故有为而言。"陆氏认为僭窃者根本不讲礼让之文,让与僭窃无关,用"似"表示非断然之意。认可蔡清之说,以为此乃针对徒以威仪文物为礼而无辞让之心者发。"此章双峰饶氏及《存疑》皆以为为当时僭窃者发,……似不为僭窃者发。"③双峰主张"察言观色,虑以下人"是一件事,陆氏认为是两件事:"饶氏谓是一件事,恐非。……然《大全》朱子亦说得不甚分明,须再详之。"④他认为客观存在二者不能兼顾的大量情况。批评《四书存疑》既认为观察是为下人张本,又主张双峰的两件事说相互矛盾,指出《四书大全》朱子说也不清楚,意有不满。

四则以"太拘""不必拘""不必如""未发明"等语批评双峰。双峰常对经、注提出新解,多加剖析,陆陇其认为双峰之解过于坐实,显得拘泥偏颇,当抱有更开放的理解。《阳货》"子之武城"章,双峰推测时间是"春夏时",根据是夫子"闻弦歌之声",而春夏乃传授诗乐时节。陆陇其批评双峰此说太过拘泥,有穿凿之嫌,盖为教虽因时,然而不必拘泥。"因时为教,古虽有是法,然闻弦歌之声,则不必拘时候。饶氏云'想是春夏时'。太拘。"⑤《子罕》"岁寒"章,双峰认为"松柏至春后方易叶,故曰后凋"。陆陇其批评双峰此说拘泥,"'后凋'只作'不凋'讲,'后'字活看。双峰谓'松柏至春后易

① (清)陆陇其:《松阳讲义》卷一,《陆陇其全集》第三册,中华书局 2020 年版,第 38 页。
② (清)陆陇其:《四书讲义困勉录》卷十二,《陆陇其全集》第五册,中华书局 2020 年版,第560 页。
③ (清)陆陇其:《四书讲义困勉录》卷七,《陆陇其全集》第五册,中华书局 2020 年版,第349 页。
④ (清)陆陇其:《四书讲义困勉录》卷十五,《陆陇其全集》第五册,中华书局 2020 年版,第582 页。
⑤ (清)陆陇其:《四书讲义困勉录》卷二十,《陆陇其全集》第六册,中华书局 2020 年版,第704 页。

叶',虽物理如此,然此乃断章取义,不必拘"。①《离娄下》子产听郑国之政,"《蒙引》以双峰之说为太泥,是矣"②。陆氏认为双峰对经文及朱注皆有误解,赞同蔡清判双峰"民未病涉,只是不病于冬涉"是过于拘泥的看法。《离娄下》"禹稷当平世"章,双峰认为"禹三过其门,稷是带说"。陆陇其批评此说太过拘泥,并不能如此断定。"双峰谓禹三过其门稷是带说,此太拘,焉知稷当年无此事。"③《中庸》九经节《四书章句集注》有"农末相资,故财用足"说,双峰抓住"财用"二字剖析,提出"农得用以生财,工得财以赡用",把财、用对言。陆氏认为此是拘泥《四书章句集注》而误。"但注虽云'农末相资',原重在农资于末边,未尝费解。饶氏泥之,乃费解耳。"④《四书章句集注》之意不过强调农有赖于末,并不费解,故当主于《四书蒙引》《四书存疑》有财此有用的合一说。

陆陇其对双峰说有时以"不必如""不可依"等轻微之语批评之,此往往见于双峰剖析文意过密处。如批评双峰"仁孝让弟""贪戾为仁之反"说过于剖析,陆氏认为仁、让分别指向孝悌慈之蔼然与秩然,孝悌慈皆具仁孝。"孝弟慈之蔼然者谓之仁,孝弟慈之秩然者谓之让,不必如双峰饶氏以仁属孝,以让属弟,以贪戾为仁之反。"⑤《中庸》末章双峰提出"奏假无言之诗,以慎独之效言也;不显惟德之诗,以戒惧之效言也"。陆陇其反对双峰以慎独、戒惧拆开而言:"不必如双峰饶氏前节效验承前节工夫,后节效验承后节工夫。盖谨独戒惧,总是入德之功。"⑥他认为二者皆是言入德工夫,工夫与效验是层层相应递进关系。故认同陈栎、蔡清的慎独戒惧工夫一体说。对双峰此说,史伯璿、王夫之则皆赞同之。⑦ 双峰以《中庸》末章所引《诗》"无声无臭"是首章未发之中天命之性,陆氏认为不可,盖无声无臭已经是

---

① (清)陆陇其:《四书讲义困勉录》卷十二,《陆陇其全集》第五册,中华书局 2020 年版,第497 页。

② (清)陆陇其:《四书讲义困勉录》卷三十一,《陆陇其全集》第七册,中华书局 2020 年版,第985 页。

③ (清)陆陇其:《四书讲义困勉录》卷三十一,《陆陇其全集》第七册,中华书局 2020 年版,第1016 页。

④ (清)陆陇其:《四书讲义困勉录》卷三,《陆陇其全集》第四册,中华书局 2020 年版,第168 页。

⑤ (清)陆陇其:《四书讲义困勉录》卷一,《陆陇其全集》第四册,中华书局 2020 年版,第 49页。又见《松阳讲义》卷一,《陆陇其全集》第三册,中华书局 2020 年版。

⑥ (清)陆陇其:《四书讲义困勉录》卷三,《陆陇其全集》第四册,中华书局 2020 年版,第 256页。《松阳讲义》卷三亦言"不必如"云云,"盖谨独戒惧,总是入德之工夫"。

⑦ 史伯璿言:"然则双峰之说,似乎得《章句》之旨。""双峰分'奏假无言'二段各承上一节,其条理自清。"参见(清)王夫之:《读四书大全说》,岳麓书社 2011 年版,第 584 页。

已发之和、率性之道是无声无臭。"又不可依双峰饶氏,专以此为未发之中天命之性。盖论无声臭,则已发之和、率性之道皆是无声臭的。"①《季氏》"益者三乐"章,双峰提出"'节礼乐'三句都是天理一边,骄乐三句都是人欲一边"。陆氏认为双峰天理、人欲说并未能阐发清楚为何夫子只是就此三者说天理人欲。认为其因在于人最厌倦节礼乐,最易触犯骄乐。礼乐作为节制,定是非极难,容易陷入迂腐之过与怪诞之行。"双峰尚未发明得。大抵节礼乐三者,是人所最易厌的;骄乐三者,是人所最易犯的。"②此外,如"子使漆雕开"章,陆氏批评双峰说过于剖析,把笃志、见大意、不安小成分为三项,其实只有两项,笃志不是单独一层含义。

五则以朱注为标准,批评双峰解"原非正意""似非注意""当从朱子"说。陆陇其在若干处指出双峰说不合经文正意,即双峰所论乃言外之意或偏颇之论。《里仁》"观过知仁"章双峰认为就周公、孔子之过可见其仁。陆氏认为此非经文本有之意,而讲家主此,实误。"《大全》刘氏、双峰饶氏皆以周公、孔子之过言之,看作势不可已了,此原非正意。明季讲家多主之,误矣。"③关于《子路》"正名"章,指出双峰提供的思路乃是言外之意,并非经文正意,且其说须在一特定条件下展开,即出公尚未立而孔子掌权于卫时。"若双峰为卫世卿一段,则又是辄未立而孔子为政于卫之事,亦非正意。"④《公孙丑》"勿忘勿助"章,陆陇其认为勿忘勿助长皆是就行事上说,而双峰以忘为不能持其志者,亦不对。"有事勿正勿忘勿助长,俱就行事上说……双峰谓忘便是不能持其志者,亦非。"⑤

陆陇其指出有些情况下双峰与朱子不同说并不可以兼而用之,对双峰不同于朱注者加以批评。《子张》"子夏之门人小子"章,双峰认为正心诚意为本,洒扫应对为末,而朱子则以本末皆为事,二说不同,陆陇其并未特别批评双峰,只是说难以兼用而选择朱子。"朱子、双峰解本末字各自一说,难兼用,当从朱子。"⑥又双峰认为《中庸》依乎中庸不难,而遁世不见知不悔

---

① (清)陆陇其:《四书讲义困勉录》卷三,《陆陇其全集》第四册,中华书局 2020 年版,第 258 页。又见《松阳讲义》卷三,《陆陇其全集》第七册,中华书局 2020 年版,第 156 页。

② (清)陆陇其:《松阳讲义》卷十,《陆陇其全集》第三册,中华书局 2020 年版,第 391 页。

③ (清)陆陇其:《松阳讲义》卷五,《陆陇其全集》第三册,中华书局 2020 年版,第 239 页。

④ (清)陆陇其:《四书讲义困勉录》卷十六,《陆陇其全集》第五册,中华书局 2020 年版,第 593 页。

⑤ (清)陆陇其:《四书讲义困勉录》卷二十六,《陆陇其全集》第六册,中华书局 2020 年版,第 829 页。

⑥ (清)陆陇其:《四书讲义困勉录》卷二十二,《陆陇其全集》第六册,中华书局 2020 年版,第 742 页。

才是难,以此解释"唯圣者能之"。陆陇其批评双峰是强分难易而实不合《中庸章句》之意,在朱子看来二者并无区别。且指出《四书蒙引》《四书浅说》等书皆被双峰误导。"双峰饶氏又谓……将二句强分难易。《蒙引》《浅说》因之,……皆非。……何难易之可分哉!"①《离娄下》"王者之迹熄"章"其义则丘窃取之矣"的"窃取",双峰认为是夫子"自咎自谦之辞",所自咎者在于以匹夫之身而行天子之权。陆陇其不满此说,认为朱注所言只是"谦辞也",并无特别意义。"'窃取只是谦词',双峰饶氏谓'以匹夫而行天子赏罚,故曰窃取',似非注意。"②《子张》"信而后劳其民"的"信",陆氏比较了双峰与辅广说:"据辅氏曰'信谓上下交孚',则注'诚意恻怛而人信之',信字与本文信字不同。盖一则兼人我说,一则专属人也。若据饶氏曰'诚意恻怛是说人所以信之之由',则本文'信'字亦似专指人说。……辅说较是。"③辅广以信为上下相互信任,此与朱注"人信之"说有所区别,朱注之信专指人,辅氏则是兼顾人我。而双峰正是紧扣朱注而阐发。但陆氏则认为辅广说较确。此又见出陆陇其并非完全以朱注为标准。双峰还从考据上反驳《四书章句集注》缌字字义不对,指出朱注虽本于古注,但古注却有误,故当存疑,实则是对朱注不满。"《四书集注》本古注说也。然《檀弓》云'练衣縓缘',古注误以縓为缌。疑当阙。"陆陇其为朱注辩护,指出《四书章句集注》本于《礼记》孔注,故双峰与陈栎的反驳皆不对。"饶氏、陈氏驳之,非是,但亦须识得缌字本义。"④

　　六则据明清学人蔡清、林希元、张自烈等说批评双峰。陆陇其以蔡清《四书蒙引》为是,而以双峰为非。如《中庸》"哀公问政"章"等杀由礼而生,礼由等杀而生"的问题,双峰根据经文缺少"由"字,而认为等杀之节来自礼。陆陇其不满此说,主张朱子及蔡清说,认为等杀即礼而非生于礼。"据双峰饶氏及《浅说》,则似'等杀生于礼',从朱子及《蒙引》。"⑤《子张》"丧致乎哀而止"章,朱注批评子游"亦微有过于高远而简略细微之弊"。双峰则认为子游并非如此,乃是有意为之。陆陇其则认为,当以《四书蒙引》

---

① (清)陆陇其:《松阳讲义》卷二,《陆陇其全集》第三册,中华书局 2020 年版,第 90 页。
② (清)陆陇其:《松阳讲义》卷二,《陆陇其全集》第三册,中华书局 2020 年版,第 415 页。
③ (清)陆陇其:《四书讲义困勉录》卷二十二,《陆陇其全集》第六册,中华书局 2020 年版,第 740 页。
④ (清)陆陇其:《四书讲义困勉录》卷十三,《陆陇其全集》第五册,中华书局 2020 年版,第 512 页。
⑤ (清)陆陇其:《四书讲义困勉录》卷三,《陆陇其全集》第四册,中华书局 2020 年版,第 158 页。

的子张"任情自随而脱略细微"说为是。"双峰看子游与《蒙引》异,《蒙引》是。"①《述而》"子以四教"章,批评陈栎以忠信只管力行之说来自双峰,而不如蔡清将忠信贯穿文行。"新安陈氏曰'……忠信只管力行'。皆因朱子小注及双峰饶注之说,不如《蒙引》以忠信通管文行更为周尽。"②《卫灵公》"人能弘道"章,双峰区分此道的两层意义,当从心上论与就道体论。他提出若就道体论,则道体自然呈现于天地而无须人能弘扬之,强调道体的流行自在。陆氏批评此说,也不满勉斋道兼体用说。"《蒙引》以双峰'道自际天蟠地'之说为非,是也。"③史伯璿、蔡清皆批评双峰说与道待人弘说不合,王夫之认为道体亦待人弘。《泰伯》"危邦不入"章,双峰把学与守分别归于有道贫贱,无道富贵。此遭到陆陇其批评,他认可《四书蒙引》的学守一体说。"学、守分属,是《大全》饶氏解,《蒙引》驳之最是。"④《卫灵公》"行笃敬"章的"笃",双峰解为"凡事详审不轻发是笃底意思",陆陇其赞赏蔡清的对刻薄者说:"双峰对轻发者说,《蒙引》《存疑》对刻薄者说,《蒙引》《存疑》较是。"⑤《述而》"圣人吾不得"章,陆陇其不满双峰圣人与君子的天生和学成之分,而主张蔡清大、化之别。"双峰谓圣人是天生的,君子是学而成的。……皆不是。《蒙引》以大与化分看,是也。"⑥《梁惠王下》"齐人伐燕取之"章,双峰提出齐王应当诛于哙、子之而去。而蔡清有两说:一则认为齐王倍地已经不对,二则认为如行王政,则倍地则可,这一点引发林希元的批评。双峰认为齐王在燕国"杀其父兄,系累其子弟"已属于灭其国,不妥。此说得到学者认同。但陆陇其认为汤伐桀即是灭国。并据上章"取之"说断取之可行,否则上章关于取与勿取,当倾向于勿取。故他还是站在《四书蒙引》立场。"依《蒙引》则使齐王若用上章之言……《存疑》从双峰而诋《蒙引》,愚谓《蒙

---

① (清)陆陇其:《四书讲义困勉录》卷二十二,《陆陇其全集》第六册,中华书局 2020 年版,第743 页。

② (清)陆陇其:《四书讲义续困勉录》卷三,《陆陇其全集》第八册,中华书局 2020 年版,第1431 页。

③ (清)陆陇其:《四书讲义困勉录》卷十八,《陆陇其全集》第六册,中华书局 2020 年版,第671 页。

④ (清)陆陇其:《四书讲义困勉录》卷十一,《陆陇其全集》第五册,中华书局 2020 年版,第467页。"以此见得世治而无可行之道,不可专为无学,世乱而无能守之节,不可专为无守。盖此两句自是说他去就之义不洁,出处之分不明,而原其由则是无学无守也。"见(明)蔡清:《四书蒙引》,《景印文渊阁四库全书》第二百零六册,台湾商务印书馆 1988 年版,第245 页。

⑤ (清)陆陇其:《四书讲义困勉录》卷十八,《陆陇其全集》第六册,中华书局 2020 年版,第653 页。

⑥ (清)陆陇其:《四书讲义困勉录》卷十,《陆陇其全集》第五册,中华书局 2020 年版,第443—444 页。

引》是也……又若依双峰说，则上章取不取当抑扬，重勿取边矣，不可从。《浅说》亦从《蒙引》。"①《滕文公下》"外人皆称夫子好辩"章，双峰以"暴行即上面坏宫室，弃田宅也"，陆陇其则赞赏《四书蒙引》的推论说而以双峰说不妥。"邪说暴行，《蒙引》推间看，极是。《存疑》、双峰俱云即指上文坏宫室弃田宅不妥。"②

陆陇其以林希元《四书存疑》、张自烈《四书大全辨》为是来批评双峰，如《微子》"耦而耕"章，双峰认为章旨是"天下有道不与易，可见圣人救世之仁"。《四书大全》分别引张栻、双峰说，陆陇其则主张《四书存疑》之见。"《大全》张氏是一样说，饶氏是一样说，《存疑》是一样说，从《存疑》可也。"③《宪问》"子言卫灵公之无道也"章，双峰说为"治宗庙得其人，则笾豆静嘉，牲牷肥腯，神人胥悦，尤系属人心之本也"。张自烈批评之，认为未能区分与武王周公宗庙禘尝之义。照双峰之说，则神将被欺骗收买。"按《大全辨》谓饶双峰云'治宗庙得人，则神人胥悦'，说得鲨治宗庙与武周宗庙之礼禘尝之义无分别，殊欠斟酌。"④《离娄上》"自暴者"章，双峰认为"前面说自暴、自弃两等人，后面说弗居、弗由，又只指自弃者言之"。张自烈批评双峰专指自弃而非自暴自弃兼用说，认为这是拘泥首节仁义说的后果，朱子未尝如此分。蔡清亦持同样看法批评双峰。"《大全辨》曰：哀哉二字，自是兼暴弃说，双峰专属自弃，特泥首节仁义二字耳。"⑤又如《万章上》"舜往于田"章帝使其子九男二女，张自烈批评双峰似把"帝使其子九男二女"视为瞍未允若时，而认为此是事后追述语。"张氏曰：四岳举舜瞍已底豫穷人无归句，特孟子追论舜当日心事如此。……饶氏此说，便似九男二女事舜，尚

---

① （清）陆陇其：《四书讲义困勉录》卷二十五，《陆陇其全集》第六册，中华书局 2020 年版，第803—804 页。"若倍地而行仁政如何？曰连倍地已不是了缘当时齐已取燕了，故孟子只重仁政上不复咎其倍地也。齐之取燕，若能如汤之征葛则燕人悦之而齐可为政于天下矣。注言齐之取燕……此亦以既倍地了言。既动天下之兵了而为之计则须是置君而去。若只施仁政亦晚矣，若初间倍地而行仁政则燕民戴之诸侯亦无衅可乘。"

② （清）陆陇其：《四书讲义困勉录》卷二十九，《陆陇其全集》第六册，中华书局 2020 年版，第929 页。"上文云云全指在上人为乱首者。此句道上下而言，不止谓上文云云。如此说又字方有归着。不然又字无安顿了。"见（明）蔡清：《四书蒙引》，《景印文渊阁四库全书》第二百零六册，台湾商务印书馆 1988 年版，第 543 页。

③ （清）陆陇其：《四书讲义困勉录》卷二十一，《陆陇其全集》第六册，中华书局 2020 年版，第727 页。

④ （清）陆陇其：《四书讲义续困勉录》卷四，《陆陇其全集》第八册，中华书局 2020 年版，第1483 页。

⑤ （清）陆陇其：《四书讲义续困勉录》卷六，《陆陇其全集》第八册，中华书局 2020 年版，第1552—1553 页。

是瞍未允若时。"①陆陇其尚有少量对双峰说表示存疑者。如认为《万章上》"象日以杀舜为事"章,双峰"藏怒谓藏匿其怒,宿怨谓留蓄其怨"解与朱注及蔡清等说不同,其亦难以断定,只能"姑俟再定"。

四、陆陇其褒贬双峰说之意义

陆陇其对饶双峰说的接受与批评,涉及论题广泛,既有对忠恕、诚、心、中和、道、格物等核心概念的辨析,也有对《中庸》分章、《论语》分节等章节的讨论,同时也不乏对名物制度的考证。陆陇其作为清代全面深刻处理双峰思想的代表学者,他对双峰思想的理解呈现出鲜明特色。一是继承发展了双峰所代表的朱子学细致入微的穷理辨析特质,对字义的辨析和经文的诠释可谓锱铢必较。这从他对双峰之说得失判定的用语中即有直观体现。二是将双峰学置于自南宋至清代数百年的四书学诠释史地图下加以比较、分析,以显出双峰学之得失。陆陇其将双峰与南宋黄榦,元代陈栎、胡炳文,明代蔡清、林希元、刁包、张自烈等各时期具有代表性的朱子学者之说加以比较分析,全面辨正,既体现了陆陇其对四书学的整体把握,也呈现了双峰学在朱子四书学诠释史上的客观地位与历史影响。三是双峰在整个朱学后学中以立异于朱子、自立己说著称,对朱子时有批判之处,这一批判精神为陆陇其所继承。尽管陆陇其以尊朱为主,然其尊朱并非拘泥株守朱子一切看法,而是积极认同双峰质疑、批判朱子之说,甚至还为双峰批评朱子之语遭到删削而抱不平,确乎体现了陆陇其尊朱而不唯朱的求真是精神。此提醒吾人,对陆陇其之"尊朱"不可笼统而论,要做细致具体分析。陆陇其为学从《四书大全》入手,通过学习、反思《四书大全》中繁复的宋元朱子后学各家之说来形成自身对"四书"及朱子的认识,其中受到双峰立论新颖、勇于批判精神之感召。同时,他极为注重双峰说与明代学者蔡清《四书蒙引》、林希元《四书存疑》、刁包《四书翼注》及张自烈《四书大全辨》等人之说的对照,呈现出明清四书学背景下的双峰学形象。因为对宋元明清朱子四书诠释的全面把握,故使得陆陇其在对"四书"任何具体问题的理解上,皆立于深厚的学术史基础而带有某种集大成的性质,这也迫使陆陇其四书学著作的阅读者,不得不追随作者进入广大精微的四书学隧道,非如此,则无以进入作者的思想世界。而双峰的四书论述,正如一道明灯,照亮着所有踏入朱子四书学隧道的探寻者。陆陇其正是在此明灯的照耀下,沿着批判

---

① （清）陆陇其:《四书讲义困勉录》卷三十二,《陆陇其全集》第七册,中华书局 2020 年版,第 1023 页。

与继承之路,走上了尊朱以辟王之路。而只有深入了解他如何通过消化包括双峰在内的前辈朱子学的思想,才能真正领会陆陇其尊朱辟王之精义。最后一点是,饶双峰堪称南宋江西朱子学乃至朱子再传的代表人物,被蔡杭赞为"孙枝秀出",陆陇其则是浙江朱子学乃至清代朱子学的代表,从地域朱子学的角度来看,他对双峰之评议亦可视为江西朱子学与浙江朱子学的一场跨时空对话。本来,双峰之学就曾对同为勉斋之传的金履祥、许谦的北山之学有着影响,数百年之后再次与陆陇其之学发生交集,此亦可见双峰学与浙江朱学绵延不绝之关联。事实上,陆陇其对双峰说一直颇留意,曾以在号称藏书甚富的藏书家处未读到双峰等书为憾。"张以徐氏书目借阅,其书甚富,然……勉斋、北溪、双峰、史伯璿诸经解皆无。"①可见其对双峰之眷眷也。

---

① (清)陆陇其:《三鱼堂日记》卷八,《陆陇其全集》第十一册,中华书局 2020 年版,第255 页。

第十一章　饶鲁与朝鲜儒学

双峰有关"四书"之解，因《四书大全》而得以广泛传播，由此亦传于日、韩、越等东亚文化圈。因朝鲜儒学以朱子学为主导，形成了以科举取士的制度，特别重视《四书大全》的研读，故双峰之说，自然引起学者之注意。朝鲜学者在接受双峰之说时，亦对双峰众多新颖而不同于朱子之说展开了热烈讨论，表达了臧否不一的态度。朝鲜学者对双峰之批评与接受，表明双峰思想已构成他们把握朱子思想的一个中介和桥梁，对朝鲜朱子学的发展发挥了积极作用，显示了双峰思想所具有的活力和影响。故本章略述有关朝鲜学者对双峰《大学》《论语》《孟子》《中庸》说之论述，以显示朱子后学对朝鲜朱子学之影响，同时由此管窥中朝朱子学交流之一斑。

第一节　朝鲜儒学视域下的双峰《大学》解

中国的朱子后学对朱子"四书"思想的诠释，深刻影响了朝鲜朱子学的发展。饶双峰作为朱子再传，对《大学》提出了颇多新颖而不同于朱子之解，引发了朝鲜学者的热烈讨论。诸如"智"之何解，"顾"与工夫静动之联系，表里精粗是指物还是理，诚意之诚与善恶之关系，"诚意"章在全书之地位，忿懥是否为"怒之留"，以心解矩是否妥当等诸多重要议题，朝鲜学人纷纷表达了对双峰说的臧否态度。由此可见朱子后学对朝鲜儒学的影响及其特色。

一、"智者，知之理，心之别"

朝鲜学者根据《四书大全》所引双峰有关《大学》说，对其相应观点发表评论，主要围绕智、至善、八目关系、顾、格物、诚意、忿懥、矩等概念的诠释展开，体现了很强的辨名析理精神。

朱子对仁、义、礼皆有所训解，唯独未对"智"加以解释，此激起了朱子后学补充"智"字解的兴趣。双峰即以"知之理，心之别"六字解之，此解从句法上完全模仿朱子的"仁，心之德，爱之理；义，心之制，事之宜"，显得颇为精妙。胡云峰则据朱子说，解为"心之神明，妙众理，宰万物"。沈贵宝解为"智者，涵天理动静之机，具人事是非之鉴"。程若庸则为"别具之理，为心之觉"。① 朝鲜学者亦提出自己的新解,如农严的"别之理,心之贞",沧溪的"心之别,理之贞",也有在双峰基础上改为"心之灵,知之理"说。

比较各家之解,显然双峰解提出最早,后出各说皆受其解影响。无论就形式之简约还是就义理之精密言,双峰解确有可取之处。"知之理"对应朱子仁解的"爱之理",突出了智的体用两面,表明智是作为发用的知的原理;"心之别"对应"心之德",表明智仍属四德之一,是心之是非分辨之活动。此解说扣题严密,故朝鲜学界主流认同双峰说,认为其解较各说更为可取,兼具体用,简明扼要,而胡、沈之说皆"详于用略于体""不免牵强附会"。②

朱子释智字,素称欠体用,而云峰所谓"心之神明,妙众理,宰万物",双峰所谓"知之理,心之别"者,无悖本义耶?

饶氏为得。③

智字之训,胡、沈说外亦多拟议者。惟饶双峰所谓"知之理心之别",恐最得之也。④

他们认为,双峰解兼具体用,简明扼要,而胡、沈之说皆详于用而略于体,不免牵强。故正祖也赞同双峰说,认为诸家说以"具""觉""贞"等字去解,皆有偏颇,不够妥帖。"勿斋说'具'字、'觉'字俱有病,农岩斥之是矣。而农岩、沧溪所谓'贞'字,亦似不能衬贴。惟饶说最得。"当然,针对以"贞"解"知"之不妥帖之疑问,也有学者如洪章海、金愚等皆维护"贞"说妥帖,《四书训解》则认为"心之贞"较"理之贞"说更好。⑤ 也有学者主张双峰、勿斋的直训法反而不如胡、沈之解。"饶、程直训恐不如胡、沈之说。"⑥ "知"字之训体现了双峰学术眼光的敏锐和精细,对朱子思想确有深入的把握,并具有很强的创新能力,故其所论话题,引起此后学者广泛之兴趣。

---

① 史伯璿对双峰、勿斋说颇表认可,但又提出五项质疑。见其《四书管窥》与《管窥外编》。
② [朝鲜]申暻:《上厚斋先生》,《直庵集》卷三,《韩国文集丛刊》第二百一十六册,民族文化推进会 1998 年版,第 166 页。
③ [朝鲜]朴弼周:《答李伯讷》,《黎湖集》卷十六,《韩国文集丛刊》第一百九十六册,民族文化推进会 1997 年版,第 356 页。
④ [朝鲜]朴世采:《答郑庆由问》,《南溪集》卷四十七,《韩国文集丛刊》第一百三十九册,民族文化推进会 1994 年版,第 446 页。
⑤ [朝鲜]尹凤九:《竹林书院儒生大学讲说答问》,《屏溪集》卷四十二,《韩国文集丛刊》第二百零四册,民族文化推进会 1998 年版,第 330 页。
⑥ [朝鲜]李衡祥:《答李仲舒》,《瓶窝集》卷六,《韩国文集丛刊》第一百六十四册,民族文化推进会 1996 年版,第 284 页。

针对双峰"至善以理之见于事者言"说,朝鲜学者大体认可之,但亦有批评此说有偏者,因为至善实不仅是理,还是就心上言、就事上言,指在心、事、理三方面皆达于极致。"无论得于心,见于事而其理皆有至极也。"①

双峰对《大学》八目的两种表述提出了逆推功夫与顺推功效说,"上一节就八目逆推工夫,后一节就八目顺推功效"。此说引起了多位朝鲜学者注意。一派如退溪等赞同此说,认为"饶氏之本意,恐非有病也"②。合乎朱子知至效验说,"饶氏工夫功效之说,非饶氏之说也,乃朱子之说也,古今诸人之说也"③。另一派批评者,则认为经文本来"不分格物与物格二者为工夫功效也",故双峰所分者"皆极无理"。④ 主张工夫功效内在一体,不可徒说功效。⑤ 如权裕则认为顺推功效说亦是言工夫,"顺推者亦当看作覆说工夫之意也"⑥。

二、"静存动察皆是顾"

双峰关于"顾諟天之明命"的理解,引起了众多学者关注。双峰说:

> 静存动察皆是顾。其静也,听于无声,视于无形,戒谨不睹,恐惧不闻。其动也,即物观理,随事度宜,于事亲见其当孝,于事兄见其当悌,此之谓常目在之。(《四书辑释》)

双峰指出"顾"表明工夫之动静两面,即静时视听于无声无形,如《中庸》戒惧不睹不闻的未发存养工夫;动时格物穷理,于随事处宜的事上明理,践行伦理之当然工夫,认为此即朱注"常目在之"意。一方面,双峰以"听于无声,视于无形"为静时工夫的观点遭到李栗谷的质疑,认为"非静中气象也"⑦。

---

① [朝鲜]金岱镇:《大学答疑》,《订窝集》卷二,《韩国文集丛刊(续)》第一百二十三册,韩国古典翻译院 2011 年版,第 607 页。
② [朝鲜]权得己:《与朴仁之格物论辨说》,《晚悔集》卷六,《韩国文集丛刊》第七十六册,民族文化推进会 1991 年版,第 96 页。
③ [朝鲜]赵翼:《答朴仁之论物格书》,《浦渚集》卷十六,《韩国文集丛刊》第八十五册,民族文化推进会 1992 年版,第 279 页。
④ [朝鲜]朴知诫:《答权重之》,《潜冶集》卷四,《韩国文集丛刊》第八十册,民族文化推进会 1991 年版,第 162 页。
⑤ [朝鲜]金兴洛:《答或人问目》,《西山集》卷十一,《韩国文集丛刊》第三百二十一册,民族文化推进会 2004 年版,第 230 页。"若只作功效说,则格物以后更无工夫。"
⑥ [朝鲜]尹凤九:《讲义》,《屏溪集》卷四十二,《韩国文集丛刊》第二百零四册,民族文化推进会 1998 年版,第 348 页。
⑦ [朝鲜]李珥:《记大学小注疑义》,《栗谷全书》卷十四,《韩国文集丛刊》第四十四册,民族文化推进会 1989 年版,第 300 页。

但另一方面,双峰的观点得到更普遍的支持,认同者据《中庸或问》"但有视听何妨其为静"之说,①指出静不是指感官之状态,而是指心体自身的未发,是从体用论而非就状态言。栗谷仅仅盯着视听二字,所见"太拘",未考虑双峰的语义重心在戒惧不睹闻。② 当然,栗谷的看法其实亦来自朱子的"才言看时,便不是未发"之说,此涉及工夫未发已发之一重要问题。有学者认为,未发工夫即是戒惧,它是一种内心的自我戒备警醒,以保持心体的清明。③ 且引栗谷的"未发时亦有见闻",反驳栗谷自相矛盾。

三、"表里精粗之指物还是理"

朱子在格物补传中提出"众物之表里精粗无不到"说,双峰对此提出自己的理解,引发了朝鲜学者极大兴趣。双峰说:

> 格物穷至那道理恰好阃奥处。自表而里,自粗而精,然里之中又有里,精之中又有至精,透得一重又有一重,且如为子必孝,为臣必忠,此是臣子分上显然易见之理,所谓表也。然所以为孝,所以为忠,则非忠孝一言之所能尽。且以孝言之,如居致敬,养致乐,病致忧,丧致哀,祭致严,皆是孝里面节目,所谓里也。(《四书辑释》)

双峰认为,格物是由表及里、由粗及精、重重递进深入之关系,"表里精粗无不到,方为格物"。卢氏则以表粗为理之用,即心之用;里精为理之体,即心之体。二者一侧重格物,一侧重心理。朝鲜学者比较了《四书大全》所收双峰与陈北溪、卢孝孙关于格物的理解。他们认为饶、卢二说所见不同而各有所当,双峰更亲切于格致用功,玉溪则明白于物格心明理尽,而北溪"以精粗巨细并举"的思路则同于双峰。

> 然在学者格、致之方,则双峰说亦甚亲切而有味,依其言用工未为不可。及其既格、既致,见理已尽之后,则玉溪说又极明白而无疑。④

① (明)胡广等:《四书大全·中庸或问》,《景印文渊阁四库全书》第二百零五册,台湾商务印书馆1986年版,第35页。"但有知觉在,何妨其为静。不成静坐便只是瞌睡!"
② [朝鲜]宋时烈:《答李君辅》,《宋子大全》卷一百零二,《韩国文集丛刊》第一百一十一册,民族文化推进会1993年版,第474页。
③ [朝鲜]李祘:《经史讲义(七)·大学(四)》,《弘斋全书》卷七十,《韩国文集丛刊》第二百六十四册,民族文化推进会2001年版,第32页。
④ [朝鲜]郑宗鲁:《答李汝刚》,《立斋集》卷十八,《韩国文集丛刊》第二百五十三册,民族文化推进会2000年版,第307页。

有学者反思此前四十年皆落入双峰就物上论表里精粗之误,其实当就理上言。"余从前主张饶氏以为精粗表里就物上说……堕此饶、陈科臼中垂四十年。"①

学者提出关于理有表里精粗的两种理解:究竟是表里精粗不同状态下皆存在理,还是理自身如气一般有表里精粗之分? 退溪认为第一种理解体现了双峰之意。② 但有学者反驳退溪说,认为众物当指众物之理,故表里精粗皆是指理之表里精粗而非物,且双峰首句言"穷至那道理恰好阃奥处"即是指理。

> 问:理有精粗表里云者,表与里、精及粗处,皆有理云乎? 理亦有表里精粗,如气之粹驳、物之皮骨之类而言乎? 答:前说近是,以饶氏说深思而得之可也,后说非是。

> 按:前说非是,理自有表里精粗,《章句》"众物之表里精粗无不到","物"字当作"理"字看,盖曰"众物之理"云尔。饶氏曰"格物穷至那道理恰好阃奥处。自表而里,自粗而精"云者,亦以理之表里精粗而言耳。③

有学者批评以心之全体大用对应物之表里精粗之说而大体认同双峰说,但对双峰说又作出修正,认为表里精粗不仅是对应关系,还是相互包含关系,即表、里之中皆各有精粗。"饶氏说大概似,然精粗虽若与表里无异,然表中也有精粗,里中也有精粗。"④有学者从天下皆一理的角度,认为理并无表里精粗之分,但此说遭到其他学者的反驳,认为忽视了理一下的分殊,而此正为双峰说精义所在。

> 窃疑通天下只是一理,初无表里、精粗、多寡、偏全之可论。……如小注饶氏说是已。理一之中,分未尝不殊也。⑤

有学者提出双峰的表里精粗之解分析太过,不如玉溪的理之体用说。

① [朝鲜]李嵩逸:《重答裁姪》,《恒斋集》卷三,《韩国文集丛刊》第一百三十七册,民族文化推进会 1994 年版,第 524 页。
② [朝鲜]李滉:《答金而精》,《退溪集》卷三十,《韩国文集丛刊》第三十册,民族文化推进会 1989 年。"理有表里精粗云者,表与里、精及粗处,皆有理云乎?"
③ [朝鲜]韩元震:《退溪集劄疑》,《南塘集拾遗》卷四,《韩国文集丛刊》第二百零二册,民族文化推进会 1998 年版,第 401—402 页。
④ [朝鲜]奇正镇:《答柳德邻》,《芦沙集》卷十一,《韩国文集丛刊》第三百一十册,民族文化推进会 2003 年版,第 258—259 页。
⑤ [朝鲜]郭钟锡:《答曹晦仲》,《俛宇集》卷一百零四,《韩国文集丛刊》第三百四十三册,民族文化推进会 2005 年版,第 8 页。

但此说遭到反驳,学者认为双峰之说发明最为精切,最得朱子之意,即使朱子再生,也必将点头称赞。玉溪说亦有其道理,最好是二说相须,则语义完备。

> 饶氏"格物穷至那道理阃奥处……"云云者,其释补亡章众物表里精粗之义发明得精切,正使朱子复生,恐点头道是矣……朱子尝论颜子既竭吾才而曰"道理无尽,剥了一重又有一重"……与饶说相印符,恐不可容易立说打破也。卢氏精粗体用之说,亦说得是道理,横说竖说各有所值。要之,二说相须,其意始备。①

但也有观点认为双峰说发明了事上实践之功,仍有可取之处,体现了极高的穷理之学水准,故退溪认可之。当与玉溪说兼存并取,不可偏废。

> 饶双峰说鄙亦尝疑及此。然就事上实体处发明得有条理,极有力于穷理之学,退溪先生亦尝取此说。今当以玉溪说为准,而此说亦兼取而并存,恐未可执一而废二也。②

有学者认为双峰格物说有"各诣其极"之意,由此批评栗谷"理本在极处"说不合文义。③

强调表里精粗分别指理之所当然与所以然的看法则成为学者批评双峰的重要观点,他们不满双峰以事物论表里精粗,认为此乃是就事而论,而非论"理"之意义,偏离朱子本意。"双峰饶氏释表里精粗皆以事言之,妄意此非朱子本旨……然表里精粗等字非理字面目!"④"饶双峰就事上分排,恐非是。"或批评双峰解不合朱子之意,而是自成一说,指责此说以"事之大体节目而分精粗表里,太似歇后"。⑤ 或认为表里精粗是指究竟无余,无毫发不

---

① [朝鲜]李㙂:《答汝彬问目》,《顾斋集》卷六,《韩国文集丛刊(续)》第五十六册,韩国古典翻译院 2008 年版,第 198 页。

② [朝鲜]权炳:《上大山先生》,《约斋集》卷二,《韩国文集丛刊(续)》第八十七册,韩国古典翻译院 2009 年版,第 40 页。又见《答权景晦》,《大山集》卷十九,《韩国文集丛刊》第二百二十六册,民族文化推进会 1999 年版,第 390 页。

③ [朝鲜]李玄逸:《答申明仲》,《葛庵集》卷十二,《韩国文集丛刊》第一百二十八册,民族文化推进会 1994 年版,第 49 页。

④ [朝鲜]李和甫:《答李子一问目》,《有心斋集》卷四,《韩国文集丛刊(续)》第八十二册,韩国古典翻译院 2009 年版,第 456 页。

⑤ [朝鲜]梁得中:《书答申明仲书》,《德村集》卷七,《韩国文集丛刊》第一百八十册,民族文化推进会 1996 年版,第 144 页。

尽之意,故双峰说"失朱子本意明甚"。① 朱注强调的是"以物理之体用言,以应吾心之全体大用"②,而双峰说则把所当然与所以然对说,以表里粗为所当然,精则单独指所以然的说法遭到反驳,被批评为打破了四者之对应关系,反而流于偏颇。③

总之,围绕双峰对朱子格物的表里精粗之解,朝鲜学者展开了精细深入的讨论,大体分为赞同与反对两种意见,双方在对表里精粗所指究竟是理还是物上产生分歧,由此提出了"理外无物""物外无理"等物理一体观,此与玉溪的"心外无理""理外无物""理之体即心之体,理之用即心之用"说一致,突出心理、物理、理物的心、理、物的一体关联,强调打通主客内外的统一。双峰显然是着眼从具体分殊之事物上升到一理之贯通。

四、"诚于中形于外,此诚字是兼善恶说"

就"诚意"章的诚中形外之解,双峰提出"兼善恶说",引起热烈争议。中国学者对此也有不同看法,如蔡清、陆陇其等支持双峰说,林希元则主恶说。朝鲜主流观点是认可双峰的"兼善恶"说,批评者则主"专善"或"专恶"说,批评双峰说,彼此展开了一番辩论。

其一,专善论者。批评者认为"诚中形外"之"诚"本来形容道德光芒之外显,如今却被双峰定性为"兼善恶",是就恶言之,如此一来,则诚意之诚,也就不是论好善恶恶了,诚就成为非价值原则的了,变为恶亦是诚了,此实为惊世骇俗之论。故他们认为诚中形外,当指诚意慎独之效用,而非双峰的"兼善恶"。

这种观点认为"诚"字当"单以善看",反对诚为恶、兼善恶说。如果恶也算诚的话,那么小人也可以说是诚意了,这就颠覆了诚意的正面意义,对君子而言,诚意即无意义了。故双峰之诚为兼善恶说,正是有见于此的折中之法,但此毕竟不如直接以诚为善。否则"诚于中"的《大学章句》说亦当改作"诈著其善而善不著",突出"著善"而非此前的"掩恶"。他们甚至由此批评朱子,指出朱子的观点是主恶论,不合诚之用意,而兼善恶说也丧失了

---

① [朝鲜]黄后榦:《附录·赠言》,《夷峰集》卷六,《韩国文集丛刊(续)》第七十六册,韩国古典翻译院 2009 年版,第 476 页。"《中庸章句》所谓'巨细精粗,无毫发之不尽'者,皆是此一意。以此推之,补亡章下双峰饶氏说表里精粗,失朱子本意明甚。"
② [朝鲜]李栽:《答叔父恒斋先生》,《密庵集》卷九,《韩国文集丛刊》第一百七十三册,民族文化推进会 1996 年版,第 182 页。
③ [朝鲜]金昌翕:《答安重谦大学疑义问目》,《三渊集》卷十九,《韩国文集丛刊》第一百六十五册,民族文化推进会 1996 年版,第 399 页。

诚的真实不杂之义,故不如主"善"论。因为"诚"乃是不容夹杂的。

> 恶而为诚,则小人亦可曰诚意,乌在君子之必诚其意也。饶氏见其不可专归于恶,始为兼善恶之说,然终恐不若旅轩之单以善看。如此则其口诀当曰诚于中,谓小人之欲诈著其善而善不著也。①
>
> 鄙意则每欲从旅轩说,以善之诚于中当之。盖此章诚字不容夹杂说。若尔,则小人亦可曰诚意,何得谓君子必诚其意乎?②
>
> 朱先生亦以此为恶之实,然诚字之专属于恶一边,终似未稳。故饶氏有兼善恶之说。然而诚之真实终不可以淆杂,故旅轩有单指善之说。③

有学者比较了"诚其意"与"诚于中"之"诚",认为存在"单言善、兼言恶之别"。"诚"皆是实之意,并无二义,故双峰兼善恶说不妥。他们分析双峰之说实受到《中庸或问》的误导,当以经过朱子反复修改的《大学或问》为主。盖《中庸或问》乃朱子未定之论。其实《中庸或问》朱子亦经过反复修改,此以朱子早晚不同之说来辩护的方法亦是弥缝朱子不同之见的常用手法。

> 两"诚"字初无二意,而饶氏误以"诚于中"之"诚"作兼善恶之诚,盖因《中庸或问》而为此。然朱先生于《大学》累经修改。而其于《章句或问》曾无此意。《庸或》云云,其尚在论未定之日。④

其二,专言恶者。如陈栎即主恶说,主专言恶者批评双峰"兼善恶"说含糊,"然此本文之意,则专说恶一边矣。双峰说未精"⑤。他们认为诚就是真实之意,故实于恶也是诚,正如凶亦是德。且朱子《中庸或问》亦是就恶而言。故此处之诚就是专指恶而言,是指小人真实为恶之心,"自有不可掩讳之实",此方合乎诚的本意。他们同时指出本节前后分别就君子为善之

---

① [朝鲜]郭钟锡:《答梁成玉》,《俛宇集》卷一百,《韩国文集丛刊》第三百四十二册,民族文化推进会 2005 年版,第 489 页。

② [朝鲜]郭钟锡:《答安子精》,《俛宇集》卷一百零八,《韩国文集丛刊》第三百四十三册,民族文化推进会 2005 年版,第 74 页。

③ [朝鲜]郭钟锡:《答韩性刚》,《俛宇集》卷一百零一,《韩国文集丛刊》第三百四十二册,民族文化推进会 2005 年版,第 507 页。

④ [朝鲜]郭钟锡:《答金振玉》,《俛宇集》卷五十一,《韩国文集丛刊》第三百四十一册,民族文化推进会 2005 年版,第 312 页。

⑤ [朝鲜]李显益:《上农岩先生别纸》,《正庵集》卷二,《韩国文集丛刊(续)》第六十册,韩国古典翻译院 2008 年版,第 186 页。

诚、小人为恶之诚、兼善恶之诚、君子诚之效而论。

> 小人为恶之亦得诚名,虽若可疑,而诚者,实也,为恶也实,则非诚
> 而何?盖上章言君子为善之诚,此章言小人为恶之诚,曾子曰章兼善恶
> 之不可掩而劝戒之。富润屋章言君子诚之效而以诚申结。四章互明
> 而各有主,饶氏虽因"此谓"二字而言,终非本意。①
> 诚只是真实底心,小人虽不能为善,而为恶之心,真实于中……饶
> 双峰将此诚字以为兼善恶说,则失本文正义矣。②
> 诚,实也。故实于恶亦谓之诚,如凶德亦谓之德也。③
> 诚于中形于外,此诚字,分明指恶一边。④

其三,认同双峰"兼善恶"说。他们认为同一个"诚"字在不同语境中含
义不同,不可拘泥,此与诚意之诚不同。诚之本意是真实,但此处就小人而
言,确有不善之实的意味,故双峰之兼善恶说无误。

> 兼善恶云云,诚字本是好字,而今以不善之实于内者言之,故谓之
> 兼耳。恐亦不足深非。⑤

有学者根据本章朱注"善恶之不可掩"说为双峰辩护,认为双峰"兼善
恶"说即来自于此,确有所据,然因与上下文不大关联,故显得突兀而引发
疑惑。

> 而其下《章句》曰"善恶之不可掩如此"云云,则饶氏之说似本于
> 此。但其所谓"兼善恶"三字语势突兀,与上文不相连属。⑥

---

① [朝鲜]卢景任:《答兒宪相大学问目》,《敬庵集》卷七,《韩国文集丛刊(续)》第一百一十
　六册,韩国古典翻译院2011年版,第131页。
② [朝鲜]李象靖:《中庸大学疑义辨》,《大山集》卷四十,《韩国文集丛刊》第二百二十七册,
　民族文化推进会1999年版,第270页。
③ [朝鲜]奇正镇:《答李圣宪问目》,《芦沙集》卷十一,《韩国文集丛刊》第三百一十册,民族
　文化推进会2003年版,第253页。
④ [朝鲜]郭钟锡:《答崔圣雨》,《俛宇集》卷一百一十七,《韩国文集丛刊》第三百四十三册,
　民族文化推进会2005年版,第220页。
⑤ [朝鲜]朴弼周:《答李伯讷》,《黎湖集》卷十六,《韩国文集丛刊》第一百九十六册,民族文
　化推进会1997年版,第357页。
⑥ [朝鲜]金榦:《答朴尚甫》,《厚斋集》卷八,《韩国文集丛刊》第一百五十五册,民族文化推
　进会1995年版,第148页。

《章句》所谓"善恶之不可掩者如此"云者,可知也。以此观之,则上文所谓"诚于中"者,饶氏以为"兼善恶"说,不无所据。①

也有学者分辨两处"独"之含义,指出慎独之独乃兼闲居独处之含义,实不同于诚意下的必慎其独之独。故朱注曾子曰有"虽幽独之中,而其善恶之不可掩如此"说,可证幽独之独同于小人闲居之独。又就"毋自欺"而论,则诚确有兼善恶之意。故兼善恶的证据就在朱子注中,"此谓诚于中"的"诚"兼善恶的一边,此节论小人之恶,而"富润屋"指善的一边。

饶氏兼善恶之说似好。窃尝以为第二节慎独之独,盖兼闲居独处之意而为言,与上文慎独之意少异。以曾子曰一节注"引此以明上文之意"观之,则幽独之独,亦闲居独处之独也。以是言之,并毋自欺一节看之,恐不正当。②

"诚于中形于外",此语本兼善恶说底,而此一节属恶一边,与下节"善之实于中形于外者"相对看。尽有分段。③

有学者提出当灵活理解双峰说。他们分析以诚为"兼善恶"与"恶"说各有问题。如双峰兼善恶说,则与本章诚意不相应;如纯以恶论,则以恶为诚又不合诚中形外的本意及其褒义色彩。故如拘泥文本之义,则当为陈栎主张的"恶";如灵活休察文义,则当为饶说之兼善恶。

盖兼善恶之论不能紧贴上文,专言恶之论以恶为诚者,终有乖于名言。④

诚字饶氏兼善恶说,陈氏谓恶之实。

① ［朝鲜］韩梦麟:《经义问答》,《凤岩集》卷之三,《韩国文集丛刊(续)》第六十六册,韩国古典翻译院 2008 年版,第 340 页。
② ［朝鲜］郑奎汉:《答朴晦仲庸学疑义》,《华山集》卷四,《韩国文集丛刊(续)》第一百零二册,韩国古典翻译院 2010 年版,第 375 页。
③ ［朝鲜］柳徽文:《答李锡汝别纸》,《好古窝集》卷六,《韩国文集丛刊(续)》第一百一十二册,韩国古典翻译院 2011 年版,第 390 页。
④ ［朝鲜］李祘:《经史讲义(五)·大学(二)》,《弘斋全书》卷六十八,《韩国文集丛刊》第二百六十三册,民族文化推进会 2001 年版,第 580 页。

执着本文则陈氏说似当,而若以文字活看之法论之,则饶氏说得之。①

双峰还讨论了为何"传之诸章释八事,每章皆连两事而言,独此章单举诚意"的问题。一方面就致知与诚意关系而论,二者是知行独立,各自用力,故不可并联。另一方面,诚意不仅为正心之要领,且贯穿至修齐治平,故不能狭隘地仅仅关联正心而论,"诚意不特为正心之要,自修身至平天下,皆以此为要"。可见诚意单列是由它的特殊地位而确定的。有学者批评双峰此说不合经文层层相连之本意,亦悖逆于朱子据经文之言以发传文层层贯通之意。他指出诚意单论的理由是《大学》以知行为要领,但"格致"与"诚意"两章即大体为此意而相互贯通,使"诚意""格致"二章独立者,在于其分量之重要,为所学之当务,故如此。

> 而乃饶氏为此知行二事不连之说,及诚意不特为正心之要之说,此似未免失其本意也。若果如饶说,则经文何以曰"欲诚其意先致其知……意诚而后心正"。而若是其段段连言耶?以此观之,饶氏之说与经意及朱子说相悖而终归于有病。
>
> 《大学》一篇若推其要,则惟知行二者耳。诚意以下既有许多工夫,格物又与致知相配。然举此两章而知行之大体已立,彼此相须,首尾相应。故传者特以诚意为别章,以及于格致而互致其重,使学者不待终篇而知所当务之急。此乃主意也。②

有学者批评双峰"心之正不正,身之修不修,只在意之诚不诚"说,认为若如此说,则诚意之后,无须正心修身了。此既不合经文正心修身所列之病痛,又不合朱注诚意之后尚须密察存养工夫。故甚不满双峰的正心修身"已具于诚意"说,认为其说诚意过重,有遮盖其余工夫之嫌疑。

> 饶双峰云云。若以诚意为治四有五辟之方已具焉,则诚意得尽时,心与身自无病了,下面如何说个病痛?此与正心章章下注"但知诚意而不能密察此心之存否,则又无以直内而修身者",终是疏密不

---

① ［朝鲜］奇正镇:《答金乐三大学问目》,《芦沙集》卷十三,《韩国文集丛刊》第三百一十册,民族文化推进会 2003 年版,第 313 页。

② ［朝鲜］朴世采:《答金直卿问》,《南溪集》卷四十三,《韩国文集丛刊》第一百三十九册,民族文化推进会 1994 年版,第 380—381 页。

同矣。

双峰说诚有偏重之病。①

《章句》所补体用工夫无不备具，则饶氏所谓已具于诚意章之说，果似未当矣。②

有学者不满双峰的"诚意即正心修身之要""意苟诚矣"说，认为不合章句各节皆有工夫之说，"序不可乱而功不可阙"，双峰说滚作一团，归于诚意并不妥。也有学者认为双峰说虽然伤快，但并无以诚意吞没正心修身工夫之意，且并无消除忿懥、恐惧、亲爱、好乐四者之用意，而是强调必须先诚意方能正此四者。

双峰一条固涉太快，然其意则以为意既诚，则如好好色如恶恶臭，必无不谨于其独，而于忿懥亲爱等无敢肆焉耳。非谓意一诚则更无正修之加功也……但来书谓"并去四者之用"，恐非本意。彼所云者，谓苟欲忿懥等之得其正，必先诚其意。何尝道并去之耶？意既不诚而有此等，则岂不失其正！③

诚意以后，正心、修身、齐家等各自有工夫……饶氏一并混说，宜其为陆、汪所驳也。④

为双峰辩护者则认为其说极好。因知行二事，诚意最要。故单列诚意而不关联其他章之用意，即在突出诚意对各章的总领意义，此即双峰说用意所在。如不以双峰说为然，则无法解释诚意独传之用心。

按：诚意章之自为一传，饶氏说极好。……大抵知行二事也，诚意总要也。传所以不连上下者，非分而二之，使不相关涉也。只以示知行之分与为总括诸章之义而已。饶氏说不过如此。南塘乃引经文连续说去之训，与章下朱夫子承接之释，而深言饶说之非。若以饶氏为非，则

① ［朝鲜］柳重教：《答蔡圣初》，《省斋集》卷十九，《韩国文集丛刊》第三百二十三册，民族文化推进会 2004 年版，第 456—457 页。

② ［朝鲜］金榦：《答朴尚甫》，《厚斋集》卷八，《韩国文集丛刊》第一百五十五册，民族文化推进会 1995 年版，第 137 页。

③ ［朝鲜］李瀷：《答睦士懋》，《星湖全集》卷十六，《韩国文集丛刊》第一百九十八册，民族文化推进会 1997 年版，第 337—338 页。

④ ［朝鲜］崔演：《大学记疑》，《艮斋集后编》卷十九，《韩国文集丛刊》第三百三十五册，民族文化推进会 2004 年版，第 391 页。

诚意独传之意,求之于何传? 十章血脉贯通。①

在此问题上,陈定宇、胡云峰、倪士毅皆认可双峰说,故《四书大全》亦引之,而史伯璿则大体同于朝鲜学者观点,对双峰说批评之。②

五、“忿者,怒之甚。懥者,怒之留”

《大学》“正心”章有“心有所忿懥”说,关于忿懥,朱子视为一个词语,解为“怒也”,双峰则拆开解释,认为分别是指怒的不同状态:怒之甚与怒之留。此看似字义之小事,无关大雅,而实则所系不轻,遭到朝鲜学者普遍批评。

> 窃谓怒之甚、怒之留,若于字书训诂忿、懥二字,则固精矣,今于此注则失之。《大学》论心之病,元不在于忿懥、恐惧等字,只在“有所”二字。……若以忿为怒之甚,懥为怒之留,则只此二字,便包无限病痛,不必待有所而后心失其正,又直须要无不可……朱子只将“怒”字为释,正自有意。饶说剩赘,反害本旨。③

> 叔道以为若如饶说,不待“有所”而已成病矣。饶说之失,叔道之言恐得。④

> 饶氏以为怒之留。恐非是。若曰“留”,则已有矣,上着“有所”字不得。

---

① [朝鲜]崔象龙:《大学》,《凤村集》卷十一,《韩国文集丛刊(续)》第一百一十八册,韩国古典翻译院 2011 年版,第 369 页。

② 史氏云:“‘首’字不若‘要’字之说,正如《中庸》鬼神章‘包’字不若‘贯’字之说,‘要’字、‘贯’字自是双峰意。如何亦欲朱子从之? 双峰‘意既诚,则心自正,身自修’,与‘诚意正心修身不是三事,三事只是一串’,及‘诚意外别无正心修身工夫’之说,辩则辩矣,新则新矣,其如经文‘欲修其身者先正其心,欲正其心者先诚其意,与意诚而后心正心正而后身修’这数何? 经文明有三节工夫,而双峰强说诚意外别无正心修身工夫。经文明说‘而后心正而后身修’,双峰强说意既诚则心自正身自修,然则经何以不曰‘意诚而后心正身修,欲修身正心者,先诚其意耶’? 经文分明分别作三事如此,而双峰强以为不是三事,只是一串。何耶? 朱子尝言‘序之不可乱,功之不可阙’。如双峰说则序皆可乱,功皆可阙矣。双峰勇于背朱子而不思经文之序本不可乱,经文之功本不可阙,非朱子创为之说也。以经证传,以传释经,则双峰之谬误,不难见矣。”参见(元)史伯璿:《四书管窥》,《景印文渊阁四库全书》,台湾商务印书馆 1987 年版,第 698—699 页。

③ [朝鲜]林象德:《大学》,《老村集》卷十,《韩国文集丛刊》第二百零六册,民族文化推进会 1998 年版,第 205 页。

④ [朝鲜]李柬:《答成士孝》,《巍岩遗稿》卷十,《韩国文集丛刊》第一百九十册,民族文化推进会 1997 年版,第 415 页。

饶说当弃之。①

盖才言"留",则便已带得有所之意,不待别言有所也。②

有学者指出,此解问题在于未能抓住要害,心病在于"有所"而非"忿懥恐惧"等,程朱皆认为此四种情感乃人所不能无者。故双峰以怒之甚、怒之留解释二者,虽合乎字义,但不合文本之意。盖此解认为忿、懥已经是包含无限病痛之不可有之情感,已非中和之情,偏离了情不可无而不可着的本旨。且"怒之留"与经文"有所"重复,"留"已经是有所之意,当抛弃此说。

也有学者批评双峰与西山皆未能领会朱注"四者心之用也"之用意,恰恰犯下了以忿懥为不正之错误,偏离了朱子本旨,而西山又以此为人心,其病更重。

又曰"四者,心之用也"。其意正恐人误以"忿懥"看作不正也。至双峰乃曰"忿者,怒之甚。懥者,怒之留"。已失朱子本旨。今又专属之人心,其失尤远矣。双峰见得深,西山见得偏。西山之病尤甚。③

有人提出新解,以前四字"忿恐好忧"为心之发用而人所不能无之情,以后四字"懥惧乐患"为人所不应有,故批评以"有所"二字为病之说。

或引饶双峰懥是忿之留之说,以忿恐好忧为心之用而人所不能无者。以懥惧乐患为一有之而不能察,然则当以下四字为病,而"有所为病"之论误矣。此说何如?

东观对:懥惧乐患,是情之流而成心于内者。此章病痛以此四字当之,似胜于"有所"二字矣。④

① ［朝鲜］朴胤源:《答平叔大学问目》,《近斋集》卷二十,《韩国文集丛刊》第二百五十册,民族文化推进会 2000 年版,第 386 页。
② ［朝鲜］柳重教:《答鱼升汝》,《省斋集》卷二十二,《韩国文集丛刊》第三百二十三册,民族文化推进会 2004 年版,第 527 页。
③ ［朝鲜］任圣周:《心经》,《鹿门集》卷十二,《韩国文集丛刊》第二百二十八册,民族文化推进会 1999 年版,第 238 页。
④ ［朝鲜］李祘:《经筵讲义（六）·大学（三）》,《弘斋全书》卷六十九,《韩国文集丛刊》第二百六十四册,民族文化推进会 2001 年版,第 22 页。

就此问题,史伯璿的观点亦同于朝鲜学者,批评双峰说不妥。①

六、"仁属孝,让属弟,贪戾者,慈之反也"

双峰把"齐家治国"章上句"孝悌慈"与下句"仁、让、贪戾"结合解释,提出"仁属孝,让属弟,贪戾者,慈之反也"说。学者认为双峰说不合文意。

> 饶说未见其然。上说孝、弟、慈,到此又说仁、让等道理,渐渐放阔去。②
> 蔡氏清曰:饶氏说不然。味《或问》仁让言家,贪戾言人之说,则贪戾,仁让之反也。而仁兼孝慈,让专属悌可矣,况贪字于不能慈幼之义,亦不甚切。③

这些学者指出前文论孝悌慈,此则是论仁让,乃是逐渐展开道理。他们引蔡清说批评饶说不合《或问》的仁让、贪戾分别就家和人之说,贪戾乃是仁让的反面,仁是孝慈,让则专属于悌。且贪戾不合慈幼之义,故双峰将之关联不切。有学者认同卢玉溪的贪戾对应仁让说。"下文玉溪曰:'贪则不让,戾则不仁。'恐当以玉溪说为正。"④也有的引陆氏的孝悌慈属仁,秩然为让说,反对双峰分仁让为孝悌之论。学者认为,全章多有对反之论,故此处亦然,贪戾是通论其反。

> 按陆氏稼书曰:"孝悌慈之蔼然者仁,秩然者让,不必仁属孝,让属

---

① 史氏云:"双峰以怒之'暴、留'释之,然后二字乃不好耳。愚尝遍考字书,并无以'暴、留'之意释忿懥之义者。然则双峰暴字、留字之意,得非本《语录》'忿又重于怒',与'忿懥是怒之甚'者二句而言乎?然'暴、留'二字与'甚、重'二字之义不同。……双峰若别无所据,但因《语录》而推之如此,则不若但依《章句》平说为怒之得也。……又按:金氏祖饶氏意,并以恐惧好乐忧患三者,皆连二字言之,为不好之证。《通》亦从而和之。然则《中庸》恐惧不闻,《孟子》生于忧患,亦连二字言之,则何以分别其好不好耶?"参见(元)史伯璿:《四书管窥》,《景印文渊阁四库全书》,台湾商务印书馆 1987 年版,第 699—700 页。
② [朝鲜]金元行:《答李弘人》,《渼湖集》卷十二,《韩国文集丛刊》第二百二十册,民族文化推进会 1998 年版,第 246 页。
③ [朝鲜]金榦:《大学》,《厚斋集》卷二十三,《韩国文集丛刊》第一百五十五册,民族文化推进会 1995 年版,第 417 页。
④ [朝鲜]金昌协:《答李显益》,《农岩集》卷十六,《韩国文集丛刊》第一百六十二册,民族文化推进会 1996 年版,第 52 页。

悌。"此言恐得之。①

　　不必如是分属。盖仁让通言孝悌慈,贪戾通言其反……一章之内,多有反言之者,皆所以应经文末节之意也。②

　　总之,学者普遍认为双峰不必如此细分拆解、对应仁让慈之对象。此亦显出双峰喜好分析、细密深入的穷理特点。

七、"以何物为矩? 而度之亦惟此心而已"

　　双峰对《大学》"平天下"章的"絜矩"之"矩"加以新解,认为当是以心为矩。此说引起学者极大兴趣,他们特别关心双峰的"心"究竟是何等意义之心。正祖询问臣下双峰以心为矩和卢氏、胡云峰以矩为当然之则之异同。宋祥濂认为:

　　饶氏所谓心,原指义理之心,与玉溪、云峰之说初无二致。而此章之恕,推爱己之心以爱人也。上章之恕,推治己之心以治人也。一主爱人上说,一主治人上说。不无所从言之异矣。③

　　双峰之心是义理之心,即本心,也即云峰等的当然之则,故所解之义无别。而上章与本章之恕分别就爱己以爱人与治己以治人而言。学者认为,双峰之心矩说,实是以矩为心之所同。

　　惟饶双峰以心为絜矩之说,微似来谕之云。而细观其意,亦推说矩字之意主于心之所同云尔。④

　　有学者反对双峰等以心为矩说,认为其说是受《语录》"矩者心也"之误解,矩当是方之义。

----

① [朝鲜]金正默:《大学》,《过斋遗稿》卷三,《韩国文集丛刊》第二百五十五册,民族文化推进会 2000 年版,第 272 页。

② [朝鲜]李和甫:《答李子一问目》,《有心斋集》卷四,《韩国文集丛刊(续)》第八十二册,韩国古典翻译院 2009 年版,第 459 页。

③ [朝鲜]李祘:《经史讲义(七)·大学(四)》,《弘斋全书》卷七十,《韩国文集丛刊》第二百六十四册,民族文化推进会 2001 年版,第 38 页。

④ [朝鲜]李楘:《答密庵先生》,《顾斋集》卷五,《韩国文集丛刊(续)》第五十六册,韩国古典翻译院 2008 年版,第 482 页。

又《语类》中有"矩者心也"之说,恐亦周舜弼书之类耳。后儒不察,遂以此矩字看作絜上面事……近复反覆参验,乃始究见其义,而决然从絜而方之之释。①

在《论语》"从心所欲不逾矩"章中,双峰以矩为心之天则,"矩者何?此心之天则也"。双峰此说在朝鲜学界引起热议。支持双峰说者指出明代朱子学者攻击双峰此说,盖出于忌讳言心的心理,故视此为佛学之本心,是不知心性之别的误解。且把心视为不好的,亦未能把握心实来源于天之法则、遵循天之法则,天则即性,故心实为善。此心即本心,只有受到血气拘束而无法行其天则者,方为恶。故正心即在于正本心之正而去拘染不正之心。双峰的"心之天则"说其实是把握了心性之别,并不是佛学之心,其说无病。再则,朱子亦采用了胡寅等本心之说,若如吕留良等论,则朱子亦当归于佛学了。

　　按:明儒多攻饶氏此说,至比之本心之佛学,甚误。此盖不知心性之辨,而且以心专当不好底看,故乃为此胡说,可笑也已。夫心是受天则而行天则者也。天则何?性是也。以其可以受天则而行天则,故善也。然为血气所拘而不能行天则,则恶也。自其受而行之而谓之本心,自其拘而不行之而谓之有恶。自古言心,只斯而已矣。故曰正心,是犹言正其本正而被拘染不得其正之心也。若使饶氏直曰"心天则",则固无曲折而为语病也。以矩为心之天则,是分别心性而为言者,何不可之有?若如明儒吕晚村等诸人之说,则朱子之取胡氏本心之说者,亦不害佛氏之归耶?②

有学者认为"不逾矩"章,双峰以矩为本章要领而围绕矩加以解释,提出知此矩、践此矩、守此矩、行此矩等说,过于精巧而不合本意,不如胡云峰说以"心"为本章要领而发明更为紧切。

　　为政篇不逾矩章小注,双峰以矩字为一章之要而分析之,云峰以心字为一章之要而解释之。饶说义虽似是而未免太巧,似失夫子之意。

---

① [朝鲜]金岱镇:《絜矩说》,《订窝集》卷八,《韩国文集丛刊(续)》第一百二十三册,韩国古典翻译院 2011 年版,第 316—317 页。
② [朝鲜]金正默:《论语》,《过斋遗稿》卷二,《韩国文集丛刊》第二百五十五册,民族文化推进会 2000 年版,第 249—250 页。

胡说发明大旨甚切。①

也有学者认为双峰以矩为义外说偏于外而无内外兼具之意。

"不踰矩""矩"字,似是兼内外言者。饶双峰专作义以方外,似偏。②

综上所述,饶双峰在对朱子《大学章句》的解释中提出若干独到之说法,引起了朝鲜学者的反复讨论,支持与反对的双方都提出了各自的理由,留给我们一些带有思考性的问题。其一,这些讨论确实显示了双峰学辨析精密、善于穷理的特色,故能引起学者进一步探究的兴趣,如他关于智、格物、诚意等的理解即是如此。其二,显示了朝鲜学者对双峰的兴趣居于自身的问题意识而具有与中国学者不同的视野。如特别讨论双峰关于"顾"的理解,是居于工夫的未发已发之动静,此解并未引起中国学者的注意。又如关于格物表里精粗之所指,亦未引起中国学者太多关注,而为朝鲜学者所抓住,并深究其中蕴含的理与物的关系。其三,体现了中朝学者具有的共同问题意识。如关于双峰的诚意"兼善恶"说,也是中国学者热烈争议的话题,它直接关涉了诚意这一重要工夫问题如何来把握。但朝鲜学者的讨论显示出特别细腻的一面,较之中国学者甚至有过之而无不及。其四,朝鲜学者对双峰问题的关注及评价,与对双峰有深入研究,且持批评态度的元代朱子学者史伯璿往往有着一致性,如关于忿懥,关于诚意为正心之要、不逾矩、智、仁让等说,这意味着什么? 从相关材料来看,朝鲜学者在批评的过程中并未援引史伯璿之说,对之似并不熟悉。事实上,史伯璿虽是元代对朱子学有专精研究的学者,但其学术影响较弱。考虑到此点,故中朝学者对双峰评价的"所见略同",恰表明双峰思想中存在的若干新颖而背离朱子之处,引起了对朱子具有深入研究且带有维护心态学者的相同兴趣。这一案例印证了中朝朱子学具有内在的共同性,同时朝鲜儒学也具有其特殊性。而饶双峰等朱子后学对朱子所作细密新颖之解,既对中国朱子学产生了深刻影响,同样也对朝鲜朱子学的发展发挥了桥梁中介作用,产生了积极的推动效果。

---

① ［朝鲜］尹光绍:《读书随录》,《素谷遗稿》卷十五,《韩国文集丛刊》第二百二十三册,民族文化推进会 1999 年版,第 352 页。

② ［朝鲜］李显益:《论语说(上)》,《正庵集》卷九,《韩国文集丛刊(续)》第六十册,韩国古典翻译院 2008 年版,第 324 页。

第二节　朝鲜儒学视域下的双峰《论语》解

《四书大全》所引朱子后学说是朝鲜朱子学吸收、转化朱子思想的阶梯和桥梁。《四书大全》所收双峰《论语》说通过经文比较、辨析朱注与程门异同等方式,就人性两分、心气关系、本末与理事、中和气象等论题提出新解,引发了朝鲜学者的反复辨议。饶双峰在"四书"诠释中所体现的分析方法、创新观点和批判态度对朝鲜朱子学产生了积极影响,表明加强朱子后学与朝鲜朱子学的比较研究,是未来东亚朱子学研究中值得着力的学术方向。

明成祖时编撰的《四书大全》以朱注及宋元朱子后学之说为基本内容,该书虽在中国多遭差评,然却在朝鲜朱子学界具有崇高地位和深远影响。朝鲜学者不仅推崇书中的朱子说,且对被收入书中的朱子后学之说给予高度重视,反复辨析,试图通过对诠释细致、观点多元的朱子后学之解来把握朱注及经意。故《四书大全》所收宋元朱子后学之说构成朝鲜儒学理解程朱之学的阶梯和桥梁,从而使得探究朝鲜儒学如何认识宋元朱子后学之说,成为东亚朱子学研究一个值得重视的课题,这对于尚且薄弱的宋元朱子后学研究及朱子后学与朝鲜朱子学的比较研究而言,皆具有积极意义。本节以朝鲜学界对双峰的《论语》解评述为例,管窥朝鲜朱子学如何评价朱子后学之说。集中于朝鲜儒者对双峰《论语》解的讨论,双峰的《论语》解特别关注剖析程朱异同,在性相近、三戒、本末、温良恭俭让等经文诠释中提出对人性、心气、本末、中和气象等问题的新思考,引起了朝鲜儒者的热烈辨议,显示出中朝朱子学的内在互动性。

一、"本然之性兼气质"

人性论是理学思想的基本话题。对孔子"性相近"的"性",朱注作出"此所谓性,兼气质而言者也"的判定,又引程子说,"此言气质之性,非言性之本也"①,以为此性是气质之性而非论纯善的性之本。针对朱注此说,双峰提出异议,认为"此是以本然之性兼气质而言之,非专指气质而言也"。此说引起朝鲜儒者争议。争议体现在此性究竟是"兼气质"还是"专指气质"。

其一,主张此性"专指气质"的学者通过比较朱子说,批评双峰说是以本然之性为主而气质为辅,与朱子之意不同。

---

① （宋）朱熹:《四书章句集注》,中华书局 1983 年版,第 175—176 页。

朱子曰："指气质而言,如性相近之类。"……饶氏以相近之性为本然为之主而兼气质言者,恐失朱子本指。

性也有命焉……此句虽曰"兼气禀",然只是气禀,非本然性为主而兼气言,如饶氏之意也。①

学者指出,《朱子语类》虽以"性相近"指气质,但并非双峰的本然兼气质的主辅之意。艮斋认为《朱子语类》曾载朱子以"性也有命"之性为"兼气禀",但只是论气禀,而并非如双峰的以本然之性为主而兼气说。

其二,学者对双峰提出的程子以此为"专言气质之性"表达质疑。言:

饶氏则谓程子专以为气质之性,是似专主气质而言之云也。程子之意,亦指性之兼杂气质者,何尝专主气质言也? ……饶氏命意不如是,而其所谓"各为一性"、"本然性为主"等语可疑。……气质性终是气质为主也。②

尹衡老批评双峰说不确,指出程子是性兼杂气质而非专主气质。气质中如仅论本性,则人皆纯善;如杂气质,则性为气质遮蔽,故性之所发存在厚薄之差。人性之始初不过相近,积久则是相远。他批评双峰"然其所以相近者,正以本然之性寓于气质之中,虽随气质而各为一性,而其本然者常为之主"说不妥。如是本然之性为主,则性当纯善相同而非相近,故应是气质之性为主,才是相近。他颇赞赏陈栎的"夹带"之说。③

其三,辨议双峰的程子"专言气质之性"说不如朱子"兼气质"说。双峰认为,朱子是以此性为本然之性兼气质,而程子则认为此是专言气质而无关本然之性,故程朱之论不同,朱子说更精妙。学者对双峰此说看法不一,一种观点既坚持程朱说之同,又肯定二者存在精粗之异。"小注饶氏说谓《四书集注》说与程子说不同,窃以为未然。……以是谓'兼'字尤精则可矣。若以气质之性谓无本然之性,则甚不可。"④宋德相肯定双峰主张的朱子"兼

---

① [朝鲜]田愚:《海上散笔三》,《艮斋集后编》卷十六,《韩国文集丛刊》第三百三十五册,民族文化推进会2004年版,第233页。

② [朝鲜]尹衡老:《论语》,《戒惧庵集》卷七,《韩国文集丛刊》第二百一十九册,民族文化推进会1998年版,第187页。

③ 《四书大全》所引陈说为:"兼云者,言本然之性夹带言气质之性也。"(明)胡广等:《四书大全》,《景印文渊阁四库全书》第二百零五册,台湾商务印书馆1986年版,第473页。

④ [朝鲜]宋德相:《论语劄疑》,《果菴集》卷七,《韩国文集丛刊》第二百二十九册,民族文化推进会1999年版,第109页。

气质"较程子更精妙说,但反对程子未曾论本然之性说,主张程子的专言气质说同样内在包含了本然之性。另一种观点则坚决反对程朱之说存在精粗之别。

> 饶氏谓"程子言气质之性,不若朱子下兼字尤精",恐未然。才带提说"性"字时,本然底已包在里许……故朱子以"兼气质"解之,非谓此性字不可专以气质之性解之也。①
> 以天命之性兼气质言之,便是气质之性。饶氏之强分精粗,亦似以气质为性。②

权炳认为本然之性即在气质之性中,而非在气质之外另有存在。故说性字即是内在包含了本然之性。夫子本不分本然与气质,朱子"兼气质"亦是指本然之性兼气质之性,是对应"性相近"。但气质之性是指天命之性兼气质。程、朱之说不存在精粗优劣。双峰强辨精粗之分,乃是以气质为性。

还有学者持第三种观点,从理气相合的新角度,支持双峰朱注"兼气质"的"兼字尤精"说。"此兼字亦合理气之意。故饶双峰以为'兼'字尤精。"③宋时烈据《中庸章句》首章一旦气化成形,则理即赋予万物的理气不离说,赞赏"性相近"章朱注"兼气质"的"兼",即"合理气"之意。朴世采据双峰"兼气质"更精妙说,批评学者偏指气质之性,乃是专主程子说,而未考虑朱子说,故不妥。

> 饶氏以为"兼"字尤精。今日偏指而独言气者,与朱子不同。恐先生于《论语》本注不甚详究耶?
> 似泛主程说而言。然恐未安。④

可见经双峰揭示,朝鲜学者亦留意程朱之说存在差异这一问题。

---

① [朝鲜]权炳:《思问录》,《约斋集》卷六,《韩国文集丛刊(续)》第八十七册,韩国古典翻译院 2009 年版,第 122 页。
② [朝鲜]李震相:《答尹忠汝》,《寒洲集》卷十八,《韩国文集丛刊》第三百一十七册,民族文化推进会 2003 年版,第 410 页。
③ [朝鲜]宋时烈:《答朴士元》,《宋子大全》卷一百一十三,《韩国文集丛刊》第一百一十二册,民族文化推进会 1993 年版,第 82 页。
④ [朝鲜]朴世采:《退溪文集记疑疑义》,《南溪集外集》卷十,《韩国文集丛刊》第一百四十一册,民族文化推进会 1995 年版,第 446 页。

双峰提出"性相近"论性,"上知下愚"论才说,此本同于程子的人性皆善,智愚之才不可移之论,然却引起朝鲜儒者批评。例如权炳认为:"饶氏谓'相近说性,上知下愚说才',恐不然,上知下愚亦说性。"①权炳主张上智下愚也是说性,并非说才。"不移"是已经固定的,"不可移"则是天生的,不肯是人为的,不肯移导致不可移,并非真不可移,即不为与不能的关系。因最终未能发生转移,故变成真不可移之印象,由此推出上智下愚亦是论性而非论才。

二、"心是魂、魄之合"②

"君子有三戒"章,朱注解"血气"为"形之所待以生者,血阴而气阳也",从气之阴阳论血与气。《朱子语类》则从魂魄之交论及心与气。双峰同样从气与心来论魂魄,引起了朝鲜儒学的关注。首先,学者讨论了双峰与朱子魂魄说之不同。

> 朱子曰"魂与魄交而成寐,心在其间,依旧能思虑"。双峰饶氏曰:"魂者,气之灵;魄者,血之灵;心是魂魄之合。"以朱子言观之,心外有魂魄。以饶氏言观之,心是魂魄。何其相反之若是?
>
> 朱子所谓魂魄,就体上说,是粗而言者也;饶氏所谓魂魄,就心上说,是精而言者也。而饶氏说实本于朱子。朱子答安卿问,亦以魂魄为心之精爽。③

学者指出饶说与朱子说不同的关键在于心与魂魄的关系,即魂魄在心之外还是在心之内? 心是否是魂魄之合? 学者认为,朱子主张"心外有魂魄",双峰则主张心外无魂魄,二说恰好相对。对此不同,杨应秀从魂魄的粗细及所指之别加以解释,指出朱子是就形体论魂魄,是比较粗的讲法,双峰则是从心上论,是更精细的说法。双峰说本来自朱子,朱子《朱文公文集》即有"魂魄是心之精爽"说。由此主张饶氏与朱子说并不矛盾。

其次,学者讨论了双峰的心气关系说。以白水为代表的第一种观点主

---

① ［朝鲜］权炳:《思问录》,《约斋集》卷六,《韩国文集丛刊(续)》第八十七册,韩国古典翻译院 2009 年版,第 122 页。

② (清)王夫之《读四书大全说》:"双峰'心是魂、魄之合'一语,极有理会。唯其两合于阳魂、阴魄,是以亦听命于血。"(岳麓书社 2011 年版,第 849—850 页。)

③ ［朝鲜］杨应秀:《与裴烨》,《白水集》卷四,《韩国文集丛刊(续)》第七十七册,韩国古典翻译院 2009 年版,第 121 页。

张心有二气论。

> 心以气言之,则乃阴阳二气之灵也。故双峰饶氏曰……由是观之,则心之有二气,不啻昭然。而今之学者不识此理,专以一气论心,误矣。
> 天地本然之气,纯一不杂者,心之本体也,是所谓明德。此则圣人、众人一也。①

他据双峰说得出"心有二气",批评心之一气论,认为心是阴阳二气之灵,即天地本然、纯一、不杂之气,此气为心之本体,是心之明德,为圣凡所同具而无有不同。但心无法摆脱现实之气的影响,由此造成圣凡之别。

白水从气论的立场提出本然之气与精英之气,对双峰加以辩护,提出气是否尽善的问题。他说:

> 使饶说为妄言也可,使饶说而不妄也,则两灵合一,其不成道理乎?……盖以本然之灵言之,则十分尽善,圣凡一也;而以血气精英言之,则随其气禀之清浊而圣凡有别。故栗谷先生之言曰"虚灵底也有分数"。……此吾先师所以分本然、精英,而以本然为圣凡所同,以精英为圣凡不同者也。……兄又力斥"合"字,而此则饶双峰当任其咎,愚则无可分疏。②

他认可双峰气灵与血灵合一,即魂魄相合为心说。提出气有两种:本初湛一之气与血气精英之气,二者性质不同,前者是本然之灵,是纯粹至善之气,圣凡皆同;后者则随气禀而有清浊之别、圣凡之分,并非全善。并引李栗谷虚灵之气有分数优劣之分说为证。同时也批评双峰"心是魂魄之合"的相合论。

白水也剖析了自家"心有二气"论与双峰说的异同。言:

> 问:"先生所谓'心有二气'者,与饶说同乎?"曰:"然。"……曰:"愚所谓神,即饶氏所谓'魂者,气之灵也';愚所谓血气精英,即饶氏所谓'魄者,血之灵也',其所见得若合符节。而贤辈所疑者,以愚所谓血

---

① [朝鲜]杨应秀:《陶庵先生明德讲说解》,《白水集》卷八,《韩国文集丛刊(续)》第七十七册,韩国古典翻译院2009年版,第191页。
② [朝鲜]杨应秀:《与朴谦斋》,《白水集》卷一,《韩国文集丛刊(续)》第七十七册,韩国古典翻译院2009年版,第58页。

气精英看作血与气之精英，……盖愚所谓血气精英，非谓血与气之精英，乃谓血底气之精英也。如此看得，则可无疑矣。"①

白水认为自家与双峰说若合符节，作为心之本体的神，即双峰的"魂者，气之灵"；作为助神发知的血气精英，即双峰的"魄者，血之灵"。同时强调不可将自家血气精英，误认为血与气之精英，其意是血的气之精英，仍然是从气上论。

以金履安为代表的第二种观点则从心与魂魄的关系入手，批评双峰"心是魂魄之合"说。

> 双峰饶氏曰："……心是魂魄之合。"观此说则魂魄即心也，心与魂魄果无分别。而近来或有直指"心魂魄"云者，亦未为不可乎？
> 魂魄粗言之，则只是魂气体魄。精言之，则如所谓"藏往知来"者是也。古经所论，大抵皆粗言者，朱子诸说亦如此。间或推到精处，而未尝直以为心。……魂魄藏往知来，心亦藏往知来，此处诚难分开。然魂魄之藏往知来，只如耳之聪目之明，各是一物上才能。而心则主宰而运用之。……观乎此，则二者之辨可知。而况心之为心，又岂但曰"藏往知来"而已耶？饶氏说务为新奇，恐不可遽从也。②

双峰质疑者提出，根据双峰说，则魂魄即心，心与魂魄实无分别，以至于出现了"心魂魄"的表述。金履安以精粗之辨予以回应，认为粗言之，则魂为气，体为魄；精言之，则魂魄只是一种藏往知来的才能（"神以知来，知以藏往"），历来学者多是就粗处言魂魄，主张魂气体魄，而并未把魂魄当作心。但魂魄与心具有同样的藏往知来之能，二者不同在于魂魄只局限于某种特定功能，如耳之聪、目之明等，而心的藏往知来则不同，是对全体的主宰运用之能，此非魂魄拘泥一类事物之能可比。再则就心与魂魄之别来看，心病则虽有魂魄而不能具有藏往知来之功，可见心之能力高于魂魄。又魂魄的功能只是限于藏往知来，而心则不受此局限。由此判定饶说"心是魂魄之合"过于新奇，不可取。

---

① ［朝鲜］杨应秀：《论语讲说（下）》，《白水集》卷二十二，《韩国文集丛刊（续）》第七十七册，韩国古典翻译院 2009 年版，第 491 页。

② ［朝鲜］金履安：《答俞汉慎》，《三山斋集》卷四，《韩国文集丛刊》第二百三十八册，民族文化推进会 1999 年版，第 376 页。

以郭钟锡为代表的第三种观点质疑双峰"心为血气之主"说只是合理气言心,而未能突出以理为主宰之意。

> 饶氏谓"心是魂魄之合,血气之主"。此合理与气言心,而都没主理意思。

> 饶说只是论精神血肉之心,未见合理底意。亦自是一说,不必苛责。然以此论持志听命之妙,则诚可谓隔靴爬痒者矣。①

郭钟锡认为,双峰之心指向精神血肉之心,此心并无合乎理义之意,是饶氏一家之言,是从心之功能而非道德论之。但他批评双峰"持其志,则血气皆听命于心"说并不切当。中国学者甚少讨论双峰本章之说,朝鲜学者却对之加以如此细致的分辨,深入辨析心与气、心与魂魄之关系,体现了与中国学者不同的学术眼光,实有助于朱子学研究的深入。

三、本末与理事

在《子张》篇的"子夏之门人小子"章,子游与子夏关于为学之方发生了争议,子游认为子夏的门人只会洒扫应对等为学之末,而缺乏为学之本。子夏则从君子之道先后传授的角度加以回应。故本章提出的为学本末就成为程朱理学特别关注的问题。朱注于本章在提出自身看法之时,连续引用程子说五条,并对此五条加以总论。双峰则强调程、朱对"本末"的理解有别,给朝鲜学者带来不小冲击。

首先,双峰提出一个颇具挑战性观点,认为程子与朱子所论之"本末"不同,朱子之"本"是顺子游之说推出,是以正心诚意为本,洒扫应对等小学之事为末;程子则是以理为本,以事为末。此观点引发了朝鲜儒者的批评。他们判定双峰误读了程朱的本末与理事关系。

> 双峰饶氏云云"程子方以理为本,事为末"云云。又曰"程朱所论,本末不同"云云。按:程子诸条,以洒扫应对与精义入神为事。而洒扫应对,末也;精义入神,本也。然其所以然,则理也。无论本末,贯通只是一理,故云"更无精粗"。又云"不可分本末为两段事"。……今饶氏云云,似未察乎程朱之本意也。

---

① [朝鲜]郭钟锡:《答朴子善》,《俛宇集》卷六十九,《韩国文集丛刊》第三百四十二册,民族文化推进会 2005 年版,第 3 页。

　　所论甚是。双峰之言,果似未察程朱本意耳。①

　　盖饶说之失,误以程子之意为以理为本,以事为末。而不知程子所谓本者,亦指事而言也。然究其源头……一向以小学洒扫应对为末为事,以大学诚意正心为本为理。殊不知朱子"发明此事之理"云者,盖谓格物致知,以知事事物物,各有所当行之理而已。……饶氏因此差误……又退溪于末段朱子说,释"非谓"二字于"是本"之下,亦失本旨。②

　　他们批评双峰未能体察程朱本意,指出所引程子五条,分别以精义入神和洒扫应对为本末,而二者皆属事,二者之所以然方是理,以一理来贯通本末精粗,所以说并无精粗,本末非二。程朱所论实无不同,朱子反复叮咛、发明程子之说已表明二者一致。宋时烈指出,双峰错误的根本在于以程子为理本事末论,而不知程子之"本末"皆指事;剖析双峰错看朱子的小学为事,大学为发明事之理说,而一直误以小学洒扫应对为事之末,大学正心诚意为理之本。不知朱子之意,乃是说《大学》之事皆当格物穷理,探究事物当行之理,并非说《大学》皆是论理而不论事。由此批评退溪亦有误。

　　其次,本章引程子第三条说为"从洒扫应对,与精义入神贯通只一理"。朝鲜学者指出,理解本章关键即是如何理解洒扫应对、精义入神的本末、理事关系,此即双峰误读的根源。

　　精义入神是事,义与神即其所以然也。饶氏此说多错。③

　　双峰之说似本于《集注》"学其末而本便在此"一句。然《集注》之意,则非谓洒扫应对之中有精义入神也。洒扫应对之理,只是精义入神之理。④

　　双峰认为程子持理本事末论,以精义入神为理,洒扫应对为事说,任鹿门反驳此说,认为程子的精义、入神亦是就事而非理,其后面的"所以然"才是理。正庵剖析双峰说源于对《四书章句集注》"学其末而本便在"的误解,

　　①　[朝鲜]柳栻:《上立斋先生别纸》,《近窝集》卷二,《韩国文集丛刊(续)》第一百零三册,韩国古典翻译院 2010 年版,第 432 页。

　　②　[朝鲜]宋时烈:《答朴士元》,《宋子大全》卷一百一十三,《韩国文集丛刊》第一百一十二册,民族文化推进会 1993 年版,第 88 页。

　　③　[朝鲜]任圣周:《答李任之》,《鹿门集》卷八,《韩国文集丛刊》第二百二十八册,民族文化推进会 1999 年版,第 157 页。

　　④　[朝鲜]李显益:《论语说下》,《正庵集》卷十,《韩国文集丛刊(续)》第六十册,韩国古典翻译院 2008 年版,第 337 页。

《四书章句集注》强调的是洒扫应对与精义入神皆是同一理,而并非把二者当作理事关系。毅庵还剖析朱子对本章之解的转变,此前曾与双峰一样,视本为理末为事,此后则转向胡炳文说,以本末皆为事,而理则处于本末之中而不可分割。"窃想朱子始也以末为事,以本为理看,如饶氏之意。后来看得如胡氏所言,以本末为事,而不可分为两端事者,是理是也。"①以此表明双峰正走上朱子曾经走过的弯路。

关于子夏、子游之本末,双峰判子游以正心诚意、洒扫应对为本末,判子夏以先后论本末,即小学先教以洒扫应对,入大学方教之诚意正心。此二说得到朝鲜儒者认同,认为"此段说得子游,子夏之意明矣"②。宋时烈赞此解意义阐发分明。双峰又批评子游之教欲专门在本上用工,是无序之教,实质是把大学、小学混作一事。此则引发宋时烈不满。

> 按:此段所谓大小学衮作一事者,恐非子游之意也。子游所谓"末也,本之则无者",分明是以《大学》诚正之学为本而先焉,以小学洒扫应对之事为末而忽焉,⋯⋯可见其分本末为两段事也。故程子明其不可分之意,以矫子游之偏见矣。今以子游之说把大小学衮作一事,则不但失其子游之意而已,并与程子苦口发明之意而失之矣。③

他认为双峰批评子游"大小学衮作一事",未能把握子游之意。子游主张大学小学、诚正与洒扫应对存在本末、先后关系,强调求本舍末工夫,犯了厌末求本之病,割裂了本末一体。故朱子引程子说,意图矫正子游之偏,强调本末一体不分。恰恰与双峰理解的"大小学衮作一事"相反,故双峰说丧失了子游及程子之意。双峰又提出子夏之说合乎圣人之教,子夏说的问题在于论事不论理,导致大学、小学割裂为二,其病正与子游相反。宋时烈认为此说也未能抓住子夏之意。

> 按:此段所论,恐失子夏之意也。子夏虽不言"理"字,而乃曰"君子之道,孰先传焉,孰后倦焉?"此二句熟玩详味,则理无大小精粗之

① [朝鲜]刘麟锡:《答李敬中》,《毅庵集》卷二十一,《韩国文集丛刊》第三百三十八册,民族文化推进会 2004 年版,第 92 页。
② [朝鲜]宋时烈:《论语子张篇子夏门人小子章饶氏说辨》,《宋子大全》卷一百三十四,《韩国文集丛刊》第一百一十二册,民族文化推进会 1993 年版,第 471 页。
③ [朝鲜]宋时烈:《论语子张篇子夏门人小子章饶氏说辨》,《宋子大全》卷一百三十四,《韩国文集丛刊》第一百一十二册,民族文化推进会 1993 年版,第 471 页。

意,已自著于言外矣。……非知道无精粗而本末贯通,则其教人之序焉能深得圣师家法,若此之切也。①

他指出子夏之说并非没有论理,其先传后倦说实已道出理无大小精粗之意,程子"洒扫应对是其然,必有所以然"说即是阐发子夏隐藏之意。赞赏子夏深得圣门由小及大、因末至本之相传家法。由此,他批评双峰认为子夏割裂大学、小学的判断完全弄错方向。

双峰又提出直到程子才提出"理本事末"论。朝鲜儒者认为此完全背离程子之意,强调程朱之说在本末观点上一致而非相对。"按:此段大失程子之意也。程子……岂以理为本,以事为末之意哉!朱子曰'有本末者,其然之事也。不可分者,以其所以然之理也。'必如朱子此说,然后说得程子之意尽矣。"②宋时烈指出程子并无理本事末之意,而是主张事事皆有本末,而不可分本末为两事。朱子以本末为实然之事,而不可分者即其所以然之理,即本末为事,理是贯穿本末而不分者,故朱子之说实发明程子之意。

双峰提出洒扫应对与精义入神的先后、理事、精粗一体关系,以及穷理以致知、谨独以诚意说,引发中国学者王夫之等的批评。

> 按:此段说得子夏之意颇详。第其中"谨独"二字,云峰之胡则以为"非程子之意而有误"云云;新安之陈则以为"与程子语不相妨,非以解程语"云云。
>
> 愚按:饶氏以穷理以致知,谨独以诚意对言,则陈氏所谓"非解程语"者,似得饶氏意也。然饶氏既误认程子本末之说,则此谨独二字,亦安知必不误认程子意耶?③

王夫之认可双峰对子夏之意的把握,至于双峰穷理致知、慎独诚意说是否与程子之说相合,胡炳文与陈栎产生对立看法,胡认为此说非程子之意而有误,陈则认为双峰说虽然并非解释程子,但却可与程子说并行。他一方面

---

①　[朝鲜]宋时烈:《论语子张篇子夏门人小子章饶氏说辨》,《宋子大全》卷一百三十四,《韩国文集丛刊》第一百一十二册,民族文化推进会 1993 年版,第 471 页。

②　[朝鲜]宋时烈:《论语子张篇子夏门人小子章饶氏说辨》,《宋子大全》卷一百三十四,《韩国文集丛刊》第一百一十二册,民族文化推进会 1993 年版,第 471 页。

③　(清)王夫之《读四书大全说》:"双峰说慎独处大错,云峰辟之为当。"(岳麓书社 2011 年版,第 889 页。)

既认同陈栎的判断,即双峰说并非正确理解程子,同时又指出双峰既然误解程子本末为理事,则又难免误解其慎独之意。

朝鲜学者金谨行指出程子之本末是指物、事,所谓"理无精粗本末"是说事有精粗本末而理则贯穿其中无所不在,即理事一体而有别。他批评双峰错误认为程朱本末不同,二者其实一致。在反驳双峰对程朱本末误读之时,对双峰的"慎独"解也加以批评。

> 饶氏说程朱所论本末本无不同,今乃分而二之,误矣。且程子"只在谨独"之说……则盖兼大小学而言。饶氏专属大学之事……实非程子之意。胡氏辨之,得矣,而亦未甚明。①

金谨行指出双峰误解程子"只在谨独"为专指《大学》之事,其实程朱之慎独兼顾大学、小学所有工夫。他分析胡云峰批评双峰以已然为事,所以然为理,以末为事,本为理的驳斥虽然大体正确但却不够分明。②

双峰还根据"君子之道"的道,把本节分为三节:洒扫应对之事,当然之理,所以然之故,认为三者存在一种逐层递进的浅深粗精关系。朝鲜儒者判定此三节说"似精实粗"。

> 乍看虽若精微,然名理之论,差毫厘而谬千里。若以当然之理为粗,所以然之故为精,则是道上复有道,理上复有理。……夫道与理只是一,然析为二字,亦须有分别。故先儒说,多以当然为道,所以然为理,亦随其本文看作如何耳,非有浅深精粗,真如所言也。至于精粗之说,勉斋之言亦未必然。饶氏以当然、所以然为层节,故非之。若道之见于事者,则岂无精粗之可言耶?非道有精粗也,见乎事者有精粗本末之可言耳。③

三节内"事"字占其一,事岂可曰道乎?饶氏之疏在此。若曰"道

---

① [朝鲜]金谨行:《论语箚疑(一)》,《庸斋集》卷九,《韩国文集丛刊(续)》第八十一册,韩国古典翻译院2009年版,第315页。

② 胡炳文说为:"盖朱子解程子之言以本末为事,而不可分为两段事者是理。饶氏解程子之言以末为事而本为理。不可不辨也。"新安陈氏曰:"程子此处说谨独与《大学》《中庸》之谨独小异,此只是谨小事,无人所不知已所独知之意。饶氏所云'谨独以诚其意',与程子此语不相妨,非以解程语也。"参见(明)胡广等:《四书大全·中庸或问》,《景印文渊阁四库全书》第二百零五册,台湾商务印书馆1986年版,第514、515页。

③ [朝鲜]姜必孝:《性理三条》,《海隐遗稿》卷十,《韩国文集丛刊(续)》第一百零八册,韩国古典翻译院2010年版,第205页。

无精粗",则恐亦疏矣。①

　　姜必孝批评双峰此说看似精微,其实不然。其误在于以当然之理为粗,
以所以然之故为精,造成道上叠道、理上有理的语义重叠之后果。指出
"道""理"本来为一,但在具体文本中仍有所区别。所当然是道,所以然是
理,但并无精粗浅深之别。无论是就道还是理而言,皆是一。道无精粗,双
峰以所当然之理和所以然之故为两层而区分精粗,故批评勉斋"道无精粗,
以见学有精"的精粗说不妥。勉斋提出所谓精粗只是就道之见诸事言,
道于事上显出精粗本末浅深,但不能认为道有精粗。芦沙则批评双峰以洒
扫应对之事作为道,混淆事与道;同时批评道无精粗说,认为道可就精粗论。
　　尽管双峰说遭到许多批评,但也有不少学者认同双峰之说,包括退溪。
宋时烈由此批评退溪说,"退溪之失,只在于以本为天理,以末为洒扫应对
也。……退溪之失,肇自饶双峰,惜哉!"②他指出退溪受到双峰影响,错误
地以理事解释本末,认为本为天理,末是洒扫;指出退溪之解不合乎经文与
程朱之意,经文及程朱之本末皆是事上工夫义,而所以然之理即存乎此本末
之事中,以见理事浑然无间。痛惜退溪之误根源于双峰提出的理本事末论。
可见双峰思想之影响。
　　朴光一则明确指出叶氏以理事分别为精本与粗末,不合精粗本末无彼
此之说,而同于双峰理本事末论,可见同样是受双峰影响。故将饶、叶并论,
认为本章朱子尚且费力,故叶、饶之误实属正常,批评双峰解缠绕不明,是非
不辨。

　　　　如叶氏之说,则以理为本为精,以事为末为粗矣。此与"精粗本末
　　无彼此"之义相反。而恐与饶双峰以理之所以然为本,以洒扫应对为
　　末同一病根也。
　　　　叶氏、饶氏之误解,何足怪哉。然饶氏说出入缠绕,未领其是非。③

也有学者如玄尚璧即提出程子以洒扫应对为然,朱子则把正心诚意与

　　①　[朝鲜]奇正镇:《答郑季方》,《芦沙集》卷十二,《韩国文集丛刊》第三百一十册,民族文化
　　　　推进会 2003 年版,第 276 页。
　　②　[朝鲜]宋时烈:《论语末即是本说》,《宋子大全》卷一百三十四,《韩国文集丛刊》第一百
　　　　一十二册,民族文化推进会 1993 年版,第 472 页。
　　③　[朝鲜]朴光一:《上尤斋先生》,《逊斋集》卷三,《韩国文集丛刊》第一百七十一册,民族文
　　　　化推进会 1996 年版,第 40 页。

洒扫应对皆视为然,程朱之说确有不同,而赞同双峰之辨。

> 程子以洒扫一节为其然,朱子则以治心洒扫并为其然。二说不同,可疑。
> 此本程子语,安得不主其意而看乎? 朱子说当别作一义看。饶双峰已辨其不同矣。①

可见双峰本章辨析程朱对本末的认识,引发了朝鲜学者的深入思考和辩论。

四、中和气象

(一)忠恕论

"忠恕一贯"章是朱子特别看重的一章,朱子于此提出三层忠恕说,双峰在继承程朱说基础上提出忠恕的三层含义:天道人道、体用、无妄与行忠,引发朝鲜学者评议。宋来熙等学者对此发表看法:

> 饶氏曰:忠恕为说,盖有三焉。……然若其纵横错综说去,则万物万事,无非此一个流注贯去,何必以三为断哉! ……未若程子之说浑圆包涵,未有限量也。
> 似然。②

他认为双峰此说仅表达了程子关于忠恕的三层意思,但如纵横错综说,则一切事物皆可视为忠恕的流贯,忠恕一贯实是内外、动静、显微无所不包者,故不可拘泥于双峰的三层之分。朴东说认为双峰三分说过于分析而不合本意,"饶氏所谓忠信三说,恐分析之已甚"③,不如程子之说更具包容浑融气象。其次,双峰又推出曾子忠恕工夫见于《大学》,格致诚正为忠,修齐治平为恕,将《论语》与《大学》贯通诠释。此亦遭到朝鲜儒者批评。

---

① [朝鲜]玄尚璧:《答申明允》,《冠峰遗稿》卷四,《韩国文集丛刊》第一百九十一册,民族文化推进会1997年版,第64页。
② [朝鲜]宋来熙:《答朴鼎休论语问目》,《锦谷集》卷五,《韩国文集丛刊》第三百零三册,民族文化推进会2003年版,第186页。
③ [朝鲜]崔象龙:《论语(上)》,《凤村集》卷十三,《韩国文集丛刊(续)》第一百一十八册,韩国古典翻译院2011年版,第393页。

　　惟《辑释》饶氏谓"《大学》修身以上,忠之事也;齐家以下,恕之事也"。盖亦欲极言恕字之义而推之至此。然饶氏诸说,素号与《章句》径庭,……若以体用大致泛以论之,以谓忠者,明德之属;恕者,新民之属,犹之可也。今乃赚连一贯忠恕之意,必欲直以为《大学》之大旨,则非其实矣。①

　　朴世采指出,只有倪士毅《四书辑释》引用双峰此说而《四书大全》未引,此说过度推论"恕"的意义。批评双峰以不同于朱子闻名,故不可援引其说。如据体用关系,以忠、恕大概为明德、新民之分则尚可,但不可把一贯忠恕之意等同《大学》本旨。

　　（二）温良恭俭让与中和气象

　　双峰将《学而》"温良恭俭让"章与《述而》"温而厉"章展开比较,认为两章语意相似,皆体现了圣人中和气象。"温良而又恭俭,恭俭而又让,与温而厉、威而不猛相似,皆中和气象。"②并进一步分析出本章朱注与所引谢良佐之说皆暗自蕴含着抑扬之意,"《四书集注》'过化存神未易窥测'之语,与谢三'亦'字,皆微寓抑扬之意③。又指出谢良佐所说"学者观于圣人威仪之间,亦可以进德矣,若子贡亦可谓善观圣人矣,亦可谓善言德行矣"中三个"亦"字皆含有某种抑扬之意,与朱子"圣人过化存神之妙,未易窥测"说同样蕴含抑扬之意。双峰此说遭到胡炳文两点批评:其一,胡炳文不满其本章指圣人中和气象说,认为温而厉、威而不猛、恭而安才是两面兼顾,方体现出中和气象,温良恭俭让仅偏于一边,不足以体现圣人中和气象。其二,双峰既认为谢良佐的"亦"字隐含着本章不足体现圣人气象之意,而又将其说视为对圣人中和气象的论述,此抑扬说与中和说显然自相矛盾。胡炳文的批评得到史伯璿及《四书大全》编纂者的认可。

　　朝鲜儒者对双峰说有不同看法:一是认同双峰以温良恭俭让为中和说,不满其朱注、谢说的抑扬论。

　　温良恭俭让是形容得夫子谦己爱敬人底子,固圣人接物中和之气

---

① [朝鲜]朴世采:《答罗显道》,《南溪集续集》卷十三,《韩国文集丛刊》第一百四十二册,民族文化推进会1995年版,第331页。

② (元)史伯璿著,周文明、周峰点校:《四书管窥》《管窥外篇》点校本,浙江文艺出版社2015年版,第256页。

③ (明)胡广等:《四书大全》,《景印文渊阁四库全书》第二百零五册,台湾商务印书馆1986年版,第123页。

象。……饶氏以此亦为中和者,固未失。若其云朱子"未易窥测"语与
谢氏"三'亦'字微有抑扬之意",则不可晓。……此又与抑扬之意有何
相关? ……而观威仪亦可进德之一端,故曰"亦"也。其下两"亦"字,
则只当如"且""又"字看。……其以为寓抑扬者,不知于何见得此? 饶
说之不能无得失者然也。①

金宪基对中和作了不同区分,提出有全体中和与一端中和之别,温良恭
俭让体现了圣人中和,以此证明双峰中和气象说不误。进而批评双峰的
"亦"有抑扬之意说,认为朱子的"亦可见矣"的"亦"并无抑扬之意,乃是出
于文意表达的需要。而谢氏的"亦"不过是"又、且"之意,并非抑扬意。因
而批评胡云峰对双峰的反驳恰好颠倒,以不误("圣人中和气象")为误,以
误("亦"有抑扬之意)为不误。

金履安根据全体与一节反驳胡云峰的温良非中和说,批评双峰的抑扬
说。"胡氏此论……然未论全体与一节,圣人气象无非中和之发。……何
以曰'惟圣人便自有中和之气耶'? 可谓粗矣。饶氏抑扬之说尤未可
晓。"②他指出云峰的中和之说出自朱子"若论全体"说,故认为指全体中
和,而此处乃论一节中和。既然是圣人,则其所发之气象自然在在皆中和之
显露,不能因为无"威、厉"等字即否定之。并以程子"惟圣人自有中和之
气"说为证。同时批评双峰抑扬说无据。郭钟锡也力挺双峰"中和"说,反
对云峰说。

　　　温良恭俭让虽不可谓圣人全体之德,而亦不可谓非中和底气
象。……《集注》中"亦"字只是谓即此五者而亦可以见圣人之德盛云
尔,非谓其不中和也。胡氏说恐合更商。③

郭氏认为温良恭俭让虽不可说是圣人全德,但也不能说不是中和气象。
他是把圣人全体之德与中和气象分别而论,温而厉等德行皆是中和之呈现。
至于谢良佐的"亦"不过是"也"的意思,表明由此五者也能见证圣人之盛大

①　[朝鲜]金宪基:《论语诸章说》,《初庵全集》卷六,《韩国文集丛刊(续)》第一百一十四册,
韩国古典翻译院 2011 年版,第 561 页。
②　[朝鲜]金履安:《答道基书院讲儒》,《三山斋集》卷七,《韩国文集丛刊》第二百三十八册,
民族文化推进会 1999 年版,第 439 页。
③　[朝鲜]郭钟锡:《答琴胤三》,《俛宇集》卷一百一十三,《韩国文集丛刊》第三百四十三册,
民族文化推进会 2005 年版,第 146 页。

德行,并非否定此非中和之德。批评云峰说不妥。

二是全面认同双峰的中和说和抑扬说,主张谢氏此三"亦"字确有抑扬之意,温良恭俭让确属中和。朴东说言:

> 谢氏此说,则三"亦"字似无抑扬之意。而至绥来动和章,谢氏乃谓"观子贡称圣人语,乃知晚年进德极于高远",则此三"亦"字之寓抑扬丁宁矣。然温良恭俭让五者,既言恭之庄敬,则威与厉在其中矣,恐不可谓非中和,而但和底意较重者。①

他指出孤立就谢氏本章而言,似乎"亦"并不含抑扬之意,但与《子张》"绥之斯来动之斯和"章所引谢氏"乃知晚年进德极于高远"说相较,则见出此"亦"字确实含有抑扬之意。他又指出温良恭俭让内在包含威、厉等含义,故是指圣人之中和,只不过和的意味更浓,因为此说要显示当时君王之平易和气。故胡云峰反驳子贡仅说了"和"一边而无威严之面向的论断并不能成立,子贡并非不知此意。

在"仲弓问仁"章,双峰说亦论及圣人气象与工夫问题,存在与朱注异同,引其朝鲜儒者议论。

> 至于双峰说,则其曰"特敬之气像",其曰"人但见其出门使民"等语,似与朱子说不类。②
> 大山先生虽以为备一说,而终觉未稳。……愚意以为,如见如承而如是做工,则毕竟有这气像矣。若其守敬之法,则只在于慎独也。
> 如此看尽好。③

针对双峰"心广体胖,周旋中礼,特敬之气象耳。至于用功,却在谨独上……盖人但见其出门使民耳"之说,柳栻认为此不合朱子之意。虽然李象靖认为双峰说颇有新见,可备一说,但柳栻等仍觉其说不大妥帖。盖动容周旋中礼乃是圣人气象,并非出门如见承者之所及,双峰说混淆了圣人气象与学者

---

① [朝鲜]崔象龙:《论语(上)》,《凤村集》卷十三,《韩国文集丛刊(续)》第一百一十八册,韩国古典翻译院2011年版,第385页。

② [朝鲜]柳栻:《近思录注疑往复说辨》,《近窝集》卷五,《韩国文集丛刊(续)》第一百零三册,韩国古典翻译院2010年版,第494页。

③ [朝鲜]柳栻:《上立斋先生别纸》,《近窝集》卷二,《韩国文集丛刊(续)》第一百零三册,韩国古典翻译院2010年版,第423页。

工夫之别。若如从工夫与气象合一的角度,则亦可认为双峰说并未违背朱子之意。于如见如承之中用工,则周旋中礼之气象即在其中,而慎独即是守敬之法。

上述讨论给我们提供了以下思考:其一,如何看待朱注与所引之说的关系。朝鲜学者对双峰《论语》解的辨议,体现了双峰经典诠释善于辨名析理而出入朱注的特色,显示了很强的分析性和反思性,朝鲜学者归纳双峰的特点是"最用力于穷理"而"背戾于朱子"。双峰善于同中见异,统中别殊,常把相关经文加以比较,或剖析朱子与其所引程子及其弟子说之异同,指出矛盾,寻求新解。双峰的质疑精神与分析方法为学习朱子《四书章句集注》展示了一个非常有启发性的方向:如何看待朱注与他所引前人说之间的关系?无论如何,二者之间不可能是完全等义,否则即没有必要引用了;但二者之间也不大可能是相对的,否则就自相矛盾了。故朱注与所引之说间的微妙关系是研究朱子学的一个重要问题,尤其是在朱子并未明确交代二者关系的情况下。这客观上给了朱子后学一个自由发挥的空间。双峰在这方面作出了示范,其质疑朱子之说虽被具有护朱情结的朝鲜学者斥责为"当蒙僭贰之罪",但同时也赢得有独立思考精神的学者的认可。

其二,朱子后学对朝鲜朱子学的意义。朝鲜学者特别看重《四书大全》,不仅用心体会作为全书正文的朱注,而且对作为小注的宋元朱子后学各说同样悉心体会,反复比较。对朝鲜朱子学而言,包括双峰在内的朱子后学之说客观上具有通向朱子之学的桥梁中介意义,对他们理解朱子之说具有衡量、参照、深化等多方面的价值。就双峰而言,他往往提出很尖锐、新颖而又不得不面对的问题,诸如程朱对人性、对本末理解之差异等,这些问题无疑有助于推进朝鲜朱子学的发展。而为了准确评价双峰思想,朝鲜学者不仅要对朱子有全面深入的把握,而且还要把《四书大全》所引朱子后学各说,如勉斋、云峰、定宇等,尽量综合加以考虑,以求得确解。故可以说他们对任何一位朱子后学的认识,其实皆将其置于以《四书大全》为中心的朱子学的网络之中,而不是孤立地就事而论。这使得朝鲜朱子学的发展在基于自身问题的同时,其实亦是在继承宋元朱子学的丰厚思想遗产基础上展开。故深化朝鲜朱子学视域下的朱子后学研究,对于开展朱子后学与朝鲜朱子学的研究皆是很有意义的。

第三节　朝鲜儒学视域下的双峰《孟子》解

《四书大全》所收朱子后学之说是朝鲜学者进入朱子学的重要桥梁。双峰对《孟子》的诠释,具有解析细腻、思想新颖、分析精密的特点,他在性之两分、心之两种内涵,"知言养气"章道、义、气、体等诸问题上,皆提出了颇有创意的看法,激发了朝鲜学者的热烈讨论,把相关问题的理解引向深入。朝鲜学者对饶双峰《孟子》说的评议及反应,表明朱子后学对朝鲜朱子学具有重要影响,故实有必要推进朱子后学与朝鲜朱子学的比较研究,以弥补当前研究的薄弱环节。

本节拟以朝鲜朱子学对《四书大全》所收饶双峰有关《孟子》说的讨论分析为例,来呈现朱子后学对朝鲜朱子学的影响。双峰提出的"浩然之气"章"馁"的主体究竟是"气""道义"抑或是"体","生之谓性"章孟子是否论及气,"求放心"的"心"是义理之心还是知觉之心等问题,引起了朝鲜学者热烈讨论。探讨朝鲜朱子学对双峰《孟子》解的辨析,不仅有助于透彻理解双峰本人思想及朱子的四书学,而且对朝鲜朱子学及中朝朱子学的比较研究具有切实的推进意义。

一、本然之性、气质之性及性之灵

一是本然之性与气质之性。在对人性的认识上,朱子继承了张载天地之性与气质之性的二分说和二程"孟子论性不论气"的思想。饶双峰在对《告子》"生之谓性"章"犬牛之性"的辨析中,则提出此章论性论及气质之性,并提出于此可见孟子论性又论气处,而不同于程朱的孟子论性不论气说。双峰此背离程朱的人性说引起朝鲜学者激烈反应,对之产生了正反不同看法。朴东说认为,犬牛之性乃是就气质而指出本然之性,非停留于气质之性,双峰径直视此为气质之性不妥。自思孟以来,言性必言本然,即便论生理之性,亦不过偶尔提及气质。朴东说还举出三条证据加以反驳:

> 故七篇言性,皆言本然。惟耳目口鼻之性,动心忍性之性,略举气质。则今斥告子认气为性之说,而其可言气质之性乎?此为一证。前二章仁义与善,皆理也,后三章仁义性情善,皆理也,则于此而特言气耶?此又一证。是以朱子于章下注重言仁义礼智之人与物异者,皆以理言,此又一证。则此非以本然释此性者耶?……故不但饶氏说如此,读者往往从饶说者多。盖不知孟子就气禀而论其本然也。①

一则本章旨意在驳斥告子认气为性,故不可能言及气质之性。二则前

---

① ［朝鲜］崔象龙:《孟子（下）》,《凤村集》卷十六,《韩国文集丛刊（续）》第一百一十八册,韩国古典翻译院 2011 年版,第 450 页。

后五章皆是论仁义性情之理,不可能于本章单独论气。三则朱子特别从理上论人性与物性之异,皆是论本然之性,故本章亦是论本然之性而非论气质之性。分析读者采信饶氏说的原因在于未注意孟子此章乃是就气禀而论本然,并非只是论气禀。

但另有学者赞同双峰论气质之性说。言:

> 犬、牛、人三性不同,朱先生未尝断以本然之性。尤翁则云"孟子开口便说性善,而其曰犬之性、牛之性,则以气质言"。饶双峰则曰"……未尝不论气"。种种可据,不啻多矣。而浦论唤做本然之性,若夫鹿门则主张甚力。
>
> 蒙谕犬牛人性之涉气,非特尤翁与饶氏如此说。朱先生亦尝曰"孟子未尝言气质之性,于犬牛人性微发其端"。……然则尤翁、饶氏之说,岂无所受乎?①

洪伯应认为朱子并未断定犬、牛、人性必定是指本然之性,并引宋时烈也主张本章是论气质之性为证。然而任靖周等坚持本章是论本然之性,批评双峰等气质之性说不通文理。吴熙常又以朱子之说为据,认为朱子已经暗示本章涉及气质之性,而与宋时烈、饶双峰之说合,批评反对者未能探究义理,而完全纯任己见来随意解读经文。尹衡老还赞赏双峰认为性既要分作两个说,否则无分晓;又要合作一个说,否则认作两个的观点清晰明白。他说:"饶氏所谓若不合做一个性说,认做两件物去了,故曰'二之则不是者'。"②

二是人性灵与物无知。《梁惠王上》"不忍其觳觫"章,双峰以"人性灵""物无知"解释《四书章句集注》仁民易、爱物难说,学者对双峰此说同样形成正反之见。言:

> 堉按:此虽可为一说,然恐未的确。夫仁民爱物之难易,岂独以性灵无知之致。……愚以为其难易之不同,只是个亲疏远近之分而已。
>
> 恐饶氏之说,未得为通论也。③

---

①　[朝鲜]吴熙常:《答洪伯应》,《老洲集》卷十,《韩国文集丛刊》第二百八十册,民族文化推进会 2001 年版,第 219 页。

②　[朝鲜]尹衡老:《原性篇(中)》,《戒惧菴集》卷十一,《韩国文集丛刊》第二百一十九册,民族文化推进会 1998 年版,第 286 页。

③　[朝鲜]朴世采:《答李载叔问》,《南溪集》卷四十二,《韩国文集丛刊》第一百三十九册,民族文化推进会 1994 年版,第 357 页。

愚谓饶说恐非《集注》本义。如以羊易牛，何论感动难易，特以民与我同类，故推广仁术易；物与我异类，故推广仁术难耳。①

仁爱只是我去仁爱，其难易亦只缘我心之有切缓，非以彼之灵不灵也。饶说甚模糊。②

李载叔、朴世采、金乐行等反对者认为双峰此说虽可自立一说，但并不合《四书章句集注》之义。仁民爱物之难易不在于是否人有灵、物无知，而在与人关系之亲疏远近。他们主张以同类相亲、异类相疏原则解释之，并以《孟子》《西铭》之说证明同类相亲之思想。郭钟锡指出双峰之说模糊不清，仁民爱物之难易完全取决于作为主体的我之心紧切与否，而不在于作为对象的物是否有灵。

维护双峰者如朴世采则认为同类异类亲疏原则只能解释人物关系，就推广仁术言，双峰说仍可取，仁民较爱物更容易。他说："若以推广仁术之义言之，饶氏说恐是。"③朴子善则特别赞赏双峰"人性灵"说，他说，"饶说'人性灵'三字，见得自是。今人以虚灵专认作气，而谓心是气。夫合言之，则心性一也。分言之，则心自心，性自性，然亦何尝是性理而心气哉"④。他批评把虚灵和心专属于气的看法，认为心性存在分合粘连关系，合言则心性是一，分言则心性各自为二。故不应采用与"性即理"相对的"心即气"说。郭钟锡亦认可此说。

二、求放心：义理之心与知觉之心

《孟子》"求放心"章先后有仁人心、放其心、求其放心等说，对于此"心"之内涵，朱子认为存在义理之心与知觉之心的区别。但其弟子黄榦则主张本章之心皆是义理之心。双峰赞同并引用黄榦说："首言仁人心，是言仁乃人之心。次言放其心而不知求，末言学问之道无他，求其放心而已矣。……三个'心'字，脉络联贯，皆是指仁而言。今读者不以仁言心，

① ［朝鲜］金乐行：《记疑》，《九思堂集》卷七，《韩国文集丛刊》第二百二十二册，民族文化推进会 1999 年版，第 412 页。

② ［朝鲜］郭钟锡：《答洪巨源》，《俛宇集》卷一百零六，《韩国文集丛刊》第三百四十三册，民族文化推进会 2005 年版，第 37 页。

③ ［朝鲜］朴世采：《答金直卿问》，《南溪集》卷四十四，《韩国文集丛刊》第一百三十九册，民族文化推进会 1994 年版，第 384 页。

④ ［朝鲜］郭钟锡：《答朴子善》，《俛宇集》卷六十九，《韩国文集丛刊》第三百四十二册，民族文化推进会 2005 年版，第 10 页。

非矣。"①双峰此说引起正反不同意见。朝鲜学者的看法大致分为两派:一是退溪、栗谷等主《四书章句集注》说,以求放心的心是知觉之心;二是任靖周等主《朱子语类》及勉斋、双峰说,以求放心的心是仁心。任氏说:

> 朱子自言旧说之未是,勉斋以下诸儒说又如此,而后学尚未免依靠注说,依旧从知觉上以收拾神心为说。
> 诸说中勉斋说最明畅……饶氏之义理、知觉心分别得极好。②

他采用以朱订朱、早晚新旧之说的策略,根据《四书章句集注》与《朱子语类》说之不同,指出前者以求放心为学问根本,后者以求放心即是学问目标宗旨,断定《朱子语类》说为定见。任氏判定朱注为旧说,指出朱子曾反思旧说以心为知觉之心不对,批评坚持知觉论心之旧说者,赞赏勉斋之主仁心说最明畅,而双峰区别知觉与义理之心最好,批评蔡清《四书蒙引》说过于牵合。任氏之说,在朝鲜学界影响甚大。

> 孟子求放心章,……皆从任鹿门说,即《语类》贺孙、〓所录,是晚年定论云云。又曰"《集注》未及改"云云。……小注双峰所引勉斋说,鹿门谓明白有味,……盖《集注》则求放心为学问之本,《语类》则学问皆所以求放心。盖求放心,即求仁也。愚尝以此书质于梅山先生,答以当从后。又问于大隐丈,则曰"安知《集注》之不为定论耶"云云。终不以宋、任两先贤说为可从矣。③

赵秉憙在答复金基勉的书信中,再次重申了任氏信服《朱子语类》及《四书大全》所引勉斋、双峰师徒说,而以《四书章句集注》说为非朱子定论。但也有学者仍然坚持朱子《四书章句集注》之说。

柳徽文还引陈建《学蔀通辨》赞扬双峰说得孟子之真,并以本意与言外之意、文意与工夫来区别双峰与程朱之说,以《朱子语类》等说作为证据支撑。他说:

---

① (明)胡广等纂修,周群、王玉琴校注:《四书大全校注》,武汉大学出版社2009年版,第999页。
② [朝鲜]任靖周:《孟子求放心考辨》,《云湖集》卷五,《韩国文集丛刊(续)》第九十册,韩国古典翻译院2009年版,第538页。
③ [朝鲜]赵秉憙:《答金基勉》,《肃斋集》卷十六,《韩国文集丛刊》第三百一十一册,民族文化推进会2003年版,第317页。

前日观陈清澜《学蔀通辨》，有谓饶氏说真得孟子本意，与《集注》程、朱说小异。程朱说求放心，乃是先立个基本而后从事学问……私窃以为朱子说亦有言学问之道皆所以求放心，则不独饶氏说如是。但《集注》中却以求放心为学问之本……而《集注》所云及《语类》一说，不可偏废。今若论《孟子》此章，则上下"心"字，语脉联属，结末归宿似在"求放心"。恐当以《朱子语类》一说为工夫归重处。《集注》自成一副义理，最切于初学……求放心则自不违仁，若直唤做求仁，则恐未安。①

他认为双峰之论不同于程朱。程朱论求放心是以此为学问之基本，但双峰所理解的《孟子》本意，则是学问就在于求放心，求放心之外别无学问。且《朱子语类》也有学问之道即所以求放心之说，可视为双峰所本。就《孟子》本意而言，当以《朱子语类》及双峰说为准的，此乃工夫根本所在。《四书章句集注》中程朱之说则自成一套义理，适合初学而不合《孟子》本意。又引程子格物即所以收心说，证明程子亦有双峰之意。但他又指出双峰以求放心为求仁不妥，求放心即自然不违仁，非于此之外另有求仁工夫。强调此不仅是文义之分，实关乎义理工夫。

但柳氏又基于程朱立场，反驳双峰及陈建说，甚至质疑孟子，可见其思想之转变。

今按：朱子尝曰："仁字、心字，亦须略有分别始得。"李先生说孟子言"仁人心也，不是将心训仁字"。此说最有味。又答李叔文书曰"求放心不须注解。……"观此二条，则求仁与求放心，不可滚合为说，已分晓矣。又按：《心经注》所引朱子《集注》与孟子见行《集注》不同，或是朱子初本亦如此。……且学问之道无限量，而求放心是有捉摸下手处，不须说学问所以求放心。……至于《通辨》之书……独于此条以"仁"字心字衬贴起来，而反不屑于程朱定论，过矣。②

他指出程朱把学问放在求放心之后，而《孟子》则认为学问就是求放心，强调心、仁为一。但朱子、延平皆注意区别心与仁，认为"求放心与求仁，不可滚合说"。他进而指出《心经注》所引朱注与《孟子集注》说不同，当

---

① ［朝鲜］柳徽文：《答申伯翰》，《好古窝集》卷七，《韩国文集丛刊（续）》第一百一十二册，韩国古典翻译院 2011 年版，第 311—312 页。

② ［朝鲜］柳徽文：《读书琐义》，《好古窝集》卷十，《韩国文集丛刊（续）》第一百一十二册，韩国古典翻译院 2011 年版，第 375 页。

是朱子初本之见,推测此即双峰等说之来源,又强调为学包括诸多工夫,求放心不过是操存涵养,乃为学工夫之一。从先后言,则学问当先于操存,且学问之道无限,求放心不过是其中一个下手处,故不能说学问就是求放心。他批评《孟子》"学问之道无他,求其放心而已矣"用语不妥,此等看法过于激烈,为了维护程朱之注,不惜反对《孟子》之经文,可见对程朱之推崇。他还指出此处求放心无干求仁之事,批评陈建说虽有功圣门,但却以仁为心,蔑视程朱之说,极为不妥。

三、"知言养气"章的志、气、道、体、言

"知言养气"章堪称《孟子》最为复杂的一章,不仅文本长,且文脉多,名相复杂。饶双峰在朱注精细阐发的基础上对志、气、道、体、言等诸概念作了新的阐发,引发了朝鲜学者的论辩,促进了对本章义理的理解。

（一）持志与暴气、道义与气

关于志与气的关系,双峰以周亚夫军中夜惊坚卧不起譬喻志为气之帅说,朝鲜学者如金榦、朴世采对此即持正反看法。

> 小注双峰饶氏曰云云,此段譬喻,似有语病,岂有志已定而气犹动之理乎?今若易之曰"亚夫军中夜惊,亚夫坚卧不起……又不若从初整摄卒徒,自无所动也。于此见持其志,又不可不养其气云",则庶乎可矣。
>
> 孟子此段初不论持守之如何,而只以气壹动志为主。……亚夫之事,正与此相类。饶说未见其不是也。①

金榦认为饶说有问题,盖如果志已定,则不应再动气。即周亚夫坚卧不起虽是,但若心有所惊动,则亦不妥。由此可见持志还须养气,即不起还须不惊方是。进而给出对饶说的修改方案,认为周亚夫应从整顿统摄气入手,使气自然无动,以合乎经文持志养气并重说。但支持双峰说的朴世采则认为孟子宗旨不在持守,而在阐明气壹动志之理,突出气对于志的反作用,双峰所引周亚夫之譬喻正相合。

针对双峰提出的《礼记》"足容重"等是为"无暴其气",助长乃是戕贼、暴其气说,学者亦持两种观点。

① ［朝鲜］朴世采:《答金士直问》,《南溪集》卷四十五,《韩国文集丛刊》第一百三十九册,民族文化推进会1994年版,第411页。

　　饶双峰"足容重、手容恭之类,皆是要无暴其气"。此"暴"字仍作害意看,无些子窒碍。况饶氏以戕贼其气释助苗长,而曰助长是暴其气,则尤无可疑矣。①

　　足容重、手容恭,皆是制之于外,而毕竟是持敬功夫,乃所谓持志也。饶氏之属之无暴,不免以客为主……饶氏所引"行中鸾和,步中《采齐》",以此例之,则谓之持志亦可,谓之无暴亦可。②

　　田愚赞同双峰说,认为双峰之"暴"即是伤害之意,双峰以贼气作为助苗之长,而助长即是暴气,此说亦可取。俞莘焕则认为足容重是制之于外的持敬,是持志工夫,而非双峰所认为的"无暴其气",批评双峰颠倒持志与无暴气的主客关系。但若据双峰"行中鸾和"之说,则把此解为持志、无暴皆可。

　　关于"暴"之意,朱注解《泰伯》"动容貌,斯远暴慢矣"的"暴"为"粗厉",田愚认为解为"害义"比"粗厉"更全面、得当,并引双峰戕贼其气为暴气助长说为证。

　　暴或单作"粗厉"看,不若作"害义"而包粗厉为备。……又考双峰饶氏论拔苗助长处,亦有戕贼其气语,此亦暴气之说也。

　　朱子论暴字云:……据此二段而对看,则暴是害义,其只作粗厉看,非正意。③

　　无暴,暴字以害意看,恐无可疑。……饶氏以助长为戕贼其气,而曰助长便是暴其气。此非暴气为害气之的证乎?若曰"助长竟是粗厉之病",吾复何言?……然《语类》论暴气云……饶说无乃本于此欤,似不可忽也。④

　　田愚力挺双峰以害论暴说,反对以粗厉来解"暴",认为双峰助长为暴气说即证明暴气即害气,批评以助长为"粗厉"之病说者,实乃错看《朱子语

　①　[朝鲜]田愚:《李季润无暴其气书辨》,《艮斋集后编续》卷五,《韩国文集丛刊》第三百三十六册,民族文化推进会 2004 年版,第 234 页。

　②　[朝鲜]俞莘焕:《答徐应淳》,《凤栖集》卷二,《韩国文集丛刊》第三百一十二册,民族文化推进会 2003 年版,第 29—30 页。

　③　[朝鲜]田愚:《浩然章问目》,《艮斋集后编》卷十二,《韩国文集丛刊》第三百三十五册,民族文化推进会 2004 年版,第 85 页。

　④　[朝鲜]田愚:《答奉鹤九》,《艮斋集前编》卷十一,《韩国文集丛刊》第三百三十二册,民族文化推进会 2004 年版,第 501 页。

类》之意而误以为证。他指出奉鹤九一意以朱子之说为是而以饶说为非的治学态度存在问题。事实上饶说本来自《朱子语类》,以显其以朱压饶之荒谬。

双峰还分析了志、气、义三者关系:"前说持志、无暴气是两事,后说养气不及持志,言集义则持志在其中。"①双峰既以持志、无暴气是两件事,又论养气而不含持志,论集义则内含持志。双峰此说被学者批评为混两项工夫为一,不合朱注持志、集义工夫各有专主说。李显益说:"朱子《集注》于持志,以敬守其志为言,其工夫之各有所主可见。而饶氏却混而一之,非是。"②

双峰以《中庸》知仁勇三达德之勇解浩然之气,以勇者不惧为不动心,智者不惑为知言,此说引起批评。

> 养气知言,所以不动心者也。而饶氏曰"浩然之气即达德中之勇,不动心即勇者不惧,知言即智者不惑"。愚意不可以不动心对知言而言也。不动心即达德中之勇。而若细分之,则知言即智者不惑也。浩然之气,即勇者不惧也。
>
> 饶氏说似欠分晓,而尊说亦恐未尽。……愚意养气则勇,勇者不惧;知言则智,智者不惑。③

批评者认为,养气知言皆是实现不动心的工夫,故不可以不动心与知言相并。主张不动心是达德之勇,浩气是勇者不惧,知言是智者不惑。但此说也遭到柳台佐反驳,他认为应该理解为:养气为勇,勇者不惧,知言即智,智者不惑。可见诸家于此理解纷纭。

关于道义与气的关系,历来有不同看法。孟子提出道义与集义说,云:"其为气也,配义与道;无是,馁也。是集义所生者,非义袭而取之也。行有不慊于心,则馁矣。"双峰在朱注基础上提出道义与气的体用生成关系,朝鲜学者在批评双峰说的过程中提出各种新颖观点,大大深化了对这一问题的认识。朴东说指出:

---

① (明)胡广等纂修,周群、王玉琴校注:《四书大全校注》,武汉大学出版社2009年版,第818页。
② [朝鲜]李显益:《孟子说》,《正菴集》卷十一,《韩国文集丛刊(续)》第六十册,韩国古典翻译院2008年版,第358页。
③ [朝鲜]姜必孝:《答成圣发》,《海隐遗稿》卷五,《韩国文集丛刊(续)》第一百零八册,韩国古典翻译院2010年版,第100页。

> 饶氏又曰："论其体,则气非道义无以生。"按:此言恐亦有病。气自为体用。道为体,义为用。而今乃以用言气,并道义言体,可乎?①

他认为气自身自为体用,道与义为体用关系,故不可以道义与气为体用关系,试图撇开道义与气的关联。朴子善据双峰道义与气的体用关系论,提出道义与气互为体用说,引发争议。言:

> 气或为道之体,如饶氏所谓"论其用,则道义非气无以行"是也;道义或为气之体,如饶氏所谓"论其体,则气非道义无以生"是也。
> 浩气是人得天地正通之气,遍体充满者,非必专指心中之气也。以气之至大者为道,至刚者为义,又似认气以为理。且气与道义之互为体用,说得可骇,……况以己意驱率饶氏之言,要作我注脚耶?气与道义,相须以为体,相待以为用。初无理体气用,或气体理用,而体用成两截者也。②

他认为气可为道之体,引双峰"道义非气无以行"为证;道义亦可是气之体,又引双峰"气非道义无以生"为证。可见道义与气二者可互为体用。郭钟锡批评此说是以自家之意随意曲解双峰,指出浩气是天地公共正直通用之气,充遍于天地之间,而非个人心中独有之气。如以气之大者为道,刚者为义,乃是犯了以气为理的错误,是以刚、大这两种气之属性当作道义。他批评道义与气互为体用说极不可取。就诠释方法言,此是完全以己意来随意注入双峰本无之说,而为自家之论作注脚。道义与气本是相须为体、相待为用的关系,并非理体气用或气体理用的理气体用割裂关系。

关于道与义的关系。双峰指出孟子先言气配义道,后仅言集义而无道,乃是因道与义体用一源,言(义)用即(道)体在,且体上无法用功,故只是说集义之用。学者对此提出批评。

> 槃按:饶氏说恐不是。……盖道是举体统言……义是就此一事所处而言,……故就道言,则于体统上不可下"集"字也;就义言,则其事事合义处方可下"集"字也。且上所谓"配义与道"者,就气之已养成

---

① [朝鲜]崔象龙:《孟子(上)》,《凤村集》卷十五,《韩国文集丛刊(续)》第一百一十八册,韩国古典翻译院 2011 年版,第 435 页。
② [朝鲜]郭钟锡:《答朴子善》,《俛宇集》卷六十九,《韩国文集丛刊》第三百四十二册,民族文化推进会 2005 年版,第 11 页。

处,统言气之功用如此,故兼道义说。此所谓"集义"者,是就养气上单言始初用工夫处,故说集义也。……饶氏之说殊失本旨。[①]

金榦认为朱子主张道是统体,义是道在具体事物上之呈现,故作为体统的道不可用"集",而事事合义处则可用"集"。配义与道是指气已养成之效用,是统体之言,故可兼道义。而集义仅仅是就养气的最初用功处言,此并非双峰所认为的体用关系及体上无做工夫处。他就此批评双峰以体用解释配义与道与集义之别丧失孟子本旨。

(二) 谁之"馁":道义、气、形

本章"无是馁也"之解颇多争议,明确"是"与"馁"之所指甚为不易。双峰主张是"无气则道义馁",遭到批评。第一种观点主张"无是馁也",是说无浩气则气馁。

　　饶氏曰"无气则道义馁"。或曰"只是气馁也"。或曰"无是之是,即气也"。若曰"无气则气馁"云者,不成文理,此皆未莹之论也。道义,浩气之本体也,岂有馁乏之可言乎?"是气"谓其气之浩然也,无是浩然者,则欿然而馁也。故《章句》曰"馁,饥乏而气不充体也"。[②]

李万运批评双峰以"是、馁"皆指气的"只是气馁"说,认为无气则气馁说不合文理。他同时指出双峰"无气道义馁"说亦不妥,因道义是浩然之气的本体,不存在馁的情况。"无是馁也"当理解为"无浩然之气则气馁",强调"是"特指"浩然之气""气之浩然",此合乎《四书章句集注》"气不充体"说。

第二种观点认为《四书章句集注》持"无气体馁",与双峰"无道义气馁"说不同。

　　《集注》之以"是"属气,以"馁"属体,不待论说而可知也。双峰饶氏曰"无这道义,气便软弱。"弱即馁之意也。又曰"无道义则气馁"。此二说似近于程训矣,然则与程子训说似不吻合。[③]

① ［朝鲜］朴世采:《答金直卿问》,《南溪集》卷四十四,《韩国文集丛刊》第一百三十九册,民族文化推进会 1994 年版,第 391 页。

② ［朝鲜］李万运:《筍笔》,《默轩集》卷四,《韩国文集丛刊》第二百五十一册,民族文化推进会 2000 年版,第 288 页。

③ ［朝鲜］李湀:《答芸窝洪丈》,《桐江遗稿》卷一,《韩国文集丛刊(续)》第七十八册,韩国古典翻译院 2009 年版,第 248—249 页。

李瀷指出双峰"无道义则气馁"说,虽看似近乎程子说,而实则不同。其实双峰的"无道义气馁"不是针对"无是则馁",而是就"行有不慊于心则馁"说而发,论者错置了双峰说,双峰对两处"馁"的处理不同。

徐昌载批评双峰把"无是馁也"与"行有不慊于心则馁"的"馁"分别划归道义与气不妥。他主张此两处"馁"皆是无气体馁之意,即"馁是体不充"。

> 两"馁"字,皆指无是气则体不充。饶氏分属不是,来说得之。①

赞同双峰说者如金昌翕则认为,双峰是以体用分论道义与气,故有"无气道义馁"和"无道义气馁"说,以分别"无是馁也"和"不慊于心则馁"之不同。此说虽不同于朱注,但却可取。

> 饶氏以上"馁"为无是气则道义馁,下"馁"为无道义则气馁。盖分体用而言之。虽稍异大注之意而亦可取也。②

第三种观点比较双峰说与朱子说之异同,主张"无是馁也"是指无道义则气馁而不充体。

> 若释之以"其为气也本自刚大……若或不合乎道义,则自然馁乏,体有所不充也"云云,则与下文三句文理相续,语意亦顺。而朱子之不如是释者,抑或有不得不然之故欤。饶氏以上"馁"字……此必因朱子气助道义之说而发。……既曰"气不充体",则岂可谓之道义馁乎? 恐饶氏说又失朱子之旨也。③

柳台佐提出对经文的新解,认为气本刚大,以直养而合乎道义,则充塞天地之间,如不合道义,则气自然馁而体不充。他主张"无道义而气馁"说,推测朱子未作此解当别有原因。分析双峰"无气则道义馁""无道义则气

① [朝鲜]任靖周:《孟子求放心考辨》,《云湖集》卷二,《韩国文集丛刊(续)》第九十册,韩国古典翻译院 2009 年版,第 480 页。

② [朝鲜]金昌翕:《答俞命岳孟子问目》,《三渊集拾遗》卷二十一,《韩国文集丛刊》第一百六十七册,民族文化推进会 1996 年版,第 54 页。

③ [朝鲜]姜必孝:《答成圣发》,《海隐遗稿》卷五,《韩国文集丛刊(续)》第一百零八册,韩国古典翻译院 2010 年版,第 101 页。

馁"两说当受到朱子"气助道义"说影响。他强调朱子立场是"气不充体",显然是气馁,但并非双峰的道义馁,故认为双峰说偏离朱子本旨。

第四种观点主张无道义则体馁。姜必孝言:

> 朱子之意,非以"配义与道"属之养成之后也,但言其养之者如此也。饶氏语虽若明切,而毕竟语意俱病。夫道义岂有馁者耶?只是不配义与道,则气有不充而体馁,自不得浩然。①

他认为双峰误解朱注,以"配义与道"为气已养成之事,其实却是指养气之事。道义本无馁,是气不配道义,故气有所不充而体有所馁,气自然不能浩然。批评双峰说看似明白流畅,其实有问题。

有学者根据《四书章句集注》及《四书大全》说,从理气论剖析双峰"道义馁"之误。

> 朱子于《集注》,既以"体不充"释"馁"字。……其意盖谓此章专为气而发。而上句以直养,是主理而言;下句是集义所生,亦主理而言。若以馁谓道义馁,则是又主理而言,而气为主之义略矣。朱子之意,若是明白,而饶氏此言恐过于密矣。②

朴东说认为朱子《四书章句集注》主张"无道义则体馁",《四书大全》所引朱子说,《答吕子约》等说皆是此意。所以在朱子看来,本章主旨是"专为气发",而直养与集义皆是主理。故假如"馁"是道义馁,而集义等又是论理,则无法突出本章气为主之义。他由此批评双峰说过于分析。根据本章主旨论气来批评双峰说,实是新解。

也有学者对程子及双峰异于朱子之说表示不解和不满。

> 程子之言,果似以"馁"字属气。……而却载于《集注》之中者,诚有所不敢知者耳。饶双峰得勉斋之学而其异于先生之说如此,甚可疑耳。③

---

① ［朝鲜］姜必孝:《答成圣发》,《海隐遗稿》卷五,《韩国文集丛刊(续)》第一百零八册,韩国古典翻译院 2010 年版,第 97 页。

② ［朝鲜］崔象龙:《孟子(上)》,《凤村集》卷十五,《韩国文集丛刊(续)》第一百一十八册,韩国古典翻译院 2011 年版,第 434—435 页。

③ ［朝鲜］宋时烈:《答金仲和》,《宋子大全》卷九十三,《韩国文集丛刊》第一百一十一册,民族文化推进会 1993 年版,第 222 页。

宋时烈指出程子是以气论馁，并不合《四书章句集注》解，然朱子却收入《四书章句集注》，令人难以理解。又批评双峰本为勉斋亲传，却立异于朱子，令人怀疑其学。

还有学者讨论了双峰道义馁与气馁说与朱子说的关联，而主张应以文集《答吕子约》书为定论。

> 谨按《集注》训"馁"字曰"饥乏而气不充体"，然则"馁"字不可以道义言者，明矣。……饶氏生于朱子之后而其说似未免背驰者，何也？……十六节小注朱子曰"论集义所生，则义为主；论配义与道，则气为主"。饶氏说似是误看此语而致此。然道义是形而上之理，而无形无为者也，则"道义馁"云者，恐近于全不成说话。
>
> 更详浩然之气注曰"即所谓体之充者"。……此皆本于第九节大文"气，体之充也"一句。……饶氏所谓"道义馁"云者，其误也尤益分明。而若其所谓"气馁"云者，朱子书牍亦或有之。……且《集注》所谓"失养故馁"……虽作"气馁"看未为不可，然则谓之气馁，亦或不为病否？抑其《答吕子约》书为定论而《集注》及程子说，皆当活看欤？①

赵秉意根据《朱文公文集》之说，认为"馁字不当以气看"；又根据《四书章句集注》"气不充体"推出"馁字不可以道义言"。他对后儒不辨双峰"道义馁"之误反而将之收入《四书大全》，颇感震惊。赵氏推出双峰之误当是源于错误理解朱子"论集义所生，则义为主；论配义与道，则气为主"说。又强调道义乃无形无为之精神体，故"道义馁"之说实不妥。他根据《四书章句集注》"气，体之充"批评双峰"道义馁"说，根据朱注及程子说，认为"气馁"说尚可接受。② 但他同时也提出《四书章句集注》及程子说皆不可靠，当活看之，而应以《答吕子约》为定，反对"无道义而气馁"说，而主张"无气则体馁"。③

---

① ［朝鲜］赵秉意：《上襟溪李丈》，《肃斋集》卷五，《韩国文集丛刊》第三百一十一册，民族文化推进会 2003 年版，第 88—89 页。

② 《四书蒙引》卷十："饶氏又云，'无是，馁也'，是无气则道义馁；'行有不慊于心则馁'，是无道义则气馁。此说尤谬。二馁字本同也，皆谓体不充。"参见（明）蔡清：《四书蒙引》卷十，《景印文渊阁四库全书》第二百零六册，台湾商务印书馆 1986 年版，第 471 页。

③ 《答吕子约》云"于浩气之说，但欲谓此气元是配合道义而成，无道义则气为之馁而已，其他援引之失，皆缘此文以生异义，自为繁冗……且其上既言'其为气也'以发语；而其下复言'无是馁也'以承之，则所谓是者，固指此气而言。若无此气，则体有不充而馁然矣"。参见（宋）朱熹：《晦庵先生朱文公文集》卷四十八，上海古籍出版社、安徽教育出版社 2002 年版，第 2222—2224 页。

故有学者又将朱子《答吕子约》的"无气则体馁"说,用于对双峰说的理解。

> 两"馁"字各属小注双峰说,而当时吕子约亦如此说发问者,此也。来谕属"体",正得《章句》之旨矣。上下"馁"字皆是无浩气之致。无浩气者,无道义也,无道义则气欲然小而不充于体,体不充则馁矣。此岂非俱属于体馁者乎?道义无处,浩气亦无有矣。既曰无有,则有何气馁、道义馁之可论乎?①

> 饶氏说大违《集注》本意。昔吕子约之说亦如饶说,朱先生极力攻破之,……饶氏生乎朱子之后而其言如此,极可怪也。②

金谨行指出双峰说与吕子约看法相同,他则基于朱注而主"体馁",反对"气馁""道义馁"说,认为无道义则无气,无气则体馁。此从道义与浩气一体而主张气馁、道义馁不可分割,故只能是"体馁","体馁"内在包含了无浩然之气与道义。宋时烈同样指出吕子约说曾遭到朱子痛斥,双峰生于朱子之后却违背朱子之说,无视朱注"体不充"说而自立己见,甚为可怪,传达出对双峰作为朱子再传却立异于朱子之不满。

第五种观点是坚持朱子说,认为本章两处"馁"皆只是"气不充体"之义,并提出双峰说其实大体合乎朱子之意,对之应善加体会。

> 上下"馁"字,其为"气不充体"之名,则一也。但上"馁"字主意在气不充体,而无以配道义。……下"馁"字主意专在气不充体而不能浩然。……饶氏说略得此意,但"道义馁"三字下得无曲折,有似以道义为可馁之物,此为未善耳。③

> 饶氏道义馁之说虽欠曲折,而活看则亦有所明,亦不可不知也。④

柳重教认为两处"馁"的区别在于前文"无是馁也",意在以气配道义,

① [朝鲜]金谨行:《西隣讲义(一)》,《庸斋集》卷十三,《韩国文集丛刊(续)》第八十一册,韩国古典翻译院 2009 年版,第 461 页。
② [朝鲜]宋时烈:《答三锡》,《宋子大全》卷一百二十九,《韩国文集丛刊》第一百一十二册,民族文化推进会 1993 年版,第 398 页。
③ [朝鲜]柳重教:《答林君显》,《省斋集》卷十八,《韩国文集丛刊》第三百二十三册,民族文化推进会 2003 年版,第 430 页。
④ [朝鲜]崔益铉:《上华西先生问目》,《勉菴集》卷六,《韩国文集丛刊》第三百二十五册,民族文化推进会 2004 年版,第 122 页。

后文"行有不慊于心则馁"则在于气是否浩然,并指出双峰"道义馁""气馁"说已大概把握朱子之意。只不过"道义馁"三字过于直接,似乎以道义为可馁之物。故崔益铉认为,如对双峰"道义馁"说善加体会,则此说并无问题。

有学者提出理解"馁"的所指究竟是气还是体,关键在"是"。

先于"是"字上看得明,可以破得气馁、体馁之分矣。"是"字指浩然之气而言,若无是气,则其体自馁矣……而饶双峰反谓"无是气则道义馁",此又不成文理。……然则今于是体无所充之气,则其所馁者非体而何?①

"无是馁也"者,谓无是气,则其体有所不充而便馁乏耳。"行有不慊于心则馁矣"者,亦谓行不合于义而心有愧怍,则亦其体有所不充而便馁乏耳。上下两"馁"字,皆指形体之馁而言。吕子约、饶双峰或以上馁字为道馁,或以下馁字为气馁。朱子、尤翁及先师尝有辨破其非之说话矣。②

按《集注》两言"其体有所不充",训二"馁"字既如此明白。《大全》所谓"馁则形体馁也者",又如彼丁宁。饶氏一则属之道义,一则属之气,果何说也?……然则今于是体无所充之气,则其所馁者,非体而何?③

《集注》谓"行有不合于义,而自反不直",则不足于心而其体有所不充,然则其为体馁,明矣。而饶氏以为气馁,恐亦有差也。至论上文"无是馁也",而又曰"无气则道义馁",其失尤大矣。④

宋秉璿、申暻、李柬、朴世采皆认为根据"无是"的"是"所指,可以破除此"馁"是"气馁"还是"体馁"之分,"是"指浩然之气,无此浩气,则体自然馁,故"气馁""体馁"乃一体。既非吕子约主张的"是"为"道义"、"馁"为"气馁"的"无道义气馁"说,也不是双峰的"无气道义馁"说,二说皆不合文

①　[朝鲜]宋秉璿:《答金伯谦别纸》,《渊斋集》卷十二,《韩国文集丛刊》第三百二十九册,民族文化推进会 2004 年版,第 203 页。

②　[朝鲜]申暻:《答湖岭儒林》,《直菴集》卷九,《韩国文集丛刊》第二百一十六册,民族文化推进会 1998 年版,第 293 页。

③　[朝鲜]李柬:《浩然章记疑》,《巍岩遗稿》卷十三,《韩国文集丛刊》第一百九十册,民族文化推进会 1997 年版,第 203 页。

④　[朝鲜]朴世采:《答宋希文》,《南溪集》卷五十,《韩国文集丛刊》第一百四十册,民族文化推进会 1994 年版,第 28 页。

理,不合朱注。其正解应是无气体馁,因为气本来即是体之充,气与体关联
一致。赞赏宋时烈等对双峰说之批评。

有学者曾迷惑于双峰以上下文之"馁"分属道义与气,后反思其说穿凿。

> 小注饶氏分属气与道义,少时读之,似新奇可喜。后更寻绎,终涉
> 太凿。且"馁"字字义,系是气边,非道义边。并以气馁看似稳,且大注
> 终无分看底意,皆以气不充体为说。饶氏何所据而苦苦分属耶? 若遵
> 饶说……义虽可通,终不如以一义看之为正当。①
>
> 养气章二"馁"字,俱是"饥乏而气不充体"之义。但所就而言之,
> 有前后之异,来谕看得诚是也。饶氏道义馁之说,恐不可从也。②

尹光绍批评双峰分上下"馁"为气和道义说过于穿凿。从字义而论,馁
当是气馁而非道义,且《四书章句集注》亦是"气不充体"说。李象靖认为两
处馁皆是"气不充体"之馁,批评双峰以体用论道义与气,认为其"道义馁"
之说终不可取。

有学者据《四书章句集注》"体有所不充"及陈栎等说,批评双峰分别馁
为道义与气破碎文义。

> 窃详"馁"字,本是合用于气边,用于道义则甚不衬矣。且心亦气
> 也,"行有不慊于心",便是气不能配道义,故体馁矣。此《集注》所以于
> 上下"馁"字,俱以"体有所不充"释之也。饶氏之分开看于上下者,恐
> 破碎矣。③
>
> 馁是气不充体之谓,道义不可言馁也。陈氏说"是"字与下句"非"
> 字相呼唤者,正得之。④
>
> 馁只是塌飒衰弱之意。饶氏之分属气、义,大故错了。⑤

① [朝鲜]尹光绍:《读书随录》,《素谷遗稿》卷十五,《韩国文集丛刊》第二百二十三册,民族
　文化推进会 1999 年版,第 353 页。
② [朝鲜]李象靖:《答金道彦兄弟》,《大山集》卷二十六,《韩国文集丛刊》第二百二十六册,
　民族文化推进会 1999 年版,第 540 页。
③ [朝鲜]吴熙常:《孟子》,《老洲集》卷二十二,《韩国文集丛刊》第二百八十册,民族文化推
　进会 2001 年版,第 471 页。
④ [朝鲜]金平默:《答朴子善问目》,《重庵集别集》卷四,《韩国文集丛刊》第三百二十册,民
　族文化推进会 2003 年版,第 530 页。
⑤ [朝鲜]郭钟锡:《答权正夫》,《俛宇集》卷一百二十一,《韩国文集丛刊》第三百四十三册,
　民族文化推进会 2005 年版,第 274 页。

此说非但与《集注》不同,道义馁之说甚害于理。窃恐不是文义之差而已。①

吴熙常等主张"馁"字指气,是塌飒衰弱之义,而不能用于道义,主张"心亦气",故行不慊于心,即气不能配道义,导致体馁。他们认为道义不能是馁,否则大大伤害义理,而不仅仅是文义之差错而已,严厉批评双峰说分别上下,支离破碎。指出陈栎提出的"无是"与"非义袭"相对说甚好。

第六种观点。尽管有如此多学者反对双峰说,但正祖却力排众说而主张两处"馁"皆为"无道义气馁"。

> 朱子之意,盖以两"是"字皆属于气,两"馁"字皆属于体矣,然诸儒之论率多歧贰。饶双峰则云……但以文势推之,其"为气也"为主而"配义与道"为辅,其下继之曰"无是馁也","是"指道义之为辅者,馁指气之主者,岂不言从理顺乎? 今以馁为体之馁,则"体"之一字,本文外拈出来,只一"馁"字何以见其为体耶? 且"是集义所生者",尽与"非义袭而取之"相对,则"是"、"非"二字,不妨依陈新安说看。而"行有不慊于心则馁",亦承上文"集义所生"而言,其指浩然之气,尤不啻明白易晓。
>
> 龙辅对:"馁"是饥困之意,则浩气与道义上决不当着此名色。……而"是集义所生"之"是",亦承上节"无是"之"是",则一作浩气之解,一作"非"字之对者,文势尤不妥帖。臣意则只依朱子之训,两"是"字属之气,两"馁"字属之体。恐无容更议。②

正祖指出:朱子以"是"为气,"馁"为体,无气则体馁。但诸家之说相互冲突。双峰是气与道义对说,定宇以第一个"是"为气,第二个"是"与"非"相对,虚化其义。正祖根据文本,认为"无是馁也"指无道义则气馁,"不慊于心则馁也"是指无道义气馁,文从理顺。正祖此解分别同于吕子约、饶双峰说。他不满《四书章句集注》体馁之说,认为文本中并无"体"字,"体"乃外来之意,强行插入并不合文义,亦不合内在诠释原则。根据上下文,"馁"当指浩然之气。龙辅则斩钉截铁主张朱子无气体馁说没有讨论余地,盖馁

---

① [朝鲜]金楺:《孟子箚疑》,《俭斋集》卷二十八,《韩国文集丛刊(续)》第五十册,民族文化推进会 2007 年版,第 562 页。
② [朝鲜]李祘:《孟子(一)》,《弘斋全书》卷七十六,《韩国文集丛刊》第二百六十四册,民族文化推进会 2001 年版,第 120 页。

之本义是"饥困",而浩气与道义皆不可说馁,批评双峰、陈栎之说。

（三）义袭

双峰认为"义袭"即是正、助、长。胡云峰则认为"义袭"是造作而害之。批评者认为双峰、云峰二说皆不够精密,且指出双峰说同于吴伯丰说。

> 饶氏以义袭为正与助长,胡氏以义袭为有所作为害之,二说皆未精。《大全》吴伯丰问目曰:"集义,有事与勿忘也;义袭,正之与助长也。"朱子曰"得之"。与此说同。[①]

学者对双峰与云峰说皆不满,详加评论。

> 所谓作为以害之,是实有助长之事矣。若夫所谓义袭,则岂真有是事而自害其气乎? 孟子之意,不过言此以足上句之义而已。……饶氏谓"正而助长,是要义袭而取",则特下一"要"字,得斡转说,却似无病。而其下复曰:"集义、义袭两句,乃是一段骨子",则又分明把作两义看。其于本文之义,盖已去之远矣。[②]
> 然若谓正助是义袭之类,则犹或可也。谓正助即义袭,则恐亦非是。当以来说为正。[③]

金樑指出云峰"作为以害之"是实说助长之事,而孟子"义袭"乃是虚说,虚说以配足上文之意。双峰之说有一"要"字,表明此是假设之意,故无病。但双峰以集义、义袭句作为全段核心,又把二者看成两义,故不合孟子本意。朴世采指出义袭与集义相反,正、助虽与义袭相类,但却不可等同之。

双峰提出"集义所生,是养之之成功"说,金榦认为此说与朱子主张的从初下工夫论集义说正相反。朴世采颇认同双峰说,认为双峰是就工夫成功论,与朱子就工夫发端论并不矛盾。

> 双峰饶氏曰:"集义所生,是养之之成功。"榦按:朱子曰"初下工夫

---

① ［朝鲜］李显益:《孟子说》,《正菴集》卷十一,《韩国文集丛刊(续)》第六十册,韩国古典翻译院 2008 年版,第 357 页。

② ［朝鲜］金樑:《孟子劄疑》,《俭斋集》卷二十八,《韩国文集丛刊(续)》第五十册,民族文化推进会 2007 年版,第 563 页。

③ ［朝鲜］朴世采:《答金士直问》,《南溪集》卷四十五,《韩国文集丛刊》第一百三十九册,民族文化推进会 1994 年版,第 411 页。

时集义然后生浩然之气"云云。今饶氏曰"养之之成功"，与朱子初下工夫之说相反。

饶氏此说恐是。虽同为集义，朱子以其初而言，饶氏以其成而言。①

（四）知言论

双峰提出孟子不欲以知道自任，故只说知言，此说遭到批评。

此言恐未安。虽是知道故能知言，若言其分，则自不同。知道所包阔，不如知言之切。故孟子且说知言。②

榦按：知言二字，是就上文"不得于言"上发出来。盖告子之病在不得于言，则是告子正为不知言。故孟子于此自谓我能知言耳，初非孟子不欲以知道自谓。

来示得之。③

金楺认为，虽然广泛地说，知道可包含知言，但分说则二者不同，知道包含广阔，而不如知言所论紧切，此方是孟子论知言的原因。金榦主张知言是孟子顺上文"不得于言"而发，乃是针对告子之病而论。孟子并非不欲以知道自谓，朴世采认可此说。

关于诐淫邪遁之分属阴阳，双峰认为，诐淫属阳，邪遁属阴。学者对双峰说有不同看法。

双峰饶氏曰"诐淫属阳，邪遁属阴"。

按：以邪正对言，则正是阳而邪是阴，诐淫邪遁当并属于阴。然只就诐淫邪遁四者言，则诐淫之病浅而邪遁之病深，浅者当属之阳而深者当属之阴也。④

且以诐淫为阳，邪遁为阴，未见其必然。以诐淫邪遁、意必固我对

---

① ［朝鲜］朴世采：《答金直卿问》，《南溪集》卷四十四，《韩国文集丛刊》第一百三十九册，民族文化推进会1994年版，第393页。
② ［朝鲜］金楺：《孟子劄疑》，《俭斋集》卷二十八，《韩国文集丛刊（续）》第五十册，民族文化推进会2007年版，第563页。
③ ［朝鲜］朴世采：《答金直卿问》，《南溪集》卷四十四，《韩国文集丛刊》第一百三十九册，民族文化推进会1994年版，第393页。
④ ［朝鲜］金榦：《孟子》，《厚斋集》卷二十六，《韩国文集丛刊》第一百五十五册，民族文化推进会1995年版，第480页。

元亨利贞、仁义礼智说,亦无意义。①

金榦认为就正邪言,诐淫邪遁皆当属于阴。如就四者轻重深浅而言,则诐淫病轻而邪遁病重,故轻属阳而重属阴。如此,则双峰说可取。李显益批评双峰以诐为尚有一边道理说不妥,不能说一边是道理而另一边非道理者。他指出双峰以阴阳划分诐淫邪遁并无理据,以元亨利贞仁义礼智对说诐淫邪遁、意必固我,亦是无意义之举。

四、双峰诠释的特点与韩儒之评

双峰对《孟子》的阐释,不仅注重义理的创新,且在方法论上体现了极强的分析精神。他善于就经文及《四书章句集注》作出细致入微的阐发,于无疑处而有疑,达到了辨析毫厘的地步,而常有出人意表之新解。然而在朝儒看来,此等分析之学有过于琐碎、穿凿,流于训诂之弊。

双峰的分析总是抓住关键字义(概念),得出理论上的新结论。

(一) 善于解析语义所指

如他认为《梁惠王下》"交邻国有道"章所引《书》"有罪无罪"指"诸侯","越厥志"指民众。双峰此说实来自《四书章句集注》,不过更明晰化而已。然朝鲜学者觉此说可疑,认为二者当是兼指君民上下而泛泛论之。

> "有罪无罪"与"越厥志"分属侯、民,果可疑。愚意二句并兼上下、该君民而泛言耳。②

关于"曾子养志",双峰从志之性质的好坏加以论述。

> 饶氏谓"曾子养志是承顺他好底意思,若是不好底,不当承顺,要喻之使合于道"。此说最好。世人谩说养志,更不究所养之是与非,不几于陷亲者乎!③

---

① [朝鲜]李显益:《孟子说》,《正菴集》卷十一,《韩国文集丛刊(续)》第六十册,韩国古典翻译院 2008 年版,第 358 页。

② [朝鲜]任靖周:《答李伯擎》,《云湖集》卷四,《韩国文集丛刊(续)》第九十册,韩国古典翻译院 2009 年版,第 480 页。

③ [朝鲜]权炳:《思问录》,《约斋集》卷七,《韩国文集丛刊(续)》第八十七册,韩国古典翻译院 2009 年版,第 153 页。

双峰认为此是承顺父母好的意念,对不好的意念则劝告父母,使合于道,此说颇受赞赏。权炳据双峰此说批评一般意义上的养志说未加区别是非,几乎陷亲于不义。

双峰指出"鲁平公将出"章"不丧斯文"分别具有我命在天和天命在我两种意义,崔象龙说认为此解分别精密,但孟子乃是譬喻之说,以告弟子。

> 天既使我得与于斯文,则是天必不丧斯文。一说是我之命系乎天,是以天为主;一说是天命系乎我,是以我为主。
> 饶氏以以天为主、以我为主分别圣贤甚精。然孟子之主乎天,亦喻乐正子而言。①

对于"知皆扩而充之"说,双峰提出紧要在"知""皆"二字,二者表示递进关系,即知扩充而又能皆扩充。

> 小注饶氏说"紧要在知字、皆字……"。此说似好。
> 饶氏说亦未见其正当。盖知、皆二字,恐终不可分析也。②

李汝九认可双峰的知所以扩充而又能扩充说,朴世采则认为双峰说过于分析,"知""皆"实无法分析,双峰之解不合文脉。

(二)跨文本的比较诠释

双峰提出《孟子》"运于掌"与《中庸》"示诸掌"存在知行之分。金榦对此表示反对。

> 双峰饶氏曰:运于掌与示诸掌不同。运属行,示属知。那个是易知,这个是易行。……究其本意,大抵只言其易也,恐未说到知行上也。③

他认为二者并无此区别,皆是突出轻易之意,并不涉及知行关系。

---

① [朝鲜]崔象龙:《孟子(上)》,《凤村集》卷十五,《韩国文集丛刊(续)》第一百一十八册,韩国古典翻译院 2011 年版,第 433 页。
② [朝鲜]朴世采:《答李汝九问》,《南溪集外集》卷六,《韩国文集丛刊》第一百四十一册,民族文化推进会 1995 年版,第 354 页。
③ [朝鲜]金榦:《孟子》,《厚斋集》卷二十五,《韩国文集丛刊》第一百五十五册,民族文化推进会 1995 年版,第 460 页。

双峰把知礼乐当作"道生",认为《离娄上》"乐则生"通乎《学而》"本立而道生",遭到金榦等的批评。

> 以智礼乐为道生,恐失本旨也。①
>
> 饶氏曰:"与《论语》本立而道生相似。"按:两"生"字相似而实异。"本立道生",如草木之干枝由根而生;"乐则生矣",如草木之生意已极,则本根生意又发达于外也……曰:说得偏。②
>
> 若以有子之说比之,五者之实,即有子所谓本也;其枝叶条达,即有子所谓道生也。今饶氏以事亲从兄为本而智礼乐为道生,恐于彼此文义皆失之也。③

金榦批评双峰所言丧失经文本意。朴东说认为《论语》《孟子》二"生"字意义差别很大。"本立道生"是从根上发出之生生不已,"乐生"则是生意流行之极,体现于外。且双峰认为有子"道生"不如孟子"乐生"全面。这一说法也遭到批评,金昌协认为,有子之论"本立",其实不限于孝悌。如将二说比较,则有子之本近乎仁义礼智乐之实,"道生"近乎枝叶条达。批评饶氏以事亲从兄为本,智礼乐为道生之解,与两章文义皆不合。

双峰提出《滕文公下》"夫子好辩"章的"作心害事""作事害政"说事在政先,与《公孙丑上》"浩然之气"章政在事先有别,有其深意。此说也引起争议。

> "作心害事","作事害政",此章则事先于政,浩然章则政先于事,此恐是偶然。而饶双峰则以为各有意,恐未免穿凿。然而事先于政,当语顺耶?
>
> 双峰之说非穿凿,尽亦有其然者,虽不必如是泥看。何害于孟子辟异端之本旨,后学学孟子之工夫耶?薛文清尝以事政先后,不必深辨为言。④

---

① ［朝鲜］金榦:《孟子》,《厚斋集》卷二十八,《韩国文集丛刊》第一百五十五册,民族文化推进会 1995 年版,第 527 页。

② ［朝鲜］崔象龙:《孟子(上)》,《风村集》卷十五,《韩国文集丛刊(续)》第一百一十八册,韩国古典翻译院 2011 年版,第 444 页。

③ ［朝鲜］金昌协:《内篇一》,《农岩集》卷三十一,《韩国文集丛刊》第一百六十二册,民族文化推进会 1996 年版,第 326 页。

④ ［朝鲜］李祘:《邹书春记一》,《弘斋全书》卷一百二十,《韩国文集丛刊》第二百六十五册,民族文化推进会 2001 年版,第 475 页。

反对双峰说者认为孟子此等表述,只是偶然如此,并无深意,双峰说强加区别,过于穿凿。但支持双峰说者认为此并非穿凿,而实有此事,只是不可执着看,此说亦无害于经文辟异端之主旨和后学工夫。并引薛瑄说,认为对此等问题不当辨析。见出薛瑄等明代学者成为朝鲜学者理解朱子后学之说的重要参照。

(三) 积极挖掘言外之意

双峰于《滕文公》"滕文公为世子"章提出,此前文公见孟子,担心自己资禀低下;此番见孟子,又对自己土地狭小无信心而怀疑王道之说,故孟子特意补充"药不瞑眩"说。

> 小注饶氏恐文公自疑地小云云者,似有见而亦未尽发。窃意此恐以小国而欲行善道,其难如服瞑眩之药也。第《集注》没此意,不敢为言矣。①

金钟厚认为,双峰此说确有所见而未全发其意。孟子之意乃是告诫文公小国行王道之难,当如服瞑眩之药。因《四书章句集注》并无此等意,故不敢发。

对《离娄上》"居下位"章双峰说,金榦以正意与余意来分析之。

> 按:饶氏以诚身效验言者,是正释本文之意也。以工夫言而曰"无先后之分"者,是推衍别意,以释本文之余意也。盖以本义观之,分明有先后次第也。②

他指出双峰的"为君取信",是推崇诚身效验,是解释本文之意;"无先后之分等"是论工夫,是阐发言外之意。就本文言,确实是有先后之分的。

有学者质疑双峰之说有过于精巧出新处。如指出双峰把"三月无君之吊"与"三月时序和四时祭祀"一并看待,似乎过巧。三月通常是指时间之久。但杨应秀赞同双峰说,认为虽不能断定饶说必然合乎文意,然所论精当,抓住了"不祭"之主旨。

---

① [朝鲜]金钟厚:《孟子》,《本庵集》卷十一,《韩国文集丛刊》第二百三十七册,民族文化推进会1999年版,第576页。
② [朝鲜]金榦:《孟子》,《厚斋集》卷二十八,《韩国文集丛刊》第一百五十五册,民族文化推进会1995年版,第524页。

问：三月者在四时之序为一变之节。故古人言时之久者，多以三月
为言。则此三月无君之三月，似亦此意。而饶氏以为"四时之祭，失位三
月，废一祭故吊"。此说似涉太巧。如何？曰：饶说虽未知其必然，然而
此章大旨既在于"不祭"二字，则饶见似甚精当。恐不可轻为非斥。①

又关于"邪说暴行"，双峰提出，"暴行"所指通乎上下，它内在包含邪
说，邪说是暴行的前提。

双峰饶氏曰"暴行通上下而言，必有邪说糊涂了个理义，然后暴行
始作"。小注蔡氏清曰：诚哉是言……自古及今，大抵皆有暴行必有邪
说以文之。②

此说得到明儒蔡清等认可，并举唐高宗废皇后、王安石变法等史实为
例，表明暴行与邪说的内外一体关系。此反映出朝鲜学者借助明清学者
（如蔡清）来理解双峰的一个特点。

（四）双峰偏离《四书章句集注》之新说所受质疑

如《离娄上》"自暴者不可与有言"章，双峰等认为只是指自弃之人。

饶氏及新安陈氏，皆以此章为只指自弃者言之。而朱子谓"安宅
正路，人皆有之，而自暴自弃以至此，是可哀也"。又却包那自暴说，二
氏说与此不同。③
饶氏以不居不由只说自弃，恐未必然。
安宅、正路以下，承居仁由义而立言。故饶氏以为只指自弃者
是也。④

金楺据《四书章句集注》"旷安宅而弗居，舍正路而不由"兼指自暴自弃
者说，认为本章不仅指双峰等认为的自弃者，还包含自暴者。也有学者辩护

① ［朝鲜］杨应秀：《孟子讲说》，《白水集》卷二十三，《韩国文集丛刊（续）》第七十七册，韩国
　古典翻译院 2009 年版，第 506 页。
② ［朝鲜］金榦：《孟子》，《厚斋集》卷二十八，《韩国文集丛刊》第一百五十五册，民族文化推
　进会 1995 年版，第 511 页。
③ ［朝鲜］金楺：《孟子剳疑》，《俭斋集》卷二十八，《韩国文集丛刊（续）》第五十册，民族文化
　推进会 2007 年版，第 568 页。
④ ［朝鲜］朴世采：《答李汝九问》，《南溪集外集》卷六，《韩国文集丛刊》第一百四十一册，民
　族文化推进会 1995 年版，第 356 页。

双峰说,朴世采认为双峰根据经文"旷安宅"句与前文"吾身不能居仁由义"之相应,故以居仁由义为自弃,双峰据此而定自弃说不无道理。

关于"不孝有三"之说,赵岐认为于礼有之,其说被收入《四书章句集注》,韩儒认为此当是古代礼书之语,但双峰认为此乃臆测之言。

> 赵氏既曰"于礼有之",则此必古礼书中语,而饶氏以为意度者,非是。当以辅氏说为得。①

双峰此说公然违背《四书章句集注》,故遭到朝鲜学者批评。金楺认为当遵循辅广说,辅广认为此乃见于古书记载而赵氏目睹者。②

此外,双峰提出天子崩,畿内百姓当服一年斩衰的丧服制度是周制。遭到韩儒批评。

> 今以《仪礼丧服》考之,百姓齐衰三月。饶氏之误无疑。且岂有斩衰而止于期年之服乎?③

柳致明提出,双峰说不合《仪礼丧服》所记"齐衰三月"说,且斩衰当三年而非一年。朱子认为,民为天子服齐衰三月,双峰则提出期年与三年说。学者不知双峰所据为何。

又双峰分析"世臣、大家"为二,分别指多代之臣与一时之臣,反对者认为此说不合《四书章句集注》之意。《四书章句集注》中世臣、大家皆指世世代代大家之臣。

> 按:世臣大家,似指世世大家之臣而言也。今饶氏分作两项,以世臣为非一代之臣,以大家为一时贵宦之家,恐失《集注》本旨。④

《告子上》"天爵"章,双峰提出"仁义人人有之,忠信乐善人所当勉"。

---

① ［朝鲜］金楺:《孟子箚疑》,《俭斋集》卷二十八,《韩国文集丛刊(续)》第五十册,民族文化推进会 2007 年版,第 569 页。
② 辅广说,"此必见于古传记,赵氏时其书尚存,故引之。今则不复存矣"。参见(明)胡广等纂修,周群、王玉琴校注:《四书大全校注》,武汉大学出版社 2009 年版,第 915 页。
③ ［朝鲜］柳致明:《读书琐语》,《定斋集》卷十八,《韩国文集丛刊》第二百九十七册,民族文化推进会 2002 年版,第 392—393 页。
④ ［朝鲜］金榦:《孟子》,《厚斋集》卷二十八,《韩国文集丛刊》第一百五十五册,民族文化推进会 1995 年版,第 522 页。

此说遭到学者批评。

> 载瓒对:既言仁义,又言忠信。忠信即仁义之养于心,见于事者,无
> 一毫不实也。此是朱子之本旨,而南轩之发挥者。饶说恐失照勘。①
> 饶氏所谓"人所当勉"者,与《集注》"自然之贵"不同。更详之。②

　　金载瓒强调仁义忠信皆是天爵,忠信是仁义在内心与事情上之落实体现,证明仁义之实存,故二者本来为一。他批评双峰割裂仁义与忠信二者不对,过于剖析。宋时烈认为此说不同于《四书章句集注》以自然之贵论忠信乐善。

　　综上,双峰对《孟子》性、心、义、气等相关概念加以细致辨析,论及本然之性与气质之性,义理之心与知觉之心,道义与气之体用,道义、气、体之关系等论题。所论既建立在对《孟子》文本理解的基础上,更重要的是基于对朱注的再阐发,提出不少与朱子不同的看法,引起了朝鲜学者的关注、争议。尽管双峰为朱子再传,但却勇于自出己见而不囿于朱子,体现了细腻的解析能力、独立的思辨精神和说理明晰、分析透彻、善于比较、精于辨析的学术特点,引起朝鲜学者的热议,展现了双峰的学术风格和魅力。就双峰《孟子》解而言,至少在三个层面给予朝鲜朱子学以影响:一是勇于立说的独立反思精神,成为朝鲜学者突破朱子、退溪、栗谷等权威之说的思想支撑,有助于培育朝鲜朱子学自由独立的学术精神。对双峰不同于朱子之说,朝鲜学者并非一味反对,而是褒贬兼具,在一定意义上体现了对双峰创新说的包容与认可。二是细致入微的穷理解析方法,双峰对朱子的突破往往从具体文本的细微字义辨析入手,这使得通过双峰来把握朱子的学者,皆必须具备同等精细敏锐的思辨素养,方能真正理解双峰之说,从而来把握经典诠释的可能性与丰富性,双峰展示出的穷理入微的研究风格,极为契合朱子注重分殊、看文字仔细的学术方法,有助于朝鲜学者形成"字字不放过"的辨析精微的研究气质。如关于"馁"的所指之辨即充分体现了朝鲜朱子学在双峰影响下细入牛毛的辨析工夫。三是双峰提出了诸多新颖之解,给朝鲜儒者展示了如何理解孟子,诠释朱子,突破反思朱子,具体体现了在理解经文、朱注过程中形成自己独立的思想见解之过程。即双峰的思想深度为朝鲜朱子学理解

①　[朝鲜]李祘:《孟子(二)》,《弘斋全书》卷七十七,《韩国文集丛刊》第二百六十四册,民族文化推进会 2001 年版,第 141 页。
②　[朝鲜]宋时烈:《答洪虞卿》,《宋子大全》卷一百零二,《韩国文集丛刊》第一百一十一册,民族文化推进会 1993 年版,第 421 页。

朱子提供了很好的参考。总之,双峰之学,从思想与方法上为朝鲜朱子学者提供了一个理解朱子思想的重要借鉴,激发了朝鲜朱子学以更深入细腻的触角来把握朱子学,为朝鲜朱子学的发展作出了贡献。

第四节　朝鲜儒学视域下的双峰《中庸》解

饶双峰对"四书"的诠释,尤以《中庸》诠释最为卓绝,立论不同于朱子者亦最多,最能显出其思想特色。本节拟就朝鲜学者对饶双峰《中庸》诠释之辨加以论述,展现朱子后学对朝鲜朱子学的影响,呈现中朝朱子学对理学命题及儒家经典诠释的异同,以为中朝朱子学的比较研究作一参考。同时希望借此证明,饶双峰作为一名被湮没的杰出的朱子再传,实有着新颖深刻的思想和广泛长久的历史影响,值得引起重视。本节拟以朝鲜学者就饶双峰《中庸》解之辨析为中心展开,主要涉及《中庸》章节之分、《中庸》首章之解、中庸之道、费隐节、诚与诚之节五个方面。本节围绕双峰对《中庸》具体文本、概念的阐发进行,不追求对某个哲学概念或命题的详尽论述。

一、朱、饶《中庸》四、六分节之辨

朱子对《中庸》作出了四(或五)大节三十三章的节次之分,使得《中庸》成为一部枝叶相对、血脉贯通的著作。饶双峰在此基础上,对《中庸》章节略加调整,划分为六大节三十四章。双峰这一划分在《四书通》《四书管窥》等著作中有清晰表述。然而《四书大全》却未标明此六节之分是双峰说,反而混入朱子之说,以至于明清以来学者多有误会其说为朱子说者。《四书大全·中庸大全》在《中庸章句序》与《中庸章句》正文间插入《读中庸法》,全部选用朱子关于《中庸》的论说,直接把饶双峰关于《中庸》当分作六节的说法作为朱子说纳入其中。其说如下:

> 《中庸》当作六大节看,首章是一节,说中和。自"君子中庸"以下十章是一节,说中庸。"君子之道费而隐"以下八章是一节,说费隐。"哀公问政"以下七章是一节,说诚。"大哉圣人之道"以下六章是一节,说大德小德。末章是一节,复申首章之意。[1]

---

[1]　(明)胡广等纂修:《四书大全》,山东友谊书社1989年版,第322页。

　　这一错误或粗心之举,导致诸多中朝学者误认《中庸》六大节之分为朱子说。宋时烈等即持此看法:"朱子曰:《中庸》当作六大节看……《章句》小注饶氏说,只是依朱子所定耳。"①学者多认为小注所标双峰六节之分,与《读中庸法》所载朱子(实是双峰)六节之分相同,故认为双峰六节分法乃是依据朱子说,其实只是双峰一人之说。也有学者指出此分散在文中的饶氏分节之注语与《读中庸法》二者其实意思无别,不过有详略之分而已。他们又指出文中注语后三节与前三节有所不同,其中"新安倪氏曰",乃是采用转述形式,此是《四书大全》编撰者的问题。倪士毅《四书辑释》并无"新安倪氏曰"五字,此后三节文字不过较《读中庸法》省略数字而已。

　　既然双峰六节之分据《读中庸法》"朱子"六分而定,就使得六节之分获得极高地位,即便在遭到质疑与朱子四分之说不同时,仍能获得有力辩护,认为与朱子之分节异而意通,并无可疑。"盖朱夫子四节之分,饶氏子六节之辨,虽有异同而意脉皆通。"②也有学者被六节之分究竟应归于朱子还是双峰弄糊涂,质疑六节之分是否为饶氏主张,是否合乎朱子之意。既然《读中庸法》已明确朱子主张六节之分,那么为何在注文中却出现的是饶氏?为何不与《读中庸法》保持一致而归于朱子? 为了解决《中庸章句》四分与双峰(或"朱子")六分之不同,金羲淳提出大节与细分、初说与定论之别。"《中庸》一书,大分为四大节,细分为六大节,而先儒论饶氏之分为六节虽本于朱子,此乃初年之论,当以《章句》为定。"③他认为双峰六大节虽说来自朱子,但其实是朱子初年之论,当以《中庸章句》四大节为定本,体现了主张《中庸章句》四分的立场。奇怪的是,朝鲜儒者居然没注意在朱子所有文字中,根本找不到所谓"六大节"说,而完全相信《四书大全》的《读中庸法》,可见对《四书大全》之信任,而《四书大全》在国内则屡遭批评。朝鲜儒者亦未能注意《四书通》《四书辑释》《四书管窥》等反复论及六节乃双峰独创之说,实不同于朱子之情况。这一四、六节之别引起正祖与臣下的反复讨论,并涉及五分说。

　　　　臣对曰:《读法》是朱子之言,《章句》亦朱子之文也……饶氏又分

---

①　[朝鲜]宋时烈:《答李同甫》,《宋子大全》卷九十五,《韩国文集丛刊》第一百一十一册,民族文化推进会 1993 年版,第 274 页。

②　[朝鲜]金万英:《中庸分节辨义》,《南圃集》卷十一,《韩国文集丛刊(续)》第三十六册,民族文化推进会 2007 年版,第 408 页。

③　[朝鲜]金羲淳:《中庸书》,《山木轩集》卷十七,《韩国文集丛刊(续)》第一百零四册,韩国古典翻译院 2010 年版,第 398 页。

排《读法》之六大节于一篇之内。今比而观之,则特有详略而大意则皆同,无互相牴牾之弊。①

尹愭主张《读中庸法》和《中庸章句》之分皆是朱子说,四、六之分不过详略不同而大意皆同,可并行不悖。五节之分亦颇为可取,它只是把首章独立为一节,体现了朱子《中庸》始末各言一理的深切用意。锡夏则提出《读中庸法》六分是朱子据各章大义之综合论,《中庸章句》是据夫子对子思训说而定。批评饶、王之论有所偏颇,认为五节之分是对四、六分的强加编排。魏伯珪则体现护朱立场,推崇《中庸章句》四分,批评双峰六分。他指出《中庸章句》四分不容置疑,双峰之六分实属多余,指责此等挑战《中庸章句》的做法是心术不正之僭越,是不学无文之表现,显示了极强的护教色彩,但批评者似未论及《读中庸法》误双峰六节说来自朱子之问题。

在分章上,双峰与朱子也有所不同。双峰把《中庸章句》第二十章"哀公问政"章划分为两章,自章首至"不可不知天"为孔子之言,截断为一章;以下至章末为一章,为子思推衍孔子之说。双峰言:"'天下达道五'以下,是子思推衍告学者之辞,不若分作两章之为是也。"②《四书大全》虽未明确引用双峰分为两章说,但于"不可不知天"注下所引双峰说已蕴含此意。然因未明确之故,使得朝鲜儒者并未注意此差异,而完全被双峰分节说所吸引。双峰把第二十章归属于第四节"论诚",不同于《中庸章句》将之归于第三节"费隐"。崔象龙认为双峰以第十二章为论费隐之大小,统摄以下七章,即第十二至十九章作为一节,不妥。"饶氏纲领之分恐未安。"③他认为第二十章兼具费隐及天道人道二层主旨,不可仅据其论天道人道而属于下节(即"论诚"),而当属于上节("费隐")。

双峰的《中庸》章节之分,在继承朱子、勉斋的基础上,提出了新的看法,产生了深远影响。朝鲜儒者误双峰说为朱子解,《四书大全》未能交代清楚固然是重要原因,但双峰六分说的合理性恐怕更是主因。双峰六分说因得元代新安理学的推崇,而被编入《四书大全》,是有其理据和根源的。

---

① ［朝鲜］尹愭:《御制中庸讲义条问》,《无名子集文稿》卷七,《韩国文集丛刊》第二百五十六册,民族文化推进会 2000 年版,第 292 页。

② (元)史伯璿:《四书管窥》,《景印文渊阁四库全书》第二百零四册,台湾商务印书馆 1986 年版,第 905 页。

③ ［朝鲜］崔象龙:《四书辨疑·中庸(上)》,《凤村集》卷十七,《韩国文集丛刊(续)》第一百一十八册,韩国古典翻译院 2011 年版,第 476 页。

二、朱、饶首章之解异同评议

朱子对《中庸》首章极为重视,视之为一篇之要,双峰对首章作出诸多不同于朱子之新解,涉及修道、戒慎、睹闻、隐显、中和等概念及章旨,引发了朝鲜学者的不同观点。

(一) 修道之"修"

此"修"字,朱子解为"品节",双峰释为"裁制"。学者普遍认为二说意义并无大别,指出品节与裁制分别就其终、始言,前者可包括后者,故裁制说实无必要。李宗洙对双峰说不满,"而饶氏以'裁制之'为训,恐未察于《章句》本旨"[①]。批评双峰未能明白《中庸章句》之意,认为本来"品节之"已含了裁制之意,双峰却把"品节"放于"裁制"之下,似乎品节乃裁制所成,不妥。

(二) 戒慎与慎独

双峰把戒惧与慎独的关系理解为工夫详略之别,认为简约之,皆可归于"慎"。此说引起争议,反对者根据朱注,强调戒慎与慎之别,宋时烈则根据朱注,坚持二者不过是详略、偏全之分。李同甫认为虽然"慎"字相同,但戒慎是提撕警醒工夫,以此来保持心之明觉。慎独则是在此基础上进一步用功,以遏制人欲之萌发,二者不仅是工夫详略之分,更是层次力度之别。双峰又提出《大学》《中庸》工夫之分,认为《中庸》论戒惧、《大学》未论戒惧。栗谷与退溪对此持相反看法。

> 问:"饶氏曰:'《大学》不言戒惧。'栗谷问于退溪曰'无戒惧之功,何以明明德'云云。而今日省察戒惧者,何也?"……然退溪答栗谷曰:"《大学》固不言戒惧……今来谕直以正心章当戒惧,非也。"[②]

栗谷认为《大学》其实论戒惧,若无戒惧工夫,则无法做到明明德,并提出"正心"章即是隐约包含戒惧工夫。退溪肯定双峰《大学》未言戒惧,指出朱子"正心"章解只是提出察、存、敬等工夫,戒惧工夫则隐然于不言之中。

双峰进一步提出,正因《大学》不讲戒惧工夫,故要求初学者从作为心之已发的慎独,即动上用功,此说颇新颖,引起正祖与臣下讨论。正祖认为,

① [朝鲜]许愈:《答许圣刚问目》,《后山集》卷九,《韩国文集丛刊》第三百二十七册,民族文化推进会 2004 年版,第 219 页。
② [朝鲜]李衡祥:《答李仲舒》,《瓶窝集》卷六,《韩国文集丛刊》第一百六十四册,民族文化推进会 1996 年版,第 296—297 页。

双峰"动处始用功"说似合于朱子古人小学涵养,大学格物之工夫次第,使儒者以"因其所发而遂明之"作为工夫入手处。但如此一来,偏离了主静为本的工夫,变成已发而察识,察识而后存养的工夫次第,导致未发前涵养工夫无以落实,不合戒惧通乎动静说。李元培批评双峰此说误解朱子意:"臣元培谨按:饶双峰与东儒之'自动处始用功'之说,恐皆为《大学章句》中'因其发而遂明之'一句误了。"①他指出朱子"因其所发而遂明之"讲的是良心呈现问题,当把握良心之呈现来进一步发明良心,它与未发涵养、已发省察工夫并不相关。

（三）　不睹不闻之"事物既往,思虑未萌"

双峰对不睹不闻提出新论,以之为处于事物既往与思虑未来之间。宋时烈对此加以批评:"然此总是未发之时,而分属前后,似涉碎屑。"②他认为不睹不闻是未发之时,不必是处于"既往"与"未萌"之间的状态,以此作为未发已发之间,过于琐碎,其实就是未发。又批评以不睹不闻作为人之不睹不闻不妥,当是己所不睹不闻。人所不睹闻则是已发,只有己所不睹闻才是未发。金邦杰对双峰说采取辩证态度,既否定"事物既往"之说,又肯定"思虑未萌"说。他认为不睹不闻即是未发之时,此时当以戒惧提撕工夫。故有"思虑未萌"说即可,无须再推出"事物既往"一节,此与未发无关。他又分析双峰说可能是以"道不可须臾离"为事物既往,而喜怒哀乐未发为思虑未萌,故有此论。但"道不可须臾离"已包含了所睹闻与不睹闻两节之意,且双峰也认为自睹闻以至于不睹闻皆当保持戒惧。他无法理解双峰为何提出"事物既往"说,认为此解过于支离剖析。

双峰又提出不睹不闻是指"目无所睹,耳无所闻,暂焉之顷,亦不敢忘"③。李秉远认为双峰说有误,坚持未发之说:"只以此心未发为不睹闻时节,又所以救饶、胡之失,而于朱子说更深一节矣。"④他指出子思不睹不闻之说意在强调因道不可须臾离,故相应戒惧工夫亦不可离,不睹不闻只是描述语,要领不在此。吕子约提出无见无闻之说,引发朱子"须有见闻"之论,以救子约之误,然此已非《中庸》主旨所在。但朱、吕之论却引发了双峰思

①　[朝鲜]李元培:《经义条对中庸》,《龟岩集》卷四,《韩国文集丛刊(续)》第一百零一册,韩国古典翻译院 2010 年版,第 64 页。

②　[朝鲜]宋时烈:《答李同甫》,《宋子大全》卷九十四,《韩国文集丛刊》第一百一十一册,民族文化推进会 1993 年版,第 262 页。

③　(明)胡广等纂修:《四书大全》,山东友谊书社 1989 年版,第 338 页。

④　[朝鲜]李秉远:《答柳子强别纸》,《所庵集》卷四,《韩国文集丛刊(续)》第一百一十五册,韩国古典翻译院 2011 年版,第 82 页。

考,正是有见于《中庸》"不睹不闻"与朱子"须有见闻"难以沟通,双峰提出"须臾暂焉之顷"说,指既往与未萌之间。李秉远反对此说,主张不睹不闻与事物无关,只是指心之未发。

(四)"莫见乎隐莫显乎微"的"见与显,皆是此道"

针对经文"莫见乎隐莫显乎微",双峰提出"见与显,皆是此道"说。①朝鲜儒者对此形成批评与赞同两种观点,批评说似居主流,退溪、栗谷皆表达了批评意见。

> 栗谷曰:"幽暗之中,细微之事。有邪有正,乌可谓之皆是道也。"退溪曰:"饶说果为未安。子思、朱子之本意,谓道无不在而隐微之见显不可掩也,非谓见显是道也。"②

栗谷认为隐微之事正邪兼具,不可谓皆是道。退溪亦认为双峰说不合朱子、子思本意,经注本意乃是指道无不在,故无论是否处于见显之中,皆不可掩之,并非说见显即是道。朱子所言见显是道之至为精密处,乃言道之独所见闻而终于不可掩,强调道存于几微之际,故不同于双峰说。学者还据朱子遏人欲之工夫主旨批评双峰说失误极大。柳致明认为工夫要害是在莫见莫隐中遏制私欲,以避免其滋长流行,故不可说见显皆是道。柳栻则认为见与显皆含善恶之意,不能说见显皆是道。金钟正则从是否全面周遍的角度否定双峰说:"语殊未莹……即其无间于隐微见显者,是道也。"③他认为隐微见显并非道,无间于隐微见显者,才是道,道是普遍存在者。如仅以见显为道之所独在,则遗落了隐、微、独等状态中道之存在。然双峰似并无否定道存其他状况之意。李宗洙、郭钟锡则赞同双峰说,李氏认为"几"是善恶之兆,此时心体呈露,人欲未生,是非善恶昭昭呈现,皆是道之显,故皆可谓为道。郭氏主张在隐微之地察见是非分明,方是道之见显,并非以恶之见显为道,以此反驳以见显兼善恶对双峰的批评。

(五)"四者皆中节方谓之和"

双峰认为只有喜怒哀乐四者"皆中节"才能是和,好比四时,如有一时不得其宜即非和。此说引发围绕"皆"的争议。崔象龙等批评双峰执着

---

① (明)胡广等纂修:《四书大全》,山东友谊书社 1989 年版,第 340 页。

② [朝鲜]金楺:《中庸箚疑》,《俭斋集》卷二十七,《韩国文集丛刊(续)》第五十册,民族文化推进会 2007 年版,第 543 页。

③ [朝鲜]金钟正:《中庸记疑》,《云溪漫稿》卷十四,《韩国文集丛刊(续)》第八十六册,韩国古典翻译院 2009 年版,第 281 页。

"皆"字而所论不通。

> 饶氏泥看"皆"字之意,而其说有不通。"皆"者,言四者各得其中
> 节也,非谓四者俱得中节,然后合而谓之和也。①

他认为"皆"是"各得"而非"俱得"义,譬如喜怒哀乐之情各得其和即
是中和,如若是"皆中节"才是和,那么夫子之悲痛,文王之喜悦,皆不可谓
之和。此"皆"并非表示范围之广而是指向程度之深。如四者皆中节是和
之极致,是万物育之境界,乃圣人之事,而非贤者所及。经文之"皆"是程度
义,指"和之极"义,故一事之中节即为和。

针对"皆"是指四者之全还是一节之至的范围与程度之分,学者看法不
一。质疑者认为双峰以"皆"来指示"和"之全面性固可,但无法覆盖更常见
的一事一节之中和,事实上存在全体中和与一节之和,不可以前者否定后
者。李宗洙主张经文"皆"是"无往不中"之义,不涉及不中节之情,故双峰
说多余,违背朱子本意,盖朱子只是说发皆中节情之正,而未涉及不正。且
达道即循性,内在包含了和。李震相把"皆"的普遍之全与个别之极致义结
合起来,指出双峰的不足:"若四者之无不中节,乃下文致和之实……饶氏
之说,恐欠段落。"②他认为中和强调程度,故有一时、一事之中和,所谓"皆
中和"指程度"十分"之中和。而四者皆中的范围之义,则在致和节,此亦不
过是就一时一事之和推极而论。饶氏说欠缺层次,说得脱节。郭钟锡同样
认为"皆中节"是指无时而不中节,是就程度言,批评双峰认为"四者皆中
节"是就范围言,如兼顾范围与程度,则只有圣人才能做到。和作为天下公
共之达道,当是人所皆能行者,表现为一事一时之和。"皆"是就质上,中节
之程度、性质论,而非范围、数量论,双峰把"和"错当作"致和",是范畴
误用。

宋时烈则赞赏双峰"皆"字大有深意,认为包含了四端七情,正如时序
好坏,四时风调雨顺方是和。朴胤源从朱注入手维护双峰说。他认为朱子
反复论及"发皆中节""皆得其当",强调"四情皆中节",故双峰三时得宜与
一时失宜不得和说,确有道理。他批评把"皆"解释为一情中节的程度义是
篡改文意之举。"皆"对应中节,不是对应"谓"。和有小大、全体一端之别,

---

① ［朝鲜］崔象龙:《四书辨疑·中庸(上)》,《凤村集》卷十七,《韩国文集丛刊(续)》第一百
一十八册,韩国古典翻译院 2011 年版,第 469 页。

② ［朝鲜］李震相:《上柳定斋先生》,《寒洲集》卷五,《韩国文集丛刊》第三百一十七册,民族
文化推进会 2003 年版,第 117 页。

正如四时之和与太和之和,人性之偏全等。和也有专称和泛称之别,如本章所指则是专称,是全体之和。以证饶说可取。

（六）涵养与存养的朱、饶异同

双峰提出首章乃全篇纲领,当单独为一节之论,首章工夫在于"君子涵养性情之要",引发不同看法。

> 栗谷曰"饶氏以首章为涵养之要,恐欠省察字"。退溪曰:"不然,尝观诸儒说,若言存养以对省察,则分动静为两段事;若只言涵养,则兼动静说处多矣。此说恐未欠也。"①

栗谷批评双峰涵养工夫缺少省察之意,但退溪则主张如存养与省察对用,则二者分指静存动察的动静工夫;若涵养单用,则兼动静之意,故无欠缺。宋时烈亦认为涵养兼性情之义,省察即在其中。

三、辩双峰中庸之道解

《中庸》第二至十一章被划分为第二大节,朱子认为本节旨在阐明首章之意。双峰本节关于中庸与中和之分、中庸之道等的见解引发了议论。

（一）中庸与中和之分

中庸与中和之关系,是中庸学的一个重要问题。朱注引游定夫说,以性情之德为中和,德行为中庸。双峰在此基础上提出两个"德"为一之说,引起批评。俞肃基认为此"德行"之德乃是后天行道有得于心者,并非天生固有之德,它并未包含中和。否则朱子无必要在游氏说后又提出"然中庸之中,实兼中和之义",由此判定双峰说未能明乎文意。双峰进一步提出"中和是中庸之根本",致中和与践中庸乃内外工夫之分,俞肃基批评之:"其说之支离破碎……总之饶氏之失,未见夫心与理相涵之妙。"②他指出双峰以中和为中庸根本尚合乎朱子的中和、中庸为体用关系说,而其"致中和与践中庸"之两分,则支离破碎,看似新奇可喜,实则割裂体用本末、内外一贯关系。双峰之论根本缺失在于未能把握心与理相互涵摄之妙,未能领会体之虚灵,管摄众理,用之微妙,具于吾心。对双峰致中和与践中庸的内外之说,栗谷与退溪看法截然相反。

---

① ［朝鲜］金榦:《中庸》,《厚斋集》卷三十一,《韩国文集丛刊》第一百五十五册,民族文化推进会1995年版,第580页。

② ［朝鲜］俞肃基:《中庸》,《兼山集》卷十七,《韩国文集丛刊（续）》第七十四册,韩国古典翻译院2009年版,第513页。

非若饶氏之说以致中和、践中庸,分内外功夫,如是之支离也……
饶氏之说终是未安。

来说与饶说无甚相远,而于饶独加苛斥,无乃饶不心服耶?①

栗谷同样批评双峰内外工夫说流于支离,认为性情与德行具有内在关联,致中和是性情包德行,朱子中庸之中兼中和说则是德行包性情。双峰分致中和与践中庸为内外不同于子思、朱子,他们以大本与达道为性情,而立大本、行达道则是德性。故如以立本、行道分别养内、养外工夫则可,但双峰不应把致中和当作养内工夫,如此则立本、行道皆是养内工夫,而无养外工夫。假如又要于立本达道之外,再去寻求中庸,则语义重叠而不合子思致中和之意。退溪则维护双峰说,认为他并没有把致中和、践中庸限定为内外工夫,而是说内外交相养,意在致中和与践中庸的相互交养。假如隔截内外,则不可能内外交相养。并反击栗谷的包德行、兼中和说亦存在内外相养之义,而与饶说实不相远。

韩元震力挺栗谷说,反驳退溪为双峰的辩护。韩氏曰:"按:饶说之非,栗谷之辨至矣,无可更论。"②他认为栗谷对双峰的批评实为定论,指出退溪"互相资益"说站不住脚,陷入两边,截断两事。退溪以栗谷说为不远于饶说,未能区别二者之异。栗谷包、兼说突出了性情德行的一体,而非如双峰以二者为相对待之二物。性情是德行之本,德行是性情之正,双峰内外相养说却以性情、德行二者为对待关系,背离了子思位育天地万物之意,支离穿凿而不合理。退溪力挺其说无据。金长生、金榦等也对栗谷、退溪说有所表态,各主一方。前者同于栗谷,后者则主退溪。金长生认为双峰致中和、践中庸的内外之说背离朱子与游氏,以中和为中庸之本不妥。金榦则认为双峰说乃据游氏之说而发,并无背离,从方法论上反击批评者不可以为分内外说犯有"喜合恶离"之病,双峰中和与中庸关系之论本来自朱子,无可厚非。双方皆据宋儒说分析双峰解,但得出的结论却相反,可见经典诠释与各自哲学见解有着内在关系。其余批评者多站在栗谷立场批评双峰,并寻求双峰致误的理由。尹衡老指出双峰以中庸为实理而非德行,是导致把中和、中庸当作内外的原因。双峰以中和为中庸之根本说尚可归之朱子提出的体用论,但其内外之说无可逃避指责。退溪一系则赞同双峰说。李万运认为中

---

① [朝鲜]李珥:《上退溪先生问目》,《栗谷全书》卷九,《韩国文集丛刊》第四十四册,民族文化推进会 1989 年版,第 182 页。

② [朝鲜]韩元震:《退溪集箚疑》,《南塘集拾遗》卷四,《韩国文集丛刊》第二百零二册,民族文化推进会 1998 年版,第 388 页。

和、中庸相对而言,故具性情、德行之别。如只以中和言,则中之不偏不倚,和之中节,即是德行。双峰见诸行事即时中说,与《四书或问》发而时中说为一。故双峰分析之言与倪士毅以主敬融贯致中和、践中庸之论,各有所当,并无不妥。郭钟锡则认为双峰之论过于剖析,不如倪氏工夫贯通之论融贯。

正祖也与大臣讨论双峰此说。正祖先提出对双峰的两处批评:一则求中庸于中和之外,二则中和、中庸分内外是头上安头,不成事理,故《四书辑释》不收(按:其实《四书辑释》收之)。进而认为退溪以双峰为内外交养助益之说并无不妥。奇学敬认为,中和与中庸各有所主,中庸并非在中和外。中庸之中乃是中和之合,二者非对立。双峰以中和为中庸根本,以德、行对说,把中庸之中对时中之中而兼中和,尤其是分致中和、践中庸为内外说,使得二者对立为二,支离破碎。李元培分析双峰之说是欲推中庸的源头,其中和、中庸的内外本末说本于朱子的中和与中庸体用论,但如此剖析的后果是德行在外,作为定理的"和"失去了管摄作用,退溪之辩护并不合理。有的学者还据朱子各说来批评双峰中和与中庸的对说。敬明根据朱子看法,主张中庸之中与中和之中相合而非在彼此之外,批评双峰内外相养之说,把中庸与中和当成两个存在。李显益提出双峰中和为中庸之根本来自《朱子语类》中和为中庸之体说,但《朱子语类》此说非朱子正论,意在表明中和与中庸的体用关系,而非以中和为中庸之本。戒惧慎独是性情,择善固执是行事,二者各有所指,并非内外交养关系。他批评双峰将中和、中庸看成两事。吴道一讥讽双峰把中和、中庸分作内外之养说"太巧",指出双峰的问题在分别"养"字。他提出天命之性即大本,率性即达道,修道即致中和,皆属达道之事,中和与中庸,德行与中和是一体而具总分关系。德行属于和的一边,和则是德行的全体。

(二) 中庸名义及工夫之讨论

双峰提出"中庸道之准的"说,退溪与栗谷、韩元震对此各持褒贬。李震相剖析了双峰之误:"饶氏以朱子之意,合游氏之说,差矣。"[1]他认为《中庸章句》所引游定夫性情中和、德行中庸之说,是从人的道德实践论中庸,并非从本体阐明中和。朱子"然"之一辞,表明中庸的中兼具中和之义,中庸兼具性情德行之义,但不可拘泥而流为一偏。

双峰以"气质之有偏"解释反中庸与鲜中庸,学者褒贬不一。批评者认

---

① [朝鲜]李震相:《答郭鸣远》,《寒洲集》卷二十,《韩国文集丛刊》第三百一十七册,民族文化推进会 2003 年版,第 458 页。

为双峰以小人反中庸归于气质有偏,无法解释天下无忌惮者,其因并不在气质。赞同者主张尧舜桀纣之分即在气质,无忌惮之反中庸者亦不离气质之偏。李显益认为不能说桀之恶也是气质之偏,否则即是歇后语,善、恶与过不及不可等同而混为一谈。

关于中庸之道的呈现。双峰认为"道之不行不明"不干人事,而是"道自流行,道自著明"。栗谷与退溪对此说评价相对。

> 栗谷曰:"饶说有病,道之行不行明不明,皆由于人也。"退溪曰:"饶说精当,不可非之。"愚谓饶说终可疑。[1]

栗谷主张当由人来决定道是否行是否明,退溪则认为固然是人来决定行道,但此处是指道的流行而非人去行道义。金正默、李显益等皆赞同栗谷的批评,认为退溪之说虽可取,但此却是针对贤愚不肖的过与不及言,不可以此过与不及来分别人道,同时也不满双峰的贤愚不肖过不及为"交互说"。

关于执两用中,双峰提出执言、用言说,遭到批评。申明仲认为双峰执言、用言解不合经文执两用中之意,经文之意乃是针对具体事情执两端而用其中,双峰说泛而不切,只是为了凑合"好察迩言"而不顾文脉。他批评双峰以宽弘、精密解执两用中,流于穿凿。"天下国家可均"章,双峰批评《中庸章句》未论及勇,只是论仁义。金汝四反驳双峰此说,认为《中庸章句》"无一毫人欲"即是论勇,下章论勇亦以"自胜其人欲之私",可见"无人欲专属于勇"而双峰不知。尹凤九赞同金氏说。针对"子路问强"章的"不报无道",双峰提出假如居于中道,则无道也当报,合乎以直报怨之义。洪象汉批评之,认为就中正之人而言,但任之而已,并非追求有遭必报方为中道。鱼有凤则认为,君子之于无道并非必报,也非不报,报与不报取决于义,南方之强则纯以不报为追求。郭钟锡对"无道"提出新解:一是据《中庸章句》横逆之来,则当不报;二是据以直报怨,则当报,此合乎双峰"当报只着报"说。主张不可以不报为道,否则将流于忘君父之仇而不顾,如宋高宗。但报要直报而不要阴报。关于"国无道至死不变",双峰以"遁世不见知而不悔"解至死不变,洪象汉肯定此说合乎《中庸章句》意,而不满陈栎以富贵不能淫等解此。关于和而不流四句关系,双峰认为四句层层深入,由易往难。栗谷、退溪皆认为如此划分过于牵强。金楺则维护双峰说,他根据《朱子语类》所

---

① ［朝鲜］金正默:《中庸》,《过斋遗稿》卷五,《韩国文集丛刊》第二百五十五册,民族文化推进会 2000 年版,第 297 页。

论难易说,认为从和而不流到至死不变,确存在由易到难的过程。双峰之
说,并非不当。

关于"君子依乎中庸",双峰提出新解,认为依乎中庸较易,遁世不悔为
难,此说引起争议。宋时烈指出双峰难易之分看似本于《中庸章句》,实则
错看《中庸章句》之意,导致低看"依乎中庸"之难。崔象龙批评双峰所解既
不合文理,也不合义理,只将"依乎中庸"视为君子所行,而未至不见不悔的
圣人境界,此不合文理。就义理言,不见不悔与依乎中庸一致,并无高低难
易之分。他认为依乎中庸已是圣人境界,已包含不知不悔,不知不悔不过是
守住依乎中庸而已。杨应秀坚持认为,不见知不悔同属于依乎中庸,此处君
子即圣人,并无等级之别,"圣者能之"对应上文"吾弗为""吾弗能"的
"吾"。可证双峰君子、圣人分等说无据。但金履安通过进一步剖析"惟圣
者能之"五字,提出依乎中庸与圣者能之当分开看,同时对双峰及其批评者
加以反驳。他说:"依乎中庸,遁世不见知而弗悔,合此两句方是圣人事。
饶氏主下句,左右主上句,皆不免偏了。"①他强调圣人之事包括了依乎中
庸、不见不悔两方面,此与上列认为二者是一事说有所不同。双峰的错误在
于只看到了下句不知不悔,而俞擎汝的错误是只看到了上句"依乎中庸",
故各有所偏。玄尚璧批评双峰将第十章"国无道至死不变"等同于本章"不
见不悔",认为至死不变与不见不悔虽然看似一个意思,其实不然。"不变"
与"不悔"是有差等的,至死不变是勇者境界,不见不悔乃"不赖勇而裕如"
的圣人境界,双峰将圣、勇等同之,犯了不加区别的错误,丧失朱子宗旨。

以上所论,为《中庸》第二节内容,围绕中庸之道展开。双峰之新解及
朝鲜儒者之辨析,显示了细腻的分析力和宗朱的思想。

四、辩双峰费隐节解

朱子把《中庸》第十二至二十章划为费而隐一节。双峰除把第二十章
一分为二与朱子不同外,其余大体一致。本节围绕道之费隐展开,主要讨论
了以下问题。

(一) 道之费隐

双峰提出与首章中和的由体推用不同,本章费隐是由用推体,此说得到
学者认可。如李羲发认为本章宗旨是"专主用处而包体",故双峰由用推体
说合乎朱子之意。费隐是就理而论,表明二者体用显微内外关系,并不存在

---

① ［朝鲜］金履安:《答俞擎汝》,《三山斋集》卷五,《韩国文集丛刊》第二百三十八册,民族文
化推进会 1999 年版,第 412 页。

一个孤立的未发之中作为隐微,赞赏双峰把握了由用推体的费隐义。

双峰对本章鸢飞鱼跃诗,提出"须以动物证之",引起很大争议。金楺言:"此说恐误……然则以植物言亦得,以动物言亦得。"①他引《朱子语类》之解,认为子思此说与禅宗绿竹黄花之譬喻相似,植物、动物皆可用以证之。赞方逢辰所言"天下万物皆如此"说,以反驳双峰只能以动物证之解不当。盖鸢飞鱼跃只是形容道的普遍存在,可谓无物不有。金榦质疑双峰说并对之加以修改完善。补充"私意"说,认为人有私意,而植物又不能运动,故当以动物证之,强调鸢鱼并无私意。

双峰善于阐发全篇各章呼应、比照关系。他提出首章"道不可须臾离"与本章"费而隐"语义不同,前者指无时不然,本章指无物不有,并提出敬内义外等说,遭到栗谷、退溪一致批评:"饶氏乃如此分配,大涉破碎。"②他们批评双峰之比配太过支离破碎,盖"不可须臾离"已包含无物不有之义,双峰"义以方外"说不合子思"道之费"之意。双峰又提出本章是先自语小而后语大,第二十六章"圣人之道"章则是先语大而后小。金长生认为此说可疑,但金楺认为此解颇有见地。

(二) 忠恕违道不远

双峰提出"道是天理,忠恕是人事"说,又遭到退溪、栗谷等一致批评。

退溪答栗谷曰:"饶氏……旧亦每疑之。今来谕非之,而引朱子'仁是道,忠恕是学者下工夫处'一语以为证,此意甚善。"③

栗谷引朱子"仁是道、忠恕是工夫"说驳斥双峰,得到退溪认可。金正默则分析双峰说不合文本之意处。盖道是天理存于心者,忠恕是工夫而非人事。若据双峰人是忠恕说,则无法讲通"以人治人"。崔象龙批评双峰有把人事视为天理之意,不合"忠恕违道不远"说。郭钟锡则维护双峰说,认为忠恕乃人所当行之事,即天理。双峰以"施诸己而不愿,亦勿施于人"为恕之事,有学者批评此不合朱注。贝赫谟认为《中庸章句》以勿愿勿施为忠恕之事而非恕之事,《朱子语类》已辨析忠恕之体用一体,忠因恕而行,故不

---

① ［朝鲜］金楺:《中庸箚疑》,《俭斋集》卷二十七,《韩国文集丛刊(续)》第五十册,民族文化推进会 2007 年版,第 548 页。

② ［朝鲜］金正默:《中庸》,《过斋遗稿》卷五,《韩国文集丛刊》第二百五十五册,民族文化推进会 2000 年版,第 301 页。

③ ［朝鲜］金正默:《中庸》,《过斋遗稿》卷五,《韩国文集丛刊》第二百五十五册,民族文化推进会 2000 年版,第 301 页。

能离忠而论恕。崔象龙也批评双峰:"忠恕之不可分言,已悉于上。而大抵忠底意必于恕上可见。"①他认为双峰上下节分别为忠、恕说,违背了朱子上下皆忠恕、忠恕不可分说的宗旨,割裂了忠因恕显之意。双峰又提出"君子之道四丘未能一"是夫子自责,"庸德之行"以下是勉励他人说。此等剖析被宋德相批评为"恐涉穿凿"②。他推测双峰以"丘未能一"作为夫子所不能者,故有自责之意,而"庸德庸言"则是夫子所能者,故以之勉人。但其实"丘未能一"不过是夫子谦虚之辞,并非不能,双峰之分不妥。

（三）素夷狄行乎夷狄

双峰以苏武、洪皓之事为"素夷狄而行"之例证,朴胤源、吴士执认为双峰此证优于北溪以夫子居九夷之说为证。第十五章双峰提出"兄弟既翕,故能乐尔妻孥"说,遭到质疑,金榦认为此说颠倒了妻子好合与兄弟和翕关系。但杨应秀认可双峰的处理贴切文意,说"愚意则饶氏于章内分属之意似紧"③。

（四）鬼神

双峰认为"鬼神之为德"的"德"指鬼神,不同于侯氏把鬼神之德分作形而上下对立之两物,消除了鬼神与德的对立,得到朴胤源等的认可。双峰据朱子说,认为本章程子说不如横渠说精密,也得到金昌缉的认可。双峰又提出本章主旨是"以鬼神之费隐明道之费隐",遭到反对。批评者提出诸多理由:一则文意只是说鬼神无物不体而道自然呈现;二则由双峰说引发的气费隐、理费隐等说,乃强加分析,把一个鬼神分为两个,不合《中庸章句》思想;三则本章主旨是一层论,即论费隐,而非借费隐以明道费隐;四则批评双峰"推隐而达于费"说不同于朱子"兼费隐"说;五则引朱子"鬼神之费隐即君子之道之费隐,非有二也"说证明双峰之分一望即知其误;六则双峰说若作泛观则可,但本章主旨是直接以鬼神为理,以显示其隐微呈现之妙,故不可分裂之;七则不能把鬼神既看作形下,又当成费隐,如此则成了形而下的费隐这一不通之论;八则批评双峰费隐之鬼神与道之费隐两分本意在突出道器之别,实则破坏了理气浑然之妙,使得鬼神与诚判然两物而首尾不可通,造成理解本章最大障碍,违背了朱子当体即是之意;九则费隐不为天地所

---

① ［朝鲜］崔象龙:《四书辨疑・中庸(上)》,《凤村集》卷十七,《韩国文集丛刊(续)》第一百一十八册,韩国古典翻译院 2011 年版,第 478 页。

② ［朝鲜］宋德相:《经义问辨》,《果庵集》卷七,《韩国文集丛刊》第二百二十九册,民族文化推进会 1999 年版,第 123 页。

③ ［朝鲜］杨应秀:《中庸讲说》,《白水集》卷十九,《韩国文集丛刊(续)》第七十七册,韩国古典翻译院 2009 年版,第 436 页。

限,双峰所自造的鬼神费隐将无处安放,批评者提出把"费隐"改为"微显",此中差别在于费隐具有确定的理之意义,而微显则语义灵活,兼通理气,不限定为气。维护双峰说者则提出支持的理由:一则主张双峰并非论鬼神之道,金邦杰指出,乃是即鬼神以明凡道皆如此,表明鬼神之费隐即道之费隐,并非语病;二则子思本意是以鬼神即道,并无形而上下之分。道之费乃是指形而上者作用活动于形而下之间。故双峰道与鬼神分别说,灵活看则可,并引朱子与勉斋对话,证明此是实理发于气,故可说形而下。

双峰提出"使天下之人"的"使"字最好。吴熙常对此表示赞同,并揭示"灵"即是一气感通之理,有此应感之理,才能乘载于气,流通不息而兴发于人:"灵只是一气感通之理,有此合当相感之理,故能乘气流通而使人如此。"①崔象龙剖析朱子以"自然"解"使"是就理言,而双峰"灵"是就气言而理作主。双峰认为"诚之不可掩"意在"明隐之所以不能不费者,正以其实理之不可掩"。学者批评此说。"诚者只是真实而无妄,故隐是实隐,费是实费……恐不可但谓之隐也。"②一则诚只是真实无妄,费隐皆实,如通贯于物则是兼费隐,下章舜其大孝则是说费多,故不能只是说隐。他引陈文蔚说主张所谓隐乃是诚贯穿于费之中而不可见。又引朱子说,以费隐乃彼此互为内在,不可脱离者。二则费隐是道之体用,诚是道之真实处,双峰把诚与费隐二者牵合说不妥。批评双峰本章与后章诚字"皆所谓隐也"不当,盖文中尚多有论费处。

(五)"达孝"与"继志述事"

朱子解"达"为"通",作副词;双峰解为"通乎上下",作动词。郭钟锡认为,武王、周公、舜皆是达孝,孟子所论达孝不过是就孝之普遍之理推扩而言,并无制为丧祭之礼而通乎上下之意,批评双峰说不合《中庸章句》而是自立己意。金榦也认为:"恐饶说虽自为一意而有违于朱子之说也。"③但朴世采则认为饶氏说虽不同于《中庸章句》,对"达"意之解浅显,但并不与《中庸章句》冲突,而可备一说。双峰把《中庸章句》"继志述事"说与经文加以分配,以"践其位"等为述事,"敬所尊"为继志。学者对双峰说持两种态度。李显益批评双峰说过于剖析,不合文意,尊、亲是事而非志,而所以尊、亲则

① [朝鲜]郭钟锡:《答林德炫》,《俛宇集》卷一百一十一,《韩国文集丛刊》第三百四十三册,民族文化推进会2005年版,第129页。

② [朝鲜]朴世采:《答金士直问》,《南溪集》卷四十五,《韩国文集丛刊》第一百三十九册,民族文化推进会1994年版,第410页。

③ [朝鲜]金榦:《中庸》,《厚斋集》卷三十二,《韩国文集丛刊》第一百五十五册,民族文化推进会1995年版,第598页。

是志而非事。双峰解不合《中庸章句》"继志述事",如定要剖析,则可分为继志(自践其位至爱其所亲)与述事(事死事亡两句)说。尹凤九则支持双峰说。认为其说与朱注并不矛盾,乃总说与细看关系,双峰之分并无问题,批评学者继志之分反而不如双峰说精确,盖事死、事亡两句乃是总言。

（六）"等杀"

双峰解"等杀"为人事,"礼"为天理。崔象龙批评此说导致先人事而后天理。据《中庸章句》解,等杀即天理,双峰等杀为人事说不妥,变成礼为体,仁义为用。双峰主张仁义之等杀生乎礼,金榦指出双峰之说颠倒了等杀与礼的关系,所犯错误与以等杀为人事、礼为天理说相同。"若曰'等杀生乎礼',则却是倒说。"①双峰提出财用分别是财货与器用,金榦引蔡清对双峰说之批评,认为财用一体,有财斯有用,凡可用皆财。双峰分别以入德之本、成德之效区别修身事亲、身诚亲顺说之异同,引发两种看法:俞肃基认为可备一说,金相进则主张修身与事亲不可执着先后,批评双峰此说失之穿凿。双峰对本章结构加以分析,认为"修道以仁"节是发明为政之本在仁,"不可以不知天"节是发明为政之端在知,是从仁、知两面论为政。"君子不可以不修身"是对前两节的总结。"知人""知天"的两"知"字阐发了前段未尽之意。朴胤源认为双峰此说虽与朱子不同,然实可自为一说。

本节围绕道之费隐展开,关涉体用、理事、形而上下诸论题。朝鲜学者之辨议,有助于对本节论题的认识。

五、辩双峰诚与诚之解

本节讨论《中庸》第二十一章以下内容,主旨为以诚为中心的天道与人道的天人关系。朝鲜儒者对双峰本节解的评议涉及以下论题。

（一）诚与物、道

双峰提出第二十一章章旨是由人道至于天道的天人合一,崔象龙批评双峰拘泥天人对说而错把人道之"诚"看作天道之诚。第二十五章双峰质疑《中庸章句》"诚者,物之所以自成"的"物",提出"'诚者自成',不必添入一'物'字"②。崔象龙批评双峰说之误在于以诚为己所自成,"饶氏之病,

---

① ［朝鲜］金榦:《中庸劄疑》,《俭斋集》卷二十七,《韩国文集丛刊(续)》第五十册,民族文化推进会 2007 年版,第 552 页。

② （明）胡广等纂修:《四书大全》,山东友谊书社 1989 年版,第 483 页。

专以理言"①,仅关注理而忽视了人事。双峰提出成己成物是"合内外而为一底道理",李象靖指出双峰此解不合朱子意。盖朱子以内外之道为真实之道,是无所不备之道,为吾性所固有,而非双峰所认为的"道理"。

（二）　诚与圣人

第二十六章双峰提出人于诚有至与不至,至于圣人则是诚之至,故说至诚,而天地只是诚,无所谓至与不至。学者对此表达了三种态度:

> 栗谷曰:"圣人天地,同是至诚。若曰无至与不至,则恐近释氏无圣无凡之说。"退溪曰:"饶说亦有理,非如释氏说归空无也……至诚字,朱子于天地亦言之。"②

一是栗谷、都梁之批评。栗谷认为,圣人与天地皆是至诚,故不可说无至与不至,否则将落入佛教无圣凡说,显示了栗谷对佛学之说的高度警惕。二是退溪、兼山的褒贬兼具。退溪既认为双峰说有其理,并非佛氏之空无论,但也举出朱子一贯注中已有天地至诚说。三是金昌缉赞赏双峰圣人至诚,天地为诚说,批评都梁说受吕留良至诚为天地实理说的错误影响,对双峰乃是不公之见。

（三）　诚与悠久

双峰提出"'悠久'是指外面的",不同于朱子"兼内外"说。退溪指出双峰所见不如朱子兼内外说更周遍。"然朱子兼内外之说,自是周遍。"③双峰又以悠久为成德,久为诚。李显益、金榦批评双峰说背离《中庸章句》,认为以悠久之久为诚不妥,久不是诚,而是诚的效用,诚则久。"然则'久'字是言诚之效也,似非指诚而言也。"④双峰以博厚、高明分别指仁、知,以此为论成德之事,故仁先乎知。退溪认同双峰成德说,批评以本段为入德次序说。"今以此段看作学者进德之次序,非是。"⑤金兴洛则批评双峰以知仁勇

---

① ［朝鲜］崔象龙:《中庸（下）》,《凤村集》卷十八,《韩国文集丛刊（续）》第一百一十八册,韩国古典翻译院 2011 年版,第 496 页。

② ［朝鲜］金榦:《中庸》,《厚斋集》卷三十三,《韩国文集丛刊》第一百五十五册,民族文化推进会 1995 年版,第 611 页。

③ ［朝鲜］李滉:《答李叔献问目》,《退溪集》卷十四,《韩国文集丛刊》第二十九册,民族文化推进会 1989 年版,第 379 页。

④ ［朝鲜］朴世采:《答金直卿问》,《南溪集》卷四十四,《韩国文集丛刊》第一百三十九册,民族文化推进会 1994 年版,第 388 页。

⑤ ［朝鲜］李滉:《答李宏仲别纸》,《退溪集续集》卷六,《韩国文集丛刊》第三十一册,民族文化推进会 1989 年版,第 174 页。

论博厚、高明、悠久不妥,认为此乃至诚无息之自然功用,不可因意义相近而比配之。

（四）诚与知仁勇及效用

双峰以诚之知仁勇来对应论诚各章,提出第二十二、第二十三章分别论诚者与诚之者之仁,第二十四、第二十七章论诚者、诚之者之知。崔象龙指出双峰诚之者之知说不稳,诚、仁、道无法归结为知。第二十七章是诚者之勇,并无诚之者之勇义。双峰以三达德比对各章说过于拘泥,各章关系只是论天人之道相间、诚与道相接。故"此等处恐不当拘泥看"①。第二十七章双峰提出"不合众小则无以成其大"说,此说得到正反评价。金榦认为此并无合小成大的积累之意,"优优大哉"等是赞美此道之大而并非积累成大,认为双峰解丧失本旨。但崔象龙则认为双峰与朱子说相互补充,并无不妥。关于至德,朱子以至德为"其人",双峰认为"得道于己",崔象龙批评双峰说有误,不合至德凝道说。若如双峰说,则当是至道在至德前。

（五）从周、小德、大德及天道性命

双峰指出第二十八章末引夫子"吾从周"是做个样子,此不同于《中庸章句》"承上章而言"说,徐澄修认为可备一说。双峰认为第三十一章是专说小德,而"聪明睿知又是小德之大德",此说得到李羲发认可,认为"有契于《章句》所谓'五者之德'"②。双峰第三十二章提出以仁配道、渊配性、天配命说,提出性命有动静之分,分属天地。被俞肃基批为"破碎支离"。退溪亦认为,"恐推得太深远,不亲切也"③。盖性命只是一物,并无动静之分,渊配性、天配命,并非说渊如地之静、如天之动,而是就本之静深、化之广大言。故双峰以渊天论性命来自天地动静,穿凿过甚,肫肫其仁为道说亦推说太远而不切文意。李显益则批评双峰以道之流行为命,以性静存主为体说,不合性道命之名义而使得名理错乱。关于浩浩其天,双峰提出"浩浩其天是说命",又以"理"解天,吴世鲁认为双峰以"理"解天不妥,此天乃天道之天、自然之天,而非与物欲相对之理。

（六）圣天为一之效验与工夫

第三十三章双峰提出"圣人与天为一"说,李晬光认为双峰此"为一"说

---

① ［朝鲜］崔象龙:《中庸（下）》,《凤村集》卷十八,《韩国文集丛刊（续）》第一百一十八册,韩国古典翻译院 2011 年版,第 497 页。

② ［朝鲜］李羲发:《中庸讲义条对（四）》,《云谷集》卷十六,《韩国文集丛刊（续）》第一百一十一册,韩国古典翻译院 2011 年版,第 322 页。

③ ［朝鲜］李滉:《答李宏仲》,《退溪集》卷三十五,《韩国文集丛刊》第三十册,民族文化推进会 1989 年版,第 300 页。

是把圣、天之二合而为一，仍有所未尽，既然是其天，则无须再说"为一"。双峰以"无声无臭"为未发之中、天命之性，批评者认为此句诗只是形容至德深远，而非未发之中。"致知工夫足以当之"，它突出了盛德工夫达到的境界，该贯动静本末寂感，而实无动静体用之分。双峰又提出"前节效验承前节工夫，后节效验承后节工夫者"说，一种意见认为此说未安，俞肃基则提出史伯璿赞赏此说得朱子之意，体现了经文立言先后之序，极认可之。

本节双峰围绕诚展开论述，涉及诚的本体、工夫、效验、天人关系等，朝鲜学者对双峰说的剖析，深化了对《中庸》诚论的理解。

综上，双峰对《中庸》的系列创新论述激发了朝鲜朱子学的思考，对朝鲜朱子学产生了积极的影响。朝鲜朱子学者对朱子思想的理解，是经由对双峰等在内的朱子后学之认识而展开的，对朱子后学的看法如何，深刻影响到朝鲜朱子学对儒家经典及朱子思想的把握。朱子后学之说构成朝鲜学者理解朱子学的必要桥梁。与一般的朱子后学不同，双峰尤以立异创新著称，时时提出不同于朱子之解，如关于中庸、中和、慎独、费隐、鬼神、诚等概念之认识，双峰皆有独到的看法，对笃信朱子的朝鲜学者而言，如何看待双峰与朱子说之异同，确实构成一个挑战。为此，朝鲜顶级朱子学者退溪与栗谷对双峰之说往往持不同看法，如何理解双峰之说，同样成为留心儒学的正祖与臣下再三讨论的课题。朝鲜朱子学对双峰说广泛而深入的辨议，充分显示了朱子后学对东亚朱子学具有重要意义。另一方面，朝鲜朱子学敏锐把捉了双峰的治学特点——善于概念分析，他们常以"破碎、穿凿"来批评双峰过于分析，甚至流于穿凿的缺失。分析精密确实是双峰学的一个显著特色，正是因为这种精细的分析工夫，双峰才能在经文与朱注的字里行间，捕捉其内在问题，加以新的发挥。双峰这一穷理精密的特点其实是对朱子治学精细精神的传承，同样影响了朝鲜朱子学，使得研究双峰思想的朝鲜朱子学也带有分析细腻、说理清晰的治学特色。① 此外，就对双峰《中庸》解的辨析来看，中朝朱子学者有同有异。他们既有共同关注的话题，如章节之分、费隐、鬼神等；但也有不同关切，如引发朝鲜学者热议的"四者皆中节方谓之和""致中和与践中庸"等问题，中国学者很少讨论。这些差异折射出两国朱子学的各自特色和互通互补。总之，加强对双峰等在内朱子后学与朝鲜朱子学的比较研究，是推进两国朱子学研究的应有之义，应该成为未来东亚朱子学研究的一个着力方向。

---

① 关于双峰治学精密的特点，可参许家星：《略论朱子学中的穷理精密派——以"北溪之陈、双峰之饶"为中心》，《南昌大学学报》2022 年第 5 期。

第五节　"最用力于穷理"而"背戾于朱子"

朝鲜学者肯定双峰作为勉斋黄榦嫡传、朱子再传的朱学传人身份。认为他与何基一道,传勉斋之学于后世,对朱子学的传承具有重要贡献。在对双峰的评价上,吴澄在《尊德性道问学斋记》的说法具有很大的影响。

> 况止于训诂之精,讲说之密,如北溪之陈、双峰之饶,则与彼记诵词章之俗学,相去何能以寸哉!……澄也钻研于文义,毫分缕析,每以陈为未精,饶为未密也。堕此科白之中垂四十年,而始觉其非。①

吴澄是在对何为圣学的反思中评价双峰的。他将双峰与北溪并列为朱子后学中解说义理最为精密者,其精密之学也一度为吴澄所长期钻研,且自认精密程度尚超越二人。后来他反思此等条分缕析的文义精密之学实已脱离圣门之学,而流于记诵辞章世俗之学。当然,吴澄也判定诸葛亮、司马光乃天资之学,并非圣学。吴澄断双峰、北溪为训诂之学而偏离圣门德性之学的说法在中朝学界得到了相应附和。如程敏政亦对双峰加以批评,王阳明特意将吴澄此篇文字收入《朱子晚年定论》末。

朝鲜学者赞同吴澄的看法,认为双峰虽为朱子正传,但其学却有偏差,并无德性工夫,表达了将双峰之学定性为文义钻研之学的态度。

> 窃详吴氏之意专以尊德性为主,而以才行如诸葛、司马只以资器习行。问学如北溪、双峰而只以训诂讲说为学,而俱无德性上工夫也。②
> 虽得正传,而才一差则便有可疑。此后学所当兢兢密察而不容毫发放下处。吴、程所论,非专出于洗垢吹毛之计。③
> 虽仅得钻研之效,而亦不过为双峰、北溪之学矣。④

---

① (元)吴澄:《尊德性道问学斋记》,《吴文正集》卷四十,《景印文渊阁四库全书》第一千一百九十七册,台湾商务印书馆 1988 年版,第 422 页。
② [朝鲜]金堉:《答柳尔敬》,《龟窝集》卷二,《韩国文集丛刊(续)》第九十五册,韩国古典翻译院 2010 年版,第 314 页。
③ [朝鲜]郭钟锡:《答金而晦》,《俛宇集》卷一百二十五,《韩国文集丛刊》第三百四十三册,民族文化推进会 2005 年版,第 340 页。
④ [朝鲜]金致垕:《儒老佛》,《沙村集》卷四,《韩国文集丛刊(续)》第七十一册,韩国古典翻译院 2009 年版,第 322 页。

　　总体来看,朝鲜学者对双峰的认识,抓住了双峰学的三个特点,形成两种相反的评价。

　　第一,学问精密与躬行不足。他们大体认同吴澄对双峰的定位,将他与朱门善于义理分析的北溪相提并论,认为其思想同样具有分析细密、学优于行的特点。但认为他只是发展了朱子学道问学穷理的一面,而忽视了更重要的尊德性之学,可以说是朱子学流弊的进一步发展。就此可反证双峰治学的特色是以精密见长,其精密足以与陈淳相提并论。他们批评双峰与陈淳一般,虽然"最用力于穷理",却文义解析过于实践躬行,故所解有缠绕支离之病,如勉斋批评其"道有精粗"解即是例证。朝鲜学人指责双峰、北溪虽穷理极精,然已经流为无关德行的口耳之学了。甚至有学者从理学史的角度,将双峰与北溪定位于朱门后学分裂之弊的代表,而以李栗谷复归道体之一之学,作为对此弊病的救治者。

　　　　朱门后来,如陈北溪、饶双峰,则似道问学意思多。①
　　　　朱门晚来口耳之弊甚盛。虽如北溪、双峰之精于理者,亦有所不免。②
　　　　双峰最用力于穷理,而有缴绕破碎之病。③
　　　　此后朱门末学之弊,务为精详。如陈北溪、饶双峰之说,剖析已甚。反有伤于道体之浑然者矣。于是先正臣李珥出而力救分析之弊,以反道体之一。④

　　第二,新奇华丽而不实。双峰的思想往往不落俗套,善于出新,故能引起学者注意。学者批评此乃双峰为学浮华不实之表现,"饶双峰华而欠实"。⑤ 也有人认为双峰解释之学虽最为明白通透,但却是未能见道的训诂之学而已。

① ［朝鲜］李显益:《漫录》,《正庵集》卷十九,《韩国文集丛刊(续)》第六十册,韩国古典翻译院 2008 年版,第 540 页。
② ［朝鲜］李显益:《答李仁老》,《正庵集》卷六,《韩国文集丛刊(续)》第六十册,韩国古典翻译院 2008 年版,第 270 页。
③ ［朝鲜］李象靖:《答权景晦》,《大山集》卷十九,《韩国文集丛刊》第二百二十六册,民族文化推进会 1999 年版,第 381 页。
④ ［朝鲜］韩元震:《经筵说(下)》,《南塘集》卷六,《韩国文集丛刊》第二百零一册,民族文化推进会 1998 年版,第 151 页。
⑤ ［朝鲜］赵述道:《答姜子顺》,《晚谷集》卷六,《韩国文集丛刊(续)》第九十二册,韩国古典翻译院 2010 年版,第 266 页。

若以训诂辨说而求之,先儒中新安陈氏、双峰饶氏注解最号明透,
而彼二儒者于道,竟亦何得焉?①

也有学者把双峰与陈栎并提,认为其学不过是因袭朱子的训诂之学,并
无发明。"只因《集注章句》之意而为之推说而已,不过如饶双峰、陈新安之
为耳。"②

第三,背离朱子。"多背戾于朱子""当蒙僭贰之罪",这是中朝学界对
双峰的一个较为主流的看法,也是双峰不同于北溪之处。在学者看来,双峰
的不少思想是与朱子相违背的,故双峰在理学史上以不同于朱子而名声远
扬。"然饶氏诸说素号与《章句》径庭。"③双峰的这种思想性格在持不同立
场的朝鲜思想家中激起了两种截然不同的评价。护朱者认为双峰对朱子的
偏离犯下了不忠和僭越之大罪,实为朱子之"贰臣",反对以双峰作为发明
朱学之嫡传。他们批评双峰"四书"解穿凿破碎,不成义理而背离朱子甚
多。"希春曰:饶鲁说《四书》穿凿破碎,多背戾于朱子。如以《孟子》慕少艾
为慕少尽,是何义理?"④

朝鲜学者将《四书大全》所引最多的陈栎、饶鲁、胡炳文三家说加以比
较,判定批评双峰好立新论而悖逆朱子。他们在对胡炳文的看法上则颇有
分歧,或赞其辨正双峰之说,有大功于朱子;或指其说不纯正而自相矛盾,甚
至断定为与双峰皆为背离朱子者,当"首蒙僭贰之罪"。

《四书辑注》其为说者多矣,惟饶、胡、陈三氏为最。其中饶氏务在
别立己论,往往与《章句集注》矛盾掣肘者不鲜。胡氏固为论辨其说,
以趋于正,而犹或未免自犯其戒。惟新安未尝别立己论,而独能深明朱
子之微旨,几无一言之相背者。⑤

---

① ［朝鲜］李献庆:《答玉西李进士》,《艮翁集》卷十三,《韩国文集丛刊》第二百三十四册,民
　　族文化推进会1999年版,第274页。
② ［朝鲜］尹拯:《与朴和叔》,《明斋遗稿》卷十二,《韩国文集丛刊》第一百三十五册,民族文
　　化推进会1994年版,第273页。
③ ［朝鲜］朴世采:《答罗显道》,《南溪集续集》卷十三,《韩国文集丛刊》第一百四十二册,民
　　族文化推进会1995年版,第332页。
④ ［朝鲜］柳希春:《经筵日记》,《眉岩集》卷十六,《韩国文集丛刊》第三十四册,民族文化推
　　进会1989年版,第444页。
⑤ ［朝鲜］朴世采:《随笔录》,《南溪集》卷五十四,《韩国文集丛刊》第一百四十册,民族文化
　　推进会1994年版,第128页。

夫云峰深正饶氏之非,发明未尽之蕴,使吾朱夫子之说得大明于世。①

饶双峰、胡云峰乃或岐其旨趣,宜其首蒙僭贰之罪也。然而当时论者称以嫡传,又称发明其旨。②

《四书》小注多误后生,如饶双峰、胡云峰、卢玉溪之说尤不可看。③

大抵小注说似无害于朱子之旨者,黄勉斋、陈新安、陈北溪等数家,而至于卢玉溪、饶双峰、胡云峰等说,初学绝不可见也。④

陈栎尽管通常被判定为最纯于朱子者,然对其亦有持不同看法者,或批判双峰与定宇二人,或指双峰、云峰、定宇三人皆违背经义,误人子弟。"第自后诸儒如饶氏、陈氏之说,或有异于《章句》。"⑤"且《四书》小说中如胡云峰、陈新安、饶双峰、卢玉溪之说。时与经旨不相衬箪,反害经文者亦多有之,而都不蒙一搭击。何也?"⑥或对北溪、双峰、定宇、云峰四子皆不满,认为他们分别具有文胜、不妥、不实、穿凿之病,说"而陈北溪肤而文胜,陈栎轩巧而不帖,饶双峰华而欠实,胡云峰凿而相证"⑦。

第四,引为修正前辈之范例。富有创新精神的朝鲜学者则对双峰批评修正朱子的行为产生共鸣,赞赏双峰之学非株守朱子之学者,推崇其为批评朱子思想的先驱,并以之论证自家新说之合理性。如双峰重新修正朱子《中庸》分章,并未遭到后世太多批评,而是得到更多认可。

> 且也董鄱阳于《易》,反朱子之论四象;饶双峰于《中庸》,改朱子之分四节,而世不以董、饶为非者。盖董、饶之说,不敢以朱子之学为高下,而朱子之学亦不以董、饶之说为轻重故也。今我徒能读古人书,自

① [朝鲜]曹好益:《圃隐先生诗集重刊跋》,《芝山集》卷五,《韩国文集丛刊》第五十五册,民族文化推进会1990年版,第506页。

② [朝鲜]朴世采:《议政府左议政谥文孝浦渚先生赵公行状》,《南溪集》卷八十二,《韩国文集丛刊》第一百四十一册,民族文化推进会1995年版,第153页。

③ [朝鲜]金相进:《渼江语录》,《濯溪集》卷七,《韩国文集丛刊(续)》第九十四册,韩国古典翻译院2010年版,第490页。

④ [朝鲜]姜鼎焕:《渼湖先生语录》,《典庵集》卷七,《韩国文集丛刊(续)》第九十七册,韩国古典翻译院2010年版,第676页。

⑤ [朝鲜]赵翼:《中庸困得序》,《浦渚集》卷二十六,《韩国文集丛刊》第八十五册,民族文化推进会1992年版,第463页。

⑥ [朝鲜]赵述道:《与郑士仰》,《晚谷集》卷五,《韩国文集丛刊(续)》第九十二册,韩国古典翻译院2010年版,第237页。

⑦ [朝鲜]赵述道:《答姜子顺》,《晚谷集》卷六,《韩国文集丛刊(续)》第九十二册,韩国古典翻译院2010年版,第266页。

知不及人远矣,岂敢务为狂僭之说,猥树琐屑之见也。①

朝鲜学者指出理学具有自由批评之传统,如朱子修正二程之误,双峰指出朱子错误,陈栎自觉为朱子忠臣之说,皆是此传统之体现,故援此来为李彦迪《大学》解多不同于朱子辩护,为李栗谷不同于李退溪张目。强调学术当以义理为是非而当仁不让,而义理作为天下之公理,并非朱子、退溪等权威所能穷尽独占,其中必然亦有思虑不周、有待修正完善之处。故提出不同于前辈权威的新说并非过当行为,而是寻求真理之必然之举。

> 至于朱子之言,后人亦有论其差失处者,如勉斋门人饶鲁言其差处甚多。至于陈栎,谓愿为朱子忠臣,不愿为朱子佞臣。我国先正臣李彦迪撰《大学补遗》异于朱子者甚多。盖义理无穷,虽先贤之说,其或有未尽处,亦不能免也。朱子平生师法程子,其尊信极矣。饶鲁、陈栎皆私淑于朱门,其尊信朱子亦极矣。然圣贤穷理之法、义理是非,虽毫厘之微必须辨析之,使此理明于世,不可含糊放过也。②

---

① [朝鲜]朴守俭:《对友责》,《林湖集》卷五,《韩国文集丛刊(续)》第三十九册,韩国古典翻译院 2007 年版,第 281 页。

② [朝鲜]赵翼:《卞柳樱欺罔疏》,《浦渚集》卷六,《韩国文集丛刊》第八十五册,民族文化推进会 1992 年版,第 114 页。

参 考 文 献

一、相 关 古 籍

(宋)周敦颐:《周敦颐集》,岳麓书社 2007 年版。

(宋)张载:《张子全书》,《续四部丛刊》本。

(宋)朱熹:《朱子全书》,上海古籍出版社、安徽教育出版社 2002 年版。

(宋)朱熹:《四书章句集注》,中华书局 1983 年版。

(宋)陆九渊:《陆九渊集》,中华书局 1980 年版。

(宋)黄榦:《勉斋集》,《景印文渊阁四库全书》,台湾商务印书馆 1986 年版。

(宋)黄榦:《黄勉斋先生文集》,《丛书集成初编》本,中华书局 1985 年版。

(宋)黄榦:《勉斋先生黄文肃公文集》,《北京图书馆古籍珍本丛刊》第九十册,书目文献出版社 1988 年版。

(宋)陈淳:《北溪字义》,中华书局 1983 年版。

(宋)陈淳:《北溪大全集》,《景印文渊阁四库全书》,台湾商务印书馆 1986 年版。

(宋)张九韶:《理学类编》,《景印文渊阁四库全书》,台湾商务印书馆 1986 年版。

(宋)赵顺孙:《四书纂疏》,吉林出版集团有限责任公司 2005 年版。

(宋)阳枋:《字溪集》,《景印文渊阁四库全书》,台湾商务印书馆 1986 年版。

(宋)周密:《癸辛杂识》,浙江古籍出版社 2015 年版。

(宋)陈普:《石堂先生遗集》,《续修四库全书》第一千三百二十一册,上海古籍出版社 2002 年版。

(宋)吴真子撰:《四书集成》,国家图书馆藏刻本。

(元)脱脱等:《宋史》,中华书局 2000 年版。

(元)许谦:《读四书丛说》,《景印文渊阁四库全书》,台湾商务印书馆 1988 年版。

(元)许谦:《许白云先生文集》,浙江古籍出版社 2015 年版。

(元)史伯璿:《四书管窥》,《景印文渊阁四库全书》,上海古籍出版社 1987 年版。

(元)史伯璿:《四书管窥》,"敬乡楼丛书"本(铅印)1931 年版。

(元)史伯璿撰,周文明、周峰点校:《四书管窥》,浙江文艺出版社 2015 年版。

(元)史伯璿:《管窥外篇》,《景印文渊阁四库全书》,台湾商务印书馆 1988 年版。

(元)胡炳文:《四书通·中庸通》,《钦定四库全书荟要》本,吉林出版集团股份有限公司 2005 年版。

(元)胡炳文:《云峰集》,《元人文集珍本丛刊》四,台湾新文丰出版公司 1985 年版。

(元)胡炳文:《四书通》,《景印文渊阁四库全书》,台湾商务印书馆 1987 年版。

(元)赵汸:《东山存稿》,《景印文渊阁四库全书》,台湾商务印书馆 1986 年版。

(元)许衡:《许衡集》,中华书局 2019 年版。

(元)倪士毅撰:《四书辑释》,《续修四库全书》第一百六十册,上海古籍出版社 2002 年版。

(元)虞集:《道园学古录》卷四十四,《景印文渊阁四库全书》,上海古籍出版社 1987 年版。

(元)陈栎:《定宇集》,《景印文渊阁四库全书》,台湾商务印书馆 1986 年版。

(元)熊良辅:《周易本义集成》,《景印文渊阁四库全书》,台湾商务印书馆 1986 年版。

(元)白珽:《湛渊静语》,《景印文渊阁四库全书》,台湾商务印书馆 1986 年版。

(元)程钜夫:《雪楼集》,《景印文渊阁四库全书》,台湾商务印书馆 1988 年版。

(元)程钜夫:《程钜夫集》,吉林文史出版社 2009 年版。

(元)吴澄:《吴文正集》,《景印文渊阁四库全书》,台湾商务印书馆 1988 年版。

(元)吴师道:《吴师道集》,浙江古籍出版社 2012 年版。

(元)景星:《大学中庸集说启蒙》,《景印文渊阁四库全书》,上海古籍出版社 1987 年版。

(元)金履祥:《论孟集注考证》,《景印文渊阁四库全书》,台湾商务印书馆 1987 年版。

(元)柳贯:《柳贯集》,浙江古籍出版社 2014 年版。

(元)黄溍:《黄溍集》,浙江古籍出版社 2013 年版。

(元)黄溍:《金华黄先生文集》,《续修四库全书》第一千三百二十三册,上海古籍出版社 2002 年版。

(元)熊禾:《熊勿轩先生文集》,《丛书集成初编》本,商务印书馆 1936 年版。

(明)宋濂:《潜溪录》,浙江古籍出版社 2014 年版。

(明)宋濂等撰:《元史》,中华书局 1976 年版。

(明)胡广等纂修,周群、王玉琴校注:《四书大全校注》,武汉大学出版社 2009 年版。

(明)胡广等:《四书大全》,《景印文渊阁四库全书》,台湾商务印书馆 1986 年版。

(明)胡广等纂修:《四书大全》,山东友谊书社 1989 年版。

(明)胡广:《性理大全》,《景印文渊阁四库全书》,台湾商务印书馆 1986 年版。

(明)朱升:《朱枫林集》,黄山书社 1992 年版。

(明)蔡清:《四书蒙引》,《景印文渊阁四库全书》,台湾商务印书馆 1988 年版。

(明)林希元:《同安林次崖先生文集》,《四库全书存目》本。

(明)王守仁:《王文成公全书》,中华书局 2015 年版。

(明)黄宗羲原著,(清)全祖望补修:《宋元学案》,中华书局 1985 年版。

(明)黄宗羲:《明儒学案》,中华书局 2008 年版。

(清)顾炎武撰,黄汝成集释:《日知录集释》,中华书局 2020 年版。

（清）王夫之：《船山全书》，岳麓书社 2011 年版。

（清）王夫之：《读四书大全说》，岳麓书社 2011 年版。

（清）王朝渠：《饶双峰讲义》，《四库未收书辑刊》第二辑，北京出版社 2000 年版。

（清）茅星来：《近思录集注》，华东师范大学出版社 2015 年版。

（清）张伯行：《学规类编》，《景印文渊阁四库全书》，台湾商务印书馆 1986 年版。

（清）孙希旦撰：《礼记集解》，中华书局 1989 年版。

（清）李光地等：《性理精义》，《景印文渊阁四库全书》，台湾商务印书馆 1986 年版。

（清）李清馥：《闽中理学渊源考》，凤凰出版社 2011 年版。

（清）陆陇其：《陆陇其全集》，中华书局 2020 年版。

（清）王梓材、冯云濠：《宋元学案补遗》，中华书局 2012 年版。

（清）熊赐履：《学统》，凤凰出版社 2011 年版。

（清）永瑢等撰：《四库全书总目》，中华书局 1965 年版。

《韩国文集丛刊》，民族文化推进会 1993—2007 年版。

《韩国文集丛刊（续）》，民族文化推进会、韩国古典翻译院 1993—2024 年版。

《小学诸家集注》，《域外汉籍珍本文库》第二辑子部一，人民出版社、西南师范大学出版社 2011 年版。

二、相关著作

陈来：《诠释与重建：王船山的哲学精神》，北京大学出版社 2004 年版。

邓辉：《王船山道论研究·甲编》，湘潭大学出版社 2010 年版。

邓庆平：《朱子门人与朱子学》，中国社会科学出版社 2017 年版。

方旭东：《尊德性与道问学——吴澄哲学思想研究》，人民出版社 2004 年版。

冯友兰：《三松堂全集》，河南人民出版社 2000 年版。

高令印、陈其芳：《福建朱子学》，福建人民出版社 1986 年版。

何俊：《南宋儒学的建构》，上海人民出版社 2004 年版。

侯外庐等：《宋明理学史》，人民出版社 1997 年版。

姜智恩：《被误读的儒学史：国家存亡关头的思想，十七世纪朝鲜儒学新论》，台湾联经出版事业股份有限公司 2020 年版。

李纪祥：《两宋以来〈大学〉改本之研究》，台湾学生书局有限公司 1988 年版。

廖云仙：《元代论语学考述》，台湾新文丰出版公司 2005 年版。

马一浮：《马一浮全集》，浙江古籍出版社 2013 年版。

蒙培元：《理学的演变：从朱熹到王夫之戴震》，四川人民出版社 2021 年版。

史甄陶：《家学、经学与朱子学：以元代徽州学者胡一桂、胡炳文和陈栎为中心》，华东师范大学出版社 2013 年版。

王琔：《朱学正传——北山四先生理学》，生活·读书·新知三联书店 2010 年版。

王宇：《师统与学统的调适：宋元两浙朱子学研究》，社会科学文献出版社 2019 年版。

徐远和:《理学与元代社会》,人民出版社1992年版。

杨镰主编:《全元诗》,中华书局2013年版。

张加才:《诠释与建构——陈淳与朱子学》,人民出版社2004年版。

周兵:《天人之际的理学新诠释:王夫之〈读四书大全说〉思想研究》,巴蜀书社2006年版。

周天庆:《明代闽南四书学研究》,东方出版社2010年版。

曾枣庄、刘琳主编:《全宋文》,上海辞书出版社、安徽教育出版社2006年版。

曾枣庄主编:《宋代序跋全编》,齐鲁书社2015年版。

朱鸿林:《中国近世儒学实质的思辨与习学》,北京大学出版社2005年版。

朱冶:《元明朱子学的递嬗——〈四书五经性理大全〉研究》,人民出版社2019年版。

三、相关研究论文

陈逢源:《"工夫"与"境界":〈四书大全〉中"北山学脉"义理诠释之考察》,《孔子研究》2016年第1期。

陈来:《简论浙学》,《浙江社会科学》2014年第1期。

陈来:《论朱子学"未发之前气不用事"的思想》,《哲学研究》2022年第1期。

陈来:《王船山的气善论与宋明儒学气论的完成——以"读孟子说"为中心》,《中国社会科学》2003年第5期。

邓庆平:《饶鲁师承黄榦考辩》,《朱子学刊》2018年12月。

董平:《南宋婺学之演变及其至明初的传承》,《中国学术》2002年第2辑。

冯兵:《饶鲁师承渊源辨误》,《中国社会科学报》2013年1月28日。

冯兵:《饶鲁师承渊源补证　兼笞许家星先生》,《中国社会科学报》2015年2月2日。

冯兵:《饶鲁师承渊源再论》,《光明日报》2014年9月30日。

高云萍:《扩展中异化的后朱熹时代的道学话语:以北山学派为例》,《浙江学刊》2009年第5期。

高云萍:《浙东朱子学的链接——何基与朱熹、黄榦的思想关联》,《中共宁波市委党校学报》2010年第6期。

黄维元:《〈中庸〉两篇说献疑》,《孔子研究》2010年第5期。

李霞:《论新安理学的形成、演变及其阶段性特征》,《中国哲学史》2003年第1期。

刘成群:《元代新安理学从"羽翼朱子"到"求真是"的转向》,《江淮论坛》2012年第1期。

史甄陶:《论饶鲁与朱熹对〈中庸〉解释的异同》,《思辨集》2006年第9期。

孙宝山:《论蔡清的四书学诠释》,《中国哲学史》2016年第4期。

唐明贵:《赵顺孙〈论语纂疏〉的特色》,《廊坊师范学院学报》2018年第4期。

陶清:《"求真是之归"与"求是"——新安理学思想理论特色及其治学思想初探》,

《中国哲学史》2003 年第 1 期。

王小珍、邓庆平:《黄榦〈太极图说〉解》,《船山学刊》2018 年第 6 期。

王宇:《行远之车航、入室之门户:赵顺孙〈四书纂疏〉简论》,《杭州师范大学学报》2017 年第 5 期。

吴佩:《赵顺孙〈四书纂疏〉初探》,硕士学位论文,南昌大学 2017 年。

谢宁:《还原朱子学研究的重要性——陈来访谈录》,《博览群书》2010 年第 12 期。

许家星:《"胶执门户"还是批判发明?——论〈四书通〉的批判精神兼驳〈四库提要〉之诬评》,《人文杂志》2011 年第 3 期。

许家星:《"勉斋之说,有朱子所未发者"——论勉斋的〈中庸〉学及其思想意义》,《江汉论坛》2016 年第 1 期。

许家星:《"圣门末后亲传密旨"——朱子"忠恕一贯"章解的思想意义》,《人文杂志》2009 年第 5 期。

许家星:《"字义"与"经疑"的一体——论〈四书通旨〉对"四书"诠释体式的新探索》,《中国哲学史》2014 年第 4 期。

许家星:《论朱子的"诚意"之学——以"诚意"章诠释修改为中心》,《哲学门》2011 年第 24 辑。

许家星:《论朱子的章句学——以〈中庸章句〉为中心》,《古典文明》2012 年秋季号。

许家星:《略论朱子学中的穷理精密派——以"北溪之陈、双峰之饶"为中心》,《南昌大学学报》2022 年第 5 期。

许家星:《饶鲁〈中庸〉学的工夫论诠释及对朱子的突破》,《山东大学学报》2015 年第 2 期。

许家星:《饶鲁师承渊源再论》,《光明日报》2014 年 9 月 30 日。

许家星:《仁的工夫论诠释——以朱子"克己复礼"章解为中心》,《孔子研究》2012 年第 3 期。

许家星:《阳明中庸首章诠释及其意义》,《复旦学报》2021 年第 1 期。

许家星:《一部亟待挖掘的图解〈四书〉的大成之作——程复心〈四书章图纂释〉再探》,《孔子研究》2015 年第 6 期。

许家星:《再论饶鲁的〈中庸〉章句学及其对朱子的超越》,《深圳大学学报》2014 年第 4 期。

许家星:《朱熹〈中庸章句〉首章"三位一体"的诠释特色》,《中州学刊》2010 年第 5 期。

许家星:《朱子学的羽翼、辨正与"内转"——以勉斋〈论语〉学为中心》,《中国哲学史》2015 年第 4 期。

许家星:《朱子学的治学方法、精神及其当代意义——以朱子、勉斋〈论语精义〉之辨为中心》,《哲学动态》2019 年第 10 期。

许家星:《朱子学的自我批判、更新与朱陆合流——以吴澄中庸学为中心》,《湖南大学学报》2015 年第 5 期。

张猛:《陆陇其"尊朱辟王"思想与实践研究》,《嘉兴学院学报》2019 年第 2 期。

张天杰、肖永明:《从张履祥、吕留良到陆陇其——清初"尊朱辟王"思潮中一条主线》,《中国哲学史》2010 年第 2 期。

张天杰:《陆陇其的独尊朱子论——兼谈其对东林以及蕺山、夏峰等学派的评定》,《中国哲学史》2021 年第 3 期。

后　记

　　"镜中白发难饶我,湖上青山欲待谁?"此诗实为我近来心境之写照。今《饶鲁思想研究》书稿杀青之际,"蹉跎"二字不期然地涌上心头。屈指算来,从事双峰研究已十有一年矣,生命的车轮从黑发浓密的"青椒"驶入白发杂生的中年。遥想2013年初春,为了推动相对阳明后学研究而滞后的朱子后学研究,陈来先生、朱杰人先生特意奔赴我当时就职的南昌大学,代表中华朱子学会把朱子门人后学研究的任务交给以杨柱才教授为首席专家的课题组,陈先生一一落实研究任务,并记下各书稿的承担人姓名。受任至今,匆匆已近一纪。当年的意气风发,已化为当下的惶恐不安,惶恐于岁月蹉跎,不安于拙稿是否达到了推动朱子后学研究之目标。

　　尽管研究步伐是如此缓慢,但我仍想借此机会感谢对双峰研究给予大力支持的师友。感谢陈来先生、朱杰人先生的信任与宽容,感谢杨柱才先生的关照与提携,能加入朱子后学研究团队,是一种殊胜的学习机缘。在研究过程中,我得到了清华大学哲学系和国学研究院的帮助,2021年秋蒙陈来先生许可,得以在清华大学国学院访学,当面聆听先生教诲。其间唐文明先生、赵金刚兄积极支持我在清华召开"《经学与实理》研讨会"和"朱子门人后学研究"两个会议,使我有机会与同道交流,深受教益。感谢杨柱才先生、刘丰先生、李敬峰及韩国朱子文化保存会邀请我开展讲座,使我得以向学界报告有关双峰学研究的进展。难忘友朋间的切磋,犹记得十一年前作为青年学子的我们——冯兵兄、邓庆平兄和我在《光明日报》《中国社会科学报》上展开了一次双峰师承的讨论,倍感丽泽之益。

　　感恩大陆以外学者对我双峰学研究的热情支持:姜智恩教授在2020年从台湾连续给我惠寄三本她的专著《被误读的儒学史》,令我感动;田炳郁教授则是我请教朝鲜儒学的咨询师,我们经常长时间交流中韩朱子学;史甄陶教授很关心我的双峰研究进展,对我而言是一种无形的督促;陈逢源教授关于勉斋和北山学的研究对我颇具启发,蔡家和兄多年来一直以各种方式给予我切实的帮助。特别感谢素未谋面的首尔大学刘君博士,辛劳而无偿地替我在首尔大学图书馆核对朝鲜儒学的原始资料。当然,我不能忘记朱子门人后学团队给予我的各种支持,尤其是"电子图书馆馆长"田智忠教授,更是源源不断地向我提供所需资料,我很难设想一旦他"断供",我的研究将如何展开。感谢课题在立项与结项阶段给予支持的各位匿名老师。感谢中国哲学和宋明理学研究领域诸位前辈一直以来的厚爱和支持,因着你们的宽容、提携、厚爱,我那蹒跚的学术之路才得以缓步前行。

十多年来书稿的内容曾以论文形式在各类学术刊物发表,在追求宏大叙述、强调时代价值、突出刊物影响的今天,仍然有众多有学术坚守的刊物来接纳双峰这么一位小人物的研究,让我发自内心地感激。①

有时候会问自己:为什么要研究饶鲁这么一个无名之辈?于我而言,在研究中实夹杂着热爱、敬佩、惋惜、不平诸多感受。热爱他的精密分析,敬佩他的自信与创新,惋惜他的文献不传,不平他的被埋没看轻。想到在现代思想家眼中,他只能作为吴澄的附庸被置于元代理学一笔带过,让我倍感痛心。他完全是有资格作为理学重镇江右之代表的,他已经在过去时代绽放了他的光和热,"自号饶圣人""孙枝秀出""信朱子不如信饶氏""最用力于穷理""北溪之陈,双峰之饶",但他似乎终于被历史的烟尘埋没了。在与双峰周旋的十几年中,还他一个公道的想法在我的脑海中日益强烈,与同出勉斋的北山学相较,二者地位何啻霄壤!至少,双峰应该在南宋思想史上占有一席之地,他所继承的勉斋学,所开创的双峰学,并非寂然无声,身为江右后学之我,为双峰学而聊尽绵薄实属义不容辞。②

在这几年里,业师李景林、张奇伟两位先生相继从北师大荣休,每次的荣休会,都让作为学生的我颇有几分伤感惆怅。所里早些年荣休的周桂钿、郑万耕两位先生身体也非复往昔之硬朗。在此,我想将这本小书献给北师大中哲所的诸位前辈老师,祝福他们身体健康,快乐永远!同时,也想以此书敬为含辛茹苦的母亲大人八十寿庆之贺!

感谢内子少芳对我的包容和支持,在完成自己繁重的教学科研工作之余,她还主动承担了雕琢两个不成器者的重任。感谢李鑫、蔡定超、姬旭东、程思涵、第五兆禹诸君为拙稿校对付出的辛劳。

家星谨记于北师大前主楼

2024 年 9 月

---

① 诚挚感谢以下发表本人双峰研究的 24 个报刊及编辑老师:《哲学研究》《哲学动态》《光明日报》《深圳大学学报》《中山大学学报》《山东大学学报》《中国经学》《学术界》《福建论坛》《南昌大学学报》《安徽大学学报》《南开学报》《清华国学》《中共宁波市委党校学报》《华东师范大学学报》《东南学术》《社会科学战线》《社会科学研究》《浙江社会科学》《中州学刊》《哲学与文化月刊》《江海学刊》《现代哲学》《中国社会科学报》。虽然自信关于双峰的研究不至拉低刊物的学术水准,但仍然惭愧于降低了刊物转引热度,这是心所不安者。

② 为此,我整理了《饶鲁集》,承担了《双峰学派》的写作任务。